**대표 저자  하코다 유지**(箱田 裕司)

〔제1, 5, 6, 8, 13장, 화제의 연구 6-1(공저), 8-1, 8-2(공저)〕
- 일본 큐슈대학 졸업 (문학박사)
- 현재   큐슈대학 대학원 인간환경학연구소 교수
- 저서   『인지과학의 프런티어 I, II, III』(사이언스사, 1991-1992년, 편저)
         『인지심리학 중요연구집 2 기억인지』(誠信書房, 1996년, 편저),
         『거짓말과 기만의 심리학 – 전략적인 기만에서 따뜻한 거짓말까지 』(有斐閣, 2006년, 공편) 등


**옮긴이  강윤봉**
- 한국 외국어대학 일본어 전공
- 일본시사통신사 외신기자, 노박선 코리아 통번역 근무


**감수자  이광오**
- 일본 홋카이도대학 졸업 (인지심리학 박사)
- 현 영남대학 심리학과 교수


  이나경
- 독일 올덴부르크 국립대학 졸업 (인지심리학 박사)
- 역서 『학습어려움의 이해와 극복, 작업기억에 달렸다』(한국뇌기반교육연구소, 2017년)

〈교육을바꾸는사람들〉은
모두에게 꿈과 희망이 있는 교육을 실현하기 위해 이찬승 전(前) 능률교육 대표가
설립한 비영리공익단체(NPO)입니다.
본질에 충실한 교육, 모두에게 꿈과 희망이 있는 교육을 실현하여,
가난하고 혜택 받지 못한 아동·청소년이 타고난 잠재력을 조기에 발견하고,
이를 크게 키워 모두가 행복하고 가치 있는 삶을 살아갈 수 있도록,
학생·학부모·교원·국가를 돕기 위해 설립되었습니다.


〈한국뇌기반교육연구소〉는
뇌기반교육 분야의 세계적 연구성과를 교육계와 공유함으로써
교수학습의 효율을 높이고 학습부진을 근본적으로 해결하는 데 이바지하고자 합니다.


**본 책의 수입금은 사회적 돌봄이 필요한 아동·청소년을 위한 교육지원사업에
전액 사용됩니다.**

# 인지심리학

인지심리학

# 인지심리학

**번역개정판**

Cognitive
Psychology:
Brain,
Modeling and
Evidence

하코다 유지
츠즈키 타카시
가와바타 히데아키
하기와라 시게루
공저

강윤봉
옮김

이광오
이나경
감수

교육을바꾸는사람들 부설
MBE 한국뇌기반교육연구소

인간이

외부세계를 인식하고

기억하여

문제를 해결하는

인지과정은 어떻게 이루어지는가?

## 일러두기

- 전체 구성: 총 3부 18장으로 구성되어 있다.
- 장 구성: 각 장은 시작페이지에 도입글이 있고 본문에 주요어, 절, 화제의 연구라는 칼럼, 그림과 표가 있으며 말미에 연습문제가 있는 구성이다.
- 도입글: 각 장에서 다룰 주제는 무엇이고 세부적으로 다룰 내용은 무엇인지를 소개한다.
- 주요어: 각 장에서 설명할 핵심어를 미리 제시한다. 제시된 주요어로 내용을 찾으려면 색인에서 해당 페이지를 찾을 수 있다.
- 그림: 본문의 이해를 돕는 그림은 해당 내용이 나오는 페이지에 삽입되어 있다.
- 표: 본문의 이해를 돕는 표는 해당 내용이 나오는 페이지에 삽입되어 있다.
- 화제의 연구: 전문가가 기고하는 관련 연구사례가 해당 내용의 페이지 부근에 배치되어 있다.
- 연습문제: 각 장에서 다룬 핵심개념을 이해하고 숙지하는 데 도움이 될 연습문제를 실었다.
- 참고문헌: 각 장과 관계가 깊은 참고문헌을 장별로 소개한다.
- 인용문헌: 직접 인용한 문헌들을 책 말미에 실었다. 일본 문헌은 일본어로, 외국어 문헌은 외국어로 표기하고 번역본이 있을 경우에는 원서 소개 후에 번역서를 소개한다. 저자명, (발행연도) 「인용 내용」 『도서명』 출판사명, 통권번호, 페이지번호 순서로 싣는다.

  〈예〉 일본어 인용문헌:

  和田裕一, (1998) 「同定および定位課題いおける視覚対象に結び付いた復帰抑制」 『心理学研究』 69, 24-32.

  영어 인용문헌:

  Whorf, B. L. (1956) *Language, thought, and reality: Selected writings of Benjamin Lee Wholf.* MIT Press. (池上嘉彦訳, 1993 『言語, 思考, 現実』講談社)

- 용어 색인: 주요어 중심으로 관련 용어를 찾아볼 수 있도록 정리했다.
- 인물 색인: 역사적 인물이나 대표 연구자를 인물명(영어표기) 방식으로 실었다.
- 그림·표 색인: 본문에 나온 그림과 표를 찾아보기 쉽도록 장별로 정리했다.

오래전에 머피(Murphy, 1969)는 「2000년의 심리학」이라는 논문을 『American Psychologist』에 발표했다. 이 논문은 심리학의 가까운 미래를 예측하는 내용을 담고 있었다. 당시의 심리학은 여전히 행동주의의 영향이 강했고 인지심리학은 겨우 깃발을 올리는 수준이었다. 당시 학부생이었던 이 책의 저자 중 한 명은 흥분을 감추지 못하고 이 논문을 읽었다. 그 후 오랜 시간이 흘렀다. 과연 머피가 한 예측 가운데 무엇이 맞고 무엇이 틀렸을까? 그 내용들을 살펴보면 이후 빠르게 성장한 인지심리학의 영향에 대해 논할 수 있을 것이다. 우선 그 대표적인 예측 몇 가지를 살펴보자.

1) 심리과정에 대응하는 생리과정의 연구

머피는 당시 새로운 과학으로 탄생한 '정신생리학(psychophysiology)'이라는 분야를 널리 알렸다. 그는 특정 기억이 뇌의 특정 부위에 존재한다는 기억의 국소성을 발견한 펜필드(Penfield, W.)의 연구와 헵(Hebb, D)의 연구 등을 소개하면서 이후 20~30년 사이에 심리과정이 곧 생리과정이라는 것이 증명될 것이라고 예언했다. 이 예측은 상당히 정확했다. PET(positron emission tomography, 양전자방출 단층촬영)나 fMRI(functional magnetic resonance imaging, 기능성 자기공명영상)와 같은 뇌영상기술의 발달을 통해 이제는 인지과제를 수행하는 동안 뇌의 어느 부분이 활성화되는지를 알 수 있게 되었다. 비록 이 두 과정이 완전히 동일하다는 수준까지는 도달하지 못했지만 적어도 심리과정에 대응하는 뇌의 활동이 밝혀지기 시작한 것이다.

### 2) 무의식세계의 연구

머피는 프로이트(Freud, S.)와 그의 후계자들에 의해 이루어진 '무의식'의 연구를 "엄청난 잠재력을 갖고 있는 세계의 창조적인 통합에 필요한 최초의 발걸음을 내디뎠다"고 평가했다. 이들의 연구를 통해 무의식에 대한 새로운 발견이 시작되었고 실험심리학에 풍성한 수확을 새로 가져올 것이라고 예언했다. 이 예언 또한 적중했다. 예를 들어, 점화효과(priming effect, 먼저 제시된 정보가 나중에 제시된 정보의 처리에 영향을 주는 현상)를 이용한 기억연구는 그때까지 밝히지 못했던 암묵적 기억의 특성을 규명했으며, 새로운 기억을 분류할 수 있게 했고 노화나 치매에 의한 기억장애를 이해하는 데 새로운 지식을 제공했다.

### 3) 자율신경계의 제어

또한 이전에는 제어할 수 없다고 생각했던 자율신경계의 기능을 의식적으로 제어하는 요가수행자에 대한 연구와 바이오피드백에 의한 뇌파제어에 관한 연구를 통해 주관적인 심리상태와 뇌파패턴이 같은 형태임을 알게 된 것이 2000년대 심리학에서 중요한 의미를 가질 것이라고 강조했다. 이후 혈압, 심장박동, 눈물샘 활동, 근육의 긴장상태 등을 환자에게 보여주고 의식하게 함으로써 원래는 제어할 수 없는 자율신경계에 의해 조절되는 신체기능을 의식적으로 제어하도록 유도하는 바이오피드백 기술이 확립되어, 기초연구뿐 아니라 고혈압이나 기관지천식의 치료, 운동선수의 체력관리 등에 응용되고 있다.

### 4) 명명하기 어려운 심리상태에 대한 연구

설명하기 어려운 복잡한 마음상태, 예를 들어 새로운 것을 창조하거나 개념을 형성할 때의 심적 상태와 생리적 수치(뇌파 등) 사이의 관계를 보여주는 적절한 명칭들이 나타날 것이라고 보았다. 그 후의 발전과정을 보면 주의과실(attentional blink), 상태의존적 기억(state-dependent memory), 스키마(schema, 정보를 조직화하고 해석하는 인지적 개념 또는 틀로 '도식'이라고도 함) 등 인지심리학의 새로운 용어나 개념이 많이 등장했다. 이전에는 지나쳤던 현상이나 잘 표현할 수 없었던 현상에 눈을 뜨고 그 이론적인 중요성을 인식하게 된 결과이다.

5) 초심리학(超心理學) 연구의 발전

머피의 예측에서 가장 벗어난 것은 심리학실험에 컴퓨터가 사용되면서 텔레파시 같은 초심리학적 연구를 배척하는 태도는 서서히 사라지고 이러한 현상을 일반심리학의 원리로 받아들이게 될 것이라고 예측한 점이다. 국내외에서 '초심리학(parapsychology)' 학회가 창설되거나 학회지가 발간되고 있지만 아직도 일반적인 심리학과의 조화는 이루어지지 않은 상태이다. 그리고 초심리학을 소개하는 심리학 입문서나 개론서는 거의 찾아볼 수 없다. 무엇보다 현재 인지심리학 연구영역에서는 찾아보기 힘들다.


이상과 같이 머피의 예측은 어긋난 것도 있지만 '자율신경계에 대한 연구'나 '명명하기 어려운 심리상태의 연구'처럼 연구성과를 정확히 예측한 것이 더 많다. 이들 분야의 발전은 인지심리학이 그간 행동주의에서 다루기를 회피해온 연구주제에 초점을 맞추고 이들 문제를 해명하기 위해 다양한 연구방법을 개발한 덕분이다.

이 책은 지난 40여 년간 인지심리학이 축적하고 확립해온 지식을 중심으로 최근 급속하게 발전하고 있는 영역까지 포함해서 인지심리학의 전 영역을 소개하고자 한다. 과거의 시각인지, 주의, 기억, 범주화, 언어, 지식, 문제해결, 의사결정 등 인지심리학의 기본 주제에 감성인지, 일상인지, 인지와 정서, 인지진화와 뇌, 인지발달, 사회인지, 문화와 인지, 그리고 미디어정보와 사회인식 등 새로운 주제를 더해서 대단히 포괄적인 인지심리학 교과서를 만들고자 하였다.

인지심리학이 출발한 지도 반세기가 흘렀다. 앞으로 인지심리학은 새로운 접근방법이 등장하기를 기다리는 혁명 전야의 분위기를 유지할 것인지 아니면 이대로 주변 학문과 교류를 심화시켜가면서 세력을 확장해갈 것인지 궁금하다.

초창기 인지심리학은 '지적 과정'에 대한 해명으로 시작했고 지금도 그 분야의 연구가 주류를 이루고 있지만, '정서'에 관한 인지심리학적 연구도 활발히 진행되고 있다. 또 과거에는 다루지 않던 '감성', '무의식'도 연구영역으로 들어왔다. 게다가 최근에는 '영역특수성' 혹은 '모듈성' 등의 개념이 중요시되면서 인지심리학자와 진화심리학자가 문제를 공유한다는 사실도 깨닫게 되었다. 앞으로 인지심리학자는 마음의 체계가 '무엇을 위한' 체계인지를 더 절실하게 고민하게 될 것이다.

나이서(Neisser, 1976)는 실험실에 파묻혀 연구하는 인지심리학에 대해 비판했다. 사실 이를 계기로 인지심리학에도 변화가 생기기 시작했다. 실험실 안에서 찾아내는 문제뿐만 아니라 일상에서 생활하는 인간이 실제로 직면하고 있는 문제에 대해서도 관심을 가지게 되었다.

그리고 오늘날의 인지심리학은 실험법 외에 새로운 많은 연구기법을 갖게 되었다. 뇌과학의 발전으로 특정 인지기능이 뇌의 어디에서 일어나는지 알 수 있게 되면서 뇌과학과 인지심리학은 빠르게 가까워졌다. 목격자 증언의 신빙성을 둘러싸고 법학과 심리학도 서로 교류를 강화했다. 교통사고나 의료사고에서 발생하는 인적 오류(human error) 문제를 해결하기 위해 공학자와 의료관계자는 공동연구를 진행한다. 경제를 인지심리학적 측면에서 이해하려는 행동경제학이라는 새로운 학문분야도 생겨났다. 인지심리학은 과거의 어느 심리학보다 넓은 시야를 갖고 사회와 관계하고 있다.

이 책은 지난 반세기 동안 인지심리학의 역사에서 확립된 지식을 소개할 뿐만 아니라 앞으로 전개될 새로운 영역에 대해서도 소개하고자 한다. 제I부 〈인지심리학의 기초〉에서는 인지심리학의 역사와 주제, 시각인지, 감성인지, 주의, 작업기억, 장기기억, 일상인지, 범주화 등 인지심리학의 기초를 구성하는 영역을 다룬다. 제II부 〈고차 인지심리학〉에서는 인지의 표상과 구조, 언어이해, 문제해결과 추론, 판단과 의사결정, 인지와 정서 등 고차적인 인지에 대해 다룬다. 마지막으로 제III부 〈인지심리학의 확장〉에서는 인지진화와 뇌, 인지발달, 사회인지, 문화와 인지, 미디어정보와 사회인식 등 앞으로 빠르게 발전할 것으로 보이는 인지와 관련된 분야를 소개한다. 또 각 장마다 관련된 연구사례를 전문 연구자가 화제의 연구로 소개하고 있다.

독자들이 인지심리학의 기초에서 확장에 이르는 과정을 통해 새로운 지식과 관점을 얻고 인간을 새로운 시각으로 바라보게 되는 즐거움을 체험할 수 있을 것이라고 확신한다.

하코다 유지(箱田裕司)

# 일본 인지심리학만의 매력은 무엇일까?

—

이광오
영남대학교 심리학과 교수

바야흐로 '인지'의 전성시대이다. 인지심리학, 인지과학, 인지언어학, 인지신경과학에 이어 인지고고학까지 등장하였다. 인지라는 명칭을 내세우지는 않지만, 진화심리학, 문화심리학, 행동경제학 등도 동일한 맥락 속에 있다. 이런 모든 현상의 중심에는 인지주의가 이끌어가는 심리학이 있다. 한국의 이야기라기보다는 전 지구적 차원의 이야기이다. 이러한 변화는 1960년대에 시작된 것이고, 변화의 중심은 미국이었다. 당연히 현대심리학은 미국의 심리학자들이 주도하고 있고, 그들의 논문과 교과서가 전 세계적으로 읽힌다. 한국도 예외가 아니다.

여기에 소개하는 책은 일본의 심리학자들이 쓴 것이다. '미국에서 나온 책들도 다 섭렵하기 어려운데, 일본책까지 번역할 필요가 있느냐'라는 질문이 나올 법하다. 미국이건 일본이건 인간의 심리, '인지'라는 것이 인류 보편이라고 한다면, 시간을 절약하여 미국에 올인하여 배우자는 주장도 나름 설득력이 있다. 그것을 인정하더라도 연구자의 개성에 의해 좌우되는 부분이 심리학에 아직 많다는 것도 사실이다. '인지'의 어떤 부분에 더 주목하고 어떤 물음을 어떻게 던지느냐 하는 것은 심리학자들 개인의 개성을 반영한다. 학문의 보편성과 학자의 개성은 모순되지 않는다. 심리학에서는 더 그렇다. 이 책은 일본 인지심리학의 수준과 개성을 잘 보여준다. 그런 점에서 미국 인지심리학에만 익숙한 한국 독자들에게 색다른 재미를 줄 수 있을 것이다.

'심리학' 하면 미국과 독일이 먼저 생각나는 것은 제국주의적 사고방식에 젖은 탓이다. 이 두 나라 이외에도 수많은 심리학과 수많은 전통이 있으며, 사려 깊은 심리학자라면 이것들을 무시할 수 없다. 일본 심리학은 동아시아에서 가장 역사가 길다. 초창기에 일본 심리학자들은 라이프치히대학에 유학하여, 실험심리학의 창시자 빌헬름 분트에게서 직접 배웠다. 이들이 한자를 사용하여 주조한 용어들은 한국과 중국에서 지금도 사용된다. 정작 자신들이 일상적으로 사용하는 심리학 용어들이 일본인에 의해 주조되었으며 일본어에서 수입되었다는 것을 대부분의 한국인과 중국인들은(심리학자를 포함하여) 모른다.

일본 심리학의 주류는 분트의 실험심리학의 전통을 따르며, 이후 형태주의심리학의 전폭적 수용으로 이어지지만 항상 '지각'의 연구가 중심에 있었다. 일본 심리학이 '지각' 연구에서 세계적 수준에 있음은 세계적으로 인정된다. 여러 응용 분야에 대한 관심과 연구도 물론 있었지만, 일본 심리학의 특징은 아카데미즘에 충실한 기초심리학, 특히 지각의 연구이다. 태평양전쟁 패전 이후 승전국 미국의 행동주의심리학이 도입되어 이러한 흐름이 주춤한 적이 있지만, 60년대 인지주의의 발흥과 더불어 일본 심리학 전통은 화려하게 복구되었다. 새로운 인지심리학은 오래된 일본의 심리학 전통과 궁합이 잘 맞았다.

이 책에는 보편학문 '인지심리학'에 대한 일본 심리학의 '개성'이 잘 드러난다. 이 책을 읽는 재미 중 하나이다. 예를 들어, '하이쿠의 심상'이라던가 '후쿠오카 서쪽 먼 바다 지진의 섬광기억' 등은 일본적 대상이나 현상을 심리학적으로 이해하려는 시도인데, 다른 어떤 책에서도 찾아볼 수 없는 것들이다. 이 책의 집필 스타일은 교과서적이라기보다는 백과사전적이다. 인지심리학의 모든 분야를 망라하고 있으며, 가능한 한 많은 지식을 좁은 지면에 우겨넣은 것 같다. 독자는 이 한 권의 책을 통하여 인지심리학의 과거와 현재를 섭렵할 수 있다. 통상적 교과서로 사용할 수도 있을 것이고 인지심리학 사전으로 활용할 수도 있을 것이다.

箱田 裕司 (하코다 유지)

　〔제1, 5, 6, 8, 13장, 화제의 연구 6-1 (공저), 8-1, 8-2 (공저)〕

- 큐슈대학 문학부를 졸업하고 (1972년) 동대학원에서 1988년 박사학위를 받았다.
- 현재 큐슈대학 대학원 인간환경학연구소 교수로 재직 중이다.
- 저서로는 『인지과학의 프런티어 I, II, III』, 『인지심리학 주요 연구: 기억인지』, 『거짓말과 기만의 심리학-전략적인 기만에서 따뜻한 거짓말까지』 등이 있다.

都築 譽史 (츠즈키 타카시)

　〔제7, 9, 10, 11, 12장, 화제의 연구 9-2, 12-2〕

- 나고야대학 교육학부를 졸업하고 (1982년) 동대학원에서 1994년 교육심리학 박사학위를 받았다.
- 현재 릿쿄대학 현대심리학부 교수로 재직 중이다.
- 저서로는 『언어처리에서의 기억표상 활성화 및 제어과정에 관한 연구』, 『인지과학의 전망-심리학의 10가지 관점』, 『심리학 실험방법』, 『고차인지의 연결주의모델-뉴런 연결망과 기호 연결주의』 등이 있다.

川畑 秀明 (가와바타 히데아키)

〔제2, 3, 4, 14, 15장〕

- 가고시마대학 교육학부를 졸업하고 (1997년) 큐슈대학에서 2001년 인간환경학 박사학위를 받았다.
- 현재 게이오대학 문학부 교수로 재직 중이다.
- 논문 「Visual completion of partly occluded grating in infants under 1 month old of age (Vision Research, 39, 3586-3591, 1999년)」, 「Neural correlates of beauty. (Journal of Neurophysiology, 91, 1699-1705, 2004년)」 외 다수가 있다.


萩原 滋 (하기와라 시게루)

〔제16, 17, 18장〕

- 게이오대학 경제학부를 졸업하고 (1970년) 동대학원에서 1985년 박사학위를 받았다.
- 현재 게이오대학 미디어 커뮤니케이션연구소 교수로 재직하고 있다.
- 저서로는 『변용하는 미디어와 뉴스보도 - TV뉴스의 사회심리학』, 『TV와 외국인이미지 - 미디어 고정관념 생성 연구』, 『TV뉴스의 세계상 - 외국관련 보도가 구축하는 리얼리티』 등이 있다.

화제의 연구 집필자 (집필순)

- 梅田 聰 (우메다 사토시) 게이오대학 문학부 부교수 〔화제의 연구 1-1〕
- 北岡 明佳 (기타오카 아키요시) 리츠메이칸대학 문학부 교수 〔화제의 연구 2-1〕
- 遠藤 光男 (엔도 미츠오) 류큐대학 법문학부 교수 〔화제의 연구 2-2〕
- 北村 (鈴木) 美穂 (기타무라 (스즈키) 미호) 쇼와여자대학 비상근 강사 〔화제의 연구 3-1〕
- 皆川 直凡 (미나가와 나오히로) 나루토교육대학 대학원 교육연구과 부교수 〔화제의 연구 3-2〕
- 石松 一眞 (이시마츠 가즈마) 독립행정법인 노동안전위생종합연구소 인간공학 및 리스크관리 연구원 〔화제의 연구 4-1 (공저)〕
- 三浦 利章 (미우라 도시아키) 오사카대학 대학원 인간과학연구과 교수 〔화제의 연구 4-1 (공저)〕
- 坂田 陽子 (사카다 요코) 아이치슈쿠도쿠대학 심리학부 교수 〔화제의 연구 4-2〕
- 松本 亞紀 (마츠모토 아키) 후쿠오카대학 인문학부 연구원 〔화제의 연구 5-1〕
- 大上 八潮 (오우에 야시오) 큐슈대학 대학원 인간환경학연구원 학술협력연구원 〔화제의 연구 6-1 (공저)〕
- 伊藤 繪美 (이토 에미) 센조쿠 스트레스 코칭 및 서포트 연구소 소장 〔화제의 연구 7-1〕
- 安藤 滿代 (안도 미치요) 성마리아학원대학 간호학부 교수 〔화제의 연구 8-2 (공저)〕
- 淺川 伸一 (아사카와 신이치) 도쿄여자대학 현대교양학부 조교 〔화제의 연구 9-1〕
- 井關 龍太 (이세키 류코) 쿄토여자대학 대학원 교육학연구과 일본학술진흥특별연구원 PD 〔화제의 연구 10-1〕
- 時津 裕子 (그림키츠 유코) 노스아지아대학 교양부 강사 〔화제의 연구 11-1〕
- 岩男 卓實 (이와오 다쿠미) 메이지대학 심리학부 준교수 〔화제의 연구 11-2〕
- 山岸 侯彦 (야마기시 기미히코) 도쿄공업대학 대학원 사회이공학연구과 준교수 〔화제의 연구 12-1〕
- 小松 佐穗子 (고마츠 사호코) 큐슈대학 대학원 인간환경학연구원 학술연구원 〔화제의 연구 13-1〕
- 大上 涉 (오우에 와타루) 후쿠오카대학 인문학부 강사 〔화제의 연구 13-2〕
- 長谷川 壽一 (하세가와 도시카즈) 도쿄대학 대학원 종합문화연구과 교수 〔화제의 연구 14-1〕
- 松本 直子 (마츠모토 나오코) 오카야마대학 대학원 사회문화과학연구과 준교수 〔화제의 연구 14-2〕
- 遠藤 利彦 (엔도 도시히코) 도쿄대학 대학원 교육학연구과 부교수 〔화제의 연구 15-1〕
- 赤木 和重 (아카기 가즈시게) 미에대학 교육학부 부교수 〔화제의 연구 15-2〕
- 上瀨 由美子 (가미세 유미코) 릿쇼대학 심리학부 교수 〔화제의 연구 16-1〕
- 大石 千歲 (오이시 치토세) 도쿄여대체육대학 아동교육학과 부교수 〔화제의 연구 16-2〕
- 唐澤 眞弓 (가라사와 마유미) 도쿄여자대학 현대교양학부 교수 〔화제의 연구 17-1〕
- 川浦 康至 (가와우리 야스유키) 도쿄경제대학 커뮤니케이션학부 교수 〔화제의 연구 18-1〕
- 釘原 直樹 (구기하라 나오키) 오사카대학 대학원 인간과학연구과 교수 〔화제의 연구 18-2〕

# 제 I 부 인지심리학의 기초 – 감성 · 주의 · 기억

## 제1장 인지심리학의 역사와 주제  024
### 인지심리학의 역사와 앞으로의 과제

화제의 연구

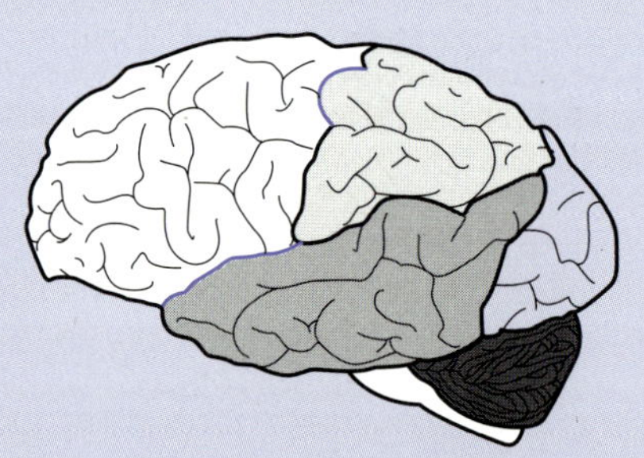

# I

## 인지심리학의 기초

감성
주의
기억

# 01

인지심리학의
역사와 주제

인지심리학의
역사와
앞으로의 과제

'인지심리학'이라는 단어가 책이나 잡지 등에 등장한 지 40년 정도의 세월이 흘렀다. 그동안 심리학은 확실히 많이 바뀌었다. 이전에 사용하던 심리학 용어가 자취를 감추기도 하고, 거의 쓰이지 않던 '부호화', '인출', '스키마(schema, 도식)', '하향처리(top-down)', '상향처리(bottom-up)' 등의 용어가 자주 등장하게 되었다. 그리고 컴퓨터과학이나 의학, 생리학, 법학 등 주변 학문과의 교류도 빈번해졌다. 1960년~1970년대 들어 심리학은 큰 변화를 맞이하게 된다. 이 장은 인지심리학의 탄생 이후부터 현재까지의 변천과정을 다룬다.

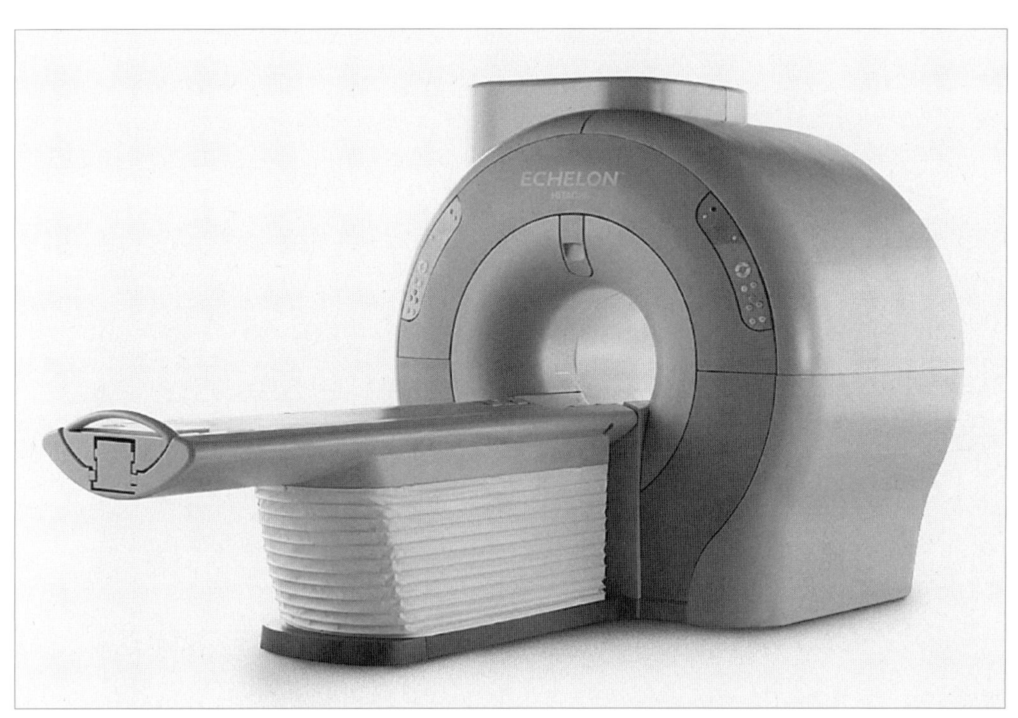
뇌활동 측정에 사용되는 fMRI(기능성 자기공명영상)

## 1절. 인지심리학의 탄생

인지심리학이라는 용어는 다음의 두 가지 의미로 쓰인다. 하나는 인간이 외부세계를 인식하고 기억하여 문제를 해결하는 인지과정을 연구하는 심리학이라는 의미이고, 또 다른 하나는 인지시스템을 사용하는 인간의 마음을 밝히려는 심리학적 시도를 말한다. 여기에서는 후자의 의미로 인지심리학의 성립과정에 대해 살펴보도록 한다.

나이서(Neisser, U.)가 1967년 펴낸 『인지심리학』은 인지심리학의 독립선언서에 해당한다. 그 책의 서문에 다음과 같은 구절이 나온다.

> 왓슨(Watson, 1913)에서 스키너(Skinner, 1963)에 이르는 급진적 행동주의자들은 다음과 같이 주장한다. 내적 변화에 대해서는 논하지 말고 외부에서 관찰할 수 있는 변인만으로 인간의 행동을 설명해야 한다. 가설적 기제를 통해 관찰하려고 하면 너무 추상적이 된다. 최악의 경우에는 기만이 될 수도 있다. 자극, 반응, 강화, 박탈시간에 대해서는 말할 수 있지만 범주, 이미지, 혹은 관념에 대해 논하는 것은 타당하지 않다.(Neisser, 1967)

그러면서 나이서는 만약 1세기 전이었다면 행동주의자들이 자기방어를 위해 장문의 글을 썼을 테지만 다행히 지금은 상황이 변했다고 적고 있다.

실제 심리학 데이터베이스(PsycINFO)를 이용하여 1950년대부터 1990년대까지 행동주의와 인지심리학의 키워드('강화', '조작적 조건형성', '인지', '정보')의 사용빈도를 조사해보면 1970년대를 경계로 상황이 크게 바뀌었다는 것을 알 수 있다(그림 1-1). 행동주의 용어가 포함된 문헌은 1970년대 최고치를 기록하고 차차 줄어든 반면, 인지심리학적 용어가 사용된 문헌 수는 급속히 증가하였다. 그 이유는 1960년대부터 1970년대에 걸쳐 심리학 세계에서 소위 말하는 인지혁명(Gardner, 1985)이 일어났기 때문이다.

과학은 과거의 연구결과에 새로운 지식이 더해지는 누진적 방식으로 발전한다고 여겨져왔다. 그러나 과학철학자 쿤(Kuhn, 1970)은 이러한 생각을 철저히 부정했다. 쿤은 과학이 누진적으로 발전해온 통상과학의 시대와, 기존 사고방식으로는 설명할 수 없는 변칙들이 축적되어 기존 사고의 틀을 근본적으로 바꿔 새로운 차원에서 접근하는 혁명과학의 시대로 나누어진다고 주장했다. 라흐만(Lachman et al., 1979)은 행동주의가 인간의 고도의 지적 활동을 설명하기에는 부족하다고 지적하면서 1908년 행동주의 관점에서 저술된 '읽기'에 대한 책이 그 후 60년 동안 기본적인 개정조차 없이 계속 출간되었다고 비판했다. 인지심리학의 출현은 이런

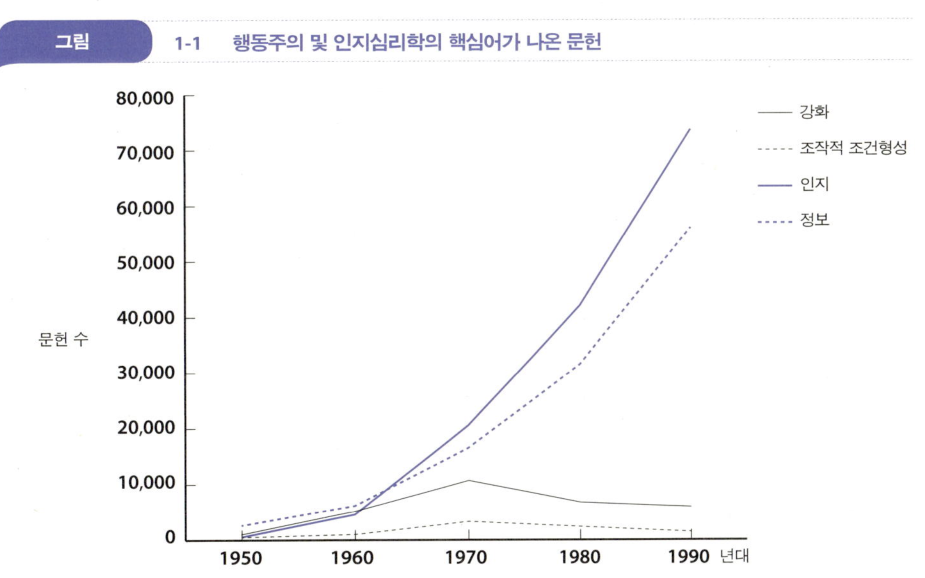

**그림 1-1** 행동주의 및 인지심리학의 핵심어가 나온 문헌

상황을 완전히 바꾸어 놓았다. 인지심리학은 행동주의가 다루지 않던 인간의 마음속에서 일어나는 고도의 지적 활동, 즉 인지과정을 연구대상으로 한다.


## 2절. 인지심리학의 기본 개념

### 정보처리시스템으로서 인간

인지심리학은 인간도 컴퓨터처럼 정보를 처리하는 시스템으로 본다. 컴퓨터가 입력정보를 부호화해서 저장하고 비교하여 인출하는 것처럼 인간도 이와 유사한 방식으로 정보를 처리한다는 것이다. 물론 인간의 마음은 훨씬 복잡하게 작동하지만 정보처리의 단계 및 기본 개념을 사용하여 설명할 수 있다는 생각이다(Lachman et al., 1979).


### 정보처리과정과 수렴조작

인간이 마음속으로 생각을 할 때는 여러 정보처리과정을 거친다. 각각의 처리과정이 있다는 것은 그 과정의 존재를 보여주는 두 개 이상의 조작에 의해 증명된다. 이러한 수렴조작(converging operation)을 보여주는 고전적인 사례가 감각기억 혹은 감각저장고의 존재를 증명한 스펄링(Sperling, 1960)의 부분보고법 실험이다.

실험에서 아홉 개의 낱자를 순간적으로 보여주고 본 것을 말해보라고 하면 실험참가자는 네 개 내지 다섯 개 정도밖에 기억하지 못한다. 당시에는 이것을 인간의 이해범위(span of apprehension)라고 보았다. 스펄링은 이것이 기억의 한계인지 아니면 기억 이전의 정보입력 단계의 한계인지를 알아보기 위해 부분보고법(partial report)이라는 실험절차를 고안했다(그림 1-2). 먼저 참가자에게 응시점이 있는 카드를 보여주고 나서 여러 개의 낱자들이 나와 있는 자극카드를 제시한다. 곧이어 자극카드가 사라지고 낱자가 있었던 위치에 바마커가 제시되면 참가자는 이 위치에

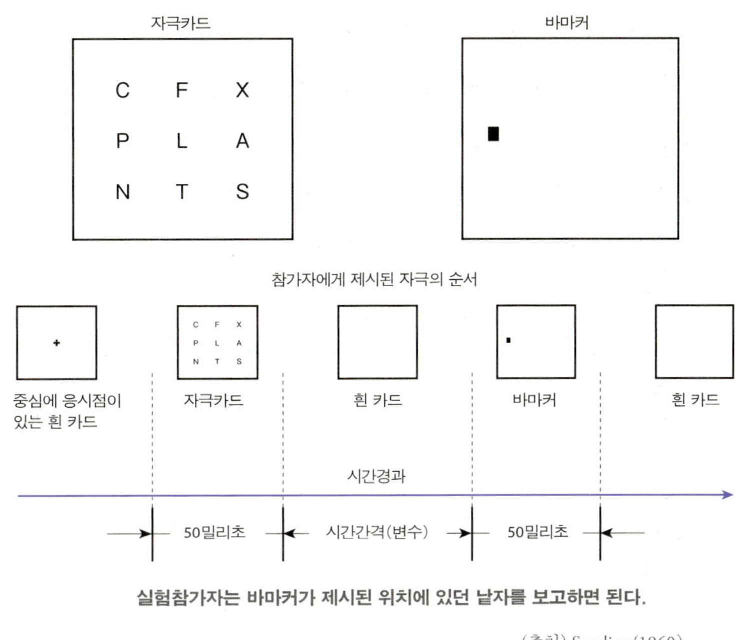


**실험참가자는 바마커가 제시된 위치에 있던 낱자를 보고하면 된다.**

___ (출처) Sperling(1960)



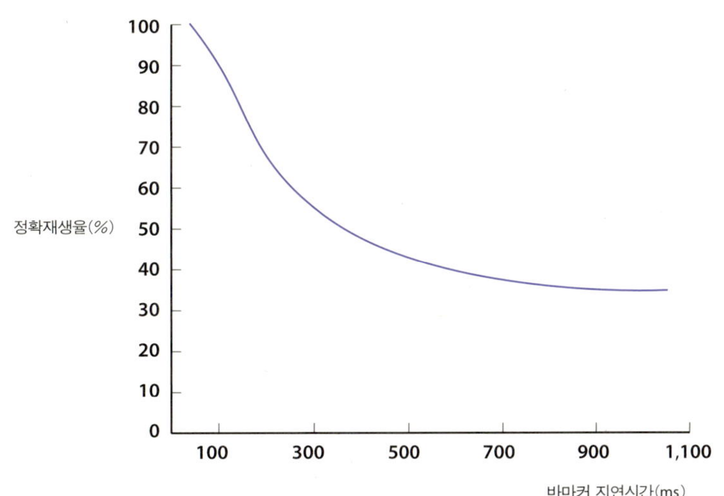


**자극이 제시된 직후에는 정보가 보존되어 있다.**

___ (출처) Sperling(1960)

있었던 낱자를 보고하면 된다. 이런 실험절차에서 대부분의 참가자는 낱자를 정확하게 보고할 수 있다. 하지만 자극카드와 바마커 제시 사이의 시간간격을 늘리면 낱자의 정확재생율이 점차 감소한다(그림 1-3). 스펄링은 이 결과가 자극이 제시된 직후에는 거의 완벽하게 남아있지만 시간이 흐르면서 사라지는 감각저장고의 존재를 보여주는 것이라고 보았다.

감각정보는 여러 정보처리모델이 주장하는 '감각기억'에 입력되어 저장된다. 다른 연구자(예, Harber & Standing, 1969)에 의해서도 감각기억의 존재가 확인되었고, 시각 이외의 다른 감각기억의 존재(예, 청각에 대해 듣고 따라 하는 기억인 음향기억)를 증명하는 실험기법이 제안되기도 하였다(Darwin et al., 1972). 이것을 수렴조작이라 할 수 있다.


### 정보처리의 양방향성 – 자료주도적 처리 vs. 개념주도적 처리

정보처리는 양방향으로 일어난다. 입력된 자료를 바탕으로 점차 고차원적인 처리로 나아가는 자료주도적 처리(상향처리)와 지식을 기반으로 추론을 통해 자료를 해석하는 개념주도적 처리(하향처리)가 있다. 일반적으로는 양방향의 정보처리가 상호작용하면서 동시에 일어난다.

그림 1-4를 볼 때 우리는 먼저 그림 속의 자극을 분석한다. 솟아 있는 것은 산이고 아래 두 개의 형태는 토끼의 귀인가? 그렇다면 이것은 산 밑에 있는 토끼를 그린 것인가? 그러나 무엇인지 확실하지는 않다.

자극으로부터 시작하는 자료주도적 처리와 지식을 기반으로 추론하는 개념주도적 처리는 동시에 일어나는 것이 일반적이다. 그러나 제시된 자극이 불충분한 경우에는 기존의 지식을 동원하여 무엇인지 알아내려는 적극적인 추론이 일어난다. 이 그림에 대한 또 다른 해석은 '스키점프대에서 내려다본 모습'이다.


### 영역특수성 vs. 영역일반성

최근의 인지심리학은 인지의 존재 이유, 즉 인간이 오랜 세월 진화해오면서 환경에 적응하고 살아남는 데 인지가 어떤 역할을 수행했는지에 주목하고 있다. 이런 접근방식이 진화심리학이다.

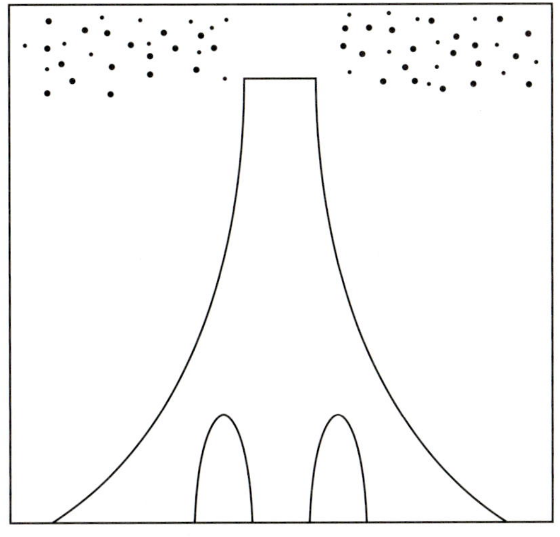



___ (출처) Price(1975)

___ (사진제공) 빅토리녹스 재팬

코스미데스(Cosmides, L.)는 1995년 영국왕립학회와 영국학술원이 공동주최한 학회에서 스위스 군용칼(그림 1-5)을 보여주면서 '사람의 마음이 이 칼과 같다'고 강연했다(Mithen, 1996). 마음은 고도로 특화된 기능을 지닌 여러 모듈(module)로 이루어져 있으며 각 모듈은 생득적(生得的)이고 독자적인 신경학적 구조로 빠르게 자동으로 작동한다(8장 참조).

이러한 모듈성(modularity)과 영역특수성(특정 심리적 메커니즘이 특정 영역에서 일어난다는 관점)을 비교해보면, 영역특수성이 생득적이고 신경학적인 구조를 필수적으로 가정하고 있지 않다는 점에서는 차이가 있지만, 특정 유형의 정보에 대한 특화된 정보처리기제를 가정한다는 점에서는 다르지 않다. 실제 많은 연구자들이 이 두 개념을 거의 구별하지 않고 사용한다.

왜 인간의 마음에는 모듈성이 존재하게 된 것일까? 코스미데스와 토비(Cosmides & Tooby, 1994)는 마음의 모듈성은 인간이 채집 및 수렵시기를 거치면서 진화한 결과이며, 여기에는 두 가지 힘 – 우연과 자연도태 – 이 작용했다고 주장한다. 진화과정에서 우연이 일정 부분 역할을 했지만 복잡한 인지기능을 우연의 산물이라고 보기는 어렵다. 인지적 메커니즘은 자연선택이 누적되어 나타난 결과라고 할 수 있다. 즉, 원시환경에서 살아남아 재생산에 공헌한 기능만이 마음의 구조(architecture)로 자리 잡게 된 것이다.

오랜 기간에 걸쳐 자연선택이 일어난 마음의 구조가 빠르게 변화하는 현대사회에 미처 적응하지 못한 채 제대로 기능하지 못할 때가 간혹 있다. 예를 들어 회의 도중에 흥분하여 자기도 모르게 상대에게 주먹을 한 방 날리고 싶은 경우이다. 이런 반응은 채집 및 수렵시기 – '싸움 또는 도망(fight or flight)'– 에는 도움이 되었지만, 지금과 같은 평화사회에서는 적절한 대응이라고 할 수 없는 자율신경계(교감신경계)의 작용으로 일어나는 것이다.

현재 인지심리학에서 영역특수성과 영역일반성 개념은 마음이 어떤 구조로 되어 있고, 환경에 적응하기 위해 어떤 역할을 하는지에 대해 생각하게 해주는 중요한 관점이다. 물론 이런 진화론적인 설명에 대해 비판적 의견도 있다. 이에 대해서는 11장을 참고하기 바란다.

## 3절. 인지심리학의 접근

인지심리학은 인지과정을 연구하는 심리학을 말하며 그 접근방식은 매우 다양하다.

### 실험인지심리학

실험인지심리학은 인지심리학의 기초를 닦고 발전시켰다. 2절에서 다룬 스펄링의 연구도 그 한 예이고, 앞으로 소개할 많은 연구도 실험인지심리학의 주요 성과들이다. 인지심리학자들은 인지과정의 특성과 구조를 규명하기 위해 실험방법을 고안하고 이론을 구축해왔다.

가너 등(Garner et al., 1956)에 의하면 새로운 심적 메커니즘(혹은 심리과정)의 존재를 주장하기 위해서는 그 존재를 입증할 복수(複數)의 수렴조작이 필수이다. 수렴조작이란 어떤 실험결과를 설명하는 대립되는 가설이나 개념을 선택하거나 배제하는 등 두 가지 이상의 실험적 조작을 말한다. 이들 조작이 서로 완전히 관련되어 있지는 않더라도 한 가지 개념으로는 수렴하기 때문에 수렴조작이라 부른다(Garner et al., 1956).

실험인지심리학의 역사는 수렴조작이 탄생시킨 역사이기도 하다. 앞에서 언급한 시감각기억(영상기억)의 존재를 증명한 스펄링의 부분보고법, 청감각기억(음향기억)의 존재를 확인한 다윈의 실험, 기억은 하나가 아니라 단기기억과 장기기억으로 구분되어 있다는 이론을 증명한 수많은 실험(5장 참조) 등 수렴조작의 실험적 사례는 셀 수 없을 정도로 많다. 이런 과정을 통해 인지심리학자들은 사회심리학이나 임상심리학 등 다른 영역에까지 영향을 끼친 인지모델을 구축할 수 있었던 것이다.

### 인지신경과학

인지신경과학은 인간의 인지활동을 뇌기능으로 설명하는 학문 영역으로 심리학과 신경과학이 합쳐진 연구분야이다(화제의 연구 1-1 참조). 1980년대에 들어서면서 인지과제를 수행하고 있는 인간의 뇌활동을 관찰할 수 있게 된 이후 인지신경과학은 급속한 발전을 이루었다. 뇌를 연구하는 기법(표 1-1)은 다양하지만 인간이 지적 활동을 수행할 때 뇌의 어느 부분이 어떻게 작동하는지를 규명하려는 목표는 같다. 그렇지만 각 기법마다 장단점이 존재한다. 그림 1-6은 각 기법이 지닌 시간적 특성과 공간적 특성을 보여준다(Churchland & Sejnowski, 1988).

그림 1-6에서 알 수 있듯이 단일세포기록법은 시간적 해상도가 대단히 우수하다. 특히 순간적인 변화부터 상당히 긴 시간적 변화까지 광범위한 정보를 제공한다. ERP, PET, fMRI, MEG는 모두 뇌영상 촬영기법(표 1-1 참조)이지만 시간적 해상도에서 큰 차이가 있다. 그림 1-7은 주요 뇌부위의 위치와 명칭을 보여준다.

**표 1-1 주요 뇌연구기법**

| | |
|---|---|
| 단일세포기록법<br>(single-unit recording) | 3~10마이크로미터(1마이크로미터는 1000분의 1밀리미터)의 미소전극을 뇌의 신경세포에 삽입해서 그 활동을 측정한다. |
| 사건관련전위<br>(ERP: event-related potentials) | 두피에 연결한 전극을 통해 뇌의 전기적 활동을 증폭시키면 리듬을 갖는 파장, 즉 뇌파가 관찰된다. ERP란 빛과 소리 같은 특정 자극에 대해 생기는 일과성의 전위변화를 말한다. 이 방법으로 인지과정의 시간적 특성을 밝힐 수 있다. |
| 양전자방출 단층촬영법<br>(PET: positron emission tomography) | 인체에 투여한 방사성물질에서 나오는 양전자를 검출하여 뇌 속에서 신경활동이 높아진 부위를 측정한다. 이 방법은 공간해상력은 대단히 높으나 시간해상력은 떨어진다. |
| 기능성 자기공명영상법<br>(fMRI: funtional magnetic resonance imaging) | 신경활동이 왕성한 뇌부위는 혈류가 증가한다. 이에 따른 뇌의 자기변화를 검출하여 활동부위를 조사하는 방법으로 PET에 비해 시간과 공간해상력이 뛰어나다. |
| 뇌자도<br>(MEG: magnetoencephalography) | 뇌의 전기적 활동에 의해 생기는 자장을 초전도를 이용한 고감도 장치에 의해 계측하는 방법이다. 인지과정의 시간특성에 관해 밀리초(ms) 단위로 정보를 얻을 수 있다. 공간해상력도 상당히 높은 편이다. |
| 경두개 자기자극법<br>(TMS: transcranial magnetic stimulation) | 두피에 붙인 전극에 전류를 흘려서 뇌 속의 특정한 위치에 자장을 발생시켜 정보처리를 억제시킨 뒤 인지과제의 수행이 어떻게 변화하는지 관찰한다. 과제를 수행하는 동안 뇌활동을 조사하는 다른 방법들이 인지과제와 뇌활동 간의 상관관계를 검증하는 것이라면 TMS는 뇌의 특정 부위와 인지과제 간의 인과관계를 밝힐 수 있다. |

＿＿ (출처) Eysenck(2006)

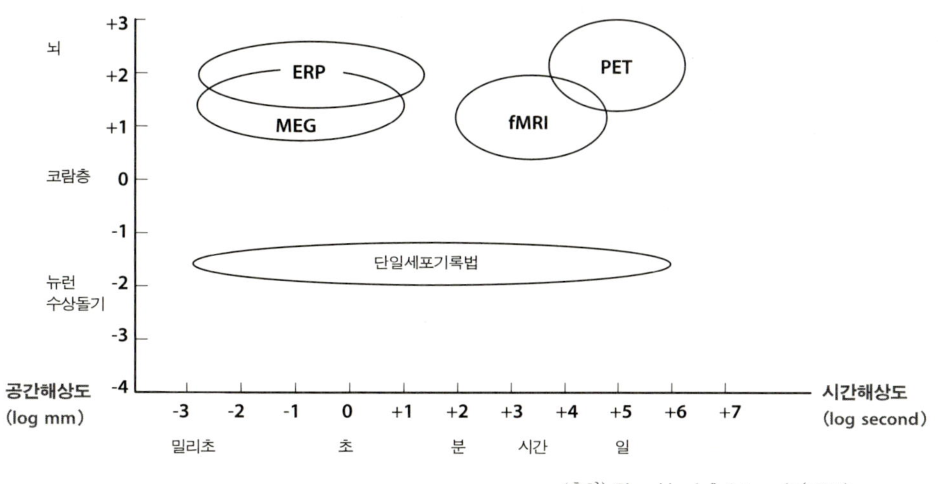


(출처) Churchland & Sejnowski(1988)



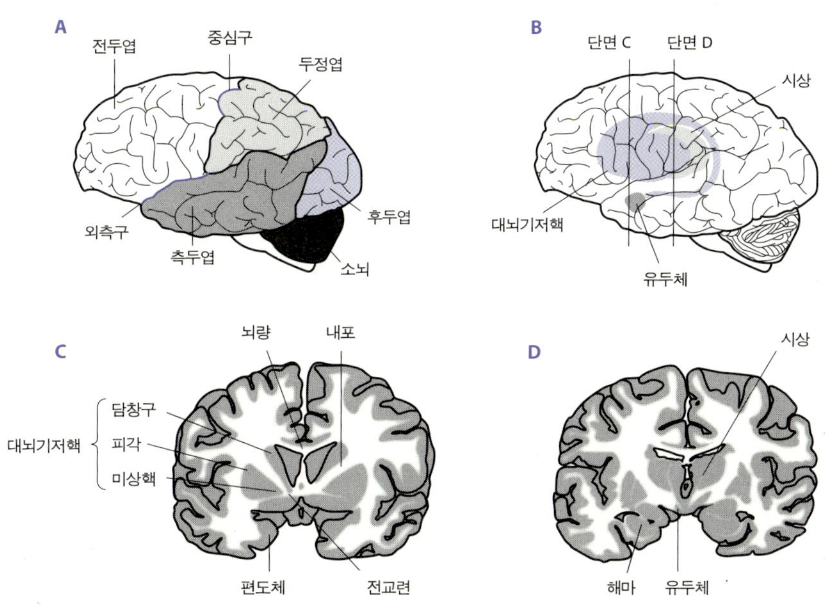


B에서 단면 C로 잘라서 얻어진 것이 그림 C이고, 단면 D로 잘라서 얻어진 것이 그림 D이다.

(출처) Purves et al.(2008)

우리는 과거의 기억 또는 과거에 얻은 지식을 기초로 끊임없이 다음 행동을 결정한다. 이런 의미에서 기억은 일상생활에 꼭 필요한 기능이라고 할 수 있다. 동시에 기억에 장애가 생기면 일상생활에 여러 가지 문제가 발생할 가능성이 높다는 것을 알 수 있다.

'신경심리학'은 뇌손상 또는 신경질환으로 발생한 기억장애를 토대로 기억의 메커니즘을 밝히기 위한 연구들을 수행한다. 그리고 각종 실험연구를 통해 기억에 관한 많은 중요한 사실들이 규명되었다. 기억장애가 나타나는 질환은 여러 가지가 있지만 기억기능의 저하가 장애의 중심이 되는 질환으로는 기억상실증(amnesia)과 치매(dementia)가 있다. 이 둘의 차이는 기억상실증이 기본적으로 기억장애만 나타나는 데 비해 치매는 기억장애가 전면에 나타나면서 주의, 언어, 사고 등 다른 고차원적 인지기능이 전체적으로 저하된다는 데 있다.

또한 기억상실증은 기질성과 심인성으로 나뉜다. 전자가 뇌손상이 원인이 되어 기억상실이 나타나는 것이라면, 후자는 기본적으로 뇌에는 문제가 없는데 심리적 스트레스 때문에 발병하는 기억상실증이다. 기질성 기억상실증에는 해마와 주변부위의 손상을 수반하는 측두엽성 기억상실증, 유두체 또는 내배측 시상핵 등의 손상을 수반하는 코르사코프 증후군, 전뇌기저부(basal forebrain)의 손상과 관련된 전뇌기저부 기억상실증 등이 있다.

기질성 기억상실증은 손상부위에 따라 기억장애의 질이나 정도가 다를 수 있지만, 비교적 공통적인 특징을 보인다는 것이 실험을 통해 발견되었는데 다음과 같다. ① 단기기억이나 절차적 기억의 장애는 나타나지 않고 지능이나 언어 등도 정상범위 내에 있다 ② 발병 후에 일어난 새로운 일을 기억하지 못하는 '순행성 기억상실증(anterograde amnesia)'이 나타난다 ③ 발병 전에 일어난 사건을 기억하지 못하는 '역행성 기억상실증(retrograde amnesia)'이 나타난다 ④ 역행성 기억상실증의 경우 오래된 기억일수록 더 잘 기억하는 '시간적 경사'가 관찰된다. 스코빌(Scoville, W. B.)과 밀너(Milner, B. A. L.)는 기억장애 환자 H. M.에 대한 일련의 실험에서 그의 단기기억이 크게 손상되지 않았다는 사실을 확인할 수 있었다. H. M.은 뇌전증 치료를 위해 양측 측두엽 내측부와 그 주변부위의 절제수술을 받았다. 수술 후 그는 지능과 언어능력, 지식, 숫자읽기, 심지어 절차기억은 모두 정상범위 내에 있었지만 중증의 순행성 기억상실을 보였고, 새로운 정보는 몇 분이 지나면 까맣게 잊어버리는 장애를 갖게 되었다. 이는 H. M.의 장기기억은 손상되었지만 단기기억은 비교적 정상이라는 기억의 해리(dissociation)를 보여주는 것으로 '이중저장고모델'을 지지하는 증거가 되었다. 이 밖에도 기억장애에 관한 자료는 '암묵기억과 외현기억'의 구분 같은 인지심리학의 주요 개념의 타당도를 높이는 데 큰 역할을 한다.

한편 심인성 기억상실증은 기질성 기억상실증과 달리 실험적 접근으로 그 증상이나 특징을 파악하기 어렵다. 심인성 기억상실은 생각나지 않는 정보가 개인적인 사건, 즉 자전적 기억에 한정되어 있어서 개인과 관련이 높지 않은 사건이나 일반 지식을 기억해내는 능력은 유지된다. 기질성 기억상실증에서 나타나는 '시간적 경사'도 심인성 기억상실증에서는 관찰되지 않는다. 또 새로운 것을 기억하는 능력에는 큰 문제가 없으며 잊어버린 정보를 다시 기억해내는 경우도 많다. 심인성 기억상실증의 회복 시기와 정도는 개인차가 크다. 실제로 발병 후 외상사건을 포함하여 대부분의 기억을 되찾는 사례도 있지만, 몇 년이 지나도 기억이 돌아오지 않는 사례도 있다. 그중에는 발병 이전의 성격, 습관, 기호까지 잊어버려서 일상생활이 거의 패닉상태에 빠지거나 인격이 바뀌는 사례도 있다. 심인성 기억상실증의 신경학적 기제에 대해서는 밝혀진 것이 많지 않다.

최근 fMRI(기능성 자기공명영상) 등 뇌영상기법이 급속히 발전하면서 건강한 사람을 대상으로 기억의 신경학적 기제를 밝히는 연구도 활발하게 진행 중이다. 예를 들어 H. M.이 손상을 입은 측두엽 내측부가 담당하는 정보의 부호화와 인출 그리고 이들 활동의 기저에 있는 의식의 다양한 심리기능이 밝혀지고 있다. 또 건강한 사람을 대상으로 한 뇌영상자료는 기억장애의 증상을 설명하고 치료하는 데 큰 도움이 된다. 기억장애 환자에게서 얻어진 연구결과는 새로운 실험설계를 만드는 데도 활용된다. 이처럼 건강한 사람을 대상으로 하는 실험연구와 기억장애 환자를 대상으로 하는 사례연구는 상호 융합하면서 발전해가고 있다. 앞으로도 더 큰 발전을 기대해본다.

〔우메다 사토시〕

## 계산론적 인지과학

인지과학은 컴퓨터에 인간의 지능을 실현하려는 인공지능(artificial intelligence, AI)과 컴퓨터 시뮬레이션(computer simulation)으로 구분할 수 있다. 인공지능은 지적 과제를 최대한 효율적으로 수행하는 컴퓨터 시스템을 구축하려는 시도로, 수행을 담당하는 내부 프로세스가 인간과 똑같을 필요는 없다. 체스 또는 장기 프로그램, 질병 진단 프로그램, 고장 진단 프로그램 등 많은 컴퓨터 프로그램이 개발되었다. 컴퓨터 시뮬레이션은 인지활동을 수행하는 인간의 행동(오류까지 포함하는)을 충실히 재현할 수 있는 프로그램을 개발하여 인간의 내면세계를 규명하는 것이 목적이다. 그중에서도 PDP모델은 여러 처리단위(unit)가 동시에 활성화되는 인간 뇌의 특성에 주목해서 만들어진 것이다(9장 '연결주의모델' 참조).

❶ 수렴조작이 무엇인지 이 책에서 다룬 감각기억을 제외한 다른 사례를 찾아 보고 설명해보세요.

❷ 영역특수성은 생득적인 것만이 아니라 학습적인 것도 있다고 생각되는데, 그 구체적인 예를 들어 설명하세요.

❸ 하향처리(top-down)로 인해 물체를 잘못 재인한 사례를 들어보세요.

참고문헌

カートライト, J・H/鈴木光太郎・河野和明訳(2005)『進化心理学入門』新曜社

● 人間の行動について進化論から説明を試みたもの。環境に適応するうえ で、私たちの心がどのような役に立つものかをわかりやすく解説している。

カードナー、H/佐伯胖・海保博之監訳(1987)『認知革命 − 知の科学の誕生と展 開』産業図書

● 認知科学がどのようにして誕生したかがくわしく紹介されている。認知 科学の中における認知心理学の位置づけを知るうえで、大変参考になる。

都築誉史編(2002)『認知科学パースペクティブ−心理学からの10の視点』信山社 出版

● 認知心理学の立場から認知科学の最近の動きを紹介したもの。特に、序 章は認知科学の歴史と最近の動きがわかりやすく紹介されている。

ラックマン、R.・ラックマン, J.L・バターフィールド, E.C./箱田裕司・鈴木光太 鑒郎訳(1988)『認知心理学と人間の情報処理 I , II , III 』サイエンス社

● グーンのパラダイム転換という視点から、認知心理学の誕生とっ発展を とらえて良書。反応時間の研究二度のような歴史的意味があるのかなどを、 くわしく紹介している。

# 02

## 시각인지

시각구조와
마음의 작용

인간의 시각은 외부 정보를 받아들이는 효율적인 구조일 뿐 아니라 지식을 얻는 위대한 장치이다. 시간대나 기후에 따라 파장은 변화하고 머리를 움직일 때마다 물체의 각도는 변한다. 안구 자체도 끊임없이 움직인다. 하지만 이처럼 계속 변화하는 외부 세계에서도 우리의 시각체계는 안정된 정보를 추려낼 수 있다. 외부의 물리적인 정보와 사람의 지각이 일치하지 않는 착시도 종종 일어난다. 앙리 마티스는 "본다는 것은 그 자체가 이미 창조적인 작업이며 노력을 필요로 한다"라고 했다. 시각인지는 능동적인 정보처리과정이다. 시각은 인식이 시작되는 출입구라고 할 수 있고 그 구조는 대단히 복잡하다. 이 장에서는 이러한 시각인지의 기본 구조와 기능에 대해 살펴본다.

앙리 마티스 「댄스」(에르미타주 미술관)

# 1절. 시각체계의 기본 구조

**환경에서 눈으로**

외부 정보를 시각적으로 처리하는 일련의 구조를 시각체계라고 하며 시각정보는 외부 환경에서 눈으로, 눈에서 뇌로 전달되고, 뇌의 여러 영역에서 처리된 시각정보들의 통합이 일어난다.

시각체계의 입구인 눈의 해부학적 구조는 카메라와 비슷하다. 눈도 어둠상자처럼 되어 있고, 초점을 맞추는 렌즈에 해당하는 수정체, 필름과 비슷한 망막(retina)이 있다. 카메라는 렌즈를 앞뒤로 이동시켜 초점을 조절하지만, 눈은 모양체가 옆에서 수정체를 잡아당겨 두께를 변화시켜서 초점을 조절한다. 빛의 양을 조절하는 카메라의 조리개 역할은 홍채가 맡고 있다(그림2-1의 A).

수정체를 통해 들어온 빛은 유리체를 통과하여 빛을 감지하는 망막에 떨어진다. 망막이 빛을 감지할 수 있는 것은 원추체와 간상체라는 수용기세포가 분포되어 있기 때문이다(그림 2-1의 B). 원추체는 밝은 곳에서 작동하며 색을 구별한다. 원추체는 약 600만 개 정도로 망막의 중심에 집중 분포되어 있다. 인간의 원추체는 빨간색, 녹색, 파란색의 파장에 반응하는 세포로 나뉘는데, 이 세 파장의 비율에 따라 여러 가지 색이 결정된다. 이는 컬러텔레비전이나 컴퓨터그래픽 프로그램이 빨간색, 녹색, 파란색을 적당한 비율로 섞어서 온갖 색깔을 만들어내는 것과 같은 원리이다. 간상체는 어두운 곳에서 작동하고 빛에 대단히 민감하지만 색을 감지하지는 못한다. 간상체는 약 1억 2,000만 개로 망막의 주변부에 밀집해서 분포되어 있다.

시각대상을 정확히 포착하기 위해서는 대상의 이미지가 망막에 선명하게 맺혀야 한다. 망막의 중심부에는 황반이라는 부위가 있다. 황반은 노란색을 띠는 지름 4밀리미터 정도의 원 모양으로 망막에서 시력과 색각을 담당하는 부위이다. 그 중에서도 원추체가 집중적으로 밀집되어 있어 해상도가 가장 높은 영역을 중심와 (fovea)라고 하는데, 그 범위가 아주 좁다. 우리가 눈을 끊임없이 움직이는 이유도 시각대상을 시야의 중심, 즉 중심와에 두어야 시각대상을 선명하게 지각할 수 있기 때문이다. 중심와에서 조금이라도 벗어나면 선명도는 급격히 떨어진다.

**그림  2-1  눈과 망막의 구조**

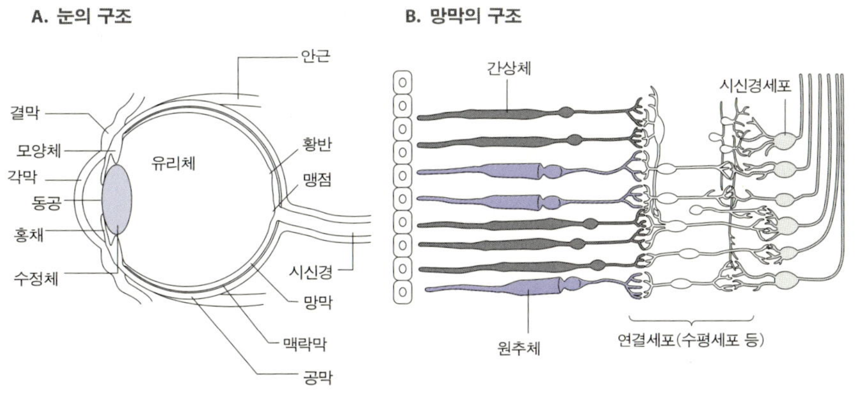


**망막은 0.1~0.3밀리미터 정도의 아주 얇은 막으로 10여 층의 구조로 이루어져 있다.**
**망막에는 원추체, 간상체 외에도 수평세포, 양극세포, 아마크린세포, 신경절세포가 있다.**

A: 맹점 보기. 왼쪽 눈의 맹점을 찾으려면 오른쪽 눈을 감고 왼쪽 눈으로 +
표시를 응시한다. 오른쪽 눈의 맹점을 찾을 때는 그림을 거꾸로 하면 된다.
B: 끊긴 선이 맹점에서 연결되어 보인다.



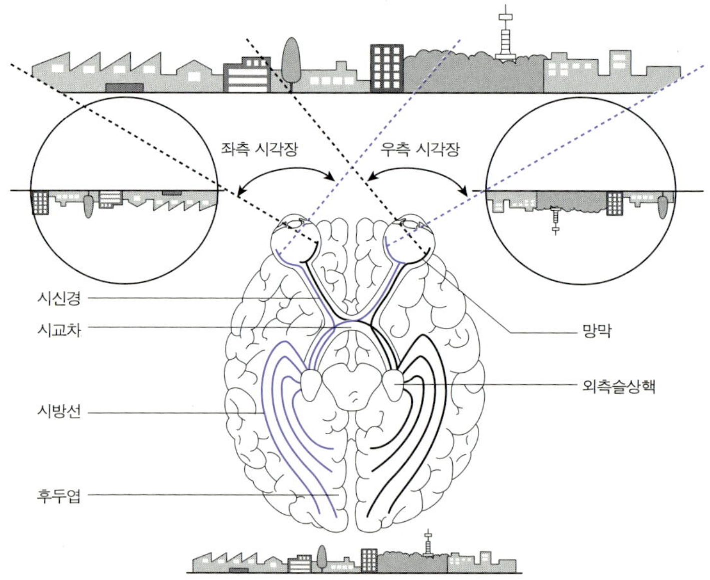



망막에 도달한 빛은 수용기세포에 의해 전기신호로 변환되어 시교차에서
정보교환이 일어나고 외측슬상핵을 거쳐 후두엽의 시각피질에 전달된다.

(출처) http://www.skk-health.net/me/21/index.html

외부 정보가 빛으로 망막에 맺히면 원추체와 간상체에 의해 빛은 전기신호로 변환되어 망막에 연결되어 있는 시신경을 통해 뇌로 전해진다. 망막은 약 100만 개의 시신경으로 뇌와 연결되어 있다. 시신경이 다발로 묶여져 망막을 빠져나가는 부위가 수용기세포가 존재하지 않는 맹점(blind point)이다. 그림 2-2의 A를 통해 실험해보도록 하자. 오른쪽 눈을 감고 왼쪽 눈으로 +를 응시하면서 종이를 눈 가까이 또는 멀리 움직여본다. 종이가 눈에서 20~30센티미터 정도 떨어지면 검은 동그라미가 보이지 않게 된다. 같은 방법으로 그림 2-2의 B를 보면 A의 검은 동그라미가 사라진 지점에서 선이 연결된 것처럼 보인다. 이처럼 시신경이 밀집되어 있어 수용기세포가 없는 부분이 맹점인데, 맹점에 상이 맺힌 정보는 사라지기도 하고(그림 2-2의 A) 주변의 시각정보에 의해 보완이 일어나기도 한다(그림 2-2의 B).

　　망막에서 나온 시각정보는 시상하부 바로 아래(시교차)에서 교차하여 좌측 시각장의 정보는 우반구의 시각피질로, 우측 시각장의 정보는 좌반구의 시각피질로 간다. 시각정보가 시각피질에 도달하기 전 시상에 있는 외측슬상핵이라는 중계소를 경유한다(그림 2-3). 이처럼 시각정보는 망막 → 시교차 → 외측슬상핵 → 시각피질 순으로 전달되는데 일부는 외측슬상핵에서 상구(superior colliculus) 등 시각피질이 아닌 곳으로 가기도 한다.

눈에서 마음으로

망막에서 시각피질(visual cortex)로 보내진 정보는 필요한 정보만 골라 여기에서 최종적으로 처리된다. 후두엽의 시각피질에 도달한 시각정보는 먼저 1차 시각피질(V1)에서 정보처리가 일어난다. V1에 있는 세포는 망막의 위치와 일대일 대응을 이룬다. 대뇌피질은 여섯 층의 구조로 이루어져 있고, V1은 수직방향으로 성질이 비슷한 세포들이 기둥형태로 나열되어 있다(기둥식 구조). 또 V1에는 오른쪽 눈과 왼쪽 눈 가운데 어느 쪽에서 정보를 강하게 받아들이는가에 따라 동일한 눈 우세를 가지고 있는 신경세포들(눈 우세 기둥)이 분포되어 있으며, 그 밖에도 다양한 기울기의 선분에 반응하는 방향선택성 세포들과 색정보 처리와 관련된 파장선택성 세포들도 존재한다.

　　시각피질은 30개 이상의 영역으로 나뉘어 있으며, 시각대상이 지니고 있는 속성들은 서로 다른 정보처리경로를 통해 처리된다. 예를 들어 색정보는 V1에서 V2를 거쳐 측두엽 쪽에 있는 V4로 전달된다. 이런 전달경로를 복측경로(ventral stream)라고 한다. 한편 공간이나 운동정보는 V1에서 V2, V5(MT 영역)로 전달되는데 이를 배측경로(dorsal stream)라고 한다(그림 2-4). 신경세포의 활동을 관찰하는 단일세포기록법을 통해 색, 형태, 움직임 등의 시각속성마다 뇌에서의 처리과정이 다르다는 사실이 확인되었고, 시각정보의 처리에 어떤 피질부위가 관여하고 있는지도 밝혀졌다. 최근에는 사람의 뇌활동을 조사하는 뇌영상 연구에서도 시각속성이 뇌의 각기 다른 부위에서 처리된다는 사실이 확인되었다. 부록의 그림 ①(책 맨 뒤 부록 참조)은 여러 가지 색으로 이루어진 몬드리안 도형과 무선으로 움직이는 검은 점들로 이루어진 자극을 보는 동안 참가자의 뇌활동을 보여준다. 색자극에 의해서는 V1, V2, V4가, 움직임자극에 의해서는 V1, V2, V5가 활성화되는 것을 알 수 있다. 즉, 색정보의 처리는 V4에, 움직임정보의 처리는 V5에 특화되어 있다. 물론 색정보가 V4에서만 처리되고 움직임정보가 V5에서만 처리된다는 것은 아니다.



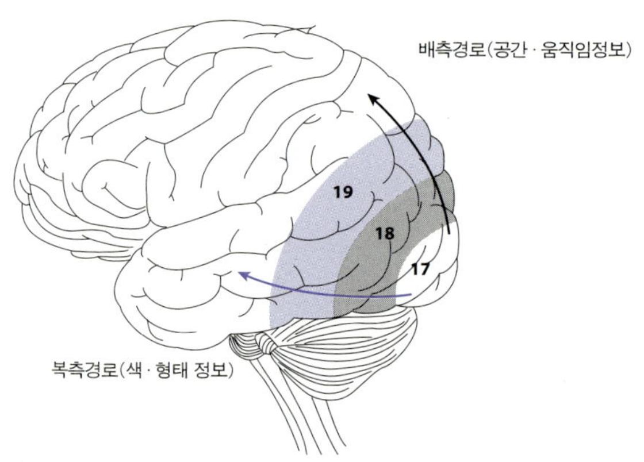



색과 형태정보를 처리하는 신경회로를 복측경로라 하고 공간과 움직임정보를 처리하는 신경회로를 배측경로라 한다. 전자를 무엇체계(what system), 후자를 어디체계(where system)라고 한다. 17~19는 브로드만의 뇌지도 번호를 가리킨다.

최근 인간의 뇌기능 지도를 만드는 연구가 활발하게 진행되고 있다. 그 결과 시각뇌의 기능이 특화되어 있을 뿐만 아니라 여러 뇌영역에서 병렬적인 정보처리가 일어난다는 사실도 알게 되었다. 다음 장 이후에 다루는 고차원적인 인지활동도 이와 비슷하다. 각각의 인지기능이 뇌의 여러 영역에 특화되어 있으며 이 영역들은 서로 네트워크를 이루어 작동한다. 이런 과정을 통해 뇌에서 마음이 생기는 것이다.

## 2절. 시각의 기본 속성

### 위치지각

시각체계의 중요한 역할 중 하나는 무엇이 '어디'에 있는지를 알아내는 것이다. 예를 들어 운동에서 이러한 공간적 위치를 파악하는 능력은 대단히 중요하다. 그렇다면 위치와 공간은 어떻게 지각되는 것일까?

정보가 망막에서 V1으로 투사될 때 망막 상의 이미지가 그대로 전달되지는 않는다. V1의 망막대응지도를 살펴보면 대상을 보다 상세하게 볼 수 있는 망막의 중심부에 대응되는 부위는 넓은 피질면적을 차지하고, 망막 주변부는 피질에서 비교적 좁은 영역이 할당되어 있다. V1이 손상되면 시야 결손이 일어나는데, 그 결손의 크기와 위치는 피질의 손상 크기와 위치에 의해 결정된다(부록 그림 ② 참조). 예를 들어 손상이 우반구 또는 좌반구 어느 한 쪽의 V1 전체에 걸쳐 있으면 그 반대쪽 시각장에 제시되는 자극을 보지 못한다.

망막의 중심에 원추체가 집중되어 있기 때문에 대상을 정확히 보려면 눈을 움직여서 대상이 중심와에 맺히도록 해야 한다. 시각적으로 지각된 대상의 방향과 위치를 시방향(visual direction)이라고 하며, 이는 시거리(visual distance)와 함께 사물의 시공간 파악에 필수적인 정보이다. 특정 시방향의 다른 위치에 있는 사물을 보려면 안구를 움직여야 한다. 안구운동에는 도약안구운동(saccade), 추적안구운동

(pursuit), 이명성안구운동(vergence) 등이 있다. 도약안구운동이 응시 위치를 바꿀 때 일어나는 빠른 안구운동이라면, 추적안구운동은 움직이는 대상을 따라가면서 볼 때 일어나는 자연스러운 안구운동을 말한다. 입체적인 방향을 따라 이동할 때는 좌우의 눈을 동시에 내외측으로 움직여야 하는데, 이를 이명성안구운동이라고 한다. 3차원 공간에서의 응시는 도약안구운동과 이명성안구운동이 동시에 일어나는 것이 대부분이다. 이 외에 입체시도 위치지각에서 중요한 역할을 한다.


## 색지각

모든 생물은 생존에 적합한 감각능력을 갖고 있다. 박쥐나 개는 사람이 듣지 못하는 초음파(수만 헤르츠의 고주파수)를 들을 수 있다. 시각의 경우에도 사람은 360~830 나노미터 사이의 가시광선 범위의 빛밖에 감지할 수 없지만 새나 곤충은 자외선처럼 파장이 짧은 빛도 볼 수 있다.

　　망막의 원추체가 외부 색에 대한 정보를 빛자극으로 받아들여 시각피질에서 처리하면 색에 대한 감각과 지각이 생긴다. 색의 속성에는 가시광선 파장의 차이로 결정되는 색상, 빛의 방사에너지 강도에 따라 결정되는 명도, 빛의 선명함의 정도를 나타내는 채도가 있다. 이 세 가지 속성을 척도화해서 3차원으로 나타낸 것이 먼셀 색입체이다(부록 그림 ③의 A 참조). 또한 색상은 청자주색에서 시작해서 청→녹→황→주황→적 순으로 둥글게 색을 배열할 수 있는데 이를 색상환이라 한다(부록 그림 ③의 B 참조).

　　망막에는 빨강, 초록, 파랑 세 가지 빛에 대응하는 원추체가 있다. 이들이 같은 비율로 자극되면 흰색이 지각된다. 즉, 세 가지 색의 복합 비율에 의해 색지각이 결정되는 것이다. 이들 중 하나라도 없으면 색맹이 되고 감지하는 강도가 낮으면 색약이 된다. 색이 세 가지 요소로 결정된다고 생각했던 최초의 학자는 영(Young, T.)이다. 당시에는 쉽게 받아들여지지 않았다가 헬름홀츠(Helmholtz, H.L.F.)에 의해 색지각의 3요인설이 재확인되었다. 이것이 영-홀름헬츠의 삼원색설이다. 삼원색설이 나온 지 100여 년이 지난 1950년 망막에서 세 가지 종류의 원추체가 발견되면서 삼원색설은 신경생물학적으로도 증명되었다.

　　TV나 프로젝터는 빨강, 초록, 파랑의 세 가지 기본 빛을 혼합하여 다양한 색을 만들어내는 구조이다. 반면, 물감의 경우는 시안(파랑과 초록 빛을 섞은 것과 동일), 마젠타(빨강과 파랑 빛을 섞은 것과 동일), 노랑(빨강과 초록 빛을 섞은 것과 동일), 이 세 가지의 혼합 비율에 따라 다양한 색이 표현된다. 빛의 기본색을 동일한 비율로 섞으면 흰색이 되지만 물감의 기본색을 동일한 비율로 섞으면 검정색이 된다. 이를 혼색이라고 한다.

우리가 색과 관련해서 경험하는 흔한 현상 중에 보색잔상(補色殘像)이라는 것이 있다. 한 가지 색을 오랫동안 바라보다가 흰색이나 회색 화면을 보면 색이 있었던 위치에서 다른 색이 보인다. 빨강을 오래 응시하고 나면 초록이, 초록을 보고 나면 빨강이, 파랑을 보고 나면 노랑이, 노랑을 보고 나면 파랑이 희미하게 보인다. 강렬한 태양을 오래 보거나 또는 특정 사물을 오래 바라보고 나서 그 사물의 형태가 잠시 눈에 남아 있는 현상을 잔상(after image)이라고 한다. 색의 경우는 색상환에서 반대쪽에 있는 색, 즉 보색이 잔상으로 남는다. 심리학자 헤링(Hering, E.)은 빨강과 초록이 혼합되어 노랑이 지각된다는 영-헬름홀츠의 삼원색설이 문제가 있다고 보고 우리의 시각이 서로 반대되는 색에 반응하도록 되어 있다는 대립과정이론을 제안했다. 이미 오래전 괴테도 빨강과 초록, 파랑과 노랑이 서로 반대색이라는 생각을 갖고 있었다.

우리는 특정 물체의 색을 항상 같은 색으로 보지만 실제로는 조명 같은 광원이 변화하면 망막에 전달되는 빛 파장은 상당한 차이가 있다. 이처럼 눈에 들어오는 빛의 성질이 크게 다른데도 물체의 색을 일정하게 지각하는 것을 색항등성(color constancy)이라고 한다. 색항등성에 대한 논의는 여전히 진행 중이다. 그러나 V4에 있는 세포가 손상되면 색항등성에 문제를 일으킨다는 연구결과가 발표되면서 V4가 입력된 파장의 총량을 분석하고 색을 보정하여 지각한다는 설명이 설득력을 얻고 있다.

색맹은 유전자 이상이나 손상 등에 의한 원추체의 변형에 의해서도 일어나지만 V4 영역이 손상을 입었을 경우에도 일어난다. 후자의 경우를 피질성 색각장애(피질성 색맹)라 하는데 이 경우 색정보가 V4에 도달하는 과정까지는 문제가 없다. 즉, 망막에서는 빛의 파장이 정상적으로 처리되었지만 뇌손상으로 인해 색지각에 이상이 생긴 것이다.

우리가 보는 세계는 끊임없이 움직인다. 외부 물체도 움직이고 우리 자신도 계속 움직인다. 움직이는 것이 무엇이든 우리의 망막에 맺히는 상은 움직임에 따라 계속 바뀐다. 물체의 한 점을 응시하고 있을 때에도 안구는 미세하게 움직이는데 이를 고시미동(또는 불수의 안구운동)이라 한다. 안구운동이 없을 때 우리가 보는 세상이 어떨지는 안구운동을 차단하는 특수 콘택트렌즈를 착용하는 실험을 통해 알아볼 수 있다. 안구운동이 사라지면 망막의 상은 정지상태가 된다. 이렇게 생긴 망막상을 정지망막상(stabilized retinal image)이라 하는데 이런 상태에서 물체를 보게 되면 그 일부가 사라졌다가 다시 나타나는 등 시각적 혼란을 경험한다. 즉, 시각에 있어서 안구운동은 필수적이다.

한편, 외부 환경이나 우리 자신이 계속 움직인다고 해서 반드시 움직임을 지각하게 되지는 않는다. 물체의 움직임이 너무 느리거나 너무 빠르면 움직임지각이 일어나지 않는다. 또한 대상의 성질이나 주변 환경에 의해서도 움직임지각은 영향을 받는다. 한 가지 예로 브라운효과라는 것이 있다. 운동영역과 대상의 크기를 두 배로 하면 지각하는 속도는 반으로 줄고, 좁은 시각장에서 움직이는 물체가 넓은 시각장에서 움직이는 물체보다 빠르게 보인다. 주변 환경이 어두울 때가 밝을 때보다 또 대상을 따라가면서 응시할 때보다 한 점을 응시할 때 움직임이 더 빠르게 지각된다.

이와 대조적으로 실제로는 움직이지 않는 대상인데 움직이는 것처럼 보일 때도 있다. 서로 떨어져 있는 두 개의 물체를 일정한 시간간격으로 보여주면 하나의 물체가 움직이는 것으로 지각된다. 이러한 현상을 가현운동(假現運動)이라고 한다(그림 2-5). TV나 영화의 영상도 실제는 수많은 정지장면을 연속해서 보는 것이다. 장면 속 물체의 위치가 약간 바뀐 정지장면들이 연속적으로 제시됨으로써 가현운동 같은 움직임지각이 일어난다. 공간적으로 떨어져 있는 두 개의 불빛을 약 30밀리초(1,000밀리초=1초) 이하의 아주 짧은 시간간격을 두고 제시하면 두 불빛이 동시 점멸되는 것처럼 지각되고, 약 60밀리초 정도의 시간간격에서는 한쪽에서 다른 쪽으로 불빛이 움직이는 것처럼 보인다. 시간간격이 약 200밀리초 이상이 되면 이런 움직임지각은 사라진다. 움직임정보를 처리하는 시각피질 영역(V5/MT 영역)에 있는 세포에 가현운동자극을 제시하면 실제 움직이는 물체를 볼 때와 똑같이 반

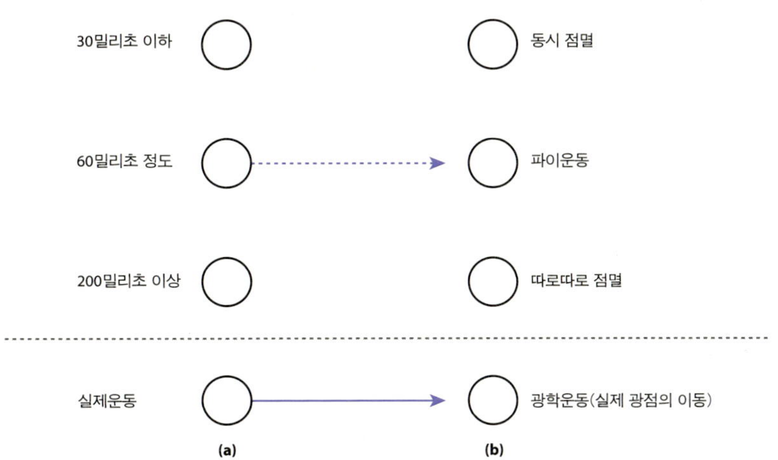



병렬로 배열된 두 개의 전구를 시간간격을 두고 제시할 때, 시간간격이 짧으면(30밀리초 이하) 두 전구가 동시에 켜졌다 꺼지는 것처럼 보이고, 간격이 길면(200밀리초 이상) 두 전구는 따로 켜졌다 꺼지는 자극으로 보인다.

응한다.

실제로는 움직이지 않는데 움직이는 것처럼 보이는 현상 가운데 움직임 잔효(after effect)가 있다. 한 방향으로 계속 움직이는 대상을 바라보고 나서 정지된 대상을 바라보면 정지대상이 직전에 본 운동대상과 반대방향으로 천천히 움직이는 것처럼 보인다. 색은 먼저 본 색과 반대색이 잔상으로 남고, 움직임은 먼저 본 움직임과 반대방향의 움직임이 지각된다. 예를 들어, 떨어지는 폭포 물줄기를 계속 바라보다가 폭포에서 눈을 떼고 다른 곳을 보면 폭포가 반대방향으로 역류하는 것처럼 보인다.

또한 바람에 흘러가는 구름에 의해 밤하늘의 달이 움직이는 것처럼 보이듯 '둘러싼 것'과 '둘러싸인 것'의 관계가 성립될 때는 둘러싸인 것이 움직이는 것처럼 보인다. 이를 유도운동(induced movement)이라 한다. 옆의 기차가 움직이는데 내가 타고 있는 기차가 뒤로 움직이는 것처럼 지각되는 현상(자기운동 착시 혹은 vection)은 시각운동이 관찰자의 위치와 방향에 영향을 준다는 것을 보여준다.

이러한 시각운동정보의 처리에는 V5(MT 영역)가 관여하는 것으로 알려져 있다. 이 피질부위가 손상을 입으면 피질성 운동맹이 된다. 이 장애를 가진 사람은 물체의 움직임을 지각할 수 없으며 이들에게 운동정보는 단편적인 정지장면으로 보인다. 또 움직임 잔효도 경험하지 않는다고 한다.

## 깊이지각

망막에 투영된 정보는 2차원 이미지인데 우리는 물체를 3차원 입체로 지각한다. 입체감을 느끼게 하는 깊이지각은 색, 움직임과 함께 중요한 시각속성 중의 하나이다. 깊이지각은 한 눈(단안단서) 또는 두 눈(양안단서)에 의해 일어난다(그림 2-6). 깊이지각에 기여하는 단안단서들은 다음과 같다.

1) 중첩(그림 2-6의 A): 대상이 다른 대상의 일부와 겹쳐지면 가린 대상은 앞에 있는 것으로, 가려진 대상은 멀리 있는 것으로 지각된다.

2) 상대적 크기(그림 2-6의 B): 큰 대상이 앞에, 작은 대상은 뒤에 있는 것으로 지각된다. 상대적 크기와 중첩이 혼합되면 깊이감은 훨씬 커진다.

3) 선원근(그림 2-6의 C): 멀어지는 평행선은 결국 한 점에 수렴한다. 폭이 동일한 평행선도 관찰자에게서 멀어질수록 좁아지는 것으로 지각된다.

4) 결기울기(그림 2-6의 D): 관찰자에게서 멀어질수록 표면의 결이 매끄럽고, 가까울수록 거칠게 보인다.

5) 대기원근(大氣遠近): 멀리 있는 물체는 색이나 형태가 뿌옇게 보이고 가까이 있는 것일수록 선명하게 보인다. 수묵화는 주로 대기원근단서를 이용하여 원근감을 표현한다.

6) 운동시차: 움직이는 관찰자가 정지된 대상을 응시할 때, 이 대상보다 멀리 있는 것은 관찰자와 같은 방향으로 움직이고, 대상보다 가까이 있는 것은 반대방향으로 움직인다. 이 움직임의 차이가 깊이지각을 일으킨다. 이 밖에도 그림자단서, 상대적 밝기단서 등이 깊이지각에 사용된다.

두 눈에 의한 깊이지각단서로는 양안부등(binocular disparity)이 있다. 사람의 두 눈은 떨어져 있어서 한 물체를 두 눈으로 볼 때 좌우 눈의 망막에 맺힌 상이 약간 다르다. 이 차이를 양안부등이라 한다. 양안부등으로 인한 입체시를 잘 보여주는 것이 랜덤 도트 스테레오그램(Random Dot Stereogram)이다. 베라 유레즈(Julesz, 1971)가 스테레오그램을 발견한 이후, 양안 입체시의 속성이 빠르게 밝혀지기 시작했다(그림

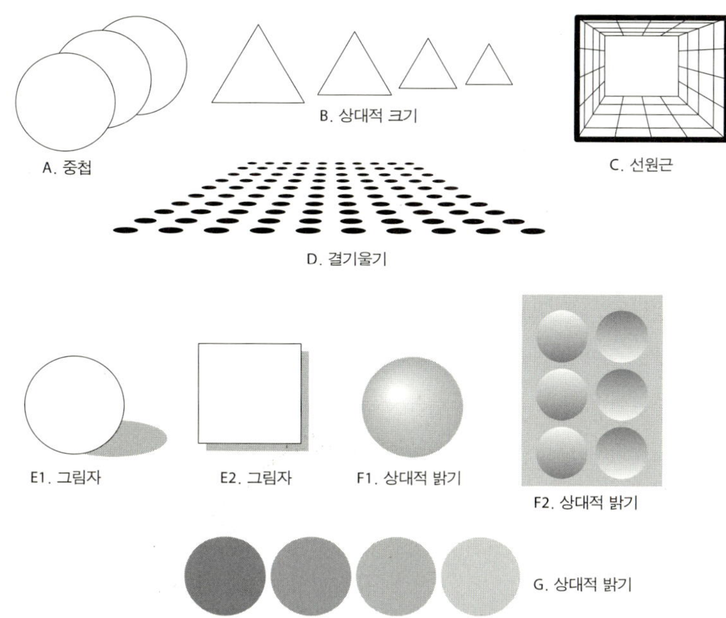


우리는 중첩, 상대적 크기, 그림자 등 다양한 그림단서들을 이용하여 공간적 깊이를 느낀다.



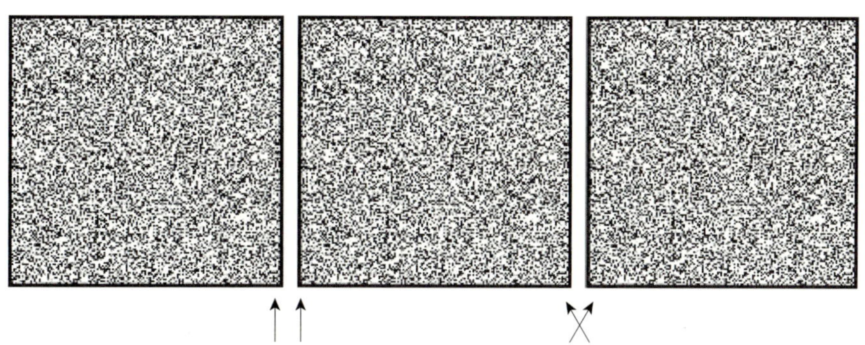

왼쪽의 두 랜덤 도트 사각형은 평행법(오른쪽 눈으로 오른쪽 그림을, 왼쪽 눈으로 왼쪽 그림을 보는
방식)으로, 오른쪽의 두 랜덤 도트 사각형은 교차법(오른쪽 눈으로 왼쪽 그림을, 왼쪽 눈으로 오른쪽 그림을
보는 방식)으로 두 사각형을 겹쳐서 보면 떠오르는 둥근 형태를 지각할 수 있다. 이와 반대로 왼쪽의
두 사각형을 교차법으로, 오른쪽의 두 사각형을 평행법으로 보면 둥근 형태가 안으로 들어가 보인다.

2-7). 이명성안구운동도 입체시의 단서로 작용한다. 시각대상의 거리에 따라 두 눈의 회전각도가 변하기 때문에 외안근이 관장하는 안구운동은 관찰자로부터 응시대상까지 절대적인 깊이를 알려주는 정보로 이용된다. 모양체로 조절되는 수정체의 두께도 가까운 거리에서 깊이지각단서로 사용된다.


# 3절. 고차 시각인지


**패턴재인**

인지심리학 시각연구의 특징은 사람의 인지체계를 컴퓨터 같은 정보처리시스템으로 간주한다는 것이다. 특히 패턴재인(pattern recognition)에 대한 연구는 인지심리학의 시각연구를 크게 발전시켰다. 우리를 둘러싼 세계는 자연환경, 인공물, 얼굴, 문자 등 다양한 형태를 가진 물체로 가득 차 있는데 우리는 이들이 무엇인지 순식간에 알아차린다. 최근에는 과학기술의 발전으로 얼굴인식이나 문자인식도 공학적으로 가능해졌다. 패턴재인은 대상을 배경과 분리해서 통째로 인식하는 것을 말한다. 흑과 백으로 이루어진 지면을 볼 때 일정 형태를 가진 '전경(figure)'과 그 뒤에 보이는 '배경(ground)'으로 구분이 일어난다. 이를 전경-배경분리(figure-ground segregation)라고 한다. 전경은 형태가 있지만 배경은 형태가 없고 경계선은 전경에 속하는 것으로 지각된다. 또 전경과 배경을 동시에 지각할 수 없다. 예를 들어 그림 2-8에서 마주보고 있는 두 개의 얼굴과 꽃병을 동시에 보지 못한다.

그림 2-9의 A는 1/4이 잘려진 원 네 개가 있는 것인데 우리는 네 개의 검은 원 위에 하얀 사각형의 윤곽을 본다. 실제로는 하얀 사각형이 없는 것을 잘 알지만 사각형이 보인다. 이처럼 음영이나 색의 변화가 없는데도 윤곽선을 보는 착시를 주관적 윤곽(subjective contour)이라 한다(착시에 관해서는 화제의 연구 2-1 참조). 주관적 윤곽이 보이는 착시는 그 밖에도 많이 있다(그림 2-9의 B, C). 마찬가지로 그림 2-10을 보면 처음에는 흩뿌려져 있는 검은 점처럼 보이지만 개가 있다는 사실을 알려주면

우리는 양 옆에 있는 검은색으로 칠해진 두 개의 얼굴과
중앙의 하얀색 잔 중 하나만 지각한다.



A: 기본도형
B: 폰조 착시(위의 수평선이 더 길어 보인다)
C: 포겐도르프 착시(사선이 어긋나 보인다)

중앙의 오른쪽에 개(달마시안)가 있다.

_____ (출처) 사진작가 R.C. James



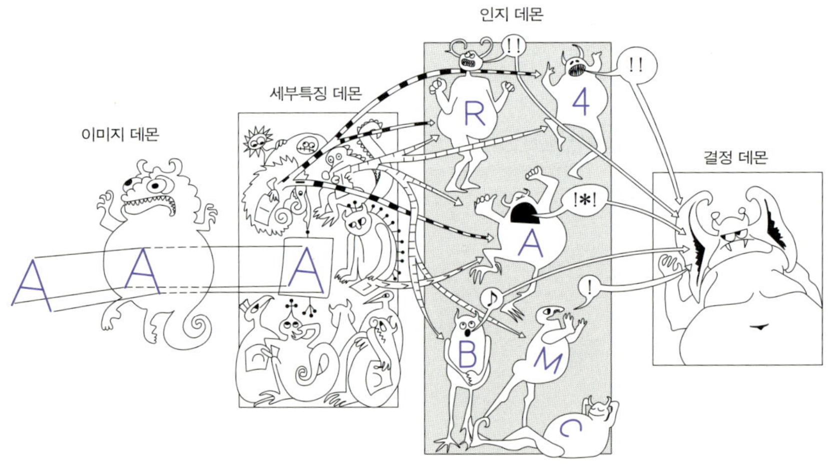


다양한 계층의 데몬들이 세부특징분석, 인지, 결정 등의
서로 다른 일을 담당하면서 입력된 패턴을 재인한다.

_____ (출처) Lindsay & Norman(1977b)

개가 있는 그림으로 보인다. 한 번 개가 있다는 사실을 알고 나면 개가 보이지 않던 처음 상태로 되돌아가기 어렵다. 이처럼 검은 점들 속에서 개를 발견하는 것은 지식 또는 선행경험이 지각에 영향을 미친다는 것을 보여준다. 이러한 재인은 하향처리(top-down) 또는 개념주도적(concept-driven) 처리에 의해 일어나는 것이다. 한편 주관적 윤곽에 의한 패턴재인은 지식이 없이도 일어나며 윤곽선이 없다는 사실을 알면서도 형태나 윤곽을 인식한다. 이를 상향처리(bottom-up) 또는 자료주도적(data-driven) 처리라고 한다.

시각패턴의 재인은 크게 입력과정과 결정과정으로 나누어진다. 패턴재인에 관한 대표적인 모델에는 형판대응모델(template matching model)과 세부특징분석모델(feature analysis model)이 있다. 형판대응모델은 입력된 자극을 머릿속에 존재하는 형판과 맞추어 본다는 개념이다. 이 모델은 제시된 패턴의 크기와 기울기 등이 형판에서 벗어난 자극이 재인되는 상황을 설명하지 못한다는 문제가 있다. 그렇다고 다양한 자극에 대응시킬 수 있는 여러 개의 형판을 가정하게 되면 형판의 수가 너무 많아진다. 자극패턴을 미리 규격화하는 방법도 생각할 수 있지만 규격화의 복잡한 처리도 문제가 된다. 형판대응모델이 많은 문제점을 갖고 있는 것은 분명하지만 최근 하측두엽의 신경세포들이 다양한 형태에 특수하게 반응한다는 연구결과(Tanaka et al., 1991)가 발견되면서 형판대응모델에 대한 기대가 새로 일어나고 있다.

세부특징분석모델은 패턴이 몇 가지 세부특징(수평, 수직, 기울기, 폐곡선, 교점 등)으로 구성된다고 보고 이런 요소들을 기초로 상향처리방식으로 전체적인 패턴이 재인된다고 주장한다. 세부특징분석모델로 셀프리지(Selfridge, O. G.)의 목마전모델(pandemonium model)이 유명하다. 그림 2-11은 목마전모델이 알파벳 재인을 어떻게 설명하는지를 보여준다. 휴벨과 위젤은 고양이의 시각피질에 있는 신경세포(단순세포, 복합세포, 초복합세포)가 선분, 기울기, 모서리 등 자극의 특성에 따라 선택적으로 반응한다는 것을 발견했다(Hubel & Wiesel, 1959). 이 세포들을 일종의 세부특징 탐색기라고 보면 자극의 특성에 따라 선택적으로 반응하는 시각피질의 기능이 곧 세부특징을 분석하는 과정이라고 할 수 있다. 그러나 이러한 상향처리만으로는 설명이 불가능한 패턴들이 있다(그림 2-12). 인간의 패턴재인은 맥락에 의존하는 하향처리방식으로도 일어난다.

착시(visual illusion)의 사전적 정의는 시각의 착각이다. 눈의 착각이라고도 한다. 착각은 생각이나 느낌의 차이 같은 고차원적 인지현상과 신기루나 도플러효과 같은 물리현상까지 포함하지만, 착시라고 하면 시각 차원의 착각으로 한정하는 경우가 대부분이다.

착시는 본질적으로 시각에 도움이 되지 않는 현상으로 간주되어왔다. 예를 들어, 오래전부터 연구에서 사용되어온 기하학적 착시(형태의 착시)는 대부분 특별한 목적이 있는 것은 아니다. 카페월(cafe wall) 착시(그림 1)는 평행인 회색선이 서로 경사져 보이는 착시인데 어떤 기능이 있다고 생각되진 않는다. 물론 '흰 까마귀는 없다'라는 명제를 증명하는 것이 쉽지 않은 것처럼 기하학적 착시에 어떤 기능이 없다는 것을 증명하기란 쉽지 않다.

한편, 특정 기능을 갖는 착시도 있다. 예를 들어, 그림 2의 반전도형에서 중앙의 그림은 그림자가 어딘가를 향해 오른발을 들고 있는 것처럼 보이기도 하고(왼쪽 그림), 왼발을 들고 있는 것처럼 보이기도 한다(오른쪽 그림). 착시란 실재와 다르게 보이는 것이고, 실재하는 것은 일정하다는 것을 전제로 하기 때문에 실재와 지각이 1대 1로 대응하지 않는 도형의 지각을 착시라고 하는 것이다.

또한 기능적으로 불가능한 도형(부분적으로는 맞지만 전체로 보면 이치에 맞지 않는 도형)이나 숨은 그림(대상이 정확히 묘사되어 있지만 지각하기 어려운 도형)도 있다. 이들을 총칭해서

**그림1 카페월 착시**

**그림2 반전도형**

눈속임 그림(trompe l'oeil)이라고 한다. 좁은 의미에서 눈속임 그림은 진짜처럼 보이는 그림을 말한다.

이러한 눈속임 그림은 실험심리학의 착시연구에서는 사용하지 않는다. 그 이유는 눈속임 그림을 착시범주에 포함하면 착시의 범위가 너무 넓어지기 때문이다. 그러나 시각심리학이나 인지심리학 책의 '착시 카탈로그'에 회전도형이나 불가능한 도형이 종종 실려 있는 것에서 알 수 있듯이 그렇게 엄격하게 구별하고 있지는 않다.

최근 착시에 대한 연구가 활발해지면서 정지된 그림인데 움직이는 것처럼 보이는 착시가 등장했다. 1986년 스필만(Spillmann, L.) 등이 발표한 오우치 착시(그림 3, 중앙의 동그라미 속에 있는 자극이 움직이는 것처럼 보인다)가 그것으로 이에 대한 연구보고서가 많이 나오고 있다. 필자도 몇 가지 새로운 착시를 고안했다. 예를 들어, 2003년에 발표한 '뱀의 회전'이라는 작품(그림 4. 각 원반이 따로 회전하는 것처럼 보인다)은 착시량이 많아서 큰 인기를 얻었다. 20명 중 한 명 정도는 이 착시가 일어나지 않는데, '개인차가 있기 때문에 착시가 일어나지 않아도 크게 걱정할 일이 아니다'라고 말해주어야 할 정도로 많은 관심을 받았다.

착시연구를 통해 시각메커니즘을 밝힐 수 있기 때문에 착시의 인기가 높아지는 것은 환영할 만한 일이라 하겠다.

[기타오카 아키요시]

**그림3 오우치 착시**　　　　　**그림4 뱀의 회전**

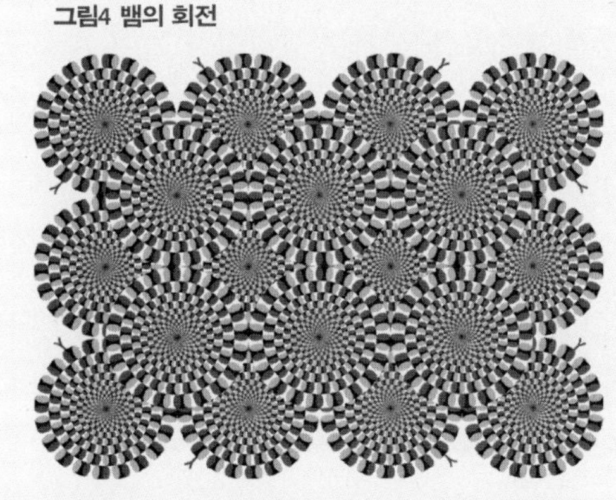

# THE HAT

두 단어의 두 번째 위치에 있는 낱자의 형태는 동일한데 사람들은 THE HAT으로
읽는다. 단순한 세부특징분석모델로는 H와 A를 구별하는 것을 설명하지 못한다.

## 물체재인

우리가 보는 대부분의 세계는 알파벳이나 기하학적 도형 같은 2차원의 패턴이 아
니라 3차원의 물체이다. 시각체계는 망막의 2차원적 자료를 3차원의 형태로 재구
성한다. 이러한 시각체계의 기능은 물체재인(object recognition)에 있어서 대단히 중요
하다.

마르(Marr, D.)는 어떤 물체이든 길이와 두께가 다른 몇 개의 원통으로 표상할
수 있다고 주장한다. 예를 들어 인간은 머리, 몸체, 양팔, 양다리 등 총 여섯 개의
원통으로 표상할 수 있다. 또 팔은 위팔, 아래팔, 손으로, 손은 각각 크기와 두께가
다른 원통으로 다섯 손가락을 나타낼 수 있다. 손가락 하나도 관절로 나누면 두
개 또는 세 개의 원통으로 나타낼 수 있다. 이와 같이 3차원 물체는 '원기둥'이라
는 특징적 요소로 분해가 가능하고 이들이 계층구조를 형성하고 있다.

비더만(Biederman, I.)은 호나 선분으로 구성된 지온(geon)이라는 24개의 기본형
태를 고안하여 물체의 표상을 설명하였다(그림 2-13). 이를 '요소에 의한 재인'이론
(RBC이론)이라고 부르며, 마르가 제시한 원기둥 이외에도 사각기둥, 삼각기둥, 삼
각뿔, 축구공 형태 등이 기본요소에 포함되어 있다. 단어가 낱자로, 낱자가 선분
으로 분해되는 것처럼 복잡한 형태의 3차원 물체도 이러한 요소로 분해되어 인식
이 일어난다고 본 것이다. 패턴재인이론과 마찬가지로 물체를 재인할 때도 어느
정도의 특징만 찾아낼 수 있으면 지온의 기본요소를 통합해서 인식이 가능하다.

　　그러나 3차원 물체재인은 2차원의 패턴재인과 달리 관찰자나 물체가 이동하면 시점이 바뀌면서 3차원 물체가 2차원 형태로 분해된 모습도 바뀐다는 제약이 있다. 즉, 컵을 위에서 바라보는 것과 정면에서 바라보는 것이 전혀 다른 형태인 것과 같은 이치이다. 그럼에도 불구하고 우리는 보는 방향에 따라 달라지는 형태의 변화에 크게 구애받지 않고 컵이라는 물체를 재인할 수 있다.

　　도대체 시점의 변화로 발생하는 이런 문제를 시각체계는 어떻게 해결하는 것일까? 이에 대한 설명으로 시점 비의존적 접근(view independent approach)과 시점 의존적 접근(view dependent approach)이 있다. 시점 비의존적 접근을 주장하는 마르에 의하면 3차원 물체는 관찰자가 보는 모습 그대로 입력된다('관찰자 중심 좌표계'에서 기술). 입력단계에서 시점이 이동하면서 모습이 바뀌기 때문에 물체는 완전한 3차원의 모습을 그려내지 못한다(2.5차원 스케치). 그 후 관찰자의 위치에 의존하지 않는 물체의 기본 특징요소('물체 중심 좌표계'에서 기술)로 변환된다. 마르는 이처럼 시점에 의존하지 않는 물체의 3차원적 표상을 물체의 두뇌 표상으로 가정했다. 비더만의 RBC이론(요소에 의한 재인이론)도 분석 가능한 지온이라는 요소를 가정하고 있기 때문에 시점이 바뀌어도 물체재인의 시점불변성이 유지된다(시점 비의존적 접근).

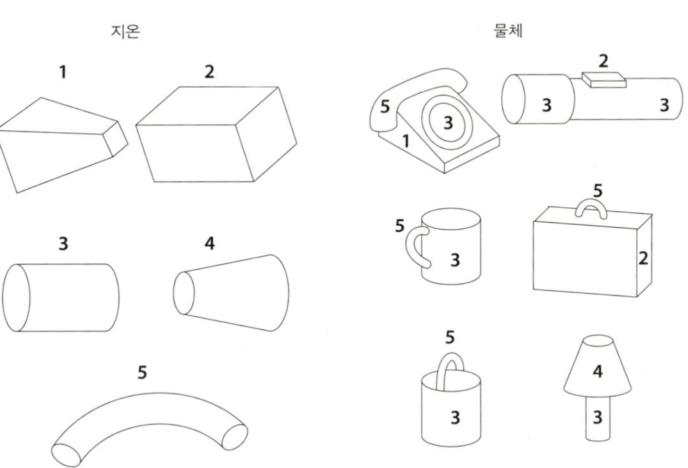



**오른쪽 물체는 왼쪽의 지온들로 분해가 가능하다.**
**물체에 표시된 번호는 왼쪽의 지온 번호를 가리킨다.**　(출처) Biederman(1987)

반면, 정신물리학 연구나 신경생리학 연구에서 나온 증거들은 시점 의존적 물체재인을 지지한다. 우리에게 친숙하고 전형적인 모습의 물체는 시점이 변해도 쉽게 재인되지만 전형적인 모습이 아닌 물체는 시점이 변하면 재인율이 현저하게 떨어진다. 즉, 시각체계는 특정 시점에서 본 물체의 모습을 그대로 기억하는 방식 으로 이루어져 있다는 이론이다. 그러나 관찰시점이 변하면서 경험한 모든 장면 과 모습을 기억하려면 거대한 기억용량이 필요하다. 따라서 시각체계는 몇 개의 장면이나 모습을 이용하여 처리할 가능성이 높다. 최근 시점 비의존적 접근과 시 점 의존적 접근을 융합한 모델이 필요하다는 의견이 제기된 데는 이유가 있는 것 이다. 또 3차원의 물체재인모델은 재인하려는 대상의 특징을 분석하는 방식, 즉 상향처리를 가정하고 있다. 따라서 배경이나 맥락효과 등 주변정보와의 관계를 고려하지 못하는 문제점이 있으므로 하향처리 방식의 물체재인모델을 검토하는 것도 필요하다는 지적이다.


## 얼굴재인

사람의 얼굴도 패턴 또는 물체의 일종이지만 얼굴재인(face recognition)은 일상적인 물 체재인과는 근본적으로 다르다는 것이 최근의 연구에서 밝혀졌다. 얼굴은 단순히 눈과 코, 입을 재인하여 이를 통합하는 것이 아니라 얼굴 전체로 재인이 일어난다. 그리고 이러한 재인을 가능하게 하는 뇌의 기능도 단순한 물체재인과 근본적으로 다르다는 것이 여러 연구에서 밝혀졌다. 예를 들어, 얼굴재인장애와 이를 유발하 는 뇌세포와의 관계 연구, 신생아의 엄마얼굴재인 연구 등이 그것이다. 연구결과 에 의하면 얼굴을 관찰할 때는 대뇌피질 복측에 있는 방추이랑(fusiform gyrus)이 활성 화된다고 한다(Kanwisher et al., 1997). 대뇌가 손상되어 친숙한 사람이나 유명인의 얼 굴을 알아보지 못하는 장애를 안면실인증(prosopagnosia)이라고 하는데 1940년대 최 초로 보고(Bodamer, 1947)된 이래 수많은 연구사례들이 발표되었다. 안면실인증은 방 추이랑이나 측두엽의 손상으로 일어난다. 그리스 시대에도 펠로폰네소스 전쟁에 서 머리부상을 당한 병사가 친구의 얼굴을 알아보지 못했다는 기록이 헤로도토스 의 역사서에 나와 있다(우메모토, 2001). 안면실인증 환자는 거울로 자신의 얼굴을 보 면서도 얼굴로 인식하지 못하고 일상의 물건을 보듯이 반응하는 경우가 있고 사람의 얼굴이라는 것은 알지만 누구의 얼굴인지 모르는 경우가 있다. 즉, 얼굴 자체를 인식하지 못하는 사례와 누구인지를 알아보는 기능이 손상된 사례로 나누어진다.

그러면 알고 있는 사람을 인식하는 얼굴재인시스템은 어떻게 작동하는 것일까? 브루스와 영(Bruce & Young, 1986)은 친숙한 얼굴과 미지의 얼굴은 정보처리과정이 다르다고 주장한다(그림 2-14). 이미 알고 있는 친숙한 얼굴을 재인할 때는 '구조의 부호화', '얼굴인식단위 활성화', '개인정보마디 접속', '이름 재생'의 과정을 거치는데 반해, 미지의 얼굴은 '구조의 부호화', '표정 분석', '얼굴에 나타나는 음성정보 분석', '선택적 시각처리' 과정을 거친다고 한다. 이런 주장이 가능한 것은 친숙한 얼굴은 재인하면서도 미지의 얼굴은 인식하지 못하는 뇌손상 환자들이 있기 때문이다. 그리고 얼굴은 아는데 이름이 생각나지 않는 경우는 있어도 이름은 기억하면서 얼굴이 생각나지 않는 사례는 없다는 사실도 친숙한 얼굴의 재인과 미지의 얼굴재인이 별도의 처리과정을 거친다는 이론이 지지받는 이유이다.



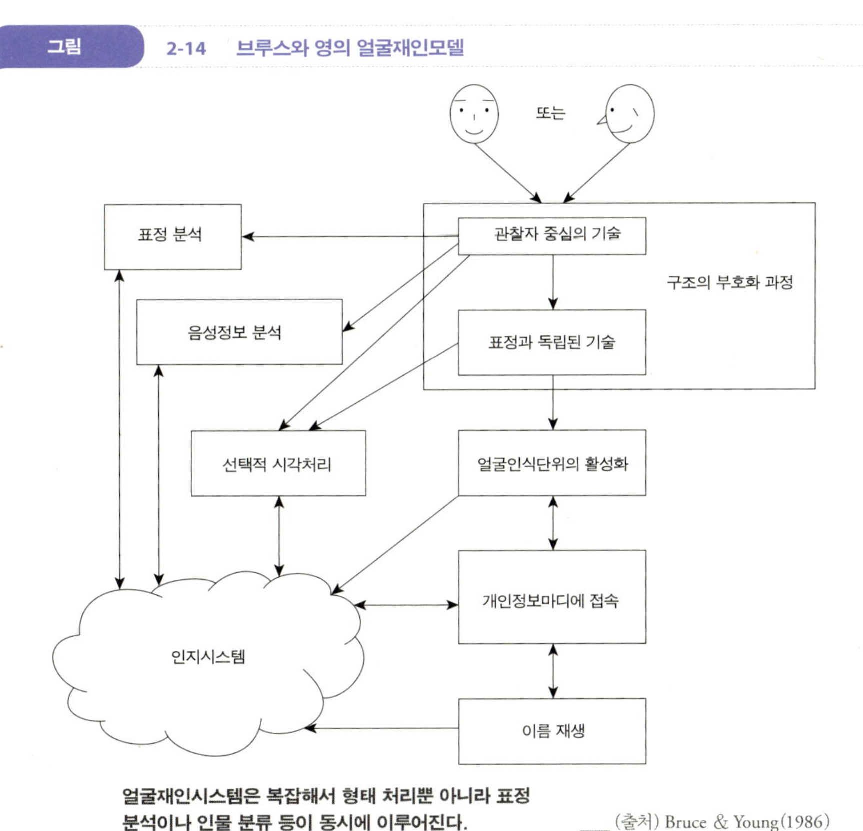


**얼굴재인시스템은 복잡해서 형태 처리뿐 아니라 표정 분석이나 인물 분류 등이 동시에 이루어진다.**　　　(출처) Bruce & Young(1986)

최근 얼굴표정재인 연구자들의 관심을 받고 있는 주제 중의 하나가 분노우세효과(anger-superiority effect)이다. 즉, 위협적인 표정은 전주의과정(preattentive process)에서 인식이 일어나기 때문에 행복한 얼굴 같은 긍정적인 얼굴에 비해 더 빠르게 재인된다는 것이다. 이것은 관찰자에게 위협을 가할 가능성이 있는 대상에 재빠르게 반응할 수 있도록 해준다는 점에서 진화과정을 통해 획득한 것으로 간주된다.

분노우세효과는 한센과 한센(Hansen & Hansen, 1988)의 시각탐색연구에서 최초로 보고되었다. 시각탐색과제에서 참가자는 여러 개의 방해자극들(distractors) 사이에서 하나의 목표자극(target)을 탐색해야 한다. 만약 목표자극의 탐색이 전주의과정에서 병렬적으로 일어난다면, 탐색에 걸리는 시간은 동시에 제시되는 방해자극의 수에 영향을 받지 않고 일정할 것이다. 이 현상을 돌출(pop-out)이라고 한다. 한편, 목표자극의 탐색이 자극을 하나씩 의식적으로 처리하는 초점주의과정(focused attention process)에서 일어난다면 자극이 많아질수록 탐색시간도 증가할 것이다(4장 참조). 한센 등은 화난 얼굴과 행복한 얼굴을 사용하여 행복한 얼굴들 속에서 화난 얼굴을 탐색하는 조건과 화난 얼굴들 속에서 행복한 얼굴을 찾는 조건에서 탐색시간이 방해자극의 수에 따라 어떻게 변화하는지를 살펴보았다. 실험결과 화난 얼굴이 목표자극인 조건에서는 방해자극의 수가 늘어나면서 걸리는 반응시간(탐색효율성)이 항목당 8밀리초로 나타나서 돌출의 기준이 되는 항목당 10밀리초보다도 짧았다(Treisman & Souther, 1985). 반면, 행복한 얼굴이 목표자극인 경우 탐색효율성은 항목당 52밀리초였다. 이처럼 목표자극과 방해자극에 따라 어떤 경우에는 돌출이 일어나고 어떤 경우에는 돌출이 일어나지 않는 현상을 탐색비대칭(search asymmetry)이라고 한다. 탐색비대칭은 어떤 자극에는 전주의과정에서 처리되는 특징이 존재하지만 다른 자극에는 이런 특징이 없다는 것을 의미한다.

한센 등은 분노우세효과에 대한 선구적인 연구를 선보였으나 그 후 퍼셀 등(Purcell et al., 1996)에 의해 실험자극에 문제가 있다는 지적을 받았다. 한센 등은 그레이 스케일(gray scale)의 표정사진을 흑과 백, 두 가지 자극으로 바꾸어서 실험했는데, 이때 화난 얼굴의 사진에만 눈에 띄게 검은 영역이 나타나 있었다. 따라서 얻어진 결과가 표정의 차이에 의한 것인지 아니면 자극에 혼입된 인공물에 의한 것인지 명확하지 않다는 것이다.

이후 많은 연구자들이 통제가 쉬운 얼굴그림을 이용해서 화난 얼굴과 행복한 얼굴에서 탐색비대칭을 검증하였는데 결과가 일관적이지 않았다. 호스트만(Horstmann, 2007)은 그 원인을 밝히기 위해 3개의 대표적인 선행연구에서 사용된 자극(그림 1)을 가지고 동일한 방법으로 시각탐색과제를 수행하고 그 결과를 비교했다. 그 결과, 화난 얼굴의 탐색효율성에서 자극에 따라 큰 차이가 있고, 얼굴그림의 미묘한 차이가 결과에 큰 영향을 미친다는 것이 밝혀졌다. 또한 모든 화난 얼굴 탐색에서 돌출이 일어나는 것은 아니지만 화난 얼굴의 탐색효율성이 높다는 사실을 확인할 수 있었다.

시각탐색과제의 탐색비대칭에는 목표자극의 탐색속도뿐 아니라 방해자극을 거부하는 속도도 영향을 미치는 것으로 알려졌다. 그래서 호스트만 등의 연구는 화난 얼굴과 행복한 얼굴에 의한 탐색비대칭에 대해 목표자극의 탐색속도를 비교하거나 방해자극의 거부속도를 비교한다. 그 방법은 화난 얼굴과 행복한 얼굴을 중립적인 얼굴과 비교하여 시각탐색과제를 수행하고 화난 얼굴과 행복한 얼굴을 목표자극으로 했을 때의 탐색효율성과 중립적인 얼굴을 목표자극으로 했을 때의 탐색효율성을 비교하는 것이다. 시각탐색과제의 분노우세효과는 화난 얼굴의 탐색이 더 빠르고 화난 얼굴이 방해자극일 때는 더 느리게 탐색되는 등 둘 다에서 발견된다(Fox et al., 2000 ; Horstmann et al., 2006).

[엔도 미츠오]

**그림1 얼굴표정 실험자극**

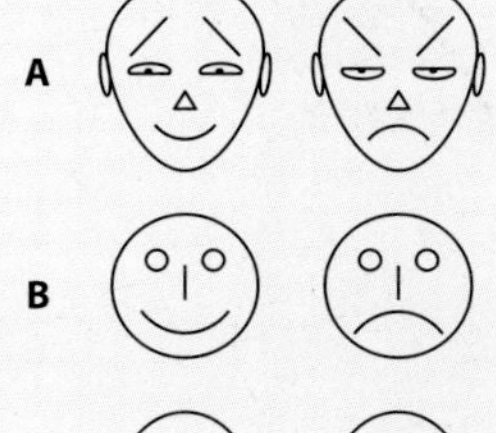



**호스트만이 반복실험에서 사용한 세 얼굴자극. A자극은 Oehman et al.(2001), B자극은 White(1995), C자극은 Fox et al.,(2000)의 실험에서 사용된 것이다. 화난 얼굴이 목표자극일 때 탐색효율성은 항목당 A: 31.5밀리초, B: 12.5밀리초, C: 32.1밀리초로 나타났다.**

___ (출처) Horstmann, 2007에서 작성

## 얼굴표정재인

얼굴표정재인(facial expression recognition)도 얼굴재인과 마찬가지로 고유의 인지과정 또는 메커니즘이 있는 것으로 추정된다(화제의 연구 2-2 참조). 표정재인이론에는 크게 범주이론(category theory)과 차원이론(dimension theory)이 있다. 범주이론 가운데 가장 유명한 이론은 여섯 가지 정서를 기본표정으로 하여 표정의 범주를 기술한 에크만의 이론이다(Ekman & Friesen, 1975; Ekman, 2003). 에크만의 이론에 의하면 기본표정에는 기쁨, 슬픔, 노여움, 공포, 혐오, 놀라움이 있는데(그림 2-15), 이 여섯 가지는 인간의 기본정서이며 모든 문화권 사람들에게서 보편적으로 나타난다. 다른 표정과 달리 기본표정을 확실하게 인식할 수 있는 것은 진화적 이유 때문이라는 것이다.

한편, 차원이론은 '유쾌-불쾌'와 각성강도라는 두 개의 차원을 전제로 한다. 사람의 얼굴이 이 두 차원으로 이루어진 심리적 공간 위에 표시되고 정서가 명명된다고 가정한다(Russell & Bullock, 1986). 즉, 두 개의 축으로 이루어진 심리적 공간 위에서 상대적 차이에 따라 얼굴표정의 구분이 일어난다는 것이다.

<table>
<tr><td>그림</td><td>2-15</td><td>에크만의 6가지 기본표정</td></tr>
</table>

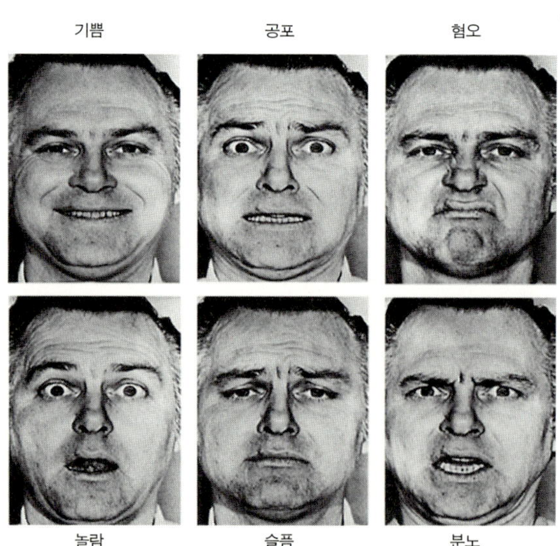


(출처) Ekman & Friesen (1975)

① 상향처리와 하향처리의 사례를 구체적으로 말해보세요.

② 그림 2-2를 가지고 자신의 좌우 눈의 맹점을 확인해보세요.

③ 만화에는 움직임이나 입체감을 표현하기 위해 여러 가지 방법이 사용됩니다. 만화책 한 권을 선택하여 어떤 시각표현이 숨어 있는지 찾아보세요.

## 참고문헌

グレゴリー、R. L. /近藤倫明・中溝幸夫・三浦佳世訳 (2001)『脳と視覚−グレゴリーの視覚心理学』ブレーン出版

● 図や錯視も多く掲載されており、視覚認知について専門的に学ぼうとする人はまずはじめに読んでみることを勧めする。内容的には光学から生理学、心理学、芸術に至るまで幅広く含んでおり、研究史についても参考になる。

日本視覚学会編 (2000)『視覚情報処理ハンドブック』朝倉書店

● 心理学，生理学，情報科学どのあらゆる視点から、視覚の分野に関わる広い領域が網羅されている。専門外の人にもわかりやすく書かれている。ただ、視覚の研究は非常に進展が速く、すでに発刊から10年ほどが経過しているため、内容がしっかりと書かれているため、視覚の研究をしたいと思うならば必携の書であろう。

コッホ、C. /土谷尚嗣・金井良太訳 (2006)『意識の探求 − 神経科学からにアプローチ　上・下』岩波書店

● 意識とは何か、自分自身はどのように意識されるにか、といった「意識」の問題は解決するにか。非常に困難だありながらも、心理学、認知科学、脳神経科学のさまざままざまな現象やメカニズムについてわかりやすく述べてあるとともに、研究のロマンを感じることのでける著書である。

# 03

## 감성인지

**사물을 '느끼는' 마음의 움직임**

거리에는 아름답고 매력적인 물건들이 흘러넘치고 다양한 디자인의 상품이 끊임없이 개발된다. 레오나르도 다빈치나 피카소 같은 유명한 화가들의 작품전이 열리는 미술관 앞에는 사람들이 장사진을 이루며, 유명한 음악회나 연극은 티켓이 발매되자마자 매진되는 사례도 자주 있다. 이러한 인간의 행동이나 인지를 '감성'이라는 말로 표현한다. 또 감성공학회, 감성복지학회 등 '감성'이란 단어를 사용하는 전문적인 연구분야도 있다. 그러나 감성이라는 단어는 그 이미지는 떠오르는데 말로 정확하게 설명하기가 쉽지 않다. 전문가의 정의도 애매모호하기는 마찬가지이다. 이런 점에서 감성은 아직 정형화되지 않은 새로운 연구분야라고 할 수 있다. 이 장에서는 감성의 기본 개념과 측정방법, 최신 연구 등을 소개한다.

조르주 드 라 투르 「카드 사기꾼」 (루브르박물관)

# 1절. 감성이란 무엇인가

## 감성의 정의

일반적으로 감성이란 사물에 대한 감수성을 의미한다. 원래 일본어에서 감성이라는 단어는 메이지시대의 계몽가 니시아마네가 영어 sensitivity를 번역하면서 '감정'과 같은 의미로 '감성'을 사용한 것이 처음이라고 한다(사카모토, 1996). 심리학에서 '감성'은 sensitivity뿐 아니라 sense, sensibility, feeling, esthetic, emotion, intuition 등 여러 의미를 동시에 가진 단어이다.

일본의 감성심리학자 미우라는 감성이 창조나 표현 등의 심리활동과 관련된 것으로 '사물에 대한 정보를 통합해서 무의식적이며 직관적으로 내리는 인상평가 또는 판단능력', '다의적이고 불완전하며 복합적인 특징을 지닌 정보를 바탕으로 직관적으로 종합 판단하여 인상평가, 종합적 이해, 영감 등의 형태로 상황에 맞는 판단을 내리거나 찾아내는 능력'으로 정의하고 있다(미우라, 2005, 2006).

심리학 분야는 아니지만 철학에는 예술을 연구하는 '미학'이 있다. 영어로 esthetic이라고 하는데 18세기 독일의 철학자 바움가르텐(Baumgarten, A.G.)이 사용한 episteme aisthetik(감성적 미학)에서 유래하였다. 바움가르텐은 aesthetica라는 독일어

단어를 사용하여 '미학은 감성적 인식의 학문이다'라고 정의했다. 고대 그리스어 aisthesis에서 유래한 esthetica는 다양한 종류의 지각이나 감수성을 나타내는 단어로 일본어의 '감성'에 해당한다.

이 장에서는 감성을 '느낀 것에 대한 평가나 판단에 필요한 종합적인 능력'으로 정의하겠다. 구체적으로 감성은 'ㅇㅇ감'으로 표현된다. 광택감, 투명감, 입체감처럼 대상의 물리적인 특성을 측정하고 표현할 수 있는 것도 있지만 대상의 물리적 특징을 감성으로 정의할 수 없는 것도 있다.


## 뇌손상으로 인해 감성이 바뀐 신경심리학적 사례

2004년 《네이처(Nature)》에 실린 학술보고서 하나가 BBC 등 매스컴으로부터 큰 주목을 받는 일이 일어났다(Lythgoe et al., 2005). 토미 맥휴(http://tommymchugh.com)라는 남성에 대한 사례인데 뇌졸중으로 쓰러진 후 그 이전에는 관심조차 없던 예술적 열정이 갑자기 나타났기 때문이다. 뇌손상 이후 그는 예술가가 되었으며 창작활동은 삶의 전부가 되었다. 물론 창작에 대한 의욕이 갑자기 높아지기는 했지만 창작능력이 극적으로 변화된 것은 아니었다. 즉, 예술적 재능의 변화라기보다는 '감성'이 바뀐 것이라고 보는 것이 타당할 것이다.

그와는 반대로 뇌손상 이후 보고 있는 대상이 무엇인지는 알면서도 그 대상으로부터 아무런 감정을 느끼지 못하는 사례도 발견되었다(Bauer, 1982). 예를 들어 아름다운 꽃을 보아도 뇌손상 전에 느꼈던 아름다움을 전혀 느끼지 못하는 것이다. 이는 대상이 무엇인지 아는 처리과정(지적 정보처리)과 그 대상으로부터 감성을 느끼는 처리과정(감성적 정보처리)이 뇌에서 분리되어 있을 가능성을 시사한다. 그 밖에도 음악처럼 다른 감각기관을 통한 감성에는 문제가 없으면서 시각적 감성만 사라지는 시각성 정서결핍증(visual hypoemotionality)도 발견된다. 이러한 사례는 극히 드물지만 측두엽 부위의 손상이 감성정보처리에 장애를 일으킨 것으로 알려져 있다(河內 등, 1995). 뇌전증 치료를 목적으로 측두엽의 일부를 절제하고 나서 미술이나 음악, 문학 등 예술에 대한 흥미가 변화되었다는 보고도 있다(Sellal et al., 2003). 또는 우반구의 측두엽 절제로 인해 가족에 대한 정서가 변화된 사례(정서반응이 사라짐)도 보고되었다(Lipson et al., 2003). 추상주의의 거장인 윌리엄 드 쿠닝(William de Kooning)은 만년에 치매에 걸렸으나 가족의 돌봄으로 창작활동을 계속할 수 있었다. 그러나 발병 이후 그는 그림의 완성단계를 결정하지 못하였고 화풍도 바뀌었다는 지적을 받았다.

이러한 사례들의 공통점은 뇌손상이 지적 정보처리과정이나 기술이 아닌 감성적 정보처리를 변화시켰다는 것이다. 뇌에서의 감성정보처리에 대해서는 아직 밝혀진 것이 많지 않다. 그러나 최근 자신의 정서를 이해할 수 없거나 말로 표현하지 못하는 감정표현불능증(alexithymia)에 대한 연구가 활발하게 진행되고 있다(화제의 연구 3-1 참조).

# 2절. 감성은 어떻게 측정하나

감성은 시각, 청각, 미각, 후각, 촉각 등 감각의 입력단계부터 대상에 대한 평가나 가치판단에 이르는 인지과정을 모두 포함하기 때문에 측정방법도 아주 다양하다. 이 절에서는 평가나 가치판단에 관한 측정방법을 설명하려고 한다. 평가대상이 되는 자극(색상, 물체, 언어 등)을 제시하고 그 인상이나 생각을 알아보는 방법에는 여러 가지가 있다.

## 주관평가법

가장 단순한 측정방법은 언어적 수단을 이용하여 대상에 대한 평가자의 주관적 평가를 알아내는 것이다(주관평가법). 일반적으로 인터뷰나 자유기술에서 얻어진 언어정보에 대한 프로토콜분석(언어정보에서 사고의 순서나 가장 많이 사용하는 단어를 분석하는 방법)을 실시한다. 또는 여러 대상 가운데 평가(예. 선호도)에 따라 가장 적합한 대상을 고르게 하는 방법(선택법)이 있다. 평가대상을 어떻게 제시하느냐에 따라 방법도 다양하다. 모든 대상을 동시에 제시하는 합동제시와 하나씩 순서대로 제시하는 개별 제시로 나눌 수 있고, 하나만 선택하게 하는 택일법과 여러 개를 고를 수 있는 선다형이 있다. 일정한 평가기준을 제시하고 순위를 매기도록 하는 방법<sup>(순위법)</sup>의 경우 순위값을 종합해서 대상의 순위를 매긴다. 또한 하나의 대상을 기준<sup>(평가기준자극,</sup> <sup>표준자극)</sup>으로 그것을 점수화한 후 이후에 제시하는 다른 자극대상과 비교한 점수를 사용하는 강도추정법(magnitude estimation)도 있다.

### 상대비교법

평가대상을 두 개씩 짝을 지어 평가자에게 제시하고 어느 쪽이 더 좋은지(예, 선호)를 판단하게 하는 방법을 상대비교법이라 한다. 식품의 맛, 디자인 선호도 등을 평가할 때 대상의 순위를 매기기는 힘들지만 두 개 중에서 하나를 고르는 것은 비교적 쉽다. 일반적으로 평가대상이 5∼10개 정도일 때 상대비교법을 사용한다. 대상이 많아진다고 분석을 못하는 것은 아니지만 평가대상이 n개이면 비교해야 하는 횟수는 n(n-1)/2이므로 평가대상이 10개면 45회, 11개면 55회나 된다. 평가대상이 증가하면 실험 소요시간 등 평가자의 부담이 증가한다. 여기서 나온 자료를 가지고 평가대상을 수량화하고 순위를 매기거나 연관성을 찾아낸다(쉐페 검증 또는 서스톤 검증). 마지막으로 평가대상들을 일직선상에 배열하거나 다차원 척도를 이용해서 다차원 공간에 배치한다.

### 의미미분법

다차원 분석방법 중 널리 사용되는 것이 오스굿<sup>(Osgood et al., 1957)</sup>의 의미미분법 (semantic differential, SD법)인데 색상이나 향기, 영상 등 다양한 대상의 인상을 쉽게 측정할 수 있다는 장점을 가지고 있다. 의미미분법은 '따뜻하다-차갑다'와 같이 반대 의미를 갖는 형용사 조합으로 대상의 인상을 평가한다<sup>(그림 3-1)</sup>. 여기서 얻어진 자료는 요인분석을 통해 인상을 구성하는 주요 형용사 차원을 추출한다. 이 방법을 이용하면 소수의 차원으로 인상의 개요와 구조를 손에 넣을 수 있다. 어떤 형용사 조합을 사용할지는 무엇을 알고 싶은지에 따라 달라진다. 형용사 조합의 수는 10∼30개 정도가 가장 많이 이용된다.

자신이나 타인의 정서를 느끼고 이해하고 표현하는 것은 원만한 사회생활을 위해 대단히 중요하다. 여기서는 이러한 기능이 잘 작동하지 않는 인격적 특성을 가진 사람을 소개하려고 한다.

감정표현불능증(alexithymia)이란 임상관찰을 통해 밝혀진 인격특성으로 어원은 그리스어의 a(결여), lexis(언어), thymos(감정)에서 왔으며 정서를 언어로 표현하지 못한다는 의미이다. 현재는 단순히 정서의 언어화에 제한하지 않고 정서제어를 비롯한 전반적인 정서장애로 받아들여지고 있다. 감정표현불능증은 다음과 같은 4가지 특징을 지닌다.(Taylor et al., 1997) ① 정서뿐만 아니라 정서와 관련된 신체감각을 잘 분류하지 못한다, ② 타인에게 정서를 잘 전달하지 못한다, ③ 상상력이 빈약하여 제한된 상상만 가능하다, ④ 자극에 한정된 외부 지향적인 인지양식을 가지고 있다.

인구의 약 10%가 감정표현불능증을 겪는 것으로 알려져 있다. 감정표현불능증은 투사법, 구조화 면접 등 여러 방법으로 진단이 가능하지만 보통 20개의 항목으로 구성된 TAS-20(The 20-item Tronto-Alexithymia Scale ; Bagby et al., 1994)라는 자기보고 설문지를 사용하여 비교적 간단하게 측정한다. 감정표현불능증은 심인성 통증이나 우울증, 섭식장애 등 광범위한 정신질환 및 신체질환에서 위험 요인으로 작용한다(Taylor et al., 1997). 또한 상대에게 정서를 적절하게 전달하지 못하는 것 때문에 다른 사람과 친밀한 관계를 유지하는 데 어려움을 겪는 등 대인관계에서도 문제가 발생한다. 이러한 정서조절장애는 인지양식에도 다양한 왜곡을 일으킨다. 감정표현불능증의 주요 특징 중 하나인 정서 분류의 어려움은 자신의 정서뿐만 아니라 상대의 정서에도 해당된다. 얼굴사진을 이용한 연구에서 감정표현불능증인 참가자는 그렇지 않은 참가자에 비해 얼굴표정을 잘 판단하지 못한다는 것이 밝혀졌다(Parker et al., 1993). 정서가 다른 얼굴사진을 고르는 문제에서도 감정표현불능증인 사람들은 낮은 수행을 보인다(Lane et al., 1996). 이런 결과들은 이들이 정서의 언어적 명명뿐 아니라 정서정보의 부호화 전반에 장애가 있다는 것을 의미한다.

이상의 실험심리학적인 접근뿐 아니라 정서인식장애와 관련된 뇌과학 연구도 수행되었다. 베르토즈 등(Berthoz et al., 2002)은 fMRI(기능성 자기공명영상)를 이용하여 상이한 정서이미지를 볼 때의 뇌활동을 측정한 결과, 불쾌하고 높은 각성을

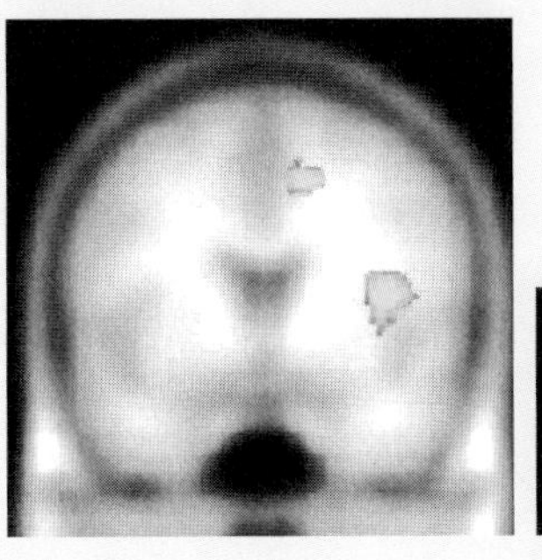



___ (출처) Kano et al., 2003을 일부 수정

유발하는 이미지에서 대상회(cingulate)의 활동이 감소되는 것을 발견했다. 또 가노 등(Kano et al., 2003)은 다양한 얼굴표정을 보여주면서 PET로 혈류량을 측정했다. 그 결과 감정표현불능증을 가진 사람은 모든 얼굴표정에서 우반구의 전측대상회(anterior cingulate)와 안와전두피질(orbital frontal cortex)을 비롯한 여러 뇌부위에서 혈류량이 감소된 반면 좌반구의 혈류량은 증가했다. 특히 화난 표정에서 이 차이는 더욱 두드러졌다. 감정표현불능증 환자의 뇌는 정서와 관련된 우반구의 섬피질(insular cortex) 또는 전측대상회의 국소 혈류량이 감소되어 있다(그림 1). 정서정보의 처리에 중요한 역할을 하는 내측전두피질이나 우반구 전체에서 뇌활동의 감소는 정서장애를 의미하며 위에서 말한 실험심리학적 연구결과와도 일치한다.

정서 분류 외에도 감정표현불능증의 다른 특징에 대한 연구결과들도 발표되었다. 예를 들어 만타니 등(萬谷 et al., 2005)은 심상과제를 사용하여 '상상력 결여'를 검증하였다. 감정표현불능증 참가자의 심상은 선명도가 떨어지고, 정서강도도 약하고, 특히 즐거운 일을 상상할 때 후측대상회의 활동이 감소한다는 결과가 얻어졌다.

지금까지 감정표현불능증의 인지적 왜곡에 관한 실험연구를 소개했다. 최근에는 감정표현불능증이 어떻게 발달하는지, 대인관계 및 다른 정신질환과는 어떤 관련이 있는지 등 다양한 연구들이 수행되고 있다(Taylor & Bagby, 2004). 미래에는 이들을 통합한 포괄적인 논의와 함께 기본 이론이나 모델이 나오기를 기대한다.

〔기타무라(스즈키) 미호〕

## 유채꽃이여 달은 동쪽으로 해는 서쪽으로

與謝蕪村

하이쿠는 계절의 경치와 사람 사이의 교감을 17자 이내로 표현하는 세계에서 가장 짧은 시 혹은 문장을 말한다. 문장의 이해에 관한 심리학적 연구는 주로 전달문이나 논설문을 자료로 해서 문장의 논지를 얼마나 정확하게 이해했는지를 검증한다. 시 같은 예술적 작품은 심리학의 흔한 연구대상은 아니지만 작가의 심적 과정을 구현하고 독자와 심적 교류가 일어난다는 점에서 심리학의 연구소재로 부족함이 없다. 예술적 문장을 연구대상으로 하는 경우에는 지적이나 논리적 이해보다 작가의 심정이나 심상세계를 상상하는 등 감성적이고 공감적인 이해가 중심이 된다. 필자는 예술적 문장 중에서도 특히 일본의 독특한 문화인 하이쿠에 주목해왔다.

　하이쿠를 즐기는 사람은 고금의 뛰어난 작품을 접하고 읽는 즐거움에 빠지는 사람과 스스로 하이쿠를 지으면서 의미를 전달하는 사람으로 구분된다. 후자야말로 하이쿠의 참맛이라고 말하는 사람들도 있다. 실제 다양한 미디어를 통해 하이쿠가 양산되고 있다. 하이쿠의 인상에 영향을 미치는 요인에는 575의 운율, 계절언어를 통한 연상, 생생한 풍경묘사와 심층적 심리묘사의 '의미의 이중성', 다양한 자연의 이미지를 취합한 단어의 의미 확장 등이 있다. 이런 요인들은 인간의 내면과 연관된 것으로 심리학적 연구의 대상이다. 하이쿠에 관한 선구자적 연구자로는 미나가와와 카슈(1990)를 들 수 있다. 이들은 어구관련도 평정법(모든 구성어구 조합의 연결강도를 7단계로 평가하는 방법)을 이용해서 '계절언어를 중심으로 구성'되어 있는 하이쿠의 통사적 특징을 밝혔다.

　그러나 인간의 정신적 산물이며 위의 특징을 지닌 하이쿠를 이해하려면 통사적 측면 외에 정서적 측면의 분석도 필요하다(미나가와, 2005). 이를 위해서는 독자와 소재 사이의 관련 정도를 고려해야 한다. 예를 들어 독자가 특정 장르의 언어적 예술작품에 대해 평소 얼마나 관심이 있는지에 따라 작품에 대한 인상이 다를 것이다. 미나가와(2008)는 대상의 정서적 의미(내포적 의미)를 측정하는 의미미분법을 이용해서 하이쿠에 대한 흥미나 관심 정도가 하이쿠의 인상에 미치는 영향을 검증했다. 하이쿠에 대한 흥미나 관심을 측정하는 방법에는 여러 가지가 있겠지만 미나가와는 개인이 알고 있는 하이쿠의 수를 그 지표로 삼았다.

즉, 하이쿠를 많이 알고 있는 사람일수록 하이쿠에 대한 흥미와 관심이 높다고
생각한 것이다.

　　미나가와(2008)는 하이쿠의 창작 경험이 적은 대학생 100명을 대상으로 초
등학교 및 중학교 국어교과서에 실려 있는 하이쿠를 얼마나 알고 있는지와 그 이
해정도를 평가하게 했다. 그리고 무작위로 제시한 하이쿠의 절반 이상을 안다고
대답한 27명의 참가자를 높은 흥미집단으로, 거의 모른다고 대답한 27명을 낮은
흥미집단으로 분류했다. 의미미분법 측정 결과, 이 두 집단은 인상, 역동, 기교라
는 세 요인에서는 차이가 없었지만 하이쿠에 대한 이해정도에서는 차이를 보였
다. 하이쿠에 흥미나 관심이 높은 사람은 분명한 평가기준을 가지고 하이쿠의 내
용을 상세하게 분석하고 변별된 평가를 하지만, 흥미나 관심이 낮은 사람은 평가
기준이 분명하지 않고 하이쿠를 분석적으로 이해할 수 없기 때문에 이러한 차이
가 발생한 것으로 보인다. 위의 사실에서 하이쿠에 대한 흥미나 관심이 높으면,
즉 하이쿠에 대해 많이 배워 익숙할수록 하이쿠의 감상이나 평가기준은 직관적
인 인상을 중심으로 하는 저차원의 이해에서 하이쿠의 표현기법을 고려한 분석
적이고 통합적인 고차원의 이해로 바뀐다고 볼 수 있다.

(미나가와 나오히로)

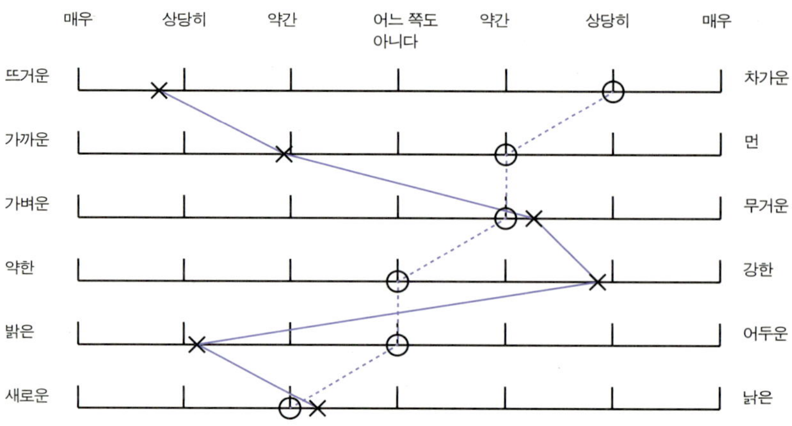


개인 응답(○를 연결한 점선)과 전체 평균(×를 연결한 실선)



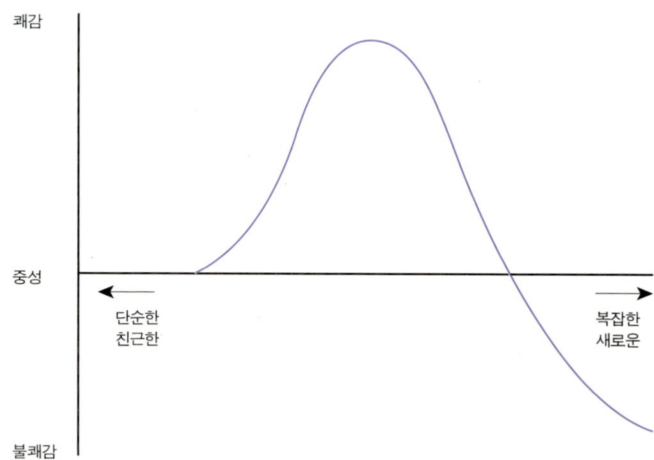


쾌감을 느끼려면 자극은 너무 단순하거나 친숙해서도
안 되고 또 너무 복잡하거나 새로워서도 안 된다.

___(출처) 近江(1984): 미우라(2007)

지금까지 의미미분법 연구들에서 평가성(evaluation), 활동성(activity), 역량성(potency)이라는 세 개 요인이 자극이나 문화의 차이에 상관없이 안정적으로 추출되었다. 그 결과, 이 세 요인은 많은 연구에서 주요 감성 차원으로 사용되고 있다(하이쿠의 인상에 관한 의미미분법은 화제의 연구 3-2 참조). 의미미분법을 이용하면 개념이나 자극, 조사대상자의 특성을 쉽게 알아낼 수 있다.


## 3절. 감성평가


### 쾌감과 각성

벌라인(Berlyne)은 인간은 너무 단순한 자극에도 쾌감을 느끼지 못하지만 자극이 너무 복잡해도 불쾌감을 느낀다고 하면서 이 둘 사이에 쾌감이 최대화되는 각성잠재력(arousal potential)이 존재한다는 이론을 내놓았다(Berlyne, 1970, 그림 3-2). 이 이론에 따르면 사람은 각성수준이 너무 낮으면 각성잠재력이 큰 자극을 찾으려 하고, 각성수준이 너무 높으면 감성잠재력을 낮추려 한다고 한다. 쾌감/불쾌감과 관련된 자극특성에는 복잡함 이외에도 신기함, 애매함, 놀라움, 불협화, 변화 등이 있다. 즉, 이러한 자극특성이 '적당'할 때 쾌감이 최대화된다는 것이다.

동물행동학자 아이블-아이베스펠트(Eible-Eibesfeld)는 "미적 대상은 너무 복잡하지도, 너무 단순하지도 않은 정도의 질서를 갖고 있어야 한다. 정보의 함축성이 존재해야 하며 초신호(super sign, 지각효율성이 높아서 기억의 부담을 줄일 수 있는 패턴)가 발견되어야 한다"고 주장했다(Eible-Eibesfeld, 1988). 이런 점에서 특정 연령대의 얼굴을 합성해서 만든 평균적 얼굴이 매력적인 얼굴로 평가되는 연구결과(Langlois & Roggman, 1990)는 벌라인의 이론을 뒷받침해준다고 할 수 있다.

월커는 적당한 각성수준이 정서종류에 따라 다르다는 사실을 지적했다(Walker, 1973). 그리고 '재미'를 느끼려면 '쾌감'을 느낄 때보다 자극이 더 복잡해야 한다고 주장한다. 의미미분법으로 추출되는 일반 요인 중의 하나인 '평가성 요인'에는

'아름답다-추하다', '좋다-나쁘다', '유쾌하다-불쾌하다', '재미있다-재미없다'라는 형용사 조합이 포함되는 경우가 많다. 단어의 의미나 개념이 가지는 공통성이나 개별성에 관한 이해도 감성인지의 과제라고 할 수 있다.


## 좋은 형태

20세기 초 독일의 심리학자 베르트하이머(Wertheimer, M.), 코프카(Koffka, K.), 쾰러(Koehler, W.)는 게슈탈트 지각원리를 발표했다. 게슈탈트(Gestalt)란 자극의 부분적 특징이나 요소가 아닌 전체적인 구조를 의미하는 말이다.

게슈탈트 법칙에는 다음과 같은 것들이 있다.

1) 근접성: 가까이 있는 대상은 함께 지각된다.

2) 유사성: 비슷한 자극은 함께 지각된다.

3) 폐쇄성: 서로 떨어져있는 자극은 통합되어 지각된다.

4) 연속성: 완만한 곡선으로 연속되는 자극은 하나의 자극으로 지각된다.

이들 법칙에 의해 우리가 지각하는 형태는 가장 단순하고 규칙적이며 안정적인 모습으로 통합된다는 것이다(지각의 체제화). 이들은 이런 자극을 프라그난츠(pragnanz, 간결함을 의미)라고 불렀으며 '좋은 형태'를 이룬다고 하였다. 솔소(Solso)는 좋은 형태의 심리학적 의미에 대해 다음과 같이 기술했다. "사람은 주위환경 속에서 안정적이고 규칙적인 형태를 찾으려는 심리가 있는데, 이러한 대상을 찾지 못하면 안정을 느끼지 못한다"(Solso, 1994).

게슈탈트 심리학자들은 간결하고 안정된 형태를 좋은 패턴으로 보았다. 그러나 '좋다'를 정량적으로 나타내기는 쉽지 않다. 가너와 클레멘트는 3×3 모눈종이 위에 다섯 개의 점으로 여러 가지 패턴(그림 3-3)을 만든 다음, 여러 방향으로 회전시켜서 나온 패턴의 수와 '좋다'라는 판단이 서로 관련이 있는지를 검증하였다(Garner & Clement, 1963). 실험 결과, 회전시켜서 나오는 패턴의 수가 적은 자극일수록 어느 시점에서 보아도 안정적인 느낌을 주고 좋은 패턴이라는 평가를 받는다는 사실이 밝혀졌다. 그림 3-3의 A는 90도, 180도, 270도 회전시켜도 같은 패턴이지만, B는 매번 다른 패턴이 된다. 가너와 클레멘트는 이런 회전변환으로 얻어진 안정적인 패턴을 지표로 좋은 형태의 개념을 정량화하려고 시도한 것이다.

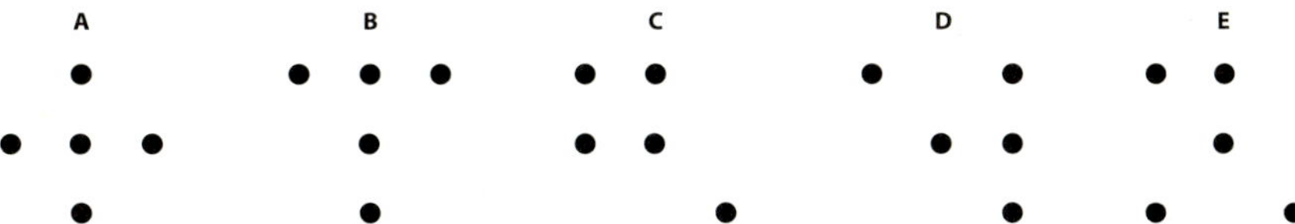



A는 90도 회전시켜도 동일한 형태를 유지하지만 B~E는 다른 패턴이 된다.
D나 E는 더 복잡한 패턴으로 변한다.

___ (출처) Garner & Clement(1963)

## 황금비율과 아름다움의 평가

정신물리학의 창시자인 페히너(Fechner, G. T.)는 철학에서의 미학을 '위로부터의 미학'이라고 했다. 그는 과학적이고 실험적인 방법으로 미의 법칙을 찾으려는 시도를 '아래로부터의 미학'이라 부르고 실험미학이라는 새로운 연구분야를 개척했다(Fechner, 1876). 특히 시각적인 아름다움과 관련이 깊은 황금비율에 높은 관심을 가졌다. 황금비율은 약 1대 1.618의 비율을 말하며 피라미드, 파르테논 신전, 그리스 조각 등에서 발견된다(야나기, 1965, 그림 3-4).

페히너는 검정색 배경 위에 가로/세로 비율을 다르게 만든 여러 개의 흰색 사각형을 실험참가자에게 제시하고 아름다움을 평가하게 했다. 황금비율로 구성된 도형을 아름답다고 응답한 비율이 높기는 했지만, 그 비율은 전체 참가자의 30% 정도였다고 한다.

최근 fMRI를 이용한 연구에서는 황금비율로 이루어진 고전 조각상의 그림과 이를 조작해서 원래 갖고 있던 황금비율을 깨뜨린 변형된 그림을 미술지식이 전혀 없는 사람들에게 보여주고 그들의 뇌활동을 비교하였다(Di Dio et al., 2007). 그 결과 황금비율로 이루어진 자극과 그렇지 않은 자극이 제시되었을 때 활성화되는 뇌부위가 다른 것으로 나타났다.

좋은 형태, 황금비율, 대칭성은 아름다움을 정량적으로 접근할 수 있게 해주는 대단히 매력적인 지표임에는 틀림없다.

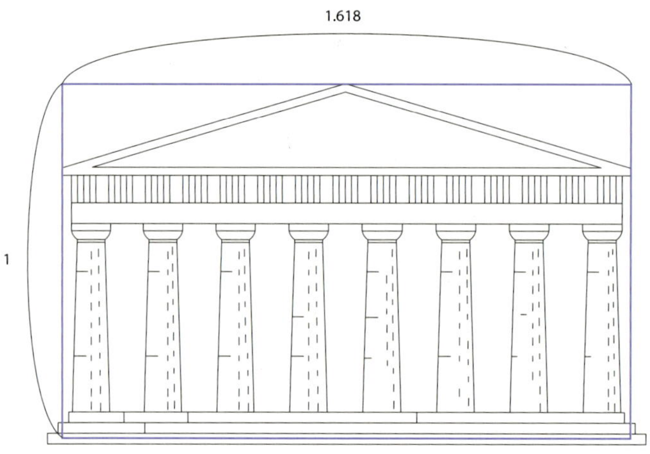


높이가 1, 폭의 길이는 1.618의 황금비율을 이루고 있다.

## 4절. 선호에 영향을 주는 인지적 요인

사물을 보고 '아름답다'거나 '좋다'라고 판단할 때 여기에 영향을 미치는 요인에는 대상의 종류와 관계없이 공통적으로 존재하는 일반 요인과 사람마다 각기 다른 개별 요인이 있다고 한다. 공통적인 일반 요인이라 할 수 있는 좋은 형태나 황금비율 자체에 대한 검증도 중요하지만, '좋다'는 판단이 어떻게 일어나는지, 즉 인지과정을 밝히는 것도 매우 중요하다. 이 절에서는 단순접촉효과와 시선폭포효과에 관해 소개한다.

### 단순접촉효과

TV광고처럼 특정 자극을 반복적으로 접촉하게 되면 자극에 대한 친근감이 증가하면서 호감도가 높아지는데 이러한 현상을 단순접촉효과(mere exposure effect)라고 한다(Zajonc, 1968). 단순접촉효과는 관찰자가 의식하지 못하는 식역하(subliminal)자극이 제시되는 경우에도 일어난다. 식역하 단순접촉효과를 최초로 보고한 쿤스트-윌슨과 자이언스(Kunst-Wilson & Zajonc, 1980)는 팔각형의 도형을 관찰자가 인식하지 못할 정도로 아주 짧게(1밀리초 동안) 보여준 후, 제시한 팔각형과 제시하지 않은 팔각형 중에서 더 좋은 것을 고르도록 하였다. 팔각형을 이전에 본 적이 있는지 없는지를 판단하는 과제에서 정확재인률은 50%에 불과했지만, 제시되었던 팔각형을 제시되지 않은 팔각형보다 좋다고 선택한 비율은 더 높았다(약 60%).

단순접촉효과의 메커니즘에 관해서는 여러 가지 가설이 있지만 가장 유력한 이론이 지각유창성 오귀인가설(misattribution of perceptual fluency)이다. 이 가설은 어떤 대상을 반복적으로 접촉하게 되면 대상을 지각할 때 정보처리가 빨라지는데(processing fluency), 이런 유창성을 대상에 대한 인상이나 호감으로 잘못 귀인한다는 것이다(Jacoby & Kelly, 1987 ; Willems & Van der Linden, 2006).


## 선호도에서 시선폭포효과

단순접촉효과는 보는(접촉하는) 빈도가 증가할수록 호감도가 높아지는 것을 말하는데 이때 '좋아서 보는 것'인지 '봐서 좋아진 것'인지는 분명하지 않다. 이 문제는 사람이 슬퍼서 우는 것인지 울어서 슬픈 것인지를 연구한 후 생리적 반응이 정서에 영향을 준다는 결론을 내린 제임스-랑게 가설(13장 참조)과 같은 맥락으로 볼 수 있다. 시모조 등은 시선과 선호도의 관계, 즉 '좋아서 보는 것'인지 '봐서 좋은 것'인지를 실험을 통해 밝혔다(Shimojo et al., 2003). 이들은 참가자에게 두 개의 얼굴그림을 동시에 보여주고 어느 쪽이 더 매력적인지를 판단하게 했다. 참가자가 선호하는 얼굴을 선택하기까지 관찰자의 안구운동을 측정하여 두 얼굴에 배분되는 시선을 조사했다. 연구결과에 따르면 선호얼굴을 선택하기 약 1초 전부터 시선이 한쪽으로 고정되기 시작해서 평균 응시비율이 약 80%가 되는 시점에서 특정 얼굴이 더 매력적이라는 판단이 일어난다(그림 3-5). 이를 시선폭포효과(gaze cascade effect)라고 한다. 이 현상은 둥근 얼굴을 선택하는 범주판단과제나 매력적이지 않은 대상을 선택하는 과제에서는 일어나지 않는다. 이 실험결과는 '보기 때문에 좋아진다'는 주장의 근거가 되며, 단순접촉효과를 지지하는 것이다.

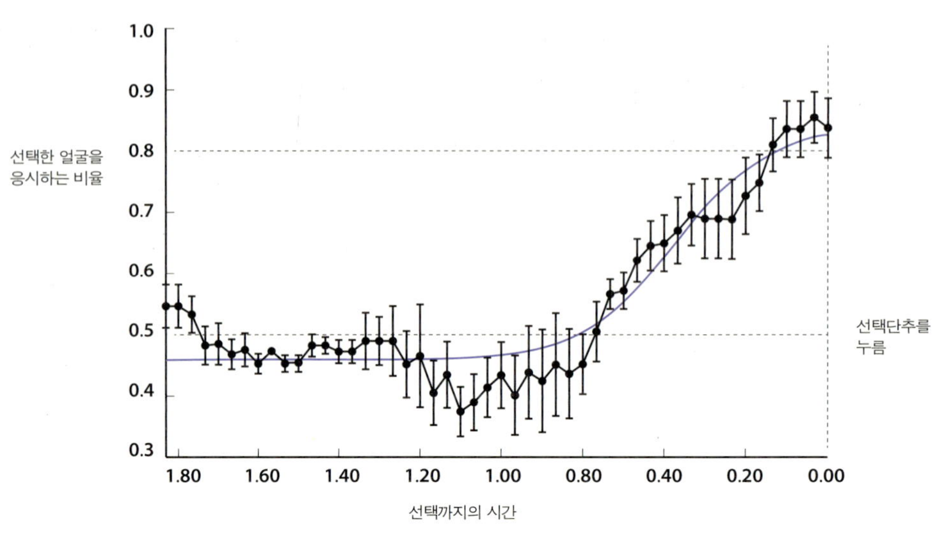


두 개의 얼굴이 제시되고 그중의 하나가 더 좋다는 판단이 일어나기
약 1초 전부터 시선은 서서히 한쪽으로 기울어지기 시작한다.

_____ (출처) 下條(2008)

# 5절. 시선과 감성

시선폭포효과는 '눈은 마음의 창'이라는 사실을 잘 보여준다. 감성과 관련된 연구
에서 시선은 그림 속 시선과 그림을 보는 시선, 두 가지로 나눌 수 있다.

## 그림 속 시선

이 장 맨 앞의 그림은 고전주의의 거장 조르주 드 라 투르(Georges de La Tour)의 작품(『카드 사기꾼』)이 다. 사기꾼들(그림 왼쪽의 세 사람)이 오른쪽의 젊은 남자를 속이려 하고 있다. 이 그림에 묘사된 시선들은 카드게임에서 대담한 사기행위를 강렬하게 보여주고 있어서 마치 실제 상황을 그대로 옮겨온 듯하다.

그림 속 시선에 관한 연구들 가운데 눈이 캔버스의 어디에 위치하고 있는지를 조사한 연구는 매우 흥미롭다. 타일러(Tyler)는 저명한 화가들이 그린 수백 개의 초상화를 사용하여 그림의 기하학적 특징을 분석하였다(Tyler, 1998). 그는 대부분의 초상화에서 두 눈 중 하나가 캔버스의 가로 폭 중앙에 그려져 있는 것을 발견하였다. 즉, 많은 화가들이 얼굴 중앙을 캔버스 한가운데 놓지 않고 오히려 약간 빗겨서 한 눈을 캔버스의 중앙에 위치하도록 그린다는 것이다(그림 3-6).

일본의 풍속화 우키요에에 나오는 눈이나 시선은 어떠할까? 우키요에 속 사람의 눈은 가늘고 긴 실눈이어서 시선의 방향이 모호하다(미우라, 2007). 그림에서 시선을 대신하고 있는 것은 머리 방향이다. 머리 방향은 시선과 마찬가지로 그림 속의 인물이 어디를(무엇을) 보고 있는지 또는 인물들이 어떤 관계에 있는지를 나타내는 효과가 있다. 두 사람(인물 A와 B)의 시선에는 ① A가 뭔가를 보고 있는 B에게 시선을 보내는 경우, ② A와 B가 서로 마주 보고 있는 경우(상호주시), ③ A와 B가 같은 것을 바라보는 경우(공동주시), ④ A와 B가 각각 다른 사물을 바라보는 경우 등 네 가지로 나눌 수 있다. 인물들의 시선 방향은 그림의 맥락을 구성하는 효과가 있다. 실제로 우키요에를 이용한 실험에서 인물의 머리 방향을 바꾸었더니 같은 그림인데도 전혀 다른 인상을 불러일으켰다고 한다(Miura, 2005).

시선은 중요한 사회적 단서를 제공할 뿐 아니라 성별을 불문하고 매력과도 관련이 높다. 관찰하는 얼굴의 시선 방향에 따라 사람들의 매력 평가가 바뀌는데 그 매력도의 변화에 따라 뇌의 피질 또는 선조체(線條體)의 활동이 변화한다는 것을 fMRI 연구결과 알 수 있다(Kampe et al., 2001).

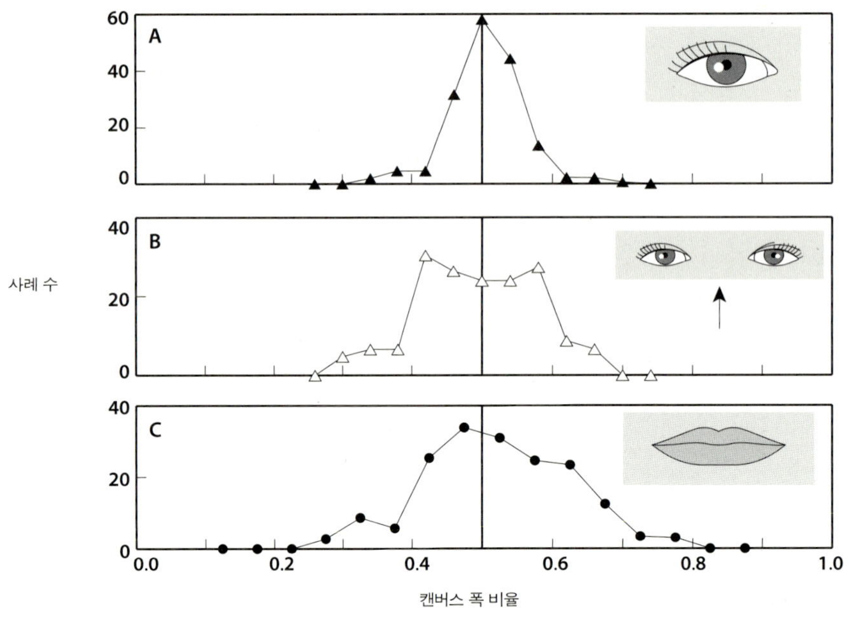

얼굴의 세부특징(A는 좌우 눈 중 하나, B는 양 눈의 한가운데, C는 입)이
캔버스의 중앙에 위치하고 있는 그림의 수를 나타낸다.

___ (출처) Tyler(1998)

## 그림을 보는 시선

인지심리학자 솔소(Solso, R.)는 "사람의 마음속에는 이미 현실세계에 대한 복잡한
인지적 가설이 만들어져 있고 이것이 의식적이든 무의식적이든 사람의 안구운동
과 그 지속시간을 통제한다"(Solso, 1994)고 했다. 즉, 어떤 것을 본다는 것은 이미 특
정 인지 틀을 가지고 바라보는 것이며, 그 인지적 틀을 기초로 응시하는 행동이나
안구운동이 제어된다는 것이다.

　　이미 1960년대에 야르부스(Yarbus)는 안구운동 측정장치를 이용해서 시선과
그림에 대한 지각반응을 검증했다(Yarbus, 1967). 예를 들어 사람들은 얼굴그림을 볼
때 눈, 입, 코, 귀 등을 보는 데 많은 시간을 할애한다. 야르부스는 러시아의 화가
레핀(Il'ya Efimovich Repin, 1844.8.5~1930.9.29)의 그림을 제시하고 다양한 질문을 하면서
관찰자의 안구운동을 측정했다(그림 3-7). 그림에서 경제상황과 연령을 추정하라고

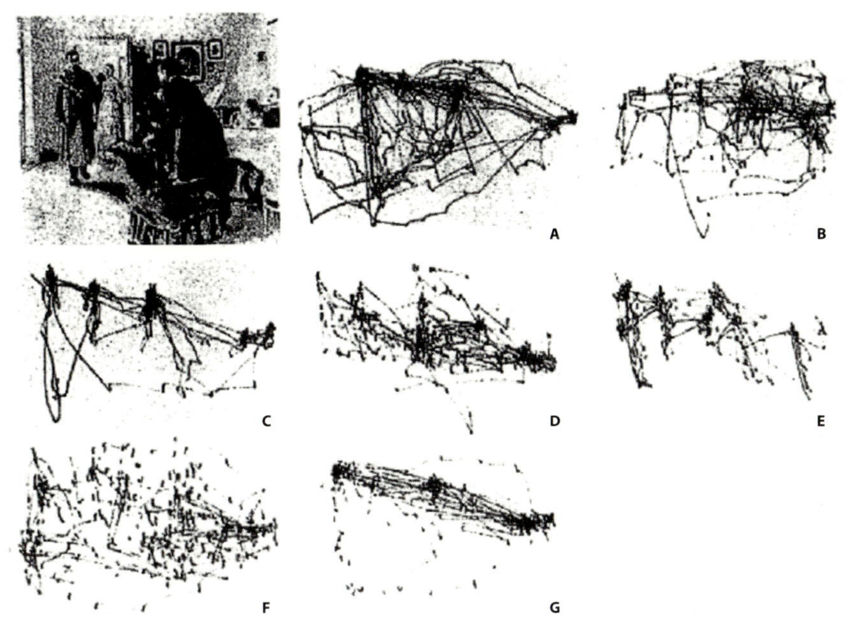



A: 자유관찰 B: 경제상황 추정 C: 연령 추정 D: 장면상황 추정 E: 인물의 의복 기억
F: 사람과 물체의 위치 기억 G: 방문객이 이 가족을 본지 얼마나 되었는지를 추정할 때의 안구운동

___ (출처) Yarbus(1967)

요구했을 때(그림 3-7의 B와 C), 이들이 방문객을 맞이하기 전에 무엇을 했는지를 추정
하라고 했을 때(그림 3-7의 D), 입고 있는 옷이나 물건의 위치를 기억하도록 했을 때
(그림 3-7의 E, F) 등 질문에 따라 그림을 보는 시선이 다르다는 것을 발견할 수 있었다.
이는 맥락이나 인지적 틀에 따라 시선이 바뀌는 것을 보여준다. 지금은 당연하다
고 생각할 수 있지만 1960년대에 안구운동을 측정하여 이런 사실을 밝혀냈다는
것은 당시로서는 매우 참신한 발상이었다.

　　이 장은 감성인지의 단서를 설명한 정도에 불과하다. 감성은 대단히 애매모
호하기 때문에 지금까지는 인지심리학 교과서에서조차 많이 다루어지지 않았지
만 앞으로 크게 성장할 것으로 기대되는 인지심리학 분야이다.

❶　특정 대상을 평가할 때 광택감, 입체감처럼 'ㅇㅇ감'으로 표현하는 감성단
　　어가 많이 있습니다. 생각나는 것을 정리해보세요.

❷　❶에서 정리한 'ㅇㅇ감'을 조사할 때 어떤 방법이 있는지를 생각해보세요.

❸　'좋다'는 매우 감성적인 단어입니다. 일상에서 '좋다'라는 말을 하는 상황을
　　생각해보고, '좋다'라는 말을 다른 형용사나 부사로 바꿔보세요.

**참고문헌**

三浦佳世(2007)『知覚と感性の心理学』岩波書店

● 日本の感性心理学の草分け的存在である筆者が、感性にまつわる心理学
を体系的にまとめたものである。特に、感性を知覚の枠組みとしてとらえ、
感性から感情までを含む「知覚」を意味するアイステーシスとしてに感性の
とらえ方はオリジナリティがある。知覚でも多くを引用・参考にしている。

仲谷洋平・藤本浩一編(1993)『美と造形の心理学』北大路書房

● 芸術作品の鑑賞や造形活動に関係する心理学の諸側面につうて紹介して
ある。刊行から15年以上が経ち、やや情報が古くなった感があるが、身近な
話題が多く含まれており　感性認知を勉強するうえでは必読の1冊である。

小泉英明編(2008)『脳科学と芸術—恋う・究める』工作舎

● 脳科学と芸術との関わりに関する最新の知見が32名の著者によってまと
められている。芸術の脳科学研究は、まだ始まったばかりであり、本章には
ほとんど取り入れることはできらかった。参考にされたい。

# 04

## 주의

정보를 선택하고
조정하는
인지활동

TV나 극장에서 마술을 본 적이 있을 것이다. 마술은 눈속임이 필수적이다. 카드마술, 동전이 유리잔을 통과하는 마술, 상자에 들어 있는 사람의 몸을 둘로 나누는 마술 등 이 모든 것이 눈속임이다. 우리는 마술을 볼 때 그 눈속임을 알아채기 위해 정신을 집중하고 눈을 떼지 않지만 결국에는 속아 넘어가고 만다. 도대체 어떻게 이런 일이 가능한 것일까? 마술사는 사람의 주의를 조정하는 데 능숙하다. 사람의 시선을 다른 곳으로 유도하여 절대로 눈속임을 들키지 않게 한다. 이처럼 사람의 주의를 역으로 이용하는 것이 마술인 것이다. 우리가 아무리 열심히 주의를 기울이고 있어도 눈치채지 못하는 일이 많다. 이 장은 이러한 주의체계, 특히 시각주의를 중심으로 살펴볼 것이다.

마술사는 어떻게 들키지 않는 것일까?

# 1절. 주의란 무엇인가

사람의 감각기관은 정보의 입력이 멈추는 때가 한순간도 없지만 뇌가 이 모든 입력정보를 처리하고 행동으로 지시하기는 어렵다. 지각이나 기억은 한 번에 처리할 수 있는 양이 제한되어 있기 때문에 필요한 정보를 선택하거나 특정 정보에 집중해야 한다. 이때 필요한 정보를 취사선택하는 데 중요한 역할을 하는 것이 주의(attention)이다. 이 장에서는 주의, 특히 선택적 주의와 시각주의에 관해 설명할 것이다.

## 주의연구

우리는 일상에서 주의라는 단어를 많이 사용한다. 주의의 사전적 의미는 '신경을 써서 살펴봄', '위험에 직면하지 않도록 조심함', '경계', '상대에게 조심하라고 이야기함', '마음을 집중하기 위해 특정 대상에 선택적 또는 지속적으로 의식을 집중하고 있는 상태'이다. 유사어로는 유의, 배려, 조심, 경계, 충고 등이 있다. 심리학에서는 주의를 행동조정에 영향을 미치는 인지기능의 하나로 보고 정보처리과정을 제어하는 인지기제로 간주한다.

　　주의를 연구하게 된 계기는 2차세계대전 당시 레이더 감시를 맡고 있던 해군 당직선원의 주의지속시간 문제, 소음이 심한 환경에서의 통신개선 문제, 항공관제 작업과정에서 생기는 음성메시지 청취 문제 등을 해결하기 위해서였다고 한다(미우라, 2003). 그 후 1950년대에 들어서면서 양쪽 귀를 나누어 서로 다른 정보를 제시하는 양분청취법(dichotic listening)을 이용한 선택적 주의에 대한 연구가 시작되었다. 1980년대에는 선행단서법과 시각탐색을 이용한 시각주의 연구, 뇌손상에 따른 주의기능장애에 관한 연구들이 주목을 받았다. 최근에는 첨단 뇌영상기법을 사용한 신경생물학적 연구가 활발하게 일어나고 있으며, 현재 주의에 대한 연구는 인지심리학에서 가장 중요한 위치를 차지하고 있다.


## 주의기능

미우라(1996)는 주의의 기능을 '초점주의', '선택적 주의', '분할주의', '예상 및 기대'의 네 가지로 분류했다.


　　1) 초점주의

　　주의의 가장 일반적인 기능 중 하나는 어떤 과제나 대상에 주의를 집중하여 초점화하는 기능이다. 초점주의(focused attention)에 문제가 있으면 주의산만(distraction)이 일어난다. 그 밖에도 장시간에 걸친 지속적 주의(sustained attention)와 경계(vigilance)도 주의연구 분야에서 오래전부터 주목받아온 주의기능이다. 초점주의는 각성수준과 관련이 깊다. 단순작업을 계속할 수 있는 시간은 작업조건이나 개인차가 있겠지만 보통 30분 정도가 한계라고 알려져 있다. 맥워스(Mackworth, 1950)는 참가자에게 직경이 약 25센티미터인 하얀 원반 위를 초당 100분의 1주기로 회전하는 15센티미터 길이의 검은 바늘을 계속 응시하면서 바늘이 두 배의 속도를 내는 것을 발견하면 반응할 것을 요구하였다. 실험이 시작되고 30분이 지나자 참가자의 주의지속능력은 급격하게 떨어졌다.

　　시각연구에서 초점주의는 주로 시각장의 제한된 특정 영역에 있는 정보에 주의를 기울이는 과정을 말한다. 이러한 주의는 시각장에 제시된 대상을 하나씩 확인하는 식으로 움직이기 때문에 처리용량에 한계가 있다. 주의연구에서 스포트라이트(Posner, 1980), 레이저빔 광선(Wachtel, 1967) 등의 은유가 사용되는 이유도 이 때문이다.


## 2) 선택적 주의

수많은 정보 중에서 필요한 정보를 찾아내는 것을 선택적 주의(selective attention)라고 한다. 선택적 주의는 필요한 정보를 찾아내는 동시에 불필요한 정보는 억제하거나 무시한다. 이에 관한 연구는 정보처리과정의 어느 단계에서 주의가 관여하는지에 초점이 맞춰져 왔으며, 다음 절에서 자세히 설명할 것이다.


## 3) 분할주의

음악을 들으면서 자동차를 운전하는 것처럼 주의가 둘 이상의 과제에 배분되어 동시에 작동하거나 순간적으로 전환하는 기능이 분할주의(divided attention)이다. 단순한 과제에서는 큰 문제가 되지 않지만 아주 짧은 시간에 많은 정보를 처리하거나 동시에 여러 개의 과제를 수행할 때는 어려움이 따른다. 요즘 흔히 볼 수 있는 사례로는 운전 중 휴대전화의 사용을 들 수 있다. 통화에 정신이 팔려서 신호가 바뀌는 것을 인식하지 못하고 교통신호에 대한 반응도 느려지는 일이 발생한다. 핸즈프리장치를 사용해서 통화할 때도 결과는 마찬가지이다(Strayer & Johnston, 2001). 분할주의에서 발생하는 이런 문제는 동시에 수행하는 반응의 수보다 주의용량에 그 원인이 있다. 주의를 심리적 에너지 또는 자원으로 볼 때 개인마다 배분가능한 주의의 용량이 다르고 또 주의를 분할하는 것에도 한계가 있다. 주의의 전체 용량 중에서 과제에 사용하고 남는 양을 여유용량(spare capacity)이라고 하는데, 어려운 과제를 수행할 때는 주의용량을 모두 과제에 집중해야 하기 때문에 그만큼 여유용량이 적어진다. 반면에 같은 과제를 여러 번 반복하여 익숙해지면 자동화가 일어나서 행동이나 인지가 빨라지고 여유용량은 증가한다.


## 4) 예상 및 기대

예상과 기대는 주의를 기울이는 대상의 출현이나 변화를 미리 알고 기다리는 기능이다. 예를 들어 정보나 자극이 공간의 어느 위치에 나타날지를 미리 예상하고 있으면 그 정보 또는 자극의 처리가 촉진되는 것이다(Posner et al., 1980 등). 즉, 예상 및 기대는 주의를 촉진시키거나 억제시키는 하향처리(top-down processing)를 유도한다. 더 자세한 설명은 3절 선행단서법에 나와 있다.

## 2절. 선택적 주의

정보가 너무 많을 때 특정 정보에 선택적으로 주의를 기울이는 것을 선택적 주의(selective attention)라고 한다. 실험연구를 토대로 선택적 주의에 관한 여러 이론들이 제안되었다. 특히 정보처리과정에서 선택적 주의가 언제 작동하는지에 대한 논쟁('초기선택설' vs. '후기선택설')은 유명하다.

### 칵테일파티효과

많은 사람이 삼삼오오 모여 즐겁게 이야기를 나누고 있는 넓은 방에 자신이 있다고 상상해보자. 주위가 아무리 시끄러워도 자기 이름이나 관심 있는 주제는 잘 들리지만 자신이 누군가와 열심히 얘기하고 있을 때에는 주변 사람들의 말이 들리지 않는다. 이는 대화를 하고 있는 사람이 다른 소리와 구분하여 상대의 말에만 주의를 기울여서 선택적으로 듣고 있기 때문이다. 하지만 파티장의 소리를 녹음한 자료에서 특정 말소리를 선택해서 듣는 것은 쉽지 않다. 이처럼 소음이 많은 장소에서도 자기가 관심 있는 소리에 주의가 쏠리는 것을 칵테일파티효과(cocktail party effect)라고 한다(Cherry, 1953). 인지심리학에서 칵테일파티효과는 오래전부터 잘 알려져 있는 현상으로 주의연구에 중요한 영향을 미쳤다.

## 선택적 주의의 필터이론

선택적 주의에 관한 초기 필터이론은 체리(Cherry, E. C.)와 브로드벤트(Broadbent, D. E.)의 연구를 토대로 제안되었다.

### 1) 체리의 실험

정보처리의 어느 단계에서 주의가 작동하는지에 대한 논의는 선택적 주의의 근본적인 문제로 간주되어왔다. 체리(Cherry)는 스테레오 헤드폰의 왼쪽과 오른쪽에 각각 다른 언어자극을 동시에 들려주는 실험을 했다(양분청취법, 그림 4-1). 이때 참가자에게 한쪽 귀의 정보에만 주의를 기울이면서 귀에 들리는 말을 따라 말하도록 요구한다. 참가자는 다른 귀에서 들리는 소리에 의해 방해받지 않은 채 주의를 기울인 귀에서 들리는 말을 잘 따라 말할 수 있었다(Cherry, 1953). 한편, 주의를 기울이지 않는 다른 귀에 제시되었던 소리에 대해 물어보면 거의 아무것도 기억하지 못했다. 이 실험결과는 주의를 기울이지 않은 정보는 입력 초기단계에서 필터에 걸려 그 다음 단계인 의미처리과정까지 가지 못한다는 것을 의미한다.



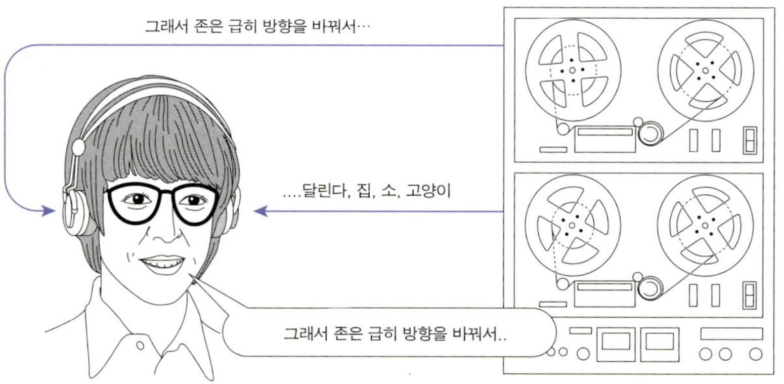



실험참가자는 왼쪽 귀에서 들리는 소리는 무시하면서 오른쪽 귀에서 들리는 소리에만 주의를 기울여 들리는 대로 따라 말한다.

(출처) Lindsay & Norman(1997b)

2) 브로드벤트의 실험

　체리와 거의 같은 시기에 브로드벤트(Broadbent)도 양분청취법을 이용하여 선택적 주의에 관한 실험을 수행하였다. 브로드벤트는 헤드폰을 통해 참가자의 양쪽 귀에 숫자를 무작위로 들려주고, 순서에 관계없이 그 숫자를 재생하도록 했다(Broadbent, 1954). 체리의 실험과 다른 것은 한쪽 귀의 정보에만 주의를 기울이도록 하지 않았다는 점이다. 브로드벤트 실험이 양쪽 귀에 들어온 숫자를 순서에 관계없이 재생하는 것이었음에도 불구하고 실험참가자는 한쪽 귀의 숫자를 모두 보고하고 난 다음에 다른 쪽 귀의 숫자를 보고하였다. 이것은 귀마다 다른 주의가 작동하여 정보를 처리한다는 것을 보여준다.


### 초기선택설 vs. 후기선택설

1950년대 수행된 이들의 연구는 인간을 정보처리시스템으로 가정하는 인지심리학의 선구적 연구가 되었다. 브로드벤트는 자신의 실험결과를 토대로 주의선택필터를 통과한 정보만이 다음 단계의 고차원적인 정보처리에 도달한다는 초기선택설(early-selection theory)을 제안하여 선택적 주의에 관한 이론적 체계를 구축했다(그림 4-2의 A). 그 후 트리즈먼(Treisman)이 브로드벤트의 가설을 보완하여 주의약화모델을 내놓았다(Treisman, 1964, 그림 4-2의 B). 한편, 모레이(Moray, 1959)는 체리의 양분청취과제를 사용하여 주의를 기울이지 않은 쪽 귀에 참가자의 이름을 들려주는 실험을 했다. 실험 결과, 전체 참가자의 30% 정도가 주의를 기울이지 않았음에도 불구하고 자신의 이름을 들었다고 응답했다. 이는 정보의 선택에 자극의 의미나 사전지식이 영향을 미친다는 것을 보여주는 것으로, 모든 자극이 의미처리까지 분석이 일어나고 그 다음에 주의에 의해 반응이 선택된다는 후기선택설(late-selection theory)로 나아갔다(Deutsch & Deutch, 1963). 후기선택설은 주의가 가장 중요한 정보를 선택적으로 취합한다고 주장한다(그림 4-2의 C).

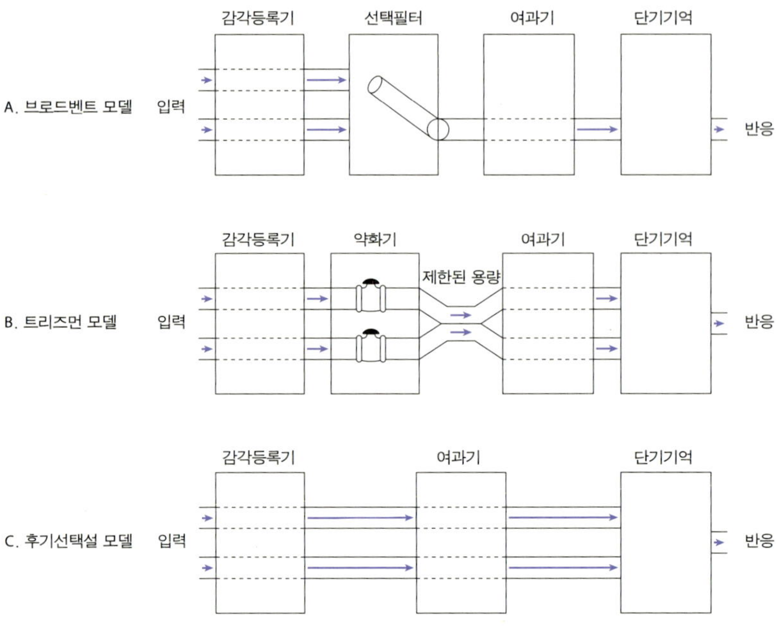



브로드벤트의 모델에서는 선택필터가, 트리즈먼의 모델에서는
약화기가 정보처리의 초기단계에 위치하고 있다. 반면에
후기선택설 모델은 정보처리가 일어난 후에 필요한 정보가
선택된다고 주장한다.

## 트리즈먼의 실험과 약화모델

트리즈먼은 양분청취법을 사용한 실험에서 줄거리가 있는 이야기를 들려주었다
(Treisman, 1964). 참가자는 체리의 실험에서처럼 지정된 한쪽 귀에서 들리는 소리를
즉시 따라 말하였다. 주의를 기울인 귀에 들려주는 이야기를 A, 다른 쪽 귀에 들려
주는 이야기를 B라고 해보자. 실험 도중에 이야기 A는 또 다른 이야기 C로, 이야
기 B는 A로 바뀐다. 참가자의 과제는 지정된 귀에 들리는 이야기를 따라 말하는
것인데(A→C) 많은 참가자들이 어느 사이 지정되지 않은 귀에 들리는 A를 따라 말
하였다. 이것이 의미하는 것은 무시하도록 지시받은 귀에서 들리는 정보가 완전

히 차단되는 것이 아니라 무의식적으로 의미처리가 일어나고 있다는 것이다. 이를 바탕으로 트리즈먼은 브로드벤트의 이론을 보완한 약화모델(attenuation model)을 제안하면서 주의필터가 선택하지 않은 자극을 완전히 차단시키는 것이 아니라 약화시킨다고 주장했다(그림 4-2의 B). 또한 참가자가 주의를 기울이지 않은 귀에 제시된 자신의 이름을 인식한 모레이의 실험결과(Moray, 1959)에 대해서 자기 이름은 다른 언어자극에 비해 역치가 낮은 자극이기 때문에(Howarth & Ellis, 1961) 인식될 수 있었다고 해석했다.

### 초기 vs. 후기 논쟁 이후의 전개

초기 주의연구는 양분청취법을 사용한 선택적 주의의 청각실험을 기반으로 급속히 발전했다. 그 후 인지심리학의 발달과 더불어 보다 엄격한 실험기법이 필요한 시각주의 연구가 가능해지면서 시각실험이 주의연구를 이끌고 있다. 또한 주의가 정보처리과정에서 '언제' 관여하는가보다 '무엇에' 혹은 '어떻게' 주의가 작동하는지를 알아내는 데 관심이 집중되었다. 선택적 주의의 초기선택설과 후기선택설은 지금도 논쟁 중이다. 이 두 가설 중 어느 하나가 옳은 것이 아니라 목적이나 처리용량에 따라 주의가 유연하게 변화한다는 주장이 제기되기도 하였다(Johnston & Heinz, 1978).

나이서(Neisser, U.)는 정보처리과정은 자극정보와 사전지식 사이의 상호작용이고, 정보의 선택은 한 장소에서 일어나는 것이 아니라고 주장한다. 그는 입력된 정보와 사전지식의 통합에 의해 정보처리가 일어난다고 보았고 필터 대신 전(前)주의과정(preattentive process)이라는 개념을 도입했다(Neisser, 1976). 자극이 전주의과정에서 대략적으로 처리된 후 사전지식에 의해 특정 정보에 주의가 집중되어 더 깊은 정보처리가 일어난다고 보는 것이다. 전주의과정은 외부 정보를 광범위하고 빠르게 자동적으로 처리하는 정보처리과정을 의미한다.

# 3절. 시각주의

주의연구 가운데 시각주의(visual attention)에 관한 연구가 가장 활발하다. 스포트라이트가 무대 위의 등장인물 가운데 특정 배우를 드러나게 하고 카메라의 줌렌즈가 대상을 크게 확대시키는 것처럼 시각주의의 범위는 자극이나 의식의 방향에 따라 변한다. 최근에는 시각탐색, 주의포착, 복귀억제, 변화무시 등 다양한 과제를 사용하여 주의기능을 검증하고 있다.

## 주의의 스포트라이트가설

외부의 제한된 범위에 주의를 기울이면 우리는 그 위치에 있는 자극요소를 잘 볼 수 있고 상세한 지식을 얻을 수 있다. 이처럼 시각장의 특정 위치에 주의를 집중시킴으로써 그곳에 있는 자극의 정보처리가 촉진되는 것 때문에 시각주의는 스포트라이트나 줌렌즈에 비유된다(Posner, 1980). 이런 스포트라이트가설은 주의가 한 위치에서 다른 위치로 옮겨갈 때 ① 주의를 기울이는 과정, ② 주의를 해제하는 과정, ③ 주의를 이동하는 과정, 세 단계를 거친다고 가정한다(Posner et al., 1980). 연구결과에 의하면 스포트라이트의 범위는 일정해서 시각도로 약 1도 정도라고 알려져 있고(Eriksen & Eriksen, 1974), 주의범위가 좁아질 수 있듯이 비교적 넓은 범위로 확장도 가능하다(Eriksen & St. James, 1986). 또 스포트라이트를 여러 위치에 나누어 비출 수 있듯이 여러 위치에 주의를 배분할 수도 있지만(Muller et al., 2003), 주의가 배분된 위치에서 주변으로 갈수록 정보처리의 효율성은 떨어진다(Downing & Pinker, 1985).

스포트라이트가설의 중요한 특징 중 하나는 스포트라이트가 이동한다는 것이다. 선행단서법(precueing method)을 이용한 연구에서 나온 결과에 의하면 선행단서가 제시된 후 목표자극이 제시되기까지의 시간간격을 변수로 계산했을 때 스포트라이트가 시각도 1도를 이동하는 데 8밀리초가 걸린다(Tsal, 1983). 또 주의이동은 주의를 기울인 위치에서 주의를 거두는(disengagement) 단계, 주의를 다른 위치로 이동하는(shift) 단계, 이동한 위치에 있는 대상으로 주의를 기울이는(engagement) 단계를 거친다(Posner et al., 1980).

### 외생적 주의 vs. 내생적 주의

포스너 등(Posner & Cohen, 1984)은 주의를 외생정향체계(overt orienting system)와 내생정향체계(covert orienting system)로 구분했다. 외생정향체계는 외부 자극에 의해 움직이는 수동적인 주의시스템으로, 예상치 못한 자극이 돌발적으로 출현하거나 자극이 변화할 때 외생적 주의(overt attention)가 활성화된다. 이런 시각주의가 작동할 때에는 관찰자가 주의를 기울이는 대상과 응시하는 대상이 일치한다. 내생정향체계는 의식에 있는 특정 대상에 스포트라이트를 비출 때 작동하는 능동적인 주의시스템이다. 이를 내생적 주의(covert attention)라고 한다. 이때는 주의를 기울이고 있는 대상과 응시하는 대상이 일치하지 않을 수 있기 때문에 자세나 시선의 방향으로 주의대상을 파악하는 것이 어렵다. 보통은 이 두 시스템이 상호작용하면서 중요한 자극을 처리한다.

### 선행단서법

포스너 등은 선행단서법(precueing method) 혹은 비용편익분석법(cost-benefit analysis)이라는 실험절차를 개발하여 시각적 초점주의 연구에 사용하였다(Posner et al., 1980). 이후 이 방법은 공간주의(spatial attention)를 검증하는 대표적 패러다임이 되었다. 기본 실험절차는 참가자의 시야에 목표자극이 들어오면 가능한 한 빨리 단추를 누르게 하여 그 반응시간을 측정하는 것이다. 목표자극 제시 직전에 선행단서가 목표자극의 위치를 정확하게 알려주는 유효조건(valid condition)에서의 반응시간이 선행단서가 제시되지 않는 중립조건(neutral condition)이나 선행단서가 목표자극 위치를 정확하게 알려주지 않는 무효조건(invalid condition)에 비해 더 짧다(그림 4-3). 한편, 무효조건에서 참가자의 반응시간은 유효조건이나 중립조건보다 더 길다. 이때 유효조건과 중립조건 간 반응시간의 차이는 선행단서에 의해 주의가 목표자극이 있는 공간위치로 향해져서 반응이 촉진된 것이기 때문에 편익(benefit)이라고 하며, 무효조건과 중립조건 간 반응시간의 차이는 선행단서에 주의가 포착되어 목표자극에 대한 반응이 지연되었다는 의미에서 비용(cost)이라고 한다.

　　포스너 등의 전형적인 실험에서 목표자극은 80%의 확률로 유효조건 위치에 제시되고 20%는 무효조건 위치에 제시된다. 관찰자는 선행단서가 제시된 위치에

'무엇에 집중하면 눈에 보이는 것이 없다'는 말처럼 우리가 주위 환경에서 얻을 수 있는 정보의 양은 하고 있는 일이나 처한 상황에 따라 달라진다. 이런 표현은 가용시각장(useful field of view)의 특성을 단적으로 보여준다.

전체 시각장에서 시야의 중심인 중심와 시각으로 정보처리가 가능한 범위를 가용시각장이라고 한다(Mackworth, 1965, 1976 ; 미우라, 1996). 예를 들어, 자동차를 운전하거나 책을 읽을 때 안구운동 없이 정보를 획득할 수 있는 시야 범위를 말한다. 주변시와 달리 가용시각장의 범위는 집중하고 있는 과제의 특성이나 환경요인 등에 의해 변화한다. 가용시각장의 범위는 과제난이도, 방해자극의 수, 방해자극과 목표자극 간의 유사도 등 다양한 요인에 의해 영향을 받는다. 이 밖에도 정서(오우에 등, 2001)나 알코올 섭취(미우라 등, 2001)도 영향을 미친다.

가용시각장 범위를 측정하는 방법은 여러 가지가 있다. 하나는 시선을 시각장 안에 있는 한 점에 고정시킨 후 시각장의 여러 위치에 목표자극을 짧게 제시해서 목표자극을 탐색, 분류 또는 판단할 수 있는지 보는 것이다. 이런 방법으로 가용시각장의 한계를 측정한다. 실험참가자에게는 화면 중앙에 자극이 제시되는 중심와과제와 주변에 제시되는 주변시과제가 주어진다. 주변시과제만 단독으로 수행하는 조건(단독과제)과 중심와과제와 동시에 수행하는 조건(이중과제) 사이의 반응시간과 정답률을 비교한다. 또 다른 방법은 시선을 자유롭게 이동하는 상황에서 목표자극을 발견했을 때 응시점과 목표자극 사이의 거리를 측정하는 것이다. 미우라(Miura, 1986 ; Miura, 1996)는 자동차 운전자의 가용시각장을 측정한 연구에서 교통혼잡도가 증가함에 따라 운전자의 가용시각장이 좁아진다는 사실을 확인했다(그림 1).

가용시각장은 나이가 들면서 축소된다(Ball et al., 1988 ; Sekuler & Ball, 1986 ; 이시마츠 & 미우라, 2003, 2008). 세쿨러(Sekuler, A. B.)는 15세에서 84세까지의 176명을 대상으로 알파벳문자를 분류하는 중심와과제와 광점(목표자극)의 위치를 찾는 주변시과제를 실시했는데 참가자의 연령이 증가할수록 가용시각장도 축소된다는 결과가 나왔다(Sekuler et al. 2000). 또한 중심와과제는 안구조절능력이 떨어지는 40세 무렵부터 수행이 저하되기 시작하는데 비해, 주변시과제는 이미 20대부터 수행능력이 저하된다는 흥미로운 결과도 나왔다. 이것은 가용시각장의 기능저하가 비교적 젊은 나이부터 시작된다는 것을 시사한다.

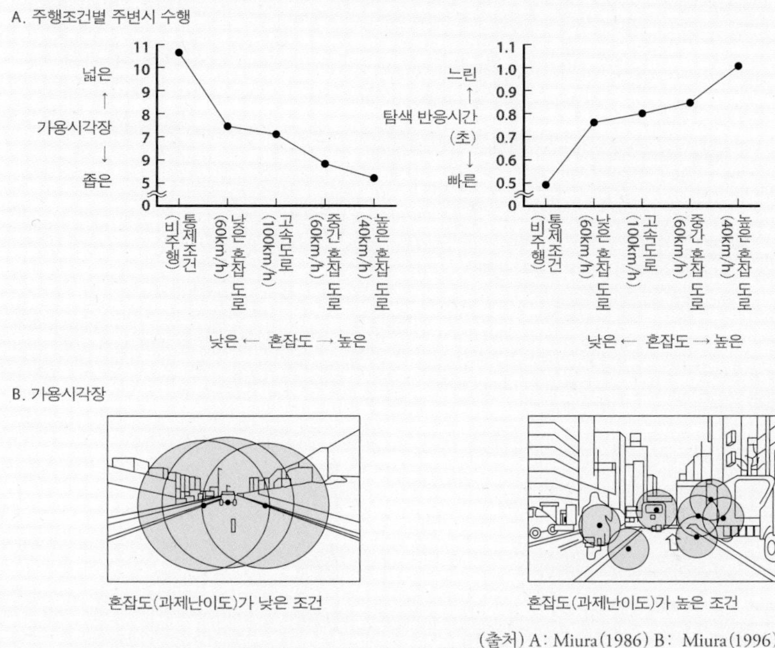


_____ (출처) A : Miura(1986) B : Miura(1996)

고령운전자의 높은 사고율을 예측하는 데 있어서 가장 중요한 변인도 고령화에 의한 가용시각장의 축소이다. 고령운전자 294명을 대상으로 시력, 인지기능, 가용시각장 범위 등의 변인들과 과거 5년 동안의 교통사고 이력 사이의 상관관계를 분석한 결과, 고령운전자의 교통사고 이력과 가장 관련이 높은 변인은 가용시각장인 것으로 밝혀졌다(Ball et al., 1993). 이것은 가용시각장을 측정하면 자동차운전과 관련된 주의능력을 한 번에 알아낼 수 있다는 의미이다. 나이가 들면서 일어나는 가용시각장의 변화는 시력에 비해 자각이 쉽지 않다. 그러나 자동차운전 등의 문제점을 예측하고 평가하는 데 유용한 지표임이 분명하다.

한편 실생활에서 우리의 행동에 중요한 영향을 미치는 가용시각장은 훈련에 의해 확장될 수 있으며, 이를 위한 실험실 훈련의 일반화 가능성을 보여주는 연구결과도 발표되었다(Green & Bavelier, 2003 ; Richards et al., 2006).

[이시마츠 가즈마 & 미우라 도시아키]

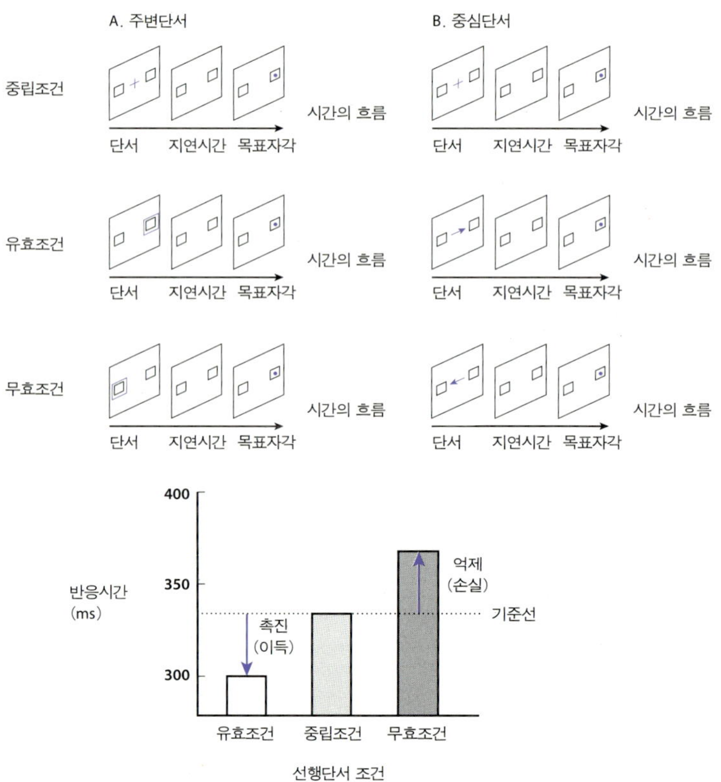



**주변단서(A) 또는 중심단서(B)와 상관없이 목표자극의 위치를 확인하는 데 걸리는 반응시간이 중립조건보다 유효조건에서 더 빠르고 무효조건에서 더 느리다.**

(출처) Posner et al.,(1978)

주의를 기울이면서 목표자극이 나타나기를 기다린다. 주의의 스포트라이트가 선행단서에 주어져 있기 때문에 스포트라이트 안에 목표자극이 제시되면 목표자극의 탐색이 쉬워진다. 이런 실험에서 목표자극이 제시되는 위치가 세 개 이상이고 선행단서가 두 위치에 동시에 제시되는 경우 두 개의 선행단서가 근접해 있으면 두 위치의 선행단서에 주의를 기울일 수 있지만 두 위치가 멀리 떨어져 있으면 동시에 다른 위치에 있는 선행단서에 주의를 기울이지 못한다(Posner et al., 1980). 인접한 두 개의 선행단서는 동일한 주의 스포트라이트 범위 안에서 작동될 수 있지만,

두 개의 선행단서가 떨어진 위치에 제시되면 동일한 스포트라이트로 처리하기 어렵다.

이런 실험에서 제시되는 선행단서에는 두 가지 종류가 있다. 하나는 포스너 등이 실험한 것처럼 목표자극이 나올 것이라고 예상되는 위치에 선행단서를 제시하는 것으로 이를 주변단서(peripheral cue)라고 한다(그림 4-3의 A). 주변단서는 자동반사적인 자극으로 외생적 주의가 일어난다. 다른 하나는 실험을 시작할 때 화면의 중앙에 있는 응시점 위치에 화살표로 목표자극이 제시될 위치를 가리키는 중심단서(central cue)이다(그림 4-3의 B). 이때는 선행단서에 의해 의식적으로 주의가 기울여지는 내생적 주의가 활성화된다.

한 연구(Friesen & Kingstone, 1998)에서 화면 중앙의 응시점 위치에 얼굴그림을 중심단서로 제시하고, 시선 방향과 그 후 제시하는 목표자극의 위치를 토대로 설정한 유효조건, 무효조건, 중립조건에서의 반응시간을 비교했더니 동일한 결과가 발견되었다. 시선에 의한 관찰자의 주의변화는 단서와 목표자극의 시간간격이 100밀리초라는 아주 짧은 시간 내에 발생하였다. 이는 시선에 의한 관찰자의 주의변화가 중심단서이긴 하지만 시선방향으로 주의를 자동반사적으로 기울이게 하는 외생적 주의를 일으킨다는 것을 보여준다.


## 시각탐색

그림책 『월리를 찾아서』는 수많은 군중 속에 숨어 있는 흰색과 검정색 체크옷을 입은 월리와 그의 친구들을 찾아내는 것이다. 그림책 『찾아라! 시리즈』는 여러 가지 모양의 미니어처나 디오라마(diorama) 속에 숨겨진 것을 찾도록 되어 있다. 이처럼 많은 방해자극 속에서 목표자극을 찾아내는 것을 시각탐색(visual search)이라고 한다. 시각탐색은 선행단서법과 함께 시각주의를 연구하는 대표적인 실험절차로 이를 토대로 수많은 연구가 수행되었다. 같은 모양의 여러 개의 사각형(방해자극) 속에서 하나의 원(목표자극)을 찾아내는 것은 쉽지만 방해자극이 흰색 사각형과 검은색 원일 때 흰색 원으로 된 목표자극을 찾아내기는 어렵다. 색이면 색, 모양이면 모양, 방향이면 방향 등 하나의 세부특징만 제시되는 시각탐색과제를 단일세부특징탐색(feature search)이라고 한다. 이때 방해자극의 수가 많아져도 목표자극을 찾아내는 데 걸리는 반응시간은 증가하지 않는다. 방해자극이나 목표자극을 하나씩 찾지 않아도 목표자극이 쉽게 눈에 들어오기 때문이다. 이를 돌출(pop-out)이라고 한다. 방해자극과 목표자극이 두 개 이상의 세부특징 조합으로 이루어진 경우를 결합탐색(conjunction search)이라고 하는데, 이때에는 방해자극의 수가 증가하면 목표자극의 탐색이 어렵고 반응시간도 길어진다(그림 4-4).



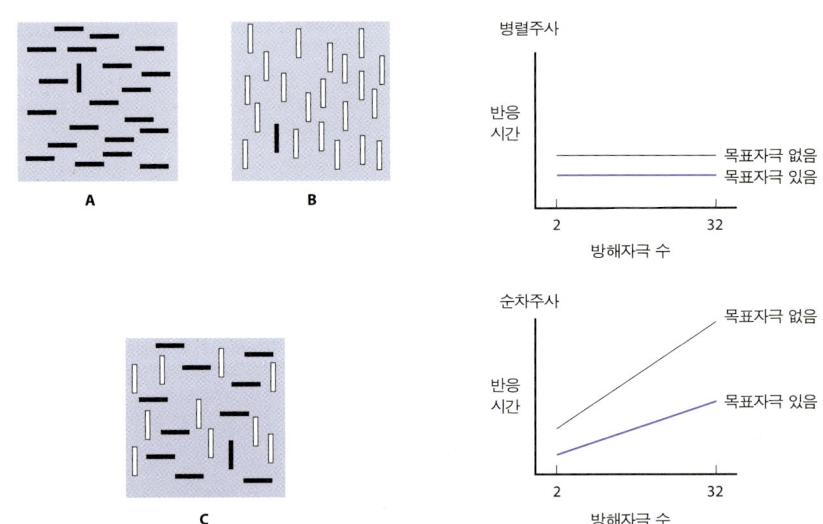



참가자는 A, B, C에서 검은색 수직선분을 찾아야 한다.
A, B는 단일세부특징탐색(병렬주사), C는 결합탐색(순차주사)과제이다.
목표자극이 없는 조건의 반응시간은 '목표자극이 없다'라고 판단하는 데
걸리는 시간을 의미한다.

## 세부특징통합이론

단일세부특징탐색은 자극을 순서대로 찾을 필요 없이 정보처리가 병렬적으로 일어난다. 반면, 결합탐색은 목표자극을 방해자극 속에서 하나씩 찾아야 하는 순차적인 정보처리가 특징이다. 트리즈먼(Treisman, 1986)은 세부특징통합이론(feature integration theory)에서 이 둘의 차이를 설명했다. 세부특징통합이론은 크게 두 단계를 가정하고 있다(그림 4-5). 1단계에서 이미지정보의 기본 세부특징(공간주파수, 방위, 형태, 색, 움직임 등)이 추출되어 각각의 '세부특징지도'에 부호화된다. 2단계에서 선택적 주의에 의해 세부특징의 통합이 일어난다. 각각의 세부특징지도는 위치정보만을 나타내는 위치지도와 공간적인 대응관계를 유지하면서 연결된다. 이때 주의가 위치지도의 특정 위치에 스포트라이트를 기울이면 그 위치지도와 연결된 세부특징



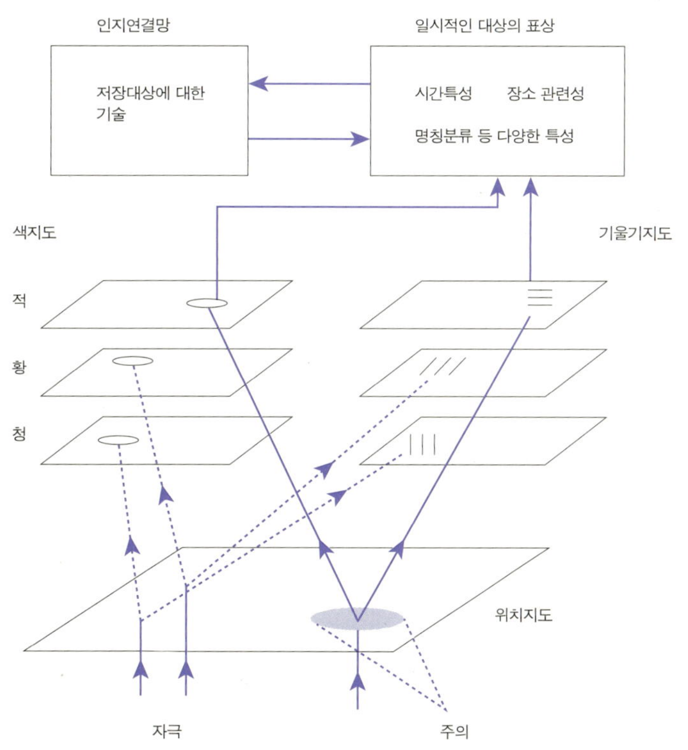

**먼저 색과 기울기(방위)라는 각기 다른 세부특징이 개별 처리모듈로 공간적으로 추출되어 세부특징지도에 부호화된다. 이어서 선택적 주의에 의해 세부특징의 통합이 일어난다.**

(출처) Treisman (1986)

지도에 있는 세부특징이 자동으로 탐색되면서 결합이 일어난다. 이러한 결합과정은 순차적이다. 이 이론에 따르면 주의는 특정 위치에서 추출된 다양한 세부특징을 통합하는 처리과정이라고 할 수 있으며, 각각의 세부특징을 결합하는 접착제 역할을 한다. 결합탐색에서 자극의 수에 따라 반응시간이 증가하는 이유는 각 자극에 주의를 기울여 결합하는 시간이 필요하기 때문이다(구마다 & 요코자와, 1994).

그러나 최근 연구에서는 결합탐색에서 방해자극의 수가 늘어나면서 탐색시간이 증가하는 선형관계가 발견되지 않거나 결합시켜야 할 세부특징의 조합 여부에 따라서 탐색시간이 짧아지는 결과가 발견되기도 했다(예, 안내탐색모델, Wolfe et al., 1989).

## 세부특징에 기초한 주의

시각탐색과제에서 단일세부특징탐색이나 결합탐색은 공간주의 외에 특정 자극의 세부특징과 관련된 주의도 포함되어 있다. 예를 들어, 열 개의 빨간색 사각형(방해자극) 속에서 한 개의 초록색 사각형(목표자극)을 찾는 과제에서는 초록색 사각형이 공간의 어느 위치에 있는지 주의를 기울여야 한다. 이때 관찰자는 목표자극을 빠르게 찾아내지만(돌출), 과제에 따라서는 사전에 목표자극이 초록색이라는 것을 알려주어 무엇에 주의를 기울여야 할지를 조정할 수도 있다. 이러한 주의를 세부특징에 기초한 주의(feature-based attention)라고 하며, 특정 색, 형태, 기울기, 움직임을 단서로 해서 작동하는 주의를 말한다. 세부특징에 기초한 주의는 자극을 찾아내거나 과제를 수행하는 데 도움이 된다(Rossi & Paradiso, 1995). 그리고 주의를 기울이는 대상과 동일한 세부특징을 가진 대상은 다른 세부특징을 가진 대상보다 더 쉽게 찾아진다(Most et al., 1995). 이런 사실은 신경학적 연구에 의해서도 지지되었다. 한 대상의 세부특징에 주의를 기울이면 주의대상의 세부특징정보가 활성화되기 때문에 같은 세부특징을 갖는 다른 대상의 세부특징 처리가 빨라진다(Muller et al., 2006).

## 물체에 기초한 주의

시각주의에는 공간이나 세부특징에 기초한 주의뿐 아니라 물체에 작동하는 주의도 있다. 초기의 주의연구는 시각주의가 시각장에 있는 특정 공간으로 향한다고 가정하였다. 그러나 1980년대 중반 시각주의가 공간에 존재하는 물체와 독립적이지 않다는 실험증거들이 발표되었다. 이러한 주의를 물체에 기초한 주의(object based attention)라고 한다. 던컨(Duncan, 1984)은 실험참가자에게 사각형 하나와 선분 하나를 겹쳐서 짧게 제시하고 두 가지 세부특징에 대해 판단하도록 요구하였다. 그 결과 두 물체(사각형과 선분)와 관련이 있는 두 세부특징에 대한 판단보다 한 물체의 두 가지 세부특징에 대한 판단에서 참가자의 정답률이 더 높았다. 또한 화면 중앙의 응시점 좌우에 두 개의 물체를 겹치지 않게 제시하고 동일한 과제를 시행한 결과, 응시점 좌우 어느 한 쪽에 과제를 겹쳐서 보여주는 조건과 차이가 나지 않아서 물체에 기초한 주의가 존재한다는 사실이 증명되었다(Vecera & Farah, 1994).

　　물체에 기초한 주의는 선행단서법을 사용한 실험을 통해서도 검증되었다. 이글리 등(Egly et al., 1994)은 응시점 좌우에 두 개의 직사각형을 배치하고 둘 중 한 직사각형의 위 또는 아래에 ㄷ자 형태의 선행단서를 제시하였다. 그런 다음 목표자극을 둘 중 하나의 직사각형의 위나 아래에 제시했다. 이때 선행단서와 같은 위치(직사각형의 위쪽)에 목표자극이 제시된 유효조건의 반응시간과 선행단서와 같은 직사각형의 위나 아래에 목표자극이 제시된 조건(동일 대상 무효조건) 또는 선행단서가 제시된 직사각형이 아닌 다른 직사각형의 위나 아래에 목표자극이 제시된 조건(다른 대상 무효조건)을 비교했다(단서의 위치와 목표자극 간의 거리는 동일하다. 그림 4-6 참조). 그 결과 유효조건과 각 무효조건 간의 차이가 발견되었는데, 동일 물체 무효조건에서 반응시간이 다른 물체 무효조건보다 더 빨랐다. 이는 선행단서에 의해 주의가 향해져 있는 관찰대상에 제시되는 목표자극에 주의를 기울이는 것이 다른 물체에 제시되는 목표자극에 주의를 기울이는 것보다 쉽다는 것을 나타낸다. 즉, 시각주의가 공간에서만 일어나는 것이 아니라 시각대상(물체)에 대해서도 일어난다는 것을 시사한다.

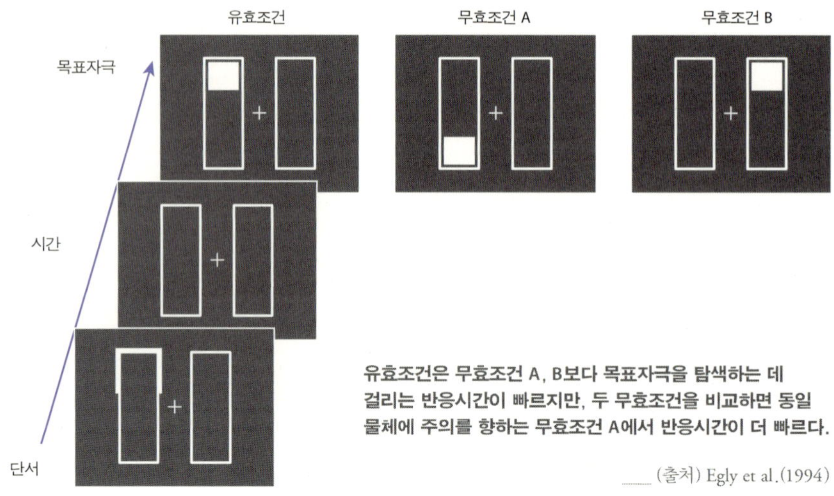



유효조건은 무효조건 A, B보다 목표자극을 탐색하는 데 걸리는 반응시간이 빠르지만, 두 무효조건을 비교하면 동일 물체에 주의를 향하는 무효조건 A에서 반응시간이 더 빠르다.

___ (출처) Egly et al.(1994)

# 4절. 주의의 반응억제

주의라는 기능이 있어도 시각대상을 찾아내거나 분류하는 일이 그렇게 쉽지 않다는 것이 최근의 연구에서 밝혀지고 있다. 또한 특정 대상에 주의를 기울이는 것 때문에 탐색이 어렵거나, 무시한 자극이 후속 인지과정에 영향을 미치는 사례도 보고되었다.

## 변화맹시

주의를 기울이는데도 대상을 인식하지 못하는 현상을 다룬 연구가 최근 많이 발표되고 있다. 예를 들어, 사진이나 그림 두 장 중 한 장의 일부를 수정한 후 빠른 간격으로 두 장을 연속해서 보여주면 사람들은 두 장의 변화된 부분을 잘 찾아내지 못한다. 이런 현상을 변화맹시(change blindness)라고 한다(Rensink et al., 1997). 변화의 종류로 색, 형태, 위치를 바꾸거나 대상을 삭제하면 관찰자는 두 장의 사진이 바뀌었는데도 그 변화를 쉽게 눈치채지 못한다. 하지만 일단 어디가 바뀌었는지를 알고 나면 그 점이 계속 눈에 들어와서 무시할 수가 없다. 변화맹시를 검증하는 방법으로는 간격을 빠르게 하여 두 장의 사진이나 그림을 연속으로 제시하는 플리커(fliker)방법(그림 4-7), 화면을 바꿀 때 여러 개의 작은 도형을 순간적으로 제시하는 스플래쉬(splash)방법, 안구운동에 맞추어 화면을 바꾸는 방법 등이 있다.

변화맹시는 실험실뿐만 아니라 일상 장면에서도 일어난다. 실험자가 길거리나 공원을 지나가는 사람(실험참가자)에게 길을 묻는 장면을 떠올려보자. 이 두 사람 사이를 물건을 운반하는 다른 두 사람이 가로질러 지나간다. 그 순간 처음 말을 건 실험자와 물건을 운반하고 있던 사람 중 한 명이 자리를 바꾼다. 이때 길을 설명하고 있던 참가자는 사람이 바뀐 것을 모르고 이야기를 계속한다(Simons & Levin, 1998).

그림 **4-7 변화맹시와 플리커방법**

**회색 차폐자극을 사이에 두고 A와 장면의 일부가 바뀐 A'를 제시한다.**

(출처) Rensink et al.(1997)

## 부적점화

인간의 감각기관에는 동시에 수많은 정보가 입력된다. 우리는 이들을 모두 동일하게 처리하는 것이 아니라 목적에 맞게 취사선택해서 필요한 정보에는 적극적으로 주의를 기울이고, 불필요한 정보는 무시하는 등 효율적으로 정보를 처리한다. 그렇다면 무시된 정보는 어떤 처리과정을 거치는 것일까?

티퍼(Tipper, 1985)는 참가자에게 검정색과 파란색으로 그려진 두 개의 대상이 겹쳐진 자극을 연속하여 보여주었다(그림 4-8). 참가자에게 주어진 과제는 제시된 선행자극과 후속자극 중 파란색 물체는 무시하면서 검정색 물체에 주의를 기울이고 그 이름을 말하는 것이었다. 예를 들어, 제일 오른쪽 자극의 경우 참가자는 선행자극에서는 검정색의 트럼펫에 주의를 기울이고 파란색 개는 무시해야 하며, 후속자극에서는 검정색 개에 주의를 기울이고 파란색 발은 무시해야 한다. 실험 결과, 선행자극에서 무시한 대상을 후속자극에서 주의를 기울여 이름을 말해야 하는 조건에서 선행자극의 무시가 후속자극에 영향을 주었다. 즉, 통제조건에 비

---

**그림 4-8 부적점화 실험**

**실험참가자는 파란색 물체를 무시하면서 검정색 물체에 주의를 기울여서 물체의 이름을 말해야 한다.**

___ (출처) Tipper(1985)

해 반응시간이 더 느려진다. 이처럼 한번 무시한 자극이 나중에 후속자극으로 제시되면 반응시간이 지연되는 효과를 부적점화(negative priming)라고 한다. 이는 주의를 기울이지 않은 자극도 정보처리가 이루어지지만 그 양상은 억제적으로 처리된다는 것을 보여준다(Neill et al., 1995). 선행자극이 후속자극에 미치는 영향에 대해서는 주의를 기울이는 것과 무시하는 것에 대한 반응뿐 아니라 자극 간의 의미연관성에 대한 연구도 수행되고 있다.

## 주의과실

시각주의는 공간정보의 선택적 처리뿐 아니라 동일한 공간에서 연속적으로 제시되는 정보처리에도 관여한다. 예를 들어, 공간의 같은 위치에 시각정보를 연속으로 빠르게 보여주고(신속순차시각제시, rapid serial visual presentation) 자극계열 속에서 두 개의 목표자극을 찾아낼 것을 요구하면, 첫 번째 목표자극은 쉽게 찾아내지만 두 번째 목표자극은 잘 찾아내지 못한다(Raymond et al., 1992). 이를 주의과실(attention blink)이라고 한다. 이러한 현상은 두 개의 목표자극을 짧은 간격으로 보여줄 때 나타난다(500밀리초 이하). 또 첫 번째 목표자극을 무시하고 두 번째 목표자극만을 찾도록 하면 제시간격이 짧아도 쉽게 찾아낸다. 이는 주의과실이 첫 번째 목표자극에 주의를 기울인 결과로 일어난다는 것을 시사한다. 주의과실은 숫자나 낱자, 패턴, 색, 방위 등을 변별하는 과제에서도 나타나는데, 시각에 한정되지 않고 청각이나 촉각 등 모든 감각 양상에서 발견되는 현상이다. 이 현상이 일어나는 이유는 첫 번째 목표자극의 처리 부담으로 두 번째 목표자극이 불충분하게 처리되기 때문인 것으로 보고 있다. 그러나 첫 번째 목표자극을 처리한 후 두 번째 목표자극이 처리되지 않는 것인지, 아니면 처리는 되었지만 억제 내지 간섭을 받은 것인지에 대해서는 학자들 간에 의견이 분분하다.

'할아버지, 할머니'라고 하면 모든 주의기능이 쇠퇴했을 것이라고 생각하기 쉽다. 그러나 실제로는 나이가 들면서 쇠퇴하는 기능도 있지만 대학생과 같은 수준을 그대로 유지하는 기능도 있다.

주의가 하는 기능 중에 억제기능이 있다. 간단히 말해서 불필요한 정보에 대한 반응이 일어나려고 할 때 '그것은 필요 없으니까 반응하지 말라!'고 억제하는 기능이다. 예를 들어, 컴퓨터를 사용할 때 틀린 아이콘을 누른 뒤 다시 똑같은 아이콘을 누르는 실수를 하였다면 억제기능이 작동하지 않았다는 증거이다.

억제기능의 연령효과를 살펴보자. 앞의 예에서 처음 잘못 누른 아이콘에 다시 주의가 쏠리지 않도록 억제하는 기능을 전문용어로는 회귀억제(inhibition of return)라고 한다. 이는 주의가 최초의 장소 또는 물체로 되돌아가려는 반응을 억제한다는 것이다. 젊은 사람들은 선행단서법을 사용했을 때 단서자극이 제시된 순간부터 목표자극이 제시되는 순간까지의 시간간격(SOA)이 300밀리초를 넘으면 회귀억제가 나타난다(Posner & Cohen, 1984). 즉, 모니터의 좌우 어느 한 쪽에 제시된 단서자극에 주의를 기울일 때, SOA가 길어지면 모니터 중앙으로 주의를 되돌려버리고, 그 후 목표자극이 단서자극과 같은 위치에 제시되어도 그 위치로 주의를 돌리는 것을 억제하는 작용이 일어나서 반응이 늦어진다는 것이다.

이러한 위치 회귀억제는 젊은 사람과 고령자 모두에게서 나타난다. 즉, 나이가 들어도 그 기능은 쇠퇴하지 않는다는 의미이다(Hartley & Kieley, 1995 ; Tsuchida, 2005). 츠치다(Tsuchida, 2005)는 젊은 사람과 고령자를 대상으로 회귀억제의 연령효과를 검증했다. 실험참가자에게 모니터 중앙의 응시점을 보도록 하고 응시점의 좌우에 무작위로 붉은 원을 제시했다. 그리고 왼쪽이나 오른쪽 어느 방향이든 목표자극의 제시 위치와 같은 위치의 단추를 누르도록 시켰다. 단추를 누르면 500밀리초, 1500밀리초, 2500밀리초의 시간간격으로 다음 목표자극이 제시되었다. 직전에 제시된 자극의 방향과 다음 자극의 방향이 같을 때와 다를 때를 나누어 분석한 결과, 젊은 사람이나 고령자 모두 같은 방향에 자극이 나타났을 때가 반대 방향에 제시되었을 때보다 반응시간이 느려져서 회귀억제가 일어나는 것이 확인되었다.

회귀억제에는 위와 같은 위치 회귀억제뿐 아니라 위치에 상관없이 동일 물체에 대한 회귀억제도 있다. 젊은 사람의 경우 어떤 연구에서는 물체 회귀억제가 발견되었지만(Takeda & Yagi, 2000 ; Tipper et al., 1994), 다른 연구(Takeda & Shimojo, 1996 ; 和田, 1998)에서는 위치 회귀억제만 발견되고 물체 회귀억제는 발견되지 않는 등 연구 결과가 일관적이지 않다. 고령자는 위치 회귀억제는 나타나지만 물체 회귀억제 는 나타나지 않는다(McCrae & Abrams, 2001).

이처럼 나이가 들면서 모든 회귀억제기능이 쇠퇴하는 것이 아니라, 물체 회귀억제는 연령의 영향을 받기 쉽지만 위치 회귀억제는 그렇지 않은 것으로 보인다. 즉, 회귀억제기능은 단일시스템으로 성립된 것이 아니어서 일부 특정 기능에서만 연령효과가 제한적으로 나타날 가능성을 보여준다. 이러한 연령효과는 다음과 같은 뇌신경계의 발달 차이로 설명할 수 있다. 위치에 관한 정보와 물체에 관한 정보는 뇌에서 각기 다른 시각경로를 통해 처리된다. 즉, 시각정보가 후두엽의 시각피질에 도달하고 나면, 방향정보는 배측경로(dorsal stream)로 물체정보는 복측경로(ventral stream)를 거쳐 두정엽의 연합영역에서 통합된다(그림 2-4 참조). 또 각 경로의 발달시기 차이로 이를 설명하는 학자들도 있다. 즉, 배측경로는 유아기 초기에 발달하여 노년기 후기까지 남아있는 반면, 복측경로는 유아기 후기에 발달되기 시작하여 노년기 초기에 쇠퇴한다. 소위 ‘first in/last out’ 현상을 보이는 것이다(Connelly & Hasher, 1993 ; Jackson, 1881/1932). 물체정보를 전달하고 처리하는 복측경로는 노년기가 되면 쇠퇴하기 시작하기 때문에 물체 회귀억제도 사라진다. 이에 반해 방향정보를 전달하고 처리하는 배측경로는 나이가 들어도 남아있기 때문에 위치 회귀억제는 유지되는 것이다.

[사카다 요코]

## 스트룹효과

주의를 기울이지 않은 정보가 인지에 영향을 준다는 것은 부적점화에서 설명했
다. 그러나 정보를 무시하려 해도 무시되지 않는 자동적인 정보처리에 의해 주의
가 영향을 받는 경우도 있다. 빨강, 파랑, 초록의 색 도형을 참가자에게 보여주고
색의 이름을 말하게 하면 아무런 문제없이 대답할 수 있다. 그리고 색 이름을 검
정색 글자로 쓰고 읽게 해도 쉽게 읽는다. 그러나 글자의 색과 글자가 의미하는
색이 다르면(예를 들어, 파란색으로 쓴 '빨강'이라는 글자), 글자를 읽는 데 걸리는 시간이 색을
말하는 시간보다 더 오래 걸리고 오류도 증가한다(Stroop, 1935).

이렇듯 자극의 두 가지 특징 중에서 하나만 응답할 것을 요구하여 특징 간의
갈등을 유발하는 과제를 스트룹과제라 하고, 한 가지 특징에 대한 반응이 다른 특
징에 의해 간섭을 받아서 방해를 받는 현상을 스트룹효과(Stroop effect) 혹은 스트룹
간섭(Stroop interference)이라고 한다(화제의 연구 5-1 참조). 이 간섭효과는 한 가지 특징에만
주의를 기울이고 다른 특징은 무시하려 해도 정보처리가 자동으로 일어나는 경우
에 발생한다.

색 스트룹과제를 변형시켜서 만든 정서단어 스트룹과제도 있다. 욕구를 억제
하는 단어나 위협적인 단어 등 강한 정서단어의 잉크색을 말할 때 반응이 느려지
는 현상을 정서 스트룹효과(emotional stroop effect)라고 한다(Gotlib & McCann, 1984). 정서
스트룹효과는 인간의 정서가 인지처리에 영향을 미친다는 것을 보여주는 것으로
강한 정서단어가 제시되면 그 의미가 자동으로 처리되거나 정서적인 경계심이 일
어나서 반응이 지연된다(Logan & Goetsch, 1993; Koster et al., 2004).

# 5절. 주의의 신경학적 기제

1980년대는 시각주의에 관한 연구뿐만 아니라 주의와 관련된 신경학적 연구도 활발하게 일어났다. 주의의 신경생물학적 연구는 감각정보의 처리와 관련된 신경세포부터 의식과 관련된 고차원적인 피질활동까지 그 범위가 대단히 광범위하다.

### 뇌손상에 의한 주의기능장애 – 편측공간무시

주의기능과 관련된 뇌손상으로 편측공간무시(hemispatial neglect)가 있는데 손상된 뇌부위의 반대쪽 공간에 제시된 자극을 무시하는 장애를 말한다. 편측공간무시는 좌반구보다 우반구의 하두정엽 손상에 의해 주로 발생하기 때문에 시각주의의 우반구 우세론이 제기되었다(Heilman & Van Den Abell, 1980; Vallar, 1993; Weintraub & Mesulam, 1987). 우반구 하두정엽이 손상된 공간무시환자는 우반구의 시각피질이 손상을 입지 않았는데도 왼쪽에 있는 물체를 인식하지 못하고 왼쪽 공간에서 무엇을 찾으려고 하지 않는다. 이들은 얼굴의 반만 화장을 하거나 접시에 놓인 음식의 반만 먹는 등 남은 반쪽을 무시하는 반응을 보인다.

좌반구 손상보다 우반구 손상에 의해 편측공간무시가 많이 발생하는 이유는 아직 분명하지 않다. 우반구는 시각장의 양쪽 공간 모두에 주의를 할당할 수 있지만 좌반구는 반대쪽에 있는 오른쪽 시각장에만 주의를 할당할 수 있기 때문이라고 주장하는 학자들도 있다(Heilman et al., 1993). 좌반구는 손상을 입어도 우반구의 왼쪽 시각장을 담당하는 주의가 기능할 수 있지만 우반구가 손상을 입으면 왼쪽 시각장에 주의를 기울이지 못한다는 것이다. 이는 건강한 사람을 대상으로 한 PET 연구에서도 확인이 되었는데, 우측 하두정엽은 양쪽 시각장에 주의를 기울일 때 활성화되지만 좌측 하두정엽은 오른쪽 시각장에 주의를 기울일 때에만 활성화되었다(Corbetta et al., 1993).

편측공간무시에서 나타나는 지각현상은 의식적인 자각(awareness)을 동반하지 않는 인지과정이므로 환자는 대상을 보면서도 의식하지 못하지만, 무시된 정보가 실제로는 처리되고 있을 가능성도 있다.

## 시각주의와 시각피질의 신경활동

1980년대 후반에 이르러 연구자들은 시각주의가 신경계의 어느 부위와 관련이
있는지에 관심을 가지기 시작했다. 시각정보처리가 고차원으로 갈수록 시각뇌의
신경세포가 담당하는 시각장의 범위가 넓어진다. 사람의 1차 시각피질(V1)에 있는
신경세포가 담당하는 시각장의 범위가 1~2도 이하라면, 4차 시각피질(V4)의 경
우에는 4~6도, 하측두엽(IT 영역)의 경우에는 7도 이상이다(Kastner & Ungerleider, 2001;
Smith et al., 2001). 넓은 수용장을 갖는 신경세포의 수용장(receptive field)에는 여러 개의
물체가 제시되는 경우가 흔한데, 너무 많은 정보가 신경세포에 입력된다면 혼란
이나 간섭이 일어나고 정보처리가 원활하지 못할 수 있다. 이때 특정 대상에 주의
를 기울임으로써 수용장에 제시된 정보의 효율적인 처리가 가능해지는 것이다.

데시몬 등(Desimone et al., 1990)은 단일세포기록법을 이용하여 V4영역에 있는 신
경세포의 수용장에 두 개의 선분을 제시하였다. 선분 하나는 신경세포의 활동을
촉진하는 선호자극이고, 다른 하나의 선분은 신경활동을 거의 일으키지 않는 비
선호자극이다. 선분 두 개를 동시에 보여주면 간섭이 일어나서 선호자극 하나만
제시될 때보다 신경활동이 감소한다. 그러나 선호자극에만 주의를 기울이도록 요
구하면 비선호자극만을 제시했을 때와 같은 정도의 신경활동이 관찰되었고 비선
호자극에 주의를 기울이게 했을 때에도 신경활동은 증가하지 않았다(Reynolds et al.,
1999). 주의에 의한 이러한 시각피질 신경활동의 변화는 V4 외에 IT영역과 V2에
서도 관찰되었다. V1에 있는 신경세포 수용장은 매우 작아서 아주 미세한 안구운
동으로도 V1 수용장에서 입력되는 자극정보가 순간적으로 바뀐다. 즉, 선호자극
과 비선호자극이 동시에 V1 수용장에 제시되기는 어렵다. 그러나 V1 같은 초기
시각정보 처리단계에서도 주의가 영향을 미친다는 연구결과들이 발견되기도 했
다(Motter, 1993; Ito & Gilbert, 1999). 주의에 의해 변화하는 시각피질 신경세포의 활동이
주의자극에 의한 촉진효과인지, 비주의자극에 의한 억제효과인지, 혹은 두 가지
모두에 의해 일어난 것인지는 아직 확실하지 않다.

인간을 대상으로 한 fMRI연구에서도 여러 개의 자극이 동시에 제시되고 있
을 때 어느 쪽에도 주의를 기울이지 않으면 간섭이 일어나서 V4 또는 V2의 뇌활
동이 저하되었지만, 주의를 기울이면 신경활동이 증가했다(Kastner et al., 1998). 또 주
의가 V1영역 신경세포의 활동에 영향을 미친다는 증거가 아주 많지는 않지만,

참가자가 방해자극 속에 있는 목표자극에 주의를 기울이면 주의를 기울이지 않을 때보다 V1 활동이 높아진다는 것은 밝혀졌다[Martinez et al., 1999]. 또 움직임자극에 대한 주의연구도 수행되었다. 화면 중앙의 응시점을 기준으로 움직이는 두 개의 선분을 제시하고 응시점의 방향지시에 따라 좌우 하나의 선에 주의를 기울이게 한 다음 선이 움직이는 방향을 판단하게 했다. 그 후, 방향지시를 바꿔 다른 위치에 있는 선의 방향을 판단하게 하는 조건과, 단순하게 수동적으로 선의 움직임을 관찰하는 조건을 비교했다. 실험 결과, 공간주의를 기울이면 움직임지각 중추인 MT영역이나 V1영역에 있는 신경세포의 활동이 증가한다는 것이 밝혀졌다.

**연습문제**　　**4장　주의**

① 친구와의 대화에 열중하고 있거나 공부에 집중하고 있을 때에도 뒤에서 누군가 당신의 이름을 속삭이면 금방 알아챕니다. 그 이유에 대해 생각해보세요.

② 주의의 초기선택설과 후기선택설은 정말 차이가 있는 것일까요? 실험절차의 문제점을 생각해보세요.

③ 공간에 기초한 주의, 세부특징에 기초한 주의, 대상에 기초한 주의를 보여주는 일상에서의 사례를 찾아보고 설명해보세요.

**참고문헌**


本田仁視（2000）『意識/無意識のサイエンス － 症例と実験による心の解剖』福村出版

● 幻視や記憶などの認知に関わる高次機能障害を通して、意識・無意識の現象の心理学的側面と脳機能に関する側面が述べられている。多くの現象が注意と関連したとのであり、症例の理解を通して意識とはなしかを理解しようとするものでとてもわかりやすい。

ファーラー、M. J/利島保監訳（2003）『視覚の認知神経科学』協同出版

● 視覚の初期過程から高次認知過程までを取り扱っており、内容としても比較的高度であるが、後半部分で視覚的注意や半側空間無視、視覚的注意性などがくわしく扱われている。認知心理学的アプローチよりも、症例の検討や脳イメージング、脳波などの知見を用いた説明が充実している。

# 05

작업기억

정보의 저장과
조작

잊고 싶지만 잊히지 않는 것들이 있다. 그리고 잊어버리면 안 되는데 잊어버리는 것들이 있다. 또 기억은 갑자기 떠오르기도 한다. 이처럼 마음대로 되지 않는 것이 기억이다. 마르셀 프루스트의 『잃어버린 시간을 찾아서』에는 홍차에 적신 마들렌을 입에 넣는 순간 의식하지 않았던 과거의 일들이 생생하게 되살아났다는 구절이 나온다. 기억은 의식하는 것에만 한정되지는 않는다. 이 장과 다음 장은 이처럼 불가사의한 특징을 지닌 기억을 다룬다. 이 장에서는 우선 기억의 구조 중에서 가장 중심이 되는 작업기억에 대해 설명한다.

평소 잊고 있었는데 어떤 장소에서 옛날 기억이 떠오른 적이 있는가? 이를 기억의 맥락의존효과라고 한다.

# 1절. 기억의 구조

### 프로이트의 마술칠판

기억구조에 대한 관심은 오래전부터 있어왔다. 정신분석학의 창시자 프로이트 (Freud, S.)도 기억의 구조를 마술칠판에 비유하여 설명한 적이 있다. 마술칠판은 어린 시절 아이들이 가지고 놀던 장난감으로 검은 고무판 위에 투명한 셀로판지가 붙여져 있다(그림 5-1). 이 셀로판지에 뾰족한 펜으로 글씨나 그림을 그리면 고무판

**시트를 벗기면 계속 쓸 수 있는 마술칠판**

위에 희미한 요철이 생기면서 그림이 셀로판지 위로 나타난다. 셀로판지를 떼어 내면 글씨나 그림이 사라져 계속 사용할 수가 있다. 그러나 고무판 위를 자세히 살펴보면 고무에는 글씨나 그림의 흔적이 남아 있다.

프로이트는 두 종류의 기억이 있다고 보았다. 하나는 마술칠판의 고무에 새겨진 흔적과 같은 것으로 이는 영구적인 기억이다. 다른 하나는 셀로판지를 떼어 내면 곧 사라지는 것처럼 항상 새롭게 만들어지는 기억이다. 프로이트는 고무에 흔적으로 남은 무의식적인 기억에 중점을 두고 연구했지만, 그가 말한 기억의 종류는 나중에 등장한 인지심리학자들이 구분하는 기억과도 일치한다.

### 앳킨슨과 쉬프린의 다중저장고모델

기억을 여러 개의 저장고로 설명하는 이론은 많지만(예. Waugh & Norman, 1965), 가장 영향력 있고 논란이 많았던 것은 앳킨슨과 쉬프린(Atkinson & Shiffrin)의 다중저장고모델(multi-store model)이다. 단기기억(short term memory)과 장기기억(long term memory)을 구분한 것 때문에 이중이론(duplex theory)이라고도 부른다. 이 모델에 의하면 외부 정보는 우선 감각기억으로 들어간 뒤 단기기억과 장기기억으로 전달된다(그림 5-2). 감각기억은 감각기관을 통해 들어온 정보를 짧은 시간 보존하는 대용량의 완충기억(buffer memory)으로, 시각정보는 영상기억(iconic memory, Sperling, 1960), 청각정보는 음향기억(echoic memory, Darwin et al., 1972)에 저장된다. 영상기억은 약 1초, 음향기억은 약 2초면 사라진다.

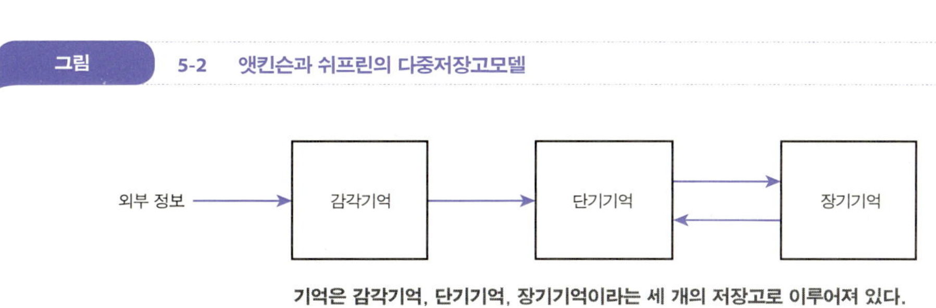



**그림 5-2 앳킨슨과 쉬프린의 다중저장고모델**

**기억은 감각기억, 단기기억, 장기기억이라는 세 개의 저장고로 이루어져 있다.**

(출처) Atkinson & Schiffrin(1968)

이 모델에 의하면 단기기억의 정보는 반복(rehearsal)하지 않으면 빠르게 망각된다. 게다가 저장할 수 있는 정보의 양도 7±2 항목 정도이다. 반복된 정보는 단기기억에서 장기기억으로 전이된다. 장기기억은 대용량이어서 일단 이곳에 들어온 정보는 망각되지 않는다. 또한 장기기억에 있는 정보는 필요시 단기기억으로 이동한 후 인출이 일어난다.

하지만 앳킨슨과 쉬프린의 모델은 다음과 같은 비판을 받는다. (1) 단기기억의 성격을 단순히 수동적인 저장고로 규정하여 정보를 조작하는 능동적인 기능을 무시하였다. (2) 반복을 많이 한다고 정보가 단기기억에서 장기기억으로 기계적으로 이동하지는 않는다. 반복의 양이 중요한 것이 아니라 부호화 단계의 처리수준에 의해 기억의 성공 여부가 좌우되는 것이다.

3절에 나오는 배들리(Baddeley, A.)의 작업기억모델은 (1)의 비판과 관련된 대표적인 이론이다. (2)의 비판은 크레이크와 록하트(Craik & Lockhart, 1972)의 처리수준 모델과 관련이 있다. 이들은 정보를 어떻게 부호화하는지가 기억을 결정한다고 보았고 기억연구를 비약적으로 발전시켰다(4절 참조). 이들 이론을 설명하기에 앞서 먼저 다중기억모델과 관련된 연구들을 소개하겠다.


## 2절. 다중기억모델의 증거


### 생리학적 증거

기억이 단기기억과 장기기억으로 나뉘어 있다는 이론적 증거를 제공해준 것은 뇌 손상 환자들이었다. 대표적인 사례로 밀너(Milner, B. A. L.)가 발표한 두 명의 환자 N.A.와 H.M.을 들 수 있다. N.A.는 미국의 공군비행사로 펜싱을 하다가 상대의 칼끝이 오른쪽 콧구멍으로 들어가서 좌반구의 시상배내측 영역이 손상되는 사고를 당했다. 그 결과 새로운 기억, 특히 언어정보를 기억하지 못하는 심각한 기억장애를 겪게 되었다(Teuber et al., 1968). 한편 H.M.은 뇌전증 발작을 줄이기 위해 측

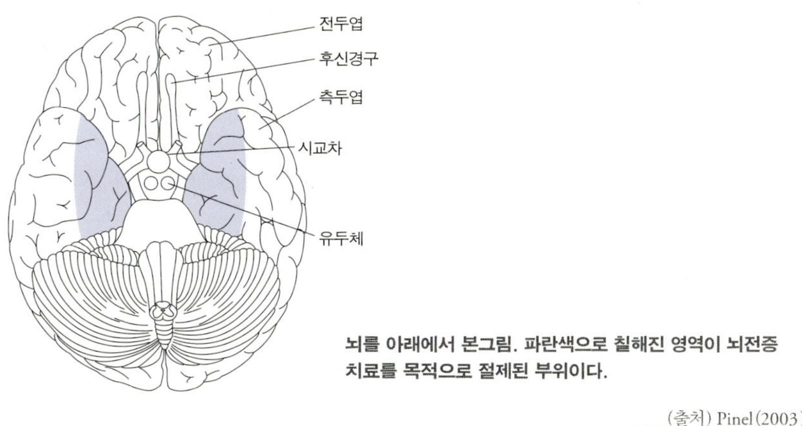



**뇌를 아래에서 본그림. 파란색으로 칠해진 영역이 뇌전증 치료를 목적으로 절제된 부위이다.**

___ (출처) Pinel(2003)

두엽 중앙부를 절제하는 수술을 받은 환자이다(그림 5-3 참조). 수술 후 H.M.은 새로운 경험을 전혀 기억하지 못하게 되었다(Scoville & Milner, 1957). H.M.은 N.A.와 달리 언어적 정보와 비언어적 정보 모두에서 기억장애를 보였다.

이런 기억장애를 가진 사람들의 행동은 어떨까? 심리학자 위켈그렌(Wickelgren, W.)은 기억장애 환자의 행동을 알아보기 위해 N.A.를 인터뷰한 적이 있다. 다음은 두 사람의 대화기록이다(Lindsay & Norman, 1977b).

나는 M.I.T. 심리학과에 있는 작은 커피룸에서 N.A.를 인터뷰하였다. 인터뷰는 아래와 같이 진행되었다. N.A.는 내 이름을 묻고 다음과 같이 말했다.

'위켈그렌, 독일계 이름인가요?' '아니요'라고 나는 대답했다. '그럼 핀란드계?' '아니요'라고 내가 대답하자 그는 재차 물었다. '그럼 스칸디나비아계?' '그렇습니다. 스칸디나비아계 이름입니다.'라고 내가 대답했다.

약 5분 정도 이야기를 나눈 후 나는 내 방으로 돌아와서 약 5분 정도 있었다. 내가 다시 N.A.에게 돌아가자 그는 생전 처음 보는 듯한 얼굴로 나를 바라보며 다시 내 이름을 물었다. 그리고 이렇게 말했다. '위켈

N.A.나 H.M.은 뇌손상 이전의 기억은 거의 문제가 없는데 뇌손상 이후 새로 경험한 사건을 기억하지 못한다. 즉, 이들의 장애는 단기기억에서 장기기억으로 정보를 부호화하고 저장하는 구조가 손상되어 일어난 것이다.

### 자유재생실험 증거

기억이 단기기억과 장기기억으로 나뉘어 있다는 것을 지지하는 증거는 자유재생 기억과제를 이용한 실험에서도 발견된다. 참가자에게 단어목록을 제시하고 순서에 상관없이 자유롭게 재생하도록 한 후, 그 재생결과를 단어가 제시된 순서대로 정리하면 그림 5-4의 검은색 실선과 같은 그래프가 얻어진다. 목록의 앞과 뒤에 제시된 정보의 재생률은 우수하고 중간 부분의 재생률은 저조한 U자형의 계열위치곡선이 나타난다. 목록의 처음과 마지막의 우수한 기억수행을 각각 초두효과(primacy effect)와 최신효과(recency effect)라고 한다. 만일 단어목록을 제시한 직후 참가자에게 큰소리로 숫자를 계산하도록 한 다음에 단어를 재생하게 하면 최신효과는 사라진다(그림 5-4의 파란 실선). 이와 반대로 단어의 제시속도, 단어의 출현빈도, 목록에 있는 단어의 상호관련성 등을 조작하면 초두효과는 감소하지만 최신효과는 영향을 받지 않는다(그림 5-5).

이런 실험증거들은 초두효과와 최신효과가 각기 다른 기억구조에서 발생하는 현상임을 말해준다. 즉, 초두효과는 장기기억, 최신효과는 단기기억의 영향으로 일어난다는 것이다.

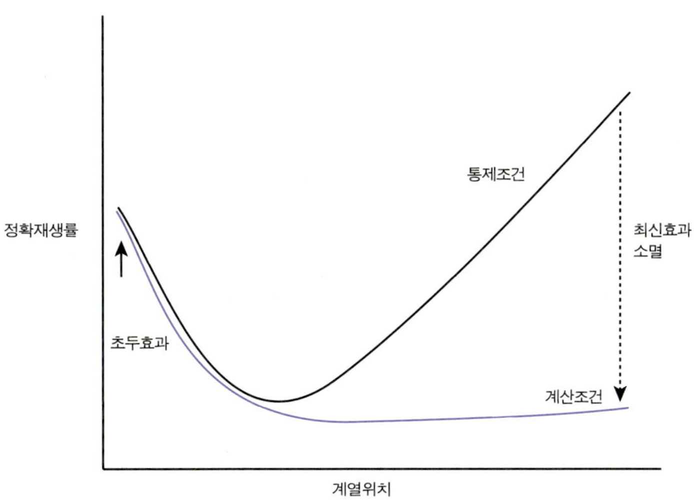


**숫자를 계산하는 조건에서 최신효과가 사라진다.**



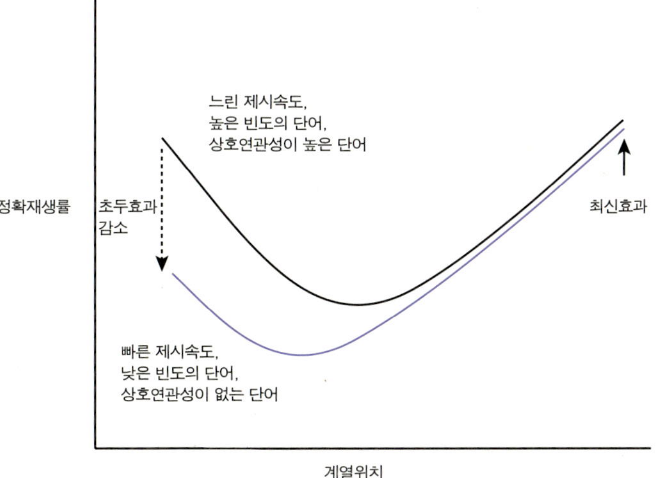


**단어의 제시속도, 출현빈도, 목록 내 단어의 상호연관성을
조작하면 초두효과가 변화한다.**

## 망각의 원인 – 쇠퇴인가 간섭인가

기억연구 초기에는 단기기억에서 망각의 주요 원인이 간섭(interference)이 아니라 시간경과에 따른 기억강도의 쇠퇴(decay)라고 보았다. 정보가 충분한 기억강도를 가지고 있을 때는 정확하게 보고할 수 있지만, 시간이 지나면서 강도가 약해지기 때문에 망각이 일어난다는 것이다. 만약 이 생각이 맞다면 단기기억은 망각의 원인에서도 장기기억과 다르다고 할 수 있다. 이와 관련하여 피터슨과 피터슨(Peterson & Peterson, 1959)은 흥미로운 실험을 했다. 이들은 참가자에게 PSQ 같은 세 개의 자음을 제시했다. 그 후 세 자리 숫자, 예를 들어 '142'를 보여주고 3씩 빼면서 숫자를 세도록 했다. 즉, 참가자는 큰소리로 '142, 139, 136, …'과 같이 숫자를 세어야 했다. 숫자를 세는 시간은 3초에서 18초까지 변화했다. 그런 다음 참가자에게 앞에서 제시한 세 개의 자음을 기억할 것을 요구했다. 실험결과가 그림 5-6에 제시되어 있다.

그림 5-6은 시간이 경과하면서 망각이 급속하게 일어난다는 것을 보여준다. 그러나 이 실험결과가 쇠퇴가설을 지지한다는 주장에 의문이 제기되었다. 이 실험은 한 명의 참가자가 여섯 가지 시간조건에서 각각 8회씩 총 48회 수행하는 것으로 이루어졌다. 이 정도로 실험을 반복하면 이전 수행이 이후의 수행에 영향을 미칠 것이 거의 분명하다. 즉, 순행간섭이 일어난다. 실제로 이런 간섭이 일어나는지를 검증하기 위해 케펠과 언더우드(Keppel & Underwood, 1962)는 시간이 경과하면서 각 수행의 기억이 어떻게 변하는지를 검증했다. 1차 수행에서는 시간경과에 따른 기억의 저하가 거의 나타나지 않았지만 수행이 계속될수록 기억률이 점점 감소하는 것이 확인되었다(그림 5-7). 결과적으로 피터슨과 피터슨의 실험(Peterson & Peterson, 1959)에서 참가자가 수차례의 수행을 거듭하면서 순행간섭이 일어났다는 것이 확인되었다. 이로써 단기기억의 망각은 시간경과에 의한 기억강도의 쇠퇴로 일어나고 장기기억의 망각은 간섭에 의해 일어난다는 주장은 맞지 않으며, 단기기억이나 장기기억 모두 망각의 원인은 간섭이라는 것이 입증되었다.

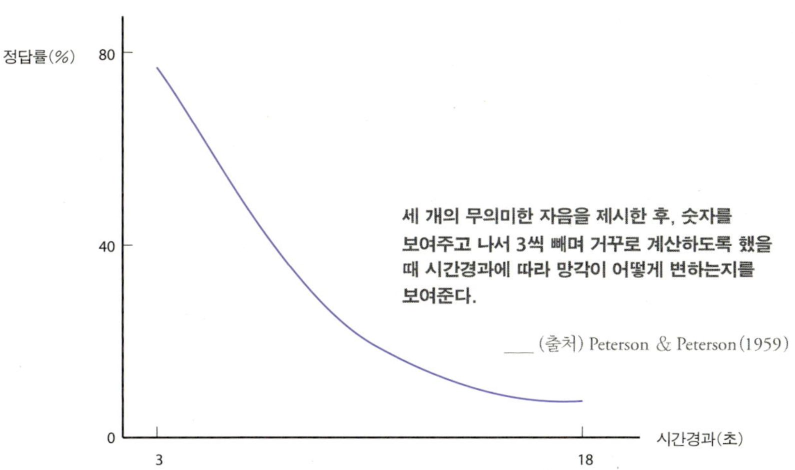



세 개의 무의미한 자음을 제시한 후, 숫자를
보여주고 나서 3씩 빼며 거꾸로 계산하도록 했을
때 시간경과에 따라 망각이 어떻게 변하는지를
보여준다.

_____ (출처) Peterson & Peterson(1959)



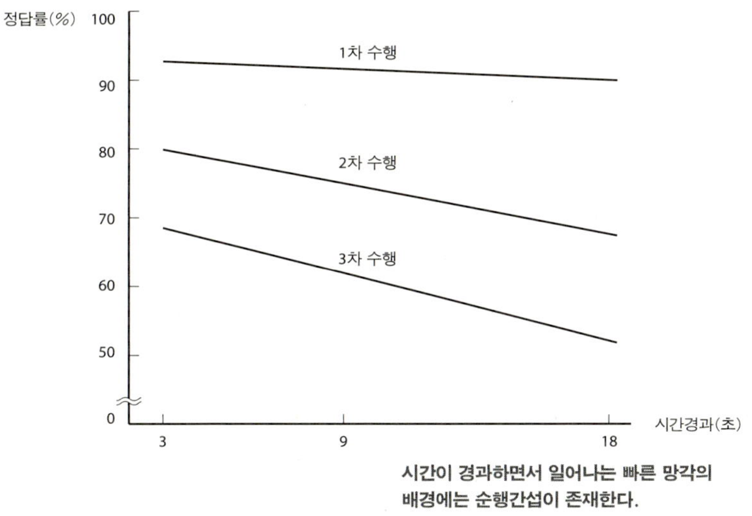



시간이 경과하면서 일어나는 빠른 망각의
배경에는 순행간섭이 존재한다.

_____ (출처) Keppel & Underwood(1962)

# 3절. 작업기억의 기능과 특징

**작업기억모델**

앳킨슨과 쉬프린(Atkinson & Shiffrin, 1968)의 모델은 단기기억을 수동적인 저장창고로 보았는데, 이 때문에 정보의 조작이라는 능동적인 측면을 경시했다는 비판을 받았다. 배들리는 단기기억을 책장과 같은 단순한 수납창고가 아닌 추론, 학습, 이해 등 인간의 인지활동에 결정적인 역할을 하는 기억으로 간주했다. 그는 단기기억이라는 용어 대신 일하는 기억, 즉 작업기억(working memory)이라는 단어를 사용했다. 또한 작업기억은 음운고리(phonological loop), 시공간메모장(visuo-spatial sketchpad), 중앙집행부(central executive)라는 성격이 다른 세 개의 하위시스템(그림 5-8)으로 이루어져 있다고 가정했다(Baddeley, 1998).

음운고리는 두 가지 요소, 즉 음운정보를 저장하는 음운저장고와 정보를 유지하는 암송과정으로 이루어져 있다. 시공간메모장은 시각체계에서 받아들이는 시공간정보나 언어정보로부터 만들어진 시각적인 심상정보를 저장하는 시스템이다. 또 중앙집행부는 음운고리나 시공간메모장에서 온 정보를 통합하고 부적절한 정보를 배제하는 등 정보의 정리 및 조정을 맡는다.

**음운고리**

1) 단어길이효과

음운고리(phonological loop)는 짧은 시간 음운정보를 저장하는 기능을 갖고 있는데 음운고리가 정보를 저장할 수 있는 용량에는 한계가 있다. 예를 들어, 마을이름에는 긴 것도 있고 짧은 것도 있다. 佐賀市(사가시), 水戸市(미도시) 등은 짧아서 기억하기 쉬운 반면 이름이 긴 會津若松市(아이즈와카마츠시), 山陽小野田市(산요오노다시) 등은 기억하기 어렵다. 이러한 현상을 단어길이효과라고 한다(Baddeley et al., 1975). 배들리 등은 1음절(예, top, ba)에서 5음절(university, constitutional)의 단어들을 가지고 재생률과 읽기속도 간의 관계를 검증하였다. 그림 5-9는 그 결과를 보여준다. 그림

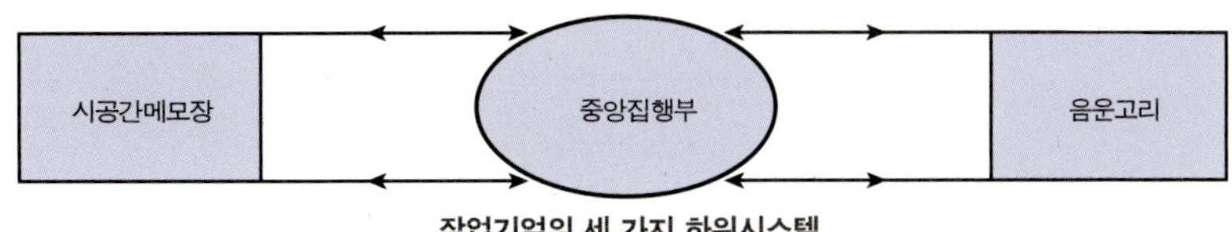



**작업기억의 세 가지 하위시스템**

___ (출처) Baddeley(1988)



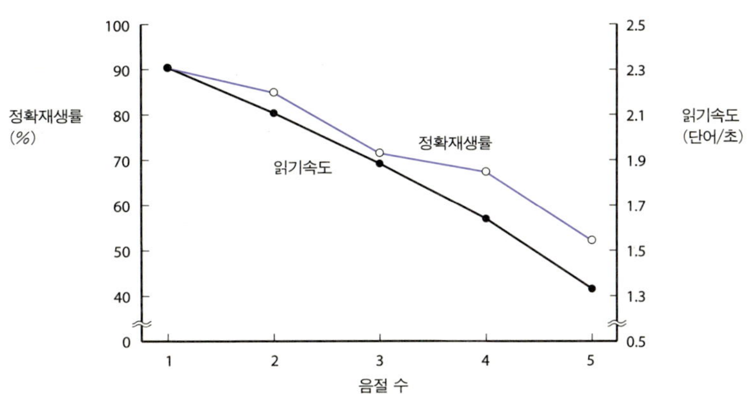



**음절 수가 많은 단어는 초당 읽을 수 있는 단어의 수가 적고 재생성공률도 낮다.**

___ (출처) Baddeley et al.(1975)



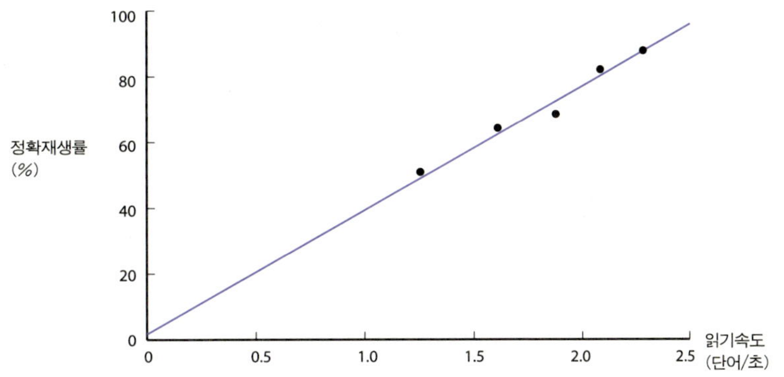



**단어의 읽기속도와 정확재생률 사이에 선형관계가 나타나고 있다.**

___ (출처) Baddeley et al.(1975)

5-10은 읽기속도<sup>(단어/초)</sup>와 정확재생률 간의 관계를 정리한 것으로 음절 수가 많은 단어는 음성화하는 데 걸리는 시간 때문에 재생할 수 있는 단어의 수가 줄어든다.

### 2) 음운유사성효과

음운유사성효과에 관한 연구도 음운고리의 존재를 확인시켜준다. 음운고리에 저장되는 정보가 음운이라면 비슷한 음운의 낱자와 단어들끼리는 혼동이 일어나기 쉬울 것이다. 이러한 혼동을 음운유사성효과라고 한다. 콘라드<sup>(Conrad, 1964)</sup>는 각 목록 내의 낱자들끼리는 음운적으로 유사하고 두 목록 간의 낱자들은 음운적으로 상이한 두 종류의 낱자목록<sup>(예, BCPTV와 FMNSX)</sup>을 준비했다. 이 두 목록에서 추출한 6개의 낱자자극을 참가자에게 보여주고 순서대로 기억하도록 했다. 만약 음운유사성효과가 존재한다면 음운적으로 유사하지 않은 낱자들보다 음운적으로 유사한 낱자들을 잘못 재생할 확률이 더 높을 것이다. 결과는 예상한 대로였다. 오류의 75%가 동일 목록 내의 낱자들을 재생할 때 일어났고, 다른 목록에서 나온 낱자의 재생 오류는 25%에 불과했다.

### 3) 신경심리학적 증거

단어나 숫자 등의 언어자극을 청각적으로 제시하고 기억하게 하면 잘 하지 못하는 사람들이 있다. 루리아 등<sup>(Luria et al., 1967)</sup>은 이런 장애와 관련하여 좌측두엽에 외상을 입은 두 명의 환자 B.와 K.의 사례를 처음 보고했다. 그 후 이와 유사한 환자들이 여럿 발견되었는데 그중에서 워링톤과 쉘리스가 발표한 K.F.의 사례가 유명하다<sup>(Warrington & Shallice, 1969)</sup>. 이런 환자들은 다음과 같은 공통적인 특징을 가지고 있다. 즉, 서로 관련이 없는 언어자극<sup>(낱자, 단어, 숫자)</sup>을 청각적으로 제시하고 순서대로 재생하도록 하면 기억수행이 낮지만, 시각적으로 제시하면 수행이 나쁘지 않다. 표 5-1은 발러와 파파뇨<sup>(Vallar & Papagno, 2002)</sup>가 같은 증상의 환자 25명에게서 얻은 결과를 정리한 것이다. 자극<sup>(숫자, 문자, 단어에 상관없이)</sup>이 청각적으로 제시되면 시각적으로 제시될 때보다 재생 개수가 적다. 이런 기억결과는 음운고리의 손상을 보여주는 것이다.

| | 청각기억범위 | | 시각기억범위 | |
| --- | --- | --- | --- | --- |
| | 숫자 | 낱자 | 숫자 | 낱자 |
| | 2.38(1~3.6) | 1.79(1~2.5) | 3.23(2~6) | 2.00(1.05~3) |
| | 25명 | 16명 | 22명 | 19명 |

( )안의 숫자는 기억범위를, 아래는 환자의 수를 나타낸다. 시각적으로 제시되는
정보보다 청각적으로 제시되는 정보에 대한 기억이 더 낮다.

___ (출처) Vallar & Papagno(2002)

## 시공간메모장

배들리(Baddeley)는 시공간메모장(visuo-spatial sketchpad)이 시공간정보를 저장하는 기능을 갖는다고 주장한다. 만일 이것이 맞다면 이 시스템과 관련된 두 개의 시공간과제를 동시에 수행하는 것은 곤란할 것이다.

### 1) 브룩스와 배들리의 실험

배들리(Baddeley et al., 1975)는 브룩스(Brooks, 1967)의 연구를 토대로 다음과 같은 실험을 수행했다. 먼저 참가자에게 4×4 원고지를 주고 시작 위치를 제시하고 나서 메시지를 청각적으로 들려주고 이를 재생하도록 하였다. 메시지는 두 종류인데, 하나는 메시지를 원고지 위에서 부호화할 수 있는 공간적 메시지이고, 다른 하나는 공간적 수행이 불가능한 무의미한 메시지이다(그림 5-11). 브룩스는 동일한 과제를 사용한 실험에서 참가자들이 공간적 메시지는 8개 모두 재생할 수 있었지만 무의미한 메시지는 6개밖에 재생하지 못한 결과를 얻었다. 브룩스의 이 실험결과를 기초로 배들리 등은 참가자에게 이 과제를 수행하면서 동시에 회전판 추적과제를 수행할 것을 요구하는 실험을 했다. 회전판 추적과제는 고전적인 지각운동 학습과제로 회전하는 원반 위의 목표점에 펜 끝을 가능한 계속 접속시키면서 따라가는 과제이다. 이 과제를 동시에 수행하는 조건과 그렇지 않은 조건으로 나누어 공간적 메시지와 무의미한 메시지의 재생오류 수를 측정하였다. 실험결과가 그림 5-12에 제시되어 있다. 시공간정보 처리를 요구하는 회전판 추적과제가 무의미한

| | | 3 | 4 |
|---|---|---|---|
| 1 | 2 | 5 | |
| | | 7 | 6 |
| | 8 | | |

공간적 메시지

시작하는 곳에 〔1〕을 놓는다.
그 오른쪽 옆에 〔2〕를 놓는다.
그 위쪽 옆에 〔3〕을 놓는다.
그 오른쪽 옆에 〔4〕를 놓는다.
그 아래쪽 옆에 〔5〕를 놓는다.
그 아래쪽 옆에 〔6〕을 놓는다.
그 왼쪽 옆에 〔7〕을 놓는다.
그 아래쪽 옆에 〔8〕을 놓는다.

무의미한 메시지

시작하는 곳에 〔1〕을 놓는다.
그 quick옆에 〔2〕를 놓는다.
그 good 옆에 〔3〕을 놓는다.
그 quick 옆에 〔4〕를 놓는다.
그 bad 옆에 〔5〕를 놓는다.
그 bad 옆에 〔6〕을 놓는다.
그 slow 옆에 〔7〕을 놓는다.
그 bad 옆에 〔8〕을 놓는다.

**모눈종이(왼쪽) 위에서 공간적 배치가 가능한 정보(공간적 메시지)와
그렇지 않은 정보(무의미한 메시지)를 기억하도록 하면 공간적
메시지의 재생률이 더 높다.**

___ (출처) Brooks(1967)



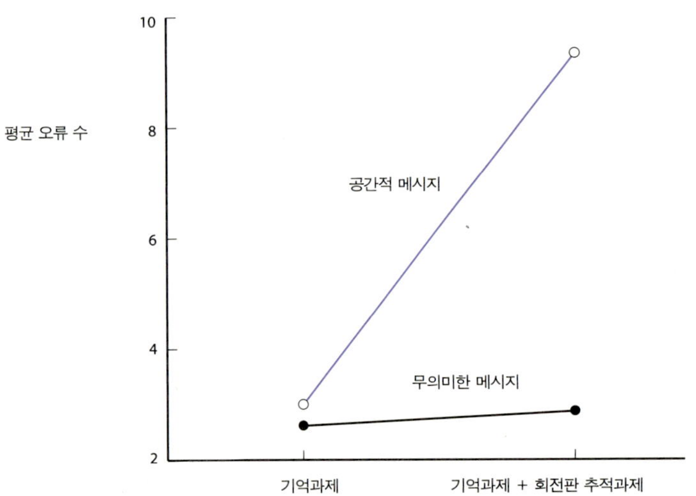


**회전판 추적과제와 공간적 메시지 기억과제를 동시에 수행하는 조건에서
오류가 증가한다.**

___ (출처) Baddeley et al.(1975)

메시지의 재생에는 영향을 미치지 않지만, 공간적 메시지의 재생에는 큰 영향을 미치는 것을 알 수 있다.

### 2) 신경심리학적 증거

편측공간무시(4장 5절 참조)는 손상된 뇌부위의 반대측에 제시되는 자극에 반응하지 못하는 것을 가리킨다. 환자 N.L.은 시각적으로 제시되는 자극을 지각하는 것에는 문제가 없는데 시각적 심상에 한해서 편측공간무시를 보인다(Beschin et al., 1997). 한 실험에서 환자에게 자신이 잘 알고 있는 장소의 경관을 마음속에 떠올리게 했다. 예를 들어, 이탈리아 반도와 그 옆에 위치한 사르데나 섬의 모습을 심상으로 그려보도록 요구했다. 심상 속의 어느 한 장소에서 화살표 방향으로 본 경관을 묘사하도록 했더니(그림 5-13) 화살표의 왼쪽에 위치하고 있는 경관은 거의 기술하지 못했다. 또한 화살표의 오른쪽에 위치하고 있어서 정확히 보고할 수 있었던 경관을 이제 방향을 바꾸어서 그것이 화살표 왼쪽 지점에 위치하도록 하자 기술하지 못했다. 그림 5-13에 있는 숫자는 환자가 기술한 순서를 가리킨다.

브룩스과제를 이용한 또 다른 실험에서는 원고지를 보면서 공간적 메시지를 기억하도록 하는 조건과 원고지를 머릿속에 떠올리면서 공간적 메시지대로 길

**그림**  **5-13**  **N.L.의 이탈리아 지도에 대한 심상**

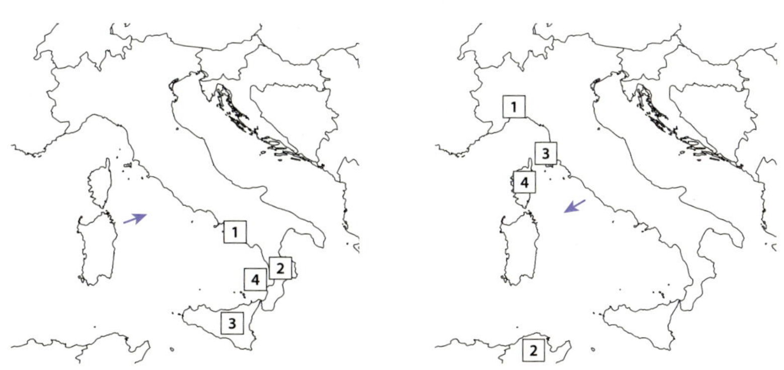

왼쪽은 사르데나 섬에서 이탈리아 반도를 바라보는 심상조건, 오른쪽은 이탈리아 반도에서 사르데나 섬을 바라보는 심상조건이다. 사각형은 N.L.이 기술한 정보(경관)를 나타내고 사각형 안의 숫자는 그가 보고한 순서이다.

(출처) Beschin et al.(1997)

을 따라가면서 기억하는 심상조건에서 N.L.의 수행을 비교했다. 심상조건에서 N.L.은 2개 정도밖에 기억하지 못했는데, 이는 일반인이 평균 5개를 기억하는 것과 비교하면 극히 저조한 수행이다. 그러나 원고지를 보면서 기억하는 조건에서는 일반인과 동일한 수준의 수행을 보였다(Sala & Logie, 2002). 이런 결과는 N.L.의 장애가 시각체계가 아닌 심상과 관련된 시공간메모장에 원인이 있다는 것을 시사한다.

## 중앙집행부

중앙집행부(central executive)는 매우 중요하고 다양한 기능을 담당하는 곳으로 음운고리와 시공간메모장의 정보나 장기기억에서 나온 정보를 통합하고, 적절한 정보에 주의를 기울이며, 부적절한 정보를 배제하는 등의 기능을 한다. 그러나 정보를 저장하는 기능은 없다. 저장기능은 정보의 종류에 따라 음운고리나 시공간메모장이 맡고 있다. 중앙집행부는 저장기능보다는 이들을 감독하는 역할을 한다.

우리는 눈앞의 자극이나 귀에 들리는 소리와 전혀 관계없는 것들을 마음속으로 자유롭게 생각할 수 있다. 이를 자극독립적 사고라 한다. 아이들이 자주 경험하는 백일몽도 이와 비슷한 종류라고 할 수 있다. 컴퓨터 화면을 보면서 화면에 제시된 것과 전혀 상관없는 것, 즉 누구와 저녁을 함께 할 것인지, 이번 일요일에 뭘 할지 등에 대해 생각하는 것이 가능한데, 이것이 중앙집행부의 기능이다. 무작위로 숫자를 말하도록 하는 무작위 숫자생성과제를 생각해보자. 숫자와 낱자를 동일한 빈도로, 게다가 무작위로 만들어내려면 중앙집행부가 필요하다. 만일 자극독립적 사고와 무작위 숫자생성과제를 동시에 요구하면 중앙집행부의 자원을 두고 경쟁이 일어날 것이다. 이와 관련하여 티스데일 등(Teasdale et al., 1995)이 연구를 수행했는데, 이때 참가자는 1초에 한 개씩 무작위로 숫자를 말해야 한다. 실험자는 참가자에게 이를 약 2분 정도 계속하게 한 후 '중지'를 명령한다. 그 시점에서 참가자가 무슨 생각을 했는지 그 내용을 이야기하게 하고, 또 얼마나 의식하면서 숫자를 만들었는지를 묻는다. 숫자가 무작위로 만들어진 정도를 조사한 결과, 참가자가 생각하는 내용에 의해 좌우된다는 것을 알 수 있다. 다른 생각을 하면서 만든 사람(즉, 자극독립적 사고를 한 사람)은 숫자만들기에 집중한 사람이나 아무 생각도

안 한 사람보다 숫자를 무작위로 생성할 확률이 더 낮았다. 즉, 중앙집행부가 다른 생각에 할애되어서 무작위로 숫자를 만들기가 어려웠던 것이다.

특정 정보에 주의를 기울이고 관련 없는 정보를 억제하는 중앙집행부의 기능을 보여주는 연구가 화제의 연구 5-1에 나와 있는 스트룹간섭이다. 스트룹과제를 수행할 때 뇌 활성화를 조사한 연구에 의하면 전두엽 배외측 영역의 활성화가 특히 두드러진다(Smith & Jonides, 1999). 일반적으로 초등학교 저학년 아이들은 스트룹간섭에 취약하다. 나이가 들면서 스트룹간섭이 감소하는데, 스트룹과제에서 전두엽 배외측의 활성화 정도와 연령(7세부터 13세까지)이 비례한다는 연구결과도 있다(Schroeter et al., 2004).

# 4절. 부호화와 인출의 관계

## 처리수준모델

앳킨슨과 쉐프린 모델을 비판한 연구자는 배들리만이 아니다. 크레이크와 록하트(Craik & Rockhart, 1972)도 단기기억이 입력정보가 장기기억으로 전송되기 전 기계적으로 저장되는 곳이라는 주장을 인정하지 않았다. 지각처리가 감각정보의 분석에서 말이나 대상의 분류까지 여러 수준으로 이루어진다는 트리즈먼(Treisman, 1964)의 견해에 착안하여, 크레이크는 자극의 분석 수준에 따라 기억이 변한다는 이론을 제안하였다. 즉, 깊은 수준의 의미처리가 일어난 정보는 기억이 잘 되고 감각적 속성에 의해 판단하는 얕은 수준의 정보처리는 낮은 기억수행을 가져온다는 것이다. 이들의 이론을 처리수준(levels of processing) 또는 처리깊이(depth of processing) 모델이라고 한다. 이 이론은 아래와 같은 질문을 사용하여 제시된 단어를 특정 수준으로 처리하도록 유도하는 실험을 통해 검증되었다(Craik & Tulving, 1975). 이 실험은 주어진 단어의 처리방향을 유도하는 질문을 먼저 제시한 후 단어를 제시하는 식으로 진행되었다.

① 빨강   ②          ③ 빨강

①의 잉크색을 소리 내어 읽어보자. 잉크색은 '파랑'이지만 잉크색과 일치하지 않는 '빨강'이라는 글자가 간섭을 일으켜서, ②의 색종이의 색을 대답할 때보다 시간이 더 오래 걸린다. 이 현상은 스트룹(Stroop, 1935)이 최초로 발견했기 때문에 그의 이름을 따서 스트룹간섭(Stroop interference)이라고 한다. 이제 ①의 글자를 소리 내어 읽어보자. 이번에도 '빨강'이라는 글자와 다른 '파란' 잉크색 때문에 간섭이 일어나지만, 실제로 글자를 읽는 속도는 ③의 검정 잉크로 쓰인 '빨강'을 읽는 속도와 거의 차이가 없다. 스트룹간섭과는 반대로 색 이름이 적힌 글자를 읽을 때 불일치하는 색정보로 인해 간섭을 받는 현상을 역스트룹간섭(reverse Stroop interference)이라고 한다. 역스트룹간섭의 강도는 스트룹간섭에 비해 아주 미미해서 거의 간섭이 일어나지 않는다고 보고되고 있다.

1935년 스트룹이 처음 이 현상을 보고한 이래 스트룹간섭에 대한 연구는 많이 이루어졌지만, 역스트룹간섭에 대한 연구는 거의 이루어지지 않아서 그다지 주목을 받지 못했었다. 그러나 역스트룹간섭이 위와 같이 소리를 내어 읽는 반응(구두반응)에서는 일어나지 않지만, 글자가 의미하는 색을 여러 개의 색종이 중에서 선택하는 대응과제에서는 관찰된다는 연구가 발표되었다(Flowers, 1975). 하코다와 사사키(1990)는 대응과제를 이용하여 스트룹간섭과 역스트룹간섭을 모두 한번에 측정할 수 있는 '신스트룹검사'를 개발했다. 이 검사는 그림 1처럼 네 가지 과제로 구성되어 있다. 과제 1과 과제 2에서 참가자는 제일 왼쪽 열의 글자가 의미하는 색을 오른쪽에 제시된 색종이 중에서 선택한다. 과제 3과 과제 4는 제일 왼쪽 열의 잉크색과 일치하는 글자를 오른쪽 글자들 중에서 선택한다. 과제 1과 과제 3은 제일 왼쪽 열의 자극에 방해정보가 포함되지 않은 통제과제이고, 과제 2와 과제 4의 자극은 문자의 의미와 불일치하는 색으로 되어 있는 실험과제이다. 과제 2가 과거의 역스트룹과제에 해당된다면 과제 4는 스트룹과제이다. 실제 과제를 해보면 알 수 있듯이 종래 거의 일어나지 않는다고 여겨졌던 역스트룹간섭이 크게 일어나서 과제 2가 대단히 어렵게 느껴진다.

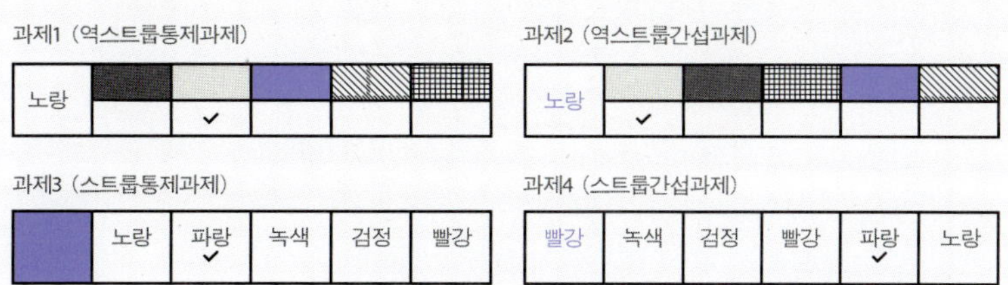

___ (출처) 箱田·사사키(1990)

이 검사를 이용해서 역스트룹간섭과 스트룹간섭을 함께 측정했더니 두 간섭이 서로 다른 양상을 띠는 것이 발견되었다. 7세부터 86세까지의 연령층을 대상으로 두 간섭을 검증한 결과, 스트룹간섭은 초등학교 저학년에서 가장 높고 청년기를 거치면서 감소하다가 노년기에 들어서 다시 증가했다. 한편, 역스트룹간섭은 초등학교 저학년에서는 거의 나타나지 않다가 초등학교 중반부터 청년기에 걸쳐 증가하여 청년기의 수준이 노년기까지 유지되는 것으로 나타났다.

주의력결핍증(Attention Deficit Disorder, ADD)을 대상으로 신스트룹검사를 실시했더니 역스트룹과제에서는 건강한 대조집단과 비교하여 이들의 수행이 더 낮았지만 스트룹간섭과제에서는 두 집단 사이에 유의미한 차이가 없었다(Song & Hakada). 또한 조현병 환자에게 신스트룹검사를 실시하여 얻은 연구결과에 따르면 조현병과 스트룹간섭 사이에는 어떤 상관관계도 없지만, 역스트룹간섭은 충동제어와 밀접한 관련이 있었다(사사키 등, 1993).

이 결과는 역스트룹간섭과 스트룹간섭이 서로 다른 인지과정에 기초하고 있다는 것을 보여준다. 이 두 지표를 이용하여 정보처리과정에서 개인차를 더욱 상세하게 검토할 수 있게 되기를 기대해본다.

［마츠모토 아키］

| 질문 | 단어 | 응답 |
|---|---|---|
| 이 단어는 대문자로 쓰였나요? | BOOK | 예 |
| 이 단어는 BLUE와 음이 비슷한가요? | safe | 아니오 |
| 이 단어는 다음 문장에 잘 어울리나요? | | |
|    이 (　)은 책을 읽고 있다. | STUDENT | 예 |
| 이 단어는 대문자로 쓰여 있나요? | flower | 아니오 |
| 이 단어는 weight와 음이 비슷한가요? | crate | 예 |
| 이 단어는 다음 문장에 잘 어울리나요? | | |
|    나의 (　)는 180센티미터이다. | TEXTBOOK | 아니오 |

이런 실험은 제시된 단어를 나중에 다시 확인한다는 사실을 참가자에게 알려주지 않는 우연학습과제(incidental learning task)로 진행된다. 단어를 본 적이 있는지를 확인하는 재인검사 결과 처리수준모델의 예측대로 문장판단, 음운판단, 활자판단 순으로 기억수행이 좋게 나타났다(그림 5-14). 사전에 재인검사가 있을 것이라고 예고하거나 단어의 제시시간을 바꾸어도 결과는 크게 바뀌지 않는다(Craik, 2002). 또 그림 5-14에서 보듯이 '예'라고 반응한 단어가 '아니오'라고 반응한 단어보다 재인률이 더 높다. 이는 질문과 일치한 단어가 그렇지 않은 단어보다 더 풍부하고 정밀하게 부호화된다는 것을 보여준다.



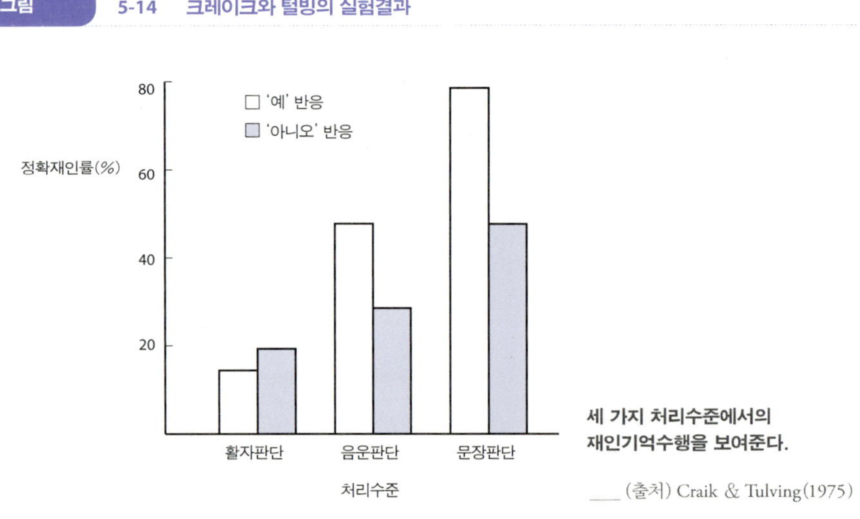



세 가지 처리수준에서의 재인기억수행을 보여준다.

(출처) Craik & Tulving(1975)

## 부호화 특수성

어떻게 부호화되는지도 중요하지만 어떤 맥락 속에서 부호화되는지 그리고 기억을 인출할 때 이용하는 단서가 부호화될 때의 맥락과 일치하는지 여부도 기억에 큰 영향을 미친다. 이를 부호화 특수성원리(encoding specificity principle)라고 한다. 이 원리는 톰슨과 털빙의 연구를 통해 밝혀졌다(Thomson & Tulving, 1970).

실험참가자는 목표단어가 연상관계가 강한 단서와 연합된 자극(예, white-BLACK)이나 약한 단서와 연합된 자극(예, train-BLACK), 그리고 단서 없이 목표단어만 있는 자극(예, BLACK)을 제시받았다. 학습 후 참가자는 강한 단서와 약한 단서가 제시된 조건과 단서가 제시되지 않은 조건에서 각각 목표단어의 재생을 요구받았다. 실험 결과, 학습할 때와 인출할 때의 단서가 동일한 조건(예, train- BLACK → train-?)에서의 기억수행이 단서가 다른 경우보다 더 좋은 것으로 나타났다. 연합이 강한 단서가 제시되어도(train-BLACK → white-?) 학습할 때의 단서와 다르면 기억수행은 낮았다(그림 5-15).

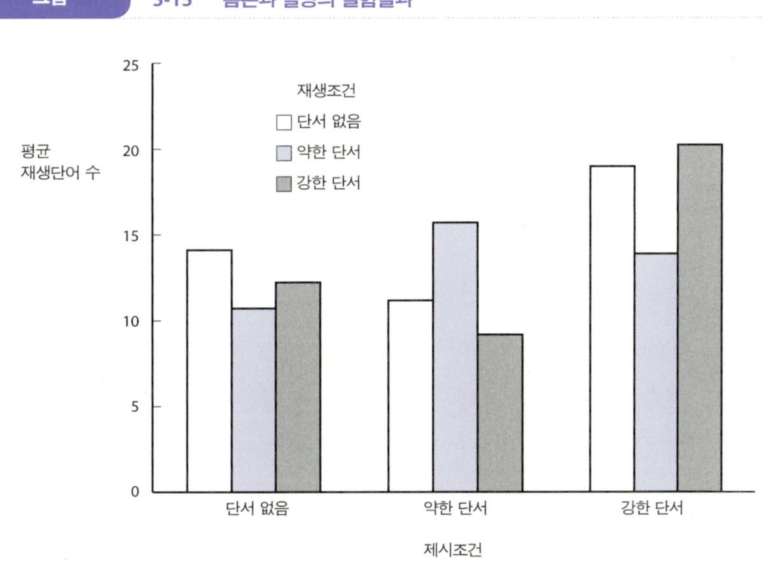



**그림 5-15 톰슨과 털빙의 실험결과**

**부호화와 인출 사이의 단서 일치 여부가 기억수행에 영향을 미친다.**

(출처) Thomson & Tulving(1970)

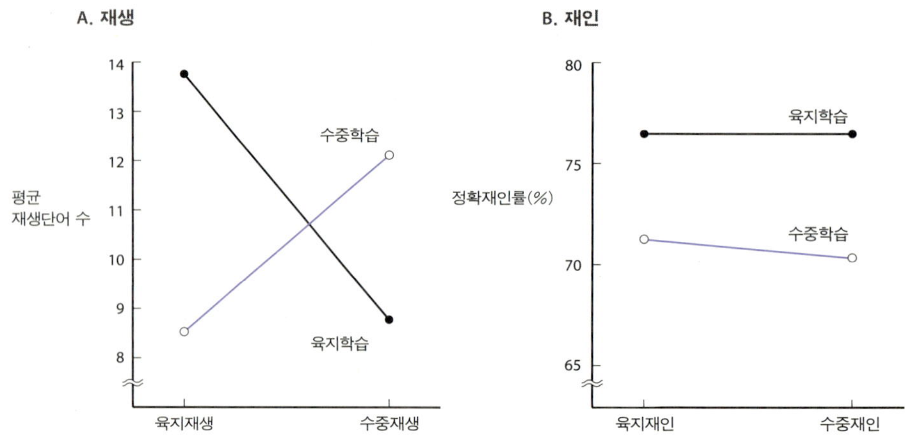



학습할 때의 환경과 인출할 때의 환경이 일치하는지 여부는 재생검사에는
영향을 주지만 재인검사에는 영향을 주지 않는다.

_____ (출처) Godden & Baddeley (1980)

우리는 단어만 기억단서로 사용하는 것이 아니라 ① 학습환경(소음, 밝기 등) ②
신체상태(기분이나 정서) 등 다양한 정보를 맥락단서로 이용한다. ①을 외적 맥락, ②
를 내적 맥락이라고 한다. 외적 맥락의 중요성이 고든과 배들리의 연구(Godden &
Baddeley, 1980)에서 밝혀졌다. 고든과 배들리는 실험참가자에게 육지와 6미터 물속
에서 각각 단어목록을 학습하게 하고 다시 육지와 물속에서 재생하도록 하였다.
그 결과 그림 5-16과 같이 학습과 인출의 외적 맥락이 다를 때(육지학습-수중인출, 수중
학습-육지인출)보다 같을 때(육지학습-육지인출, 수중학습-수중인출) 기억이 훨씬 좋았다. 그
런데 이런 맥락일치효과는 재인기억에서는 나타나지 않는다. 재인검사에는 단서
가 존재하기 때문에 학습할 때와 검사(인출)할 때의 맥락일치성이 중요하지 않다.
그러나 재생검사는 단서가 주어지지 않기 때문에 학습할 때 단서가 주어졌는지
여부와 이것이 검사할 때의 맥락단서와 일치하는지 여부가 기억에 중요한 영향을
미치는 것이다.

### 전이적합형 처리이론

처리수준모델이 주장하는 것처럼 정보의 처리수준이 깊을수록 기억수행이 좋아지는 것이 아니라, 어느 수준의 처리가 유효한지는 인출할 때의 검사에 달려있다는 이론이 있는데, 이를 전이적합형 처리(transfer appropriate processing)이론이라고 한다(Morris et at., 1977). 의미처리가 일반적으로 효과적인 이유는 대부분의 재생검사와 재인검사의 인출과정에 의미처리가 포함되어 있기 때문이라는 것이다. 만일 재인검사에서 의미가 아니라 운율 재인을 요구하면, 음운부호화가 의미부호화보다 기억수행이 더 좋다는 주장이다(그림 5-17).

그러나 이 연구가 처리수준모델을 완전히 부정하는 것은 아니다. 음운정보처리와 운율재인검사를 조합해도 의미처리와 의미인출을 요구하는 통상적인 재인검사보다 기억수행이 나쁘다. 검사가 무엇을 요구하는지가 분명히 영향을 미치지만 처음에 어떻게 부호화되었는지도 매우 중요하다. 전이적합형 처리이론은 처리수준모델과 대립되는 주장을 하는 것이 아니라 보완하고 있는 것이다(Craik, 2002).

**그림**  **5-17**    **처리수준과 검사 사이의 전이적합성**

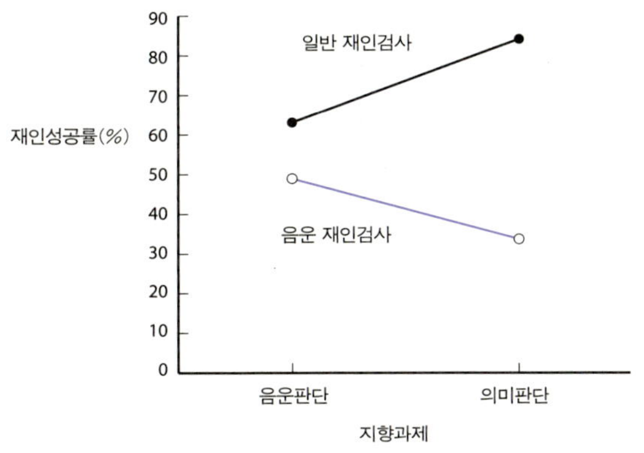


**지향과제의 종류와 재인검사가 요구하는 정보의 종류**

(출처) Morris et al.(1977)

① '정보가 반복에 의해 단기기억에서 장기기억으로 기계적으로 전송되지 않는다는 것'을 보여주는 일상 사례를 들어보세요.

② 망각이 시간의 경과로 일어나는지 아니면 간섭에 의한 것인지를 알아내기는 매우 어렵습니다. 그 이유를 설명하세요.

③ 부호화 특수성원리를 지지하는 일상 사례를 들어보세요.

## 참고문헌

苧阪滿里子(2002)『ワーキングメモリ － 脳のメモ帳』新曜社

● ワーキングメモリについて、その成立から測定の方法、言語との関連、脳におる神経基盤まで包括的に説明がなされている。

御領謙・菊地正・江草浩幸(1993)『最新認知心理科学への招待 － 心の動きとしくみを探る』サイエンス社

● 認知心理学の主要領域について基礎的な知見はもれなく丁寧に概説されている。発刊は少久古いが、参考にすべき良書である。

高野陽太郎編(1995)『認知心理学 2 記憶』東京大学出版会

● 記憶の諸領域についてそれぞれの第一線の研究者が概説したもの。これも発刊は少久古いが、記憶についてしっかりした知見が盛り込まれている。

箱田裕司編(1996)『認知心理学重要研究集 2 記憶認知』誠信書房

● 記憶の諸領域(エピソード記憶、意味記憶、文章記憶、画像記憶、日常記憶)の発展に寄与した重要な研究を計50編ほど解説している。

# 06

## 장기기억

의식할 수 있는
과거와
의식할 수 없는
과거

의식하는 것만이 기억은 아니다. 무언가가 계기가 되어 과거에 있었던 일이 갑자기 생각나기도 한다. 제임스 힐턴 원작의 영화 『마음의 행로』에는 과거의 기억을 잃어버린 남자 찰스 레이니어가 겨우 기억을 되살려 옛집의 현관문을 여는 순간, 과거의 기억이 한꺼번에 돌아오는 장면이 나온다. 일상생활에서도 이와 비슷한 경험이 누구에게나 일어날 수 있다. 이 장에서는 기억과 의식의 관계를 비롯하여 장기기억의 구조와 특성에 대해 설명한다.

제임스 힐턴 원작의 영화 『마음의 행로』
같은 남자에게 두 번 프로포즈를 받은 여성 폴라
기억을 두 번이나 잃어버린 남자의 극적인 생애를 그렸다.
(사진협력: (재)川喜多기념영화문화재단)

# 1절. 장기기억의 구조

## 서술적 기억

앞 장에서 설명한 것처럼 정보는 작업기억에서 장기기억으로 이동한다. 장기기억은 서술적 기억(declarative memory)과 절차적 기억(procedural memory)으로 나뉜다. 서술적 기억이 무엇(what)에 대한 기억이라면 절차적 기억은 어떻게(how)에 대한 기억이다. 또 서술적 기억은 의미기억(semantic memory)과 일화기억(episodic memory)으로 구분된다.

예를 들어, 자전거에는 일반자전거와 산악자전거가 있다. 일반자전거에는 소위 엄마용 자전거(뒤에 유아용 안장이 부착된 자전거)와 기타 자전거가 있을 수 있다. 엄마용 자전거는 앞에 장바구니가 달려 있고 체인커버가 체인 전체를 덮고 있는 특징이 있다. 이러한 지식은 엄마용 자전거가 무엇인지에 대한 기억으로 의미기억에 해당한다. 한편, 자전거와 관련된 사건이 기억나기도 한다. 초등학교 때 비탈길을 내려오다가 속도를 조절하지 못해 넘어진 일, 최근에 새로 산 자전거를 도둑맞은 일 등의 기억은 일화기억이다. 의미기억이나 일화기억은 기억에 있는지 없는지 의식할 수 있는 기억으로 이를 외현기억(explicit memory)이라고 한다.

## 일화기억에서 의미기억으로

일상 경험에 대한 기억(일화기억)이 축적되어 의미기억이 된다는 가설이 있다. 이를 실제로 증명하기는 어려워서 관련 연구가 많지는 않지만, 그중의 하나가 린튼의 연구(Linton, 1982)이다. 그녀는 자신에게 일어난 일을 6년 동안이나 기록했다. 축적된 기록 중에서 매달 무작위로 두 개의 사건을 선택하여 사건의 시간적 순서와 각 사건의 날짜를 기억하는 실험을 했다. 6년 동안 기록한 항목은 5,500건이나 되었고, 실험에 사용된 것만도 매달 약 150건으로 총 11,000항목에 이르렀다. 연구 결과, 유사한 사건을 반복해서 경험하면 사건의 구체적 내용을 구별할 수 없게 되어 결국에는 일화기억이 사라지는 것을 발견했다. 즉, 반복된 경험이 사건이나 그 사건이 발생한 맥락에 대한 의미기억을 증가시켜서 일반지식으로 바뀐 것이다(그림 6-1).

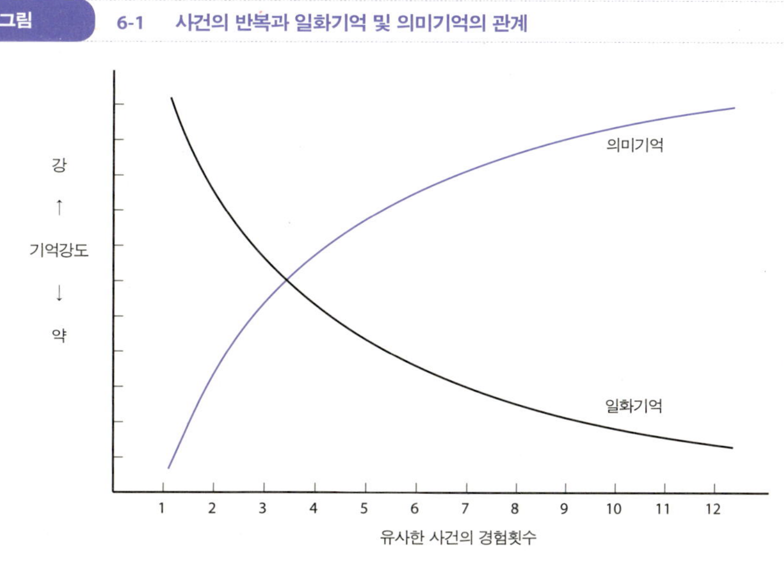



**그림** 　6-1　사건의 반복과 일화기억 및 의미기억의 관계

**비슷한 사건을 반복해서 경험하면 사건의 구별이 불확실해지면서 그 사건에 관한 일반지식이 증가한다.**

___ (출처) Linton(1982)

## 암묵기억

자신의 기억에 있다는 것을 의식하지 못하는 암묵기억(implicit memory)도 있다. 자전거의 예로 다시 돌아가보자. 어렸을 때 자전거를 배운 이후 거의 10년 이상 자전거를 타지 않은 사람에게 자전거를 탈 수 있는지 물으면 대부분의 사람들은 대답을 쉽게 못하고 타봐야 알 것 같다고 말한다. 이처럼 몸이 기억하고 있는 기능(skill)과 관련된 기억을 절차적 기억(procedural memory)이라고 한다. 절차적 기억에는 오랜만에 방문한 고향집의 문턱을 넘는 순간 평소에 생각나지 않던 어린시절의 사건이 떠오르는 것과 같은 점화효과(priming effect)와 고전적 조건형성 등이 있다. 그림 6-2는 지금까지 설명한 내용을 정리한 것이다.



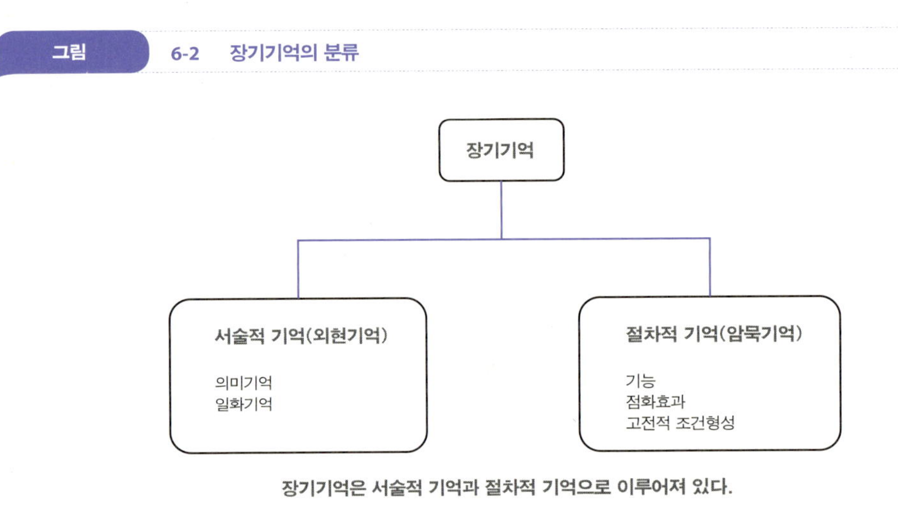



장기기억은 서술적 기억과 절차적 기억으로 이루어져 있다.

(출처) Squire & Zoro-Morgan(1991)

# 2절. 장기기억의 특징

장기기억의 특징은 어떻게 연구할 수 있을까? 서술적 기억<sup>(외현기억)</sup>과 절차적 기억<sup>(암묵기억)</sup>은 연구방법에서 차이가 있다.

### 외현기억과제

외현기억<sup>(explicit memory)</sup>을 찾아내는 방법은 참가자에게 의식적으로 기억해내도록 요구하는 것이다. 일반적으로 외현기억은 앞 장에서 설명한 자유재생 같은 재생법과 재인법으로 측정한다. 재생법은 이전에 학습한 사실을 참가자 스스로 생성해내는 것으로, 학습한 순서대로 재생하는 순차재생법과 순서에 상관없이 자유롭게 재생하는 자유재생법이 있다. 또 제시된 단서를 토대로 재생을 요구하는 단서재생법도 있다. 재인법은 앞서 제시한 항목과 제시하지 않은 항목이 제시되고 참가자에게 제시되었던 것인지 아닌지를 확인하도록 하는 방법이다.

### 암묵기억과제

암묵기억<sup>(implicit memory)</sup>을 확인하는 방법은 다양하지만 대표적인 것이 점화<sup>(priming)</sup> 과제이다. 점화효과를 검증하려면 이전에 제시한<sup>(경험한)</sup> 자극과 제시하지 않은 자극 사이의 수행을 비교한다. 일반적으로 앞서 제시된 자극에 대해서는 촉진효과가 발견된다. 이러한 점화과제에는 다음과 같은 것들이 있다.

1) 점화과제
① 지각 점화과제
- 단어식별과제: 단어를 매우 빠르게 제시하고<sup>(예. 35밀리초)</sup> 무슨 단어였는지 맞추도록 한다.
- 단어완성과제: 단어를 제시하고 난 뒤에 그 단어의 일부만을 제시하고 부족한 낱자를 채워 넣어 단어를 완성하도록 한다. 예를 들어 점화단어

로 'assistant'를 보여주고 일정 시간이 지난 다음에 'assis___'의 뒷자리
빈칸을 채우게 하거나 'ass__n_'를 제시하고 빈칸을 채우도록 한다.
- 어휘판단과제: 일련의 낱자열을 제시하고 단어인지 아닌지를 빠르게 판
  단하게 한다.

② 비언어 점화과제
- 그림명명과제: 그림을 보여주고 난 뒤에 불완전한 그림을 제시하고 그
  림의 이름을 말하도록 한다.

③ 개념 점화과제
- 단어연상과제: 단어(예, 코끼리)를 제시한 후, '상아 -?'를 제시하고 상아에
  서 연상되는 단어를 말하게 한다.
- 범주사례생성과제: 단어(예, 개)를 제시한 후, '동물 -?'을 제시하고 동물
  의 사례로 무엇이 있는지를 말하도록 한다.


2) 기능학습과제

기능학습이란 감각체계와 운동체계를 접목하여 정확하고 효율이 높은 수행
이 가능하게 되는 것을 말한다. 이렇게 학습된 기능은 의식하지 못하는 상태에서
수행되는 경우가 많다. 어려서 즐겨 탔던 자전거를 지금도 탈 수 있는지 알지 못
하지만, 일단 타보면 처음 타는 사람보다는 훨씬 잘 탄다.

기능학습이 지각점화와 마찬가지로 암묵기억의 일종인지를 두고는 여전히
논쟁 중이다. 그러나 뇌의 해마가 손상된 기억상실증환자의 경우 새로운 사실은
기억하지 못하지만, 점화나 기능학습에서는 그와 같은 장애를 보이지 않는다는
연구보고가 있다(Schacter et al., 1993).

# 3절. 외현기억과 암묵기억의 구분을 지지하는 증거

외현기억과 암묵기억이 서로 다른 신경생물학적 기제에 기초하고 있다는 것을 보여주는 증거가 적지 않다.

## 기억상실증 환자

기억상실증 환자와 건강한 사람의 기억을 비교하면 외현기억에서는 기억상실증 환자의 수행이 더 낮지만, 암묵기억에서는 차이가 없다는 사실도 두 기억이 구분되어 있다는 증거이다. 예를 들어, 그라프 등(Graf et al., 1984)은 통제집단과 비교하여 기억상실증집단이 외현기억과제(자유재생, 단서재생, 재인)에서는 수행이 떨어지지만, 암묵기억과제(단어완성)에서는 수행의 차이가 없다는 것을 발견했다(그림 6-3).

**그림 6-3** 다양한 기억과제에서 기억상실증집단과 통제집단의 정답률

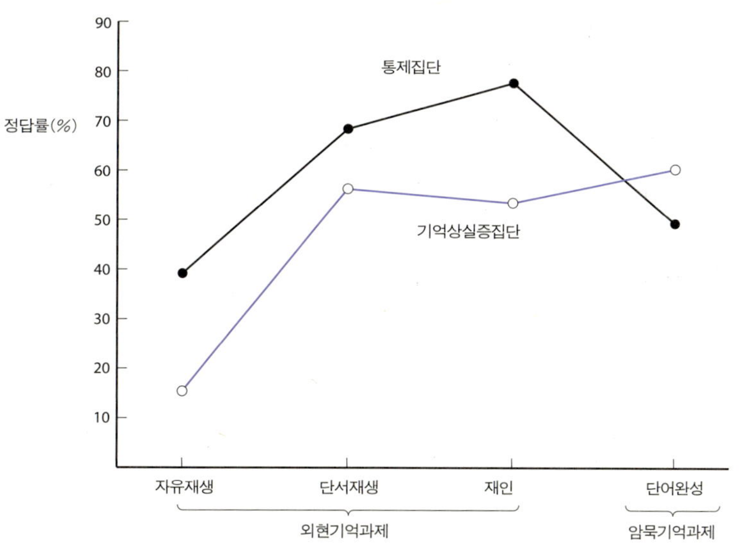


**기억상실증집단은 자유재생, 단서재생, 재인과제에서는 통제집단보다 수행이 낮지만, 단어완성과제에서는 차이가 없다.**

(출처) Graf et al.(1984)

## 기억의 연령효과

기억상실증 환자와 마찬가지로 노년기의 기억문제도 외현기억에서 일어난다. 노인이 되면 친숙한 사물의 이름이 입에서 맴도는 설단현상(TOT: tip of the tongue)이 증가하는 등 의미기억의 탐색에 어려움을 겪고 일화기억을 재생하는 능력도 현저하게 떨어진다. 뒤에서 설명할 미래계획기억에서도 강력한 연령효과가 나타난다. 이러한 연령효과는 외현기억의 종류에 따라서도 차이가 있으며 재생기억이 재인기억보다 연령의 영향을 더 크게 받는다. 슈겐스 등(Schugens et al., 1997)은 20세에서 72세까지의 연령층을 대상으로 이 사실을 확인했다. 연구자들은 언어자료(문장)와 그림자료(기하학적 도형)에 대한 기억을 재생검사와 재인검사로 측정했다. 기억자료와 상관없이 재인검사에서는 연령에 따른 기억의 변화가 없었던 반면, 재생검사에서는 연령이 증가하면서 기억이 감소되는 결과가 발견되었다.

또한 암묵기억도 외현기억에 비해 연령의 영향이 그렇게 크지 않다(Mitchell, 1989; Schugens et al., 1997). 한 실험에서 슈겐스 등은 암묵기억에 속하는 지각기능학습(예, 거꾸로 된 낱자 읽기)이 연령의 영향을 받지 않는다는 것을 밝혔다. 그림 6-4는 거꾸로 쓰인 낱자를 2회에 걸쳐 읽을 때 두 번째 읽는 데 걸리는 시간이 첫 번째에 비해 얼마나 감소했는지를 보여준다. 두 번째 읽을 때 걸린 시간 비율을 나타내는 흰 동그라미(○표)는 나이가 증가해도 거의 변하지 않았다. 이런 결과는 노년층도 젊은이와 마찬가지로 반복연습이 효과적이라는 것을 시사한다.

표 6-1은 젊은층과 노년층의 외현기억과 암묵기억을 비교한 여러 실험에서 나온 결과를 정리한 것이다(Mitchell, 1989). 청색으로 칠해진 부분은 통계적으로 유의미한 차이가 발견된 연구를 나타낸다. 표에서 보는 것처럼 암묵기억과제에서는 두 집단 사이에 유의미한 차이가 발견된 연구가 거의 없다.

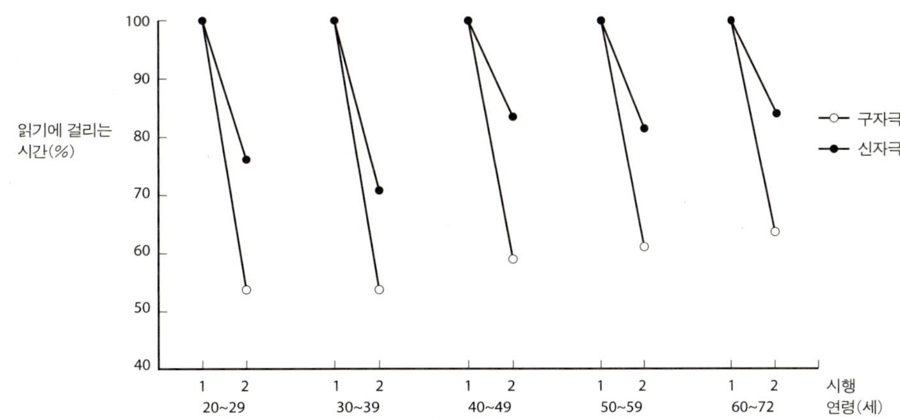


첫 번째 시행에서 읽기에 걸린 시간을 기준으로 정리한 그래프이다. 한 번 본 거꾸로 된 낱자를 두 번째 읽는 데 걸리는 시간(구자극)에서는 연령효과가 발견되지 않는다.

___ (출처) Schugens et al.(1997)

표    6-1    외현기억과제와 암묵기억과제에서의 연령효과

| 연구 | 외현기억과제 | | 암묵기억과제 | |
|---|---|---|---|---|
| | 청년층 | 노년층 | 청년층 | 노년층 |
| Howard, 1986 | 재인 | | 동음이의어 낱자과제 | |
| | 74% | 60% | 11% | 9% |
| Howard et al., 1986 | 단서재생 | | 연상 점화과제 | |
| 실험 1 | 69% | 37% | 88ms | 101ms |
| 실험 2 | 49% | 32% | 104ms | 32ms |
| Rabinowitz, 1986 | 단서재생 | | 연상 점화과제 | |
| | 70% | 35% | 178ms | 162ms |
| Light & Singh, 1987 | | | | |
| 실험 1 | 자유재생 | | 단어완성과제 | |
| | 20% | 10% | 27% | 21% |
| 실험 2 | 단서재생 | | 단어완성과제 | |
| | 55% | 27% | 28% | 20% |
| | 자유재생 | | 단어식별과제 | |
| | 22% | 15% | 14% | 11% |
| Mitchell & Schmitt, 1988 | 단서재생 | | 그림명명과제 | |
| | 78% | 60% | 125ms | 158ms |

암묵기억과제에서는 청년층과 노년층의 기억수행에 차이가 거의 없다.

___ (출처) Mitchell(1989)

# 4절. 기억표상



앞 장에서 작업기억에는 음운정보와 시공간정보가 저장된다고 하였다. 그렇다면 장기기억의 정보는 어떤 형태(기억표상)로 저장되는 것일까? 이를 설명하는 이론에는 명제가설과 이중부호화이론, 두 가지가 있다.

## 명제가설

명제가설은 인간의 기억이 명제로 저장된다고 주장한다. 명제란 글 그 자체는 아니지만, 언어적으로 표현할 수 있는 지식의 최소 단위를 말한다. 예를 들어, '부시는 후세인이 이끄는 산유국 이라크에 선전포고를 했다'라는 문장은 다음과 같이 세 개의 명제로 분석될 수 있다. 1)부시는 이라크에 선전포고를 했다. 2)이라크는 산유국이다. 3)후세인은 이라크의 지도자이다.

또한 위 명제는 그림 6-5처럼 상호 연결된 연결망의 형태로 표상된다(McNamara, 1999, 8장 참조).

## 이중부호화이론

이중부호화이론(dual coding theory)은 인간의 기억이 명제라는 하나의 표상으로 설명될 수 없다고 주장한다. 인지활동은 시각자극을 분석하고 심상을 만드는 등 아날로그적 처리를 담당하는 비언어적 시스템(imagens)과 언어정보를 처리하는 언어적 시스템(logogen), 두 가지에 의해 일어난다는 것이다(그림 6-6). 이 두 시스템은 내부 구조도 다르고 각각 독립적이며 병렬적으로 작동한다. 또한 시장에서 사과를 보면 '사과'라는 단어가 떠오르고, '라벤더'라는 말을 들으면 라벤더 향이 떠오르는 것처럼 두 시스템은 상호 연관되어 작동하기도 한다. 그러나 이 상호연관성은 완벽하지 않아서 심상이 떠오르기 쉬운 단어도 있고 그렇지 않은 단어도 있다.

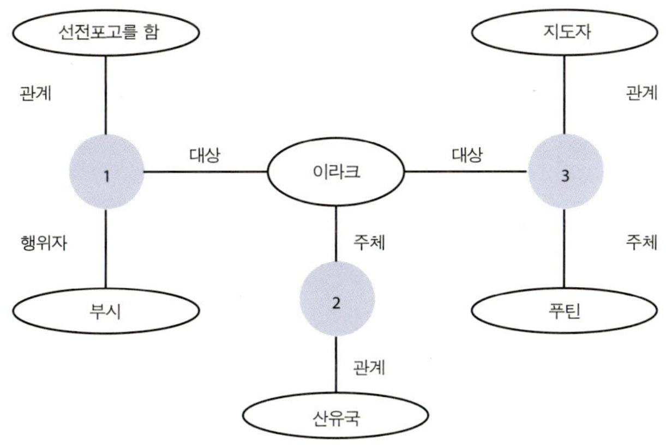


**명제는 서로 연결된 연결망의 형태로 표상된다.**

____ (출처) McNamara(1999)



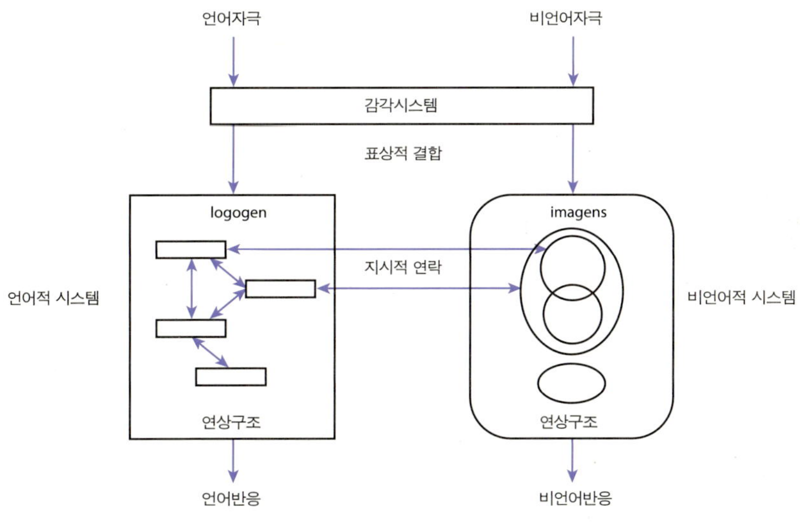


**정보의 표상은 언어적 시스템과 비언어적 시스템에 의해 일어난다.**

____ (출처) Paivio(1986)

## 구체어, 추상어, 그림에 대한 기억

구체적인 단어는 추상적인 단어에 비해 심상을 떠올리기가 더 쉽다. 이는 구체어의 기억이 언어적 시스템뿐 아니라 비언어적 시스템과도 관련이 있기 때문이다. 구체적인 사물을 표현한 그림도 언어화가 가능하다는 점에서 비언어적 시스템과 언어적 시스템이 모두 관여한다고 할 수 있다. 비언어적 시스템에 의해 표상된 정보는 기억이 더 잘 된다. 그림 6-7은 페이비오(Paivio, 1979)가 의도학습조건과 우연학습조건에서 그림, 구체어, 추상어를 제시하고, 5분 후와 1주일 후에 자유롭게 재생하도록 요구한 실험에서 나온 결과이다. 그림 6-7의 A는 실험에서 사용한 기억자료이고 B는 실험결과이다. 5분 후에 회상하나 일주일 후에 회상하나, 의도학습이나 우연학습이나 조건에 상관없이 그림에 대한 기억이 모든 조건에서 가장 우수하고, 추상어보다는 구체어에 대한 기억이 더 좋다는 것을 알 수 있다.

**그림**  **6-7**  **페이비오의 실험**

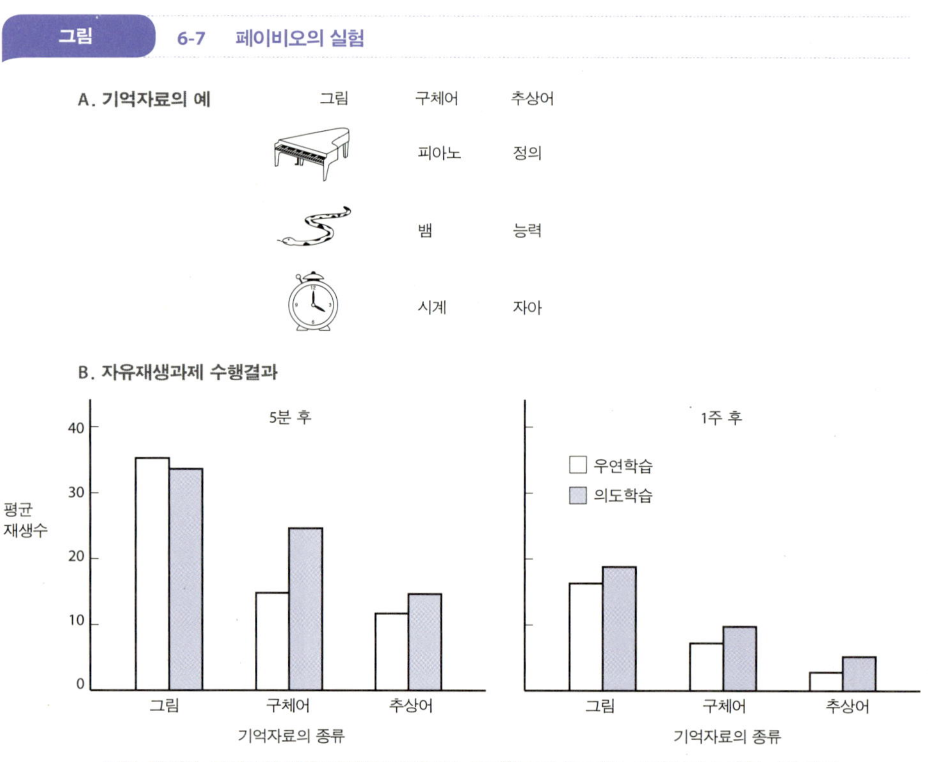


그림, 구체어, 추상어의 자유재생실험 결과이다. 우연학습과 의도학습 모두에서 그림을 가장 많이 기억했고, 추상어보다는 구체어를 더 많이 기억했다. 이러한 결과는 시간이 경과해도 변하지 않는다.

(출처) Paivio(1979)

# 5절. 심상

페이비오의 이중부호화이론이 주장하는 비언어적 표상의 특징이 심상(이미지)
과제를 사용한 여러 실험을 통해 밝혀졌다.


## 심적 회전

평면에 그려진 두 개의 도형을 보고 두 개가 같은지 다른지를 판단하는 심상과제
가 있다. 실험에서는 평면적으로 회전시켜서 일치하는 도형(그림 6-8의 A(a)), 입체적
으로 회전시켜서 일치하는 도형(A(b)), 어느 방향으로 회전시켜도 일치하지 않는
도형(A(c)), 총 세 가지를 참가자에게 제시하고 판단을 요구한다. 도형의 회전각을
0도에서 180도까지 변화시키면서 판단하는 데 걸리는 시간을 측정하면 반응시간
은 회전각의 크기에 비례하여 증가한다(그림 6-8의 B). 이는 보고 있는 도형이 평면에



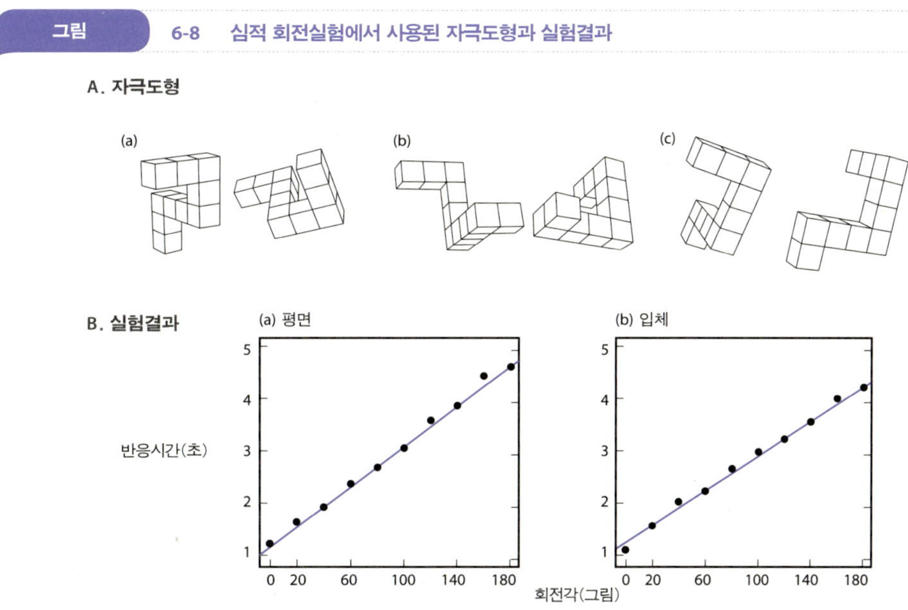


**평면적 또는 입체적 회전과 상관없이 회전각도가 커지면
두 도형이 같은지 판단하는 데 걸리는 시간은 이에 비례해서 증가한다.**

(출처) Shepard & Metzler(1971)

그려져 있는데도 머릿속에서 3차원의 심상을 회전시켜서 두 도형의 일치 여부를 판단한다는 것을 보여준다.

## 심적 비교

실제 시각대상을 볼 때와 마찬가지로 마음속의 스크린에서도 큰 대상을 보는 것이 작은 대상을 보는 것보다 더 쉽다. 예를 들어, ① 코끼리 옆에 개가 있는 심상과 ② 파리 옆에 개가 있는 심상이 있다고 가정해보자. 만약 마음속의 스크린 크기가 제한되어 있다면 ①에 있는 개의 크기는 ②보다 작기 때문에 '개'의 속성<sup>(예. 다리가 있는지)</sup>을 판단하는 데 걸리는 시간은 ②보다 ①에서 더 오래 걸릴 것이다. 코끼리나 파리 옆의 개를 비롯해서 쥐, 앵무새 등 20종의 다양한 동물들을 하나씩 놓고 동물의 속성을 판단하게 했더니<sup>(이러한 실험과제를 심적 비교라고 함)</sup> 예상대로 ①에서의 판단시간이 ②보다 더 길었다<sup>(그림 6-9)</sup>. 이는 큰 심상보다 작은 심상을 보기가 더 어렵다는 사실을 보여준다<sup>(Kosslyn, 1975)</sup>.

## 심적 주사

지도 위의 한 지점에서 다른 지점까지 눈으로 따라가도록 하면 긴 거리를 주사 <sup>(scanning)</sup>하는 시간이 짧은 거리보다 오래 걸린다. 이와 동일한 현상이 마음속에 있는 지도에서도 일어난다<sup>(Kosslyn et al., 1978)</sup>. 우선 실험참가자에게 가상의 섬을 그린 지도<sup>(그림 6-10의 A)</sup>를 보여주고 완벽하게 재생할 수 있을 때까지 지도를 학습하게 한다. 그런 다음 지도를 보지 않고 마음속에 지도를 떠올리도록 한 후, 특정 한 지점을 응시하도록 지시한다. 그 후 두 번째 지점을 알려주고 마음속 지도에 있는 첫 번째 지점에서 두 번째 지점까지 주사하고, 주사가 끝나면 단추를 누를 것을 요구한다. 이런 실험에서 심상의 두 지점을 주사하는 데 걸리는 시간은 실제 지도상의 거리와 비례하는 결과가 발견된다<sup>(그림 6-10의 B)</sup>. 즉, 실제 지도와 마찬가지로 심상에서도 동일한 방식으로 주사<sup>(이미지 스캐닝)</sup>가 일어나고 있는 것이다.

마음속 스크린에서도 작은 심상을 보는 것이 큰 심상을 보는 것보다 어렵다.

___ (출처) Kosslyn(1975)



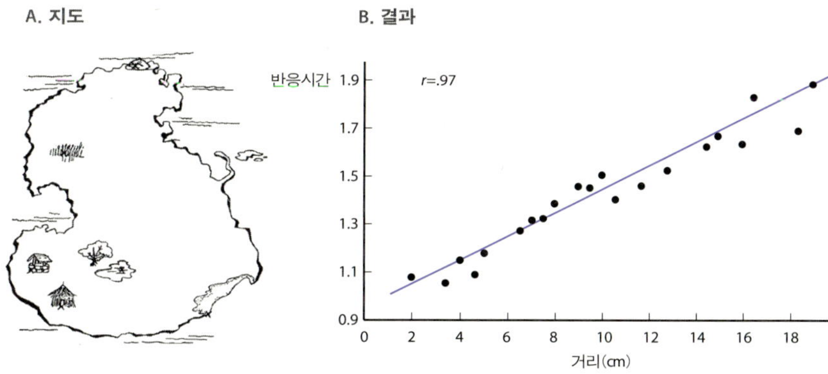



마음속 지도의 거리와 주사하는 데 걸리는 시간 사이의
상관관계를 보여준다.

___ (출처) Kosslyn et al.,(1978)

## 심상과제의 문제점

심상(이미지)이 아날로그적(회화적) 특성을 갖는지 아닌지를 두고 의견이 분분하다. 예를 들어, 심상은 명제에서 만들어진 것으로서 심상 자체가 인지활동을 하는 것은 아니라는 명제가설이 있다(Pylyshyn, 1973, 1979, 1981). 그러나 심상이 아날로그적 특성을 갖고 있지 않다고 가정하면 다음과 같은 실험결과를 설명하기 어렵다(Finke & Pinker, 1983). 참가자에게 그림 6-11의 A(a)처럼 몇 개의 점이 그려진 그림을 보여주었다. 그림을 없앤 후 화살표를 제시하고 화살표가 가리키는 방향에 점이 있었는지를 질문했다. 그림 6-11의 A(b)에서 정답은 '예'이고, A(c)의 정답은 '아니오'이다. 화살표 끝에서 점까지의 거리를 다양하게 변화시키고 이를 판단하는 반응시간을 측정하여 얻은 결과가 그림 6-11의 B이다. 앞서 기술한 심적 주사(이미지 스캐닝) 실험과 달리 이 과제에서는 마음속으로 거리를 추적할 필요가 없는데도 화살표에서 점까지의 거리가 길수록 판단시간이 증가했다. 이는 심상의 아날로그적 특성이 판단에 사용된다는 것을 보여준다.

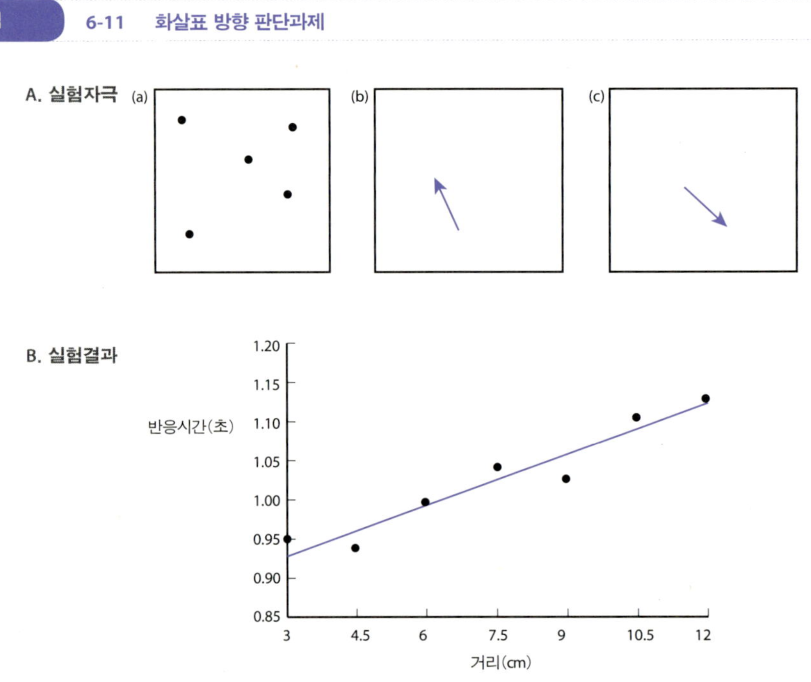



화살표가 가리키고 있는 위치에 점이 있었는지 아닌지를 판단할 때 점까지의 거리가 길수록 판단시간이 더 오래 걸린다.

(출처) Finke & Pinker(1983)

### 장소법

옛날 유명한 웅변가들은 연설을 할 때 시각적 심상을 이용해서 연설문을 기억했다고 한다. 예이츠(Yates, 1966)가 기억술(mnemonics)의 역사에 대해 정리한 책을 보면, 실제로 존재하는 장소, 예를 들면 수도원과 그에 딸린 부속건물 등(그림 6-12)이 주로 사용되었다. 먼저 자기가 선택한 장소를 여러 차례 방문하여 자세히 학습한다. 기억을 시작하는 출발장소로 수도원의 출입문을 정했으면 5~6피트 떨어진 건물이나 대상을 다음 장소로 정하는 식으로 점점 장소를 늘려나간다. 성경, 교회법, 연설문 등 기억해야 할 내용을 각 장소에 대응시켜 학습하고, 기억을 인출할 때는 마음속에서 장소를 옮겨가면서 대응시켜 놓은 내용을 떠올리는 것이다. 이런 방법을 장소법이라고 한다. 장소법은 요즘에도 사용되고 있으며 건물 대신 신체부위(머리, 이마, 귀 등)를 이용하기도 한다.

수도원을 장소법에 이용할 경우 수도원의
각 건물에 기억해야 할 항목을 연결한다.

___ (출처) Yates(1966)

우리는 놀랍고 충격적인 사건이 발생했을 때의 상황을 잘 기억한다. 이런 기억을 섬광기억(flashbulb memory)이라고 한다(Brown & Kulik, 1977). '2001년 9월 11일 보잉기 두 대가 뉴욕 세계무역센터에 충돌해서 두 빌딩이 무너져 내린 사건이 일어났을 때 당신은 무엇을 하고 있었는가?'라는 질문을 받으면 그때 상황이 생생하게 떠오를 것이다.

섬광기억은 다음과 같은 특징을 지닌 것으로 알려져 있다. ① 생생하다, ② 사건 당시 어디에 있었는지, ③ 사건 당시 무엇을 했는지, ④ 사건에 대해 어떻게 알았는지, ⑤ 사건 직후 무엇을 했는지, ⑥ 어떻게 느꼈는지, ⑦ 다른 사람은 어떻게 느꼈는지 등에 대한 기억이 분명하다(Brown & Kulik, 1977 ; Scott & Ponsoda, 1996).

그렇다면 섬광기억은 어떤 메커니즘에 의해 일어나는 것일까? 초기에는 충격적인 사건을 경험할 때의 상황을 기억하는 특수한 신경학적 메커니즘이 존재한다고 여겼다(Brown & Kulik, 1977). 그러나 섬광기억이 사건 이후의 경험에 의해 재구성되고, 반복에 의해 기억이 더욱 선명해지며, 사건에 대한 관심에 의해 영향을 받는다는 사실이 확인되면서 섬광기억이 다른 어떤 특별한 기억이 아니라는 것이 밝혀졌다.

오우에와 하코다(오우에 & 하코다, 2009)는 특수 메커니즘 논쟁과는 별개로 사람들이 충격적인 사건이 발생했을 때의 상황을 정말로 더 잘 기억하는지 최근의 사례를 이용하여 검증해보기로 했다. 2005년 3월 20일(일요일) 오전 10시 53분 후쿠오카현 서쪽 먼 바다에서 규모 7.0 최대 진도 6의 지진이 발생했다. 큐슈 북부에서 규모 7.0정도의 지진이 일어난 것은 관측 개시 이래 처음 있는 일이었고, 후쿠오카의 주민들에게는 재앙과 같은 사건이었다.

조사는 같은 해 9월 후쿠오카현에 살고 있는 18세부터 50세까지의 남녀 115명을 대상으로 이루어졌다. 참가자 가운데 55명은 지진을 직접 체험한 사람들이고 나머지 60명은 여러 가지 이유로 당시 후쿠오카를 떠나 있어서 지진을 직접 체험하지 못한 사람들이었다. 섬광기억과 관련하여 다음과 같은 질문이 주어졌다. ① 지진이 처음 발생했을 때를 기억할 수 있는가? ② 그때 당신은 어디에 있었나? ③ 그때 당신은 무엇을 하고 있었는가? ④ 이 지진에 대해 당신은 어떻게 알았는가? ⑤ 지진 발생 직후 무슨 일이 있었는가? ⑥ 이 지진에 대해 당신 주변의 사람들은 어떻게 생각하였는가? ⑦ 지진이 언제 일어났다고 생각하는가?

조사는 후쿠오카 지진뿐 아니라 지진 전후 4개월 사이에 발생한 주요 사건들, 예를 들어 아키히토왕의 장녀인 노노노미야 공주의 약혼발표, 일본인 선장 등 3명의 납치사건, 아이치 국제박람회, 영국 동시다발테러, 노구치 등이 탑승한 우주선 발사에 대해서도 질문했다. 이들 답변을 토대로 섬광기억 점수를 산출했는데 그 결과가 아래 그림 1에 제시되어 있다. 후쿠오카현 지진을 체험한 집단이나 그 지진에 관심이 있던 집단은 관심도 없고 체험도 하지 않은 집단에 비해 섬광기억 점수가 눈에 띄게 높지만, 다른 중요한 사건에 대한 섬광기억 점수는 세 집단 사이에 차이가 없고 후쿠오카현 지진보다 섬광기억 점수도 낮았다.

후쿠오카현 지진이 일어난 전후 4개월 동안 스마트라섬 지진, 영국 동시다발테러 등 큰 사건이 일어났지만 자신이 살고 있는 지역에서 일어난 지진이 주민에게는 가장 충격적이었을 것이다. 게다가 흥미로운 사실은 자신이 직접 체험하지는 않았지만 이 지진에 관심이 있는 사람은 섬광기억 점수가 높다는 것이다. 이 사건에 관심을 가진 집단이 이 지진을 화제로 삼아 이야기를 한 빈도가 높진 않았지만, 섬광기억 점수는 지진을 직접 체험한 참가자들만큼이나 높았다. 이것은 섬광기억이 반복 횟수만으로는 설명될 수 없음을 시사한다.

〔오우에 와타루 & 하코다 유지〕

**그림1 후쿠오카현 지진과 지진 발생 전후의 주요 사건에 대한 섬광기억 점수**

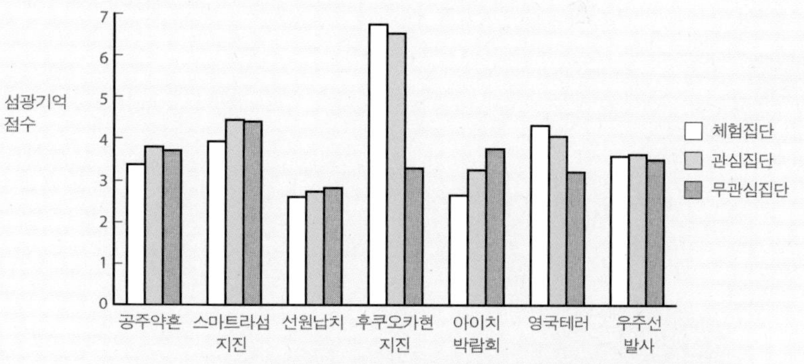


**후쿠오카현 지진 체험집단과 후쿠오카 지진에 관심이 있는 집단은
특히 후쿠오카 지진에서의 섬광기억 점수가 높다.**

___ (출처) 오우에 & 하코다(2009)

# 6절. 미래계획기억

목격자 진술 등 일상생활에서 일어나는 기억의 문제는 7장 '일상인지'에서 다루기로 하고 여기서는 미래계획기억에 대해 설명하려고 한다.

지금까지 설명한 기억은 과거에 경험했거나 발생한 사건에 대한 기억으로 이를 회고기억(retrospective memory)이라고 한다. 그러나 우리에게는 미래에 대한 기억도 있는데 미래에 일어날 일에 대한 기억이 미래계획기억(prospective memory)이다. '내일 아침 우체국에 들러서 편지를 부쳐야지', '퇴근이 늦어진다고 집에 전화해야지', '밥 먹고 약을 먹어야지' 등 무언가를 의도하는 기억이 전형적인 미래계획기억이다. 약 먹는 것을 잊어버리거나 전기스위치를 끄지 않으면 문제가 발생하는 것처럼 미래계획기억은 일상생활에서 대단히 중요한데도 우리는 쉽게 망각하곤 한다.

## 미래계획기억의 연구

미래계획기억을 연구하는 방법 중 하나가 참가자에게 일상생활을 기록하게 하여 미래계획기억을 조사하는 일기법이다. 또한 과제를 제시하는 방법으로 일정 시간이 되면 전화를 걸게 하는 방법(Maylor, 1990)과 엽서를 보내게 하는 방법(고바야시 & 마루노, 1994)을 사용하기도 한다.

그림    6-13    미래계획기억

미래계획기억은 미래에 대한 기억이다.

### 미래계획기억의 종류

미래계획기억에는 시간중심적 기억과 사건중심적 기억 두 가지가 있다. 시간중심적 기억은 '아침 9시에 친구에게 전화해야지'처럼 특정 시간에 특정 행동을 하겠다고 의도하는 기억이다. 사건중심적 기억은 '친구를 만나면 함께 여행갈 수 없다고 말해야지'처럼 어떤 사건이 발생하면 어떤 행동을 하겠다고 의도하는 기억을 말한다.

### 미래계획기억의 특징

1) 상위인지와의 관계

상위인지(meta cognition)는 인간의 인지과정에 관한 지식이다. 특히, 기억을 잘하려면 어떻게 해야 좋은지 같은 기억방법에 관한 지식을 상위기억(meta memory)이라고 한다. 미래계획기억은 상위기억과 밀접한 관련이 있다. 우리는 일상생활에서 미래계획기억을 유지하기 위해 다양한 전략을 사용한다. 예를 들어, 내일 부쳐야 할 엽서를 눈에 잘 띄는 곳에 놓아두거나 쇼핑목록을 적어서 벽에 붙여 놓는다(그림 6-14). 때로는 다른 사람을 외부 기억으로 이용하기도 한다. 예를 들면, '내일 아침에 할 일을 아내에게 말해 놓고 그때 알려달라고 해야지'하는 식이다.

**그림 6-14 미래계획기억을 위한 전략**

눈에 잘 띄면 기억이 쉽기 때문에 우리는 일정을 달력에 적어 놓는다.

2) 연령효과

나이가 들수록 미래계획기억은 떨어진다. 한 연구(Mantyla & Nilson, 1997)에서 35세부터 80세까지 1,000명을 대상으로 연령과 미래계획기억의 관계를 알아보았다. 연구를 시작하기 전에 참가자에게 연구가 모두 끝나고 나면 서명을 해야 한다고 말해주었다. 그러나 연구를 마치고 실제로 서명을 한 참가자의 비율은 35~45세 사이에서는 61%에 달했지만, 70~80세 사이에서는 25%에 불과했다. 또한 노인은 사건중심적인 미래계획기억보다 시간중심적인 미래계획기억을 더 어려워 하는 것으로 밝혀졌다(Einstein et al., 1995). 사건중심적인 미래계획기억은 사건의 발생이 자신이 해야 할 행동을 떠올리게 하는 단서가 될 수 있지만, 시간중심적인 미래계획기억에는 외부 단서가 존재하지 않기 때문이다. 나이가 들수록 주의(attention)자원이 감소하는 것 때문에 이러한 과제를 수행하는 데 필요한 자기주도적 처리(self-initiated processing)능력도 떨어진다(Craik, 1986).

① 암묵기억의 사례를 생각해보세요.

② 심상이 명제인지 그림인지에 대한 논쟁에서 쟁점은 무엇인가요?

③ 노년기의 미래계획기억의 문제점을 기술하고, 이를 극복하기 위해서는 어떤 노력이 필요한지 생각해보세요.

## 참고문헌


乾敏郎・吉川左紀子・川口潤編(2010)『よくわかる認知科学』ミネルヴィ書房

● 認知科学のトピックス66項目について、わかりやすく説明されている。この中には認知と記憶に関する12項目が含まれている。

太田信夫編(2006)『記憶の心理学と現代社会』有斐閣

● 日常生活、産業、医療、福祉、教育、犯罪、生涯発達の領域から、記憶研究と社会の関わりと示すコピックスを取り上げ、解説している。

中島義明編(2001)『現代心理学[理論]事典』朝倉書店

● 認知心理学だけでなく、感覚・知覚心理学、臨床心理学までを含む、心理学の理論を整理した本であるが、イメージヤネットワークに関する理論も紹介されている。

# 07

## 일상인지

### 기억은 변하는 것인가

'인간의 인지기능이 일상적인 상황에서 어떻게 작동하는지'를 다루는 일상인지 연구가 최근에 급속히 발전하고 있다. 일상인지 연구자들이 다루는 주제는 대단히 광범위하다. 인지심리에서 기억연구가 차지하는 비율이 높듯 일상인지 연구에서도 일상기억에 관한 연구가 가장 활발하다. 이 장은 일상기억에 초점을 맞추고 '사람이 일상생활에서 경험하는 사건의 기억'과 관련된 세 가지 주제, 즉 자서전적 기억, 목격자 기억, 오기억에 대해 소개한다.

수학여행의 추억

# 1절. 일상인지 연구 및 영역

일상인지(everyday cognition)란 자연스런 설정이나 현실세계에서 일상적으로 일어나는 인지과정을 연구하는 분야이다(Woll, 2002). 일상인지 연구는 응용인지심리학(applied cognitive psychology)과 중복되는 면이 많다(Esgate et al.,2005). 일상인지를 다룬 볼(Woll, 2002)의 저서에는 일상적인 사건의 기억과 행동계획, 자서전적 기억, 인상형성, 얼굴인식과 기억, 기능과 전문성, 일상적 추론과 실제적 지능, 추단법(heuristics)과 편향(bias) 등이 포함되어 있다. 일상인지의 주제는 이처럼 매우 다양하지만 가장 활발하게 연구가 일어나고 있는 분야는 일상기억이다. 코헨과 콘웨이(Cohen & Conway, 2007)의 일상인지 저서에는 자서전적 기억, 목격자 기억, 얼굴 · 이름 · 소리에 관한 기억, 의도 · 행동 · 미래계획기억, 도로 · 지도 · 위치에 관한 기억, 문장과 대화에 관한 기억, 공동회상(collaborative remembering), 생각과 꿈에 대한 기억, 생애에 걸친 기억의 변화 등 기억과 관련된 내용이 많다. 이우에와 사토(2002)가 쓴 일상인지 개론서는 총 12장 중 5장을 기억에 할애하고 있다. 지금부터 일상기억에 초점을 맞추고 자서전적 기억, 목격자 기억, 오기억(기억왜곡)에 대해 설명할 것이다.

# 2절. 자서전적 기억

### 생태학적 타당도와 일반화 가능성

나이서(Neisser, 1978)는 그동안의 기억에 관한 실험연구가 사회적으로 의미 있는 기억을 거의 다루지 않았다고 비판하여 다른 연구자들에게 큰 영향을 주었다. 당시 나이서는 '검증된 대부분의 일반 법칙은 열 살짜리 어린아이도 알고 있는 당연한 것들이다'라고 비판했다.

전통적인 실험실 연구는 변수들 간의 인과관계를 검증하기 위해 실험을 엄격하게 통제하기 때문에 내적 타당도(internal validity)는 높지만, 현실이나 자연상황을 고려하지 않아서 생태학적 타당도(ecological validity)는 낮은 편이다. 생태학적 타당도는 실험상황에서의 심리과정이 실제 일상생활에서의 심리과정과 비슷한 정도를 의미한다. 1절에서 소개한 세 권의 일상인지 전문서를 비롯해서 최근 일상기억 연구가 점점 증가하고 있는 추세이다. 한편 바나지와 크로더(Banaji & Crowder, 1989)는 일상기억 연구가 생태학적 타당도는 높지만, 불충분한 통제로 인해 일반화 가능성이 낮다는 비판을 제기했다. 이처럼 실험실학파와 일상인지학파 사이에 생태학적 타당도와 일반화 가능성을 둘러싼 논쟁이 있었지만, 최근에는 두 연구방법이 상호보완적이고 둘 다 필요하다는 의견이 지배적이다.

자서전적 기억(autobiographical memory)은 개인의 인생에서 경험한 사건과 관련된 기억을 말하는 것으로 일화기억(episodic memory)의 일종이다. 자서전적 기억을 연구하는 방법은 여러 가지가 있는데 실험참가자의 인생에서 일어난 특정 사건이나 시기에 대해 질문하는 방법이 가장 많이 쓰인다. 이 방법은 기록이나 가족의 도움을 받을 수는 있지만 기억의 정확도를 판단하는 데는 한계가 있다. 또는 일정 기간 동안 실험참가자에게 매일 일기를 쓰게 한 후 그 내용을 조사하는 방법도 있다(Wagenaar, 1986, 6장 6절 참조). 그 밖에도 단서가 되는 단어를 참가자에게 제시하고 단어에서 연상되는 자서전적 기억의 내용과 시기를 적도록 하는 방법이 있는데, 이 방법을 사용하면 생애에 걸친 자서전적 기억의 분포를 알아낼 수 있다.

## 자서전적 기억의 분포와 저장

루빈 등(Rubin et al., 1986)은 실험참가자에게 몇 개의 단어를 단서로 제시하고 생각나는 사건을 보고하도록 하여 자서전적 기억의 연령대별 분포를 확인했다. 그림 7-1은 루빈 등의 연구와 세 명의 다른 연구자의 연구에서 나온 결과를 정리한 것이다. 그림의 세로축은 인생의 시기마다 기억나는 사건의 비율(%)이다. 이 그림에서 세 가지 현상을 관찰할 수 있다. 첫째, 3세 이전의 기억은 거의 없다. 이를 아동기 기억상실증(childhood amnesia)이라고 한다. 둘째, 10세에서 30세 사이에 일어난 사건에 대한 기억이 가장 많다. 이런 현상을 회고절정(reminiscence bump)이라고 한다. 셋째, 현재부터 과거 10~20년 사이에 표준 망각곡선이 나타나고 있다.

아동기 기억상실증의 원인은 ① 해마(hippocampus)를 비롯한 기억과 관련된 뇌 기능이 미성숙하고, ② 언어가 발달하지 않아서 일반 지식 또는 스키마(schema)가 충분하지 않고, ③ 타인과 분리된 자아개념이 아직 발달되지 않았기 때문인 것으로 알려져 있다. 또한 회고절정이 10대에서 30대 사이에 나타나는 이유는 청년기에서 성인기 초기에 발생하는 사건들이 지닌 높은 독특성(distinctiveness)때문인 것으로 보인다. 10대에서 30대 사이에 발생하는 사건들은 자아개념의 발달에도 중요한 역할을 하며 반복적인 회상을 통해 기억의 정교화가 일어난다.


## 자서전적 기억의 체제화와 인출

자서전적 기억을 인출할 때 장소(어디서)나 시간(언제)단서보다 행위(무엇)단서가 더 효과적이라는 연구결과가 있다(Wagenaar, 1986). 또한 콘웨이와 베커리언(Conway & Bekerian, 1987)은 사건만 제시하는 것보다 시간과 사건을 연속하여 제시하면 자서전적 기억을 인출하는 시간이 더 빨라지는 것을 발견했다.

이런 연구결과들을 기초로 콘웨이(Conway, 1990)는 자서전적 기억이 3개의 층으로 구성되어 있다는 계층모델을 제안했다(그림 7-2). 계층모델은 자서전적 기억의 재구성을 강조한다. 첫 번째 층은 '인생의 시기'로 개인과 관련된 특정 주제별로 나뉘어 있다(예, 사건의 주제, 최초의 사건 등). 두 번째 층은 '일반적인 사건'으로 하루나 일주일 단위로 일어난 일들이 표상되어 있다. 일반적인 사건을 검색하면 세 번째 층인 세부적인 '사건 고유의 지식'이 활성화된다. 이 단계에서 구체적인

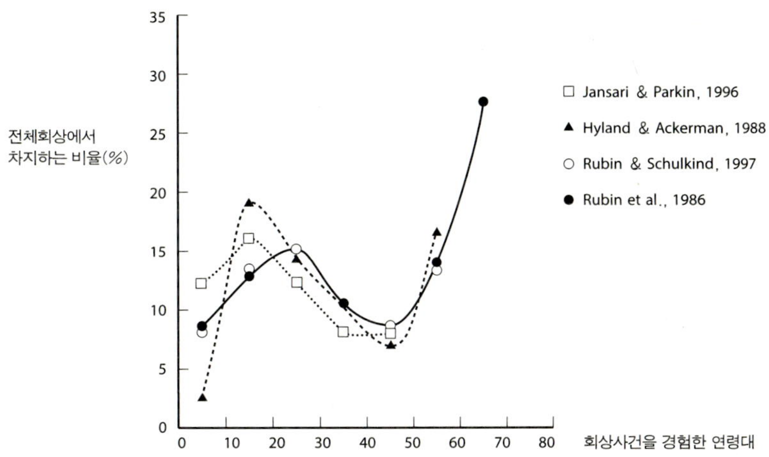



**아동기 기억상실증, 회고절정, 표준 망각곡선 등 세 가지 현상이 나타나고 있다.**

___ (출처) 이우에 & 사토(2002)



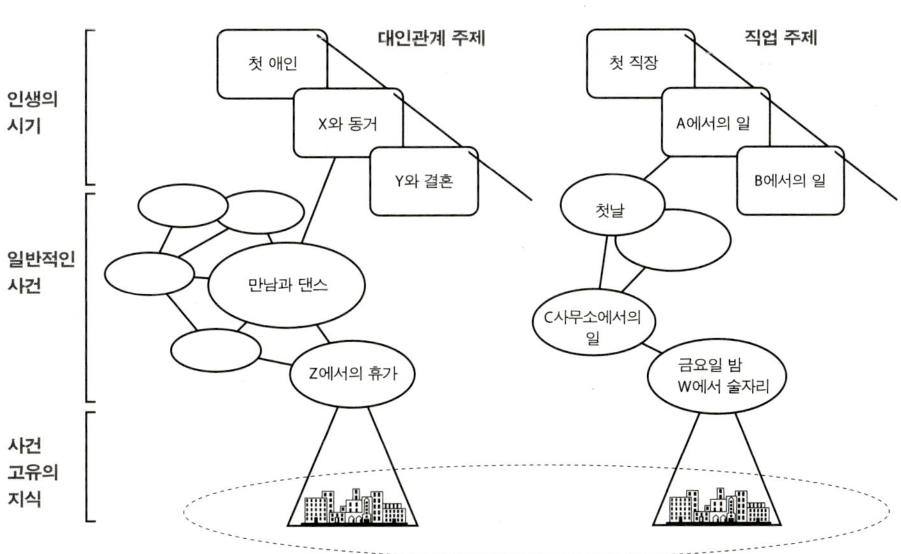



**자서전적 지식은 3층구조를 이루며 저장되고, 기억은 능동적으로 재구성된다.**

___ (출처) Conway(1990)

기억이 구성되기 때문에 감각, 지각, 심상, 감정 등의 정보가 이용된다. 최근 콘웨이는 자서전적 기억을 회고하는 경험이 중요하다고 주장하면서 지식계층 간의 상호작용을 토대로 능동적인 기억 재구성을 강조한 수정모델을 제안하였다(Conway, 2005).

## 3절. 목격자 기억

범죄수사에서 목격자의 증언은 대단히 중요하다. 그러나 인간의 기억은 여러 가지 요인에 의해 영향을 받을 수 있기 때문에 무고한 사람이 범인으로 판결을 받는 억울한 일이 생기기도 한다. 목격자의 기억에 영향을 미치는 요인에는 어떤 것이 있을까? 이 절에서는 목격자 기억의 특징을 부호화, 저장, 인출 등 기억단계에 따라 설명하고 마지막으로 인지적 면담법을 소개한다.

### 부호화 및 저장 요인

1) 목격자 지식과 스트레스

목격자 증언의 정확성에 영향을 미치는 기본 요인으로 빛의 밝기, 각도, 거리, 목격시간 등과 같은 관찰조건을 들 수 있다. 일반적으로 목격자의 기억은 ① 목격자의 연령이나 성별 같은 목격자의 특성(목격자 요인), ② 사건 범인의 특성(목표 요인), ③ 밝기나 눈에 잘 띄는 장소처럼 사건과 관련된 요인(현장 요인) 등 세 가지에 의해 영향을 받는다(Shapiro & Penrod, 1986).

기억하는 사람의 정서나 스트레스가 정보의 부호화 과정에 영향을 미쳐 기억내용을 결정할 수도 있다. 예를 들어, 범죄현장을 목격했지만 극심한 스트레스 때문에 현장에서 사용된 총이나 칼 등 흉기밖에 기억하지 못하는 경우가 있는데, 이

그림을 본 후 눈을 감고 생각해보자. 무엇이 떠오르는가? 화면을 가르는 총신과 총검이 인상적이다.

를 무기초점효과(weapon focus effect)라고 한다(화제의 연구 13-2 참조). 일반적으로 정서적 스트레스는 주의 폭을 좁게 만들기 때문에 주목한 대상은 상세하게 처리하지만 주변정보는 놓치기 쉽다(Christiansen, 1992). 또한 정서적인 사건은 다른 사람들과 사건에 대해 이야기를 나누는 과정에서 기억의 정교화가 일어난다.

그림 7-3은 고야(Francisco de Goya, 1814)의 명작 「마드리드, 1808년 5월 3일 – 프린시페 피오 언덕에서의 학살」이다. 프랑스 나폴레옹 군대가 마드리드 시민을 총살하는 순간을 그린 이 작품은 사건이 일어난 지 6년 후인 고야가 68세 되던 해에 완성되었다. 흑백이라 잘 보이지 않겠지만 이 그림을 볼 때 수평으로 뻗은 총신과 총검의 끝으로 시선이 확 쏠리는 느낌을 받는다.

### 2) 무의식적 전이

우연히 누군가의 사진을 봤을 때 어디선가 본 얼굴이라는 느낌을 받을 때가 있다. 로프터스와 케참(Loftus & Ketcham, 1991)은 1987년 미국 라스베이거스에서 7살 소년을 유괴 살해한 혐의로 기소된 하워드 홉트 사건을 예로 들었다. 소년의 시체는 호텔 근처에서 발견되었는데 물적 증거는 없었다. 사건 당일 홉트는 그 호텔에 숙박하고 있었다. 다섯 사람이 소년을 끌고 가는 범인을 목격했는데, 이들 모두가 사진 라인업에서 홉트를 범인으로 지목했다. 피의자를 '사건과 관계가 없는 사람

(foil)'들과 함께 목격자에게 보여주고 범인을 식별하게 하는 방법을 라인업이라고 하는데, 실물을 보여줄 때도 있고 사진이나 비디오를 사용하기도 한다.

이때 목격자가 다른 시간대에 봤던 사람을 범인으로 혼동하는 무의식적 전이(unconscious transference)가 발생하기 쉽다. 실제로 무의식적 전이는 재인오류의 주요 원인 중 하나이다. 다섯 명의 목격자는 사건이 발생한 호텔의 종업원과 투숙객이었으므로 호텔에서 홉트를 봤을 확률이 높고 홉트는 범인과 닮은 유일한 투숙객이었다. 목격자들은 범인과 홉트를 혼동하고 몇 개월 뒤 실시한 사진 라인업에서 홉트를 범인으로 지목한 것이다.

로스 등(Ross et al., 1994)은 여교사가 쉬는 시간에 카페테리아에서 남자강도에게 습격당하는 내용의 비디오를 실험참가자에게 보여주었다. 전이조건의 참가자에게는 카페테리아에 들어가기 전 피의자 남성이 아이들에게 몇 분간 책을 읽어주는 장면을 보여주었고, 통제조건의 참가자에게는 피해자인 교사가 아이들에게 책을 읽어주는 장면을 보여주었다. 비디오를 보여준 후 사건과 관련이 없는 다른 4명의 사진과 피의자의 사진을 함께 제시하고(사진 라인업), 사진 중에 강도가 포함되어 있는지, 만일 있다면 누구인지를 물었다.

실험 결과, 피의자를 강도로 잘못 재인하는 비율이 통제조건(22%)보다 전이조건(61%)에서 3배 정도 더 높았다(그림 7-4). 그리고 통제조건의 경우 강도가 라인업에 없다고 응답한 비율이 64%로 나와서 전이조건(34%)보다 약 2배 더 정확했다. 전이조건의 참가자는 비디오의 다른 장면에서 보았던 피의자를 강도와 동일인물로 보는 경향이 강했다. 이는 전이조건의 참가자에게 무의식적 전이가 일어나서 강도와 피의자에 대한 기억혼동을 일으킨 것으로 볼 수 있다.

두 번째 실험에서 로스 등은 전이조건의 참가자에게 사진 라인업을 실시하기 전에 '책을 읽어주었던 피의자는 강도와 다른 남자'라고 미리 알려주었다. 그 결과 무의식적 전이효과가 사라지면서 피의자를 범인으로 지목한 비율이 전이조건(25%)과 통제조건(22%)에서 차이가 없었다(그림 7-4). 즉 추가적인 정보를 제공하면 정보를 인출할 때(라인업) 두 기억을 구별할 수 있게 된다. 그러나 현실에서는 두 번째 실험과 같은 추가정보가 존재하지 않기 때문에 무고한 사람이 범인으로 오인될 가능성이 높다.

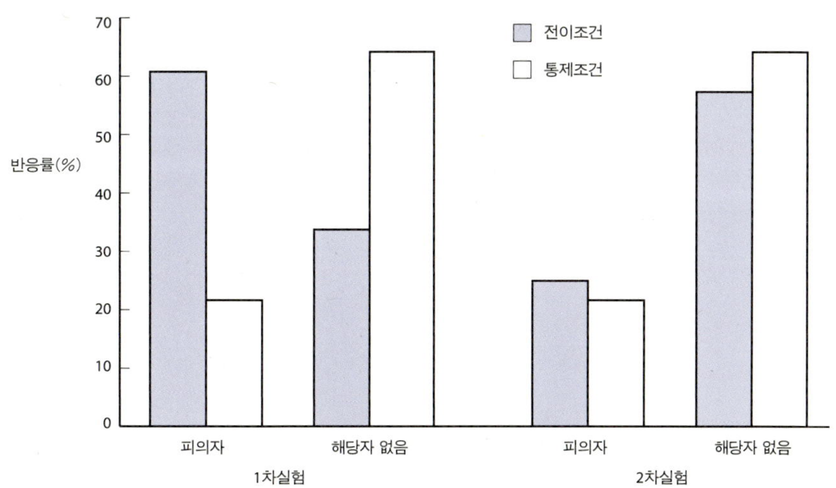



**1차실험에서는 사건과 관계가 없는 피의자에 대한 무의식적 전이가
일어났지만, 추가정보를 제공한 2차실험에서는 무의식적 전이가
발생하지 않았다.**

____ (출처) Ross et al.(1994)

### 3) 오정보효과

사건의 부호화와 인출 사이에 제시되는 사후정보에 의한 기억오류를 오정보효과(misinformation effect)라고 한다. 오정보효과가 목격자 기억에 영향을 미치는 중요한 요인이라는 사실은 수많은 연구를 통해 확인되었다.

로프터스와 팔머(Loftus & Palmer, 1974)는 실험참가자에게 자동차사고에 대한 비디오를 보여주고 여러 가지 질문을 했다(예, 그림 7-5). 그중 하나가 자동차 속도에 대한 질문이다. 첫 번째 집단에게는 '자동차가 정면충돌했을 때 자동차는 얼마나 빠르게 달리고 있었는가'라고 물었고, 두 번째 집단의 참가자에게는 '정면충돌' 대신에 '접촉사고'로 바꿔서 물었다. 세 번째 집단(통제집단)에게는 자동차 속도에 관한 질문을 하지 않았다.

참가자는 실험자가 자신을 속이는 질문을 한다고 전혀 예상하지 못하였다. '정면충돌'이라는 단어를 제시받은 집단의 평균 추정속도는 시속 66킬로미터로

사건이 발생하고 난 후 목격자가 느끼지 못하도록 주어진 오정보에 의해
목격자의 기억은 왜곡될 수 있다.

___ (사진제공) 교도통신사.

'접촉사고'라는 단어를 들은 집단의 추정치(시속 55킬로미터)보다 높았다. 즉, 질문 속
에 숨어있는 정보가 자동차사고를 어떻게 회상할지에 큰 영향을 미친다는 것을
알 수 있다.

　한 시간이 지나고 나서 다시 한 번 참가자에게 10개의 질문을 했는데 그중의
하나가 '깨진 유리창이 있었는가'였다. 응답방법은 '예'와 '아니오' 중 하나를 고르
는 것이었다. 실제로 비디오에서 깨진 유리는 없었다. 그러나 '예'라고 응답한 비
율이 '정면충돌'집단에서 32%로 가장 높고, '접촉사고'집단은 14%, 통제집단은
12%로 나타났다. 이처럼 목격한 사건에 관한 기억은 쉽게 왜곡이 일어나고 단지
단어 하나를 바꾸는 것만으로도 기억은 변하게 된다.

　로프터스 등은 오정보가 시간을 거슬러 원래의 기억표상을 왜곡시켰다고 주
장했다. 그러나 오정보가 원래의 기억표상을 왜곡한 것이 아니라 실험에 문제가
있었다는 비판이 제기되기도 했다(McCloskey & Zaragoza, 1985). 현실에서는 질문방식에
의한 기억왜곡뿐 아니라 다양한 요인이 목격자 증언에 영향을 미친다.

목격한 사건에 대한 회상을 기억의 기본 개념과 관련지어 살펴보자. 사진 라인업은 일종의 재인검사이고 인출상황에 존재하는 다양한 요인에 의해 인물확인은 달라질 수 있다. 라인업은 적중(hit)과 경보해제(all clear)를 최대화하고 틀린 경고(false alarm)와 탈락(miss)이 최소화될 수 있도록 설정해야 한다.

브라운 등(Brown et al., 1977)은 목격자가 먼저 사진을 보고 나면 사진 속의 인물을 범인으로 재인할 확률이 높아지는 사진편향(photo bias)이 발생한다는 사실을 발견했다. 브라운은 실험참가자에게 '범죄자'라는 표를 붙인 인물사진을 한 장씩 보여주고 나중에 재인검사를 하겠다고 말해주었다. 그런 다음 먼저 본 범죄자들의 사진과 범죄자가 아닌 사람들의 사진을 제시하였다. 일주일 후 실시한 라인업 결과, 사진에서 본 적이 있는 경우 범죄자가 아닌 사람을 범죄자라고 잘못 확인한 비율이 20%로 나왔다. 이는 사진을 본 적이 없는 경우 범죄자가 아닌 사람을 범죄자로 잘못 분류하는 비율(8%)보다 2.5배나 더 많은 것이다. 앞에서 소개한 홉트의 사례도 사진편향에 해당한다.

캐주얼 복장의 20대남자 1명과 양복을 입은 40대남자 3명이 나란히 서있는 라인업을 상상해보자. 이런 상황에서는 20대남자를 범인으로 지목할 확률이 대단히 높다. 이런 경우 라인업의 규모는 4명이 아니라 1명인 셈이다. 라인업의 공정성을 생각한다면 기능적 규모(functional size)를 고려해야 한다(Loftus, 1979). 미국은 라인업에서 들러리(foil)의 수가 최하 5명은 되어야 한다고 권장하고 있고(Wells et al., 1994), 영국의 실무 규범에는 8명 이상으로 되어 있다.

라인업에 사용되는 사진의 물리적 양식도 통일해야 한다. 그림 7-6의 6명의 사진을 보면, 오른쪽 맨 위의 사진은 인물의 크기가 약간 작고 중앙에 수직선이 없으며 웃고 있는 등 다른 5장의 사진과 확실한 차이가 있다. 이렇게 눈에 쉽게 띄는 사진은 범인으로 선택될 가능성이 높다.

일본에서는 목격자에게 구류 중인 용의자를 보여주고 범인인지 아닌지를 묻는 경우가 많다. 이러한 단독대질은 편향을 유발하는 최악의 식별절차이며 무고한 죄인을 만들어낼 가능성이 높다. 그래서 미국이나 영국에서는 단독대질에서 나온 증거를 재판에서 채택하지 않도록 규정하고 있다.

라인업의 절차는 여러 장의 사진을 한꺼번에 보여주고 목격자가 그중에서 범

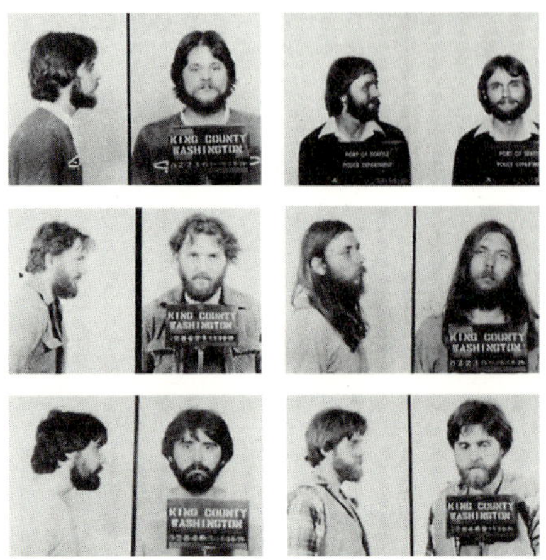

오른쪽 상단의 사진은 독특하기 때문에 선택될 확률이 높다.

___ (출처) Loftus & Ketcham(1991)

___ (출처) http://www.ncjrs.gov/pdffiles/nij/178240.pdf

인을 확인하는 동시라인업(그림 7-6)과 사진을 순서대로 한 장씩 보여주면서 범인인지 아닌지를 확인하는 연속라인업이 있다. 두 가지 방법을 비교한 연구 결과, 후자가 더 정확한 것으로 밝혀졌다(Wells et al., 1994).


## 인지적 면담

목격자 증언은 예측하기 어려운 많은 요인들에 의해 왜곡이 일어날 수 있다. 최근 인지심리학의 기억연구에서 나온 성과를 토대로 목격자의 기억을 촉진시키는 인지적 면담이 제안되었다(Fisher & Geiselman, 1992, 화제의 연구 7-1 참조).

인지적 면담의 특징은 다음과 같다. ① 면담을 시작할 때 내담자와의 라포(rapport, 안심할 수 있는 친화적인 관계) 형성을 중시한다, ② 한쪽으로 치우친 질문이 아니라 내담자가 자유롭게 다양한 정보를 이야기할 수 있는 '열린 질문(open question)'을 한다(예, '무슨 일이 있었는지 말씀해주십시오'), ③ 기억연구에서 밝혀진 회상을 촉진시키는 질문을 한다(예, 당시 상황 재현, 심상, 요점을 묻는 추가질문), ④ 목격자가 생각나는 대로 자유롭게 사건을 기술하게 한다(예, 그림).

인지적 면담은 상담과 비슷한 면이 많아서 목격자가 암시에 빠지기 쉽고 잘못된 확신을 갖게 될 위험이 있기 때문에 많은 주의를 기울여야 한다. 최근 인지적 면담의 유효성이 널리 알려지기 시작했다. 과거에 경찰이 사용한 진술방법과 비교했을 때 인지적 면담은 잘못된 정보는 늘리지 않으면서 35~75%나 더 많은 정보를 얻어낸다는 보고가 있다(Kohnken et al., 1999).

1999년 미국 사법부는 목격자 증언의 수집이나 보존에 관한 최초의 공식 가이드라인을 만들었다(그림 7-7). 앞서 설명했듯이 인지심리학이 이러한 지침의 필요성을 알렸고 인지심리학의 연구성과들(인지적 면담, 적절한 라인업 방법 등)이 가이드라인에 실리게 된 것이다.

인지행동요법(cognitive behavioral therapy)이란 환자가 가진 심리·사회적 문제나 정신의학적인 문제를 주로 인지와 행동의 변화를 통해 접근하는 심리치료기법이다. 인지행동요법의 목표는 환자가 스스로 조절할 수 있도록 돕는 데 있다. 즉, '인지행동요법은 배고픈 나그네에게 물고기를 주는 것이 아니라 물고기 낚는 법을 가르친다'는 것이다. 치료사가 환자의 문제를 해결해주는 것이 아니라 환자가 자신이 갖고 있는 문제를 지금보다 쉽게 해결할 수 있도록 환자에게 문제해결 방법을 알려주는 것이 인지행동요법의 핵심이다. 이런 의미에서 환자의 이야기를 경청하고 공감하며 이해해주는 종래의 심리치료와는 상당한 차이가 있고, '치료', '카운슬링'보다는 '훈련', '학습'에 더 가깝다. 그림 1에 인지행동요법의 기본모델이 제시되고 있다.

　　인지행동요법은 환자의 체험을 기본모델에 맞추어 이해한다. 모델의 핵심은 개인의 체험을 ① 환경과 개인의 상호작용(사회적 상호작용), ② 개인의 내적 상호작용(개인의 인지, 정서, 신체반응, 행동의 상호작용)이라는 이중 상호작용 관점에서 순환적으로 받아들인다는 점이다. 환자가 어떤 환경에 놓여 있고, 어떤 상황이나 대인관계에서 반응하는지, 그러한 환경(사건, 상황, 대인관계)에 대해 환자 자신이 어떤 반응을 보이는지를 인지, 정서, 신체반응, 행동의 네 영역으로 정리하고 그 상호작용을 분석한다. 그리고 환자의 이러한 반응이 환경에서 어떻게 피드백되는지를 파악한다. 인지행동요법의 기본모델을 통해 환자의 경험을 순환적으로 이해하는 것을 '평가(assessment)'라고 한다. 평가는 인지행동요법의 핵심이다. 그림 1은 아주 단순한 평가사례를 보여주고 있다.

　　기본모델을 사용하여 우울증이나 불안장애 환자를 평가해보면 대부분의 경우 악순환이 발견된다. 치료사는 환자가 이런 악순환에서 벗어날 수 있도록 인지기법이나 행동기법을 알려주고 연습을 시킨다. 예를 들어, 우울증 환자는 나쁜 일이 발생하면 '전부 내 잘못이다', '그렇게 애썼는데 전혀 의미가 없어졌다'는 식의 극단적인 생각을 하기 쉽고, 그것이 우울증을 불러일으킨다. 이런 경우 '분명히 내가 잘못하지 않았지만 운이 나빴다', '이번에는 결과가 좋지 않았지만 나는 노력했다. 그것만 인정해도 좋은 것이다'라는 식의 한층 순화된 인지로 수정하는 연습을 하게 한다(인지기법). 예를 들어, 불안장애의 하나인 공황장애 환자는 기차 안에서 약간만 숨이 답답해져도 공황장애 증상이 나타날 것을 두

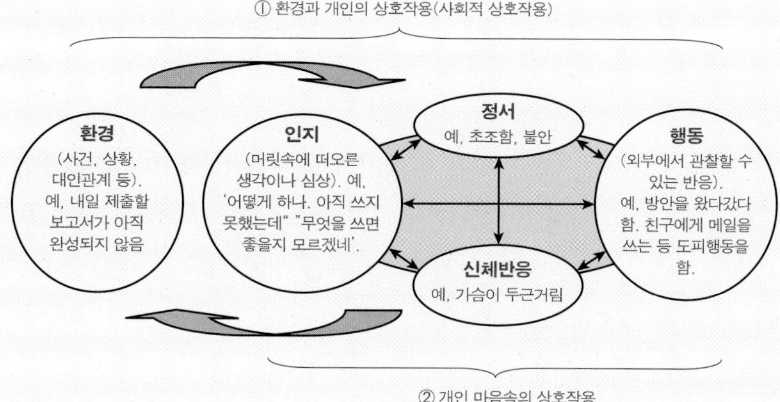


___ (출처) 이토 에미(2005)

려워해서 도중에 내려버린다. 이 경우에는 숨이 답답할 때 시도할 수 있는 호흡법을 기억하게 하거나 다소의 불안감이 있더라도 목적지까지 가는 계획을 세워서 실행하게 한다(행동연구).

인지행동요법은 우울증이나 불안장애뿐 아니라 조현병, 경계성 인격장애 등 심리치료로는 해결하기 어려운 것으로 여겨졌던 환자들에게도 효과가 있다는 증거들이 발견되면서 현재 전 세계적으로 주목을 받고 있다. 또한 정신과 영역뿐 아니라 건강한 사람들의 스트레스 관리에도 인지행동요법이 활용되는 등 다양한 영역에서 도움이 되고 있다.

[이토 에미]

# 4절. 오기억

## 오기억 형성 실험

이 절은 사건에 관한 오기억(false memory)과 그 원인 및 회복기억과 관련된 논쟁들을 소개한다.

로프터스 등(Loftus & Pickrell, 1995)은 아동기 경험에 대한 오기억을 만드는 실험을 수행했다. 어린 시절 기억에 관한 연구라는 제목으로 실험참가자 부모의 협조를 받아서 참가자가 실제로 경험한 세 개의 사건을 수집했다. 그리고 '쇼핑센터에서 미아가 된 적이 있다'는 허구의 사건을 끼워 넣었다. 참가자에게 '부모에게 확인 받았다'는 사회적 압력을 제공하고 이 네 가지 상황에 대한 기억을 가능한 상세하게 적도록 했다. 실험 결과, 전체 24명의 참가자 가운데 25%가 오기억을 보고했다. 오기억에 대한 참가자의 확신이나 기록의 상세한 정도는 실제 발생한 사건만큼 높지 않았지만, 참가자들은 확신을 가지고 사건을 구체적으로 회상했다.

날조된 상황임에도 불구하고 상세하게 확신하는 기억은 어떻게 생긴 것일까? 일반적으로 참가자는 실험자가 알려준 정보에 상상력을 발휘하여 미아와 관련된 일반 도식(schema)을 자기도 모르게 활성화시킨다. 이런 일반 도식에 어린 시절에 가본 적이 있는 쇼핑센터라는 구체적인 정보가 결합되어 생생한 오기억이 만들어지는 것이다. 또한 참가자가 설정된 허구사건을 전혀 이상하지 않게 받아들이는 것과 부모처럼 신뢰할 수 있는 사람이 확인했다는 사회적 압력은 오기억 형성에 중요한 역할을 한다(Hyman et al., 1995).

## 상상팽창

선행연구에 의하면 상상력의 팽창은 오기억을 만들어낸다. 단순히 상황을 심상으로 그려보는 심적 시뮬레이션만으로도 실제 일어난 것 같은 확신감이 높아진다. 이를 상상팽창(imagination inflation)이라고 한다.

개리 등(Garry et al., 1996)은 8개의 상황을 제시하고 실험참가자에게 자신이 어린 시절 실제로 체험한 것인지 아닌지에 대한 확신도를 평가하게 했다. 예를 들어, 8개의 상황 중에는 '주차장에서 10달러를 주웠다', '야간에 응급실에 갔다', '물에 빠져서 구조원이 구해주었다', '다른 사람의 머리를 깎아주었다', '나무에서 내려오지 못해서 다른 사람의 도움을 받았다', '축제에서 동물 역할을 맡았다' 등이 있었다. 2주일 후 참가자에게 앞서 평가한 상황들 중 절반(4개)에 대해 실제 일어난 일처럼 구체적으로 상상할 것을 요청하였다. 마지막으로 참가자에게 처음 평가한 자료를 분실했다고 말하고, 8개 상황에 대해 다시 한 번 기억확신도를 평가해달라고 요청하였다. 그 결과 첫 번째 평가보다 두 번째 평가에서 확신도가 증가하는 상상팽창효과가 발견되었다(그림 7-8). 이 결과는 상황을 상상하기만 해도 기억이 만들어진다는 것을 보여준다. 또는 상상한 상황에 대해서는 친숙함(familiarity)이 높아지는데, 참가자는 이 친숙함을 실험에서의 경험이 아닌 실제 어린 시절의 기억으로 잘못 귀인하는 것일 수도 있다. 즉, 기억왜곡은 참가자가 친숙함의 출처(source)를 잘못 추론하는, 즉 상황에 대한 기억출처를 변별하지 못해서 일어나기도 한다.

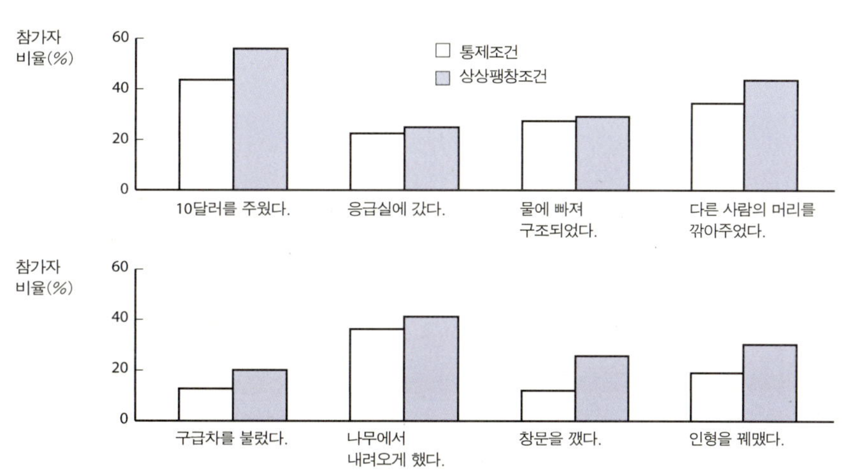



**두 번째 평가에서 '사건이 실제로 일어났다'는 확신이 증가한 참가자의 비율이 통제조건보다 상상팽창조건에서 더 높다.**

___ (출처) Garry et al.(1996)

출처감시(source monitoring)란 회상한 사건의 출처를 올바르게 분류하는 처리과정 또는 일련의 결정과정이라고 볼 수 있다(Johnson, 1988). 우선 생각난 내용이 외부에서 지각한 사건에 기초한 것인지 아니면 내적인 사건(상상에 의한 것)에 기초한 것인지를 판단하는 현실감시(reality monitoring)가 필요하다. 만약 외적인 사건이라면 그 출처를 생각해내면 된다(예를 들어, TV뉴스에서, 수업에서, 친구에게서 들었다). 기억의 출처를 구별할 수 없으면 출처혼동(source confusion)이 일어난 것인데, 이는 기억오류의 주요 원인인 것으로 알려져 있다.

출처혼동은 목격자 기억의 부호화 및 인출 과정에 큰 영향을 미친다. 오정보 효과의 경우 참가자가 의식하지 못하게 유인정보를 흘리면 오정보의 출처를 실제 기억과 구별할 수 없게 되는 혼동이 일어난다. 무의식적 전이에서도 동일한 혼동이 일어난다. 두 사람(앞에서 인용한 로스 등의 실험에서는 피의자와 강도)을 어느 장면에서 보았는지, 즉 출처를 식별할 수 없게 되면서 두 사람을 동일인물로 보게 되는 것이다.

출처혼동은 사진편향처럼 인출과정에서도 일어난다(2절 참조). 사진을 미리 봤기 때문에 친근감이 높아진 사람인데, 출처혼동으로 인해 이 친근감을 잘못 추론하게 되어서 그 사람을 범죄자 사진목록에 있었다고 판단하게 된다. 상상팽창도 출처혼동의 사례라고 할 수 있다.


## 회복기억에 대한 논쟁


### 1) 논쟁의 사회적 배경

1990년대 미국에서는 심리치료를 받는 중에 어린 시절 학대받았던 기억을 회복했다는 사람들이 제소한 재판이 줄을 이었다. 심리학계에서도 '회복기억'과 '오기억'을 둘러싼 격렬한 논쟁이 벌어졌다. 억압되었다가 나중에 회복된 기억의 진위 여부가 논쟁의 중심이었으며 대표적인 사례는 아동기의 성적 학대에 대한 기억이었다. 1990년경부터 아동기에 '억압된 학대기억'을 회복했다고 주장하는 사례가 급증했고, 수만 명의 고령의 아버지들이 심리치료를 받은 딸들에 의해 재판에 제소되었다(Loftus & Ketcham, 1994; Slater, 2004). 만약 회복되었다는 기억이 거짓이라면 이런 사태는 돌이킬 수 없는 비극이다.

미국은 아동학대 사건의 발생 건수가 상당히 많아서 1997년에 보고된 약 300만 건 가운데 학대가 인정된 경우만 해도 100만 건이 넘는다. 회복기억 사례가 급증하면서 실험심리학과 임상심리학에서도 오기억 또는 외상(trauma)에 관한 연구가 활발해졌다. 앞에서 소개한 로프터스 등의 오기억 실험도 이러한 사회적 배경에서 수행된 것이다.

### 2) 억압

억압(repression)의 개념은 프로이트의 정신분석학에서 유래했다. 잘 알려진 것처럼 외상기억은 무의식 속으로 숨어들고 이렇게 억압된 기억이나 감정은 직접적으로 의식되지는 않지만, 부적응이나 행동문제로 나타난다는 주장이다(Freud, 1915). 억압에 대한 이런 프로이트의 주장은 일부 심리치료사들에게 매우 중요한 항목이 되었고, 이들은 부적응적 증상을 없애려면 억압된 기억이 해방되어야 한다(Herman & Schatzow, 1987)고 믿었다.

억압의 의미는 애매해서 연구자들마다 해석이 다양하다. 극단적인 연구자들은 억압은 일반 기억과는 다른 메커니즘에 기초한다고 주장한다. 예를 들어, 외상사건에 대한 기억은 거의 완벽한 형태로 보존되어 있기 때문에 어느 시점이 되면 기억이 회복될 수 있다는 것이다. 그러나 이런 특수 메커니즘가설에 회의적인 대다수 기억연구자들은 외상경험도 즐거운 혹은 평범한 경험과 동일한 방식으로 망각이 일어난다고 본다. 현대의 기억연구자들은 억압이라는 개념을 거의 인정하지 않고 있다(Markowitsch, 2000). 프로이트학파의 정신분석학을 연상시키는 '억압' 대신 다른 전문용어들이 제안되기도 했는데 가장 일반적인 용어가 '회복기억(recovered memory)'이다. 그러나 이 용어는 '억압 후 회복된 기억'이라는 뜻으로 해석되기 쉽다는 문제점이 제기되었다. 기억해낸 주관적 경험은 검증되어야 할 현상이라는 점을 강조하기 위해 '회복기억경험(recovered memory experience)'이라는 용어를 사용하는 학자도 있다.

회복기억을 둘러싼 논쟁을 타개하기 위해서는 ① 외상경험에 대한 오기억이 만들어질 수 있는지, ② 외상경험에 관한 기억을 완전히 잊어버렸다가 그 후에 회복하는 것이 가능한지 등 두 가지 의문을 해결해야 한다. 우선 외상경험에 대한 오기억을 만드는 일은 비윤리적이어서 허용되지 않는다. 그러나 지금까지 설명했 듯이 특정 조건만 충족된다면 실제 일어나지 않은 일도 '실제 일어났다'고 확신하 는 일은 충분히 가능하다.

### 3) 외상경험의 망각과 회복

학대 피해자의 회복기억 사례를 수집한 연구들을 살펴보면 피해자가 학대사 실을 망각하고 있던 기간이 존재한다(Herman & Schatzow, 1987). 그러나 이런 연구들은 학대사실에 대한 상세한 검증이 불가능하거나 질문방법 또는 해석에 있어 약간 애매한 점이 있었다. 윌리엄즈(Williams, 1994)는 17년 전 진료기록을 토대로 실제로 성적 학대를 경험한 대상자를 찾아내어 과거에 대해 질문했다. 연구 결과, 대상자 의 12%가 실제 기록에는 있는데도 성적 학대를 받은 적이 한 번도 없다고 응답했 다. 이 수치는 외상경험의 망각이 가능하기는 하지만 이것을 일반적인 현상으로 보기는 어렵다는 것을 보여준다.

많은 연구에 의하면 어린이는 성(性)과 관련이 없는 외상사건(예를 들면, 유괴, 총 격, 응급치료)에 관해서는 비교적 선명한 기억을 가지고 있다(Robinson-Riegler & Robinson- Riegler, 2004). 이렇듯 성과 무관한 외상사건이 멀쩡하게 기억되는 결과는 '성적 학대 의 기억은 억압된다'는 주장과 매우 대조적이다. 전자는 다른 사람에게 얘기해도 부끄럽지 않고 재연이 쉽지만, 후자는 다른 사람에게 밝히는 것이 어렵다는 특성 으로 인해 장기적인 기억저장과 관련이 있는 건지도 모른다.

생리학적 연구결과에 따르면 스트레스가 많은 사건의 부호화는 그렇지 않은 사건과는 차이가 있다. 기억의 재생에는 편도체나 해마를 포함하는 측두엽 내측 부가 관여한다. ① 편도체(amygdala)는 정서를 불러일으키는 사건의 재생에 중요한 역할을 하며, ② 해마(hippocampus)는 기억 요소를 순서에 맞게 에피소드로 통합하는 역할을 한다고 알려져 있다. 피해자가 상황의 전후관계는 잘 기억하지 못하면서 '어떤 느낌인지'는 명확하게 떠올리는 경우가 종종 있다. 이러한 현상은 심각한 스트레스로 인해 해마의 기능은 저하되었지만, 편도체의 기능은 증강되었기 때문 에 발생한다(Jacobs & Nadel, 1998; 13장 참조). 따라서 외상기억의 문제는 망각이 아니라 불충분한 부호화 때문일 가능성이 높다.

### 4) 심리치료

오기억에 관해 지금까지 기술한 내용에서 알 수 있듯이 심리치료 과정에는 여러 요인이 상호작용하여 오기억이 발생할 위험이 높다(Robinson-Riegler & Robinson-Riegler, 2004, 그림 7-9). 심리치료를 받고 있는 환자는 심리치료사를 전문가로 믿고 의지하기 때문에 그의 조언을 받아들이기 쉬운 상태에 있다. 그리고 심리치료는 반복하여 심상을 만들도록 요구하거나 최면을 이용해서 과거기억을 떠올리게 하는 경우가 많다. 이런 심상화, 최면, 재생의 반복은 오기억이 만들어지는 주요 요인들이다.

풀 등(Poole et al., 1995)이 실시한 무작위 조사에 의하면, 영국과 미국에서 활동 중인 심리치료사의 70%가 기억을 회복시킨다는 방법(예, 심상화, 최면, 꿈해석) 중 최소한 가지를 이용하고 있고, 25%는 여러 개를 조합해서 사용한다고 응답했다. 학대기억이 없는 환자에게 심리치료사가 아동기의 학대를 의심하면서 기억회복기법을 적용하면 오기억이 만들어질 위험이 높다.

심리치료 이외에 자기계발서나 대중매체를 통해 사회에 유포되는 정보도 사람들에게 위험한 영향을 끼친다. 바스와 데이비스(Bass & Davis, 1988)가 저술한 『치유를 위한 용기(The Courage to Heal)』는 미국에서 기록적인 베스트셀러가 되었다. 이 책에 나오는 '학대받았다는 생각이 들고 그런 증상이 있다면 실제 학대받은 것이다'

치료사는 전문가 입장에서 환자에게 과거의
서술적 기억을 떠올리도록 요구한다.

라는 주장은 매우 강력한 암시효과가 있다. 정확한 학대의 기억은 없지만 그 가능성을 생각하는 독자들에게 이런 문구는 오기억을 유발할 우려가 있다.

앞서 설명했듯이 실험심리학자와 임상심리학자 간에 회복기억을 두고 격렬한 논쟁이 벌어진 적이 있다. 오기억에 관한 많은 실험적 지식이 존재하는데도 임상심리학자는 이것이 '실험실에서 만들어진 인공적인 산물이기 때문에 현실에 일반화할 수 없다'고 주장한다(Robinson-Riegler & Robinson-Riegler, 2004). 1996년 미국심리학회는 아동기의 학대기억과 관련된 전문가집단의 보고서를 공개했다. 중요한 결론은 다음과 같다. ① 논란은 있지만 아동기의 성적 학대는 과거 인식하지 못했던 복잡하고 광범위한 문제라는 사실을 간과해서는 안 된다, ② 아동기에 성적 학대를 경험한 대부분의 사람들은 완전하거나 혹은 부분적인 기억을 갖고 있다, ③ 장기간 망각하고 있던 학대의 기억이 떠오를 수 있다, ④ 실제 일어나지 않은 오기억에 대한 확신이 증가할 수 있다, ⑤ 현재 전문가들 사이에는 아동기의 학대에 관한 기억을 유도하는 과정을 둘러싸고 의견 차이가 있다.


## 5절. 기억의 재구성과 공동회상


일상기억의 연구는 '회상은 그 시점에서의 재구성 과정이며 사회적인 맥락에서 이루어진다'는 관점을 중요하게 본다. 우리는 과거의 기억을 비디오테이프처럼 뇌에 기록하고 있는 것이 아니다. 회상을 할 때는 불완전한 형태의 기억표상과 인출절차를 기초로 특정 상황에 대한 기억을 재구성한다. 게다가 회상은 사회적으로 고립된 상태에서 일어나는 경우보다 목격자 증언이나 심리치료처럼 상대와 이야기를 나누는 공동회상의 형태로 일어나는 일이 더 많다. 즉, 회상은 주로 권위를 느끼는 대상(예, 형사, 심리치료사)이나 그렇지 않은 친근한 대상(예, 가족, 친구)에게 이야기하는 사회적 상황에서 일어난다. 또한 일상기억은 '나는 누구인가'라는 자아정체성의 기초가 된다.

❶　아주 어렸을 때 일어난 사건을 하나 떠올리고 다음의 질문에 대답해보세요. ① 몇 살 때의 일인가? ② 기억은 얼마나 선명한가? ③ 어떤 감정이 드는가? ④ 다른 사람이나 사진의 영향을 받은 것은 아닌가? ⑤ 가족이 확인해줄 수 있는가?

❷　오기억의 출현가능성, 심상능력, 피암시성을 개인차 또는 개인의 성격특성과 관련하여 생각해보세요.

❸　범죄사건의 목격자가 아동인 경우, 아동 증언의 어떤 점에 주의해야 하는지 생각해보세요.

**참고문헌**

井上毅・左藤浩一編(2002)『日常認知の心理学』北大路書房

● 日常認知に関する幅広い研究テーマが、各分野の専門家によってくわしく説明されている良書である。

コーエン、G. /川口潤訳者代表(1992)『日常記憶の心理学』サイエンス社

● 本訳書はコーエンによる1989年の初版に基づいているが、多数の研究者が執筆に加わり、大幅に内容が充実した第3版が2007年に出版されている。

佐藤浩一・越智啓太・下島裕美編(2008)『自伝的記憶の心理学』北大路書房

● 自伝的記憶について、研究方法、理論、時間、語り、今後の展望といった5部構成でくわしく紹介されている。

厳島行雄・仲真紀子・原聰(2003)『目撃証言の心理学』北大路書房

● 目撃証言に関連した研究が詳細に解説されており、法律と心理学の関係や、再販制度についても紹介されている。

ロフタス、E.F・ケッチャム、K. /仲真紀子訳(2000)『抑圧された記憶の神話 － 偽りの性的虐待の記憶をめぐって』誠信書房

● 生々しい事例が多数紹介されており、回復された記憶論争の具体的な内室や、その社会的背景がくわしく解説されている。

仲真紀子編(2005)『認知心理学の新しいかたち』誠信書房

● 学際的で興味深く、現実的な貢献をしてると評価できる認知研究が、「法のシステム」「安全な社会」「個人の適応」といった3部構成で紹介されている。

# 08

## 범주화

### 세계를 나누는 체계

우리는 어떤 사물을 보는 순간 '개다', '인형이다'라는 인식을 재빨리 한다. 이처럼 눈앞에 있는 대상이 어느 범주에 속하는지 판단하는 것을 범주화라고 한다. 범주화는 어느 정도 시간이 걸리며 소위 말하는 '분류'와는 다르다. 외부세계를 순간적으로 인식하는 자체가 범주화이기도 하다. 이 장은 범주화의 기능과 과정, 범주화이론, 언어와 범주화의 관계, 범주화의 영역특수성 등에 대해 설명한다.

꽃양배추는 채소인가 꽃인가? 범주가 분명하지 않은 사례도 있다.

# 1절. 범주화의 기능과 과정

우리의 인지자원(cognitive resource)은 제한적이기 때문에 최소한의 인지자원을 사용해 최대한의 정보를 얻어야 한다. 외부의 사물을 자세하게 보려면 끝이 없다. 외부의 사물을 범주화한다는 것은 지식을 이용하여 '가능한 최소의 인지활동을 통해 최대의 정보'를 얻는 과정이며 이를 '인지의 경제성'이라고 한다(Rosch, 1978).

그림 8-1을 지질학자에게 보여주면 현무암이라고 말할 것이다. 그러나 자세히 보면 왼쪽을 바라보고 있는 원숭이의 옆모습이 보인다. 이 그림은 나가사키현 이키시에 있는 '원숭이 바위'이다. 일단 '원숭이 바위'라는 말을 들으면 금방 원숭이로 보이는 것이 신기하다. 실제는 현무암으로 만들어진 기묘한 형상의 바위일 뿐인데 우리의 지식에 저장되어 있는 원숭이 옆모습과 대응이 일어난 다음에는 원숭이 이외의 다른 형태는 보이지 않는다.

일반적으로 범주화는 눈에 보이는 사물을 패턴으로 인지하고, 인지된 정보가 장기기억에 지식표상으로 존재하는지를 탐색하고, 만일 있다면 대상과 가장 유사한 지식표상이 선택되고, 마지막으로 눈에 보이는 대상이 선택된 지식표상과 동일한 특성을 갖는지를 추론하는 과정으로 이루어진다(그림 8-2). 이 그림은 범주화

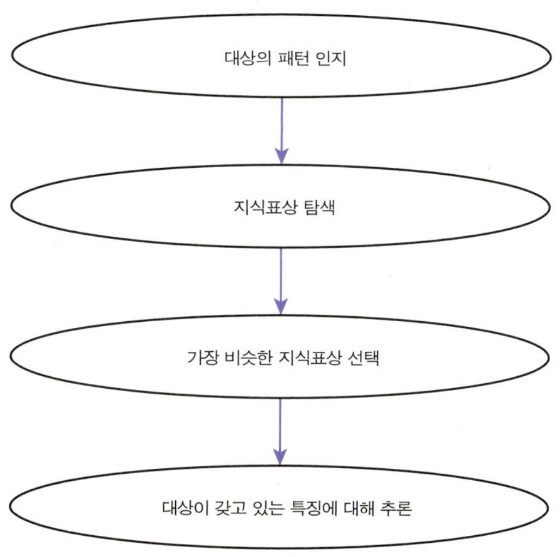


**범주화 과정은 지식표상의 탐색 및 선택과 추론을 포함한다.**

(출처) Barsalou(1992)

과정에 대한 최근의 일반적인 이론을 보여준다. 이러한 이론이 정립되기까지 범주에 대한 개념은 많은 변화를 겪었다.


## 2절. 범주화이론


### 고전범주화이론

'정사각형이란 무엇인가?'라고 물으면 우리는 즉시 다음과 같이 정의할 수 있다. ① 닫힌 도형이다, ② 네 개의 변을 갖는다, ③ 변의 길이가 같다, ④ 네 각의 각이 같다. 역으로 이들 네 가지 특징을 모두 만족시키면 정사각형이다. 정사각형이나 삼각형 같은 기하학적 도형은 정의적 특징을 갖고 있다. 그리고 ①과 ②는 정사각형뿐만 아니라 상위범주인 사각형이 갖고 있는 특징이기도 하다. 이러한 구조로 범주가 나누어진다는 생각은 고대 그리스의 철학자 아리스토텔레스까지 거슬러 올라가기 때문에 이를 고전범주화이론이라고 한다.

만약 특정 사물이 특정 범주에 속한다는 판단이 정의적 특징으로 결정된다면 어느 범주에 속하는지 알기 어려운 애매모호한 사례는 존재하지 않을 것이다. 또 '가장 채소다운 채소'라는 전형적인 사례도 존재하지 않을 것이다. 그러나 우리가 매일 마주치는 사물 중에는 정의적 특징으로 범주를 결정하기 어려운 것들이 많이 있다. 예를 들어 '게임이란 무엇인가', '게임을 정의하라'고 했을 때 각종 게임이 머리에 떠오른다. 스타크래프트, 축구, 장기, 카드, … 여럿이 함께 하는 게임도 있고 혼자 즐기는 게임도 있다. 무기 같은 도구를 사용하는 것도 있고 사용하지 않는 것도 있다. 게임을 한 마디로 정의하기는 쉽지 않다. 그러나 게임이라는 범주는 분명히 존재한다. 철학자 비트겐슈타인(Wittgenstein, L.)은 게임을 예로 들어 고전범주화이론을 비판했다. 그는 모든 게임의 공통적인 특징, 즉 정의적 특징은 존재하지 않고 부분적으로 공통된 특징('오락성'이나 '승패를 겨루는 것' 등)으로 서로 연결되어 있다고 지적하고 이를 가족유사성(family resemblance)이라고 했다.

고구마에서 볼 수 있는 가족유사성

엄격한 품질관리를 거쳐서 생산되는 공산품은 예외지만 자연계에는 완전히 똑같은 것은 존재하지 않는다. 가족은 물론이고 동물, 식물 등 다양한 범주의 구성원들은 미묘한 차이가 있다. 그림 8-3의 고구마처럼 구성원들은 '비슷하면서 모두 다르다'. 로슈(Rosch, E.)는 가족유사성이 측정 가능하다는 것을 보여주고, 가족유사성과 전형성과의 관계, 범주화의 중요성 등을 밝혔다.

## 자연범주의 특징 – 로슈의 범주화이론

### 1) 가족유사성과 전형성

채소 범주에 속하는 채소들의 특징을 생각해보자.

- 양배추: 둥글다, 크다, 녹색, 잎채소, 먹을 수 있다, …
- 아스파라거스: 섬유질이 있다, 녹색, 길고 가늘다, 먹을 수 있다, …
- 무: 하얀색, 길다, 수염이 있다, 두껍다, 먹을 수 있다, …

각 채소가 가진 특징의 출현빈도를 계산한다. 예를 들어, '녹색'이라는 특징이 9개 채소에서 나왔으면 '9점'이 되고, '둥글다'라는 특징이 7개 채소에서 나왔으면 '7점'이 된다. 이렇게 해서 양배추가 가진 각 특징의 출현빈도를 합산한 것이 가족유사성 점수이다. 이 점수가 높으면 다른 채소에서도 자주 등장하는 특징을 많이 갖고 있다는 의미이다. 표 8-1은 채소와 동물, 두 범주의 전형성과 가족유사성을 보여준다(改田, 1986). 이 표는 전형성이 높은 것부터 낮은 것 순으로 정리해 놓은 것으로 범주의 전형적인 구성원일수록 가족유사성 점수가 높다.

## 2) 전형성과 인지처리

전형성은 인지처리 과정에 영향을 미치는 것으로 알려져 있다. 첫째, 전형적인 구성원일수록 범주화가 빠르다. 예를 들어, '양배추는 채소다'라는 판단이 '마늘은 채소다'라는 판단보다 빠르다. 둘째, 전형적인 구성원일수록 범주의 사례로 떠오르기 쉽다(높은 연상빈도). 예를 들어, '동물에는 어떤 것이 있느냐'라는 질문에 '호랑이'나 '말'은 쉽게 떠오르지만, '스컹크'나 '물개'는 잘 떠오르지 않는다. 셋째, 전형적인 구성원일수록 기억이 잘된다. 전형성이 높은 단어와 낮은 단어로 이루어진 목록을 만들어서 실험참가자에게 제시하면 전형성이 높은 단어는 쉽게 집단화되고 기억도 더 잘 된다(표 8-2).

## 3) 범주의 계층구조와 기본수준

로슈 등에 의하면 범주는 세 수준의 계층구조로 이루어져 있다(Rosch et al., 1976). 제일 위는 상위수준으로 동물, 채소 등이 있고, 그 밑은 기본수준(basic level)으로 개, 무 등이 있으며, 그 아래는 하위수준으로 리트리버, 셰퍼드, 20일 무, 사쿠라지마 무 등이 있다(그림 8-4).

로슈는 기본수준을 가장 중요하게 보았다. 예를 들어 상위수준인 '동물'의 특징을 말해보라고 하면 '달린다, 다리가 있다' 정도일 뿐 그 이상의 특징을 얘기하기 어렵다. 그러나 기본수준인 '개'는 '달린다, 다리가 있다, 짖는다, 꼬리를 흔든다, 사람을 따른다' 등 여러 특징을 설명할 수 있다. 다시 하위수준, 즉 '리트리버'의 특징을 설명하라고 하면 기본수준을 크게 뛰어넘지 못한다.

기본수준은 다음과 같은 특징을 갖는다. ① 명칭이 짧다. 개, 고양이의 이름

| | 채소 | | | 동물 | | |
|---|---|---|---|---|---|---|
| 예 | 전형성 | 가족유사성 | | 예 | 전형성 | 가족유사성 |
| 양배추 | 1.14 | 96 | | 호랑이 | 1.20 | 158 |
| 피망 | 1.30 | 109 | | 말 | 1.40 | 130 |
| 양파 | 1.51 | 96 | | 개 | 1.49 | 124 |
| 샐러리 | 1.71 | 81 | | 사자 | 1.56 | 140 |
| 파슬리 | 2.28 | 76 | | 토끼 | 1.68 | 126 |
| 잠두(누에콩) | 3.40 | 75 | | 스컹크 | 2.59 | 108 |
| 고구마 | 3.64 | 97 | | 악어 | 3.10 | 120 |
| 대두(콩) | 4.05 | 55 | | 물개 | 3.34 | 88 |
| 옥수수 | 4.35 | 89 | | 강치 | 3.55 | 76 |
| 생강 | 4.63 | 64 | | 타조 | 3.69 | 51 |
| 마늘 | 4.98 | 72 | | 고래 | 4.10 | 49 |
| 고추 | 5.42 | 56 | | 거북이 | 4.36 | 50 |

**전형성은 1에서 7까지의 척도 상에서 평가되었다.
숫자가 작을수록 해당 범주의 전형적인 구성원임을 나타낸다.**

———— (출처) 改田(1986)



| | 전형성 | | |
|---|---|---|---|
| | 높은 단어 | 중간 단어 | 낮은 단어 |
| MRR(집단화의 지표) | .573 (.262) | .418 (.208) | .358 (.192) |
| 재생 단어수 | 21.1 (4.9) | 17.6 (4.2) | 18.3 (4.0) |

**( )안의 숫자는 표준편차**

———— (출처) 石毛 & 하코다(1984)



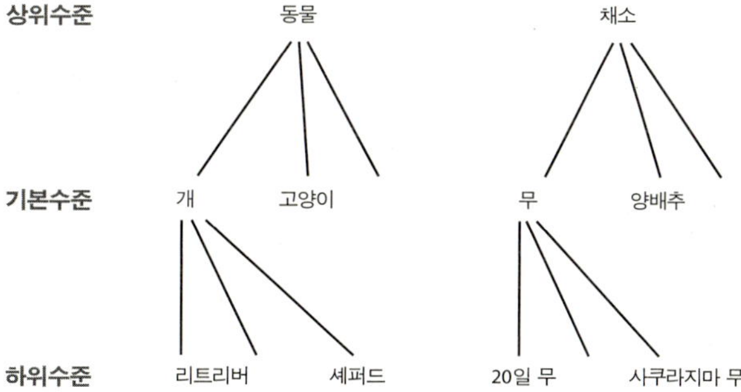


**범주는 세 수준의 계층구조로 이루어져 있다.**

은 골든리트리버, 페르시아 고양이 등의 하위수준에 비해 간단하다. ② 서로 구별하기 쉽다. 개나 고양이는 구별하기 쉽지만 샴 고양이와 아비시니안 고양이의 차이를 말하기는 어렵다. ③ 일상의 인지활동에서 제일 많이 사용된다. 보통은 '방에 고양이가 들어왔다'고 하지 '방에 페르시아 고양이가 들어왔다'고 하지 않는다. ④ 가장 일찍 학습된다. 아이들은 '멍멍이'와 '야옹이'를 구분하는 것부터 시작하지 '셰퍼드', '테리어' 등 하위수준의 변별을 먼저 배우지 않는다.

## 3절. 새로운 자극의 범주화

외부의 사물을 범주화한다는 것은 기존 지식을 사용해서 '가능한 최소의 인지적 노력으로 최대의 정보'를 얻는 것이다. 지금까지 한 번도 본 적이 없는, 즉 사전지식이 전혀 없는 새로운 자극을 경험한다고 상상해보자. 현미경을 통해서 본 암세포의 사진이나 컴퓨터가 그린 기하학적 패턴이 좋은 예가 될 것이다. 선행경험이 부족한 시각패턴을 우리는 어떻게 범주화하는 것일까?

### 원형모델

앞에서 설명했듯이 자연범주에는 전형성이 존재한다. 그러나 모든 채소가 앞서 사례로 든 채소와 비슷한 것은 아니다. 처음 보는 대상도 경험을 통해 전형적인 표상, 즉 원형(prototype)이 만들어지고 이것을 이용해서 범주화가 일어난다는 것이 원형모델의 기본 원리이다.

　프랭크와 브랜스포드(Frank & Bransford, 1971)는 원, 삼각형, 정사각형의 기본도형을 ① 좌우교환, ② 대소관계 역전, ③ 삭제, ④ 요소교환을 토대로 변환도형들을 만들었다. 이들 중 하나만 변환시킨 것이 1차 변환도형이고 두 개를 변환시킨 것이 2차 변환도형이다. 이런 방식으로 연구자들은 도형을 5차까지 변환하였다(그림

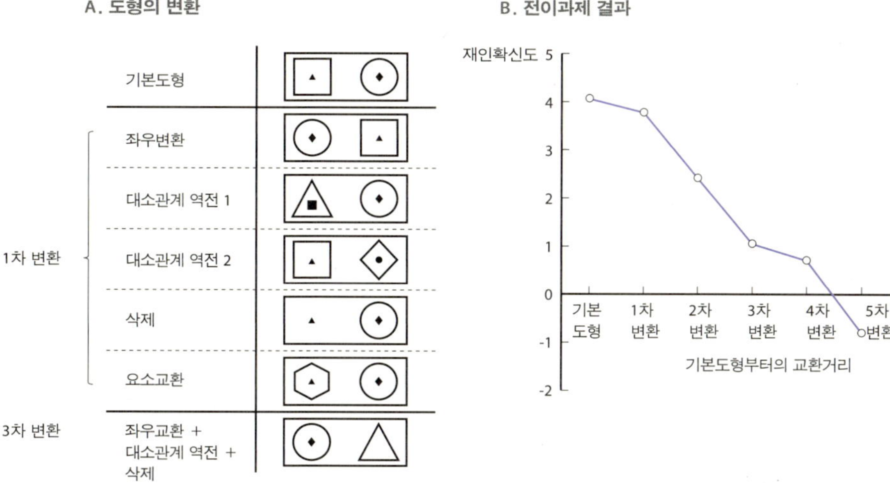


**기본도형을 변환하여 만든 도형들(A)과 재인실험 결과(B)**

_____ (출처) Franks & Bransford(1971)

8-5의 A). 실험참가자에게 기본도형은 보여주지 않은 채 변환도형만을 학습시키고 난 뒤에 기본도형을 포함하여 학습하지 않은 새로운 변환도형을 제시하고 본 적이 있는지, 그리고 본 적이 있다면 얼마나 확실한지를 물었다. 실제 참가자가 본 도형들은 모두 한 번도 본 적이 없는 새로운 도형들이었다. 모두 처음 보는 도형이었으므로 본 적이 없다가 정답이지만, 결과는 그림 8-5의 B처럼 한 번도 본 적이 없는 기본도형에 대한 확신도가 가장 높고, 1차 변환, 2차 변환 등 변환 횟수가 늘어날수록 확신도는 낮아졌다. 이는 참가자가 처음에 변환도형을 학습할 때 이들 도형에서 기본도형, 즉 원형을 추출하고 이후 검사에서 원형과 검사도형 사이의 유사성을 판단한 것으로 볼 수 있다. 경험한 자극들의 중심경향 또는 원형을 추출한다는 가설은 기하학적 도형뿐만 아니라 점 패턴(dot pattern), 도식화된 얼굴, 멜로디 등 다양한 자극을 이용한 여러 실험에서 확인되었다(Posner & Keele, 1970; Reed, 1972; Welker, 1982). 공산품에 대한 원형은 화제의 연구 8-1을 참조하기 바란다.

어머니란 무엇인가? 나를 낳아주셔서 어머니인가? 길러주셔서 어머니인가? 아버지와 결혼하셨기 때문에 어머니인가? 이혼해서 떠난 어머니는 어머니가 아닌가? 대리모는 어머니가 아닌가? 난자를 제공하기만 한 여성은 어머니가 아닌가? 난자 제공자이고, 출산을 하고, 양육을 하고, 아버지와 결혼을 하고, 주부라는 어머니의 전형적인 형태는 실제 존재하지만 사회가 분화되고 의학이 발달하면서 어머니의 범주는 바뀌고 있다. 이는 이미 레이코프(Lakoff, 1987)가 그의 저서 『인지의미론』에서 다룬 내용이다.

이러한 변화는 공산품에서도 나타난다. 예를 들어 자전거는 일반 레저용, 산악용(MTB), 최근에 나온 전동자전거까지 종류가 다양하다. 사람들이 일상생활에서 주로 타는 자전거에는 엄마용 자전거(앞에 물건을 담는 바구니가 달려 있고, 뒤에는 유아용 의자를 놓을 수 있는 짐받이가 있는 여성용 자전거. 일본에서는 남성도 많이 이용하며 전체 자전거의 80% 정도를 차지한다)와 시티사이클이 있다. 엄마용 자전거는 치마를 입고 탈 수 있도록 체인커버가 있으며 핸들의 위치가 높고 뒤에 짐받이가 있다(그림 1의 A). 한편 시티사이클은 엄마용 자전거와 달리 치마를 입고 타는 것을 전제로 만들어진 자전거가 아니다. 체인커버가 없고 스탠드는 한쪽에 있으며 뒤에 짐받이도 없다(그림 1의 B).

그런데 최근 스탠드가 한쪽으로 바뀌고 짐받이 또는 체인커버가 없는 경자전거가 등장했다(그림 1의 C). 높은 핸들, U자형 톱튜브, 양쪽 스탠드가 있지만 대부분의 경자전거와는 달리 치맛단이 말려들어가는 것을 막기 위한 체인케이스가 없다. 이것은 시티사이클일까 아니면 엄마용 자전거일까?

범주(또는 원형)는 변화한다. 이전부터 있었던 팥소(만주)에 메이지 문명개화기에 일본에 들어온 빵이 합쳐져서 팥빵이 생겨났고, 또 정식이라는 일본인의 식단에 라면이 들어와서 라면정식이 등장한 것처럼 자전거에도 이런 변화가 일어난 것이라고 볼 수 있다. 이러한 관점으로 우리 주변을 살펴보면 계속하여 변화하고 있는 원형을 쉽게 찾아볼 수 있다. 예를 들어, 전화 기능밖에 없던 '휴대전화'가 카메라 기능과 메일 기능을 탑재하면서 '스마트폰'이라는 새로운 개념으로 변화한 것처럼 말이다.

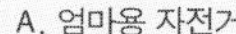

A. 엄마용 자전거

B. 시티사이클

C. 변형된 경자전거(엄마용 자전거의 변형)

〔하코다 유지〕

## 본보기모델

범주를 판단할 때 원형을 추출하는 것이 아니라 경험한 개별 사례를 기억해서 새로운 자극이 기억 속에 있는 정보와 얼마나 비슷한지를 토대로 범주화가 일어난다고 주장하는 이론이 있다. 이를 본보기모델(exemplar model)이라고 한다. 예를 들어, '고양이'를 볼 때 지금까지 보고 들은 수많은 고양이를 기억해서 지금 눈앞에 있는 대상이 '고양이'인지 아닌지 기억 속의 사례와 비교한다는 것이다.

지금까지의 연구는 원형이 추출되는 경우에도 개별 사례의 정보가 유지된다는 것을 보여준다. 프랭크스와 브랜스포드는 멜로디를 사용하여 앞에서 기술한 도형실험과 동일한 실험을 했다(改田 등, 1987). 여기서도 다른 어떤 멜로디보다 기본 멜로디의 재인확신도가 더 높아서 원형이 추출된다는 것이 증명되었다. 그러나 이와 동시에 구항목의 재인확신도가 신항목보다 더 높게 나타났다(그림 8-6). 이는 개별 사례정보를 이용한 판단을 보여주는 것이다.

이상에서 생각할 수 있는 것은 원형모델과 본보기모델 중 어느 것이 옳다고 선택하기 어렵고 각 상황에 따라 두 모델의 적합성 여부가 정해진다는 것이다. 기억해야 할 사례의 수가 적으면 개별 사례정보를 이용하여 범주화가 일어나지만, 사례의 수가 늘어나면 원형정보를 통해 범주화가 이루어진다. 구성원의 수가 너무 많은 범주의 경우 개별 사례를 일일이 기억하려면 기억용량이 엄청나게 커야 한다. 이 경우에는 사례에서 추출한 원형을 토대로 범주화하는 것이 효율적이다.

**그림 8-6  멜로디의 원형 추출과 개별 사례정보**

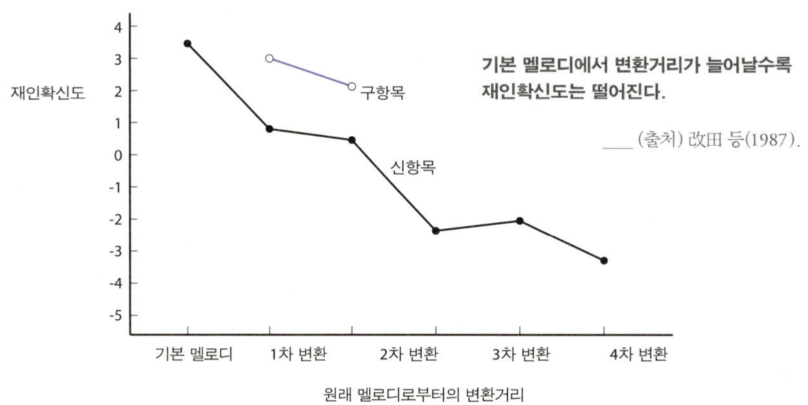

우리는 보고 듣는 모든 것을 언어로 표현하려고 한다. 앞에 나온 그림 8-1의 '원숭이 바위'를 비롯하여 전국에 있는 '부부 바위'도 그 한 예이다. 사람들은 바위를 그냥 바위로 놔두지 않고 이름을 붙인다. 즉, 언어화하는 것이다. 아테네올림픽과 베이징올림픽에서 탁구선수 후쿠하라 아이(福原愛)는 시합이 잘 풀리면 뭔가 외치는 것으로 화제가 되었다. 뭐라고 하는지를 놓고 설이 구구했다. 상대에 대한 경의를 표하는 '써(Sir)!', '얏타(됐다)!'의 '타!', '욧샤(잘한다)!'의 '샤!' 등 여러 가지 해석이 등장했다. 이처럼 사람은 애매한 것을 애매한 것으로 두지 않고 언어로 표현하려고 한다. 그렇다면 이런 언어는 범주화와 어떤 관계가 있을까?

### 언어상대성가설

언어상대성가설(linguistic relativity hypothesis)은 연구자의 이름을 따서 사피어–워프 가설(Shapir–Whorf hypothesis)이라고도 한다. 이 가설은 우리가 언어를 사용해서 자연계를 범주화한다고 주장한다. 따라서 언어가 바뀌면 자연계를 인식하는 방식, 즉 범주화도 바뀐다는 것이다. 워프(Whorf, 1956)에 의하면 캐나다 북부의 원주민 이누이트에게는 '눈'이라는 일반 단어가 없다. 대신에 눈에 관한 여러 개의 단어를 사용하여 다양한 눈을 구별한다. 또 미국 원주민 호피족의 언어에는 '날아다니는 것'이나 '물'을 나타내는 단어의 수가 영어와 다르다(표 8-7). 이 가설을 둘러싼 논쟁은 지금까지도 계속되고 있다

### 로슈의 가설

로슈(Rosch, 1973)는 언어를 사용하지 않고도 범주화가 가능하다고 주장한다. 그녀는 뉴기니아의 다니족(그림 8-8의 A는 약 10년 전에 촬영한 다니족의 모습이다)에게 색에 관한 언어는 어둡다는 것을 의미하는 '밀리(mili)'와 밝다는 것을 의미하는 '몰라(mola)', 두 단어밖에 없다는 것을 알아냈다. 그녀는 162명의 다니족에게 전형적인 색(초점색)으

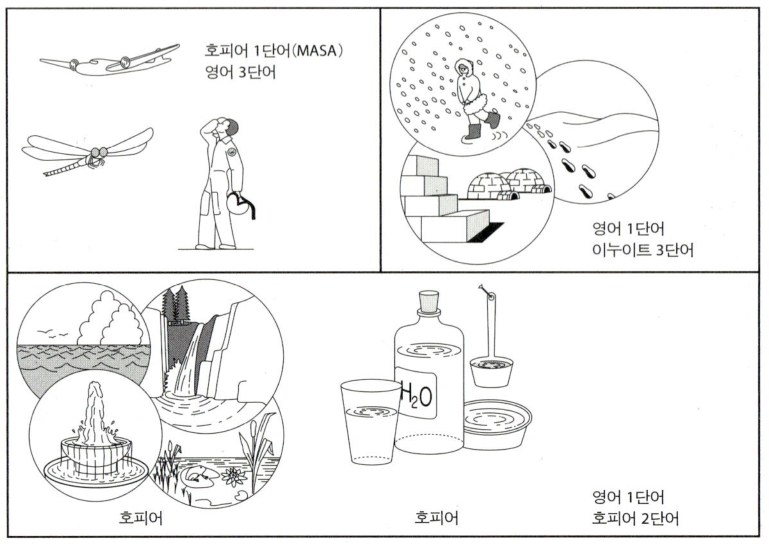



**사물을 표현하는 단어의 수가 언어에 따라 다르다.**

___ (출처) Whorf(1956)

로 이루어진 카드와 비전형적인 색으로 이루어진 카드를 제시한 후 각각의 색상 카드를 다니어의 부족이름과 연관 지어 학습하게 했다. 실험 결과, 비전형적인 색보다 전형적인 색의 학습이 더 빨랐다.

또 기하학적 도형을 표현하는 어휘가 없는 다니족에게 기본도형(정사각형, 원, 정삼각형)과 각 기본도형을 변환시켜 만든 도형 6개(그림 8-8의 B)를 부족이름과 연결하여 제시하고 학습하게 했다. 그리고 기본도형을 포함한 총 7개 도형 중에서 가장 전형적인 도형을 선택하도록 했다. 실험 결과, 다니족은 기본도형을 가장 빠르고 정확하게 학습했을 뿐만 아니라 가장 '전형적'인 도형으로 판단한다는 사실이 밝혀졌다. 로슈의 연구는 색이나 기하학적 도형을 명명하는 단어가 따로 없는 사람들도 해당 단어가 있는 사람들과 마찬가지로 전형적인 대상을 오류 없이 빠르게 학습한다는 것을 보여준다. 이는 언어상대성가설과 대립되는 결과이다.

그렇지만 언어상대성가설이 틀렸다고 결론짓기는 어렵다. 뇌손상으로 인해 언어기능에 문제가 생긴 환자 L.E.W.에 대한 연구를 예로 들어보자(Davidoff, 2001).

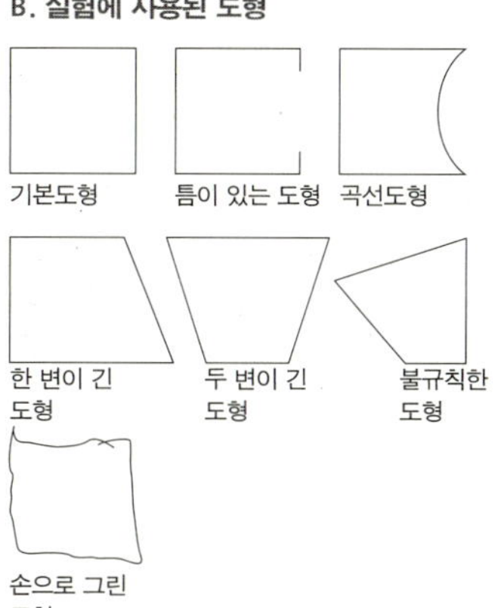


**A는 전투에 나서는 다니족의 모습이고
B는 로슈가 실험에 사용한 도형이다.**

_____ (출처) A : EBS, B : Rosch(1973).

이 환자에게 에크만(Ekman, 1992)의 연구에서 사용된 다양한 표정의 얼굴사진을 분류하게 했다. 사진은 공포, 행복, 분노를 표현하고 있는 얼굴들로 모핑(morphing)기법으로 만들어졌다. 정상인은 공포, 행복, 분노라는 표정범주로 사진을 분류하지만(그림 8-9의 A), 언어장애환자 L.E.W.는 표정에 따라 범주화하지 못하고 먼저 고른 사진과 시각적으로 가장 유사한 것을 선택하는 방식(밝기나 색에 따라)으로 사진들을 분류했다. 그림 8-9의 B에서 보듯이 사진은 공포, 행복, 분노의 정서범주로 분류되어 있지 않다. 이러한 결과는 언어가 범주를 형성하고 범주 사이의 경계를 명확하게 하는 데 중요한 역할을 한다는 것을 보여준다.

로슈 이후 색과 관련된 많은 비교문화연구가 수행되었는데 로슈의 결과와는 반대로 언어상대성가설을 지지하는 연구결과가 얻어진 사례도 있다(Davidoff et al., 1999; Pillings & Davies, 2004). 언어상대성가설을 둘러싼 논쟁은 지금도 진행 중이다. 비교문화심리학에서의 언어상대성가설은 17장을 참고하기 바란다.

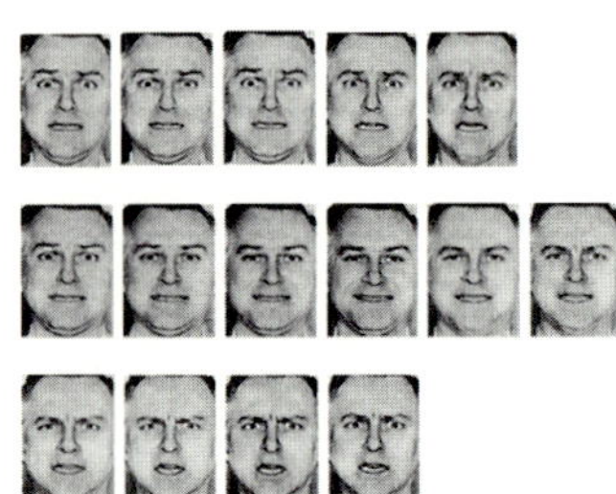


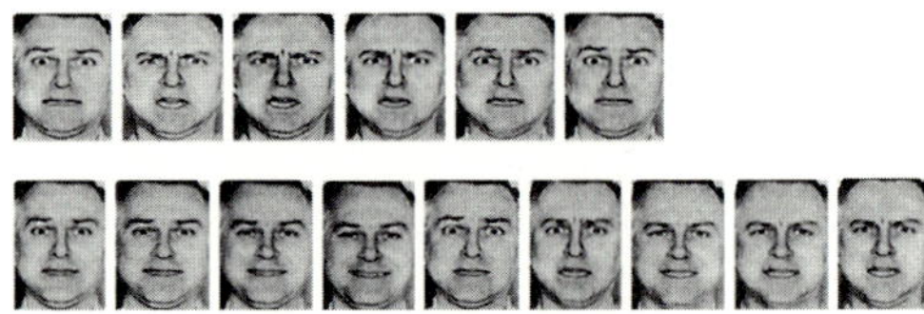


___ (출처) Davidoff(2001)

# 5절. 범주화의 영역특수성

우리 주위에는 다양한 범주화 대상이 있다. 모든 범주대상이 뇌에서 동일한 방식으로 처리되는 것일까 아니면 범주마다 특화된 시스템으로 처리되는 것일까? 이런 논쟁을 영역특수성 대 영역일반성의 문제라고 한다.

영역특수성 대 영역일반성을 이해하려면 모듈성이라는 개념을 떠올리면 된다. 즉, 인간의 마음은 스위스 군용칼처럼 각기 특정 기능을 지닌 모듈로 이루어져 있으며, 각각의 모듈은 수렵채취시대 이래로 진화과정을 통해 생겨났다고 보는 것이다. 모듈에는 얼굴인식모듈, 운동지각모듈, 도구사용모듈 등이 있으며 (Mithen, 1996), 이 모듈은 인간이 부딪치는 다양한 문제들을 신속히 해결하고 자연에서 살아남는 데 대단히 유용하다(Cosmides & Tooby, 1994). 이러한 모듈성이 생물학적 구조에 초점을 맞춘 것이라면 영역특수성은 일정 유형의 정보를 처리하는 특화된 심리적 구조를 강조한다. 그러나 모듈성과 영역특수성은 서로 엄격하게 구별되지 않고 사용되는 경우가 많다.

　　범주화의 영역특수성을 검증하기 위한 실험연구와 신경심리학적 연구들이
수행되었는데 영역특수성 대 영역일반성의 문제는 9, 14, 15장에서도 다루고 있
으며 특히 문제해결에서의 영역특수성은 11장의 코스미데스(Cosmides, 1989) 연구를
참고하기 바란다.


### 심리학적 연구

매시와 겔만(Massey & Gelman, 1988)은 3, 4세 어린아이에게 친숙하지 않은 물체의 컬
러사진을 보여주고 스스로 움직일 수 있는지 여부(즉, 동물인지 아닌지)를 질문하였다.
제시한 물체는 다음과 같은 다섯 가지 범주에서 선택되었다. ① 포유동물, ② 비
포유동물, ③ 딱딱하고 복잡한 물체, ④ 바퀴가 달린 물체, ⑤ 친숙한 동물과 비슷
한 형태나 부분을 가진 물체(그림 8-10 참조)

<table>
<tr><td>그림</td><td>8-10</td><td>메시와 겔만의 실험자극</td></tr>
</table>

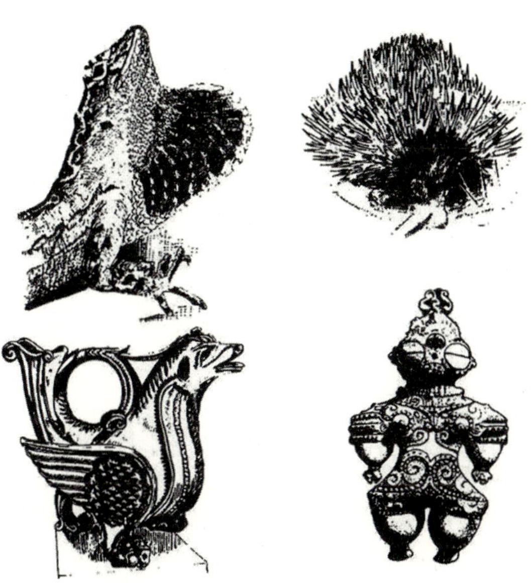

상단 왼쪽은 도마뱀(비포유동물), 오른쪽은 바늘두더지(포유동물)이다. 하단 왼쪽은 신화
속의 생물체로 보이는 물체(친숙한 동물과 비슷한 형태 또는 부분을 가진 물체), 오른쪽은
곤충의 눈 모양을 한 물체(친숙한 동물과 비슷한 형태 또는 부분을 가진 물체)이다.

_____ (출처) Massey & Gelman(1988)

눈앞의 장면이 바뀔 때 뭔가가 삭제된 것보다 추가된 것을 알아차리기가 더 쉽다. 이러한 현상을 비대칭 혼동효과라고 한다. 문장교정작업을 할 때에도 낱자가 빠진 오류(inteligent)보다 낱자가 추가된 오류(예, intellligent)는 더 쉽게 눈에 띈다.  그림이나 테이블세팅 같은 물체인식에서도 이런 현상이 나타난다.

　　그러나 생물체그림에서는 이야기가 달라진다. 생물체그림에서도 삭제된 변화보다 추가된 변화를 알아차리기가 쉬운 것은 분명하다. 안도와 하코다(1998)는 나비사진을 이용해서 추가변화와 삭제변화의 인식 차이를 검증했다. 나비사진에 세부특징(앞날개, 뒷날개, 머리, 꼬리 등)을 추가한 추가변화사진과 세부특징을 제거한 삭제변화사진이 실험에 사용되었다(그림 1의 A). 이 연구에서 사람들은 거의 모든 세부특징에서 삭제변화보다 추가변화를 더 쉽게 알아차렸다.

　　그러나 고양이그림과 조류그림에서는 결과가 완전히 달랐다. 실험에서 참가자들은 추가변화보다 삭제변화를 더 쉽게 알아차렸다. 고양이그림 실험에서는 우선 학습단계에서 변화시키지 않은 그림(기본그림), 혹은 눈이나 귀, 앞다리, 뒷다리, 꼬리 등을 추가하거나 삭제한 그림(그림 1의 B)을 참가자에게 제시했다. 그 후 학습단계에서 한 번 본 적이 있는 그림과 처음 보는 기본그림, 그리고 기본그림을 변화시킨 새로운(추가 및 삭제) 그림을 제시해서 이들이 처음 보는 것인지 또는

**그림1 추가변화와 삭제변화**

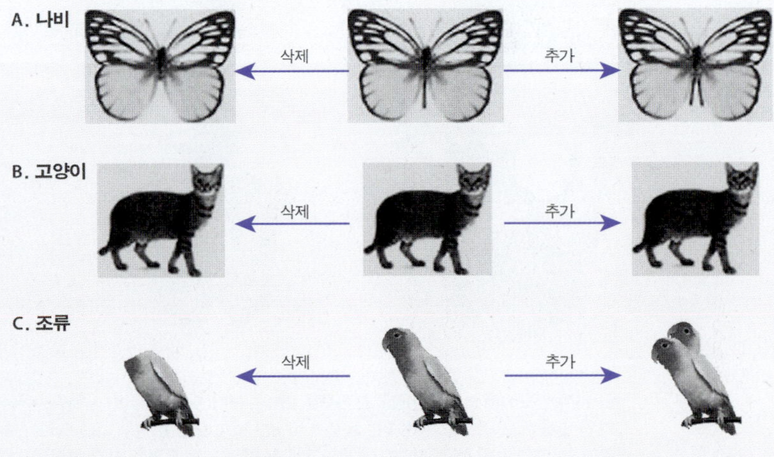

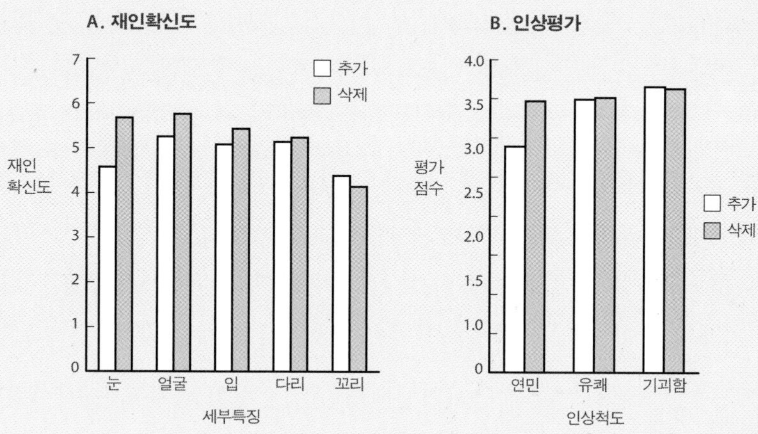
**그림2 조류그림에서 추가변화와 삭제변화의 재인확신도 및 인상평가**



이미 본 것인지를 판단하게 했다(안도 & 하코다. 1999). 그 결과 삭제변화가 일어난 새로운 그림을 '보지 않았다'고 정확하게 식별하는 확률이 추가변화가 일어난 그림보다 더 높았다. 재인확신도 역시 삭제변화에서 더 높게 나타났다. 동일한 결과가 조류그림을 사용한 같은 실험(그림 1의 C)에서도 발견되었다. 참가자는 조류그림에서 추가변화보다 삭제변화를 더 쉽게 알아챘다(그림 2의 A). 또 이러한 비대칭성은 눈과 얼굴이라는 세부특징에서 특히 두드러졌다.

비대칭성의 원인을 알아보기 위해 '위화감-공감 척도'를 이용하여 참가자에게 삭제변화그림과 추가변화그림에 대한 인상을 평가하게 했다(하코다 등. 2008). '위화감-공감 척도'는 기괴함, 유쾌, 연민의 3가지 요인구조를 갖는 16개의 항목으로 이루어진 평가척도이다. 추가그림과 삭제그림의 차이는 연민에서만 나타났다. 삭제변화는 추가변화보다 더 강한 연민을 불러일으켰다(그림 2의 B). 사람들은 고양이나 조류 그림을 보면 쉽게 정서를 경험한다. 이러한 정서의 활성화, 즉 삭제변화그림이 불러일으키는 연민의 감정이 삭제변화를 더 잘 알아차리게 하는 비대칭적 혼동효과의 원인인 것이다.

그림 8-10에서 어린아이들은 지금까지 본 적이 없는 물체지만 동물인지 아닌지(그리고 포유류인지 아닌지도)를 정확하게 변별했다. 겉으로는 포유동물처럼 보이지만 포유동물이 아닌 그림을 보면서는 스스로 움직일 수 있다는 사실을 부정했다. 대부분의 아이들이 동물은 스스로 움직일 수 있고 동물이 아닌 것이 움직이려면 외부의 힘이 필요하다고 대답했다. 동물이 아닌 인공물에 대해 말할 때에는 스스로 움직이는 데 필요한 동작기관이 없다는 점을 지적하기도 했다. 동물이라고 말할 때는 동작을 가능하게 하는 신체부위를 지적했고 만약 다리가 보이지 않으면 다리가 있을 것이라고 주장했다.

겔만(Gelman, 1990)은 어린아이가 세 살 정도가 되면 타란추라거미 또는 바늘두더쥐같이 친숙하지 않은 동물이 움직일 수 있는지 아닌지를 식별하기 위해 동물의 표면특성(surface characteristics)을 학습한다고 주장한다. 이처럼 발달 초기의 어린 아이들도 동물이 지닌 특성에 주의를 기울인다는 것은 영역특수적인 처리메커니즘이 있다는 것을 시사한다.


## 신경심리학적 연구

범주화를 둘러싼 영역특수성 대 영역일반성 논쟁에 대한 해답은 뇌손상을 입은 환자의 사례연구에서도 얻어졌다(Caramazza & Mahon). 환자 E.W.는 특정 범주의 의미기억에 장애를 보였다. 즉, 그는 동물범주와 관련된 인지과제는 잘 수행하지 못했지만 범주가 다른 과일이나 채소, 인공물의 인지과제에서는 전혀 문제가 없었다. 그림 속의 기린을 보면서 캥거루라고 하고 염소를 다람쥐라고 말했지만(그림 8-11의 A), 이와 대조적으로 과일, 채소, 인공물에 대한 대답은 정확했다(그림 8-12의 A). 관찰대상과 관련된 소리를 듣고 판단하는 과제에서도 다른 범주에 비해 동물에서의 정답률이 현저히 낮았으며(동물: 25%, 기타 대상: 63%) 그림 속의 사물이 현실에 있는 것인지를 묻는 질문에서도(그림 8-11의 B) 동물에 대한 판단은 다른 범주에 비해 부정확했다(동물: 60%, 기타 대상: 90%). 머리와 몸통을 대응하는 과제(그림 8-11의 C)에서도 인공물에 비해 동물에서의 정답률이 훨씬 낮았다(동물: 60%, 인공물: 97%). 관찰대상의 특징을 묻는 세부특징 판단에서도(예를 들어 '소는 갈기가 있는가?', '고래는 다리가 8개인가?'), 동물 이외의 범주에서는 거의 정답을 말했지만(95%), 동물에 대한 대답은 정확성이

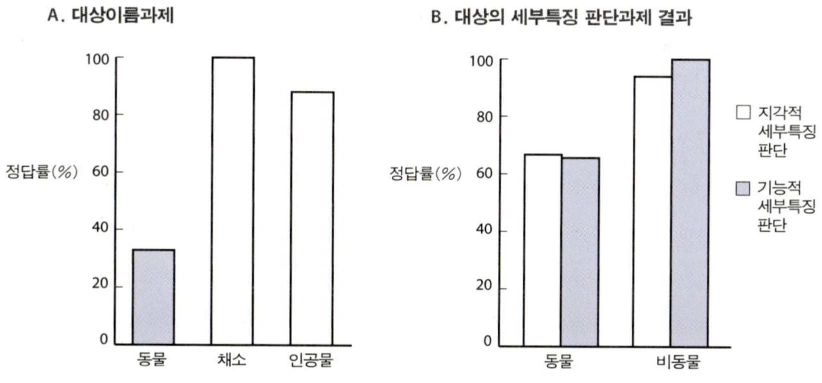



____ (출처) Caramazza & Mahon(2003)



____ (출처) Caramazza & Mahon(2003)

떨어졌다(65%). 세부특징의 지각과 기능을 판단하는 과제에서도 이와 비슷한 결과
가 나왔다(그림 8-12의 B).

　　E.W.의 증상을 정리하면 범주 의미기억 장애는 ① 생물 전체가 아닌 동물범
주에서만 나타나고 과일이나 채소에서는 관찰되지 않는다, ② 검사하는 세부특징
이 지각적 특징이든 기능적 특징이든 상관없이 동일한 결과가 발견된다. E.W.와
비슷한 장애를 가진 다른 환자들도 발견되었다(특정 범주에 관한 이론은 화제의 연구 9-1 참조).
또 E.W.와는 반대로 동물에서는 문제가 없는데 과일이나 채소에서 장애를 보이
는 환자도 있다(Capitani et al., 2003). 이러한 사례들은 인간이 자연환경 속에서 사물을
신속하고 효율적으로 인식하기 위해 특정 개념범주를 몸에 익혀왔고, 그것이 생
존과 재생산에 도움을 주었다는 것을 의미한다(생물체에서 추가 또는 삭제에 의한 인식의 비대
칭성은 화제의 연구 8-2 참조).

① 어떤 대상을 언어화하는 것이 그 대상에 대한 기억에도 영향을 미칠까요? 언어화에 의한 부정적인 영향에는 어떤 것이 있는지 생각해보세요.

② 고전범주화이론으로 설명하기 어려운, 즉 범주를 정하기 어려운 '불명료한 사례'가 있습니다. 이러한 사례로 무엇이 있는지 생각해보세요.

참고문헌

レイコフ、G.　/池上嘉彦・河上誓作ら訳(1993)『認知意味論 − 言語から見た人間の心』紀伊國房書店

● 認知言語学に関する専門書であるが、カテゴリー化の理論の紹介、論争についてくわしく書かれている。

箱田裕司(1992)『認知科学のフロンティア 2』サイエンス社

● 少々古くなったが、改田明子担当に第3章「日常的カテゴリーの概念構造」はロッシュの理論とその問題点を理解するにぬ役立つ。

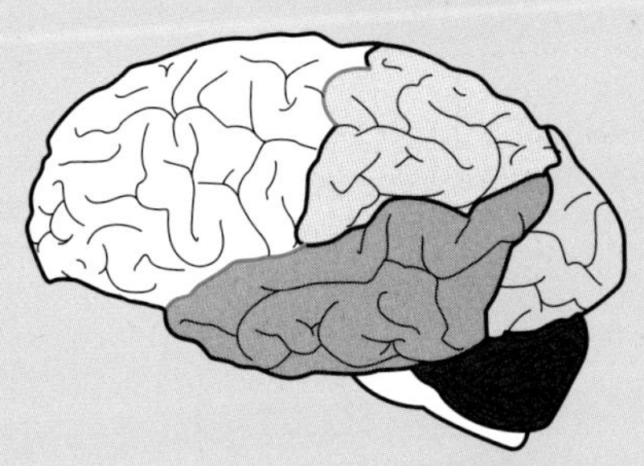

# II

고차
인지심리학

언어
사고
정서

# 09

## 지식의
## 표상과 구조

인지구조를
찾아서

'지적인 행동은 전략이 필요하다. 그러나 그것만으로는 충분하지 않다. 더 필요한 것은 지식이다. 전문적인 지식이 산만큼 필요하다. 아무리 타고난 달변가라도 전문지식이 없으면 신뢰할 수 있는 의사가 되지 못한다.' 실용지능시스템을 연구하는 지식공학을 제창한 파이겐바움(Feigenbaum, E. A.)의 저서 1절에 나오는 말이다. 지식은 서술적 지식과 절차적 지식으로 나뉜다. 인간 인지의 기본 설계양식을 '인지구조(cognitive architecture)'라고 한다. 이 장의 후반에서는 서술적 지식과 절차적 지식을 통합한 인지모델과 뇌신경계에서 힌트를 얻어 제안된 인지모델을 소개한다.

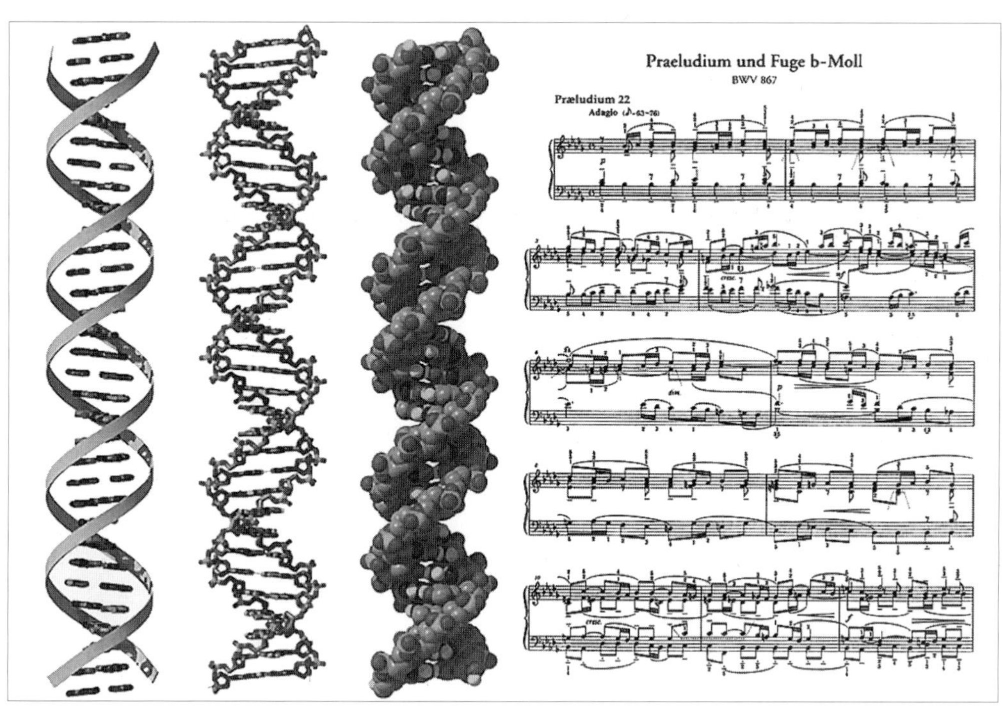



지식은 다양하다 – DNA 이중나선구조와 요한 세바스찬 바흐의 악보

**주요어**　서술적 지식 • 절차적 지식 • 표상 • 명제 • 의미망모델 • 의미연관성 • 속성비교모델

활성화 확산모델 • 점화효과 • 스키마 • 스크립트 • 생성시스템 • ACT모델

계열처리-병렬처리 • 계산모델 • 연결주의모델 • 의미기억 범주특수성 • 이중해리

감각기능가설 • 모듈성

서술적 지식과 절차적 지식의 구분은 철학자 라일(Ryle, 1949)의 저서에서도 찾아볼 수 있고, 인지과학이나 인공지능 연구에서도 자주 인용되어왔다(Winograd, 1975). 서술적 지식은 '사실에 관한 지식(knowing that)'으로 의식적으로 이용가능한 형태로 저장되어 있는 정보이다. 예를 들어, '물 1리터의 무게는 얼마인가'라는 질문에 '1킬로그램'이라는 답을 말할 때 사용되는 것이 서술적 지식이다. 절차적 지식은 '행위에 관한 지식(knowing how)'으로 반복적인 연습을 통해 자신도 의식하지 못하는 사이에 질서 있는 행동이 가능해진 것을 말한다. 예를 들어, 컴퓨터 자판을 보지 않고 칠 수 있는 것처럼 기능의 기초가 되는 지식이다. 스콰이어(Squire, 1992)는 기억상실 환자에 대한 인지신경심리학 연구를 기초로 장기기억이 서술적 기억과 절차적 기억으로 나뉜다고 주장했다(6장 참조). 인간의 '기억'이 반드시 정확하다고는 할 수 없고 변하기도 한다(5~6장 참조). 반면에 '지식'은 객관적으로 타당하고 체계가 갖추어진 정보나 기능을 말한다. 이러한 지식은 우리 마음속에서 어떻게 저장되는 것일까?

마음속의 정보나 그 표현양식을 표상(representation)이라고 한다. 지식의 기본단위는 개념(concept)이다. 개념은 각각의 사물에서 공통된 특성을 추출해서 얻어진 표상이다. 대부분의 경우 하나의 개념은 특정 단어로 표현된다. 예를 들어, '의자'라는 개념은 다양한 형태의 의자를 종합해서 부르는 것이다. 이러한 개념들을 분

류한 것이 범주이다. 예를 들어 '의자'는 '가구'라는 범주에 속한다(8장 참조). 술어를 중심으로 한 지식의 기본단위는 명제(proposition)이며, 명제는 진위 판단이 가능하다 (예, '동물은 호흡한다'). 명제는 서술적 지식의 기본 표상단위 중 하나이다.

# 1절. 서술적 지식의 표상과 구조

### 의미망모델

퀼리안(Quillian, 1968)은 의미망모델(semantic network model)을 통해 개념이 의미기억에 저장되는 방식을 기술하였다. 위계적인 연결망을 구성하는 기본단위는 각각의 개념에 해당하는 마디(노드, node)와 이들을 연결하고 있는 고리(링크, link)이다. 각각의 고리는 방향성을 가지며 마디 사이의 연결관계를 나타내는 이름표가 붙어 있다. 마디로 표상되는 개념은 상위개념 또는 하위개념이라는 특징을 지닌다. 개념의 의미는 마디와 이러한 마디를 연결하고 있는 고리에 의해 결정된다.

콜린스와 퀼리안(Collins & Quillian, 1969)은 지식구조가 그림 9-1처럼 위계적이라는 가정 하에 실험적 증거를 제시했다. 그림 9-1의 의미망을 보면 퀼리안모델의 기초가 되고 있는 인지경제성(cognitive economy)이 잘 드러난다. 상위개념(예, '새')의 특성이면서 동시에 하위개념(예, '카나리아')의 특성이기도 한 것(예, '깃털이 있다')은 상위개념 마디에 한 번만 저장되어 있고 고리를 거쳐 하위개념으로 넘어간다. 이러한 '특성의 계승' 덕분에 의미망은 대단히 많은 지식을 경제적으로 표상할 수 있는 것이다.

콜린스와 퀼리언은 실험참가자에게 특정 개념을 주어로, 그리고 그 주어의 특성을 술어로 하는 문장을 제시하고 문장의 의미가 맞는지 틀린지를 묻는 진위 판단과제를 제시했다. 가령, 지식이 그림 9-1처럼 저장되어 있다고 가정하면 판단을 할 때 거쳐야 하는 고리의 수가 ① 카나리아의 독자적인 특성을 묻는 문장(예, '카나리아는 노래를 한다'), ② 카나리아의 상위개념인 새의 특성에 관한 문장(예, '카나리아는 날

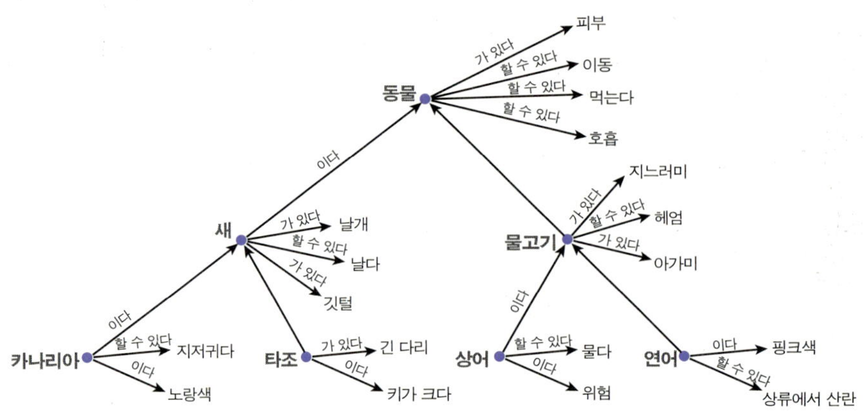


**위계적인 연결망을 구성하는 기본단위는
각 개념에 해당하는 마디와 이들을 연결하고 있는 고리이다.**

___ (출처) Collins & Quillian (1969)



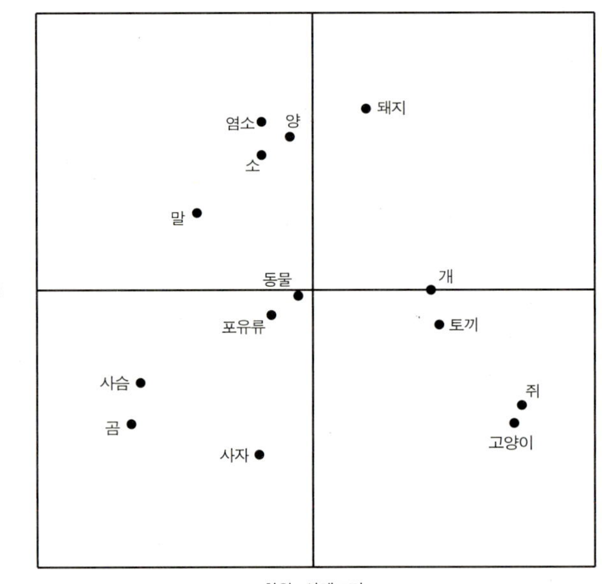


**다변량 분석결과 '신체크기'와 '포식성'이라는 두 차원이 추출되었다.**

___ (출처) Rips et al. (1973)

개가 있다'), ③ 새의 상위개념인 동물의 특성에 관한 문장(예, '카나리아는 피부가 있다') 순으로 증가한다. 실제로 문장의 진위를 판단하는 데 탐색해야 하는 고리의 수가 늘어날수록 참가자의 반응시간이 길어지는 결과가 발견되어서 이 모델의 가정은 타당한 것으로 증명되었다.

### 의미연관성

콜린스와 퀼리안의 뒤를 이어 의미기억 구조를 검증하는 여러 연구들이 수행되었는데, 의미망모델과 일치하지 않는 결과들이 나타났다. 립스(Rips et al., 1973)는 ① 상위개념인 범주이름과 관련하여 연합빈도가 높은, 전형성이 높은 사례가 사용된 문장(예, '비둘기는 새다')은 연합빈도가 낮은 사례를 사용한 문장(예, '타조는 새다')보다 진위를 판단하는 데 걸리는 반응시간이 짧고, ② 동물은 포유류의 상위개념인데, '개는 동물이다'라는 문장이 '개는 포유류다'라는 문장보다 반응시간이 더 짧은 것을 발견했다.

립스 등은 실험참가자에게 12개 범주 구성원과 각 범주와의 관련 정도를 일대일로 비교해 평가하게 한 후 그 자료를 기초로 다변량 분석을 실시했다. 그림 9-2는 포유류에 대한 분석결과이다. 립스 등은 1차원(가로축)을 '신체크기', 2차원(세로축)을 '포식성'이라고 명명하였다. 그림 9-2에 나타난 의미적 거리(의미연관성)로 문장 진위판단과제에서의 반응시간을 예측할 수 있다고 보았다.

### 속성비교모델

스미스 등(Smith et al., 1974)은 위계적인 연결망모델로는 의미연관성효과를 설명할 수 없다고 보고 속성비교모델(features-comparison model)을 제안했다. 스미스 등에 따르면 개념은 속성들의 집합체로 저장되어 있다. 속성은 중심개념에 해당되는 정의적 속성(defining feature)과 개별 특성에 불과한 특징적 속성(characteristic feature)으로 구분된다.

속성비교모델은 문장의 진위를 판단하려면 두 개의 결정단계를 거친다고 가정한다. 1단계에서는 주어와 술어의 특성이 비교되고 둘의 유사도가 판정된다. 이 단계에서 유사도가 기준치보다 높으면 '참'으로 반응하고, 기준치보다 낮으면 '거짓'으로 반응한다. 두 속성의 유사도가 중간 정도이면 2단계로 진입하는데, 이때 정의적 속성에만 의지하여 판단이 일어난다. 속성비교모델은 연합강도나 범주의 빈도효과를 잘 설명할 수 있다.

의미망모델과 비교해서 속성비교모델은 몇 가지 중요한 특성을 지니고 있다. 하나는 지식표상의 차이다. 퀼리안 등의 의미망모델에서는 개념이 국소적으로 표상되어 그 이상 분해되지 않는다. 이러한 형식을 국소표상(local representation)이라고 한다. 반면, 개념을 집합으로 취급하는 속성비교모델은 분산표상(distributed representation)을 전제로 한다(4절 참조). 두 번째 특성은 연결망모델이 구조를 중요하게 생각하는 데 반해 속성비교모델은 처리과정을 중요하게 생각한다는 점이다.


## 활성화 확산모델

콜린스와 로프터스(Collins & Loftus, 1975)는 의미망모델에 대한 비판적 의견을 받아들이고 고리의 의미연관성과 처리과정 개념을 추가하여 활성화 확산모델(spreading activation model)을 제안했다. 콜린스와 로프터스는 의미를 주사(스캐닝, scanning)하는 과정에서 마디(노드, node)의 탐색속도가 연합강도 수치에 의해 결정된다고 가정하고 두 마디 간의 거리, 즉 고리(링크, link)의 길이로 의미 사이의 관련 정도를 나타냈다(그림 9-3).

콜린스와 로프터스의 수정된 연결망모델은 의미의 주사가 일어날 때 고리를 매개로 연속적인 활성화 확산이 일어난다고 가정한다. '활성화'란 기존의 지식구조에서 특정 기억표상이 즉시 이용가능한 상태로 변환되는 것을 의미한다. 그리고 특정 개념이 활성화되면 해당 마디에서 고리를 따라 연속적인 에너지 흐름이 발생하여 각 고리의 의미연관성 정도에 따라 근접한 개념도 활성화된다는 것이다. 이러한 연결망 안에서의 정보의 주사를 병렬적인 활성화 확산으로 모델화했다.

활성화의 소멸은 시간경과에 비례하고 고리강도에는 반비례한다. 또한 여러 개의 마디가 활성화되면 합산이 일어난다. 문장의 진위판단과제에서 정보처리가 평가단계로 들어가려면 해당 개념이 표상되어 있는 마디의 활성화가 역치를 넘

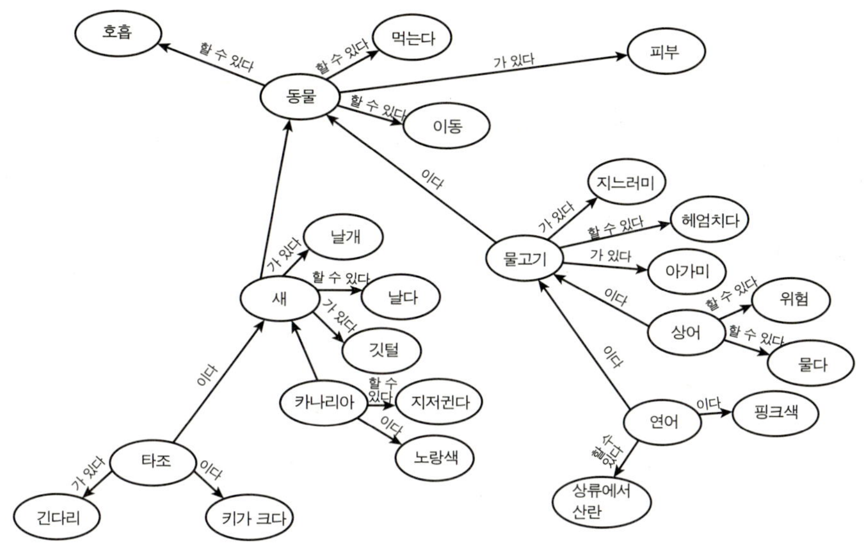





_____ (출처) Lachman et al., 高橋雅延(2008)

어야 한다. 평가단계에서는 문장에 대한 긍정적인 증거인지 부정적인 증거인지를 따져서 설정된 판단기준에 따라 '참인지 거짓인지'를 판단한다. 의미기억을 탐색할 때 활성화 확산이 일어나는 것을 보여주는 대표적인 현상으로 의미점화효과(semantic priming effect)를 들 수 있다.

## 의미점화효과

점화효과(priming effect)란 선행자극이 후속자극의 처리에 영향을 미치는 것을 말한다. 촉진효과뿐 아니라 억제효과도 발견되지만 촉진적인 영향만을 가리켜서 점화효과라고 부르기도 한다. 언어자극의 처리에서 점화효과의 발생은 많은 실험에서 확인되었다.

예를 들어, 메이어와 슈베네벨트(Meyer & Shvaneveldt, 1971)는 실험참가자에게 두 개의 낱자열을 연속적으로 보여주면서 단어인지 아닌지를 판단하게 했다. 이때 첫 번째 자극을 점화자극, 두 번째 자극을 목표자극이라 부르고 단어인지 아닌지 판단하는 이런 과제를 어휘결정과제(lexical decision task)라고 한다. 실험 결과, 두 단어가 서로 관련이 없는 조건(예. '간호사'와 '버터')보다 의미적 연관성이 높은 조건(예. '빵'과 '버터')에서 목표자극을 판단하는 데 걸리는 시간이 더 빠르고 오답률도 낮았다. 이는 의미기억 안에서 특정 개념이 활성화되면서 관련 개념에 대한 접근이 일시적으로 용이해지는 것을 보여주는 결과로, 활성화 확산모델을 지지한다고 해석할 수 있다. 앞에서 설명한 연합강도(의미연관성)가 점화효과에서도 중요한 역할을 하는 것이다(都築, 1993).

점화효과를 검증하기 위해 사용되는 실험절차는 두 가지이다. 위에 기술한 실험에서는 선행자극과 후속자극으로 동일하지 않은 자극을 제시하였는데, 이를 간접점화 또는 의미점화라고 한다. 다른 실험절차는 직접점화 또는 반복점화로 학습단계에서 보여준 단어와 동일한 단어를 제시하지만 일부 낱자를 빼고 제시하는 단어조각 완성과제(word fragment completion task, Tulving et al., 1982)가 있다. 스콰이어(Squire, 1992)는 직접점화효과를 절차적 기억의 일종으로 보았다(6장 참조).

## 2절. 스키마와 스크립트

### 스키마

인간의 언어나 추론 같은 고차 인지과정은 활성화 확산모델 이상의 더 구조화된 지식표상을 필요로 한다. 스키마(schema)는 지식을 조직하는 마음의 구조를 말하며 관련 개념들을 조합해서 의미 있는 결론을 내릴 수 있게 해주는 지식표상이다. 이런 구조화된 스키마는 외부에서 정보를 수집하고 처리할 때에도 사용된다. 바틀렛(Bartlett, 1932)은 과거의 경험을 통해 만들어진 추상적인 스키마가 인간의 기억에 중요한 역할을 한다는 것을 보여주었다. 피아제(Piaget, 1952)도 스키마의 발달과정과 동화와 조절을 통한 스키마의 기능적 변화를 강조하는 이론을 발표하여 인지발달 연구에 큰 영향을 끼쳤다(15장 참조).

　　1970년대 후반 인지심리분야에서는 지식구조에 관한 여러 이론이 제안되었다. 러멜하트와 오토니(Rumelhart & Ortony, 1977)의 스키마이론, 쉥크와 아벨슨(Schank & Abelson, 1977)이 제안한 스크립트(script)가 그 대표적인 예이다. 러멜하트와 오토니는 스키마를 '기억에 저장된 일반 개념을 표상하는 데이터 구조'라고 정의하고 다음과 같은 특징을 갖는다고 보았다. ① 스키마는 고정적인 요소와 가변적인 요소를 가지고 있다. 정보가 부족하면 기본값(default value)을 이용하여 정보처리가 일어난다. 예를 들어, '얼굴' 스키마는 눈, 코, 입, 귀 등의 요소로 구성되어 있어서 모든 얼굴이 조금씩 다르지만 기본적인 형태는 쉽게 생각할 수 있다. ② 스키마는 다른 스키마를 내포하는 구조로 되어 있다(예, '눈' 스키마는 '얼굴' 스키마에 포함되어 있다). ③ 구체적인 수준부터 고도의 추상적인 수준까지 추상성의 정도에 따라 상이한 스키마가 존재한다. ④ 스키마는 사전적 정의보다 백과사전적 지식을 표상한다.

　　인간이 지식을 표상하고 이용하는 방식에 대한 연구는 이 장 앞부분에서 인용한 파이겐바움의 말처럼 인공지능 연구자들에게도 중요한 주제이다. 이 분야의 연구자들은 고차원의 판단이 가능한 정보처리시스템을 구현하기 위해 스키마를 더욱 정밀하게 만든 프레임(frame, Minsky, 1975)이라는 지식표상을 제안했다. 스키마는 사회심리학자들에게도 중요하다. 개인이 특정 사회집단이나 그 구성원에 대해 갖고 있는 일반화된 신념이나 기대를 고정관념(stereotype)이라고 하는데 이것도 일종의 스키마이기 때문이다. 사람들은 대개 고정관념을 토대로 특정 집단이나 구성원에 대한 평가나 감정이 일어나고 그에 따른 행동을 한다. 고정관념에는 부정적인 생각뿐만 아니라 긍정적인 생각도 포함되어 있고, 부정적인 고정관념은 편견(prejudice)이나 적대적 행동인 차별대우(discrimination)로 이어질 수 있다(16장 참조).


## 스크립트

쉥크(Schank, 1972)는 자연언어처리를 연구하면서 컴퓨터의 언어이해를 목표로 문장의 의미분석에 기초한 개념의존이론(conceptional dependency theory)을 제안했다. 이 이론은 문장의 의미를 분명하고 표준화된 연결망으로 표상(개념의존적 구조)하기 위해서 심리적 동작, 정신적 동작, 상태변화 등을 나타내는 기본동사 11개를 사용했다. 그러나 개념의존이론에는 문장의 계층성 개념이 포함되어 있지 않아서 한계가 드러났다. 예를 들어, '식당에서 밥을 먹는다', '의사의 진찰을 받는다'처럼 비교적 함축적 의미를 지닌 사건들을 개념의존적 구조로 표상하려면 연결망이 대단히 복잡해진다. 쉥크와 아벨슨(Schank & Abelson, 1977)은 이러한 문제점을 보완하기 위해 스크립트(script)이론을 제안했다. 스크립트는 특정 맥락에 적합한 연속적인 사건을 기술하는 지식구조를 말한다. 스크립트는 사건의 전체구조와 연결해서 새로 입력되는 정보의 의미를 이해하는 데 필요한 지식을 제공한다. 그리고 특정 상황에서 부분정보만 제공될 때에도 행동을 예측할 수 있게 해준다. 특정 스크립트는 등장인물, 사용된 소도구, 전제조건, 다양한 장면과 하위행위들로 구성되는데, 이들에 대한 기본값이 설정되어 있다(표 9-1).

보어 등(Bower et al., 1979)은 기억과제를 이용하여 스크립트의 심리학적 타당성을 검증하는 실험을 수행하고, 인간이 스크립트 같은 구조적이고 기본값을 갖는 지식구조를 이용한다는 사실을 증명했다. 쉥크는 스크립트보다 상위의 맥락으로 계획(plan), 목표(goal), 주제(theme)라는 세 개의 층을 가정했다. 예를 들어, '전쟁'이라는 주제는 '적을 무찌른다'는 목표, '평소처럼 행동하면서 전쟁계획을 세운다'는 계획을 생각할 수 있다(Schank, 1990).

스크립트이론의 한계는 스크립트 내용이 고정되어 있고 유사한 스크립트들이 서로 독립적으로 존재한다는 점 등이다. 이러한 문제점 때문에 쉥크(Schank, 1982)는 MOP(memory organization packets)라는 동적인 지식이론을 제안했다. 이 이론에서는 고정되어 있던 스크립트가 여러 장면에서 사용가능한 지식으로 재구성되는 '지식패키지(package)'로 수정되었다.

지금까지 의미망, 스키마, 스크립트에 대해 설명했다. 이러한 구조화된 지식은 잘 이용하면 다양한 상황에 맞는 행동이나 추론의 토대가 된다. 특정 상황에서 적합한 행동을 선택하는 문제는 다음에 설명할 절차적 지식과 관련이 있다.

| 이름 | 레스토랑 | 장면 1: 등장 |
|---|---|---|
| 등장인물 | 손님<br>웨이터<br>요리사<br>계산대<br>경영자 | 손님이 레스토랑에 들어온다<br>손님이 테이블을 찾는다<br>손님이 어디에 앉을지 결정한다<br>손님이 테이블로 향한다<br>손님이 앉는다 |
| 도구 | 테이블<br>메뉴<br>음식<br>계산서<br>돈<br>팁 | 장면 2: 주문<br><br>손님이 메뉴판을 손에 든다<br>손님이 메뉴를 본다<br>손님이 음식을 정한다<br>손님이 웨이터를 부른다<br>웨이터가 테이블로 온다 |
| 전제조건 | 손님은 배가 고프다<br>손님은 돈을 가지고 있다 | 손님이 음식을 주문한다<br>웨이터가 주방으로 향한다<br>웨이터가 요리사에게 주문을 전달한다<br>요리사는 음식을 준비한다 |
| 결과 | 손님의 돈이 줄어든다<br>경영자는 돈을 번다<br>손님은 배가 부르다 | 장면 3: 식사<br><br>요리사는 음식을 웨이터에게 전달한다<br>웨이터는 손님에게 음식을 가져다준다<br>손님은 음식을 먹는다 |
| | | 장면 4: 퇴장<br><br>웨이터가 계산서를 적는다<br>웨이터가 손님에게 온다<br>웨이터가 손님에게 계산서를 준다<br>손님은 웨이터에게 팁을 준다<br>손님은 계산대로 간다<br>손님은 계산대에서 돈을 낸다<br>손님은 레스토랑을 떠난다 |

**레스토랑은 등장인물, 도구, 전제조건, 장면, 하위의 순차적인 행위들로 구성된다.**

___ (출처) Bower et al.(1979)

# 3절. 절차적 지식의 표상

생성시스템(production system)이란 뉴웰과 사이먼(Newell & Simon, 1972)이 문제해결과정을 시뮬레이션하기 위해 만든 지식표상의 틀을 말한다(11장 참조). 이 개념은 인공지능 연구 및 관련 영역에서 오랜 기간 유용하게 사용되어왔다. 생성시스템은 '만약 얻어진 정보가 조건 C를 만족시키면 행위 A를 실행한다'는 생성규칙(production rule, "if-then" 규칙)에 따라 순차적인 추론을 실행한다. 생성시스템은 ① 정보항목을 일시적으로 저장하는 작업기억, ② 장기기억의 생성기억, ③ 규칙의 실행을 제어하는 인터프리터(interpreter)로 구성된다(그림 9-4).

　생성시스템은 '대응–충돌해결–실행(matching–conflict resolution–execution)'이라는 알고리즘을 사용한다. 대응단계에서는 조건에 맞는 모든 규칙을 찾아내고, 충돌해결단계에서는 특정 기준에 따라 가장 유망한 규칙 하나가 선택되며, 실행단계에서는 선택한 규칙을 적용한다. 초기상태에서 출발해서 목표상태에 이르기까지 이러

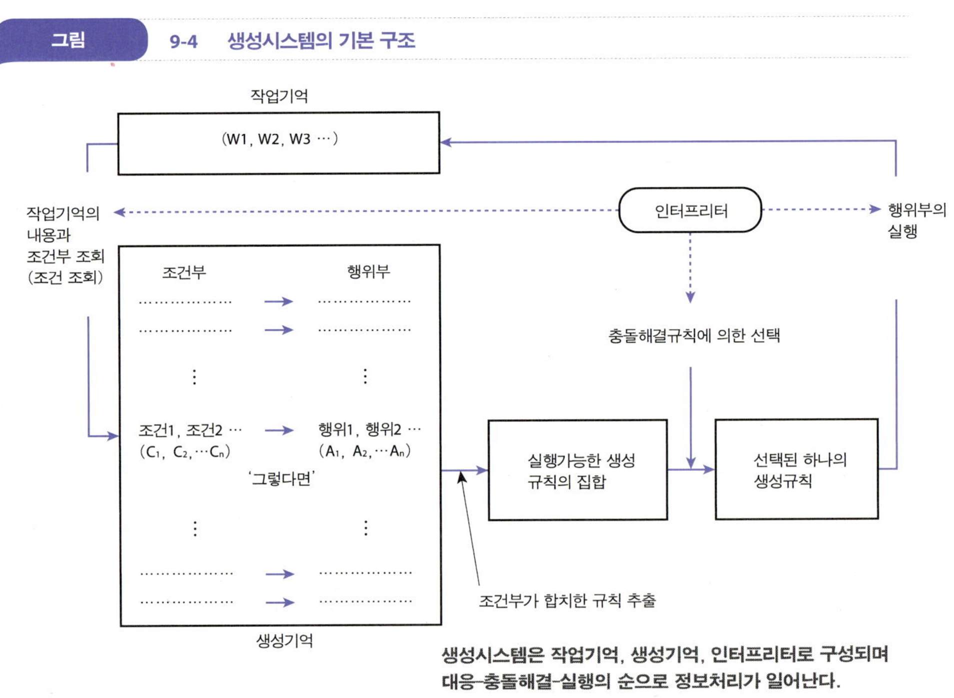



**그림 9-4 생성시스템의 기본 구조**

**생성시스템은 작업기억, 생성기억, 인터프리터로 구성되며 대응–충돌해결–실행의 순으로 정보처리가 일어난다.**

(출처) 安西 등(1982); 츠즈키(1999a)

한 순환이 반복되면서 규칙계열이 만들어진다. 각각의 규칙은 단순하지만 이들을 조합하면 복잡한 과제를 수행할 수 있다.

생성시스템은 규칙표상이 단순해서 작성이 쉽고 규칙을 추가하거나 변경하기도 쉽다는 장점이 있다. 단점은 ① 규칙이 표층적 지식표상이기 때문에 상호관계가 명확하지 않아서 지식의 전체구조를 파악하기 어렵고, ② 충돌해결전략을 잘 살피지 않으면 시스템의 작동을 예측하기 어렵다는 점이다. 또한 인간은 정보를 병렬적으로 처리하는데 반해 생성시스템은 계열적 처리를 가정하기 때문에 인간의 인지모델로는 한계가 있다.

1970년대 중반까지 지식표상에 대한 연구는 두 가지 흐름으로 나뉘어져 있었다(Sternberg, 2006). 즉, 인공지능이나 컴퓨터과학자들이 절차적 지식모델을 정교화하는 데 심혈을 기울였다면, 인지심리학자들은 서술적 지식에 대한 다양한 모델을 제시하고 실험적 검증을 시도했다. 1970년대 말에 이르러 인간 인지에 관한 통합적 모델이 제시되었다.


## 4절. 통합모델


### ACT모델

1976년 앤더슨(Anderson, J. R.)은 문장을 구조화된 명제연결망의 형태로 변환하여 기억하는 초기 HAM모델(human associative memory model, Anderson & Bower, 1973)을 발전시켜서 ACT(adaptive control of thought)모델을 발표했다. ACT모델은 기억뿐 아니라 언어 이해와 산출, 추론, 지식의 획득 등 광범위한 지적 활동에 대해 설명하는 것을 목표로 했다. ACT모델은 HAM모델을 기본으로 하면서 서술적 기억은 의미망모델을, 절차적 기억은 생성시스템을 사용했다. 이 모델은 이후 ACT*(ACT star, Anderson, 1983), ACT-R(R은 rational의 약자이다, Anderson et al., 2004 ; Anderson & Lebiere, 1998)로 변화했다.

## 1) ACT*모델

ACT*모델에서는 활성화된 지식(작업기억)과 생성규칙 사이에 대응이 일어난다는 것이 특징이다(Anderson, 1983, 그림 9-5). 이러한 활성화 제어는 인간의 연합기억과 주의구조를 시뮬레이션한 것이다. 활성화 확산모델처럼 ACT*의 서술적 지식 연결망도 외부 자극이나 내적인 정보처리에 의해 특정 마디(노드, node)의 활성화가 일어나고 특정 마디로부터 강도값을 갖는 고리(링크, link)를 따라 활성화가 확산된다고 가정한다. 또한 각 고리의 강도값은 사용빈도에 따라 달라지는데, 사용빈도가 증가할수록 강도값은 커진다.

한편, 절차적 지식(생성규칙)의 획득은 ① 명시적 규칙을 생각하면서 사용하는 단계, ② 일관된 방법으로 규칙을 반복적으로 연습하는 단계, ③ 규칙을 무의식적으로 사용하고 순서가 충분히 조정되어 실행속도나 정확성이 높아지는 단계를 거친다. 이러한 학습과정을 절차화(proceduralization)라고 한다. 절차화는 절차와 관련된 느린 속도의 외현적 정보(서술적 지식)가 빠르고 자동화된 암묵적 지식(절차적 지식)으로 변환되는 과정으로 '생성편집(production compilation)'이라고도 한다. 예를 들어, 자동차 운전면허를 따고 처음에는 힘들지만 1년 정도 지나면 옆 사람과 얘기하거나 음악을 들으면서 운전을 할 수 있게 된다. 이때 핸들이나 브레이크의 조작은 거의 무의식적으로 일어난다. 절차적 지식의 학습은 여러 개의 관련 규칙들을 하나의 규칙으로 통합하거나 기존 규칙을 다른 상황으로 일반화시키면서 일어난다. 그리고 특정 생성규칙이 잘 작동되면 그 규칙의 강도가 1단위씩 증가한다고 가정하는데, 이는 학습에서 연습효과에 해당된다.


## 2) ACT-R모델

새로운 ACT-R모델에서는 청크(chunk)가 서술적 지식의 기본 단위이다. 청크가 활성값을 가지는 것처럼 절차적 지식의 기본 단위인 생성규칙도 효용(utility)이라는 값을 가지고 있다. 지식의 구성단위는 단순한 형태로 조직되어 목표지향적인 시스템을 이룬다.

ACT-R은 크게 의도모듈(intentional module), 시각모듈(visual module), 매뉴얼모듈(manual module), 그리고 두 종류의 지식모듈, 총 4개의 모듈로 구성되어 있다(Anderson et al., 2004, 그림 9-6). 모듈이란 거의 독립적으로 특정 기능을 수행하는 뇌부위를 의미

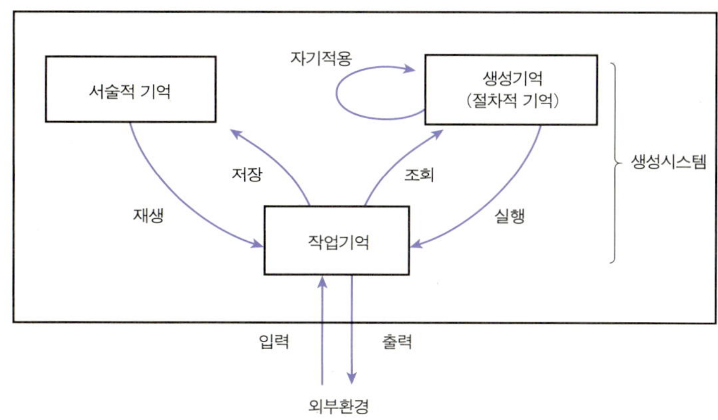



**서술적 기억과 절차적 기억이 명확하게 구분되어 있고, 절차적 기억은 생성시스템에 의해 처리된다.**

___ (출처) Anderson(1983)



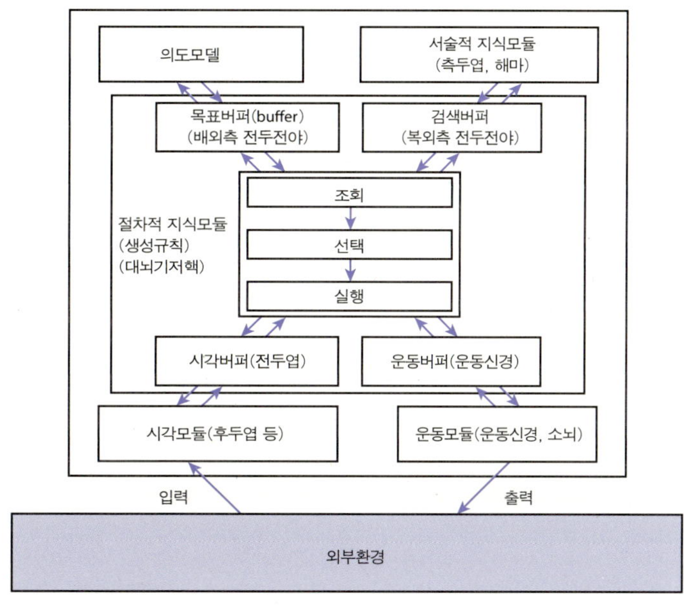



**생성시스템을 중심으로 두 종류의 지식모듈, 의도모듈, 시각모듈, 매뉴얼모듈로
구성된다. 최근에는 각각의 모듈 혹은 버퍼와 뇌영역을 연결하는 연구가 시도되고 있다.**

___ (출처) Anderson et al.(2004)

한다(5장 참조). 각 모듈은 대응버퍼(buffer, 정보를 일시적으로 보관하는 영역)를 통해서만 접속이 가능하다. 최근에는 fMRI에서 얻어진 뇌 활성화 패턴 및 모델의 모듈 혹은 버퍼 사이를 연결하는 연구가 활발하게 일어나고 있다.

ACT-R은 생성시스템이 중심인 이론으로 인공지능 연구에서 많이 사용되며, LISP(LISt Processor)라는 프로그래밍 언어로 작성된다. ACT-R은 사이트에서 무료로 공개되어서 자유롭게 사용할 수 있지만, LISP언어에 대한 일정 수준 이상의 지식이 필요하다. 앤더슨의 이론은 기본적으로 기호처리를 통해 인간 인지에 관한 일반 모듈을 구축하려는 시도이다. 이러한 기호표상에 의한 인지통합모델로는 생성시스템을 중심으로 하는 뉴웰(Newell, 1990)의 SOAR(state operator and result)가 유명하다. ACT나 SOAR 같은 통합모델은 앞에서도 말했듯이 인간의 복잡한 지식시스템의 기본 설계라는 의미에서 '인지구조(cognitive architecture)'라고도 한다.

다음에 설명할 연결주의모델(connectionist model)도 인지구조의 하나이다. 또 특정 인지과정이나 인지구조를 가정해서 실제로 컴퓨터 시뮬레이션을 하는 경우에는 계산모델(computational model)이라는 명칭이 사용된다. 생성시스템과 연결주의모델은 계산모델을 구성하는 중요한 이론이다.


## 연결주의모델

이전의 정보처리모델은 인간도 컴퓨터처럼 정보를 계열적으로 처리한다고 가정했다. 그러나 인간의 뇌는 외부 또는 내부의 여러 정보들을 거의 동시에 처리한다. 요즘 컴퓨터에 내장되어 있는 CPU(Central Processing Unit, 중앙처리장치)는 1초에 20억 개의 명령을 실행할 수 있다. 반면, 인간의 신경세포는 발화하는 데 약 0.03초가 걸린다. 만약 인간의 뇌가 정보를 계열적으로 처리한다면 신경세포는 우리가 받아들이는 막대한 양의 정보를 처리하기에 역부족일 것이다.

연결주의모델은 뇌의 신경세포에 대응하는 단순한 처리단위(units)로 이루어진 연결망을 이용해서 인간의 인지구조를 이해하려는 접근이다(McClelland, 1999). 이 모델은 병렬분산처리모델(parallel distributed processing model) 또는 신경망모델(neural network model)과 거의 비슷하다. 그림 9-7은 신경세포와 연결주의모델의 처리단위를 대비하여 보여주고 있다. 입력된 신호들의 합이 역치를 넘으면 다른 신경세포 또는 다

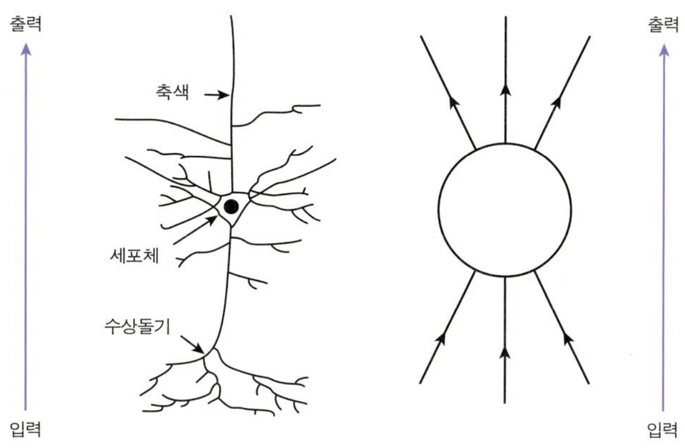


동시에 입력되는 신호들의 합이 역치를 넘으면 다른 신경세포 혹은 처리단위에 신호가 전달된다.

_____ (출처) McLeod et al.(1998)

른 처리단위에 신호가 전달되기 시작한다. 각 처리단위는 활성값을 가지고 있으며, 학습에 의한 강도(연결가중치)가 변화하면서 활성화를 유도하는 식으로 병렬적으로 상호작용한다. 연결주의모델에서 지식은 연결가중치의 패턴으로 표상되며, 새로운 지식의 획득은 학습규칙에 따른 개개의 연결가중치가 조절되면서 이루어진다.

이처럼 망을 구성하는 각 요소에서의 정보처리는 비교적 단순하지만, 이들 요소들이 상호작용하면서 전체 연결망에서 대규모의 병렬처리가 일어나기 때문에 복잡한 정보를 처리할 수 있는 것이다. 또한 연결주의모델은 외부의 복잡한 정보를 유연하고 연속적으로 학습해갈 수 있기 때문에 낮은 수준의 정보를 보완하거나 비슷한 것끼리 일반화하는 것이 가능하다. 이 모델은 기억, 학습, 언어, 사고, 인지발달, 뇌손상(화제의 연구 9-1 참조), 정신의학, 사회적 상호작용 등 다양한 영역에서 적용되어왔다(Bechtel & Abrahamsen, 2002; 守 등, 2001; 츠즈키 등, 2002; Van Overwalle, 2007).

인간의 뇌는 약 1,000억 개의 신경세포로 이루어져 있으며 각각의 신경세포는 약 10,000개의 다른 신경세포와 연결되어 있다. 신경세포 내의 정보전달은 전기적이지만, 신경세포 간의 정보전달은 화학적 기제로 신경전달물질을 매개로 하여 일어난다. 이런 점에서 연결주의모델은 실제 신경세포의 활동과 비슷한 정보처리기제를 가정하고 있다.

연결주의모델은 연결망의 형태와 정보의 표상방식에 따라 나눌 수 있다. 우선 연결망의 기본 구조는 입력단위에서 출력단위에 이르는 여러 계층 사이의 다층연결망(multi-layered network, 그림 9-8)과 처리단위 사이의 양방향적인 상호연결망(interconnected network, 그림 9-9)으로 되어 있다. 전자는 입력에서 출력까지의 과정을 이미지로 표상하는 과제에 적합하고, 후자는 정보의 상호제약상황에서 최적의 답을 찾는 과제에 적합하다. 또 다층연결망에 피드백이 결합된 연결망도 자주 이용된다. 예를 들어, 엘만(Elman, 1990)이 언어학습을 설명하기 위해 제안한 단순순환 연결망(simple recurrent network, 그림 9-10)은 많은 연구에서 사용되고 있다(10장 참조).

지식의 표상방식에는 ① 하나의 처리단위의 활성화를 통해 문자, 단어, 문장 등을 나타내는 국소표상과, ② 하나의 개념을 다수의 처리단위들의 활성화 패턴으로 나타내는 분산표상이 있다. 예를 들어 '개'를 (+,-,+,-,+,+,-,-) 패턴으로, '비둘기'를 (+,+,-,-,-,+,-,+) 패턴으로 나타내는 것은 분산표상이다(+는 +1.0, -는 -1.0의 활성값을 의미한다). 화제의 연구 9-2는 상호연결망모델의 간단한 계산사례를 보여준다.

러멜하트 등(Rumelhart et al., 1986)이 발표한 다층연결망의 오차역전파법(error back propagation)은 컴퓨터의 처리능력이 비약적으로 향상되면서 지금까지 어렵게 여겨졌던 구체적인 문제해결(음성인식, 화상인식, 프로세스제어 등)에 매우 유용하게 사용되고 있다. 오차역전파법은 출력단위 활성값과 정답에 해당하는 교사신호(敎師信號) 사이의 오차를 계산해서 입력층, 은닉층, 출력층으로 흐르는 정보와 반대방향, 즉 ① 은닉층-출력층의 연결가중치 수정, ② 입력층-은닉층의 연결가중치 수정의 순서로 연결망 학습이 이루어진다(그림 9-8). 그러나 연결주의모델보다 이전의 기호처리모델이 인지과정을 더 간결하게 기술할 수 있다. 즉, 미시적인 구조에 접근하여 고차 인지과정을 설명하려면 극복해야 할 문제들이 너무 많다. 그러나 연결주의모델 연구자들은 연결주의모델이 가정하고 있는 미시적 구조가 인지의 기초이기 때문에 고차 인지의 특징을 찾아내려면 반드시 필요하다고 주장한다(Elman et al.,

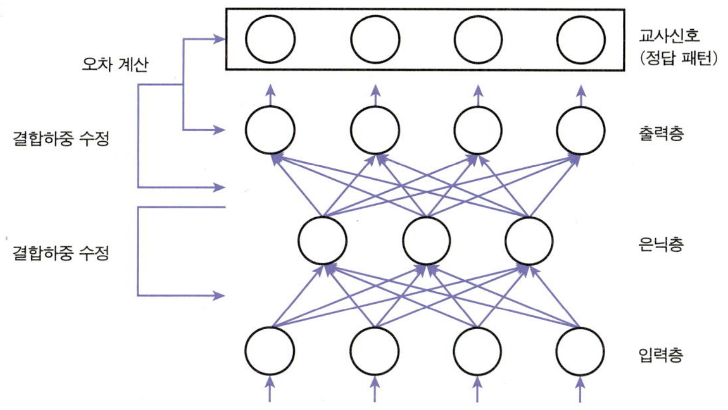


출력과 정답 사이의 오차를 기초로 입력층, 은닉층, 출력층의 정보 흐름과 반대 순서로 연결가중치를 수정하는 것으로 연결망에서의 학습이 일어난다.

_______ (출처) 아사카와(1995)



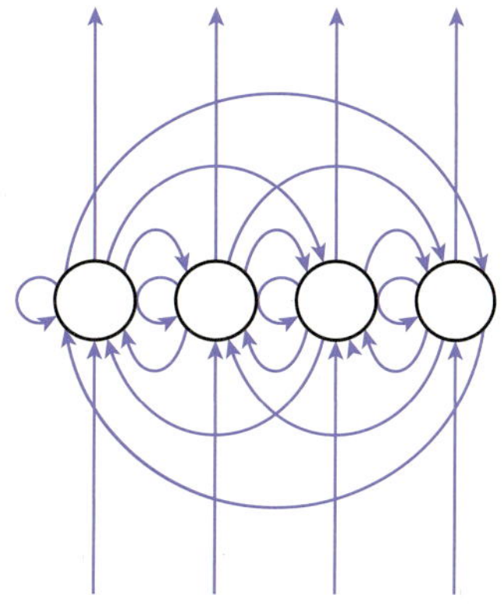

이러한 종류의 연결망은 처리단위 사이의 양방향성 연결을 가정하고 있다.

____ (출처) 츠즈키(1999b)



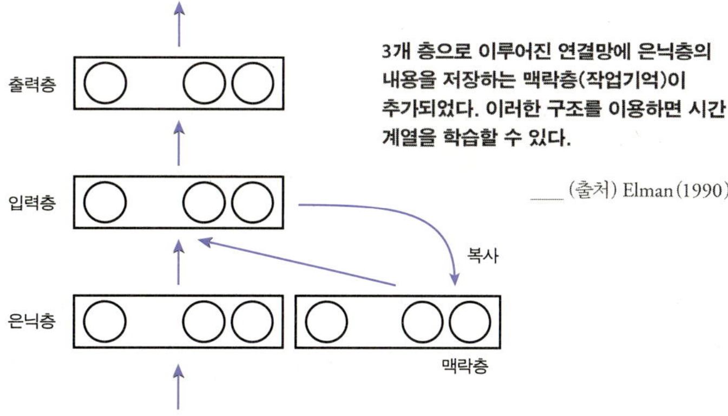


3개 층으로 이루어진 연결망에 은닉층의 내용을 저장하는 맥락층(작업기억)이 추가되었다. 이러한 구조를 이용하면 시간 계열을 학습할 수 있다.

____ (출처) Elman(1990)

인간의 지적능력 가운데 가장 기본적이고 진화론적으로도 의미가 있는 것 중의 하나가 동물이나 물체를 쉽게 인식하는 능력이다. 이러한 인식능력의 손상, 즉 물체의 인식에서 선택적인 장애가 나타나는 뇌손상환자의 인지과정에 관한 연구는 인간의 지식(의미기억) 구조에 대한 중요한 단서를 제공한다. 특히 특정 대상의 인식이나 명명에서만 장애를 보이는 환자들이 있는데, 이를 의미기억 범주특수성이라고 한다. 여기서는 과거 30년 동안 밝혀진 의미기억 범주특수성에 관한 연구를 소개하도록 하겠다.

뇌손상환자 중에는 생물의 이름을 말하는 능력에는 심각한 장애를 보이면서 비생물에서는 문제가 없는 소위 '특수'장애를 가진 사람들이 있다. 소수이기는 하지만 이와 반대의 증상을 보이는 환자들도 있다. 이런 현상을 생물과 비생물 간의 이중해리(double dissociation)라고 한다. 이러한 결과에서 몇 가지 질문이 생겨날 수 있다. 예를 들어, 시각적으로 제시된 대상을 인식하는 정보처리과정은 과연 어떤 것일까? 우리는 왜 뇌손상에 의해 쉽게 장애가 발생하는 범주특수적인 인식체계를 진화시켜온 것일까? 이것은 어떻게 획득되었고 생물과 비생물로 어떻게 체제화된 것일까? 이러한 범주 차이의 근본적인 특성은 무엇일까? 뇌손상 후에 나타나는 범주특수성을 설명하려면 어떤 모델이 필요할까? 등이다.

워링턴과 섈리스(Warrington & Shallice, 1984)는 범주특수성에 대한 고전적인 이론을 제안했는데, 이들의 이론은 이후 30년 넘게 논쟁을 불러일으켰다. 워링턴과 섈리스는 생물을 인식하지 못하는 사례를 보고하였다. 환자 J.B.R.은 동물, 과일, 야채 등 생물그림의 인식에서는 심각한 장애를 보이면서도 가구, 도구, 옷 등 비생물그림의 인식은 정상이었다. 흥미롭게도 J.B.R.은 음식, 보석, 악기, 옷감 등을 인식하는 데에서도 어려움을 호소했다. 즉 J.B.R.은 생물과 비생물이라는 일관된 이중해리를 보인 것이 아니었다. 이를 토대로 워링턴과 섈리스는 범주특수성 장애를 가진 사람들이 대상을 인식하기 위해서는 다른 종류의 정보가 필요하다고 주장했다. 생물을 구별하기 위해서는 감각정보가 중요하고, 비생물을 구별하기 위해서는 기능정보(예. 사용방법)가 결정적이라는 것이다. 이 감각기능가설은 최근에 범주특수성 장애를 설명하는 데 널리 이용되고 있다.

파라와 맥클렐런드(Farah & McClelland, 1991)는 워링턴과 섈리스의 '감각기능가설'을 토대로 연결주의모델을 만들었다. 완성된 모델에 손상을 가하자 생물과 비생물의 인식에서 이중해리가 나타났다. 분산적으로 표상된 두 종류의 의미기억, 즉 시각적 의미기억과 기능적 의미기억이 손상되면 생물 및 비생물 지식에서 장애가 일어난다는 사실이 입증된 것이다.

카라마차와 셸톤(Caramazza & Shelton, 1998)은 범주특수적인 신경인식시스템을 지지하는 '범주특수성이론(영역특수성이론)'에서 인간이 동물, 식물, 비생물이라는 세 개의 인식시스템을 진화시켜왔다고 주장했다. 그러나 왜 인간이 동물, 식물, 비생물 인식시스템을 진화시켜야 했는지는 의문이다.

최근 카라마차와 셸톤의 '영역특수성이론'과 워링턴과 섈리스의 '감각기능가설' 이외에 범주특수성 장애를 설명하는 또 하나의 중요한 이론이 제안되었다. 험프리즈와 포드(Humphreys & Forde, 2001)는 HIT이론(Hierarchical Interactive theory)에서 증상의 패턴을 설명할 때 사례유사성이 관련되어 있다는 사실을 강조했다. 이들은 생물에 대한 범주선택적인 장애는 이들 사례가 지각적으로 유사한 사례를 가진 범주에 속해 있기 때문이라고 지적한다. 램버트와 샤피로(Lamberts & Shapiro, 2002)는 이 유사성원리를 이용하여 생물에 선택적인 범주특수성 장애를 시뮬레이션하는 데 성공하였다.

한편, 다마지오 등(Damasio et al., 1996)은 뇌손상환자에게 유명인의 얼굴, 동물, 도구 등의 이름을 말하도록 요구했다. 그 결과 좌반구의 여러 영역들이 물체인식에 관여되어 있다는 사실이 밝혀졌다. 사람의 이름은 좌측두엽, 동물의 이름은 하측두엽, 가구는 하측두엽 후부와 관련이 있었다. 다마지오 등은 PET를 이용하여 건강한 참여자가 생물명명과제를 수행할 때 좌반구의 활성화를 측정했다. 그 결과 과제를 수행하는 동안 활성화된 뇌부위가 뇌손상환자에게서 발견된 부위와 일치하는 것을 알 수 있었다.

이상 30여 년에 걸친 의미기억연구의 흐름을 살펴보았다. '의미기억 장애에 관한 범주특수성'은 최근까지도 학자들의 관심을 받고 있으며 많은 것이 밝혀졌지만, 아주 결정적인 해답은 얻지 못했다. 여전히 많은 의문이 남아있는 상태이다. 앞으로 이러한 문제를 해결할 수 있는 후속연구를 기대해본다.

[아사카와 신이치]

연결주의모델에 의한 시뮬레이션은 특정 연결망 구조를 가정하고 있지만, 처리과정 자체는 행렬과 벡터계산의 반복에 지나지 않는다. 연결망의 계산방법을 구체적으로 보여주기 위해 간단한 예를 들어보겠다. 이 사례는 처리단위들이 양방향으로 연결되어 있는 상호연결망모델을 이용했다(그림 1). 먼저 두 가지 패턴(분산표상)을 학습하고 불완전한 패턴을 단서로 재생이 어떻게 가능한지를 설명하도록 하겠다.

첫 번째 학습패턴을 '개', 두 번째 학습패턴을 '하트'라고 하자. 첫 번째 패턴은 (+,-,+,-,+,+,-,-), 두 번째 패턴은 (+,+,-,-,-,+,-,+)로 한다. 여기서 '+'는 +1.0, '-'는 -1.0의 활성값을 나타낸다. 두 번째 패턴의 벡터의 내적(inner product)은 0이 되도록 설정했다.

기본 학습법칙인 헵(Hebb, 1949)의 규칙을 이용해서 처리단위들 사이의 연결강도(연결가중치)를 변화시켜보자. 헵규칙의 기본은 '동시에 발화하는 뉴런들 사이의 시냅스 연결은 강화된다'는 것으로 이것을 식으로 나타내면 다음과 같다.

$$\Delta w_{ij} = \varepsilon \alpha_j \alpha_i$$

($\Delta w_{ij}$ : 결합하중의 변화, $\varepsilon$ : 학습률 정수, $\alpha_i$ : 처리단위 $i$의 활성값)

즉, 첫 번째 학습에서 연결되는 처리단위 $i$, 처리단위 $j$의 활성값, 학습률 정수 $\varepsilon$, 이 세 개의 곱을 구해서 그 값만큼 연결가중치를 증감시킨다. 처리단위의 활성값, 연결가중치와 연결망 표시 간의 대응관계는 그림 1을 참고하기 바란다.

연결가중치의 초기값은 모두 0으로 하고, 학습률 정수 $\varepsilon$를 다음과 같이 설정한다.

$$\varepsilon = 1 / (처리단위\ 수) = 0.125$$

통상적으로 각 처리단위의 활성값은 이전의 활성값이 줄어든 값과 다른 처리단위에서 기여한 값을 합한 것으로 그 합의 절대값이 1.0 이하가 되는 활성화

**그림1 상호연결망모델**

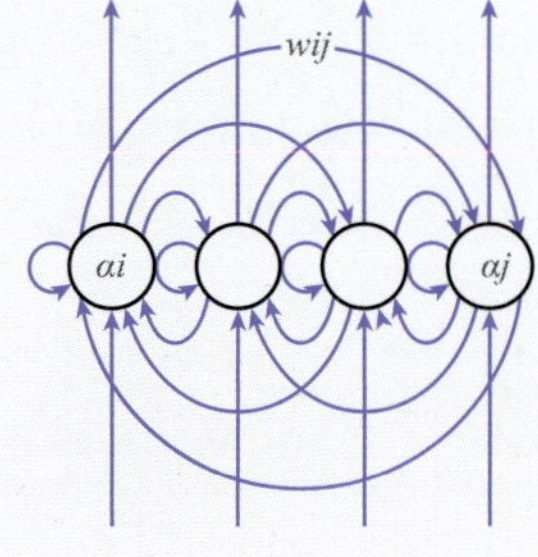


실제로는 처리단위가 8이어야 하지만 복잡성을 피하기 위해 그림에서는 4개의 처리단위만 표시했다($\alpha_i$: 처리단위 $i$의 활성값, $w_{ij}$: 처리단위 $i$와 처리단위 $j$의 연결가중치)

함수를 이용한다. 그러나 여기서는 요점을 이해하기 쉽도록 특별히 활성화 함수를 설정하지 않았다.

초기값의 연결가중치 행렬 W는 제로행렬이므로 첫 번째 패턴(개)을 학습한 후의 W는 다음과 같이 곱을 구하면 된다.

$$W = 0.125 \ (1.0, -1.0, 1.0, -1.0, 1.0, 1.0, -1.0, -1.0) \begin{pmatrix} 1.0 \\ -1.0 \\ 1.0 \\ -1.0 \\ 1.0 \\ 1.0 \\ -1.0 \\ -1.0 \end{pmatrix}$$

이어서 두 번째 패턴(하트)에 대해서 같은 계산을 하고 두 행렬의 합을 구한다. 즉, 두 패턴을 1회씩 학습한 결과, 연결가중치 행렬 W는 다음과 같다.

$$W = \begin{pmatrix} .25, & .00, & .00, & -.25, & .00, & .25, & -.25, & .00 \\ .00, & .25, & -.25, & .00, & -.25, & .00, & .00, & .25 \\ .00, & -.25, & .25, & .00, & .25, & .00, & .00, & -.25 \\ -.25, & .00, & .00, & .25, & .00, & -.25, & .25, & .00 \\ .00, & -.25, & .25, & .00, & .25, & .00, & .00, & -.25 \\ .25, & .00, & .00, & -.25, & .00, & .25, & -.25, & .00 \\ -.25, & .00, & .00, & .25, & .00, & -.25, & .25, & .00 \\ .00, & .25, & -.25, & .00, & -.25, & .00, & .00, & .25 \end{pmatrix}$$

학습 후에 연결망에서 정보의 일부를 제거하고 재생을 시도해보자. 개의 패턴에서 1~6 요소는 원래대로 두고 7, 8 요소를 0.0으로 하면, (1.0, -1.0, 1.0, -1.0, 1.0, 1.0, 0.0, 0.0)이 된다. 이 벡터와 위의 연결가중치 행렬과의 곱은 (0.75, -0.75, 0.75, -0.75, 0.75, 0.75, -0.75, -0.75)이다.

재생된 패턴의 부호는 학습한 개의 패턴과 일치하여 불완전한 정보임에도 불구하고 보완이 일어나서 전체 패턴의 재생이 가능하다. 하트의 예에서도 실제 계산하면 같은 결과를 얻을 수 있다.

연결주의모델을 좀 더 상세하게 알고 싶으면 守 등(2001), McLeod 등(1998), 츠즈키 등(2002)을 참고하기 바란다.

[츠즈키 다카시]

1996 ; McClelland, 1999). 연결주의모델의 구조를 이용해서 기호를 표상하는 이론을 기호연결주의모델이라고 한다. 최근에는 기호처리와 연결주의를 통합한 모델도 제안되었다(Hummel & Holyoak, 2003a ; Kintsch, 1998 ; 都築 & 楠見, 2005).

러멜하트와 노먼(Rumelhart & Norman, 1988)은 표상시스템을 ① 명제에 기초한 시스템, ② 아날로그적 표상시스템, ③ 절차적 표상시스템, ④ 분산된 지식표상시스템이라는 네 개의 범주로 분류했다. 이 장에서 소개한 서술적 지식표상모델이 명제에 기초한 시스템에 해당된다면 아날로그적 표상시스템의 대표적인 사례는 심상이다.


## 5절. 인지의 영역일반성과 영역특수성


뉴웰과 사이먼(Newell & Simon, 1972)의 문제해결 시뮬레이션처럼 초기 인공지능연구는 일반 모델을 목표로 주로 논리학이나 퍼즐 등의 문제를 과제로 사용하였다. 마찬가지로 인지심리학도 1960년대부터 1970년대 중반까지 일반 인지과정의 이해를 중시하는 경향이 강했다(Sternberg, 2006).

그러나 1970년대 후반부터 1980년대에 이르러서는 인지연구의 흐름이 영역특수성으로 바뀌었다. 한 가지 예로 체스전문가의 인지를 검증한 실증적 연구를 들 수 있다(Chase & Simon, 1973b). 포더(Fodor, 1983)는 그의 저서 『마음의 모듈성』에서 영역특수성을 강조하여 인지심리학에 큰 영향을 주었다. 포더는 모든 관련정보를 참조해서 처리해야 하는 중앙체계와 지식이 필요하지 않은 입력체계를 확실하게 구별하고 모듈성이 후자의 특성이라고 주장했다. 즉, 지식체계와 언어체계 같은 개별 모듈은 빠르게 작동하고 강제적이고 무의식적이고 영역특수적이고 제한된 정보를 처리하는 특성을 가진다(그림 11-12 참조). 포더는 단어인지라는 비교적 낮은 수준의 정보처리에서 모듈성을 주장했지만, 이 이론은 가드너(Gardner, 1983)의 다중지능이론이나 앤더슨의 ACT-R과 같은 고차 인지과정에도 적용되었다.

음성에서 유래한 언어는 계열적이고, 많은 부분을 언어에 의존하는 의식의 흐름도 대개 연속적이다. 고속 계열처리가 가능한 컴퓨터의 발전은 인지심리학에 큰 영향을 주었다. 인지연구는 인지과정과 인지구조로 나눌 수 있다. 이 장에서 설명했듯이 계열처리-병렬처리, 전문성, 인지과정의 문제는 지식의 구조와 관련이 깊다.

**연습문제    9장    지식의 표상과 구조**

1. 서술적 지식과 절차적 지식은 어떤 관계에 있는지 쉬운 예를 들어보세요.
2. 앤더슨과 맥클렐런드는 자신들의 홈페이지에 인지모델 연구업적과 소프트웨어를 자세히 공개하고 있습니다. 이들의 사이트에 들어가보고 인지심리학모델의 의의에 대해 생각해보세요.
3. 엘만의 연구그룹은 사이트에 tlearn이라는 연결주의모델을 공개하고 있습니다. 이 모델이 실제 어떻게 작동하는지 확인해보세요.

**참고문헌**

守一雄(1995)『認知心理学』岩波書店

● 認知モデリングに重点をおいた教科書であり、本章で紹介したさまざまなモデルが図表を用いで詳細に説明されている。

都築誉史編(2002)『認知科学パースペクティブ–心理学からの10の視点』信山社出版

● コネクショニスト・モテルを重視して構成された教科書であり、諸領域における近年の研究動向が、9人の分担執筆者によって解説されている。

荒屋真二(2004)『人工知能概論–コンピュータ知能からWeb知能まで[第2版]』共公出版

● 人間の知能を生み出す諸機能をコンピュータ上に実現しようと人工知能研究の概要が解説されており、知能の表現と利用に関するプログラミング手法が示されている。

守一雄・都築誉史・楠見孝編(2001)『コネクショニストモデルと心理学–脳のシミュレーションによる心の理解』北大路書房

● コネクショニスト・モデルに関して、従来の研究の概観、具体的な研究例、数理的基礎が詳細に解説されている。

都築誉史・楠見孝編(2005)『高次認知のコネクショニスト–ニューラルネットワークと記号的コネクショニズム』共立出版

● 人間の高次認知機能(記憶、言語、思考)に関する、内外の著名な研究者の論文が収録されている。記録処理とコネクショニズムのハイブリッド・モデルにも焦点をあて

# 10

언어이해

언어를<br>처리하는<br>마음의 구조

언어를 이해하고 산출하는 능력은 인간이 다른 동물과 구별되는 주요 특징 중 하나이다. 언어를 통한 소통은 친구관계부터 정치활동에 이르는 다양한 사회적 상호작용의 기초이다. 아이들은 말은 어려움 없이 할 수 있지만 쓰기나 읽기를 배우기까지는 오랜 시간이 걸린다. 인류가 음성언어를 사용한 것은 약 5만 년 전부터라고 한다. 반면에 문자는 약 5천 년 전에 만들어졌다. 문자가 발명되면서 시간과 공간을 초월한 정보의 전달과 추상적인 사고가 가능해졌다. 언어연구는 흔히 **음운론**(음성구조), **형태론**(말의 구조), **통사론**(문장구조), **의미론**(이해구조), **화용론**(발화이해)이라는 하위영역으로 나뉜다. 이 장은 언어의 이해에 초점을 맞추고 단어재인, 심적 사전, 문장이해, 언어와 뇌에 대해 소개한다.

『공기의 요정 아리엘에게 유혹당하는 페르디난드』(Millet J. F., 1849년)와
『창가에서 편지를 읽는 여인』(Vermeer, J., 1658~1659년)

# 1절. 단어의 재인 및 음독

### 단어재인모델

일본의 신문이나 잡지에서는 지명이나 인명을 제외하고 약 5만 개의 단어가 사용된다. 언어정보의 저장과 활용을 연구하는 데는 어휘정보의 집합체를 의미하는 심적 사전(mental lexicon)이라는 개념이 사용된다(츠즈키 등, 2008). 심적 사전에는 방대한 양의 단어(성인의 경우 약 5만 개 이상)가 형태, 음운, 의미, 구문이라는 속성정보와 함께 저장되어 있다. 단어재인은 심적 사전에 있는 정보로의 빠른 접근을 통해 일어난다.

단어재인은 청각에 의한 음성언어처리와 시각에 의한 문자언어처리로 나뉜다. 주요 단어재인모델에는 마슬렌–윌슨(Marslen–Wilson, 1987)의 연대모델(cohort model)과 맥클렐런드와 러멜하트(McClelland & Rumelhart, 1981)의 상호활성화모델(interactive activation model) 등이 있다. 연대모델은 음성언어의 정보처리에, 상호활성화모델은 주로 문자언어의 정보처리에 초점을 맞추고 있다.

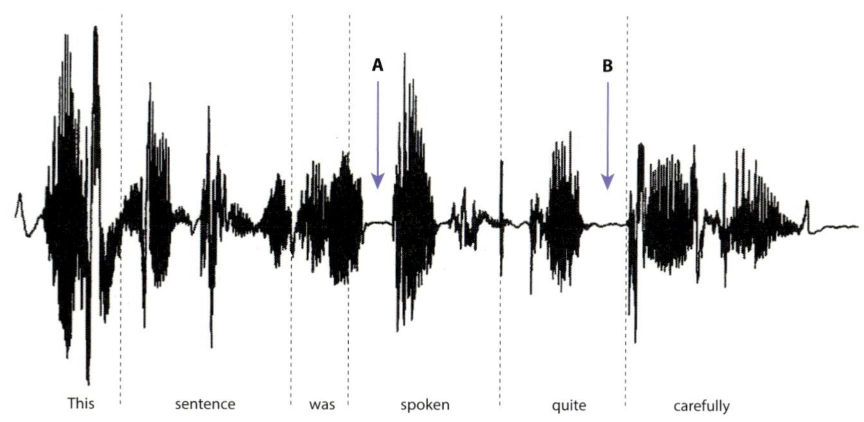


음성이 끊어지는 곳이 단어경계와 일치하기도 하지만(B), 연속되는 음소들이
결합되는 동시조음 때문에 일치하지 않는 경우도 많다(A).

___ (출처) Gaskell (2005)

## 1) 음성언어

연대모델은 단어의 음성이 입력되면 그 순간 맨 처음 나오는 음소(音素, 언어에
서 음을 구별하는 최소단위)를 공유하는 단어연대(cohort)가 병렬적으로 활성화되고, 이어
서 의미정보나 통사정보 등을 이용해서 범위를 좁혀간다고 가정한다. 예를 들어,
/sta/로 시작되는 단어가 제시되면 첫 번째 음이 같은 stack, stand, stamp, stance,
standard 등의 단어들이 동시에 활성화되고, 이어지는 음이나 전후 맥락에 따라
일정 시점이 되면 한 단어(예. stamp)가 선택된다는 것이다.

음소나 단어를 재인하려면 연속된 음을 분절하는 복잡한 정보처리과정이 필
요하다. 그림 10-1은 문장의 음성파형과 단어경계(word boundary)를 보여준다(Gaskell,
2005). 음이 끊어지는 곳이 단어경계와 일치하는 경우도 있지만(예. 그림 10-1의 B에서
quite와 carefully 사이) 그렇지 않은 경우도 많다(예. 그림 10-1의 A에서 was와 spoken 사이). 이는 소
리를 낼 때 연속하는 음소들이 결합되는 동시조음(coarticulation)이 발생하기 때문인
데, 그래서 음성이 끊어진 부분을 단어경계의 지표로 쓰기에는 적합하지 않다.

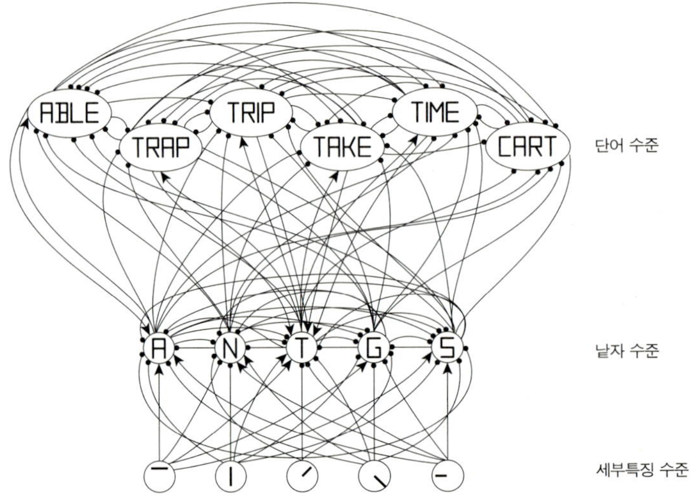


**화살표는 흥분성 연결을, 검은 점은 억제성 연결을 나타낸다.**
**상향처리와 하향처리에 의해 발생한 정보들이 상호작용하면서 처리된다.**

___ (출처) McClelland & Rumelhart(1981)



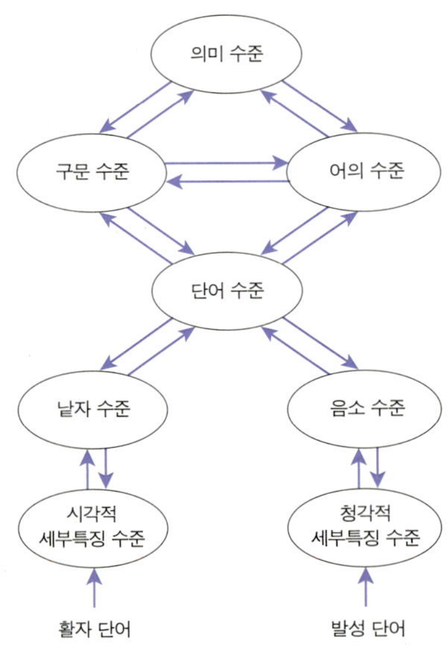


**타원으로 표시된 각 수준은 다수의 처리단위의 집합이다. 언어이해과정에서**
**단어분류, 통사분석, 의미분석이 상호 영향을 미치면서 처리된다고 가정한다.**

___ (출처) McClelland(1987)

2) 문자언어

　음소의 구분이 명확하지 않은 음성언어에 비해 문자언어는 단어의 시작과 끝이 분명하다. 특히 서양권 언어의 철자법(orthography)은 띄어쓰기 때문에 단어를 명확하게 식별할 수 있다. 일본어는 조사나 조동사 등 부속어가 문법적 관계를 나타내는 교착어(agglutinative language)이고, 문장을 이해하려면 우선 단어를 나눠야 하는 문제가 있다. 의미를 나타내는 최소단위가 형태소(morpheme)인데, 이 형태소를 구별하는 정보처리를 형태소분석(morphological analysis)이라고 한다. 일본어도 음성언어보다 문자언어의 형태소분석이 더 쉽다. 정보가 계열적으로 제시되는 음성언어는 정보처리가 제한적이지만, 문자언어는 여러 번 반복해서 읽을 수 있다.

　문자언어에 관한 상호활성화모델은 처리단위들과 그 상호관계를 상세하게 설정하고 있어서 컴퓨터 시뮬레이션도 가능하다(그림 10-2). 이 모델은 9장에서 소개한 연결주의모델의 초기연구로서 낱자가 단어의 일부일 경우 더 쉽게 재인되는 단어우월효과(word superiority effect)를 잘 설명한다. 각 수준은 상호연결된 여러 개의 정보처리단위로 이루어져 있으며, 화살표는 흥분성 연결을, 검은 점은 억제성 연결을 의미한다(그림 10-2). 그리고 낮은 수준에서 높은 수준으로 나아가는 상향처리(bottom-up)와 높은 수준에서 낮은 수준으로 내려오는 하향처리(top-down)가 상호작용하면서 정보처리가 일어난다.

　상호활성화모델은 처음에는 시각적인 단어재인을 설명하기 위해 제안되었지만, 이후 음성언어재인모델(TRACE모델, McClelland & Elman, 1986) 또는 언어처리모델(McClelland, 1987)로 확장되었다. 그림 10-3은 세부특징 수준, 낱자 및 음소 수준, 단어 수준, 구문 및 어의 수준, 의미 수준으로 이루어진 여러 층의 연결망으로 이루어진 확장된 상호활성화모델을 보여준다.

　그림 10-4는 언어의 이해와 산출에 대한 계열모델을 보여주고 있다(사카모토, 2000). 이 모델에 따르면 언어의 이해와 산출이 처리방향만 바뀔 뿐 동일한 인지시스템에서 일어난다. 언어이해는 우선 지각적 처리 이후에 음성 및 낱자 처리, 단어처리, 구문분석, 의미분석, 맥락분석, 종합판단의 순서로 계열적인 처리과정을 거친다고 주장한다. 이런 계열모델에서는 언어이해와 관련된 정보처리가 한 방향으로 고정되어 일어난다. 그러나 상호활성화모델은 상이한 수준들 간 정보의 흐름에 제한을 두지 않기 때문에 같은 구조 안에서 다양한 처리과정을 파악할 수 있다.

시각적으로 제시된 문자언어의 음을 해독하는 능력은 그 자체로도 중요하지만, 인지심리학자는 단어재인과정이나 심적 사전의 기능을 연구하는 데 음독과제를 이용하기도 한다. 음독과제는 생태학적 타당도가 높고 뇌손상의 영향도 비교적 적은 편이다. 여기서는 영어단어의 음독과 관련된 대표적인 두 모델을 소개한다.

### 1) 이중경로모델

이중경로모델(dual-route model, Coltheart, 1978 ; Coltheart et al., 2001)은 단어의 음독에 두 개의 경로가 있다고 가정한다. 하나는 직접적인 어휘경로(시각경로)로, 출현빈도 순으로 정리되어 있는 심적 사전의 정보를 참조하면서 음독이 일어난다. 다른 하나는 간접적인 규칙경로(음운경로)로, 서기소(書記素, grapheme, 문자언어의 기본요소)와 음소의 대응규칙을 이용해서 문장의 음독이 일어난다.

이 모델에 의하면 출현빈도가 높은 단어의 음을 읽는 시간이 짧은 이유는 심적 사전이 단어의 출현빈도를 토대로 구성되어 있기 때문이다. 출현빈도가 낮은 단어의 경우 규칙적인 단어가 불규칙적인 단어보다 음을 읽는 시간이 짧은 규칙성효과(regularity effect)가 발생하는데, 이것도 이중경로모델로 잘 설명된다. 또 성인 실험참가자들이 실제 단어와 비슷한 비단어를 발음할 수 있는 것도 이들이 규칙경로를 이용한다고 보면 설명이 가능하다.

### 2) 트라이앵글모델

단어음독에 관한 연결주의모델은 전혀 다른 두 개의 경로를 가정하는 이중경로모델을 비판하면서 나왔다. 사이덴버그와 맥클렐런드(Seidenberg & McClelland, 1989)의 트라이앵글모델(triangle model)은 서기소 단위층(입력층), 은닉층, 음운 단위층(출력층)으로 이루어진 연결망과 분산표상을 사용하여 단일 음절어(예, make)의 음독을 시뮬레이션하였다. 은닉층은 중간에 위치한 처리단위 집단으로 다층연결망모델에서 학습을 수행하는 데 필요한 구조이다(9장 4절 참조). 시뮬레이션 결과 대부분의 단어를 정확하게 발음할 수 있고 출현빈도효과 등을 재현하는 데도 문제가 없는 것으로 나타났다. 그러나 이 모델은 실제 단어와 비슷한 비단어를 무시하지 못하는 등 비단어 음독과제의 수행이 매우 나쁘다는 문제점이 있다. 사이덴버그 등의 모델

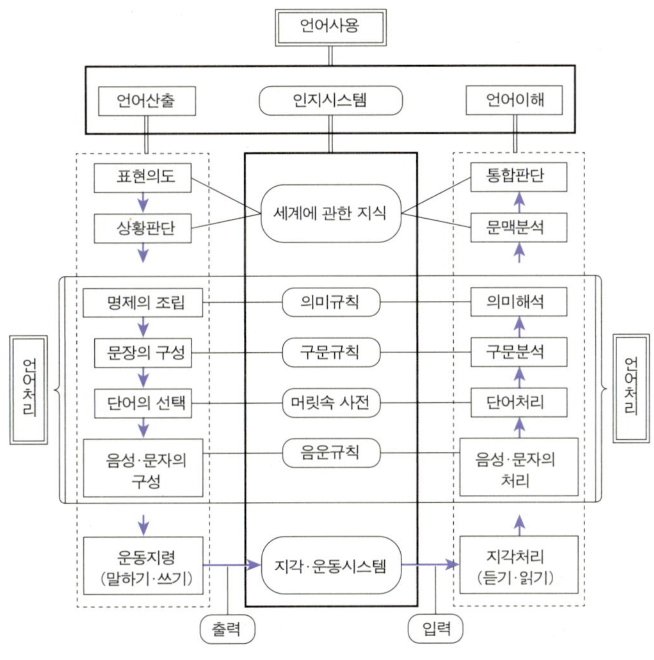


이 모델은 언어의 이해와 산출이 동일한 인지체계에서 일어나고 처리방향만
역으로 된다고 가정한다. 언어이해는 그림의 오른쪽 열에 제시된 각 정보처리가
일정한 순서로 실행되는 계열적인 과정으로 이루어진다.

___ (출처) 사카모토(2000)



단어는 서기소, 음운, 의미 등 세 개의 요소로
표상된다. 그림에서 청색의 타원과 화살표는
실제로 시뮬레이션이 이루어진 곳을 가리킨다.

___ (출처) Seidenberg & McClelland(1989)

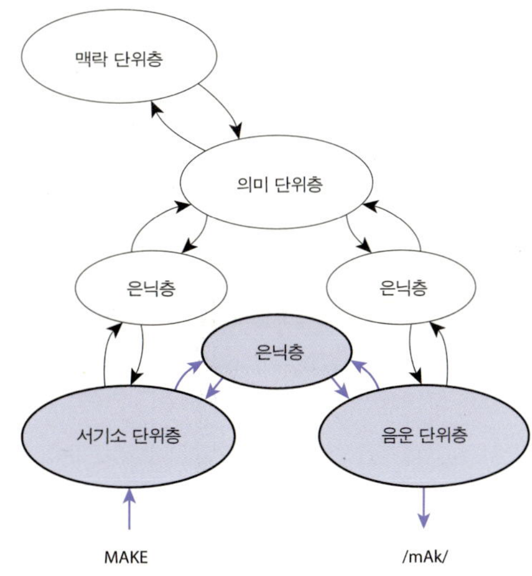

은 단어가 서기소, 음운, 의미라는 세 개의 요소로 표상된다고 가정하는 것 때문
에 트라이앵글모델이라 불린다<sup>(그림 10-5)</sup>.

이후 플라우트 등<sup>(Plaut et al., 1996)</sup>은 트라이앵글모델의 한계를 극복하기 위해
단어의 표상형식 또는 연결망의 형식을 변화시키는 연구를 시도했다. 시뮬레이션
결과 선행연구에서 나타났던 문제들이 해결되면서 병렬분산처리모델<sup>(예, 연결주의모</sup>
<sup>델)</sup>로도 이전의 실험결과를 설명할 수 있다는 것이 입증되었다.


## 읽기와 안구운동

음성재인은 수동적이지만 책을 읽는 것은 능동적인 행위이다. 문자에 초점을 맞
추어야 하고, 읽어들이는 속도도 조정해야 한다. 독자의 안구운동을 측정하는 여
러 연구를 토대로 언어이해에 관한 유용한 이론들이 제안되었다<sup>(Starr & Rayner, 2001)</sup>.

대개 안구운동이 부드럽게 연속적으로 이루어질 것이라고 생각하지만, 실제
로는 ① 점프하듯이 움직이는 도약운동<sup>(saccade)</sup>과 ② 안구운동을 정지하고 정보를
받아들이는 고정<sup>(fixation)</sup>상태가 반복된다. 동공과 각막에 적외선을 투사하는 소형
안구운동측정기를 이용하면 글을 읽는 동안 독자의 안구운동을 자세하게 측정할
수 있다<sup>(그림 10-6)</sup>. 보통 실험참가자의 머리와 턱을 고정시킨 채 정면에 있는 화면
에 문장이나 단어를 제시한다.

그림 10-7은 문장을 읽을 때 고정점의 위치를 보여준다<sup>(Gastell, 2005)</sup>. 평균 고
정시간은 약 200밀리초<sup>(ms)</sup> 정도이지만 처리해야 하는 언어의 특성<sup>(예, 단어나 문장의</sup>
<sup>난이도)</sup>에 따라 고정시간은 달라진다. 또한 그림 10-7에서 알 수 있듯이 시선은 단
어가 제시된 순서대로 움직이지 않는다. 의미를 가진 내용어<sup>(content word, 예, we, look,</sup>
<sup>reading, sentence)</sup>와 달리 문법적인 역할을 하는 기능어<sup>(function word, 예, where, when, a, on)</sup>는
읽지 않고 건너뛰는 경향이 있다. 또 반대로 내용어 중에는 고정이 여러 번 일어
나는 단어<sup>(예, dependent)</sup>도 있다. 역행안구운동은 문장이 복잡하거나 구문의 해석이
다양할 때 주로 일어난다<sup>(예, 그림 10-7에서 청색으로 표시된 ⑦, 3절 참조)</sup>.

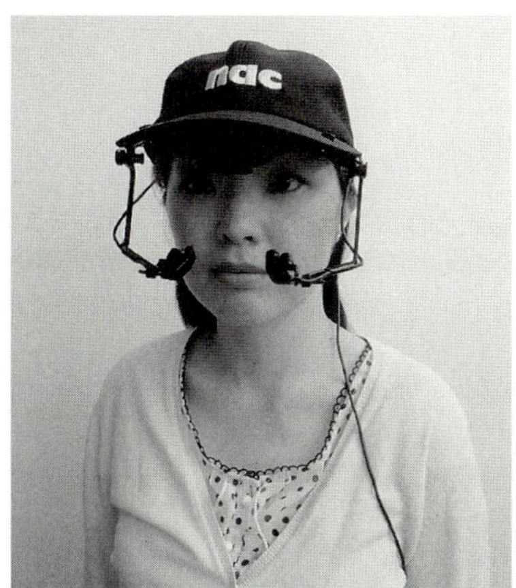

참가자의 눈에 적외선을 쏘아서 안구운동을 측정한다.
정확한 측정을 위해 참가자의 머리와 턱을 고정시킨다.

___ (사진제공) 주식회사 나퀴메디테크놀로지.



Where we look when reading a sentence is dependent on many different factors.

동그라미는 고정이 일어난 위치를, 숫자는 도약운동의 순서를 나타낸다. 이 문장의
경우 when reading a sentence라는 종속절이 주어절에 속하는 것을 이해하기가
쉽지 않기 때문에 ⑥에서 ⑦로 다시 돌아가는 역행도약운동이 일어난다.

___ (출처) Gaskell(2005)

## 2절. 심적 사전의 의미정보

### 의미표상과 다의성

앞 절에서는 심적 사전에 접근함으로써 일어나는 단어재인 및 단어음독 과정에
관한 대표적인 모델을 소개했다. 그러나 전체 언어이해 과정에서 단어의 재인은
겨우 시작에 불과하며, 단어의 전후 맥락을 살피고 나서 그 뜻을 결정해야 하는
과정이 남아있다. 단어의 의미표상에 대해서는 앞서 9장에서 활성화확산모델이
나 세부특징비교모델 등 주요 모델을 소개했다. 일반적으로 심적 사전에 저장된
의미정보는 점화기법을 이용하여 연구한다.

단어는 음절(syllable)로 나눌 수 있다. 일본어의 음절은 보통 하나 또는 두 개의
자음(consonant)과 하나의 모음(vowel)으로 이루어지는 엄격한 제약이 있다. 반면에 영
어는 단음절 형식이 19종이나 된다. 영어 음절이 약 3,000개인 것에 비해 일본어
음절은 100개 정도밖에 되지 않는다.

영어의 다의어(polysemous word) 중 하나인 bank를 예로 들어보자. bank는 명사
와 동사로 모두 사용되며, 명사로는 '은행', '둑', '제방'이라는 의미가 있다. 영어
는 음절의 종류가 많기 때문에 동음이의어(homonym)는 7% 정도에 지나지 않는다.
반면, 일본어는 음성적 제약이 강해서 같은 소리로 읽으면서 한자 표기로 구별하
는 동음이의어가 아주 많다. 예를 들어 '고-세-'라는 발음을 가진 2음절 한자 숙어
는 27개가 넘는다. 이렇다 보니 일본어 워드프로세스 프로그램의 변환오류는 일
상적인 문제이다.

### 맥락에 의한 다의어 재인

언어이해 과정에서 앞에 나온 문맥이 뒤에 나오는 어휘를 처리하는 데 어떤 영향
을 미치는지 알아보기 위해 다의어를 자극으로 하는 점화실험이 수없이 수행되었
다. 스위니(Swinney, 1979)는 범양상적(cross modal) 점화기법을 이용하여 의미적 맥락이
단어의 다의성을 해소하는 과정에서 어떤 영향을 끼치는지를 검증했다. 이 실험
에서는 다의어(점화자극, 예, '곤충'과 '도청기'의 의미를 가진 bugs)가 포함된 문장을 청각적으로

제시했으며, 점화자극과 목표자극 사이의 시간간격을 변화시키면서 실험참가자에게 목표자극에 대한 어휘결정과제를 수행하게 했다(점화자극 문장의 예, The man was not surprised when he found several spiders, roaches, and other bugs in the corner of his room〔그는 방구석에서 거미와 바퀴벌레를 비롯한 각종 벌레들을 보고도 놀라지 않았다〕).

실험 결과, 목표자극을 다의어(예, bugs) 바로 다음에 제시한 조건에서는 맥락에 부합하는 다의어의 연상단어인 목표자극(예, ant)뿐만 아니라 맥락에 부합하지 않는 연상단어(예, spy)에서도, 관련이 없는 목표자극(예, sew)보다 반응시간이 더 짧아지는 점화효과가 발견되었다. 그러나 다의어가 나오고 3음절 뒤에 목표자극을 제시한 조건에서는 맥락에 부합하는 연상단어에서만 점화효과가 관찰되었다. 이는 사전맥락에 의해 강한 제약이 일어난다고 하더라도 다의어가 제시된 순간에는 무의식적으로 다수의 연상단어가 활성화된다는 것을 보여준다. 그러나 맥락에 적합하지 않은 활성화는 빠르게(약 3음절 이후) 끝나기 때문에 맥락과 관련이 없는 점화자극의 효과는 사라진다.

스위니 이후에 여러 추가연구들이 수행되었는데 상반되는 결과가 보고되기도 하였다. 츠즈키 등은 일본어의 다의명사와 다의동사를 이용해서 다의성 해소에 관한 실험을 진행했다(츠즈키, 1993, 1997; 츠즈기 등, 2004). 츠즈키 등(Tsuzuki et al., 2004)은 실험에서 '명사-조사-다의동사'(예, 연(年)-が-くれる)를 음성으로 제시하고, 참가자에게 시각적으로 보여준 명사 목표자극(예, 일(日)〔연상단어와 맥락에 부합하는 자극〕; 물(物)〔연상단어와 맥락에 부합하지 않는 자극〕; 복(腹)〔관련 없음〕)을 음독하도록 했다. 실험 결과, ① 다의동사의 제시 종료 1음절(평균 126밀리초) 전에는 두 연상단어(일, 물) 조건에서 모두 점화효과가 나타났지만, ② 다의동사 제시 직후에는 맥락에 부합하는 목표자극(일)에서만 점화효과가 나타났다. 이를 통해 상당히 이른 단계에서 의미활성화가 일어나고 적절한 의미가 신속하게 선택된다는 것을 알 수 있다.

루카스(Lucas, 1999)는 17개 선행연구의 실험데이터를 이용하여 메타분석을 실시했다. 그 결과 다의어가 제시된 직후 여러 방향에서 접근이 일어난다고 하더라도 맥락에 부합하는 목표자극이 부합하지 않는 목표자극보다 점화효과가 더 크다는 결론을 얻을 수 있었다.

# 3절. 문장이해

지금까지는 심적 사전과 관련된 재인에 초점을 맞춘 단어수준에서의 언어이해를 다루었다. 문장수준의 언어이해는 더욱 복잡하다. 일상생활에서 읽고 듣는 문장들의 단어배열은 대부분이 처음 보는 것들이다. 문장을 이해하려면 간단한 재인 과정이 아니라 구조적으로 짜인 과정이 필요하다. 우리는 문장을 읽거나 들을 때 단어 하나하나를 연결해서 새롭고 일관성 있는 심적 표상을 만들어낸다. 문장을 읽는 사람이나 듣는 사람은 문자나 음성에서 단어를 분류해내고 단어들의 관계(단어의 문법적인 역할)를 추정한다. 이 과정을 구문해석(parsing)이라고 한다.

### 구문론과 의미

다음의 영문을 읽고 문법적으로 맞는지 살펴보자.

> (1a) Pretty little cats sleep deeply. (귀여운 작은 고양이가 푹 잠들었다.)
> (2a) Colorless green ideas sleep furiously. (무색의 녹색 관념이 맹렬히 잔다.)
> (1b) Deeply sleep cats little pretty.
> (2b) Furiously sleep ideas green colorless.

우리는 모국어를 들을 때 그 문장을 문법적으로 설명할 수는 없어도 문장이 문법에 맞는지 아닌지를 직감적으로 안다. 문장 (1a)는 문법적으로 맞고 의미도 잘 전달된다. (2a)는 문법은 맞지만 무슨 뜻인지 알기 어렵다. (2a)는 생성문법을 주장한 촘스키(Chomsky, 1957)가 구문론(syntax, 문장의 형식을 연구하는 학문)과 의미가 다르다는 것을 보여준 유명한 문장이다.

문장 (1a), (2a)를 품사로 나타내면 '형용사–형용사–명사–동사–부사' 순으로 구성되어 있다. 문장 (1b)와 (2b)는 문장(1a)와 (2a)의 어순을 거꾸로 한 것으로 문법적으로 틀렸다는 것을 한눈에 알 수 있다. 이 사례는 단어순서에 대해 누구나 관례적으로 동의하는 '구문지식'이 존재한다는 것을 보여준다.

인간은 발성기관 또는 청각기관의 제약 때문에 단어를 하나씩 이어 말한다. 이렇게 단어들이 계열적으로 전달되는 것은 문장의 계층구조를 파악하기 어렵게 만든다.

(3) The boy looked at the girl. (소년은 소녀를 쳐다봤다.)

그림 10-8에서 각 단어는 문장의 구문 역할을 하고, 영어의 구문규칙에 따라 구문으로 정리되며, 구문이 연결되어 문장을 구성한다. 소년은 동작의 주체이고, 보는 것은 행위, 소녀가 대상임을 이해하는 것을 주제역할할당(thematic role assignment) 이라 한다. 주제역할에는 격관계(case relation), 의미역할(semantic role) 등이 있다.

(4) 아름다운 마리코의 노랫소리
(5) 그가 올 때까지 기다리고 있다.

명사구 (4)는 ① 마리코가 아름다운 경우와 ② 노랫소리가 아름다운 경우로 해석할 수 있다(그림 10-9). 예문 (5)는 단어의 형태소를 어떻게 분석하느냐에 따라 주객이 바뀐다('그가 올 때까지 〔내가〕 기다리고 있다.' '그가 〔나를〕 기다리고 있다'). 이런 다의성을 해소하기 위해서는 단순한 구문론적 지식 이외에 다른 정보를 이용해야 한다.

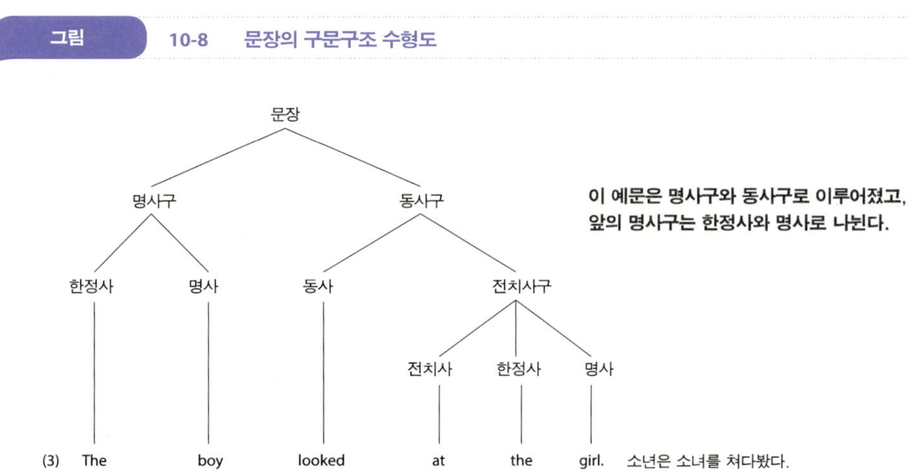

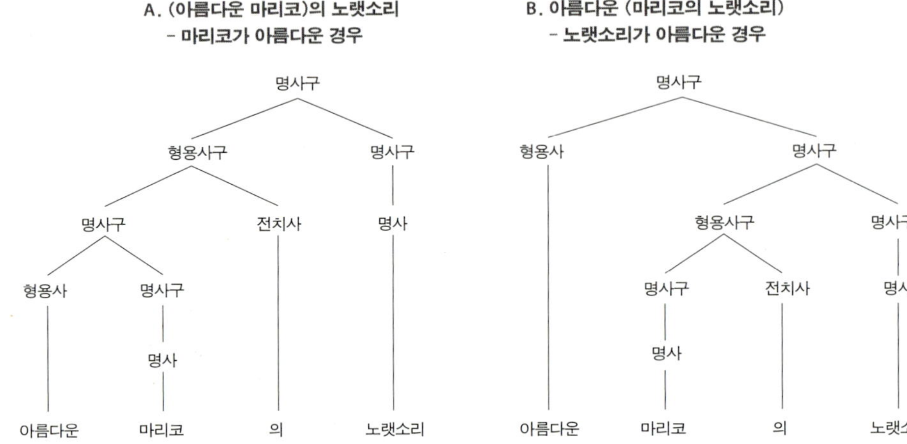


**다의적인 명사구의 해석 차이를 구문구조 수형도로 명확하게 표현할 수 있다.**

_____ (출처) 아베 등(1994)

## 생성문법과 격문법

입력된 언어자극이 부족하고 불완전한데도 인간은 어떻게 그 복잡한 언어구조의 지식을 그렇게 잘 습득할 수 있는가를 '플라톤의 문제(Plato's problem)'라고 한다. 촘스키의 생성문법이론(generative grammar theory, Chomsky, 1965)은 인간은 태어날 때부터 언어습득장치(language acquisition device, LAD)를 갖고 있다고 주장한다. LAD는 인류의 보편적 특성 중 하나인 보편문법(universal grammar)에 의해 지지되고 있다. 초기의 생성문법이론은 의미에 대응하는 심층구조(deep structure)에 변형규칙이 적용되어 수동태와 같은 표층구조(surface structure)가 생겨나서 말할 수 있는 것이라고 주장했다. 이후 반세기에 걸쳐 생성문법이론은 거의 10년마다 이론적 변혁이 일어났다.

원래 문법은 구문론, 음운론, 의미론을 포함하는 개념이다. 촘스키의 생성문법이론은 구조를 생성하는 구문론을 중심으로 하고, 음운론과 의미론은 구조에 담겨진 정보에 의해 결정되는 '해석 부문'으로 자리 잡고 있다.

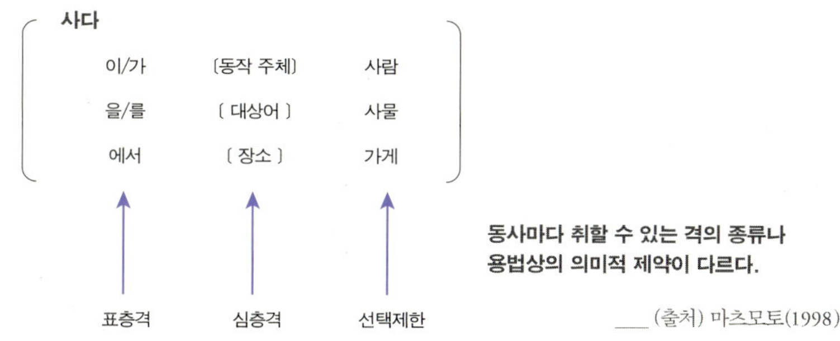





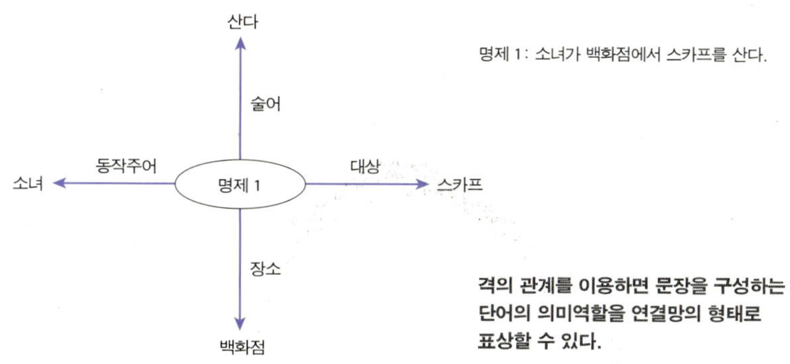



이에 반해 필모어(Fillmore, 1968)가 제안한 격문법(case grammar)은 의미이론이다. 격문법은 ① 주격이나 목적격 같은 표층격(surface case), ② 동사를 중심으로 명사와 명사 사이의 의미관계를 분석하는 심층격(deep case), ③ 심층격에 의해 명사가 받는 의미론적 제약인 선택제한(selection restriction)으로 구성된다. 대표적인 심층격에는 동작주체(agent), 대상(object), 도구(instrument), 장소(location) 등이 있다.

'산다(구매한다)'라는 동사의 용법을 그림 10-10과 같이 표시할 수 있는데, 이를 격틀(case frame)이라고 한다. 첫 번째 열은 표층격, 두 번째 열은 심층격, 세 번째 열은 선택제한을 가리킨다(마츠모토, 1998). 격관계를 이용하면 '명제 1: 소녀가 백화점에서 스카프를 산다.'라는 문장의 의미를 그림 10-11처럼 연결망의 형태로 나타낼 수 있다.

### 1) 정원통로모델

영향력 있는 구문해석모델로 정원통로모델(garden path model, Frazier & Rayner, 1982, Fraizer, 1983)을 들 수 있다. 이 모델은 구문해석이 순차적으로 이루어지며, 각 단어가 지각되는 순간 구문론적 역할을 할당받는다고 가정한다. 이 모델에 의하면 한 문장에서 여러 개의 구문구조가 경합을 벌일 경우 구문정보를 토대로 먼저 하나가 선택된다.

(6) 소녀가 엄마를 찾은 소년을 발견했다.

예문 (6)은 애매한 문장의 예인데(井上, 2005), 문장을 읽으면 '소녀가 엄마를 찾은'까지를 한 단락으로 이해하기 쉽다. 그러나 다음 단어 '소년'을 읽으면 '찾은' 것이 소년이라는 것을 알 수 있다. 이 지점에서 앞에서 잘못 해석한 것을 버리고 다시 해석해야 한다. 이렇게 애매한 문장에서 일시적으로 오역이 일어나고, 이를 재해석하기 위해 반복읽기나 읽는 시간이 늘어나는 것을 정원통로현상이라고 한다.

정원통로모델은 구문론적 다의성이 존재할 때 구문해석의 몇 가지 정보처리 방법을 가정한다. 그 중의 하나가 최소부착원리(minimal attachment principle)인데, 구문구조상 가장 단순한 구조를 선택해서 구문론적인 애매함을 해소한다는 것이다. 예문 (6)은 최소부착원리에 의해 '소녀가 엄마를 찾았다'는 가장 단순한 구조가 선택되었기 때문에 정원통로현상이 일어난다고 해석할 수 있다. 이 문장을 정확히 이해하려면 '찾았다'를 함축적인 관계절('엄마를 찾은 소년')의 동사로 보아야 한다. 즉, 정원통로모델은 ① 맨 처음 구문론적 요인만으로 중문 속의 단어의 역할을 평가하고, ② 일정 시점에서 하나의 구문구조만을 저장하는 계열적인 처리를 가정하고 있다.

### 2) 제약기반모델

정원통로모델과는 대조적으로 맥도널드 등(McDonald et at., 1994)이 발표한 제약기반모델(constraint-based model)은 구문해석이 병렬적인 상호작용으로 일어난다고 가정한다. 이 모델에 따르면 구문해석은 하나의 구문구조가 저장되는 것이 아니라 여러 개의 구문구조 후보에 대한 평가가 동시에 일어나는 것이다. 제약기반모델은 정원통로모델이 가정하는 것처럼 구문을 독립적으로 해석해서 처리하지 않고 상호작용하면서 처리하는 것을 중시한다. 즉, 단어의 출현빈도나 두 개의 단어가 동시에 나오는 빈도 등 구문론적 요인 이외의 정보가 구문해석에 영향을 미친다는 것이다. 또 한 단어가 다른 단어와 어떻게 함께 나오는지 등의 정보가 심적 사전에 저장되어 있어서 뒤에 나올 단어에 대한 확률적 예측이 생긴다고 가정하고 있다.

간지 등(Garnsey et al., 1997)은 문장완성법을 이용한 연구에서 동사 hear는 종속절(16%)보다 직접목적어(74% 예, hear sound)의 예측이 쉽지만, 동사 assume은 종속절(89%, 예, assume that...)의 예측이 직접목적어(9%)보다 쉽다는 것을 발견했다. 즉, 같은 구조의 정원통로문장이더라도 hear 같은 동사를 종속절에서 사용한 문장은 hear의 어휘 경향에서 예측할 수 있는 결과와 다르기 때문에 정원통로효과가 증가하는 것이다.

제약기반모델은 동사 등 주요부의 어휘정보를 중요시하며 영어처럼 주요부 전치언어를 전제로 하는 이론이다. 일본어와 같은 주요부 후치언어에서는 주요부가 나오기까지 어떤 정보처리가 일어나는지를 밝히는 것이 주요 과제이다(이우에, 2005).

지금까지 설명한 것처럼 문장이해의 가장 중요한 과제는 다음의 3가지이다(사카모토, 1998). ① 언제 단어와 단어의 관계를 추정하기 시작하는가, 또 그 추정이 순차적으로 일어나는 것인가, 아니면 주요부에 의해 움직이기 시작하는 것인가, ② 한 번에 몇 개의 심적 표상을 구축하는가, 즉 계열처리인가 병렬처리인가, ③ 어떤 언어정보를 이용하여 심적 표상을 구축하는가.


## 구문해석의 제약


1) 운율정보

다의성에 직면했을 때 인간의 구문해석시스템은 여러 요인에 의해 영향을 받는다. 문장을 읽을 때 멈춤(pause), 소리의 고저(pitch), 말의 리듬(rhythm) 등도 말을 알아듣는 데 중요한 단서이다. 이 가운데 말을 할 때 시간적으로 변하는 다양한 정보가 운율(prosody)정보이다. 말하는 사람은 소리의 고저나 시간을 바꾸면서 다의성을 줄일 수 있고, 듣는 사람도 이러한 정보를 활용할 수 있다(Warren, 1996). 앞에서 예로 든 '아름다운 마리코의 노랫소리'(그림 10-9) 또는 '그가 올 때까지 기다리고 있다'에서도 실제로 말을 할 때 두 가지 의미에 따라 말을 잠시 멈추거나 소리의 높낮이에 미묘한 차이가 있을 것이다.

한편, 단어는 명사와 동사 등 여러 가지 문법적 역할을 한다. 자주 사용하는 용법도 있고 거의 사용하지 않는 용법도 있다. 이런 문법적 용도의 출현빈도 역시 구문해석이나 다의성 처리에 영향을 주는 것으로 밝혀졌다(Trueswell, 1996).


2) 시각적 맥락

실생활에서 말을 이해할 때는 언어정보뿐만 아니라 시각적인 정보도 단서로 사용되는 경우가 많이 있다. 타넨하우스 등(Tanenhaus et al., 1995)은 문장의 시각적인 맥락이 구문론적 다의성을 처리하는 데 어떤 영향을 미치는지 알기 위해 흥미로운 실험을 했다. 실험에 사용된 예문은 다음과 같다.


(7) Put the apple on the towel in the box. (수건 위의 사과를 상자에 넣으시오.)


이 문장을 'Put the apple on the towel'까지 읽으면 '사과를 수건 위에 놓으시오'로 해석하기 쉽지만, 'in the box'까지 읽으면 문장을 재검토해야 하는 정원통로현상이 일어난다. 탄넨하우스 등은 안구운동 측정장치를 착용한 실험참가자에게 위의 문장을 들려주면서 두 개의 그림을 보여주었다(그림 10-12). 그림 10-12는 안구운동을 보여주는 것으로 ①②③④는 시간이 경과한 순서를 나타낸다.

조건 A에서는 약 50%의 참가자들이 'Put the apple on the towel'까지 듣고 아무 것도 올려있지 않은 수건을 보다가 'in the box'를 듣고 나면 놓아야 할 정확한 장소인 상자를 보았다. 반면, 사과가 냅킨 위에 놓여있는 그림을 추가적으로 제시한 조건 B에서는 아무 것도 올려있지 않은 수건을 바라보는 참가자가 거의 없었다. 이는 'on the towel'을 두 개의 사과를 구별하는 정보로 이해했기 때문이

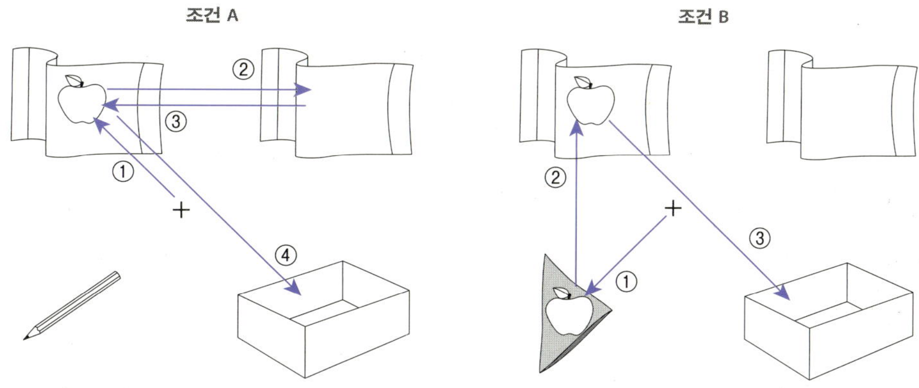



청각적으로 제시된 문장(Put the apple on the towel in the box)과
함께 제시한 두 종류의 화면에서의 안구운동(시간 경과는 ①②③④ 순)
+는 최초의 응시점을 가리킨다.

___ (출처) Tanenhaus et al.(1995)

다(조건 B에서 'put the apple'까지 듣고 어느 한 쪽의 사과를 주시하는 반응은 우연 수준이었다).

실험결과는 상황(시각적 맥락)에 의해 정원통로효과가 제거되는 것을 보여준다. 따라서 문장의 이해라는 복잡한 문제를 언어의 틀 속에 한정할 것이 아니라 실제 상황과 연관시켜서 검토할 필요가 있다.


## 문장이해와 연결주의모델

생성문법이론은 언어능력이 선천적인 모듈에 기초한다고 가정한다. 그러나 연결주의모델은 우리에게 언어를 위한 특별한 구조가 따로 존재하는 것이 아니라 일반 인지발달과 상호작용하여 언어능력이 발달한다고 본다(Elman et al., 1996).

엘만(Elman, 1990)은 3개 층(입력층, 은닉층, 출력층)의 연결망에 일정 시점 전의 은닉층의 내용을 보관하는 맥락층을 추가하여 단순순환 연결망모델(simple recurrent network)을 제안했다(그림 9-10 참조). 단순순환 연결망에서 맥락층은 작업기억(working memory)에 해당하는 역할을 맡고 있다. 이러한 연결망 구조를 이용하면 시간적 계열을 학습할 수 있는 것으로 알려져 있다. 시뮬레이션 결과 초기상태에서 문법에 관한 지식이 연결망에 전혀 존재하지 않더라도 예문을 많이 학습하면 올바른 문법구조를 습득할 수 있다는 것이 밝혀졌다.

엘만(Elman, 1993)은 단순순환 연결망에 있는 맥락층<sup>(작업기억)</sup>의 피드백 제한조건을 조작하여 작업기억용량을 서서히 증가시켜보았다. 그 결과 단순한 문장뿐만 아니라 복잡한 문장이나 위치가 떨어져 있는 단어들 간의 의존관계도 학습이 가능했다. 그는 이것을 '작게 시작하는 일의 중요성<sup>(언어습득장치의 기억용량 한계)</sup>'이라고 하였다. 즉, 엘만은 시뮬레이션을 통해서 '작은 작업기억용량'이 약점인 유아의 인지특성에도 불구하고 지나치게 복잡한 문장을 제거한다면 학습이 촉진될 수 있다는 것을 보여주었다.

세인트 존과 맥클렐런드<sup>(St. John & McClelland, 1990)</sup>는 단순순환 연결망 같은 회귀적 피드백 고리를 갖는 5개 층의 연결망을 이용하여 문장학습과 언어이해에서 격역할<sup>(case role)</sup>과 다의성 처리에 관한 연구를 수행했다. 츠즈키 등<sup>(1999)</sup>은 일본어 문장에 나오는 어휘다의성 처리에 관한 점화실험결과를 연결주의모델을 이용하여 시뮬레이션하였다.


# 4절. 글 이해모델(구성–통합모델)


글은 문장보다 더 큰 단위로 전체적인 통일성 또는 일관성을 갖는다. 글을 이해하려면 읽는 사람이 글 속의 내용을 추론하여 연관 짓고 기존의 지식과 통합해서 전체적으로 일관성 있는 의미적 표상을 만들어야 한다. 글 이해에 관한 대표적인 모델이 킨취<sup>(Kintsch, 1988, 1998)</sup>의 구성–통합모델<sup>(construction-integration model)</sup>이다<sup>(그림 10-13)</sup>.

문장의 재인기억실험을 통해 문장의 형식이나 문장 관련 정보는 아주 짧은 시간밖에 저장되지 않지만, 문장의 의미정보는 상당히 오래 저장된다는 것이 밝

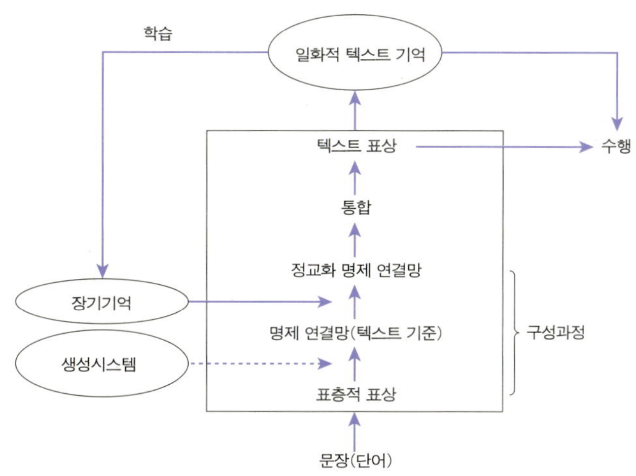


**문장은 의미적 명제 연결망(텍스트기반)으로 변환되고 장기기억의
정보가 더해져서 정교화 명제 연결망이 만들어진다(구성과정). 이어지는
통합과정에서 일관성 있는 구조화된 텍스트 표상이 일어난다.**

(출처) Kintsch(1992)

혀졌다(Sachs, 1967; 츠즈키, 1987). 구성-통합모델에 의하면 각 문장은 의미있는 명제로 변환되어 단기기억 속에 명제 연결망으로 표상된다. 그리고 각 명제와 관련된 정보가 장기기억의 지식창고에서 인출된다. 이 정보들은 문장 자체가 가진 정보와 함께 정교화 명제 연결망(elaborated propositional net)으로 표상된다. 여기까지가 '구성과정'이다. 정교화 명제 연결망에는 글의 주제와 관련이 없는 다른 명제들도 많이 포함되어 있다. 따라서 이어지는 '통합과정'에서 활성화 확산에 의해 의미표상이 선택되고, 맥락이 일치하면 더욱 강화되고 모순이 포함된 요소는 제거된다. 이런 과정을 거쳐 일관성 있는 텍스트 표상(text representation)이 만들어진다. 이렇게 만들어진 텍스트 표상은 구조화되고 일화적인 텍스트 기억(episodic text memory)으로 저장된다.

이러한 처리과정 결과 다음과 같은 3단계의 표상이 일어난다. 첫 번째 단계에서는 글을 구성하는 문장들과 단어, 문장의 구문론적 형식 등과 관련된 표층적 표상이 일어난다. 두 번째 단계에서는 문장의 의미와 관련된 명제적 표상(텍스트기반)이 일어난다. 세 번째 단계에서는 독자의 사전지식을 토대로 이해된 글의 구조를 의미하는 심적 표상(상황모델)이 일어난다(화제의 연구 10-1 참조).

### 텍스트기반모델과 상황모델

문장을 읽고 이해한다는 것은 글을 읽고 문장의 내용에 기초한 표상을 통해 심적 모델이 만들어진 것을 의미한다. 문장표상에 대한 이론은 텍스트기반모델과 상황모델 두 가지로 구분할 수 있다(Kintsch, 1994; Zwaan & Radvansky, 1998). 텍스트기반모델이 읽은 문장 자체가 그대로 표상되는 이론이라면, 상황모델은 문장이 서술하는 상황에 대한 표상이 만들어지는 모델이다. 예를 들어, 컴퓨터프로그램 매뉴얼을 읽으면서 다음과 같은 문장을 접했다고 해보자.

(1) 마우스를 움직여서 모니터상의 버튼을 클릭하여 주십시오.

이 문장을 읽고 '마우스'의 의미도 이해하고, 그것을 '움직여서' 최종적으로 '버튼'을 '클릭'하면 된다는 것을 이해했다면 이때 독자는 (1)의 텍스트에 기초한 표상을 만들었다고 할 수 있다. 그러나 실제로 프로그램을 조작할 때 독자가 마우스를 직접 모니터 위에 올려놓으면 어떻게 될까? 이 글에 '마우스를 직접 모니터에 올려놓지 마시오'라는 말이 없기 때문에 틀린 것은 아니지만 이 경우 독자는 문장의 의도를 잘못 파악한 것이다. 실제로 (1)을 읽고 난 뒤의 적절한 반응은 '마우스를 움직이면 화면 위의 커서가 함께 움직인다'는 지식을 가지고, '글을 쓴 사람은 화면 위의 커서를 움직일 것을 요구하고 있다'라는 추론이다. 이처럼 상황모델은 읽는 사람의 지식과 추론까지를 포함한다.

### 명제표상의 확장인 상황모델

그러면 상황모델은 어떤 형태로 표상되는 것일까? 텍스트기반모델은 명제들이 연결망 형태로 표상된다고 가정한다. 명제란 항목(명사)과 술어(동사, 형용사 등)로 이루어진 문장의 최소단위이다. 명제 연결망은 공통된 항목을 매개로 하여 동일한 문장에 속하는 복수의 명제들이 서로 연결되어 있다. 예를 들어 (1)은 '움직인다[마우스]', '위에 있다[버튼, 모니터]', '클릭한다[버튼]'라는 명제로 해석할 수 있다. 그리고 이들 명제는 공통된 항목(버튼)을 통해 결합될 수 있다.

독자의 사전지식과 추론을 텍스트기반 명제에 추가한 것이 상황모델이라면, 이 텍스트기반 명제 연결망을 확장하면 상황모델의 표상이 가능할 것이다

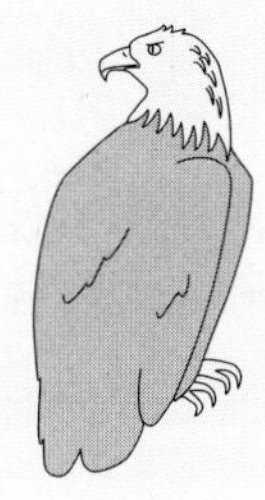

**그림1 날개를 펴고 날고 있는 독수리(좌)와 날개를 접고 쉬고 있는 독수리(우)**

(Kintsch, 1994). 구체적으로 문장으로 직접 언급하지는 않지만 연결망의 완성에 필요할 정보를 명제의 형태로 첨부하면 된다.(움직인다[마우스, 커서, 함께] 등)

### 심상의 특성을 지닌 상황모델

한편, 상황모델이 명제 연결망의 확장에 그치는 것이 아니라는 의견도 있다. 즈완(Zwaan,R.A.)은 읽는 사람은 문장이 기술하고 있는 상황을 대리적으로 경험하여 지각적인 심적 시뮬레이션을 실행한다고 주장하고(Zwaan, 2004), 이 생각을 지지하는 실증적인 증거를 제시했다(Stanfield & Zwaan, 2001 ; Zwaan et al., 2002). 그는 실험참가자에게 다음 문장 중 하나를 읽게 했다.

(2a) 삼림감시원은 독수리가 하늘에 있는 것을 발견했다.
(2b) 삼림감시원은 독수리가 둥지에 있는 것을 발견했다.

그런 다음 날개를 펴고 있는 독수리와 날개를 접고 있는 독수리 그림을 제시하고 (그림 1 참조), 이 그림이 직전에 읽은 문장에서 나온 대상을 기술한 것인지 아닌지를 판단하게 했다. 날개를 편 독수리 그림에서는 (2a)를 읽은 후의 반응이 (2b)보다 빨랐다. 또 날개를 접은 독수리 그림에서는 반대의 결과가 나왔다. (2a)와 (2b)는 명제구조가 거의 동일하고, 독수리의 날개상태에 대한 특별한 언급이 없다. 그런데도 반응시간의 차이를 보이는 것은 읽는 사람의 마음속에 시각적인 이미지(독수리 모습에 대한 표상)가 만들어져 있기 때문으로 볼 수 있다. 이러한 결과는 명제표상에 있어서 행간에 숨어있는 추론을 더하는 것만으로는 설명이 되지 않으며, 오히려 명제의 결합에는 필요하지 않지만 시각적인 심상이 만들어진다는 생각과 일치하는 것이다.

(이세키 류타)

킨취 등(Kintsch et al., 1990)은 실험참가자에게 전형적인 상황(예, 영화를 보러 간다)에 대한 짧은 글을 제시하고 나서 시간 간격을 두고(예, 40분 후, 2일 후, 4일 후) 재인기억을 검사했다. 실험 결과, ① 표층적 표상은 급속히 망각되지만, ② 명제적 표상은 시간이 경과해도 일부만 망각되며, ③ 상황모델의 기억흔적은 시간이 경과해도 없어지지 않는다는 사실을 알아냈다. 이것은 구성-통합모델의 예측을 지지하는 결과이다.

이 절에서는 킨취의 모델을 중심으로 글 이해의 기본 구조를 설명했다. 글을 이해하는 추론이나 상황모델의 특징 등에 대해서는 1990년대 이후 몇몇 흥미로운 모델이 제안되었고 연구가 활발하게 진행되고 있다(가와사키, 2005 ; O'Brien & Myers, 1999 ; van den Broek et al., 1999).



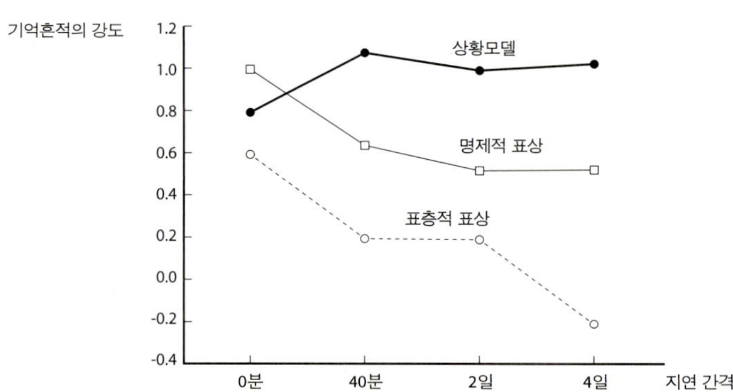



표층적 표상은 급속히 망각되지만 명제적 표상(텍스트기반)은 시간이 흐르면서 일부만 망각된다. 상황모델은 시간이 경과해도 망각되지 않는다.

(출처) Kintsch et al.(1990)

# 5절. 언어와 뇌

### 사건관련전위

인간의 뇌 속에서 구문과 의미는 어떻게 구별될까? 뇌파는 인간의 두피에 전극을 부착해서 측정하는 것으로, 신경세포의 전기적 활동을 증폭시켜서 보여준다. 특정 자극이 제시되었을 때 뇌의 신경세포의 활동으로 발생한 전위를 사건관련전위(event-related potential, ERP)라고 한다. 이 뇌파는 아주 미약하기 때문에 동일한 자극에 대한 반응을 여러 번 측정하여 노이즈로 작용하는 배경전파를 제거하고 난 뒤에 얻을 수 있다. 쿠타스와 힐야드(Kutas & Hillyard, 1980)는 실험참가자에게 글을 구성하는 다양한 단어를 1초 간격으로 100밀리초(ms) 동안 순간적으로 보여주고 ERP를 측정했다. 그 결과 글 마지막 부분의 맥락에 맞지 않는 단어에서 마이너스 방향의 음전위인 N400이 나타났다(예문 (8), 그림 10-5).

(8) He spread the warm bread with socks. (그는 따뜻한 빵에 양말을 발랐다.)



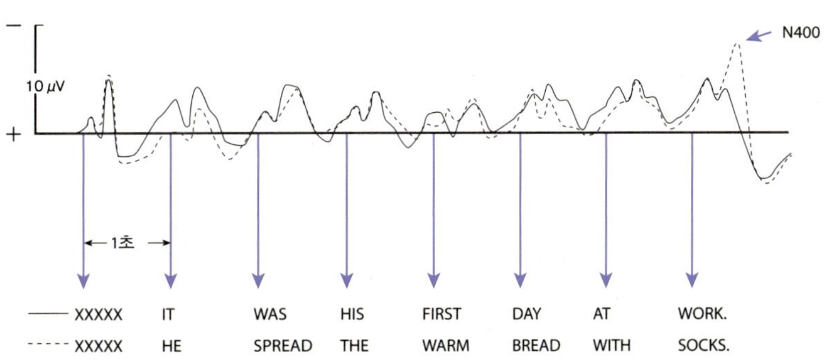



점선은 의미가 맞지 않는 문장이 제시되었을 때, 그리고 실선은 의미적으로 적절한 문장이 제시되었을 때의 사건관련전위를 보여준다. 문장 말미에서 의미가 맞지 않는 단어(socks) 때문에 N400 성분이 유발되었다(최초의 XXXXX는 응시점).

___ (출처) Kutas & Hillyyard(1980)

N400은 자극이 제시되고 나서 400밀리초 시점에서 정점을 보이는 음전위를 말한다. 한편, 구문론에서 벗어나거나 구문론적인 통합이 어려운 문장에서는 자극 제시 후 600밀리초에서 정점을 보이는 플러스 방향의 양전위(P600)가 발견되었다(Kaan et al., 2000).

## 실어증과 좌반구의 언어중추

뇌손상으로 인해 음성언어를 일부 내지는 전부 잃어버린 경우를 실어증(aphasia)이라고 한다. 실어증은 뇌졸중과 같은 뇌혈관장애나 교통사고 등으로 인한 외상이 원인이다. 실어증에는 여러 가지가 있지만, 고전적인 범주로 브로카(Broca) 실어증과 베르니케(Wernicke) 실어증으로 구분된다. ① 브로카 실어증은 좌반구 하측전두엽의 브로카 영역(브로드만의 44, 45)과 그 주변 영역 ② 베르니케 실어증은 좌반구 측두엽의 베르니케 영역(22)과 그 주변 영역과 관련이 있다(그림 10-16). 신경심리학적 연구에 의하면 오른손잡이와 왼손잡이를 합친 인류의 약 93%가 좌반구 언어우세성을 보인다(인류의 90%가 오른손잡이이고, 오른손잡이의 96%, 왼손잡이의 70%에서 좌반구 언어우세성이 나타난다)(Bear et al., 2007).

브로카 실어증은 듣거나 읽은 단어는 이해할 수 있지만, 언어를 조리 있게 구성해서 말하는 능력이 부족하기 때문에 운동성 실어증이라고 부른다. 브로카 실어증은 어순이 맞지 않게 단어를 나열하는 문법실조증상을 보이기도 한다. 베르니케 실어증은 의미를 따지거나 이해하는 능력은 손상을 입었지만, 단어를 순서대로 말하는 능력은 남아있다. 그래서 여러 번 반복하여 말을 하고 의미가 분명하지 않은 말을 하기 때문에 감각성 실어증이라고 한다. 즉, 음성언어를 만들어내는 능력이 브로카 영역에 달려있다면, 음성언어를 수용하고 이해하는 능력은 베르니케 영역에 달려있다.

뇌손상 이후 남아있는 행동패턴을 연구하면 정상적인 뇌에서 일어나는 언어처리 방식과 구조에 대한 추론이 가능하다. 뇌영상기법을 사용한 연구가 지금처럼 활발하기 이전에 제안된 대표적인 이론이 베르니케-게쉬빈트모델(Wernicke-Geschwind model, Geschwind, 1970)이다. 이 모델은 단어나 글을 읽을 때 '1차 시각피질→각회(角回)→베르니케→궁상속(弓狀束)→브로카→운동피질' 경로를 거친다고 가정

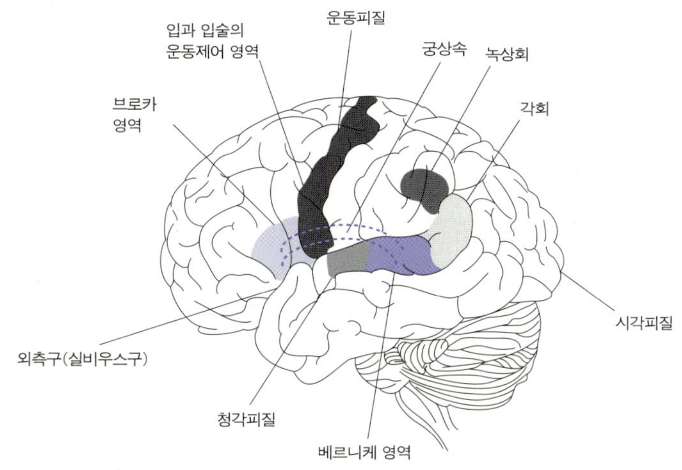



**브로카 영역과 베르니케 영역은 대표적인 언어중추이고,
궁상속은 이 두 영역 사이의 정보전달을 담당한다.**

＿(출처) Bear et al.(2007)

했다. 궁상속(arcuate fasciculus)은 일종의 매개체로 브로카와 베르니케 중추를 연결하고 있다. 궁상속은 대뇌피질 안쪽에 있어서 바깥에서 볼 수 없지만, 그림 10-16에서는 알기 쉽도록 표시한 것이다.

한편, 뇌의 좌각회(左角回)나 녹상회(緣上回)에 손상을 입으면 단어나 글을 읽지 못하는 실독증(alexia)이나 필기불능증(agraphia)이 발생한다. 최근 뇌영상기법이 발전하면서 특정 뇌영역과 특정 언어기능이 단순하게 일대일로 대응되어 있지 않다는 것이 밝혀졌다(Marcus, 2004). 언어기능은 여러 연합피질이 상호작용하여 일어난다.

### 언어와 뇌영상연구

피터슨 등(Peterson et al., 1988)은 양전자방출 단층촬영법(positron emission tomography, PET)을 이용하여 언어와 관련된 뇌영상연구 분야에서 선구적인 역할을 했다. 특정 언어활동과 관련된 혈류수준은 언어과제를 수행할 때의 혈류수준에서 기초과제를 수행할 때의 혈류수준을 빼면 알 수 있다.

그림 10-17은 ① 단어를 수동적으로 볼 때, ② 단어를 들을 때, ③ 단어를 말

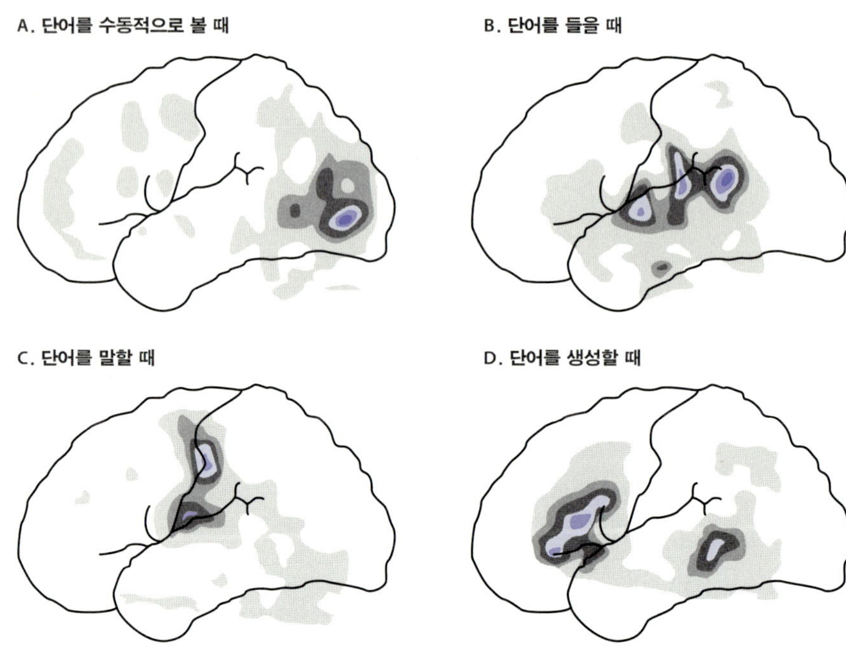



뇌영상기법을 통해 특정 언어과제와 관련하여 뇌의 여러
영역에서 병렬적인 활성화가 일어난다는 사실이 밝혀졌다.

____ (출처) Posner & Raichle(1994); Petersen et al.(1988)

할 때, ④ 단어를 생성할 때(예를 들어, 명사[케이크]를 보고 대응하는 동사[먹는다]를 말하는 단어연상 과제)의 뇌영상기록이다.

단어를 말할 때는 1차운동피질 영역에서 뉴런의 활동수준이 높고 브로카 영역 부근에서도 혈류가 증가한다. 단어를 생성할 때 활성화되는 부위는 좌하전두야, 전대상회, 후두엽이다. 이러한 과제에서 뇌는 광범위한 영역에 걸쳐 활성화가 일어나는데, 이는 언어가 순차적인 경로가 아니라 다수 영역에 걸친 병렬적인 신경망에 의해 처리된다는 것을 보여준다.

비뇨 등(Vigneau et al., 2006)은 1992~2004년에 걸쳐 출판된 fMRI(기능성 자기공명영상) 연구논문 가운데 음운처리, 의미처리, 문장처리 등 세 종류의 언어처리를 다룬 129편의 논문을 이용하여 메타분석을 실시했다. 이들 세 가지 정보를 처리할 때 활성화되는 뇌영역은 그림 10-16에 나오는 브로카 영역 부근부터 1차운동피질, 청각피질, 베르니케 영역, 각회에 이르기까지 광범위했다. 따라서 특정 언어기능이 각기 다른 뇌부위에 특화되어 있는 것이 아니라, 광범위한 뇌영역에 걸친 신경망에 의해 처리된다고 봐야 할 것이다.



① 한국어와 영어로 된 문장을 이해할 때 각 언어의 특징에 대해 생각해보세요.
② 글은 문장의 단순한 집합이 아니라 앞뒤가 이어지는 전개가 있습니다. 글의 내용을 이해하는 과정과 글을 이해하기 위한 추론을 보여주는 선행연구에 대해 조사해보세요.

**참고문헌**

川崎惠里子編(2005)『ことばの実験室 – 心理言語学へのアプローチ』ブレーン出版

● 近年の研究動向が、音韻、視覚、単語、比喩、曖昧文、文章、語用論など説明されている。

針生悦子編(2006)『言語心理学』朝倉書店

● 言語心理学の動向を、単語、文章、語用論、ジェスチャー、言語獲得、シミュレーションなどの観点からまとめている。

日本認知科学会編(2006)『認知科学』13巻 3号(特集・文理解の認知メカニズム)

● 日本語文の処理に関して、心理学と言語学領域の研究者による12編の実験研究論文をまとめて読むことができる。

大村彰道監修(2001)『文章理解の心理学 – 認知、発達、熟達、教育の広がりの中で』北大路書房

● 文章理解をめぐるた諸問題を、基本的な認知過程、発達、熟達、教育の3部に分けて解説している。

萩原裕子(1998)『脳にいどむ言語学』岩波書店

● 生成文法理論を基盤として、失語症、文法障害と遺伝子、事象関連電位についてわかりやすく簡潔に説明されしている。

山島重・辻幸夫(2006)『対談 心とことばの脳科学[認知科学のフロンティア)』大修館書店

● 神経心理学・高次機能障害学の研究者に言語学社者が質問をする形式で言葉と脳に関する幅広い知見がわかりやすく述べられている。

# 11

# 문제해결과 추론

## 지성의 위대함과 사고의 다양성

1997년 IBM의 체스 전용 슈퍼컴퓨터(딥블루)가 당시 세계 챔피언인 카스바로프와 대적하여 미세한 차이로 승리를 거두었다. 딥블루는 기본적으로 1초에 2억 개의 수를 찾아 읽으면서 상대의 생각을 예측한다. 카스바로프는 딥블루가 두는 체스를 보고 '외계인의 지성'을 느꼈다고 말했다. 2008년 4명의 일본인 학자(미국 국적 포함)가 노벨 물리학상과 화학상을 수상해서 일본 열도를 들뜨게 했다. 체스 프로그램과 노벨상 수상자의 사고에는 큰 차이가 있다. 기계가 고도의 지능으로 인간의 사고를 능가하는 날이 올 것인가. 사고심리학은 짧지 않은 역사를 가지고 있는데, 최근 들어서는 인접 학문의 성과를 적극적으로 받아들이면서 더 큰 발전을 이루고 있다.

네 명의 노벨상 수상자 – 왼쪽부터 난부 료이치로, 고바야시 마코토, 마스가와 도시히데, 시모무라 오사무

# 1절. 문제해결

현재 상태와 목표 사이에 장애물이 존재할 때 목표에 도달하는 방법을 찾아내는 과정을 문제해결이라고 한다. 문제해결에 영향을 미치는 요인에는 과제의 특성과 문제를 해결하는 사람의 지식이 있다. 그리고 문제의 종류에는 다음 두 가지가 있다. ① 해결에 필요한 정보가 문제 속에 이미 포함되어 있어서 객관적으로 정답이 존재하는 잘 정의된 문제(well-defined problem), ② 해결에 필요한 정보가 문제 속에 포함되어 있지 않고 정답이 하나로 정해져 있지 않아서 잘 정의되지 않은 문제(ill-defined problem). 일상생활의 문제들은 대부분 잘 정의되지 않은 문제이지만, 심리학자들은 주로 잘 정의된 문제를 사용해 인간의 사고를 연구해왔다.

## 문제해결에서의 표상과 재구조화

### 1) 재구조화와 통찰

게슈탈트 심리학파는 ① 문제는 내부에 어떻게 표상되는가, ② 이러한 내적

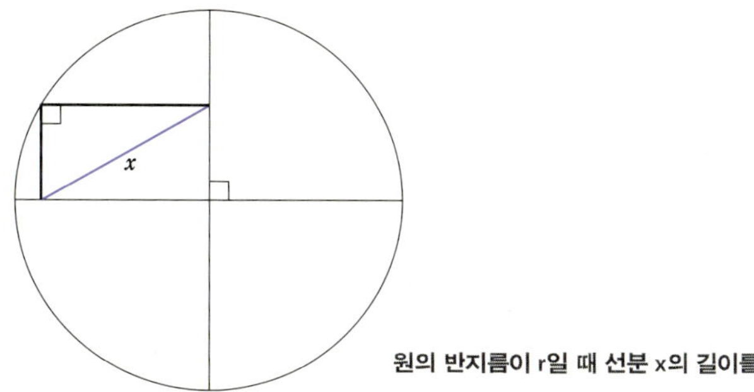



표상이 어떻게 재구조화되는가, 여기에 관심을 가지고 연구를 진행했다.

원의 반지름을 r이라 할 때 선분 x의 길이를 구하는 그림 11-1의 문제를 생각해보자. 'x가 직사각형의 대각선'이라는 내적 표상을 찾아내면, 두 대각선의 길이가 같으므로 x =r이라는 결론을 낼 수 있다.

게슈탈트 심리학에서는 문제의 표상이 변환되는 과정을 재구조화(restructuring)라 부르고, 문제의 해법이 갑자기 떠오르는 통찰(insight)을 중시한다. 한동안 답을 찾지 못하고 고민하다가 어느 순간 '아! 이거다.'라면서 문제를 해결하는 경험(aha experience)에는 감동이 따른다. 재구조화와 관련하여 선행경험이 내적 표상의 변환을 어렵게 만들어 문제해결을 방해하는 사례를 소개하겠다.

### 2) 기능적 고착과 마음갖춤새

다음 문제를 풀어보자(Duncker, 1945, 그림 11-2).

---

책상 위에 있는 재료를 사용하여 책상에 촛농이 떨어지지 않도록 하면서 불 켜진 초를 고정시키려면 어떻게 하면 될까?

---

상자에 압핀이 들어있는 조건 A는 상자가 비어있는 조건 B보다 '상자를 초의 받

조건 A: 압핀이 상자 안에 들어있다

조건 B: 압핀이 상자 밖에 나와있다

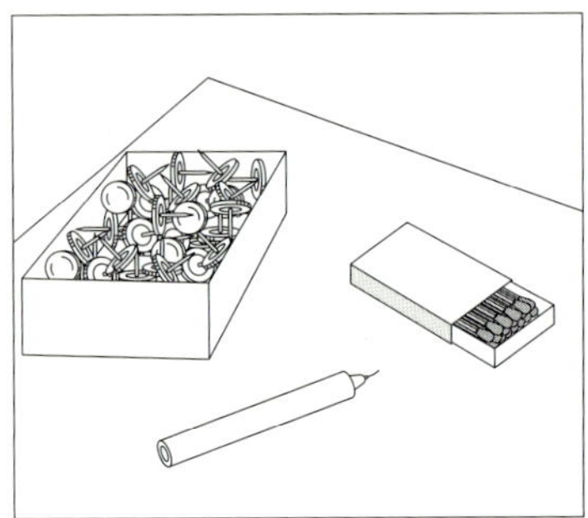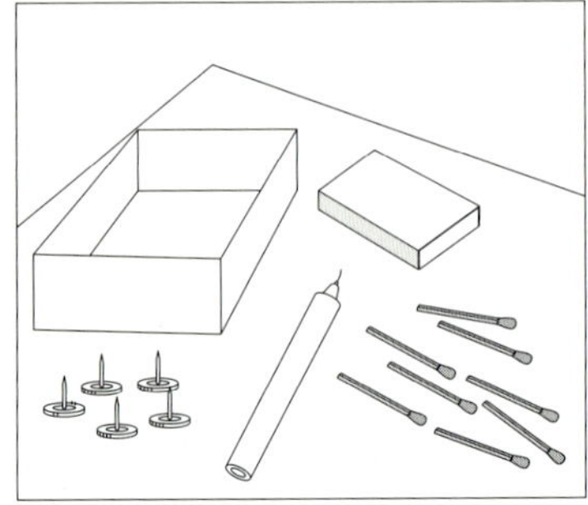

'상자는 무엇을 담는 것'이라는 기능적 고착 때문에 조건 A에서는 '상자를 받침대로 사용한다'는 통찰을 얻기 어렵다.

____ (출처) Duncker(1945)



용량이 다른 계량컵 A, B, C를 이용해서 필요한 양의 물을 계량하려면 어떻게 해야 할까? (단위는 컵[약 237ml])

| 문제 | 계량컵 용량 | | | 필요한 양 |
| --- | --- | --- | --- | --- |
| | 계량컵 A | 계량컵 B | 계량컵 C | |
| 1 | 21 | 127 | 3 | 100 |
| 2 | 14 | 163 | 25 | 99 |
| 3 | 18 | 43 | 10 | 5 |
| 4 | 9 | 42 | 6 | 21 |
| 5 | 20 | 59 | 4 | 31 |
| 6 | 23 | 49 | 3 | 20 |
| 7 | 15 | 39 | 3 | 18 |
| 8 | 28 | 76 | 3 | 25 |
| 9 | 18 | 48 | 4 | 22 |
| 10 | 14 | 36 | 8 | 6 |

문제 8을 제외한 모든 문제는 'B-A-2C'로 해결할 수 있지만, 문제 6, 7, 9, 10은 더 간단하게 풀 수 있다. 문제 1부터 풀기 시작한 사람은 마음갖춤새 때문에 간단한 해법을 생각해내지 못한다.

____ (출처) Luchins(1942)

침대로 사용한다'는 통찰을 얻기가 어렵다. 물체<sup>(여기서는 상자)</sup>의 기능에 대해 고정된 생각('상자는 물건을 넣는 것')을 갖고 있으면, 물체를 다른 기능('받침대')으로 이용하는 데 제약이 생긴다. 이를 기능적 고착<sup>(functional fixedness)</sup>이라고 한다.

이와 유사한 개념으로 사람이 과거의 경험에 의해 특정 방식으로 반응하는 경향성을 마음갖춤새<sup>(mental set)</sup>라 한다. 루친스<sup>(Luchins, 1942)</sup>의 '계량컵문제'를 통해 마음갖춤새가 무엇인지 알아보자. 루친스는 실험참가자에게 용량이 다른 세 개의 계량컵을 사용해서 일정량의 물을 계량하도록 했다<sup>(표 11-1)</sup>. 문제 8을 제외한 1에서 10까지의 문제는 계량컵 B를 가득 채워 B에서 A에 한 번, C에 두 번 물을 채우면 해결된다<sup>(B-A-2C)</sup>. 그러나 문제 6, 7, 9, 10은 문제 1과 같은 방식으로도 풀 수 있지만 더 간단하게 해결할 수도 있다<sup>(A-C, 혹은 A+C)</sup>.

루친스는 1번부터 순서대로 문제를 풀어나간 집단<sup>(마음갖춤새 조건)</sup>과 6번부터 문제를 풀어나간 집단<sup>(마음갖춤새 부재 조건)</sup>의 수행을 비교했다. 실험 결과, 마음갖춤새 조건에 있는 참가자들 중 83%가 문제 6과 7을 'B-A-2C' 방식을 적용해서 풀었고, 64%가 문제 8을 풀지 못했다. 반면에 마음갖춤새 부재조건의 참가자는 모두가 간단하게 답을 구할 수 있었다. 문제 1～5를 해결하는 동안에 생긴 마음갖춤새가 문제해결을 방해했다는 것을 알 수 있다.

그림 11-3은 '점문제'라는 유명한 통찰과제이다. 이 문제는 단순해 보이지만

**그림**  **11-3**　　**점문제**

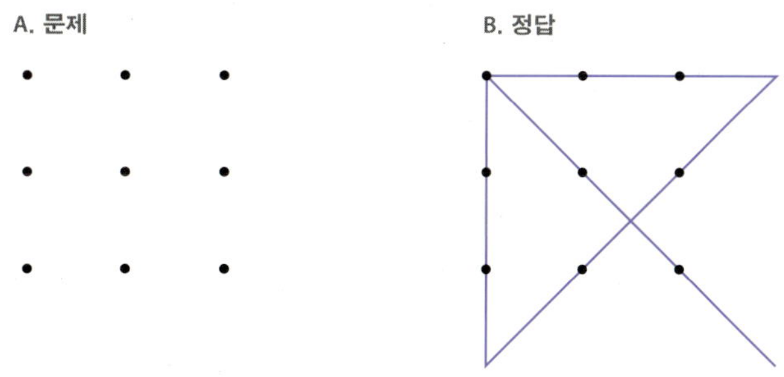



**대부분의 실험참가자가 '정사각형 안에서 만들어야 한다'는 불필요한 제약에 사로잡혀 정답을 내놓지 못한다.**

실제로는 아주 어렵다. 대다수의 실험참가자가 9개의 점으로 이루어진 최초의 정사각형에 사로잡혀서 정답을 내놓지 못한다.

### 3) 문제표상의 전환

대부분의 문제는 처음 어떻게 풀어가야 할지 실마리를 잡는 것이 제일 어렵고, 일단 문제표상의 전환이 일어나면 쉽게 해결된다. 카플란과 사이먼(Kaplan & Simon, 1990)은 문제제시 방식에 의해 만들어진 표상이 문제해결에 어떤 영향을 미치는지를 체스판문제를 이용해 보여주었다(그림 11-4, 색조건의 사례).

---

64개의 격자무늬로 이루어진 체스판이 있다. 64개의 격자무늬는 32개의 도미노(2개의 정사각형이 합쳐진 도형)로 덮을 수 있다. 그림과 같이 대각선상에 있는 두 모서리의 격자무늬를 없애고 남은 판을 31개의 도미노로 덮을 수 있는가? 가능하다면 그 이유를 설명하라.

---

카플란과 사이먼은 체스판의 격자무늬를 다음과 같은 네 가지 조건으로 제시했다. ① 공란: 선만 그려져있는 상태, ② 색: 검정과 분홍으로 색 구분(그림 11-4의 예시는 이 책에서는 분홍색 대신 파란색이 사용됨-옮긴이), ③ 단어: '검정', '분홍'이라는 단어가 적혀 있는 상태, ④ 연상단어: '빵'과 '버터'와 같은 대칭단어가 적혀있는 상태

이 문제는 도미노를 놓을 수 있는 패턴이 57만 개가 넘을 정도로 대단히 어렵다. 이 문제를 풀기 위해서는 체스판에서 각각의 칸이 이웃하는 칸과 반드시 대칭을 이룬다는 사실을 깨달아야 한다. 그리고 제거된 두 모서리의 칸은 같은 종류(색조건의 경우 두 개 모두 분홍)이므로 31개의 도미노를 가지고는 체스판을 덮을 수 없다.

연상단어조건의 실험참가자는 공란조건에 비해 두 배 이상의 빠른 속도로 문제를 풀었고(평균 약 17분) 힌트의 수도 3분의 1밖에 필요로 하지 않았다. 색조건과 단어조건의 수행은 연상단어조건과 공란조건의 중간이었다. 문제표상을 위한 적절한 정보가 주어지면 문제해결은 쉬워진다. 체스판문제를 '한 마을에 32쌍의 남녀 커플이 있는데 사고로 2명의 남자가 죽었다. 31쌍의 남녀가 결혼할 수 있는가?'로 바꾸면 쉽게 정답이 나온다.

체스판에서 두 모서리의 칸을 제거했을 때, 나머지 칸을
31개의 도미노로 채울 수 있는가?

**문제표상을 위한 적절한 힌트가 주어지면 문제해결은 쉬워진다. 실험에서
'2개의 칸이 대칭을 이룬다'는 정보를 조작하기 위해 네 가지 조건이
설정되었다.**

_____ (출처) Kaplan & Simon(1990)

올슨(Ohlsson, 1992)은 통찰과제에서 난관에 봉착하면 정보를 정교화하고, 새로운 정보를 추가하고, 방해가 되는 제약을 완화하여 문제표상을 변환함으로써 해결에 이른다고 주장한다. 앞의 점문제(그림 11-3)의 경우, 9개의 점을 정사각형의 틀로 보는 부적절한 제약 때문에 문제가 쉽게 해결되지 않는 것이다. 이러한 내적 제약이 다양한 시도를 거치면서 완화되고 약해지면서 통찰을 얻을 수 있다(스즈키, 2003).

## 문제해결에서의 탐색

게슈탈트 심리학파는 문제해결과 관련하여 내적 표상의 재구조화, 기능적 고착, 마음갖춤새 등을 이야기 했지만, 문제해결과정에서 구체적으로 어떤 일이 일어나는지는 명확하게 알지 못했다.

1956년 심리학, 정보과학, 언어학 등 여러 분야에서 중요한 논문들이 발표되었고, 인지과학(cognitive science)이라는 학문분야가 새롭게 탄생했다(츠즈키, 2002). 같은 해에 뉴웰과 사이먼은 수학 기초이론의 정리를 증명한 컴퓨터프로그램(Logic

Theorist)을 발표했고, 문제해결을 '현재의 상태(초기상태)에서 목표로 한 상태에 이르는 경로(문제공간, problem space)의 탐색'으로 보았다. 뉴웰과 사이먼(Newell & Simon, 1972)에 의하면 문제해결의 구성요소에는 ① 초기상태(initial state: 문제의 처음조건), ② 목표상태(goal state: 문제가 해결된 시점의 조건), ③ 중간상태(intermediate state: 초기상태에서 목표상태에 이르는 과정에 존재하는 다양한 상태), ④ 조작자(operator: 문제해결을 위해 사용가능한 수단) 등 네 가지가 있다. 이 개념을 이용하면 문제해결이란 초기상태에서 다수의 조작자를 순차적으로 적용해서 중간상태를 경유하여 목표상태에 이르는 경로를 탐색하는 과정으로 정의할 수 있다. 문제공간을 탐색할 때 여러 단계를 거치지 않고 효율적으로 목표상태에 도달할 수도 있지만 그렇지 않을 수도 있다.

반드시 정답을 얻을 수 있는 것은 아니지만 근사치를 기대할 수 있는 방법을 추단법(heuristics)이라고 한다(12장 참조). 추단법을 사용하면 목표상태에 이르는 시간이 많이 단축된다. 뉴웰과 사이먼은 수단-목표 분석(means-end analysis)이라는 추단법을 제안하였다. 수단-목표 분석은 초기상태와 목표상태 간의 차이를 줄이기 위해 목표상태에 도달할 수 있는 여러 개의 하위목표(subgoals)를 설정하는 전략이다. 하위목표를 향해 앞으로 나아가는 전향탐색(forward search)과 하위목표 전의 상태를 생각하는 후향탐색(backward search) 모두 효과적인 전략이다.

그림 11-5는 '하노이의 탑' 문제이다. 초기상태에서는 왼쪽 막대에 대, 중, 소 원반이 끼워있다. 목표상태는 이 세 개의 원반을 오른쪽 막대로 옮기는 것이다. 이 때 ① 한 번에 하나의 원반을 옮길 수 있고, ② 위에 다른 원반이 놓여있지 않은 원반만 움직일 수 있으며, ③ 큰 원반을 작은 원반 위에 놓을 수 없다는 제약이 있다. 그림 11-5의 화살표는 최단 해법을 보여주는 것으로, 초기상태1에서 중간상태2~7로 진행하면 목표상태8에 도달할 수 있다.

뉴웰 등은 GPS(general problem solver, 일반문제해결자)라는 시뮬레이션모델을 만들어서 인간의 문제해결과정과 비교했다(Newell et al., 1958). 이들은 생성시스템(production system)이라는 추론구조를 제시하여 인지심리학 및 인공지능 연구에 큰 영향을 끼쳤다. 생성시스템은 '만약 얻어진 정보가 조건 C를 만족시키면 행위 A를 실행하라'라는 생성규칙(production rule)의 집합으로 이루어져 있으며, 작업기억의 정보를 조합하여 억제된 추론을 실행시킨다. 생성시스템이 포함된 인지구조(cognitive architecture)로는 앤더슨 등(Anderson & Lebiere, 1998)의 ACT-R(Adaptive Control of Thought-Rational)이론이

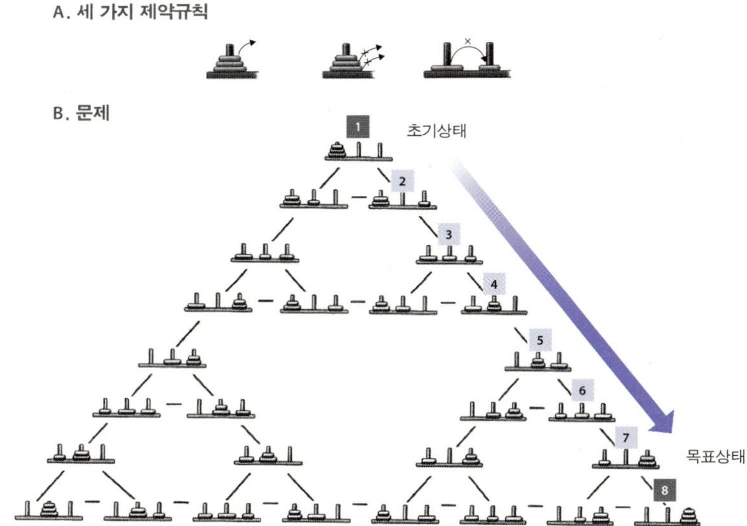



화살표는 최단 해법을 보여주는 것으로 초기상태1에서 중간상태2~7로
진행하여 목표상태8에 도달할 수 있다.

___ (출처) Dunbar(1998)

유명하다. ACT-R은 기억실험결과의 재현, 문제해결 및 프로그래밍 기법의 습득, 기능학습, 언어 이해 및 산출 등 다양한 분야에서 활용되고 있다(9장 참조).

## 유추의 사용

유추(analogy)는 두 개의 서로 다른 상황 사이에 무언가 유사성이 있을 때 일어난다. 과학의 역사를 살펴보면 유추를 보여주는 유명한 사례들이 많이 있다. 예를 들어 1933년 노벨생리학상을 수상한 모건(Morgan, T. H.)은 염색체를 실에 매달린 유리구슬로 표현하여 유전의 복잡성을 설명하였다. 과거에 경험한 문제의 해법과 지금 당면한 문제의 해법이 비슷할 때 유추가 일어난다.

다음은 게슈탈트 심리학자인 던커(Duncker, 1945)가 사용한 유추문제이다.

---

**종양문제**: 당신은 위에 악성종양이 있는 환자를 치료하는 담당의사이다.

수술은 불가능하고 이대로 두면 환자는 죽게 된다. 방사선을 충분한 강도로 쏘이면 종양은 파괴될 수 있다. 그러나 그 정도로 강한 방사선은 종양에 이르기 전에 건강한 조직도 파괴한다. 반면에, 약한 방사선은 건강한 조직을 손상시키지도 않지만 종양도 파괴하지 못한다. 어떻게 치료하면 좋을까?

이 문제는 쉽게 풀 수 없다. 다음 글을 읽고 다시 생각해보자.

**요새이야기**: 어떤 나라의 중심부에 독재자가 살고 있는 요새가 있고 여러 갈래의 도로가 이곳으로 통하고 있다. 반란군의 장군이 이 요새를 공략하려고 한다. 전군을 동원해서 공격하면 요새를 공략할 수 있다. 그러나 길마다 지뢰가 설치되어 있어서 소규모의 군대는 무사히 빠져나올 수 있지만, 대군이 지나가면 지뢰가 폭발해서 인근 마을도 피해를 입는다. 사람들이 요새를 공략하는 것은 불가능하다고 생각하고 있을 때, 반란군의 장군이 간단한 전략을 제안했다. 군대를 소그룹으로 나눠서 여러 길로 배치한 후 일제히 요새를 공격하는 것이다. 이렇게 해서 장군은 요새를 공략하고 독재자를 타도했다.

요새이야기에서 종양문제를 해결할 수 있는 통찰을 얻었는가? 이때 해결해야 하는 종양문제를 표적문제(target problem)라고 하며, 요새이야기처럼 표적과 유사한 과거의 지식을 바탕문제(source problem)라고 부른다. 긱과 홀리오크(Gick & Holyoak, 1980, 1983)는 종양문제만을 제시했을 때 문제를 해결하는 참가자가 10%밖에 되지 않는 것을 발견했다. 그러나 요새이야기를 읽게 한 후 종양문제를 제시했더니 참가자의 30%가 문제를 해결했다. 마지막으로 '요새이야기가 종양문제의 해결에 도움이 된다'는 힌트를 주었더니 75%의 참가자가 종양문제를 해결했다.

유추에 의한 문제해결과정은 다음 3단계로 이루어진다.

1) 표적문제를 이해하고 장기기억에서 바탕문제를 탐색한 후에 표적문제와 바탕문제 간의 유사성을 찾아내는 단계: 유추적 문제해결에서의 유사성은 각 대상 혹은 대상이 갖고 있는 속성 수준이 아니고 관계에서의 유사성을 말한다.

2) 바탕문제와 표적문제를 연결하는 대응단계: 위의 예에서 참가자는 바탕요소(요새)를 표적요소(종양)와 대응시킬 수 있어야 한다.

3) 대응관계를 표적문제의 해결에 적용하는 단계: 예를 들어 '많은 소규모 군대가 여러 방향에서 요새를 공격한다'는 이야기에서 '약한 방사선을 여러 방향에서 종양에 쏘인다'는 아이디어가 떠오른다(그림 11-6).

이 경우 바탕문제와 표적문제의 공통적인 해답은 '필요한 힘을 분산시킨 후 이들을 한 곳으로 집중시켜서 대상을 파괴한다'로 일반화할 수 있다. 이렇게 여러 문제에 걸쳐있는 해법이 문제도식(problem schema)이고, 이런 도식을 이용한 추론과정을 도식귀납(schema induction)이라고 한다.

다중제약이론(Holyoak & Thagard, 1995)에 의하면 ① 문제에 포함된 대상의 의미유사성, ② 문제 속 대상들 간 관계의 일치(구조적 일치성), ③ 문제가 동일한 목표를 갖는 실용적 유사성 등 세 가지 요인이 바탕문제의 탐색에 영향을 준다. 홀리오크 등은 유추문제를 흥분성 및 억제성 연결망으로 표상하고, 위의 세 가지 제약을 이용해서 병렬적인 활성화모델(ACME : Analogical Constraint Mapping Engine, Holyoak & Thagard, 1989)과 9장에서 설명한 연결주의모델을 결합한 도식과 유추를 이용한 학습 및 추론 모델 (LISA : Learning and Inference with Schemas and Analogies, Hummel & Holyoak, 1997)을 제안했다.

**그림**  **11-6    종양문제의 해결방법**

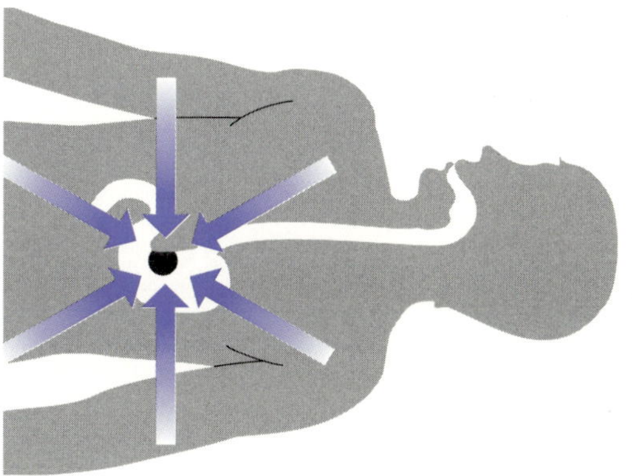

종양문제(표적문제)와 요새이야기(바탕문제)의 공통 해법은
'힘을 분산시킨 뒤 한 곳으로 집중하라'로 일반화할 수 있다.

숙련자, 즉 달인의 행동은 우리같이 평범한 사람들을 경탄하게 만든다. 빠르고 정확한 판단, 많은 사물을 한번에 정확하게 기억해내는 능력, 물 흐르듯 유연한 몸놀림 등 이들의 탁월한 수행은 과연 어떻게 가능한 것일까? 마치 컴퓨터의 메모리나 하드디스크 용량을 늘리는 것처럼 이들은 훈련을 통해 정보처리능력을 극적으로 향상시켜서 우리와는 다른 초인이 된 것 같다. 그러나 지금까지 다양한 분야에서 수행된 숙련화 연구결과에 의하면 그럴 가능성은 거의 없다.

숙련화 연구에서 체스선수의 기억에 관한 일련의 연구성과를 언급하지 않을 수 없다(De Groot, 1965 ; Chase & Simon, 1973a). 숙련자의 수행이 뛰어난 이유를 이들 연구에서 짐작해볼 수 있기 때문이다. 체이스와 사이먼(Chase & Simon, 1973a)은 기량이 다른 세 명의 체스선수(달인, A급, 초급)에게 체스판 위에 배치된 말을 5초간 보여주었다. 그 후 이들에게 체스판과 말을 주고 처음 보여준 체스판의 말을 그대로 재현하도록 했다. 초급자는 20여 개의 말 가운데 평균 4개를 재생했다. 반면 A급 선수는 약 8개, 달인은 약 16개를 재생할 수 있었다. 달인의 성적은 인간의 단기기억 한계용량으로 알려진 마법의 숫자 '7±2'(Miller, 1956)를 훨씬 능가한다. 그러나 실험조건을 약간 변화시키자 이 압도적인 '기억력'은 바로 사라졌다. 앞의 조건은 말의 배치를 실제 게임대로 재현했으나, 말을 무작위로 배치한 체스판을 보여주자 세 명 모두 각자의 기량에 상관없이 4개 이하의 매우 낮은 재생능력을 보였다.

여기에서 추측할 수 있는 것은 숙련자의 뛰어난 수행을 가능하게 하는 것은 기억용량의 순수한 증가 때문이 아니라는 것이다. 정보처리용량이 늘어난 것이 아니라면, 정보의 압축이나 변환 등 정보처리의 '방식'에 답이 있을 것이다. 정보처리방식의 변화에서 중요한 역할을 하는 것이 도식(schema)이다. 도식이란 장기기억에 저장된 특정 사상에 대한 하나의 구조화된 지식을 말한다. 바틀렛(Bartlett, 1932)에 의해 최초로 제안된 이 개념은 현재 광범위하게 사용되고 있다. 도식은 개념적인 지식이나 의미, 규칙 등의 집합체 또는 마음에 떠오르는 심상이기도 하다. 또 절차적 지식처럼 실행방법에 관한 지식이나 신체감각 및 운동을 포함하기도 한다(Schmidt, 1975). 이처럼 도식을 구성하는 '지식'의 내용과 규모는 매우 다양하며, 이들은 모두 장기기억에 저장되어 있고 필요할 때 꺼내 쓸 수 있다.

체이스와 사이먼(Chase & Simon, 1973a)의 사례에서 체스선수는 말의 배치를 기억할 때 체스에 관한 다양한 지식과 규칙(체스 도식)의 도움을 받을 것이다. 이들은 장기기억에 각 말의 이동경로, 대표적인 배치패턴, 각종 전략 등 다양한 지식이 축적되어 있어서, 이 지식을 동원해서 20여 개의 말을 7±2 범위에 들어가는 몇 개의 의미 있는 단위로 정리할 수 있다. '무작위 배치' 조건에서는 체스 도식을 활용한 정보의 압축과 변환이 불가능하기 때문에 기억수행이 낮아진 것이다.

이처럼 장기기억에 있는 도식의 하향처리방식이 효율적인 정보처리를 일으킨다는 사실은 다양한 상황에서 확인되었다. 각종 기억술(Ericsson et al., 1980), 암산(Hunter, 1977; Chase & Ericsson, 1982), 프로그래밍(Wiedenbeck, 1985), X선 판독(Myles-Worsley et al., 1988), 병아리 성감별(Biederman & Shiffrar, 1987) 등이 그 예이다. 이러한 사례들은 일반인과 비슷한 정보처리능력을 가진 숙련자들이 도식을 사용하여 어떻게 수행을 향상시키는지를 보여준다.

도식의 효과는 사고나 판단 등의 심적 과정에 그치지 않고 스포츠와 같은 신체동작을 수반하는 반응에서도 찾아볼 수 있다. 야구의 배팅을 예로 들면, 공을 잘 치려면 배트를 휘두르는 방법이나 타이밍 등 운동제어기술이 필요하지만 지식도 이들 운동을 효과적으로 수행하는데 도움이 된다. 예를 들어, 스윙을 할 때 날아오는 볼의 궤적을 예측할 수 있는 타자는 매우 유리하다. 가토와 후쿠다(2002)에 의하면 숙련된 타자는 투구모션에 들어간 투수의 팔이나 어깨를 잘 주시하여 어깨의 움직임이나 고속으로 날아오는 볼을 예상하여 반응한다. 즉, 숙련된 타자는 짧은 순간 우선적으로 처리해야 하는 정보가 무엇인지 잘 알고 있기 때문에 이를 빠르고 정확하게 판단해서 유연한 행동으로 이어가는 것이다. 이와 비슷한 결과가 다른 스포츠 연구에서도 발견되었다(Helsen & Starkes, 1999). 이처럼 장기기억 내에 축적된 다양한 지식구조, 즉 도식이 숙련자의 수행에 미치는 역할은 대단히 크다.

〔도키츠 유코〕

유추에 의한 문제해결은 습득한 기존 지식을 새로운 상황에 적용하는 전이(transfer)와 밀접한 관련이 있다. 최근 연구에 의하면 사람은 수학공식처럼 추상도가 높은 지식을 사용하는 것이 아니라 습득한 상황이나 맥락에 의존하는 구체적인 지식을 이용한다는 것이 밝혀지고 있다(Ross, 1989).

초보자와 전문가의 차이를 의미하는 전문성(expertise)도 문제해결 분야의 중요한 주제이다(화제의 연구 11-1 참조). 전문가는 그 영역에 관한 구조화된 지식을 가지고 적절한 문제표상을 만드는 능력이 뛰어나다. 치 등(Chi et al., 1981)은 교수 수준의 전문가 집단과 초보자 집단에게 24개의 역학문제를 분류하게 했다. 실험결과에 의하면 전문가는 물리법칙에 따라 문제를 분류했지만, 초보자는 문제의 표면적 특성에 따라 분류했다. 최근 연구에서는 전문가는 전문지식이나 문제표상뿐 아니라 전략(strategy), 상위인지(meta cognition), 상황평가 등에서도 초보자보다 더 뛰어나다는 것이 밝혀졌다(Green & Gihooly, 2005).

하나의 정답으로 집약되는 사고방식을 수렴적 사고(convergent thinking)라고 한다. 지금까지 설명한 문제해결은 수렴적 사고에 의한 문제해결이다. 이와 대조적으로 다양한 해결의 가능성을 찾아가는 확산적 사고(divergent thinking)에 의한 창의적인 문제해결도 있다. 창의적 문제해결은 '독창적인 발명'처럼 목표가 애매한 것이 많다. 핀케 등(Finke et al., 1992 ; Finke, 1995)은 삼차원 물체를 사용해서 특정 제약조건이 창의적 발명에 미치는 영향을 연구하였다. 실험참가자는 15개 부품을 사용해서 용도가 결정되기 전 상태의 발명 전 모양(preinventive form)을 만들고, 이를 가구나 가전제품 범주에 대응시켜 해석하고 발명품을 고안했다. 이 실험을 통해 핀케는 창의성이 ① 발명 전 모양이라는 추상적인 이미지를 만드는 생성단계(generative phase)와 ② 발명 전 모양을 해석하는 탐색단계(exploratory phase)라는 두 단계로 이루어진다고 주장했다.

# 2절. 연역추론

추론이란 주어진 정보를 기초로 결론을 이끌어내는 인지과정을 가리킨다. 인지심리학에서는 연역추론(deductive reasoning)과 귀납추론(inductive reasoning)으로 구분하여 연구가 진행되고 있다.

연역추론이란 다수의 전제(premise)에서 결론을 유추하는 것으로 삼단논법이 그 대표적인 예이다. 삼단논법에서는 전제가 맞으면 논리적으로 반드시 옳은 결론이 나오게 되어있다. 반면, 귀납추론은 관찰한 몇 가지 구체적인 사례를 통해 일반화를 하는 것이다. 귀납추론에서는 전제가 모두 맞더라도 결론이 맞다고 논리적으로 보장할 수 없다. 이 절에서는 두 가지 연역추론 – 정언삼단논법과 조건추론 – 에 대해 비교적 상세히 설명하고 3절에서 귀납추론에 대해 다루도록 하겠다.

### 연역추론 – 정언삼단논법

삼단논법은 기원전 4세기 아리스토텔레스 이래로 논리학에서 다루어져왔고 심리학 연구에서도 실험과제로 자주 사용된다. 삼단논법은 두 가지 전제와 하나의 결론으로 이루어진다. 다음의 간단한 예를 보자.

---

1) 전제1: 모든 새는 동물이다.

　전제2: 모든 동물은 먹이를 먹는다.

　결론: 모든 새는 먹이를 먹는다.

---

1)의 예는 전제 두 개가 모두 맞으므로 결론도 타당하다.

다음의 예를 보도록 하자.

---

2) 전제1: 모든 새는 동물이다.

　전제2: 모든 동물은 다리가 네 개다.

　결론: 모든 새는 다리가 네 개다.

---

2)의 예는 두 번째 전제가 맞지 않기 때문에 결론도 맞지 않는다. 그러나 삼단논법으로는 타당한 논리체계를 갖추고 있다. 왜냐하면 추론이 논리적으로 타당한지 아닌지는 삼단논법의 형식에 달려있지 내용에 달려있는 것이 아니기 때문이다.

위의 두 가지 예처럼 삼단논법의 전제나 결론이 정량자(quantifier)를 사용하여 두 가지 명사(개념)의 관계를 서술하는 것을 정언삼단논법(categorical syllogisms)이라고 한다. 정언삼단논법을 구성하는 정언명제에는 다음 네 가지 종류가 있다.

---

① 전칭 긍정: 모든 A는 B이다 (All A are B).

② 특칭 긍정: 어떤 A는 B이다 (Some A are B).

③ 전칭 부정: 어떤 A도 B가 아니다 (No A are B).

④ 특칭 부정: 어떤 A는 B가 아니다 (Some A are not B).

---

'어떤'(some)은 특칭 정량자, '모든'(all)이나 '어떤 … 도 ~가 아니다'(no)는 전칭 정량자라고 한다.

전환가설(conversion hypothesis)에 의하면 '전제의 역'도 참이라고 생각하는 경향성 때문에 정언삼단논법의 오류가 발생한다(Chapman & Chapman, 1959). 예를 들어 '모든 A는 B이다'를 '모든 B는 A다'라고 전환해서 해석한다는 것이다(이런 전환은 맞지 않다). 이는 명제의 형식에서 오는 오류이지만, 명제의 내용에 의존한 오류도 있다.

에반스 등(Evans et al., 1983)은 두 가지 전제가 옳다고 가정할 때 세 번째 결론이 필연적으로 도출되는지를 실험참가자에게 판단하도록 했다. 연구자들은 삼단논법의 논리적 타당성과 결론 자체의 신빙성을 조작했다. 아래 3)의 예는 삼단논법이 논리적으로 타당하고, 결론 자체도 신빙성이 있는 사례이다.

---

3) 전제1: 담배는 모두 저렴하지 않다.

  전제2: 중독성이 있는 것 중 일부는 저렴하지 않다.

  결론: 중독성이 있는 것 중 일부는 담배가 아니다.

---

실험 결과, 이러한 결론이 타당하다고 판단한 참가자는 86%였다. 다음의 4)

는 삼단논법으로서 논리는 타당하지만 결론 자체에 신빙성이 없는 사례이다.

---

    4) 전제1: 중독성이 있는 것은 모두 저렴하지 않다.
       전제2: 담배 중 일부는 저렴하다.
       결론: 담배 중 일부는 중독성이 없다.

---

삼단논법의 형식 자체는 3)과 4)가 완전히 똑같다. 그러나 이 결론을 타당하다고 판단한 실험참가자는 55%에 불과했다. 반면, 삼단논법이 논리적으로 타당하지 않더라도 결론 자체에 신빙성이 있으면 그 결론을 타당하다고 잘못 판단하는 비율이 70%에 달했다. 문제의 내용에 대한 신빙성이 실험참가자들의 논리적 추론에 큰 영향을 미친다. 이처럼 지식 또는 글의 의미나 내용이 추론에 영향을 미치는 것을 신념편향(belief bias)이라고 한다.


## 심적 모델

정언삼단논법이 타당한지 아닌지 판단할 때 마음에서는 어떤 과정이 일어나는 것일까? 존슨-레어드(Johnson-Laird, 1983, 1999)는 문제상황에 대한 구체적인 이미지, 즉 심상을 만들어서 추론한다는 심적 모델(mental model)가설을 주장했다. 다음의 예를 보자.

---

전제1: 모든 예술가는 낙천가이다.
전제2: 낙천가의 일부는 현명하다.
결론: 예술가의 일부는 현명하다.

---

전제1과 전제2를 토대로 방에 다양한 사람들이 모여있는 장면을 상상해보자. 두 가지 전제에서 다음과 같은 심적 모델이 만들어진다. '예술가=낙천가'는 예술가이면서 낙천가인 사람을 가리키고 '(낙천가)'는 낙천가이지만 예술가는 아닌 사람을 의미한다(전제1). '낙천가=현명하다'는 낙천가이면서 동시에 현명한 사람을 가리키고, '(낙천가)(현명하다)'는 낙천가이지만 현명하지 않은 사람을 나타낸다.(전제2)

| 〔전제1〕 예술가=낙천가 | 〔전제2〕 낙천가=현명하다 |
|---|---|
| 예술가=낙천가 | 낙천가=현명하다 |
| (낙천가) | (낙천가) (현명하다) |

〔전제1〕의 모델과 〔전제2〕의 모델을 통합하면 다음과 같은 두 개의 심적 모델이 만들어진다.

a) 예술가=낙천가=현명하다     b) 예술가=낙천가

     예술가=낙천가            예술가=낙천가

       낙천가=현명하다          낙천가=현명하다

       (낙천가) (현명하다)      (낙천가) (현명하다)

모델 a)가 만들어지면 결론이 타당하다는 오류가 발생한다. 이 모델은 추론이 잘못된 실험참가자의 내적 표상을 보여준다. b)와 같은 모델도 가능하다는 것을 발견하면 결론이 타당하지 않다고 판단할 수 있다. 즉, 결론이 타당한지 아닌지를 판단할 때는 그 논리에 반대되는 예가 존재하는지 다른 심적 모델을 만들어서 검토하면 좋다.

이 이론은 타당한 귀결을 유도하기 위해 전제로부터 만들어지는 심적 모델의 수가 늘어날수록 작업기억용량이 압박을 받게 되어 추론이 곤란해진다고 가정한다. 실제로 벨과 존슨-레어드는 필요한 모델의 수가 늘어나면 정답률이 낮아진다는 사실을 실험에서 증명했다(Bell & Johnson-Laird, 1998).


### 연역추론 – 조건추론

조건문(conditionals)을 'p→q'(만약 p라면 q)라고 표시할 때, p를 전건(antecedent), q를 후건(conseqent), '→'를 실질적 함의(material implication)라고 한다. 또한 'p→q' 또는 'q→p'인 관계(p↔q)를 실질적 등가(material equivalence)라고 한다.

표 11-2에서 보듯이 'p→q'를 전제1로 하고, 전제2를 ① 전건긍정(p), ② 후건

부정($\neg$q), ③ 후건긍정(q), ④ 전건부정($\neg$p)으로 하면, 전건긍정, 후건부정, 후건긍정, 전건부정이라는 네 종류의 조건추론(conditional reasoning)이 나온다. 이런 추론을 가언삼단논법(hypothetical syllogisms)이라고 하는데, 네 개의 조건추론 가운데 논리적으로 타당한 것은 전건긍정과 후건부정뿐이다. 예를 들어, '심부름을 하면 200원을 주겠다'라고 엄마가 아이에게 말했고 '엄마한테 아이가 200원을 받았다'라는 말을 들었을 때, '심부름을 한 것이 틀림없구나'라고 생각하는 것은 후건긍정의 사례인데 논리적으로는 오류이다. 청소를 하고 200원을 받았을 수도 있기 때문이다. 이러한 오류는 조건문(실질적 함의)을 쌍조건문(실질적 등가)으로 이해했기 때문이라고 해석할 수 있다.

표 11-2의 오른쪽 끝은 실험참가자가 각 조건추론을 타당하다고 평가한 결과이다(Schroyens & Schaeken, 2003). 65개의 실험에서 나온 성적(평균값)을 보여주는 것으로 전건긍정은 거의 대부분 타당하다고 평가된(97%) 반면에 후건부정은 타당한데도 수치가 낮다(72%). 또한 후건긍정과 전건부정은 모두 타당하지 않은데도 각각 63%, 55%로 비교적 높은 비율로 타당하다고 잘못 판단했다. 그러나 표 11-2는 '전건 p, 후건 q'라는 추상적인 문자를 사용한 실험에서 나온 결과라는 점에 유의해야 한다. 조건추론에서 전건이나 후건에 추상적인 문자가 아닌 구체적인 내용을 사용하면 평가가 바뀐다는 사실이 중요하다(다음 항 참조).

**표 11-2 4가지 조건추론과 타당도 평가**

|  | 전제1 | 전제2 | 결론 | 논리적 타당성 | 평가성적(%) |
|---|---|---|---|---|---|
| 전건긍정 | p→q | p | q | 타당하다 | 97 |
| 후건부정 | p→q | ¬q | ¬p | 타당하다 | 72 |
| 후건긍정 | p→q | q | p | 틀리다 | 63 |
| 전건부정 | p→q | ¬p | ¬q | 틀리다 | 55 |

전건긍정은 타당한 것으로 맞게 평가되지만 후건부정은 타당한데도 평가치가 낮다. 이와 대조적으로 후건긍정과 전건부정은 타당하지 않은데 타당하다고 잘못 판단하는 비율이 높다.

___ (출처) Schroyens & Schaeken (2003)

### 1) 문자–숫자과제와 확증편향

그림 11-7은 웨이슨(Wason, 1966)이 만든 선택과제(4장의 카드문제)로, 이후 이 과제를 사용한 수많은 실험과 이론적 검증이 일어났다. 그림 11-7의 규칙 '만약 카드 한쪽 면에 모음이 적혀 있으면 다른 쪽 면에는 짝수가 적혀 있다'를 조건문 '만약 p라면 q'(p→q)와 연관해서 생각해보자. 카드 E, K, 4, 7은 순서대로 p(모음), —p(모음이 아님), q(짝수), —q(짝수가 아님)와 대응된다. 표 11-3은 추상적인 4장의 카드문제(문자–숫자과제)에서의 실험결과를 보여준다.

실험참가자의 46%가 'E(p)와 4(q)'를 골랐다. 카드 E(p)를 선택하는 것은 규칙(p→q)에도 적합하고 답도 맞다. 만약 E의 뒷면이 홀수라면 규칙에 위반되는 것이다. 그러나 4(q)는 오답이다. 4의 뒷면이 모음이든 자음이든 규칙을 검증하는 데 도움이 되지 않는다. 정답은 'E(p)와 7(—q)'로 만약 7의 뒷면이 모음이면 규칙위반을 발견할 수 있게 된다. 정답인 'E와 7'을 고른 참가자는 겨우 4%에 불과했다. 그 후 추가로 실시한 실험에서도 정답을 맞힌 참가자의 비율이 10%인 것으로 나타났다.

웨이슨은 4장의 카드문제에서 오답을 고르는 이유를 확증편향(confirmation bias)으로 설명했다(3절의 '가설검증' 참조). 즉, 사람들은 가설을 검증할 때 가설에 반하는 증거를 찾는 것이 아니라 가설을 지지하는 증거를 찾는 경향이 있다는 것이다. 그래서 그림 11-7의 사례에서처럼 참가자는 E(모음)를 선택하고, 또 규칙이 맞다는 것을 확인하기 위해서 4(짝수)를 선택한다.

### 2) 대응편향과 정보이득이론

웨이슨 선택과제와 같은 조건추론문제에서 사람들의 수행이 왜 그렇게 낮은지 그 이유에 흥미를 느낀 연구자들은 추가로 실험을 진행했다. 에반스와 린치(Evans & Lynch, 1973)는 '만약 앞이 R이면 뒤는 3이 아니다'라는 부정형이 포함된 규칙을 사용할 경우, R과 긍정형 3이 선택되기 쉽다는 것을 알아냈다. 확증편향가설이 맞다면 후건에 의해 3 이외의 숫자가 선택되어야 하는데 그렇지 않은 결과가 나온 것이다. 에반스와 린치는 조건문에 명시된 항목과 대응되는 사례(여기서는 R과 3)를 선택하는 경향을 발견하고 이를 대응편향(matching bias)이라고 하였다.

(출처) Wason(1966)

표  11-3  웨이슨 선택과제 실험결과

| 선택패턴 | 그림 11-7의 카드 | 선택반응 비율(%) |
|---|---|---|
| p와 q | E와 4 | 46 |
| p만 | E | 33 |
| p와 q와 ─q | E와 4와 7 | 7 |
| p와 ─q | E와 7(정답) | 4 |
| 기타 | | 10 |

**실험참가자의 46%가 오답인 'E와 4'를 골랐다.
정답인 'E와 7'을 고른 참가자는 4%에 불과했다.**

(출처) Johnson-Laird & Wason(1970)

최근에는 확률적으로 접근하는 정보이득이론(information gain theory)이 제안되었
다(Oaksford & Chater, 1994). 이 이론은 실험참가자가 추론과제에 규칙이 적용되는지
아닌지를 판단하기 위해 정보량이 가장 많은 증거를 찾는다고 주장한다. 웨이슨
의 선택과제에서 쉽게 선택되는 카드는 그 카드를 뒤집으면 얻을 수 있는 기대정
보에 의해 결정된다는 것이다. 옥스포드와 체이터는 p나 q가 일어날 확률이 비교
적 적다는 가설을 세우면, 비논리적으로 보이는 선택(표 11-3의 q)이 정답(표 11-3의 ─q)
보다 기대정보량이 높다는 사실을 조건부 확률계산을 통해 밝혔다.

확증편향이나 대응편향은 추상적인 문자-숫자과제에서 조건문의 표면적인
형식에 의존한 설명이다. 정언삼단논법 연구에서 신념편향이 문장의 의미나 내용
을 문제로 한 것처럼 웨이슨의 선택과제 연구에서도 과제의 의미나 내용이 추론
에 어떤 영향을 미치는지가 검토되었다.

## 3) 주제내용효과와 기억단서가설

존슨 레어드 등(Johnson-Laird et al., 1972)은 웨이슨 선택과제를 현실적으로 바꾼 '봉투문제'를 이용하여 실험했다. 실험참가자에게 우체국 직원이라고 상상하게 한 후, '편지의 뒷면이 봉해져 있으면 봉투 앞면에 50리라 우표를 붙여야 한다'는 규칙을 위반하고 있는지 알려면 그림 11-8의 네 장의 봉투 가운데 어떤 봉투를 뒤집어야 하는지를 물었다.

실제로 영국에는 이와 유사한 규칙이 존재하기 때문에 영국인을 대상으로 수행한 실험에서는 봉투문제의 정답률이 88%로 나타났다(정답은 'A와 D'). 이처럼 재료를 구체적이고 현실적인 것으로 바꾸면 조건추론과제의 정답률이 크게 바뀌는 현상을 주제내용효과(thematic content effect)라고 한다. 그릭스와 콕스(Griggs & Cox, 1982)는 봉투의 봉인 여부에 따라 요금이 달라지는 우편제도에 친숙하지 않은 미국대학생의 경우 봉투문제의 정답률이 높지 않다는 것을 발견하였다. 그러나 대학생에게 친숙한 '음주문제'(그림 11-9)를 제시하자 정답률이 73%나 되었다(정답은 '맥주'와 '16세').

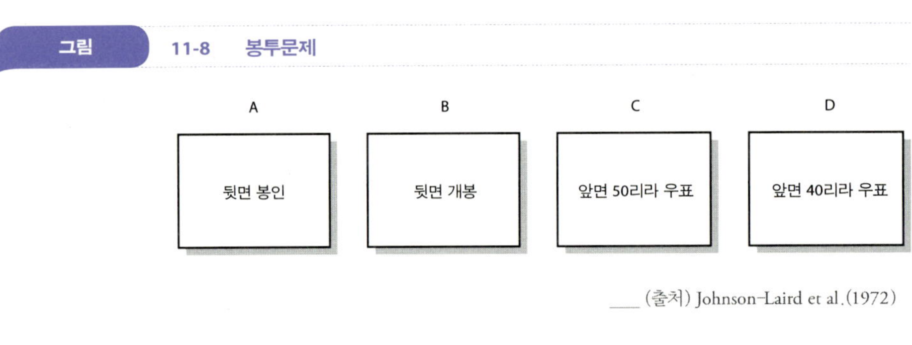

**그림  11-8  봉투문제**



___ (출처) Johnson-Laird et al.(1972)

**그림  11-9  음주문제**

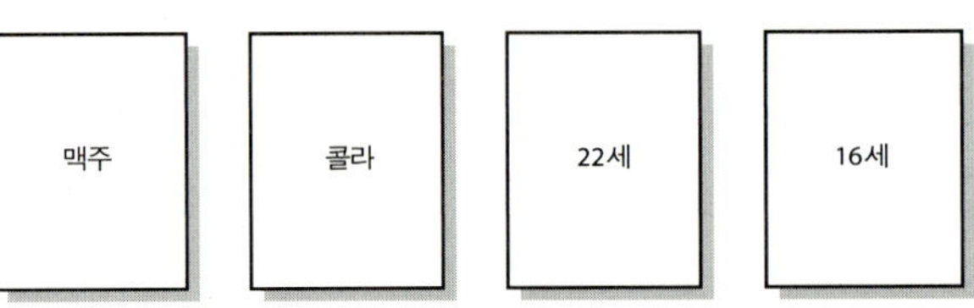

카드에 네 명의 정보가 적혀있다. 카드의 한 면에는 그 사람의 나이, 다른 면에는 그 사람이 마시고 있는 것이 표시되어 있다. 당신이 근무 중인 경찰관이고 '맥주를 마시는 사람은 20세 이상이어야 한다'는 규칙이 지켜지고 있는지를 조사한다고 상상해보자. 규칙이 지켜지고 있는지를 확인하려면 어느 카드를 뒤집어야 할까?



___ (출처) Griggs & Cox(1982)

연구자들은 이러한 실험결과를 토대로 과제의 구체성이 중요한 것이 아니라 경험에 의한 지식이 중요하다는 기억단서(memory cueing)가설을 내놓았다. 기억단서가설은 장기기억에 저장되어 있는 구체적인 지식(영역특수적 지식)을 중요하게 생각한다. 그러나 기억단서에 의존해서 추론하는 경우 그 적용범위가 경험한 사실에만 한정되고 친숙하지 않은 상황에까지 적용하기는 어렵다. 그래서 실험에 사용되는 조건문에는 다음 두 가지 종류가 있다. ① 자의적인 규칙이나 사람의 행동 등을 기술한 직설법적 조건문(indicative conditional) ② 사회규범이나 도덕적인 관습 등을 기술한 의무론적 조건문(deontic conditional)(Manktelow & Over, 1991). 추상적인 문자·숫자과제 또는 '나는 스키를 타러 갈 때 항상 차로 간다'는 식의 조건문은 직설법적 조건문이고, 음주문제나 봉투문제는 의무론적 조건문에 해당된다. 주제내용효과를 일으키는 허가나 규칙은 모두 의무론적 조건문이라고 할 수 있다.

### 4) 실용추론도식

쳉과 홀리오크(Cheng & Holyoak, 1985)는 웨이슨 선택과제의 주제내용효과를 설명하는 개념으로 의무론적 조건문에 적용되는 실용추론도식(pragmatic reasoning schema)을 제안했다. 실용추론도식이란 일상생활의 경험에서 귀납적으로 학습된 원인과 결과에 관한 사고방식으로, '만약 행위 A가 허용되려면 전제조건 B가 만족되어야 한다'는 허가도식의 형태를 취한다. 실용추론도식은 추상적인 규칙과 경험에 의한 구체적 지식 사이에 존재하는 '중간 정도의 일반적인 지식구조'를 말한다.

웨이슨 선택과제가 허가도식과 관련되어 있다는 사실을 검증하기 위해 쳉과 홀리오크는 다음과 같은 실험을 했다. 실험과제로는 앞의 '봉투문제'와 '콜레라문제'를 사용했고, 규칙의 이유를 설명해주는 조건과 그렇지 않은 조건이 설정되었다. 실험참가자에게 친숙하지 않은 사례로는 콜레라문제가 선정되었다. 참가자에게 공항의 입국심사관 입장에서 '만약 카드 한 면에 〔입국〕이라고 쓰여 있으면 다른 면의 예방접종목록에 콜레라가 포함된다'는 사실을 확인하려면 그림 11-10의 카드 네 장 가운데 어느 것을 뒤집어야 할지를 판단하도록 했다(정답은 'A와 D'). 이유를 설명하는 조건에 있는 참가자는 '카드에 적혀있는 병명은 여행자가 예방주사를 맞은 항목이고, 여행자가 콜레라에 면역성이 있는지 확인하기 위해서'라는 말을 들었다. 실험참가자는 홍콩과 싱가포르의 대학생들이었다. 홍콩도 영국처럼

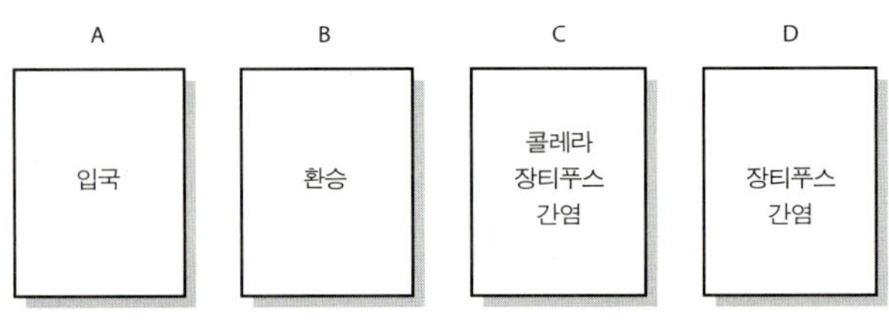


(출처) Cheng & Holyoak(1985)

동일한 우편규칙을 사용하기 때문에 홍콩의 대학생들은 봉투문제에 허가도식을 적용하기 쉬울 것으로 예상했다.

실험 결과, 봉투문제의 경우 이유를 제시하지 않은 조건에서는 홍콩의 대학생만 높은 정답률을 보인 반면, 이유를 제시하자 두 집단 모두 정답률이 높아졌다. 즉, 제시된 이유로 인해 허가도식이 적용되어 정답률이 높아졌다고 볼 수 있기 때문에 실용추론도식 개념의 타당성이 확인된 셈이다. 콜레라문제에서는 참가자가 직접 경험한 적은 없지만 구체적인 경험을 응용할 수 있었던 것으로 보인다. 이러한 의미에서 실용추론도식은 중간 정도의 추상도를 가진 지식이라고 할 수 있다.

### 5) 사회계약이론

코스미데스(Cosmides, 1989)는 웨이슨 선택과제에서 의무조건문의 성적이 좋은 이유가 허가도식 때문이 아니라 부정행위를 탐지하는 선천적인 알고리즘(innate algorithms)에 기초한다는 사회계약이론(social contract theory)을 제안했다. 이는 진화심리학적인 접근으로 자연도태설에 따라 적응력이 뛰어난 마음 특성이 진화과정에서 마음의 기본 특성으로 자리 잡았다는 것이다. 집단생활을 하면서 진화해온 인간의 사회적 교환(social exchange)에서 '만약 이익을 얻으려면 그 대가를 지불해야 한다'는 규칙은 기본이다. 코스미데스는 진화과정을 통해 부정행위를 탐지하는 선천적인 알고리즘이 인간의 인지메커니즘으로 자리 잡았다고 주장한다.

코스미데스는 실험참가자에게 친숙하지 않은 가상의 문화적 일화를 사용하여 이러한 가설을 검증했다(그림11-11 참조). 실험 결과, 위와 같은 사회계약의 맥락에

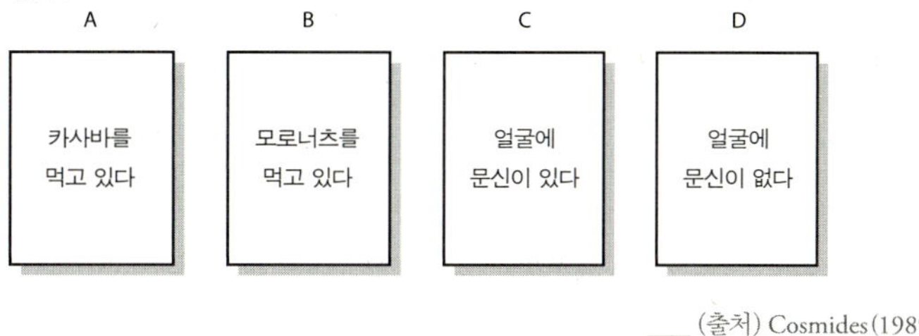



_____ (출처) Cosmides(1989)

서는 실험참가자의 수행이 향상되면서 주제내용효과가 나타났다(정답은 'A와 D'). 그러나 허가의 형태이더라도 사회계약과 관련이 없는 카드문제에서는 주제내용효과가 나타나지 않았다. 이 결과는 허가도식을 가정하는 실용추론도식보다 사회계약이론을 더 지지하는 것으로 해석할 수 있다.

코스미데스는 진화심리학적인 입장에서 인간의 마음이 영역특수적이고 선천적인 모듈로 구성되어 있다고 주장한다(Tooby & Cosmides, 1992). 그러나 진화심리학적 결정론이라고도 하는 이러한 주장에 최근 들어 반론이 적지 않게 제기되고 있고, 코스미데스 연구에 관한 후속실험들이 진행되기도 했다(Gigerenzer & Hug, 1992; Platt & Griggs, 1993). 다카노 등(2001)은 코스미데스 실험을 정교하게 반복검증한 결과, 사회계약이론보다는 실용추론도식이 타당하다는 결과를 얻고 이를 기초로 '추론유전설'을 비판하였다.

## 이중처리이론

웨이슨 선택과제에서 대응편향을 발견한 에반스 등은 인간의 추론이 ① 직관적인 추단처리와 ② 의식적인 분석처리로 이루어진다는 추단-분석모델(heuristic analytic model)을 제안했다(Evans & Over, 1996). 이들은 대응편향이 추단에 의한 정보처리로 발생한다고 주장한다. 인간의 사고에 대한 이중처리이론(dual process theory)은 다른 연구자들에 의해서도 제안되었다. 이들은 인간의 사고를 ① 빠르고 병렬적이고 자동적인 사고체계1(암묵적 처리)과 ② 느리고 순차적이고 주의용량을 필요로 하는 사고체계2(명시적 처리)로 구분하였다(Evans, 2003 ; Stanovich & West, 2000 ; 그림 11-12).

　　사고체계2는 용량의 한계가 있고 느리지만 추상적인 사고가 가능하다. 다음 장에서 상세하게 설명할 인간의 판단과 의사결정의 추단법도 직관적인 사고체계2에서 일어나는 것이다(Kahneman, 2003, 화제의 연구 12-2 참조).

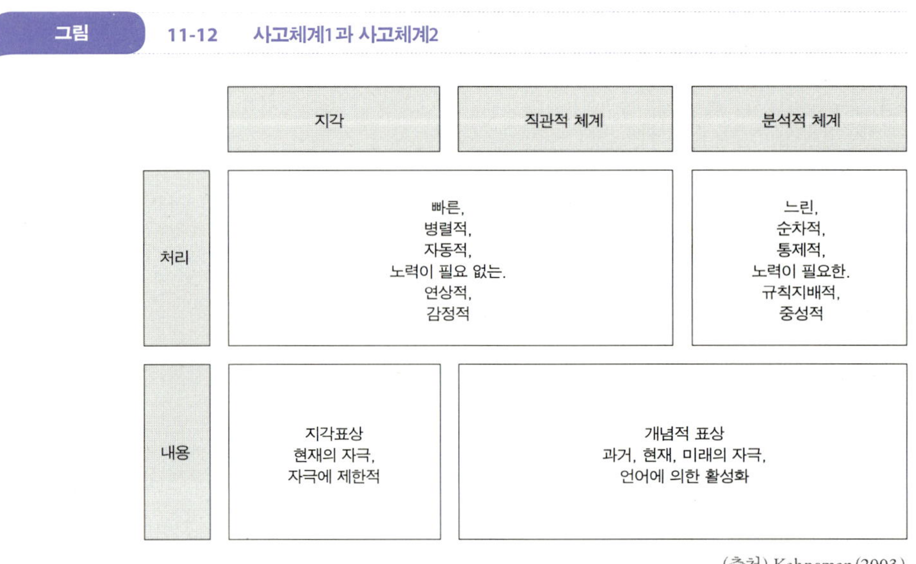



그림 11-12 　사고체계1과 사고체계2

(출처) Kahneman(2003)

귀납추론은 각각의 특수한 사례를 일반화하여 새로운 상황에 적용하는 사고과정이다. 넓은 의미에서 귀납이란 불확실한 상황에서 지식을 확장하는 추론과정 전체를 포함한다(Holland, et al.,1986). 앞에서 설명했듯이 연역추론은 형식적인 추론규칙에 따라 타당도를 평가할 수 있지만, 이런 방법이 귀납추론에는 적합하지 않다.

귀납추론은 확실하지 않고 그 논의에 반대되는 예가 있는지 없는지 일일이 확인하는 것이 불가능하다. 예를 들어, '도쿄, 삿포로, 하카타에서 본 까마귀가 검은색이므로 모든 까마귀는 검다'라고 할 수는 없는 것이다. 귀납은 새로운 지식을 늘리기 위한 추론인데 확실하게 맞는다는 보장은 없다.

귀납추론은 ① 사례관찰, ② 사례에 기초한 일반화 및 가설생성, ③ 관찰사례에 기초한 가설검증이라는 3단계로 나눌 수 있다. 가설을 검증한 후에는 가설을 그대로 유지할지 수정할지 새로운 가설을 만들지 결정해야 한다.


## 가설검증

사람들이 가설을 어떻게 검증하는지를 알아보는 과제로 '웨이슨 2-4-6과제'(Wason, 1960)가 유명하다. 실험자는 우선 참가자에게 '2-4-6'이 어떤 규칙을 보여주는 숫자 조합이라고 말해준다. 참가자의 과제는 사전에 결정한(실험자만이 알고 있는) 규칙을 알아맞히는 것이다. 참가자는 가설을 검증할 때 스스로 새로운 3개의 숫자 조합을 만들고 그 이유를 적는다. 실험자는 참가자가 만든 3개의 숫자 조합이 규칙에 맞는지 아닌지를 알려준다. 참가자는 규칙을 발견했다는 확신이 들면 실험자에게 알리고 그 가설이 맞으면 실험은 끝난다. 가설이 틀리면 같은 방법으로 실험은 계속된다. 대부분의 경우 참가자는 '둘씩 늘어나는 짝수'라는 가설을 세우는데 실험자가 틀렸다는 것을 알려주면 '둘씩 늘어나는 수'라고 답한다. 그것도 틀렸다고 하면 현명한 참가자는 지금까지처럼 가설을 확증하는 3개의 숫자 조합이 아닌, 가설을 반증하는 3개의 숫자 조합을 찾으려 한다(Gorman et al., 1987). 정답은 '어떤 식으로든 단순히 증가하는 숫자들의 조합'이다.

과제를 풀지 못하는 참가자에게 반증사례를 찾으라는 힌트를 주어도 결과는 그다지 나아지지 않는다. 이처럼 자신이 먼저 세운 가설이나 신념을 확인시켜주는 증거만 찾아내려는 경향을 확증편향이라고 한다(2절의 '웨이슨 선택과제' 참조).

## 범주에 기초한 귀납

### 1) 일반귀납과 특수귀납

특정 범주에 관한 지식이 있으면 그것을 기초로 귀납추론을 할 수 있다. 가끔은 이런 귀납이 틀리기도 하지만, 많은 경우 미지의 사건을 추론하는 데 유용하다. 또한 사전에 습득한 지식은 그 추론이 얼마나 그럴듯한지 주관적으로 판단하

**표 11-4  범주에 기초한 귀납추론의 7가지 현상**

| 일반귀납 | 하위범주에서 상위범주에 대해 귀납하는 경우 |
|---|---|
| 현상1:<br>전제의 전형성 | 전제범주가 전형적일수록 확증도가 높다<br>제비/조류 〉타조/조류 |
| 현상2:<br>전제의 다양성 | 전제범주가 다양할수록 확증도가 높다<br>하마와 햄스터/포유류 〉하마와코뿔소/포유류 |
| 현상3:<br>전제의 사례 증가성 | 전제의 수가 많을수록 확증도가 높다<br>물오리 참새 독수리/조류 〉참새 독수리/조류 |
| 현상4:<br>결론의 특수성 | 결론범주가 특수할수록 확증도가 높다<br>참새 매/조류 〉참새 매/척추동물 |
| 특수귀납 | 동일 수준의 범주 사이에서 귀납하는 경우 |
| 현상5:<br>전제와 결론의 유사성 | 전제범주와 결론범주가 유사할수록 확증도가 높다<br>제비 매/참새 〉제비 매/집오리 |
| 현상6:<br>전제의 다양성 | 전제범주가 다양할수록 확증도가 높다<br>사자 기린/토끼 〉사자 호랑이/토끼 |
| 현상7:<br>전제의 사례 증가성 | 전제의 수가 많을수록 확증도가 높다<br>여우 돼지 이리/고릴라 〉돼지 이리/고릴라 |

**/의 왼쪽은 전제범주, /의 오른쪽은 결론범주를 나타낸다.**
**〉의 왼쪽 추론이 오른쪽 추론보다 확증도가 높다는 표시이다.**

___ (출처) Osherson et al.(1990); 이시오(2006)

는 데 큰 영향을 미친다.

　범주에 기초한 귀납(category-based induction)에는 일반귀납(general induction)과 특수귀납(specific induction)이 있다. 일반귀납은 전제로 하는 범주의 특징(예, 카나리아는 깃털이 있다)을 상위의 범주에 적용하는(예, 새는 깃털이 있다) 추론이다. 이에 비해 특수귀납은 전제로 하는 범주의 특징을 같은 수준의 범주에 적용한다. 표 11-4는 흔히 볼 수 있는 '범주에 기초한 귀납추론의 7가지 현상'을 사례와 함께 정리한 것이다.

　일반귀납은 전제로 하는 범주가 전형적일수록 추론에 대한 확증도가 높다(현상1). 특수귀납은 전제와 결론의 범주가 유사할수록 추론의 확증도가 높다(현상5). 그리고 일반귀납과 특수귀납 모두 전제로 하는 범주가 다양하거나(현상2, 6) 혹은 전제의 수가 많으면(현상3, 7) 추론의 확증도가 높아진다. 현상4는 일반귀납에서 결론의 범주가 특수할수록 추론의 확증도가 높다는 것을 보여준다.


2) 유사성 범위모델

　오셔슨 등(Osherson et al., 1990)은 범주에 기초한 귀납과 관련하여 유사성 범위모델(similarity-coverage model)을 제안했다. 이 모델은 일반귀납과 특수귀납 모두에 적용되며 전제와 결론의 유사성뿐 아니라 범위(coverage)개념을 사용해서 귀납추론의 확증도를 설명한다. 범위란 전제범주들이 결론에 포함된 범주를 망라하는 정도를 가리킨다. 다음 두 개의 일반귀납을 보자.

---

(1) 전제1 : 개는 간이 있다.　　(2) 전제1 : 개는 간이 있다.
　　전제2 : 고양이는 간이 있다.　　　전제2 : 고래는 간이 있다.
　　결론: 포유류는 간이 있다.　　　결론: 포유류는 간이 있다.

---

논증(1)과 (2)를 비교하면 (2)에서 논증의 확증도가 더 높다. 유사성 범위모델에서는 논증(1)보다 논증(2)에서 전제가 더 다양하고 범주를 망라하는 정도가 높기 때문에 논증의 확증도가 높아진다고 설명한다. 표 11-4의 7가지 대표적 현상 가운데 일반귀납에 해당하는 현상1 부터 현상4는 모두 범위개념으로 설명이 가능하다. 특수귀납에서는 현상5에 있는 것처럼 전제와 결론의 유사성이 확증도에 영향을 미치고, 현상6과 7에서처럼 범위도 확증도에 영향을 준다.

웨이슨의 4장의 카드문제는 가언삼단논법이라 불리는 논리적 추론을 연구하는 것인데, 대학생도 이 과제에서는 대단히 낮은 수행을 보인다. 논리적인 추론 훈련을 받지 않으면 카드문제만이 아니라 다른 과제에서도 많은 오류를 범한다는 연구결과를 볼 때, 인간의 논리적 사고력이 높다고 보기는 어려울 것이다. 바꿔 말하면, 논리적 사고는 이를 지원하고 육성하는 교육이 필요하다는 것이다.

논리적 사고의 훈련방법에는 여러 가지가 있지만, 바와이즈(Barwise, J.) 등이 개발한 하이퍼프루프(Hyperproof)라는 아주 독특한 컴퓨터프로그램이 있다. 하이퍼프루프는 화면 상단에 그림이 제시되고 하부에는 그림과 관련된 문장이 제시된다(그림1). 과제는 그림과 문장 '블록 a와 b는 각뿔이다. 블록 e와 f는 같은 형태이지만 e가 크다. 블록 f는 a보다 앞에 있다. 블록 b는 f보다 크다. 블록 b는 두 개의 블록 사이에 있다'를 보고 '블록 a~f 중에서 제일 뒤의 세 번째 블록에 속하는 것은 무엇인가'를 판단하는 것이다(정답은 e). 하이퍼프루프를 이용하면 몇백 행이 되는 명제증명의 과정을 간단하게 보여줄 수 있다. 몇몇 실험에서 하이퍼프루프를 이용한 학습으로 논리적 규칙에 대한 이해가 향상되는 결과가 나왔다.

하이퍼프루프 외에도 논리적 사고를 훈련하기 위한 다양한 방법이 개발되었다. 논리적 사고는 교육이나 훈련에 의해 향상될 수 있다. 그러나 이 장에 나오는 4장의 카드문제에서도 알 수 있듯이 가언삼단논법 등 논리적 규칙에 관한 지식이 없어도 과제의 내용이 구체적이면 문제를 해결하는 것이 어렵지 않다. 그리고 논리적인 규칙을 엄밀하게 적용하기 위해서는 문제를 상세하게 정의해야 하는데, 우리가 직면하고 있는 대부분의 문제는 '일 년 동안 도요타 주식이 얼마나 오를 것인가?', '자녀를 많이 갖게 하기 위해서는 어떤 대책이 유효한가?'처럼 문제 자체가 논리적 규칙을 적용할 수 있도록 잘 정의되어 있지 않고, 게다가 미래의 예측처럼 귀납적 문제인 경우가 많다. 즉, 논리적 규칙에 따라 추론하는 협의의 논리적 사고는 현실의 문제를 해결하는 데 충분하지 않다는 것이다.

그러면 어떤 논리적 사고력을 지원 또는 육성해야 하는 것일까? 최근에 주목받고 있는 것이 비판적 사고(critical thinking)이다. 현대사회는 TV나 인터넷을 통해 많은 양의 정보가 흘러넘친다. 그러나 이들 정보는 옥석이 함께 섞여있다.

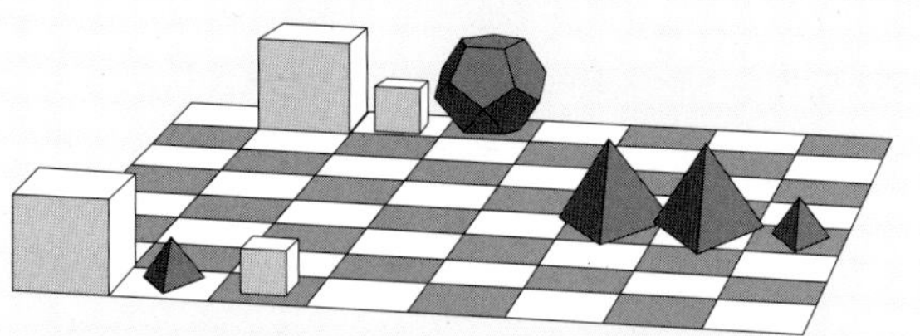



___ (출처) Stenning(2002)

근거가 충분하고 신뢰할 수 있는 정보부터 아무런 근거도 없는 유언비어까지 다양하다. 따라서 자신이 접한 정보에서 옥석을 '가려내는 것'이 필요하다. 비판적 사고의 정의는 여러 가지가 있는데, 공통적인 것은 정보를 무조건 그대로 받아들이는 것이 아니라 곰곰이 음미한다는 점이다. 즉, 아무런 생각 없이 사고가 한쪽으로 치우치거나 기존 지식에 빠지는 것이 아니라 <u>스스로의 사고과정을 의식적으로 반성하는 습관 자체가 비판적 사고의 핵심이라고 할 수 있다.</u>

비판적 사고는 '의심하는' 것이 중요하다고 강조한다. 자기가 당연하게 여기는 추론의 전제가 혹시 오류가 아닌지, 추론과정에서 무언가 중요한 단계를 빼놓은 것은 아닌지 등 의심해야 할 것은 많다. 그러나 '의심하기 시작하면 끝이 없다'는 말이 있듯이 모든 것을 의심하기 시작하면 의심의 늪에 빠져버릴 위험성도 있다. 모든 것이 불확실하게 여겨져서 아무 것도 할 수 없었던 경험이 누구에게나 있을 것이다. 그런데 비판적 사고를 다루는 교과서들은 의심하는 것의 중요성은 강조하면서도 정작 의심의 늪에서 빠져 나오는 방법에 대해서는 알려주지 않는다. 의심의 늪이란 의심할 필요가 없는 것까지 의심하는, 소위 불필요한 의심에 빠지는 것을 말한다. 필요한 의심과 필요하지 않은 의심을 어떻게 구별하는지 알고 싶으면 이세다(伊勢田, 2005)의 '적당한 회의주의'라는 책을 참고하길 바란다.

[이와오 다쿠미]

### 귀납에 관한 기타 문제

과거에는 인지의 개인차를 알아보는 지능검사에 귀납추론능력이 주요 요인으로 포함되어 있었다. 귀납추론과제의 예로는 ① 제시된 사례와 동일한 범주에 속하는 사례를 답하는 분류과제, ② 제시된 문자나 숫자의 앞부분을 맞추는 계열완성과제, ③ A와 B의 관계로부터 C에 대한 D를 구하는 4항 유추과제 등이 있다.

최근에는 비판적 사고가 실생활에 필요한 능력으로 주목받고 있다(Zechmeister & Johnson, 1992, 화제의 연구 11-2 참조). 이는 타인의 비판이 아니라 자기 자신의 견해나 추론과정을 의식적으로 다시 생각하고, 무엇을 믿고 행동할지를 판단하는 데 초점을 맞춘 합리적이며 자기반성적인 사고법을 말한다. 비판적 사고에는 ① 문제를 주의 깊게 관찰하고 숙고하는 태도, ② 논리적인 탐구방법이나 추론방법에 관한 지식, ③ 이들 방법을 적용하는 기술 등 3가지 요소가 포함된다. 이런 비판적인 사고에 정보수집, 가설의 평가 및 해석 등 귀납적인 추론이 중요한 역할을 한다.



❶ 우리는 현실문제를 해결할 때 ① 현상의 이해, ② 원인 규명, ③ 방법의 결정, ④ 실행의 네 단계를 거칩니다. 현재 당면한 구체적인 문제와 그 해결방법을 적어보세요.

❷ 점술이나 초자연적 현상 등 '불가사의한 현상'을 왜 믿는지 토론해보세요.

❸ 창의적인 사고를 하려면 어떻게 하면 좋을지 문헌을 조사하고 생각해보세요.

❹ 인간의 사고가 직관적인 사고체계1과 분석적인 사고체계2로 나누어진다는 이중처리이론에 대해 조사해보세요. 기억의 구분과도 비교해보세요.

❺ 추론에 관한 코스미데스의 진화심리학적 주장은 타당할까요? 다카노 등 (2001)의 논문이 계기가 되어 '인지과학'지에서 논쟁이 일어났는데, 해당 문헌을 조사한 후 토론해보세요.

多鹿秀継(1994)『認知と思考心理学の最前線』サイエンス社

市川伸一編(1996)『認知心理学 4 思考』東京大学出版会

● やや情報が古くなってしまったが、上記 2 冊によって、思考研究の多様なコピックスに関する基本的な知識を得ることができる。

鈴木宏昭・服部雅史・岩男卓実・山岸侯彦・三輪和久(2006)［思考］海保博之・楠見孝監修『心理学総合事典』朝倉書店，pp. 218−256.

● 思考研究の基本概念と近年の研究動向が、コンパグトにまとめられている。

森敏昭編(2001)『おもしろ思考のラボコリー』北大路書房

● 10名の研究者が、専門とする思考研究のトピックスについて、比較的平易に解説している。

エヴァンズ、J. St. B. T.・オーバー、D. E.／山祐嗣訳(2000)『合理性と推理 − 人間は合理的な思考が可能か』ナカニシヤ出版

● ウェイソン選択課題を中心に、推論と意思決定を同じ枠組みで扱う立場が強化強調されている。ベイズ推論や思考の二重過程理論についても、くわしき解説されている。

ホリオーク、K. J. サガード、P. / 鈴木宏昭・河原哲雄監訳(1998)『アナロジーの力−認知科学の新しい探求』新曜社

● 類推に関する認知心理科学的研究と、著者らの提唱する理論が、幅広い観点から説明されている。

ゼックミスタ、E. B・. ジョンソン，J. E. ／宮元博章・道田泰司・谷口高士・菊池聡訳(1996)『クリティカルシンキング−入門篇』北大路書房

ゼックミスタ、E. B・. ジョンソン，J. E. ／宮元博章・道田泰司・谷口高士・菊池聡訳(1997)『クリティカルシンキング−実践篇』北大路書房

● 批判的思考が、認知心理学、社会心理学、統計学などの視覚をふまえた、応用的実践であることがよくわかる。図も豊富であり、必読のテキストといえよう。

# 12

## 판단과 의사결정

### 선택편향과 판단왜곡

17세기에 라 로슈프코는 '사람들은 자신의 기억력에 대해서는 투덜거리면서도 자신의 판단에 대해서는 한탄하지 않는다'라고 했다. 현실세계는 턱없이 복잡하고 방대한 정보들이 흘러넘치는데 비해 우리의 지식과 능력은 제한되어 있고, 우리는 시간에 쫓기는 와중에 매일 민첩하게 판단을 내리고 선택을 해야 한다. 물론, 크게 어려움을 느끼는 것은 아니지만 과연 우리의 직관적인 판단이 우리가 믿고 있는 것만큼 옳을까? 최근 연구에 의하면 우리의 판단에는 특유의 편향이나 습관이 있다고 한다. 의사결정이론과 전형적인 판단오류에 대해 알고 있다면 보다 나은 선택을 하는 데 도움이 될 것이다.

우리의 일상생활과 인생은 선택과 판단의 연속이다 - 주식거래와 구직활동

| 주요어 | 기대효용이론 • 알레의 역설 • 전망이론 • 손실회피 • 틀효과 • 제한된 합리성 • 추단법 |
| --- | --- |
| | 대표성 추단법 • 기저율 무시 • 결합오류 • 가용성 추단법 • 기점화 및 조정 추단법 |
| | 신속간결 추단법 • 적응적 합리성 • 다중속성 의사결정 • 타협효과 • 매력효과 • 선호역전 |
| | 설득 커뮤니케이션 • 정교화 가능성모델 |

# 1절. 의사결정연구의 이론적 체계

## 의사결정연구의 3가지 접근

우리의 일상생활은 판단과 의사결정의 연속이라고 할 수 있다. 의사결정이란 다수의 선택대안 가운데 하나를 선택하는 것을 말한다. 선택을 하려면 선택할 대안들의 순서를 정해야 한다. 두 개의 선택대안 중 어느 것이 바람직한지 판단할 수 있을 때 이 둘의 관계를 선호관계(preference relation)라고 한다. 판단과 의사결정은 서로 연관되어 있으며, 판단은 정확성으로 평가되고 의사결정은 결과로 평가된다. 판단을 의사결정과정의 일부로 생각할 수도 있다.

실제 인간은 이상적인 의사결정기계가 아니고, 사용할 수 있는 시간과 지식도 제한되어 있고 정보처리능력에도 한계가 있다. 인간은 오류를 범하기도 하고, 한 번 내린 결정을 이후에 반성하고 바꾸기도 한다. 또 인간의 결정이나 선택에는 다양한 패턴의 편향이 관찰된다. 이러한 의사결정에서 발생하는 오류는 시각에서 관찰되는 착시현상과 아주 유사하다(그림 11-12 참조).

의사결정연구는 접근방법에 따라 크게 두 가지, 즉 규범적 이론(normative theory)과 기술적 이론(descriptive theory)으로 나뉜다. 규범적 이론은 최적의 합리적인 선택을 하기 위해서 어떻게 해야 하는지를 연구한다. 규범적 이론은 어떤 방식으로 의사결정을 해야 하는지, 또 합리적인 의사결정의 특징은 무엇인지를 규명한다. 반면, 기술적 이론은 사람이 실제로 선택을 어떻게 하고 있는지를 이해하는 데 그 목적이 있다. 사람들이 규범적 이론에 따라 선택하지 않을 때는 어떻게 하면 좋을까? 규범적 접근과 기술적 접근의 중간 위치에 있는 세 번째 접근을 처방적 이론(prescriptive theory)이라고 하는데, 이 이론은 인간이 보다 나은 선택을 하도록 도와주는 방법에 초점을 맞추고 있다.

## 규범적 이론

사물에 대한 개인의 주관적인 선호 또는 가치를 효용(utility)이라고 한다. 도박은 어떤 상황이 발생할지 불확실하기 때문에 의사결정연구에서 중요한 사례로 이용되어왔다. 금액 X의 효용이 $u^{(X)}$이고 확률이 p인 도박에서 금액 X를 얻을 기댓값은 $p \times u^{(X)}$이다. 폰 노이만과 모겐슈테른(von Neumann & Morgenstern, 1944)은 기대효용이론(expected utility theory)에서 합리적인 의사결정조건을 공리화했다. 기대효용이론에 따르면 선택할 대안들의 기대효용을 계산해서 기대효용이 최대인 대안을 선택하는 것이 합리적이다. 불확실한 상황에서의 선택에 대한 또 다른 유명한 이론으로는 주관적 기대효용이론(subjective expected utility theory, Savage, 1954)이 있으며, 이는 기대효용이론에서 발전한 개념이다. 기대효용이론과의 차이는 객관적 확률이 아닌 주관적 확률을 사용한다는 점이다. 주관적 확률이란 어떤 사물에 대한 특정 개인의 주관적인 확신도를 말한다.

## 결정분석

결정분석은 기대효용이론을 토대로 사람들의 의사결정을 지원하는 처방적 접근이다. 의사결정상황을 알기 쉽도록 모든 대안의 확률과 효용을 할당하여 표시하는 결정트리(decision tree)를 이용한다. 그림 12-1은 주말에 친구와 놀이공원에 갈지 미술관에 갈지를 결정하기 위해 만든 결정트리이다. 이 그림에는 결정해야 할 두 가지 행동(선택대안), 날씨의 세 가지 가능성(맑음, 구름, 비), 여섯 가지 결과의 바람직한

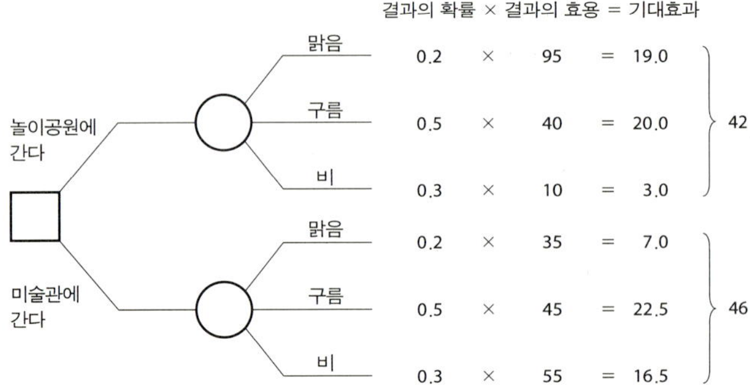



친구와 놀이공원에 갈지, 미술관에 갈지를 정할 때 도움을 주기 위해 작성된
결정트리이다. 날씨가능성(확률)과 효용으로 두 대안의 기대효용을 계산한다.

정도(효용)가 제시되어 있다. 여섯 가지 결과의 효용은 최저 0과 최고 100 사이에서
주관적인 판단을 하도록 해서 얻어진 값이다. 또 그날 날씨의 세 가지 가능성(확률)
은 맑음, 구름, 비 순으로 0.2, 0.5, 0.3으로 정하였다. 이를 토대로 두 행동의 기대
효용을 계산한다. 여섯 가지 결과의 기대효용은 확률 p와 효용 u를 곱한 값이고,
각 선택대안의 기대효용은 나올 수 있는 각 결과의 기대효용을 모두 합한 값이다.

'놀이공원에 간다' 기대효용 $= 0.2 \times 95 + 0.5 \times 40 + 0.3 \times 10 = 42$

'미술관에 간다' 기대효용 $= 0.2 \times 35 + 0.5 \times 45 + 0.3 \times 55 = 46$

이 사례에서는 미술관에 가는 것이 놀이공원에 가는 것보다 기대효용이 높기
때문에 미술관에 가는 대안을 선택해야 한다. 그러나 시간과 정보가 제한되어 있
는 현실에서 의사결정을 할 때 이런 방식으로 모든 선택대안을 비교·검토하기란
사실상 불가능하다.


## 기대효용이론의 위배

인간의 판단이나 의사결정이 합리적이고 이성적이라고 보는 기대효용이론의 예
측이 벗어난 사례는 무수히 많다. 기대효용이론에 맞지 않는 대표적인 선택사례
가 알레의 역설(Allais, 1953)이다.

알레의 역설을 설명하려면 우선 두 종류의 복권 A, B 중에서 하나를 고르는 장면을 설정한다(선택장면1).

A: 확실하게 1,000만원을 받는다.
B: 0.89의 확률로 1,000만원, 0.10의 확률로 5,000만원을 받고, 0.01의 확률로 아무것도 받지 못한다.

B는 5,000만원에 당첨될 가능성도 있지만, 확률이 낮아서 하나도 못 받을 가능성이 있기 때문에 대부분의 사람들은 확실하게 1,000만원을 받는 A를 선택한다.

그러면 다음의 C와 D에서는 어느 것을 고를까(선택장면2)?

C: 0.11의 확률로 1,000만원을 받고, 0.89의 확률로 아무것도 받지 못한다.
D: 0.10의 확률로 5,000만원을 받고, 0.90의 확률로 아무것도 받지 못한다.

확률의 차이는 겨우 0.01이지만, D는 5,000만원을 받을 가능성이 있기 때문에 대부분의 사람들은 D를 선호한다.

표 12-1은 두 가지 선택장면을 정리한 것이다. 선택장면1과 2를 비교할 때 0.89의 확률 열을 가리고 보면 두 가지 선택장면이 완전히 동일하다는 것을 알게

**표 12-1  알레의 역설**

| 선택 | | 확률 | | |
| --- | --- | --- | --- | --- |
| | | 0.01 | 0.10 | 0.89 |
| 선택장면1 | A | 1,000만원 | 1,000만원 | 1,000만원 |
| | B | 0원 | 5,000만원 | 1,000만원 |
| 선택장면2 | A | 1,000만원 | 1,000만원 | 0원 |
| | B | 0원 | 5,000만원 | 0원 |

되고 모순이 무엇인지를 이해하게 된다. 선택장면1에서 마지막 열$^{(0.89확률 열)}$의 이득은 A, B 모두 같고$^{(1,000만원)}$, 선택장면2에서도 마지막 열의 이득은 C와 D가 동일하다$^{(0원)}$.

기대효용이론의 공리에 의하면 두 대안의 선호순서는 공통적으로 존재하는 요소에 의해 영향을 받지 않아야 한다. 즉, 선택장면1에서 A를 선택한다면 선택장면2에서는 C를 선택하는 것이 합리적이다. 그러나 실제로는 D를 선택한다. 즉, 알레의 선택과제에서 사람들의 선택은 기대효용이론의 공리에 위배된다.

기대효용이론의 공리를 위배하는 의사결정 사례가 적지 않다는 것은 이 이론이 실제 의사결정을 적절하게 기술하지 못한다는 의미이다. 기대효용이론은 행동지침을 제시하는 원칙이지 실증할 수 있는 연구가설이 아니어서 인간의 선택행동을 보여주는 이론이라고 보기는 어렵다.


## 전망이론


### 1) 가치함수

기대효용이론에 반하는 여러 실증적 사례는 인간이 원래 불변의 선호관계를 갖고서 그것을 그대로 선택장면에 적용하는 게 아니라는 것을 보여준다. 실제 판단과 의사결정은 선택과제의 내용, 제공된 정보의 특성, 맥락에 따라서 바뀐다.

카너먼과 트버스키$^{(Kahneman \& Tversky, 1979, 그림 12-2)}$는 의사결정 분야에서 가장 영향력있는 이론인 전망이론$^{(prospect theory)}$을 제안했다. 전망이란 예측이나 견해를 의미한다. 전망이론은 기대효용이론에 부합하지 않는 인간의 비합리적인 선택행동을 설명할 수 있다. 전망이론에 의하면 인간은 문제를 분석하고 현재 상황에서의 준거점$^{(reference point)}$을 기준으로 의사결정 결과가 '이득'이 될지 '손실'이 될지를 평가한다고 한다.

그림 12-3은 전망이론의 가치함수로서 사람들이 이득과 손실을 어떻게 평가하는지를 보여준다. 준거점을 기준으로 가로축의 오른쪽은 객관적인 이득을 나타내며, 객관적인 이득이 증가하면 주관적인 만족도$^{(효용)}$도 증가한다. 가치함수는 오른쪽의 이득영역에서 위로 볼록하고, 왼쪽의 손실영역에서는 아래로 볼록한 형

카너먼(1934-)과 트버스키(1937-1996)는 판단과 의사결정에 관한 실험과 이론을 통해 이 분야의 발전에 큰 공헌을 했다.



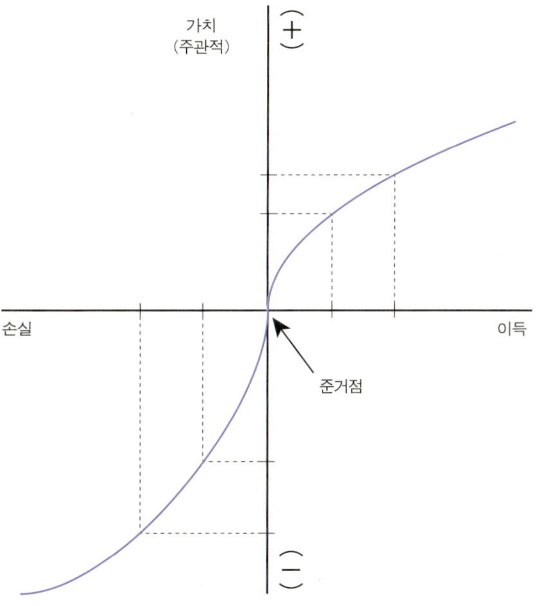


준거점을 기준으로 이득과 손실이 정해진다.
이득영역 곡선의 기울기보다 손실영역 곡선의 기울기가 더 가파른 것에 주목하라.

(출처) Kahneman & Tversky(1979)

태를 취한다. 이런 곡선의 특징을 민감도 체감성(diminishing sensitivity)이라고 한다. 민감도 체감성은 이득과 손실의 절대값이 작을 때는 변화에 민감하지만, 절대값이 커지면 변화에 둔감해지는 현상을 말한다. 예를 들면, 0원과 50만원의 차이가 50만원과 100만원의 차이보다 주관적으로 더 크게 느껴진다.

다음의 두 가지 예를 살펴보자.

A: 확실하게 1,000원을 받는다.
B: 0.5의 확률로 2,000원을 받는다.

선택대안 A와 B의 기댓값은 같지만(+1,000원) 대다수가 A를 고른다. 즉, 우리는 결정을 할 때 이득영역(그림 12-3의 준거점의 오른쪽 영역)에서는 위험을 회피(risk aversion)하려는 경향이 있어 확실한 대안을 선호하고 위험을 싫어한다.

다음의 예를 살펴보자.

C: 확실하게 1,000원을 잃는다.
D: 0.5의 확률로 2,000원을 잃는다.

선택대안 C와 D도 기댓값이 같지만(-1,000원), 대다수의 사람은 D를 고른다. 인간은 불가피한 손실을 참지 못한다. 그래서 이득영역과는 대조적으로 손실영역(그림 12-3에서 준거점의 왼쪽)에서는 위험을 추구(risk seeking)하려 하며 따라서 확실한 손실보다는 위험한 대안을 선호한다.

2) 손실회피와 확률가중함수

그림 12-3의 가치함수 그래프는 손실영역의 곡선 기울기가 이득영역의 곡선 기울기보다 더 가파른 것을 보여준다. 이러한 특징 때문에 같은 금액이라도 50만원을 얻었을 때의 즐거움보다 50만원을 잃었을 때의 속상함이 더 큰 것이다. 이득보다 손실에 대한 심적 피해가 더 큰 것을 손실회피(loss aversion)라고 한다. 일상에서도 우리는 긍정적인 일보다 부정적인 일에 더 민감하다.

그림 12-4는 전망이론의 확률가중함수를 보여주는 것으로 객관적인 확률은

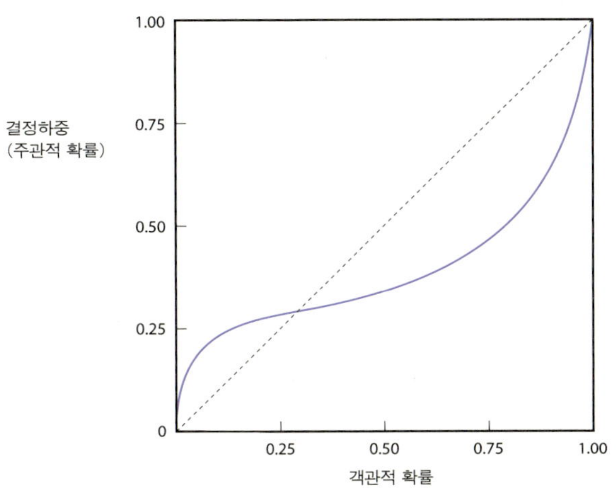



객관적 확률은 주관적 가중확률로 바뀌어 평가된다. 낮은 객관적
확률은 주관적으로는 과대평가되고 중간 이상의 객관적 확률은
과소평가된다.

___ (출처) Tversky & Kahneman(1992)

주관적인 확률로 바뀌어 평가된다. 그림 12-4의 곡선에서 알 수 있듯이 사람들은 ① 낮은 객관적 확률은 주관적으로 과대평가하고, ② 중간 이상의 객관적 확률은 주관적으로 과소평가한다. 전자의 예로는 우리가 극히 낮은 확률의 복권을 사는 것은 복권의 당첨확률을 높게 생각하기 때문이다. 후자의 예로는 수험생들이 수능시험 합격률 80%라는 숫자를 그렇게 높은 수치로 받아들이지 않는 것을 들 수 있다.

그림 12-4를 보면 객관적 확률 0.3이상부터는 객관적 확률에 대한 주관적 확률이 객관적 확률보다 더 작다는 것을 알 수 있다. 이런 점에서 전망이론은 앞서 소개한 알레의 역설을 잘 설명해준다(山岸, 2007). 이후 트버스키와 카너먼(Tversky & Kahneman, 1992)은 불확실한 상황에서의 의사결정을 설명하는 누적전망이론(cumulative prospect theory)을 제안했다.


3) 틀효과

트버스키와 카너먼은 기대효용이론으로는 예측이 불가능하지만 전망이론으로는 가능한 실험결과를 보고했다. 다음의 예를 살펴보자(Tversky & Kahneman, 1981).

미국에서 600명의 사망자가 예상되는 희귀한 전염병에 대비하고 있다
고 한다. 전염병에 대처하기 위한 두 가지 선택대안이 제안되었다.

선택대안 A가 채택되면 200명을 살릴 수 있다.
선택대안 B가 채택되면 1/3 확률로 600명을 살릴 수 있고, 2/3 확률로
아무도 살리지 못한다.

다른 응답자 집단에게는 다음과 같은 선택대안이 제시되었다.

선택대안 C가 채택되면 400명이 죽는다.
선택대안 D가 채택되면 1/3 확률로 아무도 죽지 않고, 2/3 확률로 600
명이 죽는다.

트버스키 등의 연구에서 약 70%의 응답자가 선택대안 A와 B 가운데 A를 선택했
다. A와 B가 '살린다'라는 이득으로 표현되었다는 것이 중요하다. 앞에서 말했듯
이 사람은 이득영역에서는 위험을 회피하려는 경향이 있다. 그래서 확실한 선택
대안(A)을 기댓값이 동일한 불확실한 대안(B)보다 더 선호하는 것이다. 한편 선택
대안 C와 D에서는 약 80%의 응답자가 D를 선택했다. C와 D는 '죽는다'라는 손
실의 형태로 되어 있을 뿐, 내용은 선택대안 A, B와 동일하다. 이처럼 논리적으로
는 동일한 가치를 갖고 있지만 선택대안의 표현 차이가 선호에 영향을 주는 현상
을 틀효과(framing effect)라고 한다.

규범적인 기대효용이론에 의하면 B보다 A를 선호한다면 D보다 C를 좋아하
는 것이 합리적인 판단이다. 이처럼 전망이론은 맥락 또는 상황에 의존적인 판단
현상을 잘 설명한다는 장점이 있다.

## 제한된 합리성과 만족이론

기대효용이론에 따라 행동하는 인간은 모든 선택대안을 섭렵해서 검토할 수 있는

전지전능하고 철저히 합리적인 존재이다. 그러나 사이먼(Simon, 1957)은 현실의 인간은 인지능력의 한계와 시간이나 환경의 제약 때문에 완벽하게 합리적일 수 없고 단지 제한된 합리성(bounded rationality)을 갖춘 존재라고 보았다. 즉, 인간의 의사결정은 기대효용이론이 가정하는 것처럼 모든 대안에 관한 정보를 통합하여 기대효용을 최대화하는 최적화(optimization)원리를 따르는 것이 아니라, 불확실하고 제한된 상황에서 달성할 수 있는 것에 만족하는 만족화(satisficing)원리를 따른다는 것이다. 1970년대 이후 카너먼과 트버스키를 중심으로 이러한 만족화원리 또는 제한된 합리성의 특징이 잘 드러나는 추단법과 편향에 관한 실증적 연구들이 활발하게 일어났다.


## 2절. 추단법에 관한 실증적 연구


### 추단법과 편향

추단법(heuristics)이란 반드시 정답에 도달할 수 있는 것은 아니지만 근사값을 기대할 수 있는 방법을 말하며, 이 방법을 이용하면 결정에 이르는 시간과 노력을 단축할 수 있다(11장 참조). 추단법이라는 용어는 컴퓨터과학에서는 프로그래밍 방법을 가리키고, 심리학에서는 인간의 사고방법을 의미한다. 이에 대조되는 것으로는 확실하게 문제해결에 이르는 일련의 순서를 가리키는 알고리즘(algorithm)이 있다. 즉, 심리학에서 추단법이란 일상생활에서 판단이나 의사결정을 할 때 경험에 기초하여 문제를 해결하는 전략을 말한다. 사람은 컴퓨터와 달리 기억이나 추론에 사용할 수 있는 인지자원이 한정되어 있기 때문에 복잡한 과제를 다루기 쉽고 간략하게 만드는 전략이 필요하다.

　　추단법은 사용하기 쉽고 판단하는 데 걸리는 시간을 절약할 수 있지만, 결과가 정확하지 않고 판단결과에 편향이 발생하는 경우가 많다. 추단법에 관한 실증적 연구의 목적은 부주의 또는 피로 때문이 아닌데도 지속적으로 발생하는 판단과정에서의 편향을 연구함으로써 그 배후에 숨어 있는 심리과정의 특징을 밝히려는 데 있다.

## 대표성 추단법과 기저율 무시

다음 문제를 생각해보자. 동전을 6회 던질 때 A와 B 중 어느 배열이 더 나오기 쉬울까(Tversky & Kahneman, 1974)?

A : 앞 뒤 앞 뒤 뒤 앞        B : 앞 앞 앞 앞 앞 앞

대부분의 사람들이 A라고 답한다. 그러나 실제는 각 상황이 독립적이기 때문에 확률은 A와 B 모두 $(0.5)^6 = 0.016$이다. 왜 사람들은 A가 B보다 발생확률이 높다고 판단하는 것일까? A는 무작위 동전던지기에서 기대되는 '무질서의 전형적인 사례'로 보이기 때문이다. 앞면과 뒷면 어느 쪽이 나올지를 맞추는 도박에서 6회 연속 앞면이 나온 다음에는 뒷면이 나올 차례라고 생각하는 도박사의 오류(gambler's fallacy)도 이와 비슷하다. 이처럼 어떤 일이 발생할 확률을 전형적인(stereotype) 사례와 어느 정도 유사한지에 따라 판단하는 방법을 대표성 추단법(representative heuristic)이라고 한다(16장 참조). 대상이 전형적인 사례와 비슷할수록 대표성 추단법이 적용되기 쉽다.

다음은 실험에서 사용된 사례이다(Kahneman & Tversky, 1973).

잭은 45세의 남성으로, 결혼해서 4명의 자녀가 있다. 그는 보수적이고 주의 깊고 야심가이며, 정치문제나 사회문제에는 관심이 없고 여가시간의 대부분을 목공, 요트타기, 수학문제 풀이 등으로 보낸다.

잭이 전형적인 엔지니어에 가까운 인물로 그려져 있는 점에 주목하기 바란다. 실험참가자의 절반에게는 잭이 '70명의 엔지니어와 30명의 법률가 집단'에서 뽑은 한 사람이라고 알려주고(조건 1), 나머지 절반에게는 '30명의 엔지니어와 70명의 법률가 집단'에서 뽑은 한 사람이라고 알려주었다(조건 2). 따라서 집단 전체에서 엔

지니어의 비율이 조건 1에서는 70%, 조건 2에서는 30%이기 때문에 이를 전제로 확률을 평가하는 것이 맞다. 그러나 '잭이 엔지니어일 확률'을 평가한 결과의 평균값이 두 조건 모두 0.9로 거의 차이가 없었다. 즉, 개인의 특성이 제시되면 전제가 되는 비율(사전확률)을 고려하지 않는다는 것이 밝혀졌다. 이를 기저율 무시(base rate neglect)라고 한다. 놀라운 사실은 직업에 관한 정보를 주지 않은 채 인물을 실험참가자에게 제시하는 경우에도 기저율 무시가 일어난다는 것이다 .

또 하나의 유명한 사례를 보자(Tversky & Kahneman, 1982).

---

어느 날 밤 택시 뺑소니 사건이 발생했다. 그 마을에는 '녹색'택시와 '청색'택시가 영업을 하고 있다. 이 사건에 대해 다음과 같은 정보가 입수되었다.

(1) 그 마을의 택시는 85%가 녹색택시, 15%가 청색택시이다.

(2) 목격자는 사고택시가 청색이라고 증언했다.

(3) 법정은 사고가 일어난 현장에서 목격자 증언의 신뢰도를 시험했다. 80%는 색을 바르게 판단했지만, 20%는 잘못 판단했다.

청색택시가 범인일 확률은 얼마인가?

---

트버스키 등의 실험에서 대부분의 실험참가자는 청색택시가 범인일 확률을 0.8 전후라고 대답했다. 그러나 이것은 '마을의 택시 가운데 85%가 녹색택시이고 15%가 청색택시'라는 기저율을 전혀 고려하지 않은 응답이다.

이 문제를 풀기 위해서는 조건부 확률과 '베이스 정리(Bayes' theorem)'를 사용해야 하는데 여기서는 빈도로 고쳐서 간단히 설명하도록 하겠다(Gigerenzer, 2002). 이 마을에 택시가 100대 있다고 하자. 85대가 녹색택시이므로 그중의 20%(85×0.2=17대)를 '청색'으로 오인할 수 있다. 15대가 청색택시인데 이것을 '청색'으로 판단할 비율은 80%(15×0.8=12대)이다. 따라서 뺑소니차가 '청색'일 확률은 0.41이다.

$$\frac{15 \times 0.8}{(85 \times 0.2)+(15 \times 0.8)} = \frac{12}{17+12} \fallingdotseq 0.41$$

## 대표성 추단법과 결합오류

다음은 린다라는 여성에 대한 간단한 설명이다(Tversky & Kahneman, 1983).

---

린다는 31세의 독신여성으로 자신의 의견을 솔직하게 말하며, 대단히
현명하다. 대학에서는 철학을 전공했다. 그녀는 학창시절에 인종차별
및 사회정의 문제에 관심이 높았으며 반핵데모에도 참가했다. 다음 중
에서 가능성이 더 높은 것은 어느 것일까?

A: 린다는 은행 출납계에서 일한다.
B: 린다는 은행 출납계에서 일하며 여성해방운동도 한다.

---

이 문제에서 약 90%의 실험참가자가 B를 선택했다. 그러나 두 가지 상황이 동시
에 발생할 확률이 하나만 발생할 확률보다 높을 수는 없다. 바꿔 말하면, '은행 출
납계원이면서 동시에 여성해방운동가' 집합은 '은행 출납계원'이라는 집합의 특
수 부분집합인 것이다. 이런 오류를 결합오류(conjunction fallacy)라 한다. 실험참가자
는 대표성 추단법을 사용하여 린다가 은행 출납계원과 여성해방운동가 역할에 어
느 정도 부합하는지를 생각한 후 그 유사성을 근거로 판단했을 것이다.

기거렌저(Gigerenzer, 2002)는 기상예보나 타율을 말할 때 사용하는 확률적 표현
이 일상생활에 정착한 것은 20세기 후반의 일이라고 주장한다. 즉, 불확실성이나
위험을 확률로 표현하는 것을 진화를 통해 배우지는 못했다는 것이다. 기거렌저
는 인간이 오래전부터 빈도를 사용한 추론에 적응되어 왔기 때문에 문제를 빈도
형태로 제시하면 결합오류나 기저율 무시 등이 사라질 것이라고 주장한다. 그러
나 빈도자료를 이용하면 확률판단의 편향이 감소된다는 이런 주장에 반론을 제기
하는 학자들도 있다(Kahneman & Tversky, 1996).

## 가용성 추단법

어떤 사건의 발생가능성을 판단할 때 그 사건의 사례가 얼마나 쉽게 떠오르는지
를 토대로 판단하는 것을 가용성 추단법(availability heuristic)이라고 한다. 일반적으로

발생빈도가 높은 사례는 기억하기 쉽기 때문에 가용성 추단법이 타당한 전략인 경우도 적지 않다. 그러나 가용성 추단법은 빈도 이외의 요인에 의해서도 영향을 받는다. 예를 들어, 최근 발생한 사건이나 강한 인상을 받은 일은 쉽게 떠오른다. 뉴스에서 항공기사고를 크게 다루면 '비행기는 위험하다'라는 위험지각이 높아지는 것도 이와 관련이 있다.

다음의 두 문제를 생각해보자.

---

A: 영어에서 k로 시작하는 단어와 k가 세 번째에 나오는 단어 중 어느 쪽이 더 많을까?

B: 미국에서 위암, 살인, 교통사고, 심장병으로 사망하는 사람 중 어느 원인에 의한 사망자가 더 많을까?

---

질문 A에 대해서는 많은 실험참가자가 'k로 시작하는 단어'가 많다고 응답했다 (Tversky & Kahneman, 1973). 그러나 실제로는 'k가 세 번째로 나오는 단어'가 'k로 시작하는 단어'보다 약 두 배 이상 많다. 이 질문에 답할 때 실험참가자는 'k로 시작하는 단어'와 'k가 세 번째로 나오는 단어'를 떠올려본 후, 'k로 시작하는 단어'를 떠올리는 것이 'k가 세 번째에 나오는 단어'보다 더 쉽기 때문에 'k로 시작하는 단어'가 더 많다고 판단한 것이다.

질문 B는 리히텐슈타인 등(Lichtenstein et al., 1978)의 과제를 변형한 것이다. 리히텐슈타인 등은 미국 대학생을 대상으로 40가지 사망원인에 대해 1년간 사망자 수를 추정하게 했다. 그림 12-5의 실험결과에서 대각선보다 위에 있으면 과대추정, 아래에 있으면 과소추정을 의미한다. 그림 12-5의 추정치 분포가 그림 12-4의 확률가중함수와 유사하다는 점에 주목하기 바란다. 사람은 낮은 확률에 대해서는 과대평가하고, 높은 확률에 대해서는 과소평가하는 경향이 있다.

질문 B에서 실제 사망자는 심장병, 위암, 교통사고, 살인의 순으로 많다. 그러나 실험참가자의 평균 추정치는 교통사고, 심장병, 살인, 위암 순으로 이들은 교통사고나 살인을 과대평가하고 있음을 알 수 있다. 대중매체에서 자주 접하거나 충격적인 사례는 기억에 잘 남고 판단에 영향을 미칠 가능성이 크다.

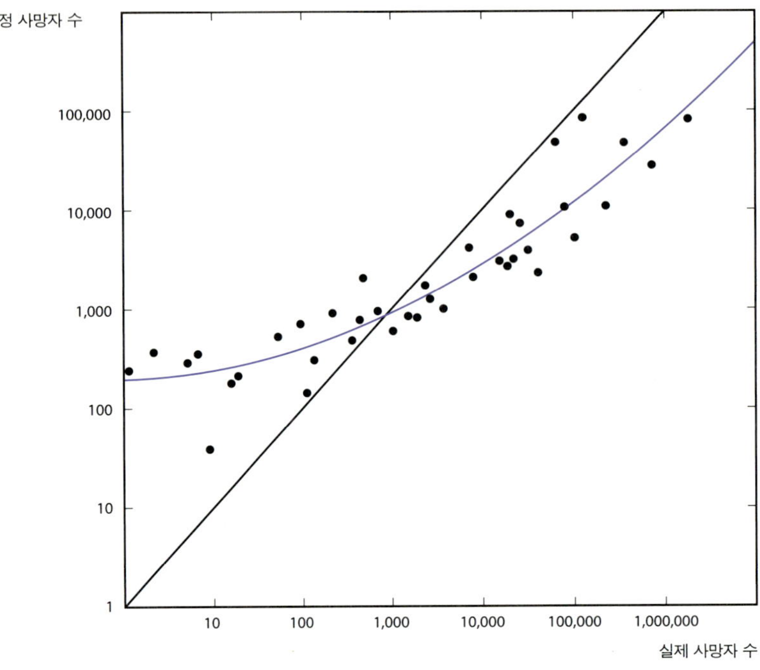



곡선은 미국 대학생이 추정한 사망자 수를 나타낸다. 대각선보다 위에
있으면 과대추정, 아래에 있으면 과소추정을 의미한다.

(출처) Lichtenstein et al.(1978)

## 기점화 및 조정 추단법

불확실한 일을 예측할 때에는 초기값을 정하고 나서 이 수치를 조정하여 최종적
인 응답을 내놓는 기점화 및 조정 추단법(anchoring and adjustment heuristic)을 사용한다.
기점화란 마치 닻(anchor)을 내리듯이 초기값을 설정한다는 의미이다. 그런데 일반
적으로 사후조정이 불충분하기 때문에 일단 초기값이 잘못 정해지면 그것에 의존
한 최종 추정치도 문제가 된다. 트버스키와 카너먼(Tversky & Kahneman, 1974)은 다음
과 같은 두 가지 실험사례를 소개했다. 실험참가자에게 UN 가입국 중에서 아프
리카대륙의 국가가 차지하는 비율을 추정하게 했다. 초기값은 룰렛판을 돌려서
결정되었다. 실험참가자는 먼저 룰렛판의 숫자가 추정치의 초기값이 되기에 너무
높은지 낮은지를 말한 다음 최종적인 추정치를 제시하였다. 실험 결과, 초기값이
10이었던 집단의 최종 추정치(중앙값)가 25%였다면 초기값이 65였던 집단의 최종

추정치는 45%로 나타났다. 무작위로 정해진 초기값이 확률 추정에 큰 영향을 미친 것이다.

　　기점화효과는 초기값이 제시되는 경우만이 아니라 불완전한 계산결과를 토대로 한 직관적인 추정에서도 일어난다. 두 집단의 학생들에게 다음 두 종류 수식의 정답을 5초 안에 추정하도록 했다.

---

　　A: $8 \times 7 \times 6 \times 5 \times 4 \times 3 \times 2 \times 1$　　　　B: $1 \times 2 \times 3 \times 4 \times 5 \times 6 \times 7 \times 8$

---

사람들은 이런 어려운 문제를 순간적으로 계산할 때 처음에 제시된 두 숫자를 계산해서 나온 숫자를 기점으로 정한 후 조정을 통해 정답을 추정한다. 조정은 늘 불충분하기 때문에 오류가 발생한다. 처음 계산에서 나온 숫자가 B(오름순)보다 A(내림순)에서 더 크기 때문에 사람들의 추정치도 B보다 A에서 더 크다. 참가자들이 추정한 수치는 A는 2,250, B는 512였다. 정답은 A와 B 모두 40,320이다.


### 그 밖의 다양한 편향

실제 존재하지 않는 관계를 보는 현상을 착각상관(illusory correlation)이라 한다(16장 참조). 사람들은 우연히 동시에 발생한 두 개의 사건을 인과관계에 있다고 판단하거나, 편견 혹은 고정관념을 갖고 추측하기도 한다. 채프만과 채프만(Chapman & Chapman, 1967)은 투사법의 일종인 로사크검사를 사용하는 임상심리학자들에게서 착각상관을 발견했다.

　　자신의 지식이나 판단을 지나치게 믿고서 평가하는 것을 과확신(overconfidence)이라고 한다. 피쉬호프 등(Fischhoff et al., 1977)은 실험참가자에게 200개의 양자택일 문제에서 답을 말하고, 동시에 자신의 응답에 대한 확신 정도를 표시하도록 요구했다. 실험 결과, 참가자의 확신도가 정답률보다 높은 과확신이 나타났다. 예를 들어, 응답에 대한 확신도가 100%라면 정답률은 80%에 불과했다.

　　이 밖에도 ① 어떤 일을 회상할 때 미리 예측할 수 있었던 것처럼 주장하는 후견지명편향(hindsight bias), ② 가설을 지지하는 정보만 선택적으로 수집하고 기타 정보를 무시하는 확증편향(confirmation bias, 11장 참조), ③ 보험옵션을 도중에 변경할 수 있지만 바꾸지 않으려는 현상유지편향(status quo bias) 등 다양한 편향이 보고되고 있다.


## 신속간결 추단법

지금까지의 추단법 연구는 직관적인 판단에서 발생하는 편향을 주로 다루었다. 최근 기거렌저 등(Gigerenzer et al., 1999)은 사람들이 일상적인 상황에서 사용하는 추단법의 유용성에 주목하고, 이런 간단한 추단법을 신속간결 추단법(fast and frugal heuristic)이라고 불렀다. 신속간결 추단법은 인간 마음의 '적응적 도구상자(adaptive toolbox)'에 들어있는 단순한 규칙들의 일종으로, 자연환경에서 정보를 활용하는 능력인 적응적 합리성(adaptive rationality)을 기반으로 하고 있다.

　신속간결 추단법에는 재인 추단법(recognition heuristic)이 있는데, 이는 두 개의 대안 중에서 하나만 재인할 수 있다고 할 때 그 대안이 특정 기준에서 가치가 높다고 추론하는 전략을 말한다. 골드슈타인과 기거렌저(Goldstein & Gigerenzer, 2002)는 한 연구에서 미국과 독일의 학생들을 대상으로 다음 중 미국의 어느 도시가 더 큰지를 물었다.

---

A: 샌안토니오　　　　　　　　B: 샌디애고

---

샌디애고라고 정확하게 응답한 미국학생의 비율은 62%였으나 독일학생의 정답률은 100%였다. 독일학생들은 샌디애고(캘리포니아주)는 들어봤지만 샌안토니오(텍사스주)는 들어본 적이 없기 때문에 '이름을 들어본 도시가 클 것이다'라는 재인 추단법을 사용한 것이다. 반면에, 미국학생들은 두 도시 모두 이름을 들어본 적이 있기 때문에 이름단서는 사용하지 못하고 타당성이 낮은 다른 단서를 사용했다. 2002년 통계에 따르면 샌디애고는 도시인구 순위가 7위로 약 126만 명이 거주하며, 샌안토니오는 9위로 119만 명이 거주한다. 골드슈타인과 기거렌저의 다른 실험에서는 미국인 참가자에게 자국의 두 도시와 독일의 두 도시를 제시하고 어느 쪽 도시의 인구가 더 많은지를 물었다. 재미있는 사실은 독일의 도시에 관한 정답률이 미국의 도시에 관한 정답률보다 약간 높았다는 것이다. 따라서 연구자들은

재인 추단법이 상당량의 추가적인 지식보다 더 유효했다고 결론을 내렸다.

일상생활에서도 회사나 상품의 이름을 계속하여 제시하는 광고기법이 널리 이용되고 있다. 재인 추단법의 관점에서 보면 타당한 전략이라고 할 수 있다. 이와 관련해서 기거렌저 등은 하나의 이유가 있으면 충분하다는, 즉 하나의 규칙만으로 결정하는 방법인 단일이유결정 추단법(one-reason decision heuristic)을 제안하기도 하였다. 그러나 이러한 신속간결 추단법은 실제로는 그렇게 자주 이용되지 않는다는 비판적 의견도 있다(Newell et al., 2003).

## 3절. 복잡한 의사결정

### 다중속성 의사결정과 맥락효과

지금까지는 주로 속성이 하나인 대안들에 대한 판단과 의사결정을 설명했다. 그러나 현실에서의 의사결정은 훨씬 더 복잡하다. 성능, 가격, 품질 등 다양한 속성을 가진 대안 중에서 하나를 고르는 것을 다중속성 의사결정(multiattribute decision making)이라고 한다.

다중속성 의사결정과 관련하여 유명한 이론이 트버스키(Tversky, 1972)의 속성 제거모델(elimination-by-aspects model)이다. 이 모델은 여러 개의 속성 중에서 중요도에 따라 비교속성이 선택된다고 가정한다. 선택된 비교속성을 이용하여 대안들을 비교하고, 바람직하지 않은 속성을 가진 선택대안을 제거해가는 방식이다. 이러한 과정을 반복해서 최후에 남는 대안이 선택된다. 예를 들어, 자동차를 구입할 경우 우선 차종으로 미니밴을 사겠다고 생각한다. 일본에는 미니밴이 약 20대가 있는데 그중 신뢰할 만한 T사의 것으로 선택을 좁히면 6대가 남는다. 1,500만원 이상 ~2,000만원 이하의 예산을 준거로 검토하면 마지막 1대가 선택된다.

최근 다중속성 의사결정 과정에서 기대효용이론의 합리적 의사결정에 모순되는 현상(맥락효과)이 몇 가지 발견되었다. 대표적인 것으로는 두 개의 속성을 가진

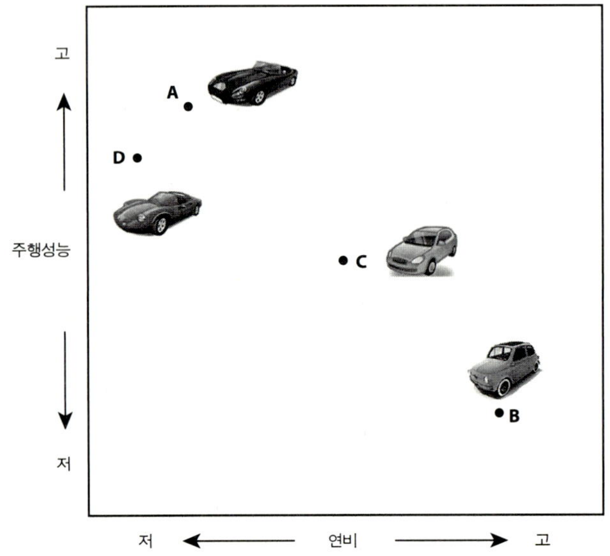


자동차의 연비와 주행성능을 비교한다. 장점과 단점이 대조적인 A와 B를 선택할
비율이 같을 때, 제3의 대안을 추가하면 A와 B의 선택비율이 변화한다(C가
타협효과를 불러일으키는 대안이라면 D는 매력효과를 불러일으키는 대안이다).

세 가지 대안 중에서 선택을 할 때 나타나는 타협효과(compromise effect, Simonson, 1989)
와 매력효과(attraction effect, Huberet al., 1982)가 있다. 구체적인 사례를 들어 연비와 주행
성능이라는 두 가지 속성으로 자동차의 선택과정을 설명해보자. 두 가지 속성의
장점과 단점이 대조적인 A(고성능, 저연비)와 B(저성능, 고연비)를 선택할 비율이 거의 같
아지도록 각 속성의 값을 설정한다. 단, 가격 등 기타 속성은 A와 B가 모두 같다고
가정한다. 이때 A와 B를 참고로 해서 속성값을 조작한 제3의 선택대안을 추가하
면, A와 B에 대한 선택비율이 변화한다.

　(1) 타협효과: 두 가지 속성 면에서 A와 B의 중간에 위치하는 제3의 선택대
안 C가 추가되면 C의 선택비율이 세 가지 대안 중에서 가장 높아지고, A와 B의
선택비율이 낮아지는 현상을 말한다(17장 참조). 음식점의 정식메뉴에 가장 비싼 것,
중간 것, 싼 것 세 가지를 넣는 것은 이런 전략에서 볼 때 바람직하다고 할 수 있다.

　(2) 매력효과: 두 가지 속성에서 A보다 약간 떨어지는 제3의 선택대안 D를

추가하면 A의 선택비율이 증가하는 현상을 말한다. 이처럼 그 자체가 선택되지는 않지만, A를 눈에 띄게 하는 역할을 하는 선택대안 D를 A의 미끼(decoy)라고 한다.

앞에서 기술한 속성제거모델은 기대효용이론에 어긋나는 타협효과나 매력효과를 적절하게 설명하지 못한다. 최근 다중속성 의사결정에서 일어나는 다양한 맥락효과를 설명하기 위해 여러 기술적 모델이 제안되었다(오쿠다, 2008; 도축 & 마츠이, 2006; Tsuzuki & Guo, 2004).

## 의사결정연구의 확대

불확실한 상황에서의 인간의 판단과 의사결정에 관한 심리학적 이론을 경제학에 도입한 업적으로 카너먼은 2002년 노벨경제학상을 수상했다. 당시 카너먼은 수상소감에서 이 상이 1996년 사망한 트버스키와의 공동연구로 받는 것이라고 말했다. 카너먼의 수상은 인간의 의사결정연구가 학문적으로 크게 발전했음을 보여주는 사례이다.

거시적 관점에서의 의사결정연구는 사회심리학 분야라서 이 장에서는 다루지 않았지만, 집단의사결정은 중요한 연구영역이며 많은 이론이 축적되어 있다. 집단의사결정은 개인의사결정보다 모험적으로 이루어진다고 해서 모험이행(risky shift)이라고 한다(Wallach et al., 1962; 기무라 & 도축, 1998). 반면, 미시적 관점에서의 의사결정연구는 의사결정에서 전전두엽의 역할에 초점을 맞춘 뇌과학 분야의 연구가 있다(Damasio, 1994). 또한 기대효용이론이 설명할 수 없는 비합리적 의사결정에 관한 흥미로운 이론들이 많이 제안되었고(繁, 1995; 오쿠다, 2008, 화제의 연구 12-1 참조), 소비자행동이나 마케팅과 관련된 연구도 활발하게 이루어지고 있다(화제의 연구 12-2 참조).

우리는 일상생활에서 자신의 직관적 판단이 맞다고 생각하기 쉽다. 그러나 추단법이나 편향에 관한 심리학적 연구는 인간의 판단에는 틀리기 쉬운 습관이 있다는 것을 보여준다. 게다가 직관적인 판단에 의한 오류뿐만 아니라 사후 반성의 단계에서도 마음에 들지 않는 정보를 무시하는 이중의 오류를 범할 가능성이 있다. 우리는 판단이나 의사결정에 대한 지식이나 이론을 통해 일상의 판단과 선택을 되돌아보고 수정하려고 노력해야 할 것이다.

기대효용이론이 설명할 수 없는 비합리적인 결정에 대해 심리학자가 그 원인을 규명한 예는 알레의 역설이나 틀효과만 있는 것이 아니다. 여기서 소개하는 선호역전(preference reversals)의 발견과 설명도 심리학자가 이룬 큰 공헌이다.

선호역전은 선택대안들 사이의 선호순위가 선호를 결정하는 방법에 따라 바뀌는 현상이다. 기대효용이론에서 발전한 전망이론 같은 기술적 이론들은 선호역전현상을 설명하지 못한다. 선호역전은 합리적 결정의 공리 중 하나인 절차불변성(procedure invariance)에 위배된다. 예를 들어, $5 \times (3+4)$를 계산하는 절차는 여러 가지가 있을 수 있다. 덧셈을 먼저 하고 $5 \times 7$을 계산하거나, 괄호를 전개해서 $15+20$을 계산할 수도 있는데 어떤 방법이라도 결과는 같다. 이것이 절차불변성이다.

슬로비치와 리히텐슈타인(Slovic & Lichtenstein, 1968)은 도박을 할지 말지를 결정할 때, 참가자에게 요구하는 반응에 따라서 그 결정에 미치는 속성의 중요도가 바뀐다는 것을 발견했다. 참가자에게 도박에 걸 금액을 정하도록 요구하면 도박에서 얻게 될 이득 속성이, 양자택일을 요구하면 확률이 중요했다. 이렇게 선택방법에 따라 속성의 중요도가 변하는 것을 기대효용이론에서는 제대로 설명하지 못한다. 슬로비치 등은 이 결과를 통해 기댓값이 거의 동일한 도박이지만 사람들의 선택이 다를 수 있다는 것을 보여주었다. 이득이 크고 확률이 낮은 도박은 금액을 책정하는 도박에서 선호되는 반면, 확률이 높고 이득이 작은 도박은 양자택일에서 선호될 것이다. 리히텐슈타인 등과 린트만(Lichtenstein & Slovic, 1971 ; Lindman, 1971)은 이러한 비합리성을 실험을 통해 증명했고, 리히텐슈타인 등은 카지노에 가서 실제 도박에 참가하기도 했다. 그들은 현장에서도 동일한 결과를 발견했고, 선호역전이 실험실에서만 나타나는 현상이 아니라는 사실을 확인할 수 있었다(Lichtenstein & Slovic, 1973).

선호역전이란 좁은 의미에서는 선호순위의 역전을 의미한다. 오늘날에는 틀효과도 선호역전으로 보고 있지만, 협의의 선호역전에서는 선택순위를 정하는 방법이 변한다는 점이 다르다. 트버스키 등은 선호역전현상을 설명하기 위해 조건부 가중치(contingent weighting)이론을 제안했다(Tversky et al., 1988). 조건부 가중치이론에서는 인지과제에 따라서 자극의 특정 속성에 대한 주의 집중이 달라진다고 주장한다. 주의를 기울이는 정도가 증가한다는 것은 흔히 인지처리의 증가를 의미한다. 인지처리의 방향은 부합성원리(compatibility principle)에 의해 정해진다고 알려져 있다. 부합성원리란 인지과제가 요구하는 결과와 부합성이 높은 속성의 중요도가 상승한다는 것이다. 도박의 속성은 이득과 확률로 이루어지므로 금액평가를 요구하는 과제에서는 이득의 부합성이 높다. 즉, 금액을 책정하는 도박에서는 이득에 주의를 기울이고, 양자택일 도박에서는 확률에 주의를 기울이게 되어 선호역전이 발생하는 것이다.

선호역전현상은 부합성원리만으로 설명될 수 있는 것이 아니다. 최근 학자들이 관심을 기울이는 주제 중의 하나는 복수의 평가대안을 '개별적으로 검토해서 대안을 하나씩 평가'할 때와 '모든 것을 동시에 검토해서 대안을 평가'할 때 일어나는 선호역전이다. 전자의 평가방법을 '개별평가(separate evaluation)', 후자를 '합동평가(joint evaluation)'라고 한다. 시(Hsee, 1996)는 개별평가와 합동평가 사이의 선호역전을 설명하기 위해 '평가용이성가설'(evaluability hypothesis)을 제안했다. 시의 실험에서 참가자의 과제는 컴퓨터 언어프로그래밍을 담당할 두 지원자의 적정 급여를 평가하는 것이었다. GPA(학부성적)와 과거 2년의 프로그램 실적이 평가속성이고, 두 지원자의 출신대학은 같다. 두 지원자의 이력을 [GPA, 프로그램 실적]으로 기록하면 K[4.9, 10개], L[3.0, 70개]이다. 개별평가 집단에게는 K와 L을 각각 제시하고 급여를 평가하게 하고, 합동평가 집단에게는 두 지원자를 동시에 제시하고 함께 평가하게 했다. 개별평가 집단은 K의 급여를 L보다 높게 책정한 반면, 합동평가 집단은 L의 급여를 K보다 높게 평가해서 개별평가와 합동평가 사이의 선호역전이 발생하였다.

평가용이성가설에서는 선호역전의 원인을 평가방법에 의해 주의를 기울이는 속성이 바뀌기 때문이라고 설명한다. GPA는 평가하기 쉬운 속성이지만 프로그램 실적은 한 사람의 실적만으로 평가하기 곤란한, 즉 비교대상이 있어야 판단기준을 얻을 수 있는 속성이다. 따라서 개별평가에서는 프로그램 실적이 판단의 기준이 되기는 어렵고 GPA에 주목하기 때문에 GPA가 높은 K에 대한 평가가 높게 나온 것이다. 그러나 합동평가에서는 프로그램 실적을 비교·평가하기가 쉽기 때문에 프로그래머의 자질이 뛰어난 L의 급여가 높아진 것이다. 평가용이성가설은 이후 수많은 후속연구의 계기가 되었다.

[야마기시 기미히코]

메시지를 보내는 사람이 받는 사람의 태도를 바꾸려고 애쓰는 과정을 설득 커뮤니케이션이라고 한다. 태도란 특정 대상에 대한 지속적이고 안정된 인지·감정·행동 경향성을 지칭한다. 광고는 설득 커뮤니케이션의 일종으로 볼 수 있다. 설득 커뮤니케이션에는 ① 메시지를 보내는 쪽(예, 전문가의 의견), ② 메시지의 특징(예, 일면적 혹은 양면적), ③ 사용 미디어(예, TV 또는 인쇄물), ④ 메시지의 목표(예, 목표대상자), ⑤ 상황(예, 노출장소) 등의 요인이 중요하다.

소비자행동론에서는 소비자가 특정 제품에 자신을 관련시키는 정도를 관여(involvement)라고 한다. 1960년대까지는 광고가 상품에 대한 강력한 태도를 형성해서 구매로 이어지게 만든다고 생각했다. 1950년대 AIDMA모델은 광고에 대한 반응이 주의(attention), 흥미(interest), 욕구(desire), 기억(memory), 행위(action)의 순서로 일어난다고 가정했다. 크루그먼(Krugman, 1965)에 의하면 TV시청은 관여도가 낮은 상황이며, 식료품의 경우 반복접촉에 의해 상품명 등이 기억된다(저관여 학습). 단순접촉효과(mere exposure effect)란 자극의 반복적인 노출로 자극에 대한 선호도가 상승하는 현상을 말한다(Zajonc, 1968). 그러나 후속연구에서는 자극의 과도한 제시가 정보처리의 용이성을 증가시켜 단조로움을 유발하고, 이러한 단조로움이 권태를 불러일으켜서 오히려 반복제시의 효과가 낮아진다는 사실이 밝혀졌다(마츠다, 2008).

광고 등의 설득 커뮤니케이션은 받아들이는 쪽의 특성에 따라 태도변화에 차이가 있다. 페티와 카시오포(Petty & Cacioppo, 1986)는 ① 관여 수준이 높고 정보가 정교화될 가능성이 높은 중심경로와 ② 관여 수준이 낮고 정보가 정교화될 가능성이 낮은 주변경로를 구별한 정교화 가능성모델(elaboration likelihood model)을 제안했다(그림1). 메시지에 대한 정보처리의 동기와 능력이 높으면 중심경로에서 처리되고, 어느 하나라도 부족하면 주변경로에서 처리된다. 중심경로에서 처리된 메시지는 내용이 상세하게 검토되고 인지구조를 변화시켜서 그 변화에 대응하는 방향으로 태도가 바뀌게 된다. 주변경로에서는 주제의 본질과 관련이 적은 주변단서(예, 탤런트, 음악)를 토대로 판단이 내려진다. 중심경로에서 처리되면 변화 후의 태도가 지속되고 행동을 예측하기 쉬우나, 주변경로에서 처리되면 태도가 불안정하고 행동을 예측하기 어렵다(藤原, 1995).

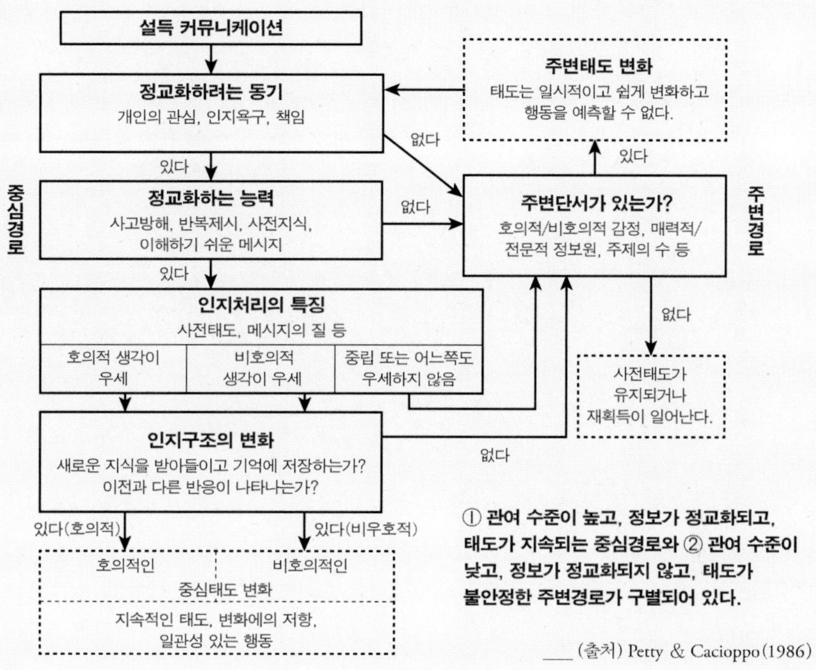


___ (출처) Petty & Cacioppo (1986)

　　브랜드는 상품이 가진 가치의 표현이다. 1990년 이후 마케팅 분야에서는 브랜드 가치 구축이나 브랜드 자산(brand equity) 등이 중요한 연구주제로 등장했다. 브랜드는 품질보증, 일반 상품과의 차별화, 상품을 기억하게 하는 기능이 있고, 자기표현의 만족감으로도 이어진다. 브랜드가 확립되면 소비자가 호감을 갖고 반복적으로 구매하는 충성도효과나 높은 가격을 지불하는 프리미엄효과가 발생한다. 일본인이 해외의 유명브랜드(예. 루이비통)를 구매하려는 욕구는 정상이 아니라고 할 만큼 심각한데, 이는 문화심리학적으로도 흥미로운 주제라고 할 수 있다. 소비자행동론은 인지심리학과 사회심리학의 연구결과를 광범위하게 수용하고 있다.

[츠즈키 다카시]

❶ 명랑한 기분(mood)일 때와 우울한 기분일 때 내리는 판단이 다른가요? 기분과 의사결정의 관계에 대해 생각해보고 문헌을 조사해보세요.

❷ 다음 문제(Gigerenzer, 2002)를 풀어보세요.
'대장암 검사를 받은 사람이 대장암일 확률은 0.003%이다. 대장암에 걸린 사람이 양성판정을 받을 확률은 0.5%이다. 대장암이 아닌데 검사결과가 양성으로 나올 확률은 0.03%이다. 어떤 피검자의 검사결과가 양성으로 나왔다. 이 피검자가 실제 대장암일 확률은 얼마일까?'

❸ 주식투자에는 '손절매는 빠르게, 이익은 천천히'라는 격언이 있습니다. 주가가 떨어지면 손해를 보더라도 일찍 매각해야 하겠지만, 주가가 오르면 매각에의한 이익은 천천히 거두는 것이 좋다는 의미입니다. 그러나 실제 투자자들은 이 격언과 반대로 행동합니다. 투자자의 이러한 행동을 전망이론에 기초해서 설명해보세요. 이와 관련해서 행동경제학에서는 어떤 연구가 이루어지고 있는지 조사해보세요.

## 참고문헌

広田すみれ・増田真也・坂上貴之編(2006)『心理学が描くリスクの世界 － 行動的意思決定入門(改訂版)』慶應義塾大学出版会

● 近年の意思決定研究について幅広く解説した良書である。認知、対人、行動、社会といったアプローチーごとに構成されており、実験的研究と理論について学ぶことができる。

奥田秀宇(2008)『意思決定心理学への招待』サイエンス社

● 意思決定に関する理論の展開がくわしく説明されている。特に後半では、選択における文脈効果など、近年の研究コピックスが幅広く解説されている。

繁桝算男(2007)『後梅しない意思決定』岩波書店

● 主観的期待効用モデル、確率評価の理論的基礎に重点をおいて、意思決定の重要なトピックスが約100ページにまとめられている。

子安増生・西村和雄編(2007)『経済心理学のすすめ』有斐閣

● 経済現象をめぐる人間の日合理的な判断や行動を、心理学者と経済学者が解説している。

友野典男(2006)『行動経済学 － 経済「感情」で動いている』光文社

● 認知心理学から強く影響をいけた行動経済学(Behavioral Economics)の動向が、わかりやすく解説されている。

# 13

## 인지와 정서

희노애락은
어떻게
인식되는가

'머리로 일을 처리하면 다른 사람과 충돌하고, 타인의 감정을 배려하면 자신의 발등을 걷어차이게 된다.' 나츠메 소세키의 소설 『풀베개』의 첫 부분에 나오는 글이다. 타인의 감정에 신경 쓰게 되면 그 기분에 휩싸여서 합리적인 판단을 할 수 없게 되어버린다는 것이다. 이 말처럼 우리는 이성과 정서를 서로 대립하는 것으로 받아들이는 경우가 많다. 그러나 최근 인지심리학에서는 이 둘이 밀접하게 상호 연관되어 있다는 연구결과가 속속 발표되고 있다. 이 장은 우리가 정서를 어떻게 재인하는지, 그리고 정서가 주의나 기억에 어떤 영향을 미치는지를 살펴본다.

어릴 적 즐거운 추억은 어떻게 기억되는 것일까? 또 언제 기억나는 것일까?

# 1절. 정서재인

정서(emotion)와 유사한 말로 감정(affection)과 느낌(feeling)이 있다. 이 단어들은 구별하지 않고 사용되기도 하지만, 다른 둘에 비해 정서는 행동으로 이어지는 동기라는 의미가 강조되는 경우가 많다. 또 기분(mood)은 정서만큼 강하지 않지만, 지속시간은 더 긴 경향이 있다.

개인적인 체험으로 이야기를 시작하려고 한다. 필자는 수년 전 밤에 두 딸을 차에 태우고 고속도로 인터체인지를 빠져나와 국도를 달리는 중 차 앞에 동물 몇 마리가 무리지어 달리는 것을 목격했다. 그대로 달리면 부딪칠 것 같아서 차를 세우고 동물이 지나가기를 기다렸다. 그런데 갑자기 동물들이 뒤돌아서 우리 자동차를 향해 달려오기 시작했다. 자동차 불빛으로 본 모습은 분명히 멧돼지 무리였다. 그중 두세 마리는 체중이 수십 킬로그램은 되어 보였다. 그때 우리 가족은 겁에 질린 채 심장이 요동치는 것을 느끼면서 숨을 죽이고 멧돼지들이 차에 부딪치지 않고 지나가기만을 기도했다.

이러한 정서적 체험은 다음의 네 가지로 이루어진다. ① 동물의 형태 인식, ② 심장박동 및 호흡의 변화와 같은 생리적 반응, ③ 공포나 슬픔 같은 주관적인 정서의 경험, ④ 차 안에서 우리 얼굴에 떠올랐을 공포의 표정과 같은 표출반응 등이다. 그러나 이러한 네 가지 요소가 어떤 순서로 일어나는지, 즉 정서의 재인 과정에 대해서는 의견이 다양하다.

### 제임스-랑게 가설

제임스(James, W.)와 랑게(Lange, C.)는 먼저 생리적 반응이 나타나고 나중에 정서적 경험이 일어난다고 보았다. 멧돼지를 만났을 때 무서워서 심장이 두근거린 것이 아니라 심장이 두근거리는 생리적 변화를 뇌가 해석한 결과로 무섭다는 정서를 경험한다는 것이다. '슬퍼서 우는 것이 아니라 우니까 슬프다', '기뻐서 웃는 것이 아니라 웃으니까 기쁘다'는 것이다. 즉, 말초신경계의 특정 생리적 변화를 뇌가 해석해서 특정 정서가 만들어진다는 생각이다(그림 13-1).

그러나 제임스-랑게 가설에 대해 다음과 같은 비판이 제기되었다. 즉, 말초신경계와 뇌 사이의 신경을 절단한 개도 정서를 경험하고 표출할 수 있고, 노여움, 공포, 슬픔 등 서로 다른 정서에서도 동일한 생리적 변화가 일어나는 것으로 볼 때, 특정 생리적인 변화가 특정 정서를 일으킨다고 보기는 어렵다는 것이다.

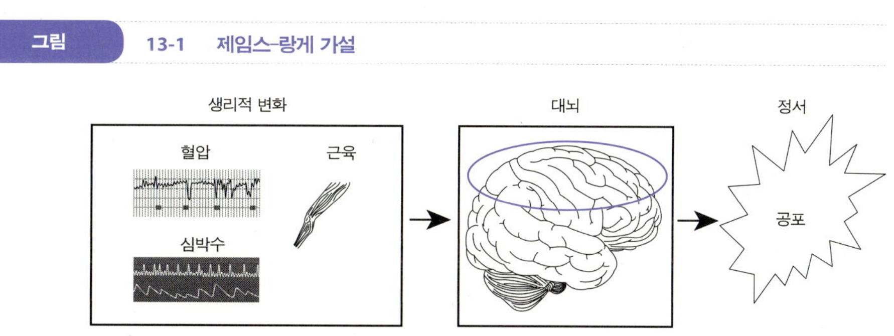



**뇌가 생리적 변화를 해석한 결과로 정서적 경험이 일어난다.**

## 캐논-바드 가설

캐논(Cannon, W. B.)과 바드(Bard, P.)는 감각기관에서 시상으로 정보를 보내면 시상에서 대뇌 및 말초신경계로 흥분이 전달되는 점에 주목하고, 시상이 정서적 경험에서 중심 역할을 한다고 주장했다(캐논-바드 가설). 이 이론에 의하면 시상은 정서적 경험을 제어하고, 시상하부는 정서적 표현을 제어한다(그림 13-2). 신체적 변화가 지각되고 나서 정서적 경험이 일어난다고 보는 제임스-랑게 가설과 달리 이 이론은 신체적 지각과 정서적 경험이 동시에 일어난다고 보았다. 생리적 변화의 해석(인지)이 정서적 경험에 필요한지 아닌지에 대한 논쟁은 자이언스(Zajonc, R. B.)와 라자루스(Lazarus, R. S.)의 논쟁과 마찬가지로 현재까지도 계속되고 있다.

## 자이언스 가설

자이언스(Zajonc, 1980, 1984)는 정서와 인지가 서로 독립적이어서, 자극이 재인되지 않아도 정서적 경험이 일어난다고 보았다(자이언스 가설). 예를 들어, 그는 실험참가자가 눈치채지 못할 정도로 짧게 그림을 보여주거나 멜로디를 들려주는 실험을 했다. 참가자는 실험이 끝난 다음에도 이 사실을 전혀 기억하지 못하지만, 제시했던 그림을 보거나 멜로디를 들을 경우 처음 접하는 자극에 비해 더 호감을 갖는다. 이를 단순접촉효과라고 한다. 자이언스는 이 현상을 인지와 정서가 독립적이라는 것을 보여주는 증거라고 보았다. 머피와 자이언스(Murphy & Zajonc, 1993)는 점화기법을 이용해서 자극이 보이지 않을 정도로 짧게 제시하는 조건(4밀리초, 역치 이하)과 충분히 볼 수 있는 조건(1초, 역치 이상)에서 화난 얼굴, 웃는 얼굴, 다각형을 제시하였다. 그 후 한자를 제시하고 좋은지 나쁜지를 판단하게 했다. 실험참가자는 한자를 모르기 때문에 제시된 한자는 좋지도 싫지도 않은 중성자극이라고 할 수 있다. 실험 결과, 화난 얼굴이나 웃는 얼굴이 역치 이하로(4밀리초) 제시된 조건에서만 한자를 좋아하거나 싫어한다는 판단이 일어났다(그림13-3). 즉, 화난 얼굴, 웃는 얼굴을 의식하지 못하도록 빠르게 제시했는데 자동으로 정서가 유발된 것이다. 또한 아기는 외부 환경을 의식할 만큼 인지가 충분히 발달하지 못했지만 울거나 웃는 등 다양한 정서를 표현할 수 있다. 이러한 사실도 인지와 정서가 독립적이라는 것을 보여주는 증거로 볼 수 있다(엔도, 2002).

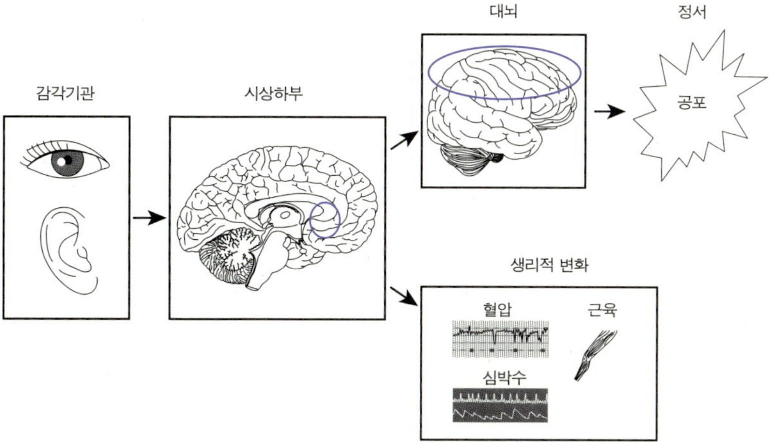



정서유발 자극은 시상하부를 통해 대뇌의 정서적 경험과 생리적 변화를 동시에 일으킨다.



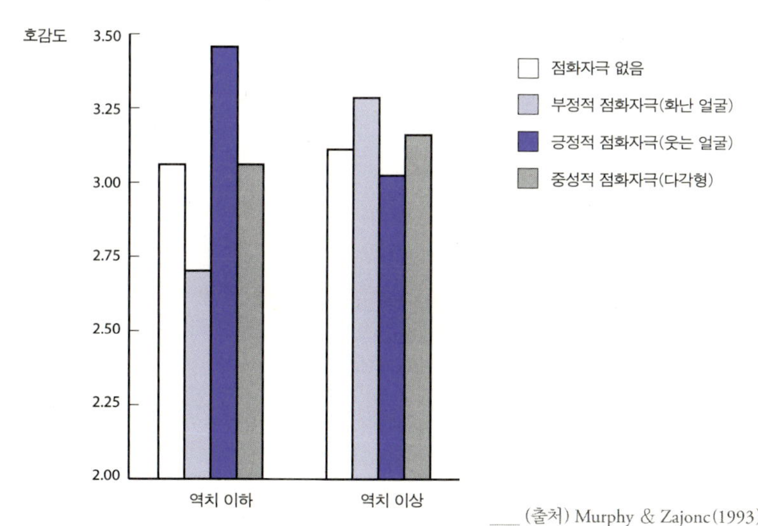



(출처) Murphy & Zajonc(1993)

다른 사람과 소통하려면 타인과 자신의 정서를 잘 인식하고 이들을 조화시키는 것이 매우 중요하다. 이러한 능력을 정서지능(emotional intelligence)이라고 한다. 정서지능이 높으면 대인관계를 잘 할 수 있고 사회적으로 성공할 가능성이 높다고 한다. 정서지능은 다양한 분야에서 주목받고 있다. 예를 들어, 교육현장에서는 학생의 정서지능을 향상시키기 위해 교사의 교수기술과 정서지능 간의 관계에 관심을 갖는다. 직장에서도 소통능력이나 리더십을 포함한 직무수행능력과 정서지능의 관계가 강조되고, 구직활동세미나 등에서도 'IQ(지능지수) 보다 EQ(감성지능지수)가 중요하다'는 말을 자주 듣게 된다.

'정서지능'이라는 말이 유명해진 것은 1995년 골먼(Goleman, 1995)의 베스트셀러 『EQ-정서지능』이 계기가 되었다. EQ란 emotional intelligence quotient(감성지능지수)의 약자로 일반 지능지수를 나타내는 IQ(intelligence quotient)와 비교하기 위해 만들어졌다. 흔히 IQ가 높은 사람이 사회적으로 성공하는 것이 아니라 EQ가 높은 사람이 성공한다고 말한다. 이처럼 IQ와 비교하여 EQ를 강조하는 경향 때문에 사람들이 정서지능에 주목하게 되었다.

사회적으로 정서지능에 대한 관심이 나날이 높아지고 있는데 우리의 정서지능은 과연 얼마나 되는지 궁금하다. 정서지능의 측정방법도 문제이지만, 측정된 정서지능의 개념을 어떻게 정의할지도 논쟁거리이다. 가장 흔한 정서지능 측정방법은 질문지법이다. 이는 여러 질문항목(예, 당신은 자신의 기분을 잘 아는 편인가?)을 읽고 스스로 응답하는 방법이다. 질문지를 이용한 연구결과 자신과 타인의 정서인식, 정서표현, 정서조절, 정서활용 등 다양한 정서지능이 존재한다는 것이 밝혀졌다.

그러나 질문지법에는 몇 가지 문제점이 있다. 질문지법은 자기평가이기 때문에 주관적 왜곡이 존재할 가능성이 있고, 따라서 정서지능을 정확하게 측정하기 어렵다는 것이다. 이 문제를 해결하기 위해 나온 것이 능력검사법이다. 이는 주관적인 자기평가가 아니라 객관적인 반응을 측정하는 방법이다. 예를 들어, 사진 속의 인물이 어떤 표정을 나타내고 있는지를 알아맞히는 과제(그림1) 또는 특정 상황에서 자신이 느끼는 정서가 무엇인지를 답하는 과제 등으로 정서지능을 평가한다. 능력검사에서 얻어진 정서지능은 질문지법에서 나온 정서지능과는 약간 다르다.

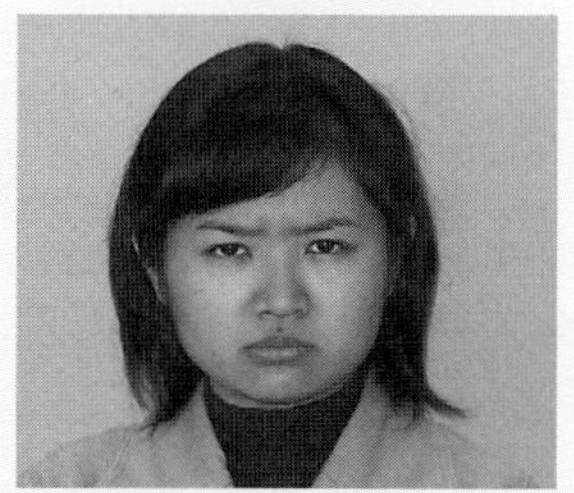

　　이상과 같이 정서지능 측정법에는 크게 질문지법과 능력검사, 두 종류가 있으며 학자들마다 서로 다른 방법을 사용하고 있다. 그런데 질문지법과 능력검사에서 측정된 정서지능의 결과가 서로 일치하지 않는다는 문제점이 나타났다. 이는 정서지능이 정의하기 어려운 복잡한 구성개념이라는 사실을 보여준다.

　　다양한 측정방법 사이의 적합성, 개별 방법으로 측정된 정서지능의 일치성 등, 정서지능 연구에는 아직 검토해야 할 문제들이 많다. 그러나 수많은 검사와 훈련프로그램의 개발에서 추측할 수 있듯이, 분명한 것은 사람의 마음을 움직이는 '정서지능'에 대한 사람들의 관심이 대단히 높다는 것이다. 앞으로도 정서지능에 관한 연구가 더욱 발전되기를 기대해본다.

[고마츠 사호코]

　　이와 대조적으로 자극이나 상황에 대한 해석이 정서적 경험에 중요한 역할을 한다는 증거도 있다. 아래 샤흐터와 싱거(Schachter & Singer, 1962)의 연구가 그중의 하나이다.

## 샤흐터와 싱거의 실험

샤흐터와 싱거는 실험참가자에게 에피네프린(아드레날린)을 주사했다. 이 호르몬은 안면홍조, 손떨림, 혈압이나 심장박동의 증가 등 생리적인 변화를 가져온다. 실험참가자들은 '샤프록신'이라는 비타민 주사제가 시각에 미치는 효과를 알아보는 실험이라고 알고 있었다. 연구자들은 어떤 참가자들에게는 이 비타민 주사를 맞으면 '얼굴이 붉어지거나 손이 떨리고 심장박동수가 증가한다'는 정확한 정보를 주었다(올바른 정보 집단). 다른 참가자들에게는 주사제에 대한 아무런 정보도 주지 않았다(무정보 집단). 실험에 들어가기 전 실험보조자를 투입해서 다음과 같은 두 가지 정서 상황을 유도하도록 했다. 한 조건에서는 실험보조자가 종이에 낙서도 하고, 종이를 말아서 구석에 있는 쓰레기통에 던지고, 실험참가자에게 '해보라'고 권유하면서 종이비행기를 접어 날리는 등 화기애애한 분위기를 만들었다(즐거운 조건). 다른 조건에서는 실험보조자가 질문지를 보기 전에 같은 방의 실험참가자에게 '실험 때문에 왔는데 주사를 놓네. 미리 주사를 놓는다고 얘기를 해줬어야지'라고 투덜거린다. 그리고 실험보조자는 실험참가자 맞은편에 앉아 질문지를 휙휙 넘기면서 '아니 뭐 이렇게 길어!'라며 질문지를 작성한다. 이런 투덜거림은 점점 도를 더해간다. 예를 들어, '어린 시절 당신이 걸렸던 질병의 이름과 언제 그 질병에 걸렸는지 적으시오'라는 질문에서는 '이 질문은 정말 화가 나네. 어릴 적 질병 같은 것을 어떻게 기억해. 특히 몇 살에 걸렸는지 어떻게 알아!'라고 투덜거리고, 또 '당신은 주말에 몇 번 성생활을 합니까?'라는 질문에서는 '더 이상 참을 수가 없군. 이런 질문에는 답할 필요가 없어'라고 소리친다. 마지막으로 질문지를 찢어 구긴 후 책상 위에 던지면서 '더 이상 시간을 낭비하고 싶지 않아'라고 말하며 방을 나온다(분노 조건).

　　실험 결과, 즐거운 조건 또는 분노 조건에 있었던 실험참가자의 행동은 사전에 '샤프록신(아드레날린)'의 부작용을 들은 집단과 그렇지 않은 집단에서 전혀 달랐다. 정보가 없는 집단(무정보 집단)은 실험보조자가 즐거운 분위기를 연출하면 자신도 즐거운 기분이 되어 얼굴에 웃음을 지었다. 그리고 실험보조자가 분노의 분위기를 연출하면 자신도 분노를 느끼고 얼굴도 화난 표정으로 바뀌었다. 그러나 사전에 정보를 제공받은 집단은 어떤 정서조건에서도 실험보조자의 행동에 의해 영향을 받지 않았고, 정서적 경험도 일어나지 않았다. 정보가 없는 집단은 아드레날린 주사 때문에 생긴 생리적 변화의 진짜 원인을 모르기 때문에 자신이 처한 상황을 해석해서 정서를 경험한 것('즐거움', '분노')이다. 샤흐터와 싱거의 실험을 통해 정서적 경험의 주요 요인은 상황에 대한 해석(인지)이라는 것이 밝혀졌다. 이런 생각은 라자루스 가설과도 관련된다.


### 라자루스 가설

라자루스 등(Lazarus et al., 1982, 1999 ; Lazarus & Folkman, 1984)은 개인이 상황을 해석하고 평가(appraisal) 하는 것, 즉 인지적 평가가 정서를 경험하는 데 결정적으로 중요하다고 보았다. 라자루스는 인지적 평가를 다음과 같이 3가지로 구분했다(Lazarus & Folkman, 1984).


1) 1차 평가

지금의 상황을 ① 관계 없음, ② 무해-긍정적, ③ 스트레스 등 3가지로 분류한다. ① 상황이 자신의 행복과 아무런 관련이 없으면 '관계 없음'으로 범주화한다. ② 상황의 전개가 긍정적으로 해석되면 '기쁨', '사랑', '행복', '밝음' 등의 정서를 경험한다. ③ 스트레스 상황으로 분류되면 '위해-상실', '위협', '도전' 등의 평가가 일어난다.


2) 2차 평가

상황에 대한 대처가 가능한지, 그리고 대처방법이 효과가 있을지 등 자신의 능력(자원)에 대한 평가가 일어난다.


3) 재평가

환경에서 얻은 새로운 정보나 자신의 반응에서 얻은 정보 등을 토대로 이미

내린 평가를 변경하는 것을 말한다. 상황과 대처방법을 점검하고, 필요하면 1차와 2차 평가를 수정한다.

여기서 말하는 1차 평가는 상황에 대한 의식적인 재인만을 의미하지는 않는다. 거칠고 빠른 무의식적인 정보처리도 포함한다. 그렇다면 이런 라자루스의 생각은 자극이 재인되지 않아도 정서를 경험할 수 있다는 자이언스의 이론과 크게 다를 바가 없다. 그러나 무의식적인 처리를 인지로 볼 것인지에 대해서는 논쟁이 진행 중이다(엔도, 2002). 거칠지만 빠른 인지에 기초한 정서와, 상세하지만 느린 인지에 기초한 두 가지의 정서체계가 존재한다는 것은 이미 뇌과학 연구에서도 밝혀졌다.

## 2절. 정서재인의 빠른경로와 느린경로

르두(LeDoux, 1994)는 외부 정보가 시상에서 변연계(특히 편도체)에 이르는 직접경로(하위경로)와, 대뇌피질을 거쳐서 반응이 일어나는 간접경로(상위경로)라는 두 가지 정서체계가 있다는 것을 발견했다(그림 13-4). 이러한 구분은 앞에서 말한 무의식적이고 자동적인 정서재인과, 기억을 참고로 일어나는 평가에 의한 의식적인 정서재인에 대응된다.

르두는 다음과 같이 설명한다(LeDoux, 1996):

당신이 수풀 속을 걷고 있다고 해보자. 바스락거리는 소리가 들린다. 그 소리자극은 시상에서 곧바로 편도체로 전달된다. 소리는 또한 시상에서 피질로 전달된다. 피질은 그 소리가 자신의 발 아래에서 부서지는 마른 나뭇가지 소리인지, 방울뱀이 꼬리를 움직이는 소리인지 알아낸다. 그러나 피질이 이런 판단을 하기도 전에 편도체는 이미 뱀에 대한 방어태세를 갖추기 시작한다.

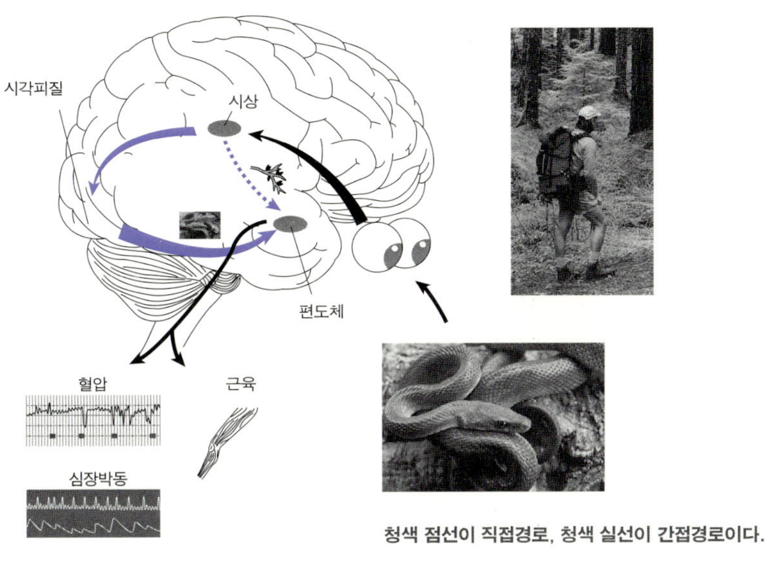


**청색 점선이 직접경로, 청색 실선이 간접경로이다.**

___ (출처) LeDoux(1994)

시상에서 편도체로 직행하는 경로는 피질을 통해 편도체로 가는 경로보다 정보전달이 빠르다(약2배). 한편, 피질을 통과하는 경로는 시간이 걸리는 대신 상세한 정보처리가 가능하다. 우리는 거칠지만 빠른 정서경로와, 상세하지만 느린 정서경로를 둘 다 가지고 있는 것이다.

다마지오(Damasio, 2003)는 정서(emotion)와 느낌(feeling)을 구분했다. 정서를 유발하는 자극(emotionally competent stimulus)이 지각되면 뇌는 자동적으로 일련의 정해진 방식으로 반응한다(예, 뱀을 본 순간 재빨리 피하면서 심장이 두근거린다). 이런 반응에는 진화를 통해 얻어진 것도 있지만 생활 속에서 학습한 것도 있다. 이러한 정서반응이 일어나고 난 다음에 '무섭다', '즐겁다' 등의 느낌이 생긴다고 한다. PET(양전자방출 단층촬영법) 등 뇌영상기법을 사용한 연구에서 이러한 사실들이 확인되었다. 다마지오 등(Damasio et al., 2000)은 실험참가자에게 과거의 일상에서 기쁨, 슬픔, 공포, 분노를 경험한 에피소드를 생각하도록 했다. 이때의 뇌활동을 PET로 조사하고, 심장박동이나 피부전도율 등 자율신경계의 반응도 측정했다. 실험참가자가 정서를 느끼기 시작하면 정서에 맞는 그림을 선택하도록 했다. 실험 결과, 정서의 종류에 따라 활성화되는 뇌부위가 달랐으며(예, 슬픔을 느낄 때는 전전두엽의 활동이 활발하지 않았지만, 기쁨을 느낄 때는 활발해졌다), 신체감각과 관련된 영역(예, 체성감각피질)도 정서상태에 따라 활성화의 차이를 보였다. 특히 흥미로운 사실은 피부전도율의 변화가 정서적 경험에 선행한다는 사실이다. 즉, '무섭다', '즐겁다'라는 정서를 인지하기 전에 신체가 먼저 반응을 한다는 것이다.

# 3절. 정서가 인지에 미치는 영향

### 여키스와 도슨의 법칙

정서와 인지의 관계를 다룬 각종 논문에서 100년 이상 언급되고 있는 법칙이 여키스와 도슨의 법칙(Yerkes & Dodson's law)이다. 이들은 쥐를 대상으로 변별과제에서 올바른 반응을 하면 먹이(보상)를 주고, 잘못된 반응에는 전기쇼크(처벌)를 가하는 실험을 했다(Yerkes & Dodson, 1908). 전기쇼크의 강도와 과제수행을 비교했더니 쉬운 과제에서는 전기쇼크가 강할수록 수행이 좋았지만, 어려운 과제나 친숙하지 않는 과제에서는 전기쇼크의 강도와 과제수행의 관계가 역 U자형 곡선을 그린다는 것을 알아냈다(그림 13-5). 즉, 전기쇼크의 강도가 너무 약하거나 강하면 오히려 수행이 나쁘고, 중간 정도의 강도에서 수행이 가장 좋다는 것이다. 어려운 과제에서 자극 강도가 높으면 수행이 낮아지는 이유는 각성이 인지과정(주의, 기억)에 미치는 영향 때문으로 설명할 수 있다.

### 이스터브루크 가설

이스터브루크 가설(Easterbrook, 1959)은 전기쇼크의 강도가 강하면 정서적 각성이 높아지는데, '정서적 각성이 높아지면 유기체가 관찰하고 반응할 수 있는 환경단서의 수가 감소한다'는 것이다. 이를 동기에 의한 집중화라고 하며, 집중을 하면 주변에 존재하는 단서를 놓치고 적절하게 반응할 수 없게 된다.

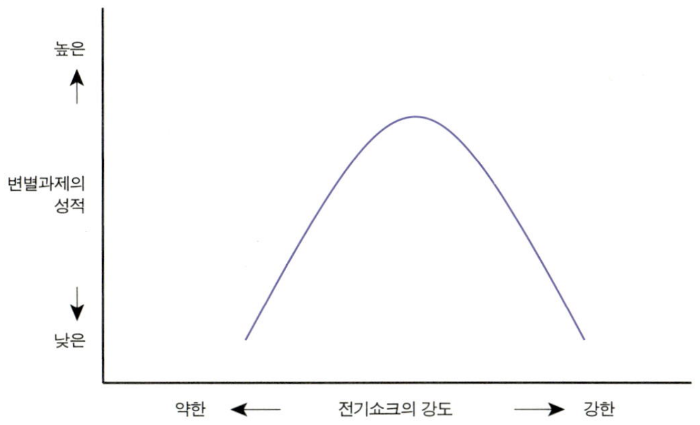


**전기쇼크의 강도가 너무 강하거나 약하면 변별과제의 수행이 낮아진다.**

(출처) Yerkes & Dodson(1908)

## 크리스찬슨 가설

크리스찬슨(Christianson, 1992)은 이스터부루크 가설을 기억현상으로 발전시켰다. 정서적 스트레스 상황에서 중심속성은 여기에 주의를 기울여서 깊이있는 정보처리를 하기 때문에 잘 기억할 수 있지만, 주변속성은 망각되기 쉽다는 것이다. 크리스찬슨과 로프터스(Christianson & Loftus, 1987)는 처참한 교통사고 장면(정서조건)과 그렇지 않은 장면(중립조건)에서 재생기억과 재인기억을 검사했다. 두 장면은 모두 세 단계(각 단계는 5장의 슬라이드로 구성)로 이루어졌으며, 첫 번째와 세 번째 단계는 동일하고 두 번째 단계의 슬라이드 5장만 내용이 달랐다. 재인실험은 처음에 촬영한 각도와 다른 각도에서 촬영한 장면을 선택대상으로 이용했으며, 맨 처음 본 슬라이드를 정확하게 재인하기 위해서는 촬영된 주변 사물(주변정보)까지 기억해야 했다. 재생실험은 슬라이드에 담긴 주요 사물(중심정보)에 대한 기억을 알아보는 것이다. 재생실험에서는 정서조건의 수행이 더 좋았지만(그림 13-6의 A) 재인실험에서는 정서조건의 수행이 더 나빴다(그림 13-6의 B). 이 결과는 정서조건에서는 중심정보에 주의를 집중해서 잘 기억할 수 있지만, 중요하지 않은 주변정보에는 주의를 기울이지 않기 때문에 결과적으로는 재인할 수 없다는 것을 의미한다.

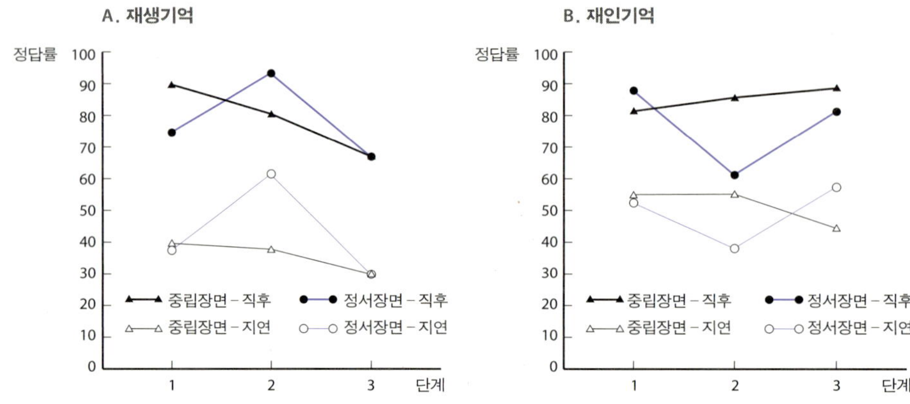



**정서장면이 들어있는 두 번째 단계에서만 실험조건 간 정답률의 차이가 나타난다.**

___ (출처) Christianson & Loftus(1987)

그러나 중심정보와 주변정보가 도대체 무엇을 의미하는지 명확하지 않다는 비판이 있다. 공간적인 중심과 주변을 의미하는 것인지, 아니면 내용과 관련이 깊은 것이 중심이고 관련이 깊지 않은 것이 주변인지 분명하지 않다는 것이다. 버크 등(Burke et al., 1992)은 정보를 다음 4가지로 분류했다.

(1) 요점: 슬라이드의 대략적 내용을 말할 때 포함되는 사실이나 요소. 보통 '그 다음에 어떻게 되었어?'라는 질문에 답할 때 사용되는 정보

(2) 기본 수준의 시각정보: 각 슬라이드에서 무엇을 보았느냐는 질문에 답할 때 사용되는 기본 수준의 정보

(3) 중심 상세정보: 내용의 중심인물과 관련이 있는 정보

(4) 배경 상세정보: 중심인물과 관계없는 상세정보

버크 등은 이 4가지 정보의 재생기억이 부정적인 정서를 일으키는 장면(외과수술 장면)과 그렇지 않은 장면(자동차 수리 장면)에서 어떤 차이가 있는지를 검증했다. 그 결과 요점, 기본 수준의 시각정보, 중심 상세정보의 재생기억은 불쾌한 사건에서 더 좋은 반면, 배경 상세정보의 기억수행은 더 낮았다. 앞의 3가지 정보와 배경 상

세정보와의 차이는 지각적 또는 공간적으로 중심인지 주변인지 그 차이밖에 없다. 기본 수준의 시각정보, 중심 상세정보, 요점은 지각적 또는 공간적으로 중심에 있는 사물에 대한 정보변화를 추상화한 것이며, 이를 지각적 또는 공간적인 중심정보라고 할 수 있다.

다시 말하면, 잘 기억되는 중심정보란 지각적 또는 공간적으로 중심이 되는 정보이며 내용면에서의 중심정보가 아니다. 그럼 왜 불쾌한 정서를 일으키는 장면의 공간적 중심에 있는 정보는 잘 기억되고, 주변에 있는 정보는 잘 기억되지 않는 것일까? 다음에 설명할 가용시각장 수축설에 의하면 이것은 기억의 문제가 아니라 주의의 문제라고 한다.


### 가용시각장 수축설

부정적인 정서를 일으키는 자극이 주의를 집중하고 인지할 수 있는 공간, 즉 가용시각장의 범위를 좁히기 때문에 주변정보의 부호화가 잘 일어나지 않는다는 이론이 최근 제안되었다(화제의 연구 13-2 참조). 노바타 등(Nobata et al., 2009)은 랑 등(Lang et al., 2005)이 개발한 국제감정사진시스템(International Affective Picture System)에서 혐오감이나 공포감을 불러일으키는 불쾌한 사진(고문으로 피를 흘리고 있는 남자, 구타 당하는 여자 등)과 긍정적인 감정을 유발하는 유쾌한 사진(스키점프대에서 미끄러져 내려오는 스키선수, 물보라를 일으키며 바다를 질주하는 요트 등), 그리고 중성적 사진(공원벤치에 앉아서 신문을 읽는 남자, 계단을 내려오는 중년부부 등)을 실험참가자에게 제시했다. 사진을 보여주고 각각 0.5초, 3초 후에 사진화면의 모서리 중 한 곳에 무작위로 숫자를 제시하면서 화면 중앙에는 알파벳(R 또는 L)을 제시했다(그림 13-7 참조). 실험참가자의 과제는 화면 중앙에 제시된 알파벳에 따라 마우스의 좌우 단추 중 하나를 누르고(예를 들어 R이 나타나면 오른쪽 단추, L이 나타나면 왼쪽 단추를 누른다), 동시에 사각 모서리 중 한 곳에 제시되는 숫자를 맞추어야 한다. 실험 결과, 불쾌한 사진을 본 뒤 숫자를 맞춘 확률이 유쾌한 사진이나 중성적 사진을 본 조건보다 모든 시간조건(0.5초와 3초)에서 유의미하게 더 낮았다. 이 결과는 불쾌한 정서는 자극이 제시된 직후부터 가용시각장을 좁히고 그 효과가 비교적 오래 지속되는 데 반해 유쾌한 정서는 가용시각장에 영향을 미치지 않는다는 것을 보여준다(그림 13-8).

살인이나 강도를 목격한 현장에서 목격자가 범인이 갖고 있는 흉기에만 주목하여 범인의 얼굴이나 복장을 잘 기억하지 못하는 경우가 있다(越智, 2000 ; 오우에 등, 2006). 이러한 현상을 무기초점효과라고 하는데, 목격자 증언의 신뢰도 판단에서 논란이 되기도 한다(Loftus, 1979, 7장 참조).

　무기초점효과는 가용시각장 수축설에 의해 다음과 같이 설명된다(오우에 등, 2001). 범행장면을 맞닥뜨렸을 때 목격자는 공포와 불안한 정서 등으로 인해 가용시각장이 축소되어 시야 주변의 사물에 대한 지각이나 인지가 제한된다. 이때 목격자는 생사와 직결되는 범인의 흉기에 주의가 집중되기 때문에 범인의 얼굴이나 옷차림 등은 지각하지도 기억하지도 못한다.

　그러나 정서를 제외한 다른 요인들도 무기초점효과와 관련이 있다는 사실이 최근에 밝혀졌다(越智, 2005 ; 오우에 등, 2006 ; Oue et al., 2008 ; Pickel, 1998, 1999). 피켈(Pickel, 1998 ; 1999)은 장면(맥락)에서 흉기가 갖는 이질성이 무기초점효과를 일으킨다고 주장한다. 이 가설은 은행강도 장면에서의 무기초점효과를 다음과 같이 설명한다. 일반적으로 은행이라는 맥락에서 총이나 칼 등의 흉기가 존재할 확률은 매우 낮다. 즉, 은행에서는 흉기의 이질성이 상대적으로 높아지기 때문에 강도의 흉기에 주목하게 된다는 것이다.

　오우에 등(2006)은 흉기의 형태로 무기초점효과를 설명했다. 삼각형처럼 끝이 뾰족한 형태는 심리적으로나 신경생리학적으로 쉽게 주의를 끈다는 것이다. 생선용 칼(끝이 뾰족한 식칼), 야채용 칼(끝이 뾰족하지 않은 식칼), 주방세제 중 하나를 들고 여성이 부엌에 서 있는 화면을 실험참가자에게 보여주고, 칼과 공간적으로 가까이 있는 정보(칼 정보)와 공간적으로 떨어진 정보(배경정보)에 대한 재인기억을 측정하는 실험을 했다. 여기서 여성은 요리를 하는 상황이므로 정서상태는 중성적이라고 할 수 있다. 실험 결과, 생선용 칼 집단, 야채용 칼 집단, 주방세제 집단의 순서로 칼 정보에 대한 재인기억이 높게 나타났다. 이로써 시각적 특성이 칼에 관한 기억에 영향을 미친다는 사실이 밝혀졌다. 배경정보에 대한 재인기억은 세 집단에서 모두 동일해서 주변정보(범인의 얼굴이나 옷)의 기억이 감소한다는 선행연구의 결과와 차이가 있었다. 이는 정서에 의한 가용시각장 수축이 일어나지 않아 세 집단 모두 똑같이 주변정보를 재인한 것으로 해석할 수 있다.

오우에 등(Oue et al., 2008)은 맥락요인을 제거한 실험에서 칼의 시각적인 특징이 사람의 주의를 쉽게 끈다는 사실을 확인했다. 실험참가자에게 3X3으로 배열된 생선용 칼과 중국식 칼 9개를 보여주고, 이들 중에서 종류가 다른 칼(표적자극)이 포함되어 있는지를 판단하도록 했다. 만일 끝이 뾰족한 칼이 주의를 끌기 쉽다면, 중국식 칼이 표적자극일 때보다 생선용 칼이 표적자극일 때 판단시간이 더 빠를 것이다. 실험 결과, 중국식 칼 사이에서 표적자극인 생선용 칼을 발견하는 것이 그 반대의 경우보다 훨씬 빨라서 칼의 시각적 특징이 지각을 촉진시킨다는 것을 확인할 수 있었다. 또 사건관련전위 P300을 측정하는 한 연구(濱本 & 平, 2008)에서는 뾰족한 칼이 빨리 지각되고, P300의 반응시간도 짧고, 진폭도 크다는 결과를 얻었다.

이처럼 무기초점효과는 정서뿐 아니라 흉기의 이질성이나 형태 등 다른 요인과도 관련이 있다. 무기초점효과의 발생과정이 ① 흉기에 주의를 기울이는 단계, ② 가용시각장이 축소되는 단계로 이루어진다고 가정하면, 이 요인들의 역할을 이해하기 쉬울 것이다. 즉, 흉기의 이질성이나 시각적 특징은 ①의 단계에서 목격자의 주의를 흉기로 유도하고, 정서는 ②의 단계에서 목격자의 가용시각장을 축소시켜 범인에 대한 정보획득을 방해한다.

무기초점효과는 비교적 단순한 현상처럼 보이지만, 여기에는 여러 요인이 관여되어 있다. 실제 범죄사건의 목격자 증언에는 대단히 많은 요인이 작용하며, 무기초점효과가 발생하지 않는 경우도 있다(越智, 2000). 앞으로 목격자 증언사례들을 더 많이 수집하고 그 발생과정에 영향을 미칠 수 있는 요인들을 추출해서 실험적 검증을 시도할 필요가 있다고 본다.

〔오우에 와타루〕

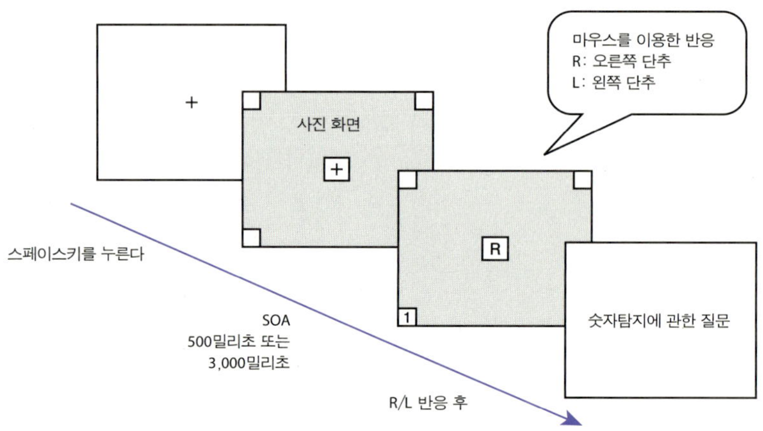


응시점, 사진자극, R/L 반응자극(이와 동시에 주변 모서리에 숫자
제시), 주변에 제시된 숫자에 대한 질문으로 실험이 진행된다.

___ (출처) Nobata et al.(2009)



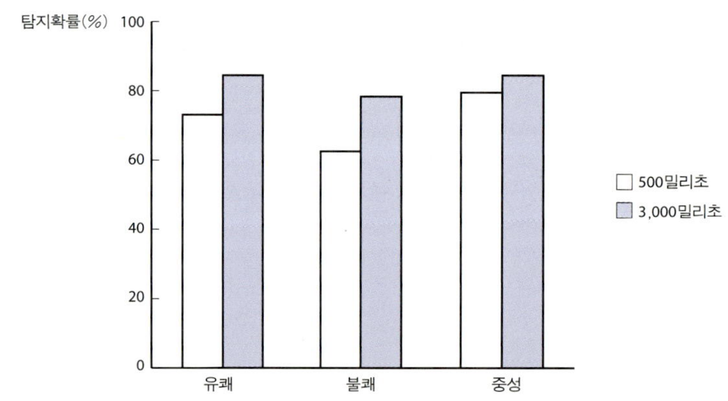


불쾌자극을 제시한 후에 주변숫자의 탐지비율이
모든 시간조건에서 낮다.

___ (출처) Nobata et al.(2009)

　　그렇다면 불쾌한 자극을 제시한 후에 주의가 좁아지는 이유는 무엇일까? 일반적으로 불쾌한 자극은 안 좋은 상황이거나 위험자극인 경우가 많다. 이런 위험한 상황이나 위험자극에 주의를 기울여 집중적으로 처리하는 것은 인간이 환경에 적응해서 생존하게 하는 의미있는 반응이라고 할 수 있다.


## 4절. 정서와 기억


사물은 단독으로 기억되는 것이 아니라 사물이 놓인 맥락(외적 맥락), 기억하는 인간의 마음과 몸 상태(내적 맥락) 등과 함께 기억된다는 부호화 특수성가설에 대해 앞서 5장에서 설명했다. 정서도 내적 맥락 중 하나이다.


### 정서와 기억의 연결망모델

바우어(Bower, 1981 ; 1992)는 연결망모델로 정서와 기억의 관계를 설명했다. 개념과 심상이 연결망모델(6장)에 표상되어 있는 것처럼 정서도 연결망에 있는 마디(노드)로 표상되어 있다는 것이다. 그림 13-9와 같이 과거의 기억은 장소(호수)뿐만 아니라 그 당시 경험했던 정서와 서로 연결되어 저장된다. 따라서 기분이 안 좋거나 슬플 때는 친구가 익사한 사건이, 기분이 좋을 때는 수상스키를 즐긴 일이 떠오른다는 것이다.


### 기분상태의존기억

특정한 기분상태에서 경험한 일이 동일한 기분상태에서 쉽게 떠오르는 현상을 기분상태의존기억(mood state-dependent memory)이라고 한다. 최면을 통해 특정 기분을 경험하게 한 후 어린 시절의 사건을 회상하게 하는 자전적 기억실험에서 참가자들은 현재의 기분과 동일한 정서적 경험을 더 쉽게 떠올렸다(그림 13-10).

    13-9    바우어의 정서 연결망모델

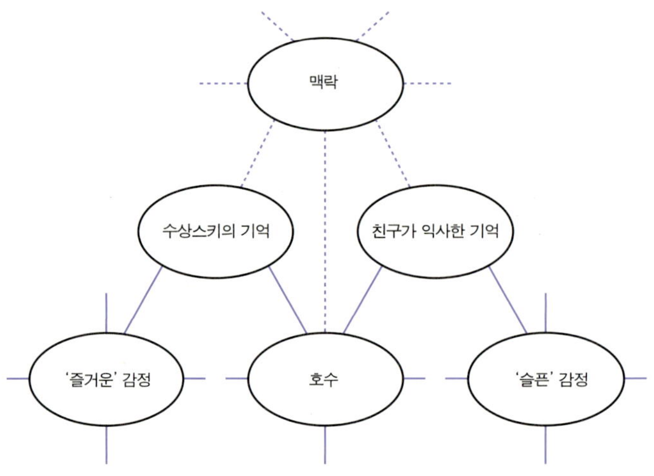


**특정 정서적 사건은 그것이 발생한 장소, 상황, 정서 등이 연결되어 표상된다.**

___ (출처) Bower(1992)

    13-10    기분상태와 어린시절의 기억

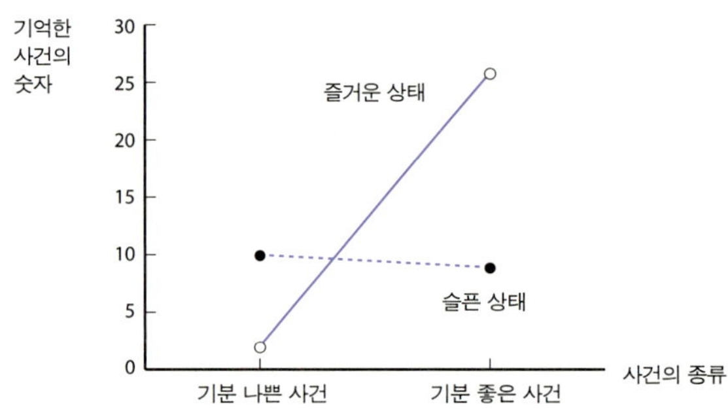


**불쾌한 사건은 슬플 때 생각나고, 유쾌한 사건은 즐거울 때 생각난다.**

___ (출처) Bower(1981)

## 기분일치기억

당시의 기분상태와 일치하는 정서가(價)를 갖는 사건은 쉽게 기억되는데, 이런 현상을 기분일치기억(mood congruent memory)이라고 한다. 즉, 우울하고 슬픈 기분일 때는 슬픈 사건을 기억하기 쉽고, 즐거운 기분일 때는 즐거운 일을 기억하기 쉽다는 것이다. 일상의 경험을 통해서도 충분히 수긍이 가지만, 바우어 등(Bower et al., 1981)은 실험으로 이 사실을 증명했다. 이들은 최면을 통해 실험참가자가 행복한 기분과 슬픈 기분을 느끼게 했다. 그 후 무슨 일이든 다 잘 풀리는 안드레와 아무 것도 되는 일이 없는 잭의 이야기를 읽게 했다. 이 이야기는 두 사람이 차를 타고 체육관에 가서 운동복으로 갈아입고 테니스를 한 후 샤워를 하고 다시 옷을 갈아입는 과정을 기술하고 있는데, 총 1,000개의 단어와 121개의 아이디어로 구성되어 있다.

실험 결과, 슬픈 기분으로 유도된 사람들이나 즐거운 기분으로 유도된 사람들이나 재생한 아이디어의 숫자에서는 차이가 없었지만, 기억한 내용에서는 큰 차이가 발견되었다. 슬픈 기분에 빠진 사람은 슬픈 사건(잭과 관련된 사건)을 더 많이 재생했고, 즐거운 기분에 있는 사람은 즐거운 사건(안드레와 관련된 사건)을 더 많이 재생했다. 즉, 슬픈 기분인 사람은 즐거운 일은 눈에 들어오지 않고 오직 슬픈 일에만 주의를 집중해서 그것을 부호화하기 쉽다는 것이다.

1. 정서재인에서 '평가'가 어떤 역할을 하는지 설명해보세요.
2. 시험에 실패해서 침울한 상태에 있을 때는 앞으로 자신은 취직을 못할 것 같고 지금까지의 인생이 슬픈 일의 연속이었다는 생각이 들곤 합니다. 여러분도 이런 경험을 한 적이 있을 것입니다. 이러한 상황을 정서이론으로 설명해보세요.
3. 늦잠 때문에 수업시간에 늦어서 황급히 차를 몰고 나오다가 차고의 구석에서 자전거를 타고 나오는 사람을 미처 보지 못하고 치는 일이 발생했다고 해봅시다. 이 상황을 가용시각장 개념으로 설명해보세요.

**참고문헌**

高橋雅延・谷口高士編(2002)『感情と心理学 − 発達・生理・認知・社会・臨床の接点と新展開』北大路書房

● 感情心理学について生理、感情の造作と測定、感情と記憶の関係など多面的に紹介している。特に、遠藤利彦担当の「発達における情動と認知の絡み」はザイアンス＝ラザルス論争の要点を理解するのに役立つ

ルドゥ, J./松本元・川村光毅・小幡邦彦・石塚典生・湯浅茂樹訳(2003)『エモーショナル・ブレイン−情動の脳科学』東京大学出版会

● ルドゥの感情理論を理解するのに役立つ。

ダマシオ, A./田中三彦訳(2005)『感じる脳 − 情動と感情の脳科学　よみがえるスピノザ』ダイヤモンド社

● 感情は人間にとってどのよないみをもつのか、感情と情動はどう区別できるにかなど、脳科学の立場からの「感情」論。

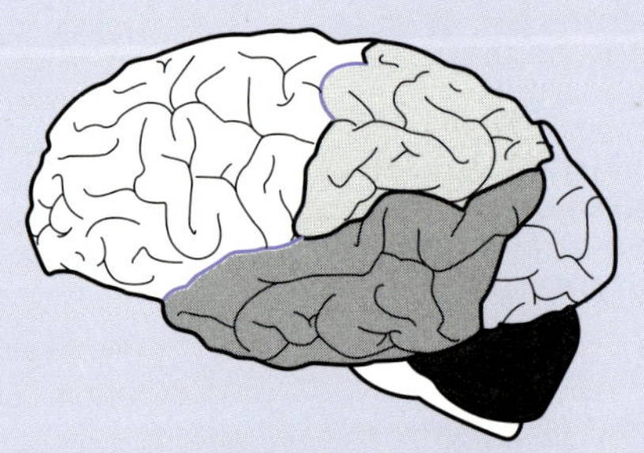

# III

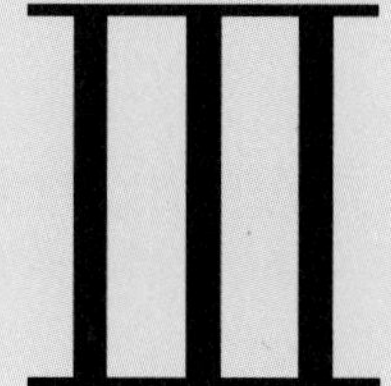

## 인지심리학의
## 확장

## 진화
## 사회
## 문화

# 14

## 인지진화와 뇌

**사람의 인지는 어떻게 진화되어왔나**

뇌의 진화는 유기체가 환경에 적응하고 종을 보존해온 결과이다. 최근 게놈해석으로 대표되는 유전자 연구가 활발히 추진되면서 동물의 진화과정도 빠르게 밝혀지고 있다. 인간이 어떻게 탄생하였으며, 다른 동물(특히 인간과 계통학적으로 가까운 침팬지, 일본원숭이 등)과 어떻게 다른지, 또는 어떻게 같은지도 알아내고 있다. 최근 진화심리학과 인지고고학이 유행하면서 인간의 마음이 만들어진 고대환경에 대한 관심과 함께 인지기능이 어떻게 진화되어왔는지, 특정 인지기능이 왜 필요했는지 등 마음의 기본 특성에 관심이 모아지고 있다. 이 장에서는 뇌의 진화적 측면에 초점을 맞추고 사회인지, 도구 및 언어사용 등 인간의 존재가치가 잘 드러나는 영역에서의 뇌기능 연구를 통해 인지진화와 뇌의 관계를 살펴보도록 하겠다.

컵에 숨긴 먹이를 찾아내는 실험에 참여하고 있는 아윰(오른쪽)과 이를 지켜보는 아이(왼쪽) (요미우리신문사)

# 1절. 뇌의 진화

인간의 인지가 어떻게 형성되어왔는지를 알기 위해서는 개체발생학적<sup>(ontogeny)</sup> 발달<sup>(15장 참조)</sup>과 계통발생학적<sup>(phylogeny)</sup> 발달을 모두 고려해야 한다. 최근 조류나 영장류 등 여러 동물들의 인지<sup>(지각 및 기억)</sup>를 분석해서 사람의 인지와 비교하는 비교인지학<sup>(comparative cognitive science)</sup>이 마음의 기원을 찾고 인지진화를 밝히는 데 기여하고 있다<sup>(藤田, 1998)</sup>. 먼저 계통발생학적 관점에서 인간이 속한 영장류를 중심으로 살펴보겠다.

## 영장류 계통

인간은 호모 사피엔스<sup>(Homo sapiens)</sup>라는 학명이고, 침팬지, 고릴라, 일본원숭이와 같은 영장류의 일원이라는 사실은 다들 알고 있을 것이다. 호모<sup>(Homo)</sup>는 인간속<sup>(屬)</sup>을, 사피엔스<sup>(sapiens)</sup>는 인간종<sup>(種)</sup>을 나타낸다. 같은 인간속으로 분류되는 생물은 현재 인간 외에는 없다. 과거에는 호모 네안데르탈렌시스<sup>(네안데르탈인)</sup>나 호모 플로레시안시스<sup>(플로레스인)</sup> 등 인간속으로 분류되는 다른 종이 있었지만, 수만 년 전

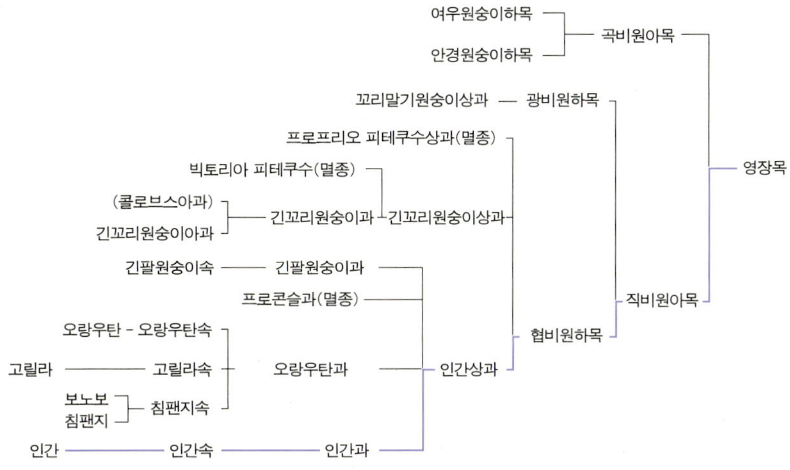



**유인원과 인간을 중심으로 그린 것으로 다른 계통은 일부
분류군만 나타냈다. 분류학적 관점에 따라 분류가 다를 수 있다.**

___ (출처) 中務(2003)

에 도태되고 현존하는 종은 인간인 호모 사피엔스만 남았다.

영장류(영장목)에는 많은 동물종이 포함되어 있다(그림 14-1). 영장목은 여우원숭이가 포함되어 있는 곡비원아목과 일본원숭이, 침팬지, 인간이 포함된 직비원아목으로 나누어진다. 또 직비원아목은 갈색꼬리말기원숭이가 포함된 꼬리말기원숭이상과(上科), 일본원숭이 등의 게잡이원숭이를 포함하는 긴꼬리원숭이상과, 그리고 인간, 침팬지, 고릴라, 오랑우탄, 긴팔원숭이 등을 포함하는 인간상과 등 세 가지로 분류된다. 인간은 계통분류학상 포유강, 영장목, 직비원아목, 협비원류, 인간상과, 인간과, 인간속, 인간종에 속한다. 미토콘드리아 DNA의 유전자배열 분석결과에 의하면 인간과 침팬지는 약 500~600만 년 전에 공통의 조상에서 분리된 것으로 추정된다(Ruvolo, 1997).

## 뇌크기의 진화

인간은 두 발로 직립해서 걷고 달릴 수 있다. 컴퓨터 키보드를 조작하고 악기를 연주하고 요리를 하는 등 손재주가 뛰어나다. 몸짓 같은 비언어적 소통뿐만 아니라 음성에 의한 언어적 소통도 가능하다. 또한 언어나 심상을 통한 표상적 사고도할 수 있다. 인간의 이러한 능력은 인간종(種)의 특징이며, 이는 영장류의 다른 종에는 없는 특별한 신체적 특징과 큰 뇌 때문이다. 즉, 다른 동물과 달리 직립자세를 취할 수 있는 긴 다리를 갖게 된 것, 엄지손가락이 다른 방향을 향하고 있는 손을 갖게 된 것, 손을 이용하여 물건을 잡을 수 있게 된 것, 음성언어가 가능한 성대를 갖게 된 것 때문이다.

마찬가지로 침팬지와 오랑우탄은 그들만의 독자적인 진화가 일어났다. 영장류는 다른 포유류에 비해 손재주가 뛰어나고 시각이나 기억 등의 인지기능이 뛰어난 특징을 갖고 있다. 또한 새끼를 끝까지 키우는 사회적 행동도 다른 동물과는 다른 점이다. 영장류에서만 찾아볼 수 있는 이러한 중요한 행동 특성은 다른 포유류에 비해 그들이 상대적으로 큰 뇌를 갖고 있는 데 기인한다.

고등척추동물은 진화하면서 몸이 커졌다. 인간, 코끼리, 말 등은 몸이 커지면서 뇌도 커졌다. 그러나 조류는 예외적으로 진화과정에서 몸이 작아졌다. 몸이 크다고 이에 비례해서 뇌도 큰 것은 아니다. 중요한 것은 체중과 뇌크기(무게)의 관계이다(그림 14-2의 A). 인간에 비해 코끼리나 고래의 뇌는 분명히 더 크다. 그러나 몸길이가 15미터가 넘고 체중이 50톤이나 되는 향유고래의 뇌무게는 7킬로그램 정도이고, 이것은 체중의 0.014%에 지나지 않으므로 결코 뇌가 크다고 할 수 없다. 이에 비해 인간의 뇌는 체중의 약 2%를 차지한다. 그림 14-2에서 보듯이 영장류는 비슷한 체중의 다른 동물에 비해 큰 뇌를 갖고 있다. 한편 하등척추동물(어류, 양서류, 파충류)은 몸은 커졌지만 뇌는 커지지 않은 경우이다(혹은 큰 뇌를 가질 필요가 없었다). 즉, 동물종마다 환경에 적응하면서 몸이나 뇌의 크기가 다르게 변화한 것이다.

몸의 크기와 뇌의 크기를 비율로 계산하는 방법에는 대뇌비율계수(encephalization coefficient)와 대뇌비율지수(encephalization quotient)가 있다. 대뇌비율계수는 K=B/Wa로 나타내는데, 여기서 B는 뇌의 무게, W는 체중, a는 정수이다. 코끼리의 대뇌비율계수는 1.08, 생쥐는 0.08, 사람은 2.84, 침팬지는 0.95이다(와타나베 & 코지마, 2007).

또 다른 지표인 대뇌화비율지수는 고등척추동물의 체중과 뇌무게의 관계를 그래프로 그릴 때 모든 점이 포함된 최소다각형을 그리고 그 기댓값의 관계를 나

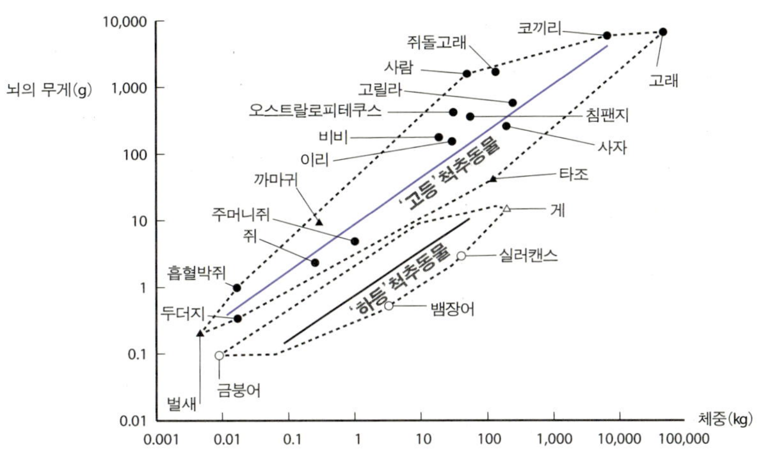


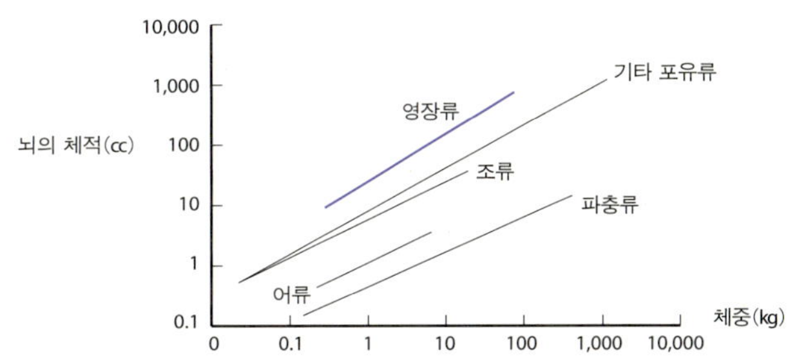


체중과 뇌무게의 관계를 통해 '고등'척추동물과 '하등'척추동물로 나뉘는 것과
영장류의 뇌가 크다는 사실을 확인할 수 있다.

_____ (출처) A : Jerison(1973), 와타나베 & 코지마(2007) B : Dunbar(1996)

타내는 직선을 구한다. 이때 임의의 동물의 체중을 알면 기대되는 뇌무게를 알게
된다. 기댓값(Ee)과 실측값(Et)의 비를 구하면(Et/Ee) 대뇌비율지수를 계산할 수 있다
(와타나베 & 코지마, 2007). 고양이를 1.0으로 하여 표준화한 경우, 고래는 1.8, 사람은
7.4~7.8, 아프리카코끼리는 1.3, 침팬지는 2.2~2.5, 쥐는 0.5가 된다(Roth & Dicke,
2005). 고등척추동물에서 직선을 구할 때와 포유류만으로 구할 때의 대뇌비율지수
가 다르며 이는 표준화 방법에 따라서도 달라진다.

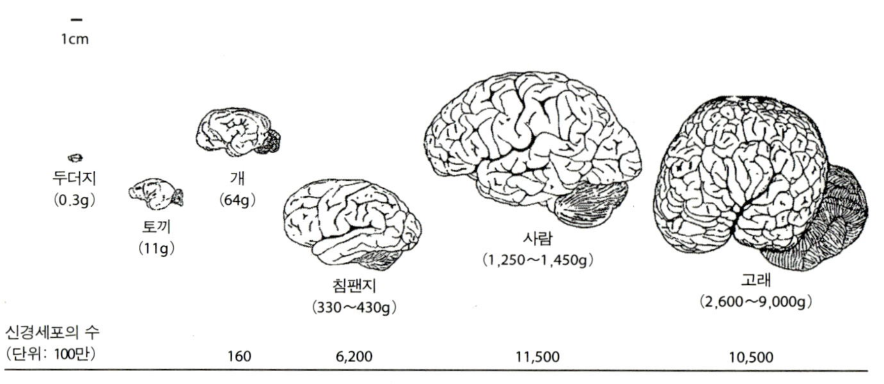


**개보다 큰 동물종에 대해서는 신경세포 수에 기재했다.**

＿ (출처) Roth & Dicke (2005)

　　그림 14-3에서 보듯이 동물종에 따라 뇌의 형태도 다르다. 침팬지나 사람은 전두엽이 크게 발달되어 있다. 뇌의 형태는 각 동물종이 갖는 신체, 행동, 인지 등의 특징에 의해 크게 달라진다.


## 2절. 사회지능의 진화


왜 영장류는 큰 뇌를 가질 필요가 있었을까? 뇌가 크다는 것은 정보처리의 용량이 크다는 것이고 지적 수준이 높다는 의미이다. 그러나 큰 뇌는 유지비용이 많이 든다. 인간의 뇌는 무게가 1,400그램(g) 정도로 체중의 약 2%밖에 되지 않지만, 전체 대사량의 20%를 소비할 정도로 많은 에너지를 필요로 한다.

　　영장류는 시각기능이 발달되어 있고, 특히 뛰어난 색지각능력을 갖고 있다. 그 덕분에 안전하고 맛있는 음식을 구별해서 먹을 수 있다. 언제, 어디서, 어떻게 과일이 열리는지를 알 수 있는 우수한 기억력도 갖고 있다. 영장류의 뇌가 진화한 이유가 이처럼 식생활에 적응하기 위한 것이라는 주장도 있다(하세가와 & 하세가와, 2000). 그러나 사회지능(social intelligence) 때문에 영장류의 뇌가 커졌다는 가설이 더 설득적이다. 특히 1990년대 이후 대형 유인원의 복잡한 사회적 행동 또는 사회인지에 관한 연구가 크게 증가했다.

### 영장류가 큰 뇌를 갖게 된 이유 - 마키아벨리지능가설

영장류의 사회성에 의해 뇌가 커졌다는 가설이 마키아벨리지능가설(Machiavellian intelligence hypothesis) 혹은 사회적 뇌 가설(social brain hypothesis)이다(Byrne & Whiten, 1988). 무리를 지어 생활하는 동물은 영장류 이외에도 많지만, 영장류는 단순히 무리를 이루는 것이 아니라 친자관계나 서열관계 등 대단히 복잡한 사회적 관계를 형성한다. 고정 구성원들이 모여 생활할 때 집단 내에서의 경쟁이나 협력뿐만이 아니고 집단 간의 제휴나 협상 등이 수시로 일어난다. 사회가 복잡해지면 누가 누구의 자식이고 누가 형제인지 등 구성원의 혈연관계에 대해 알아야 하고 구성원의 지위를 구별해야 한다. 이처럼 사회구조나 관계가 복잡해지고 처리해야 할 사회적 정보가 많아지면서 뇌가 발달했다고 주장하는 이론이 마키아벨리지능가설이다. 즉, 사회지능의 발달이 털고르기나 인사하기와 같은 소통행동, 모방, 도구사용, 식량의 분배, 마음이론(타인의 생각을 추론하거나 이해하는 능력), 협력 등을 촉진시켰다고 보는 것이다.

### 소통능력의 진화와 뇌기능

타인의 마음을 읽는 능력, 즉 마음이론(theory of mind)의 습득을 위해서는 타인의 시선이 향하는 곳을 따라서 응시하고, 손가락으로 가리켜 타인의 주의를 환기시키며, 타인과 주의를 공유할 수 있게 하는 공동주의(joint attention)기제의 발달이 전제조건이다(Baron-Cohen, 1995).

　　침팬지나 꼬리말기원숭이도 실험실 상황에서는 실험자(사람)의 시선을 따라갈 수 있다(Itakura & Tanaka, 1988 ; Anderson & Mitchell, 1999). 특히 침팬지는 타인의 시선을 단서로 시각장에 있는 특정 대상에 주의를 기울이는 공동주의가 가능하다(Tomasello et al., 1999). 시선은 위협이나 의사전달의 기능이 있다. 대형 유인원 이외의 영장류는 다른 개체의 얼굴을 정면으로 바라보면 적의나 분노로 해석해서 위협 또는 공격적인 행동을 보인다(Tinbergen, 1968). 이러한 시선의 진화적 특징은 기능뿐 아니라 눈의 형태에서도 드러난다(Kobayashi & Kohshima, 1997). 사람의 눈은 다른 영장류의 눈에 비해 옆으로 길고 흰자위 부분(공막)이 많이 드러나 있으며 공막에 색소가 없다. 눈에서 흰자위 부분이 커지면 그만큼 동공의 위치가 잘 보인다.

이처럼 소통을 하려면 시선이나 손가락의 가리킴 등 타인이 의도하는 방향을 '봄'으로써 타인의 행위를 이해하는 것이 필요하다. 반(Byrne, 1995)은 비비무리에서 일어나는 전술적인 기만행위를 관찰했다. 어른 비비가 식물의 뿌리를 뽑아 먹는 것을 본 어린 비비는 주위에 다른 비비가 없는 것을 확인하고 비명을 지른다. 그러면 그 어른 비비보다 지위가 높은 엄마 비비가 달려와서 뿌리를 뽑던 어른 비비를 쫓아내고, 어린 비비는 어른 비비가 남기고 간 뿌리를 차지한다(그림 14-4). 어린 비비는 스스로 뿌리를 뽑아 먹을 힘이 없다. 그리고 비명을 지르면 엄마는 자기가 누군가에게 공격을 당한다고 생각해서 뛰어온다는 것과 뿌리를 뽑아 먹는 어른 비비는 자신의 엄마보다 지위가 낮다는 것을 알고 있다. 전술적 사고를 통해 '비명을 지르는' 거짓 신호로 상대를 속이는 것이다. 이러한 종류의 전술적 기만은 곡비원아목에서는 나타나지 않고, 유인원을 포함하는 직비원아목(그림 14-1 참조)에서만 관찰된다. 이런 소통능력의 진화는 사회지능의 발달을 보여주는 대단히 흥미로운 현상이다.

또한 원숭이와 비비 모두에게서 소통에 필수적인 얼굴재인을 담당하는 특정 뇌부위가 발견되었고(Perrett et al., 1982; Wanwisher et al., 1997), 시선, 표정, 몸동작을 관찰할 때 활성화되는 뉴런이 측두엽에 있다는 사실이 확인되었다(그림 14-5). 사람을 대상으로 한 fMRI(기능성 자기공명영상) 연구에서 타인의 의도나 행위를 이해하는지를 알아보는 마음이론과제를 수행할 때, 전두엽 내측부에 있는 전측대상회(anterior cingulate)의 활동이 높아지는 것이 확인되었다(Gallagher & Frith, 2003, 그림 14-6).

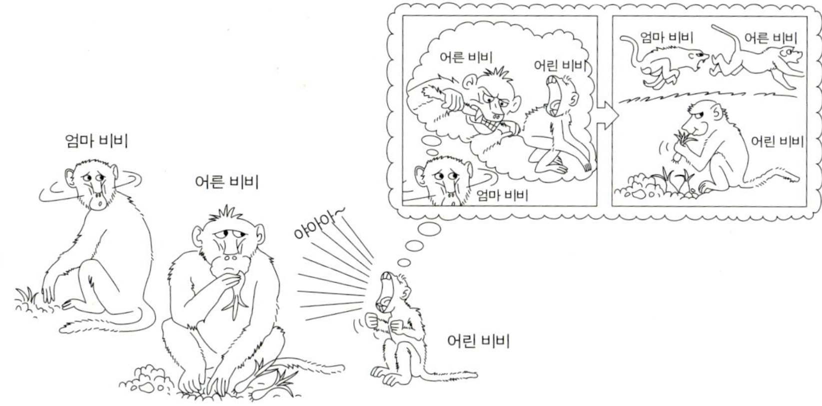



어린 비비도 '비명을 지르는' 거짓 신호를 사용하여 다른 비비를 속일 수 있다.

____ (출처) Byrne(1995)

그림    14-5    시선, 표정, 몸, 머리 방향 등에 특화된 원숭이의 뇌

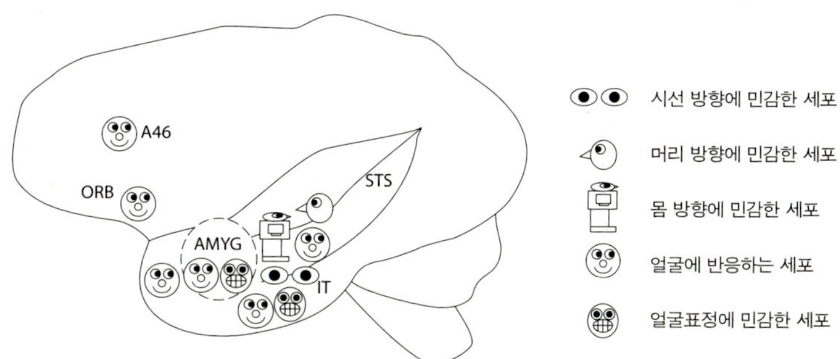



STS는 상측두구, AMYG는 편도체, IT는 하측두엽, ORB는 안와전두엽,
A46은 46 피질영역을 가리킨다.

____ (출처) Emery(2000)

그림    14-6    마음이론과제에서 활성화되는 뇌영역

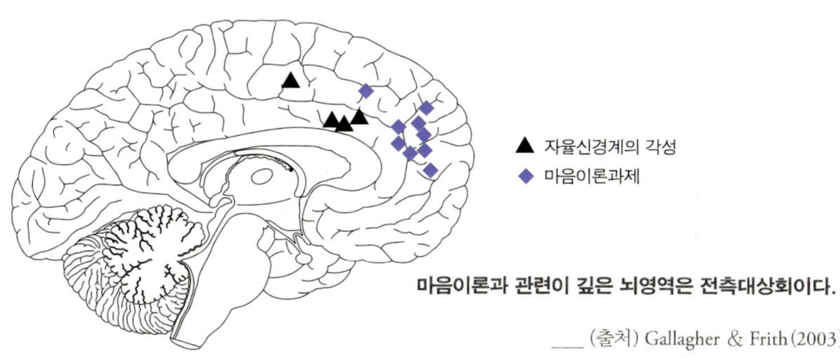



마음이론과 관련이 깊은 뇌영역은 전측대상회이다.

____ (출처) Gallagher & Frith(2003)

**영장류의 자아의식**

사람은 타인과 교류하면서 상대의 반응을 보고 자신에 대한 상대방의 감정이나 행동을 알아내려고 한다. 그와 동시에 자신의 의식상태를 읽으면서 상대에게 반응한다. 이러한 순환반응은 방금 태어난 신생아에게서도 나타난다. 신생아는 누군가가 쳐다보면 자신을 포함한 주위환경 어딘가에 상대의 의도적인 주의가 기울여지고 있는 것을 느낀다. 토마셀로(Tomasello, 1995)는 공동주의의 대상이 자기라는 것을 아는 것이 자아의식(self-consciousness)의 시작이라고 했다(板倉, 1999).

　　인간 이외의 영장류에게도 자아의식이 있을까? 이를 밝히기 위한 고전적인 연구가 거울자기재인(mirror self-recognition)이다. 신생아가 거울에 비친 자기를 인식하기까지는 약 2년이 걸린다. 자기를 재인하기 전의 유아는 거울 속의 대상을 '다른 대상'으로 인식하고 보고 웃거나, 손으로 만지거나, 소리를 내거나, 주의 깊게 관찰하거나, 거울 뒤를 찾아보거나, 거울을 피하고 경계하고 울거나 하는 반응을 한다(板倉, 1999). 잠자는 동안 얼굴에 표시를 하고 거울을 보여주는 실험에서 침팬지는 거울에서 자기 얼굴에 있는 표시를 발견하고 손으로 자신의 얼굴을 만지거나 문지르는 반응을 하였다(Gallup, 1970). 침팬지뿐 아니라 오랑우탄이나 고릴라 같은 대형 유인원은 거울 속의 자기를 재인할 수 있지만, 긴팔원숭이 같은 영장류는 거울자기재인이 불가능하다. 그들이 일본원숭이처럼 거울자기재인이 가능해지려면 일정 기간 연습이 필요하다(板倉, 1999).

# 3절. 상징 조작 및 표상의 뇌기능

**동물의 도구사용**

뇌가 커지면서 사회인지와 소통능력이 향상됨과 동시에 손의 기능도 좋아지고 사고력도 향상되었다. 침팬지가 긴 나뭇가지를 이용해 개미를 잡아먹는 행동(개미낚시)이 관찰되면서 침팬지의 도구사용능력이 알려졌다. 침팬지는 가느다란 나뭇가지를 찾고, 나무껍질을 얇게 쪼개고, 큰 잎사귀를 교묘하게 찢어서 잎맥만 남기는 등 개미낚시를 위한 도구를 준비한다. 땅속이나 나무줄기에 있는 개미집 속으로 가느다란 도구를 집어넣고 개미가 붙으면 떨어지지 않도록 조심스럽게 꺼내서 먹는다. 개미낚시 이외에도 딱딱한 열매를 돌로 깨서 먹고(심지어 열매를 깨는 돌과 열매를 올려놓을 돌을 구별해서 준비한다), 잎사귀를 씹어서 스펀지 형태로 부드럽게 만든 후 즙을 짜서 마시기도 한다. 이러한 도구사용은 도구의 기능에 대한 내적 표상이 있어야 가능하고, 도구를 신체의 일부로 사용할 수 있어야 한다.

지금까지는 침팬지와 같은 유인원 이상의 영장류만이 도구를 사용할 수 있다고 생각했으나, 최근 일본원숭이 같은 구세계 원숭이도 실험실에서 약 2주 정도 적절한 훈련을 받으면 손의 연장으로 갈퀴를 사용할 수 있다는 것이 밝혀졌다(Iriki, et al., 1996). 이처럼 영장류는 도구를 사용하거나 제작하는 과정에서 기술지능을 진화·발달시켰다. 그러나 도구를 사용하는 행동 자체는 영장류 이외의 다른 동물에게서도 찾아볼 수 있다. 해달이 조개를 배 위에 올려놓고 돌로 깨트려 먹고, 다윈핀치(새)는 선인장 가시를 이용하여 나무 속에 있는 벌레를 꺼내 먹으며, 뉴캘리포니아의 까마귀는 나뭇가지로 갈고리 형태의 도구를 만들어 사용하는 모습이 보고되었지만, 영장류를 제외한 다른 동물들의 도구사용은 극히 제한적이라고 할 수 있다.


### 기술지능의 진화

약 500~600만 년 전에 인간과 침팬지의 계통이 나뉘면서 인간의 조상은 약 200만 년에 걸쳐 오스트랄로피테쿠스와 피테칸트로푸스로 진화하고, 직립보행과 석기를 만드는 능력을 습득했다(그림 14-7 참조). 고고학적으로 규칙적인 특징을 갖는 가장 오래된 석기는 약 200만 년 전에 처음으로 출현했다. 이 무렵에 만들어진 올도완 석기는 적당한 크기의 돌을 다른 돌로 몇 차례 두들겨 깨어 만든 간단한 것으로, 그 형태는 목적에 맞게 제작된 것이 아니라 우연히 만들어진 것으로 보인다. 그러나 약 150만 년 전에 만들어진 아슐리안 석기는 좌우대칭의 아름다운 물방울 모양으로 가공되어 있고, 사용 목적에 맞는 형태와 크기를 갖추고 있다. 약 30만 년 전 네안데르탈인이 제작한 무스테리안 석기는 중심부는 거칠지만, 가장자리는

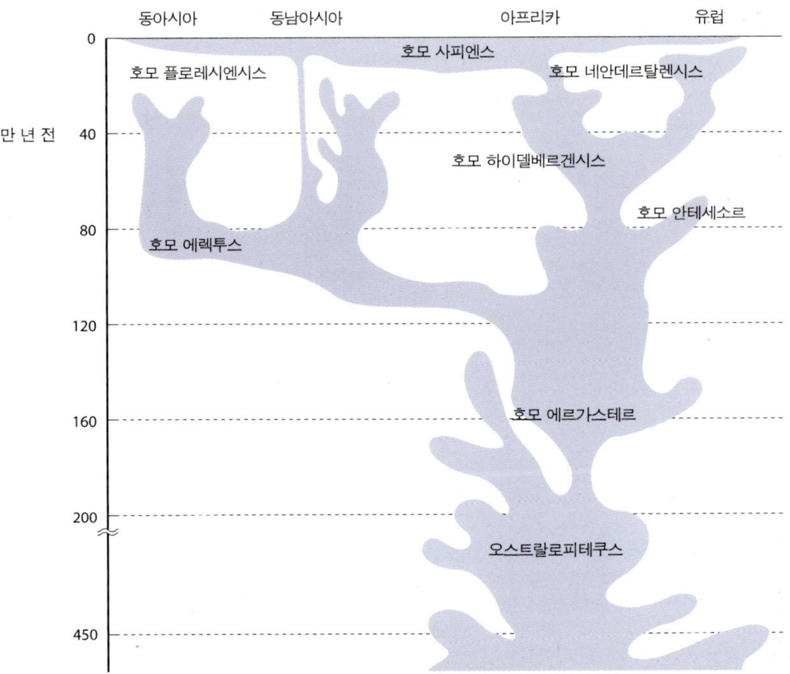


**200~250만 년 전에는 호모 하빌리스라는 인간속도 존재했다.**

___ (출처) Mithen(2005)



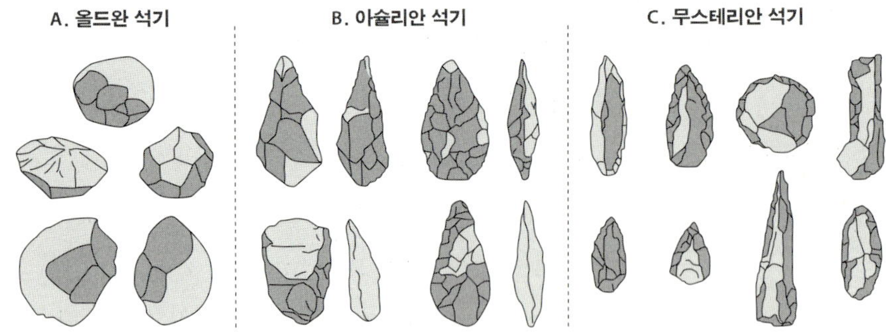


**적당한 크기의 돌을 다른 돌로 깨서 석기를 만들었다.**
**특히 아슐리안 석기 이후 정교한 가공이 나타나기 시작했다.**

___ (출처) Lock & Peters(1996); 入來(2001)

날카로운 단계적인 섬세한 가공을 보여준다(그림 14-8). 현생인류(호모 사피엔스)가 제작한 수만 년 전의 석기는 용도에 맞게 제작되었을 뿐만 아니라 석기의 형태에 장식이 포함되기 시작했다.

### 원숭이의 도구사용과 뇌

도구의 사용 및 제작의 진화는 그 기원이 언제까지 거슬러 올라갈까? 앞에서 언급했듯이 침팬지는 도구를 사용하지만, 일본원숭이 등 구세계 원숭이는 도구를 거의 사용하지 않는 것으로 여겨져왔다. 그러나 이리키 등(Iriki et al., 1996)은 일본원숭이에게 2주 정도 훈련을 시키면, 갈퀴 모양의 도구를 비교적 용이하게 손 대신 사용한다는 것을 발견했다. 이들은 손이 닿지 않는 곳에 놓아둔 먹이를 일본원숭이가 작은 갈퀴를 사용해 끌어당겨서 먹는 행동을 할 때의 뇌활동을 관찰했다. 두정엽 후방하부 영역(그림 14-9 A)은 시각(A의 b)이나 체성감각(A의 a)처럼 여러 감각정보가 통합되는 곳인데, 손 가까이에 물체가 있을 때 이 부위의 뉴런이 흥분했다. 원래 이 부위 뉴런의 수용장(특정 뉴런이 흥분하는 공간의 범위)은 손에만 고정되어 있었는데, 도구를 반복적으로 사용했더니 손과 갈퀴를 둘 다 포함하도록 넓어지고 갈퀴를 손의 확장으로 받아들이게 되었다(그림 14-9, Iriki et al., 1996). 게다가 갈퀴를 사용하지 않고 그냥 들고만 있으면 수용장이 손의 범위 안으로 다시 돌아왔다. 즉, 갈퀴를 도구로 사용할 때는 수용장이 넓어지면서 그 전까지 수용장 바깥에 있는 정보로 여겨 부호화하지 않았던 물체에서도 부호화가 일어난다. 이리키 등의 연구에서 얻은 흥미로운 결과는 일본원숭이가 긴 갈퀴와 짧은 갈퀴를 목적에 따라서 구분하거나 조합해서 사용한다는 점이다(Hihara et al., 2003). 이처럼 훈련을 통해 정교한 도구사용이 가능하고, 비록 자발적으로 도구를 사용하지는 않더라도 상황에 따라 뇌기능이 발현된다는 것이 확인되었다.

### 거울뉴런

리졸라티(Rizzolatti, G.)는 전두엽과 두정엽 아래에 있는 뉴런의 활동이 물체를 잡는 반응과 어떤 관련이 있는지 조사했다. 어떤 뉴런은 원숭이가 땅콩처럼 작은 물체

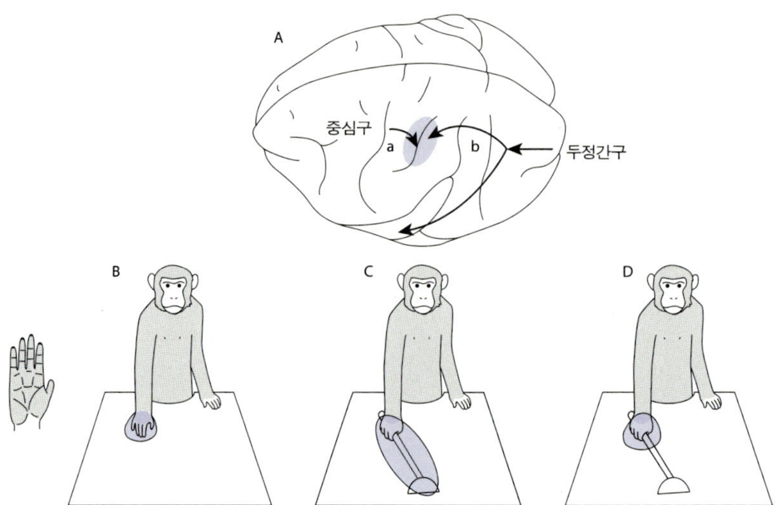



도구가 없을 때는 두정엽 후방하부 영역(A)의 수용장이 손 부위에만 제한되지만(B),
도구를 사용하는 훈련을 하면 도구 주위로 수용장이 넓어진다(C). 그러나 도구를 가지고
있으면서 사용하지 않으면 수용장은 손의 위치에만 제한된다(D).

_____ (출처) 入來(2001)




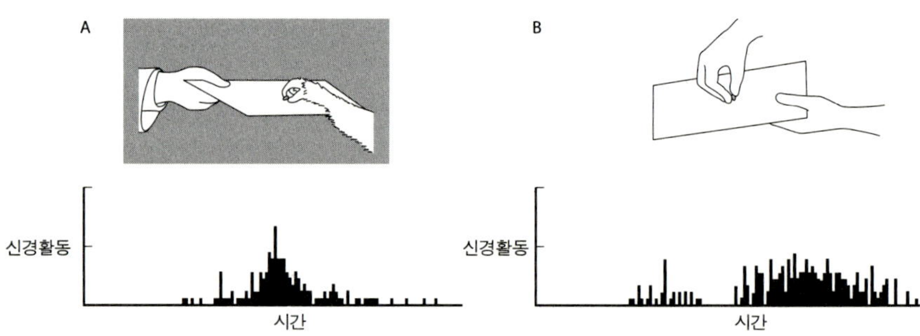



원숭이가 자신의 손을 움직여서 물체를 잡을 때의 뉴런의
활동(A)과 실험자가 동일한 동작을 보일 때의 뉴런의
활동(B)

_____ (출처) Rizzolatti & Arbib(1998)

를 잡는 운동을 할 때 활발하게 활동하고, 또 다른 뉴런은 손 전체로 물체를 잡을 때 활성화되었다. 그런데 어떤 뉴런들은 원숭이 자신이 무엇을 잡거나 쥘 때만이 아니라, 원숭이 눈앞에 있는 실험자가 물건을 쥐는 것을 관찰할 때도 활성화되었다(그림 14-10). 즉, 원숭이 자신이 땅콩을 집을 때 흥분하는 신경세포가 다른 사람이 땅콩을 집는 것을 볼 때도 흥분했다. 이 신경세포는 자신의 행동과 똑같은 행동을 다른 사람이 하는 것을 관찰할 때 흥분하는 세포로, 이를 거울뉴런(mirror neuron)이라고 한다(Rizzolatti et al., 1996).

인간의 경우에도 원숭이의 거울뉴런이 발견된 위치와 해부학적으로 비슷한 뇌부위가 자신이 실제로 행동할 때와 다른 사람의 행동을 관찰할 때 모두 활성화된다는 것이 fMRI 연구를 통해 입증되었다(Iacoboni, et al., 1999). 거울뉴런은 다른 사람의 행동, 사고, 의도 등을 이해하는 데 기반이 되며, 모방을 통한 기능학습에서도 중요한 역할을 한다. 원숭이의 거울뉴런이 있는 뇌부위가 사람에게는 운동성 언어영역인 브로카 영역(Broca's area)에 해당되기 때문에, 거울뉴런이 언어습득에도 중요한 역할을 한다는 가설(Ramachandran, 2006)이 제안되기도 했지만, 이를 확신할 만한 증거는 아직 충분하지 않다.


### 언어습득의 진화

사회지능이나 기술지능이 발달하면서 인류의 뇌는 진화했다. 화석을 분석한 결과, 인간속(屬)의 초기에 해당하는 호모 하빌리스의 뇌용량이 600~700ml(밀리리터), 호모 에렉투스의 뇌용량이 800~1,000ml로 침팬지의 뇌용량인 400~500ml에 비해 인류의 뇌가 점점 커졌다는 것을 알 수 있다. 네안데르탈인은 약 5만 년 전까지 유럽에서 살았는데 뇌용량은 1,500ml 정도이다. 이들은 현생인류인 인간(호모 사피엔스)의 뇌(약 1,400ml)보다 큰 뇌를 갖고 있었다(몸도 인간보다 컸다).

뇌가 커지면서 대뇌피질도 여러 영역으로 확대되었다. 후지타(藤田, 2001)는 대뇌피질의 폭발적인 증가로 손가락, 안면근육, 혀, 입술, 목구멍 등의 움직임을 제어하는 운동피질이 확대되어 그 주변의 운동성 언어중추인 브로카 영역이 발달한 것과, 측두엽의 청각피질에 인접한 부위가 확대되어 수용성 언어중추인 베르니케 영역(Wernicke's area)이 발달한 것에 주목했다. 두개골 화석을 분석한 결과,

현재 우리가 쓰는 언어는 인류가 진화하는 과정에서 발생한 것으로 언어는 시대를 거치면서 변화·발전해왔다. 언어의 기원은 무엇을 언어라고 할지에 따라 그 시기가 달라진다.

일반적으로 언어학자나 인지과학자는 언어나 말을 다음과 같이 정의한다. ① 기호와 의미의 필연성은 없지만 사회적으로 규정된 결합을 단위로(자의성), ② 문법에 의한 기호의 재편성이 가능해서 표현을 무한정 만들어낼 수 있고(생산성), ③ 시간과 공간을 초월할 뿐만 아니라 실재하지 않는 것까지도 전달할 수 있는(초월성) 체계가 언어이다. 이러한 특징에 한정시킨다면 언어는 호모 사피엔스가 가진 고유한 능력이라고 할 수 있다. 한편 인류학자나 동물학자는 언어를 보다 유연하게 해석해서 그 기원을 훨씬 오래전으로 보는 경향이 있다.

인류는 언제부터 말을 하기 시작했을까? 형질인류학자는 인류가 언제 어떻게 말의 발성능력을 획득했는지에 관심을 가져왔다. 우리가 내는 음성은 성대가 진동하면서 만들어진 발성이 공명됨으로써 나오는 것이다. 공명강은 목젖에서 직각으로 꺾여 입술까지의 구강과 성대까지의 인두로 나뉜다(이중 공명구조). 두 공명강의 길이는 거의 같고, 혀의 위치에 따라 각각 독립적으로 바뀌기 때문에 공명의 특성이 변화할 수 있어서 다채로운 음성이 가능하다. 한편 다른 포유류는 구강에 비해 인두가 매우 짧고 단일 공명구조를 갖기 때문에, 이들이 낼 수 있는 음성은 그 종류가 극히 적다. 리버만(Liberman, P.)은 호모 사피엔스에서 후두가 한 단 내려감으로써 인두가 넓어져 이중 공명구조로 진화했다고 주장한다. 그의 주장은 오랫동안 인정을 받아오다가 최근 원인류에서 후두 하강현상이 발견되면서 문제가 되었다. 케바라 유적에서 발견된 네안데르탈인 혀 뼈의 형태가 호모 사피엔스와 같다는 점에서 네안데르탈인도 발성능력을 갖춘 것으로 추정된다. 또 그보다 이전의 호모 에렉투스에서 직립자세가 완성된 사실에 비추어 후두가 내려가서 어떤 식이든 발성이 가능했을 것이라고 보는 견해도 있다. 적어도 발성능력의 기원을 찾는 학자들 간에는 호모 사피엔스에서 갑자기 말을 하기 시작했다는 견해는 그다지 지지를 받지 못하고 있다.

언어진화는 점진적인가 단속적(斷續的)인가? 앞에서 말한 세 가지 조건을 모두 만족시키는 언어가 어떻게 탄생했는지에 관해서는 크게 두 가지 견해로 나뉜다. 하나는 직립보행 등 다른 많은 생물학적 특질과 마찬가지로 언어가 점진적인 자연선택을 통해 생겼다는 견해이고, 다른 하나는 언어가 직접적인 자연선택의 과정에서 발달한 것이 아니라 다른 인지기능의 부산물로 우연히 발생했다고 보는 견해이다.

자연선택에 의한 점진설은 진화심리학자인 핑커(Pinker, S.)의 주장으로, 그는 동물의 소통능력이 조금씩 정교화된 것을 언어라고 보았다(소통 기원설). 영장류의 진화에서 협력과 기만 등 사회적 관계의 조작이 소통능력을 정교화시켰다는 가설은 이미 많은 연구에서 밝혀졌다. 특히 사람의 경우 상대의 내적 상태를 감시해서 자기의 정서에 비추어 상대의 의도를 읽는 능력이 현저하게 발달했고, 이러한 사회지능을 배경으로 언어가 생겨났다고 보는 생물학자들이 많다.

점진설이 생물학자들에 의해 지지를 받고 있다면, 언어진화의 단속설을 주장하는 것은 주로 언어학자들이다. 대표적인 언어학자로는 언어가 자연선택의 산물이 아니라 다른 고도의 인지기능의 부산물이라는 이론을 제안한 언어학의 거장 촘스키(Chomsky, N.)가 있다. 촘스키는 고생물학자인 굴드(Gould, S.J.)의 단속평형설을 받아들여서 언어는 소통이 아니라 일반 인지능력(감각운동체계나 사고체계)이 진화하는 과정에서 우연히 만들어졌다고 생각했다. 대다수의 언어학자들은 언어는 고차원적 지성을 지닌 인간(호모 사피엔스)의 고유한 능력이며, 다른 생물에서는 그 전신에 해당하는 것을 찾을 수 없다고 주장해왔다.

그러나 최근 촘스키 측도 점진설로 다소 옮겨가는 모습을 보이고 있다. 하우저, 촘스키와 핏치(Hauser et al., 2002)는 2002년 「사이언스(Science)」에 발표한 공동 논문에서 언어를 협의의 언어능력과 광의의 언어능력으로 나누었다. 요약하면, 협의의 언어능력은 순환적인 연산시스템이고, 광의의 언어능력은 지각운동체계와 개념사고체계를 통합하는 능력이다. 전자는 인간의 고유한 능력이지만, 후자는 인간 이외의 동물 사이에도 연속성이 있다고 제안했다. 이 주장이 계기가 되어 국제언어진화학회를 중심으로 많은 논의가 일어났고, 뜨거운 논쟁은 지금도 계속되고 있다.

〔하세가와 도시카즈〕

230만 년 전의 호모 하빌리스의 뇌에서도 이 영역이 확장되어 있다는 사실이 확인되었다. 즉, 언어를 사용하여 자신이 속한 세계를 개념적으로 파악하고, 객관적으로 표현하고, 다른 사람에게 자신의 생각을 전달하는 능력이 이들에게도 있었음을 추론할 수 있다(藤田, 2001).

영장류의 언어능력은 어떠한가? 영장류는 다양한 소리를 낸다. 예를 들어, 발정기의 암컷은 발정기 소리를 내고 위험을 감지하면 경계성 소리를 낸다(경계성 음성은 영장류 이외의 다른 동물에서도 나타난다). 영장류가 음성 대신 다른 소리를 사용하거나 표상적 언어를 사용한다는 증거는 확인되지 않았다.

유인원인 침팬지의 발성기관은 인간에 비해 해부학적 제약을 가지고 있다(Liegerman, 1984). 즉, 혀뿌리에서 성대까지의 길이가 매우 짧아서 다양한 모음을 내기 어렵다(藤田, 2001). 게다가 이들은 낼 수 있는 모음이 한정되어 있는 만큼 모음을 알아듣는 것도 서툴러서 '이'와 '우', '에'와 '오'를 구별하지 못한다(Kojjima & Kiritani, 1989).

그러나 침팬지는 수화나 신호(sign) 등의 시각언어 혹은 인공언어를 통해 어느 정도의 어휘는 습득할 수 있는 것으로 알려져 있다. 침팬지를 집에서 키우면서 수화를 훈련시키면 3년 반 정도의 기간 동안 약 130개의 어휘를 습득하고, 이를 사용해서 2~3개의 단어로 된 문장을 표현할 수 있다고 한다(Gardner & Kiritani, 1989). 또한 도형이나 플라스틱판에 색을 섞어서 의미를 인공적으로 부여한 후 침팬지를 훈련시키면, 지시를 따를 수 있게 되며 자신의 요구를 문장으로 표현할 수도 있게 된다(Premack, 1976 ; Rumbaugh, 1977). 이들은 인공언어를 사용하여 자기들끼리 소통할 수 있고(Savage-Rumbaugh et al., 1978) 간단한 문법도 습득할 수 있다(마츠자와, 1991). 이러한 연구결과는 유인원도 이미 언어사용능력을 지니고 있음을 시사한다.

## 4절. 인지진화의 수도원모델

인간과 인간 이전 인간속(예, 네안데르탈인)의 뇌기능은 어떻게 다를까? 영국의 인지고고학자 마이든(Mithen, S., 1996)은 포더(Fodor, J. A.)의 모듈론(1장 참조)을 근거로 하여 다음의 네 가지 능력으로 인간의 뇌기능을 설명했다. ① 박물지능(자연탐구지능) ② 기술지능 ③ 사회지능 ④ 언어지능(인지고고학은 화제의 연구 14-2 참조). 즉, 인류의 인지진화과정에서 생존에 필요한 판단이나 행동을 좌우하는 뇌기능이 영역마다 특화되어 발달했다고 본 것이다.

　　그림 14-11은 마이든이 제시한 인지진화의 수도원모델이다(Mithen, 1996). 그는 인류의 마음이 세 단계의 진화과정을 거쳤다고 보았다. 1기는 마음이 일반지능으로만 이루어진 시기이다. 일반지능은 학습 및 의사결정과 관련된 범용적인

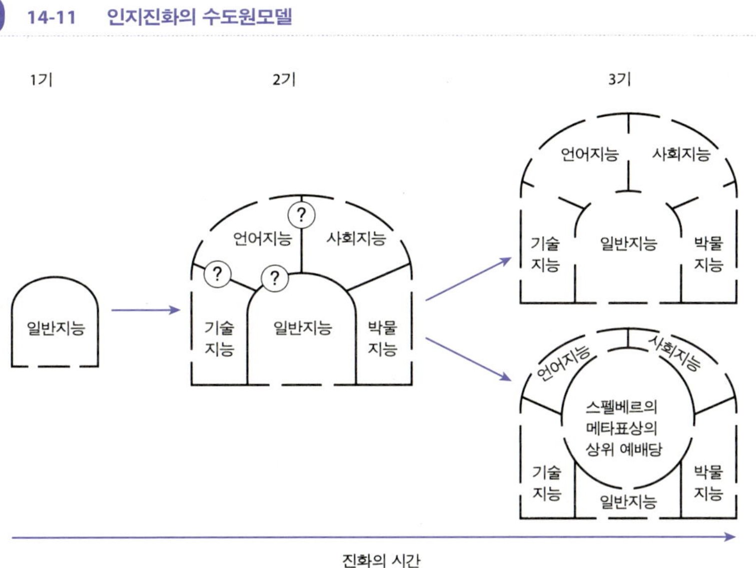



1기는 일반지능이라는 공간만 있는 단계이다. 2기는 일반지능과 복수의 특화된 지능이 발달해서 마음을 구성하는 단계로 각 지능은 독립적으로 기능한다. 3기에 이르러 일반지능과 개별 지능 사이의 유창성이 높아졌다. 특히 호모 사피엔스는 '상위 예배당'을 중심으로 각 지능의 지식이 여러 마음 영역에서 복제되는 인지적 유창성이 늘어났다.

　　　(출처) Mithen(1996)

고고학은 인간이 남긴 물질적 증거를 주요 연구자료로 해서 과거의 문화나 사회의 형태 및 그 변화에 대해 연구하는 학문이다. 고고학이라고 하면 토기나 석기 등 유물을 분류하고 연대를 연구하는 이미지가 강하지만, 그것은 분석에 필요한 시간과 공간적 틀을 구축하기 위한 기초적인 작업에 지나지 않는다. 유물의 제작과 사용을 비롯해서 물질적 흔적을 남긴 인간의 행동은 다양한 인지활동을 수반한다. 인지고고학은 이러한 인지활동에 초점을 맞추어, 과거의 인간행동을 이해하여 인지진화의 과정이나 문화변화의 메커니즘을 규명하고자 한다.

고고학사에서 인지문제를 다루는 방법은 크게 변화해왔다. 고고학의 전통적인 접근방법은 고고학적 문화의 전개를 개념의 전달과 전파로 기술하는 문화사적 고고학이었다. 여기서는 토기나 석기 등의 물질문화가 시기나 지역에 따라 특유의 형태나 제작방법을 보이는 것이 각 물질문화를 만들어낸 집단이 가지고 있는 심적 형판(mental template)이 다르기 때문으로 보았다. 또한 문화의 통시적 변화나 전파는 이러한 개념이나 정보의 변형 혹은 전달로 이해한다. 그러나 1960년대 들어 직접 관찰할 수 없는 과거의 인지요인에 대해 심리학적 지식이 없는 고고학자가 논하는 것은 불가능하다는 비판이 제기되면서, 문화를 적응을 위한 수단이라고 보고 기능적 설명을 시도한 과정(process)고고학이 등장해 북미를 중심으로 일세를 풍미했다(Binford, 1962). 1980년대 이후 역시 인지적 측면을 빼고 과거의 사회나 물질문화의 변화를 이해하기는 어렵다는 인식이 높아지면서(Hodder, 1982), 보다 과학적으로 과거의 인지에 접근하려는 인지고고학이 등장했다(Renfrew & Zubrow, 1994). 새로운 인지고고학은 과거의 사회문화적 특성이나 변화를 논할 때 인간과 물체, 인간과 사회 간에는 항상 인지가 존재한다는 관점을 가지고 있다. 또한 종교나 제사 같은 특수한 면만 다루는 것이 아니라, 석기나 토기 등의 모든 고고학 자료에 관한 지식, 기능, 정보전달 및 의사결정을 연구대상으로 삼는다(마츠모토, 1999).

고고학의 연구대상이 되는 자료를 남긴 사람들은 이미 이 세상에 없기 때문에 고고학자는 심리학자처럼 인간을 대상으로 하는 실험은 할 수 없다. 고고학은 남겨진 물질문화에서 인지를 추론할 수밖에 없다는 단점은 있지만, 고고학 이외의 분야에서는 불가능한 장기적인 변화과정을 관찰할 수 있다는 장점이 있다. 고고학은 인골화석을 통해 알 수 있는 뇌용량 변화를 참고하면서 인류의 인지진화과정을 추론하는 것에서부터 현대인과 같은 호모 사피엔스에 속하고 기본적으로 우리와 동등한 인지능력을 지녔을 것으로 여겨지는 집단의 문화적 다양성과 변화에 이르기까지를 연구대상으로 한다. 전자는 우리와는 다른 종이며 이미 사라져버린 인간의 인지능력에 대해 분석하는 도전적이고 흥미로운 시도로, 진화심리학이나 발달심리학과도 관련이 있기 때문에 최근 활발하게 논의가 진행 중이다(Mithen, 1996, 2005). 후자의 경우에는 기본적인 인지능력이 현대인과 같다는 전제 하에 자료를 읽고 해석한다. 후자의 예로는 토기의 속성을 조합하거나 구조를 분석해서 토기 제작자나 사용자가 갖고 있던 범주구조를 추출하거나 매장행위에 관한 도식(스키마)을 복원하기도 한다(마츠모토, 2003). 또 단기적 혹은 장기적인 변화과정을 연구할 때는 기억이나 물질문화의 관계에 초점을 맞춘다. 이러한 연구에서 인지심리학의 범주화이론, 스키마이론, 기억연구 등이 이용되는데, 현대사회와는 다른 환경에서 살았던 선사시대의 인간에 대해 현대인을 대상으로 구축된 인지과학의 성과를 어디까지 어떤 형태로 적용할 수 있을지는 이후 계속 검토되어야 할 과제이다. 물질문명의 연구자로 특별 훈련을 받은 고고학자의 인지가 그렇지 않은 사람들과 다른지 여부도 인지고고학의 방법론과 관련된 흥미로운 주제이다(時津, 2007).

인지과학의 성과를 이용해서 과거의 인지를 탐구하기 위해서는 인간 인지의 어떤 점이 보편적이며, 어떤 점이 문화적 특수성을 갖는지 밝힐 필요가 있다. 인류가 갖는 보편적인 인지능력과 경향성은 존재하지만, 실제로는 그 보편적 능력을 기반으로 해서 역사적 · 문화적 상황 속에서 다양한 의미가 구축 · 조작 · 변용되기 때문에 실제로는 상당히 어려운 작업이다. 이런 점에 대해서도 앞으로 학문적인 연구가 계속되기를 기대한다.

[마츠모토 나오코]

규칙들로 구성된다. 물론 일반지능의 흔적을 현생인류에서 찾기는 어렵다. 일반지능이라는 '대예배당'으로 구성된 마음에는 지각과 관련된 모듈에서 나온 정보가 통과되는 문이 있다. 2기는 각기 특화된 지능의 부속건물이 만들어지는 시기이다. 성당의 중심인 대예배당, 즉 일반지능이 기본 설계의 근간이 되면서 앞에서 설명한 네 가지 지능 가운데 박물지능, 기술지능, 사회지능이 일반지능에서 독립해 수도원의 새 건물처럼 고유 영역을 형성하는 시기이다. 그러나 언어지능이 다른 인지영역과 어떻게 연관되는지는 분명하지 않다. 3기는 일반지능을 중앙에 두고 네 개의 각 영역이 직접 연결되어 유동성이 높아지는 시기이다. 여기서는 새로운 기본 구조의 특징을 공유하면서, 각 영역의 특화된 지능에 의한 지식이 마음의 여러 영역에서 복제되는 중앙의 '상위 예배당'(Sperber, 1994)을 중심으로 인지유창성(cognitive fluency)이 발달한다.

마이튼은 네안데르탈인은 이들 네 가지 능력이 독립적으로 기능했을 것이고, 호모 사피엔스는 능력 간에 유창성이 존재했을 것으로 추론했다. 즉, 호모 사피엔스에서 생긴 인지유창성 덕분에 의사전달을 가능케 한 도구를 제작하는 등 다양한 산물이 나오고(사회지능과 기술지능의 융합), 예술이나 종교 등 현생인류만이 갖는 문화적 성취가 이루어졌다는 것이다. 특히 언어가 인지유창성을 촉진시키는 데 큰 역할을 했을 것으로 보았다.

❶　인지진화에서 성 도태(이성을 둘러싼 경쟁을 통해 일어나는 진화)의 역할에 대해 생각해 보세요.

❷　네안데르탈인은 도태되고 호모 사피엔스만이 살아남은 이유를 생각해보세요.

---

**참고문헌**

渡辺茂・小嶋祥三(2007)『脳科学と心の進化』岩波書店

● 脳の基本構造から、脳を知ることで心の何が明らかになるかという示唆、さらにはヒトと動物の脳の比較など、心理学を学ぶうえで必要となる脳科学の基礎知識が要点よく述べられている。

長谷川寿一, 長谷川眞理子(2000)『進化と人間行動』東京大学出版会

● 進化生物学や進化心理学の教科書として、進化とは何かを霊長類やヒトの行動と遺伝との関係から示している。霊長類の行動や認知について網羅してあるというよりも、初学者向けに進化の概念とそれらのヒトの進化へと至る背景がわかりやすく述べられている。

# 인지발달

## 아이가 알고
## 느끼는 세계

포유류의 임신기간은 동물마다 다르다. 그리고 태어나기 전 모체 내에서 몸이나 뇌가 발달하는 정도도 다르다. 일반적으로 작은 포유류는 미숙한 상태로 태어나서 오랫동안 움직이지 못하는 반면에 대형 포유류는 태내에서 충분히 성숙하여 태어나자마자 바로 스스로 움직인다. 그러나 인간은 대형 포유류이면서 인지능력이나 운동능력은 미숙한 상태로 태어난다. 인간의 인지는 과연 어떻게 발달하는 것일까? 인지발달은 유전과 환경의 상호작용을 통해서 일어난다. 막 태어난 아기라고 해서 보지 못하는 것은 아니지만 어른들처럼 볼 수 있는 것도 아니다. 이 장은 특히 유아기의 시지각 및 지식습득과 관련된 인지능력이 어떻게 발달하는지를 설명한다.

장난감을 갖고 노는 아기들

# 1절. 인지발달연구

## 인지발달

19세기에서 20세기 초에 활약했던 미국의 철학자이자 심리학의 시조라고 불리는 윌리엄 제임스(James, W.)는 막 태어난 신생아의 심리세계를 '혼란의 도가니(the blooming and buzzing confusion)'라고 표현했다(下條, 1988). 신생아는 사물의 인식이나 외부세계에 대한 적절한 반응이 결여된 미숙하고 무능한 존재라고 여겨졌다. 신생아 또는 영유아를 의미하는 영어 infant의 어원이 라틴어 infans(말하지 못하는 사람)에서 유래한 것도 그 증거라고 할 수 있다. 그러나 1970년대 이후 수많은 연구에서 신생아의 인지활동이 놀랍도록 활발하다는 사실이 밝혀지면서, 생후 어느 시기에 어떤 인지기능이 발달하는지 구체적으로 알려지기 시작했다.

'발달'의 사전적 정의는 다음과 같다. '개체가 시간경과에 따라 유전과 환경을 요인으로 신체적 · 심리적으로 변화하는 과정'이다(廣辭苑 제 6판). '발달하다'는 영어로 develop으로 그 어원은 '포장(velop)을 풀다(de)'이다. '안에(en) 포장하다(velop)'의 의미인 envelop의 반대말이다. 즉, 발달이란 그 개체 속에 들어 있는 유전프로그램(내적 요인)의 포장을 풀어서 환경(외적 요인)과 다양한 상호작용을 하면서 시간이 경과함에 따라 변화하는 과정을 의미한다. 발달심리학은 이러한 시간경과를 중시해서 태아기부터 죽음에 이르기까지 전 생애에 걸쳐서 일어나는 인지의 변화과정에 초점을 맞춘다. 반면에 인지심리학은 각 시기의 인지기능의 메커니즘을 중요하게 다룬다.

인지는 우리가 환경에 대한 정보를 얻고 그것을 지식으로 축적하고 환경을 조작하는 기능이다. 영국의 발달심리학자 고스와미(Goswami, U.)는 인간이 환경에서 살아가면서 정보를 얻고 '인과관계'의 지식을 습득하는 과정의 변화를 인지발달로 보았다(Goswami, 1998). 환경에서 어떤 활동을 하면 환경이 어떻게 변화하는지를 이해하는 것뿐만 아니라 지각·기억·주의 같은 인지기능을 모두 인과관계에 대한 지식습득이라고 할 수 있으며 그 발달과정을 밝히는 것을 인지발달연구라고 할 수 있겠다.


### 유전과 환경

인지기능뿐 아니라 인간의 모든 심리적 기능은 '유전 또는 성숙', '태어나면서부터 주어진(nature)' 내적 요인과 '환경 또는 학습', '자라면서 습득하는(nurture)' 외적 요인이 상호작용하여 발달한다. 보다 명확하게 말하면, 내적 요인은 개체의 유전 프로그램에 의해 발현되는 것이고, 외적 요인은 환경과의 상호작용으로 개체의 경험이 변화되는 것을 말한다.

두 가지 요인 중 어느 쪽이 발달에 더 결정적인 영향을 미치는지에 대한 '유전-환경 논쟁'은 20세기 초부터 계속되어왔다. 게젤(Gesell, A.)은 일란성 쌍생아를 대상으로 계단 오르기 실험을 했다. 쌍생아 중 한 명에게는 생후 46주부터, 다른 한 명에게는 53주부터 훈련을 시작해서, 훈련이 끝난 후 계단 오르는 시간을 측정했다. 처음에는 둘의 차이가 분명했지만 시간이 지나면서 차이가 거의 없어졌다. 이 결과를 토대로 게젤 등(Gesell & Thompson, 1934)은 훈련이 효과적이려면 성숙하기를 기다린 후 환경자극이 주어져야 한다는 성숙우위설을 제안했다. 한편, 행동주의자인 왓슨(Watson, J. B.)은 행동이 환경자극에 의해 만들어진다는 학습우위설을 주장했다(Watson, 1913). '건강한 12명의 유아를 내게 주면 의사, 변호사, 그리고 도둑으로도 키울 수 있다'고 말한 그의 에피소드는 유명하다. 현대심리학에서는 발달이 유전이나 환경 중 어느 하나에 의해 결정되는 것이 아니라 심적 기능의 종류에 따라 유전이나 환경의 영향이 다르다는 상호작용설이 지지를 받고 있다.

최근 유전학, 발생학, 컴퓨터공학, 신경과학 등이 크게 발전하면서 유전과 환경에 대한 논쟁이 다시 시작되었다(Elman et at., 1996). DNA 해독을 통해 인간의 인지기능과 유전자의 관계를 비롯하여, 발달장애에서 나타나는 불완전한 인지기능이나 알츠하이머증후군과 유전자 사이의 관계가 새롭게 드러나고 있다. 이처럼 유전 또는 선천적인 요인에 대한 연구가 늘어나면서 유전의 중요성이 강조되고 있기는 하지만, 상호작용설이 의미를 잃은 것은 아니다. 유전과 환경이 어떻게 상호작용하는지, 인지기능의 어디까지가 선천적인지 등을 밝히는 연구에 대한 기대가 커지고 있다.


## 피아제의 인지발달이론

지금까지 인지발달 분야에서 가장 영향력 있는 인물은 피아제(Piaget, J.)일 것이다. 피아제는 연령에 따른 발달단계, 동화와 조절, 평형화 등 현대심리학의 주요 개념들을 제시하여 인지발달연구에 큰 공헌을 하였다.


1) 발달단계설

피아제의 이론에서 인지발달이란 새로운 지적 구조가 만들어지는 것을 의미한다. 피아제는 이들 구조에 기초하여 인지발달을 네 개의 단계로 나누었기 때문에 각 발달단계는 시기별 인지구조의 특징을 가리킨다. 각 단계가 시작되는 연령은 개인차가 있지만, 단계의 발생순서는 일정하다. 피아제의 발달단계설의 핵심은 이전 단계에서 습득한 지식이 단순히 축적되는 것이 아니라, 단계마다 지적 구조 자체가 변화한다는 데 있다.

① 감각운동기(sensorimotor period); 0~2세

언어로 사고할 수 있기 전에 유아는 감각이나 운동을 통해 대상을 인지한다. 인지를 형성하는 최초의 도식(스키마)은 태어날 때부터 가지고 있는 반사로, 시간이 흐르면서 유아는 이러한 반사를 수정하여 환경에 적응해간다. 예를 들어, 입 주위에 무언가가 닿으면 빨려고 하는 반응이 빨기반사

인데, 원래는 엄마의 젖꼭지가 입 주위에 닿으면 빨려는 원시적인 반응에서 나온 것이다. 신생아는 처음에는 젖이나 손가락이나 똑같이 빨려고 하지만, 빠는 것에 따라 차차 빠는 방법을 바꿔나간다. 나중에는 물건을 스스로 입에 넣고 빨거나, 빨고 있는 것을 손에 쥐거나 한다. 이처럼 반사라는 원시적인 반응이 점점 복잡한 활동으로 변화한다.

8개월 이후가 되면 유아는 방해가 되는 물건을 치우고, 멀리 있는 물건을 잡으려는 행동을 보인다. 즉, 목적(물건을 손에 잡는 것)과 수단(그러기 위해서 방해가 되는 물건을 던지거나 하는 행동)의 관계를 이해하게 된다. 감각운동기가 끝날 무렵에는 표상적 사고가 가능해지면서, 눈앞에 있는 공을 손수건으로 가리면 손수건을 치우고 공을 잡으려고 하는 대상영속성 개념을 획득한다. 유아는 원인과 결과, 목적과 수단의 관계를 이해하면서 개념이 형성되고 의도적으로 대상을 조작할 수 있게 된다.

② 전조작기(preoperational period) ; 2~7세

감각운동기에도 공을 던지고 받을 수는 있지만, 이 시기에 공에 대해 흥미를 갖거나 생각하는 것은 공이 눈앞에 있을 때뿐이다. 전조작기에 이르면 공이 없어도 공에 대한 이미지를 떠올리고 생각할 수 있게 된다. 또 언어로 대상의 개념을 습득하고 부모의 행동을 보고 흉내내는 소꿉장난을 하기도 한다. 어떤 활동이 일어나고 어느 정도 시간이 흐른 후에 그 활동을 모방하는 것을 지연모방이라고 한다. 전조작기의 아동은 사물의 두 가지 측면에 동시에 주의를 기울이지 못하고, 한 측면에만 초점을 맞추는 집중화를 보인다. 또한 외부환경에 대해서 생각할 때 항상 자기의 관점에서만 바라보고, 타인의 관점으로 전환하지 못하는 자기중심성도 나타난다. 이 시기의 아동은 주로 자기중심적 언어를 사용하고, 타인과의 상호작용에서도 자기중심성의 특징이 드러난다.

③ 구체적 조작기(concrete-operational period) ; 7~12세

이 시기에 이르면 아동은 심적 조작이 가능해지면서 지각에 좌우되지 않는 논리적 사고가 발달한다. 특히 상황을 역으로 재생하는 가역적 사고가 가능해지면서 탈집중화가 일어나고, 자기중심적 사고에서 벗어나 타인의 관점에서 사고하는 것도 가능해진다. 가역적 사고를 보여주는 예로는 수,

| | | |
|---|---|---|
| 액체 | 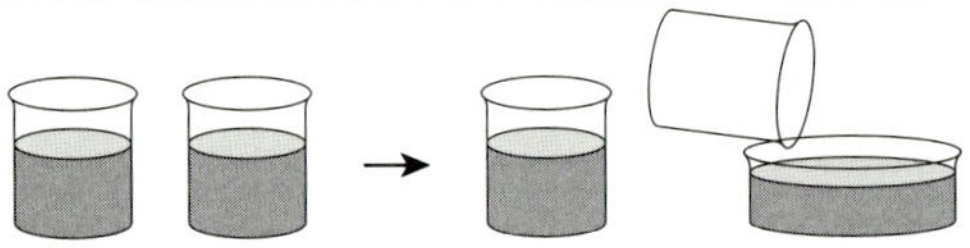 같은 양의 액체가 동일한 모양의 두 비커에 들어 있으면 아동은 양이 같다고 말한다. | 물의 높이가 달라지도록 다른 모양의 비커에 한쪽 비커의 물을 붓는다. | 보존개념을 이해하는 아동은 두 비커의 물이 같다고 말한다.(평균 6-7세에 발달) |
| 질량 | 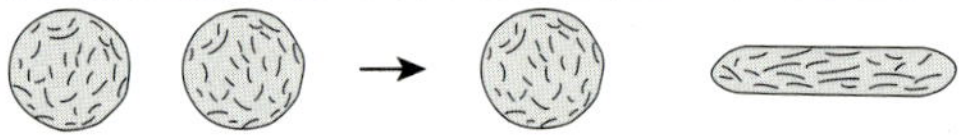 점토로 된 동일한 두 개의 공을 보여주면 아동은 두 공이 같은 양이라고 말한다. | 공 한 개를 눌러서 모양을 변화시킨다. | 보존개념을 이해하는 아동은 두 물체에 들어있는 점토의 양이 같다고 말한다.(평균 6-7세에 발달) |
| 수 |  아동은 두 줄의 구슬의 수가 같다고 말한다. | 구슬의 간격을 늘려서 한쪽 줄을 늘인다. | 보존개념을 이해하는 아동은 두 줄의 구슬 개수가 같다고 말한다.(평균 6-7세에 발달) |
| 길이 | 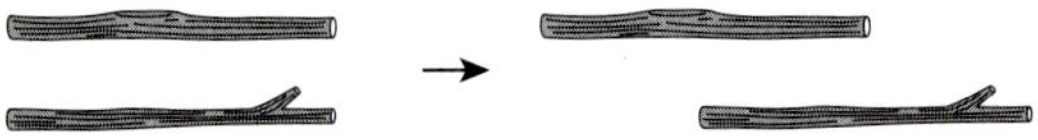 같은 길이의 막대를 보면서 아동은 길이가 같다고 말한다. | 한쪽 막대의 위치를 바꾼다. | 보존개념을 이해하는 아동은 두 개의 막대 길이가 같다고 말한다.(평균 6-7세에 발달) |

**액체의 양, 질량, 수, 길이 이외에도 체적의 보존개념 습득에 대해서도 알려져있다.**

____ (출처) Shaffer(1985)；Goswama(1998)

액체, 물체의 질량보존에 관한 실험이다(그림 15-1). 물체의 양은 형태가 바뀌어도 같다는 것을 이해하는 보존개념은 구체적 조작기에 발달한다. 즉, 이 시기의 아동은 점토덩어리를 여러 개로 나누거나, 다른 모양이나 길이로 바꾸어도 원래의 양과 같다고 답한다. 그러나 사고는 여전히 미숙해서 직접 경험한 구체적인 것에 한해서만 이해가 가능한 단계이다.

④ 형식적 조작기(formal-operational period)；12세 이후

형식적 조작기의 아동은 구체적인 사물이나 실제 상황을 경험하지 않고도 논리나 심상만으로 복잡한 추론을 할 수 있고 추상적인 사고가 가능하

다. 이 시기에는 '만약 ○○라면'의 가설을 세우는 연역적인 사고와 '조작의 조작', 즉 이중 조작도 가능하다. 또한 최종 단계를 심상으로 떠올리면서 조작을 반복하여 물체를 만들어내고, '○○하기 위해서 …하는 것이 필요하다'는 단계적 행동을 취할 수 있다. 조작을 조합해 가능성을 무한대로 넓히는 것도 가능하며, 이러한 단계를 거쳐서 성인의 사고로 발달해간다.

## 2) 동화와 조절에 의한 평형화

피아제는 아이가 갖고 있는 인지적 틀을 스키마(schema, 도식)라고 불렀다. 아동의 지식이나 사고는 외부 환경과 심적 요소 간의 상호작용을 통해 끊임없이 변화한다. 불균형 상태의 아동은 동화와 조절을 사용하여 평형상태로 나아간다. 동화란 자기가 갖고 있는 스키마에 맞게 외부 정보를 받아들이는 것을 말한다. 이와 대조적으로 조절은 새로운 정보를 가지고 자신의 스키마를 변화시키는 것이다. 기존의 스키마와 새로운 경험 사이에서 불균형이 발생하면 동화와 조절을 사용해 평형상태로 나아가는 과정을 평형화라고 한다. 일반적으로 아동은 먼저 새로운 정보를 기존 사고방식이나 인지구조에 맞춰보는 동화를 시도하고, 잘 되지 않으면 조절을 통해 새로운 사물에 자신의 인지구조를 바꾼다.

이와 관련된 사례로 지글러(Siegler, 1986)는 자신의 아이의 행동을 다음과 같이 소개했다.

> 아들은 머리 중앙에는 머리털이 없고 주변에 길고 구불구불한 머리털이 나있는 대머리 남자를 보았다. 그 남자를 보고 아들이 좋아하면서 '피에로, 피에로'라고 외치는 바람에 나는 어찌할 바를 몰랐다. 그 남자의 머리는 분명 피에로와 비슷한 특징을 갖고 있었다. 내 아들은 그 특징으로 그 남자를 파악한 것이다. … 나는 입술을 깨물고 웃음을 참으면서 아들에게 저 사람 머리는 피에로와 비슷하지만, 우스꽝스러운 복장을 하고 있지 않고 사람을 웃기지도 않기 때문에 피에로가 아니라고 말해주었다. 이 경험을 통해 아들이 갖고 있던 피에로에 대한 스키마(도식)가 조절되었기를 바란다.

### 비고츠키의 인지발달이론

피아제는 환경과의 상호작용을 통해 개인의 인지구조가 변하는 과정을 지적 발달로 보았다. 반면, 비고츠키(Vigotsky, L. S.)는 타인과 사회·문화가 인지발달에 미치는 영향에 주목했다.


1) 근접발달영역

비고츠키의 이론에서 특히 유명한 개념이 근접발달영역(the zone of proximal development)이다. 독자적으로 문제를 해결할 수 있는 현재의 지적 발달수준과, 타인의 도움을 받아 문제를 해결할 수 있는 잠재적 발달수준, 그 사이에 있는 영역이 근접발달영역이다. 이 영역에서는 누군가의 도움을 받으면 문제를 해결할 수 있기 때문에 아동은 다른 사람과의 상호작용을 통해 현재의 능력 이상을 발휘할 수 있다.

비고츠키에 의하면 아동을 둘러싼 사회·문화적 관계는 아동의 인지발달에 큰 영향을 미친다. 즉, 개인의 능력보다는 개인을 둘러싼 사회적 관계로 발달을 바라보는 것이 중요하다는 주장이다. 그의 이론은 인지발달에서 차지하는 교육의 주도적 역할에 주목하게 했고, 영재교육이나 예능교육을 비롯한 교육 전반에도 큰 영향을 끼쳤다.


2) 내적 언어와 사적 언어

비고츠키는 원래 타인과의 의사소통 수단인 언어(사적 언어)가 점차 사고의 수단(내적 언어)으로 옮겨간다고 보았다. 내적 언어는 개인의 내적인 대화과정에서 특정 행동에 대한 자기조절 또는 상위인지로 기능한다. 이는 개인의 고차원적인 정신기능이 사회생활이나 활동에서 기인한다는 비고츠키의 생각에서 나온 것이다. 그의 '문화발달의 일반 발생법칙'에 따르면 모든 고차원적인 정신기능은 두 번째 발달과정에서 나타난다. 첫 번째는 사회적 수준에서 나타나는 발달로, 사적 언어가 그중 하나이다. 두 번째는 개인 내부에서 나타나는 것으로, 내적 언어를 예로 들 수 있다.

## 지적 발달의 영역특수성 및 영역일반성

피아제는 각 발달단계의 인지구조는 각기 다르지만 영역일반적인 특성을 지닌다
고 보았다. 즉, '마음'을 지식, 문제해결, 추론의 종류를 불문하고 모든 영역에 적
용되는 일반적인 인지구조로 이해했다. 그러나 이 가설은 아이의 능력을 각 발달
단계에 구속시켜 과소평가한다는 점(Gelman, 1979), 다양한 과제에서의 독립적인 인
지구조에 대한 의문(Gelman & Baillargeon, 1983), 유아의 인지발달연구가 진행되면서 다
양한 능력이 밝혀진 점(Kellman & Spelke, 1983) 등으로 인해 인지의 '영역일반성(domain
generality)' 대 '영역특수성(domain specificity)' 논쟁을 불러일으켰다(Hirschfeld & Gelman, 1994,
1장 참조).

심리적 메커니즘이 어떤 영역에만 특별하게 적용되는지, 아니면 영역에 상
관없이 일반적인지에 대한 논쟁은 인지발달연구에만 한정된 것은 아니다. 행동주
의는 학습을 조건형성원리와 같은 일반적 학습원리로 설명하는 영역일반적 입장
을 취하지만, 인지심리학은 각각의 인지능력이 제각기 맞는 과제를 처리하기 위
해 상호 독립적으로 존재한다는 영역특수적 입장을 취하는 경우가 많다. 숫자재
인 메커니즘으로 공간재인의 메커니즘을 설명하기 어려운 것이 그 예이다.

영역특수성가설은 사람의 인지는 여러 영역으로 나뉘어 있고, 영역마다 독자
적인 특징과 구조를 가지고 있다고 주장한다. 이러한 관점은 촘스키(Chomsky, N.)의
자연언어문법이론, 포더(Fodor, J. A.)의 『마음의 모듈성』(Modurality of Mind, 9장 참조), 진
화심리학(14장 참조), 전문성 연구 등에서 크게 영향을 받은 것이다. 아동의 전문성
과 관련하여 공룡 전문가와 초보자의 지식과 추론을 비교한 연구가 있다. 어린아
이라 할지라도 잘 알고 있는 내용에 대해서는 어른과 비슷한 정도로 발달된 형태
의 추론을 보이며, 모르는 공룡에 대한 질문에도 자신이 소유한 구조화된 지식을
사용해서 그럴싸한 답을 내놓는다(Chi et al., 1989). 영역특수적인 인지발달에 대해서
는 3절을 참고하기 바란다.

# 2절. 시각인지의 발달

## 유아기의 시각인지 측정법

언어를 습득하기 이전의 신생아나 영유아는 언어소통의 제약 때문에 마음속에서 일어나는 일을 알아내기가 쉽지 않다. 1절에서 설명했듯이 1960년대 이후 다양한 연구방법이 개발되어 유아의 인지능력이 매우 뛰어나다는 것이 알려졌다. 이 절에서는 유아의 인지능력을 측정하는 주요 방법들을 살펴본다.

### 1) 선호응시법

유아는 흥미롭거나 좋아하는 것을 바라보는 특성이 있다. 이런 반응 특성을 이용하는 방법이 선호응시법(preferential looking method)이다. 예를 들어, 유아가 모양이 다른 도형이나 패턴을 변별할 수 있는지 알아보기 위해 두 개의 시각자극을 좌우에 제시하고, 그 위치를 무작위로 바꾸면서 좌우 어느 쪽을 더 자주 또는 더 오래 응시하는지를 측정한다. 유아의 시각기능 연구의 선구자로 알려진 팬츠(Fants, 1961)는 선호응시법을 이용해 생후 1주일밖에 되지 않은 신생아도 무늬가 없는 도형보다는 어느 정도 복잡한 도형을 더 선호한다는 사실을 밝혀냈다(그림 15-2).

<table><tr><td>그림</td><td>15-2</td><td>선호응시법 장치</td></tr></table>

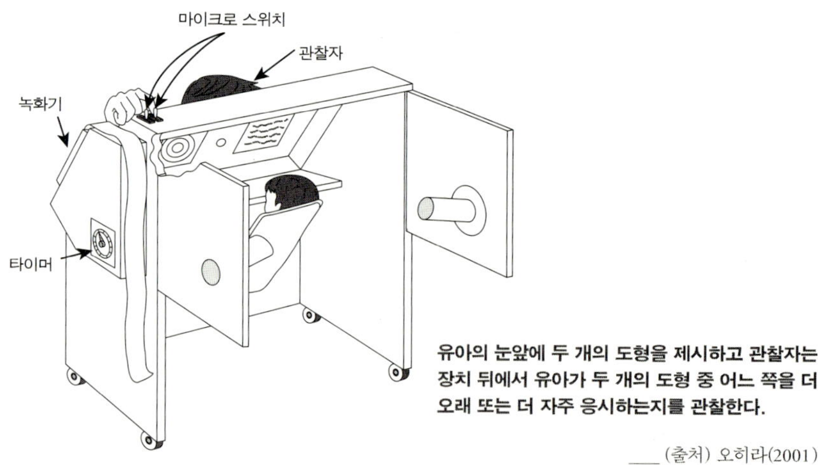


유아의 눈앞에 두 개의 도형을 제시하고 관찰자는 장치 뒤에서 유아가 두 개의 도형 중 어느 쪽을 더 오래 또는 더 자주 응시하는지를 관찰한다.

___ (출처) 오히라(2001)

2) 습관화-탈습관화법

유아는 자주 보아서 친숙한 것보다 처음 보는 신기한 대상을 응시하는 경향
이 있다. 이런 유아의 반응 특성을 이용한 측정법이 습관화-탈습관화법(habituation-
dishabituation method, Horowitz et al., 1972)이다. 유아는 처음 자극이 주어졌을 때는 흥미롭
게 바라보다가 동일한 자극이 반복해서 제시되면 흥미가 떨어져 응시시간이 짧아
진다(습관화). 자극이 바뀌면 응시시간이 다시 길어진다(탈습관화). 만약 유아가 두 개
의 자극을 변별하지 못한다면, 두 번째 바뀐 자극에 대한 응시시간이 처음 주어진
자극에 이어 감소할 것이다. 앞서 선호응시법이 유아의 패턴변별능력을 측정할
수 있다는 장점이 있다면, 습관화-탈습관화법은 기억이나 개념형성을 측정할 수
있다는 장점이 있다.


3) 조작적 선호응시법

선호응시법에 조작적 조건형성 방법을 더한 것이 조작적 선호응시법(operant
preferential looking method)이다. 두 개의 자극 중 하나를 응시할 때 강화물(예, 우유)이 주
어지면, 유아는 강화물이 뒤따르는 자극을 더 자주 더 오래 응시하게 된다. 이는
자극을 구별할 수 없다면 일어나기 어려운 행동이다.


4) 시운동성 안진 측정법

눈앞에서 계속 움직이는 물체를 볼 때면 물체가 움직이는 방향을 따라서 천
천히 따라 움직이다가 반대방향으로 급속히 움직이는 안구운동을 반복하게 된다.
예를 들어, 기차를 타고 가면서 차창을 통해 바깥 풍경을 보고 있으면, 늘어서 있
는 전봇대를 천천히 따라가다가 갑자기 반대방향으로 눈을 돌리는 식이다. 이러
한 반응 특성을 이용하는 것이 시운동성 안진(optokinetic nystagmus, OKN) 측정법이다.
유아를 대상으로 실험할 때는 OKN드럼(그림 15-3)이나 컴퓨터화면에 한 방향으로
움직이는 막대패턴의 자극을 제시한다. 제시된 막대패턴이 유아의 시력범위 내에
있는 자극이면 시운동성 안진을 관찰할 수 있다. 실험에서 막대의 주파수(막대의 두
께와 간격), 대비(contrast), 색상 등을 변화시키면 시각정보처리에서 하위수준의 속성
을 검사할 수 있다.

| 그림 | 15-3 | 시운동성 안진 측정장치 |

유아의 눈앞에서 막대패턴을 붙인 드럼을 회전시킬 때, 이 막대패턴이 유아가 지각할 수 있는 공간주파수(2장 참조)의 자극이면 유아에게서 시운동성 안진이 관찰된다.

___ (출처) 대평(2001)

| 그림 | 15-4 | 시각기능의 발달시기 |

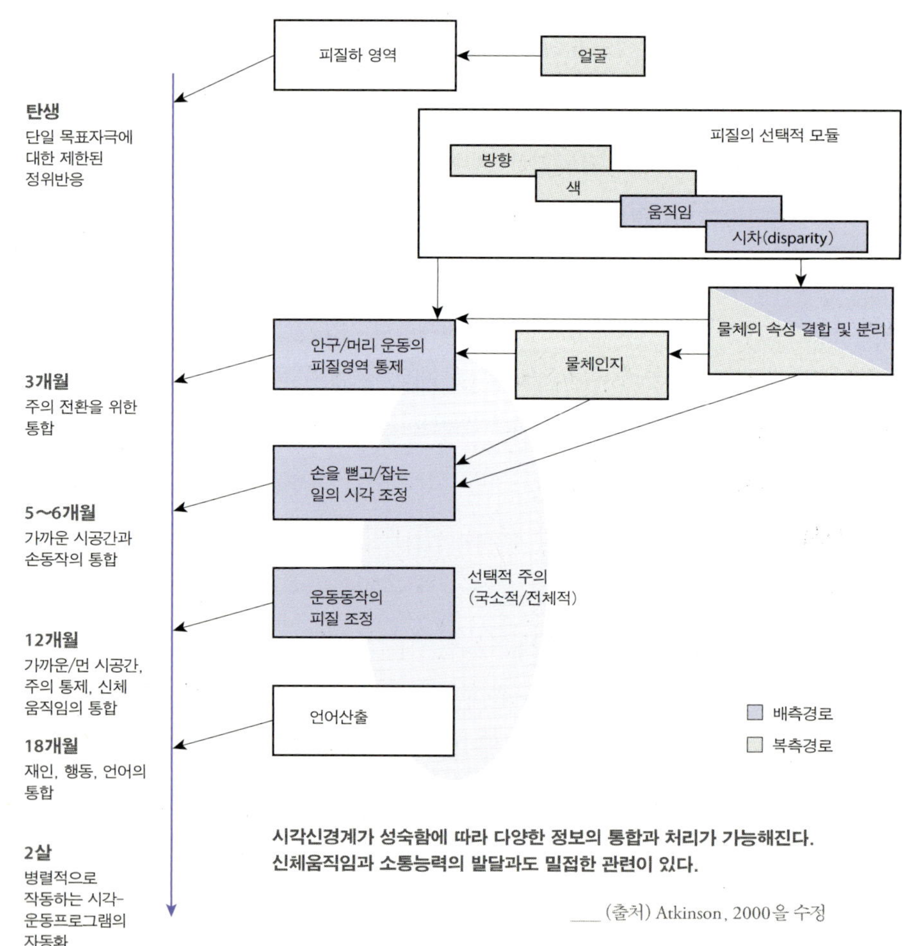



시각신경계가 성숙함에 따라 다양한 정보의 통합과 처리가 가능해진다. 신체움직임과 소통능력의 발달과도 밀접한 관련이 있다.

___ (출처) Atkinson, 2000을 수정

이러한 측정법들이 개발되면서 유아의 시각기능을 쉽게 검증할 수 있게 되었다. 성인의 시각기능에 비해 유아의 시각기능은 확실히 미숙하다. 시각체계의 공간처리능력을 보여주는 시력이나 대비민감도(색의 농담에 대한 민감도)는 성인에 비해 현저하게 낮다. 유아는 공간처리뿐만 아니라 움직임 지각이나 입체시 같은 기타 시각기능도 미숙하다(Dobson et al., 1978 ; Gwiazda et al., 1980 ; Birch et al., 1982).

그러나 막 태어난 신생아도 엄마의 얼굴에 반응할 수 있을 정도의 시각능력은 갖고 있기 때문에 이들의 시각기능이 전혀 없다고 보기는 어렵다. 시각기능이 미숙한 이유는 시각신경계의 미성숙 때문이다. 그림 15-4는 각 시각기능의 발달 시기를 보여준다.

### 1) 시공간 속성

시각의 공간해상도 또는 시간해상도의 기능을 시공간 속성(temporal-spatial property)이라고 한다. 공간적 속성에는 대비민감도, 시력, 선분의 방향 지각 등이 있으며, 시간적 속성으로는 깜박거림(flicker) 같은 시간주파수와 관련된 지각을 예로 들 수 있다. 공간적 속성은 생후 4개월까지 급속하게 발달하지만, 성인과 비슷한 민감도에 도달하려면 생후 5~6년 정도의 시간이 필요하다. 그러나 패턴이 아주 선명하면 영유아도 충분히 지각할 수 있다. 또한 신생아도 선분의 방향을 변별할 수 있으며(Atkinson et al., 1988 ; Slater et al., 1998), 생후 4~12주 사이에 방향민감도와 대비민감도가 급격하게 향상된다.

### 2) 색지각

유아의 색민감도는 태어난 직후에는 낮지만, 시간이 경과하면서 급속하게 발달해 생후 3개월에는 성인과 비슷한 수준에 이른다(Teller, 1997). 또 유아의 시각체계는 일찍부터 특정 파장의 색에 선택적으로 반응하는 파장민감도를 보이고 색을 변별할 수 있는 것으로 알려져 있다(Volbrecht & Werner, 1987). 조도가 동일한 두 가지 색으로 이루어진 막대패턴의 움직임을 제시했을 때 시운동 안진현상이 관찰된다면 유아가 이 두 가지 색을 지각할 수 있다는 의미이다.

### 3) 움직임지각

시운동 안진 측정으로 신생아도 움직임자극을 지각한다는 사실이 확인되었
다(Atkinson & Braddick, 1989). 생후 6~8주가 지나면서 유아의 움직임방향 탐지능력은
급속히 발달한다(Wattam-Bell, 1996). 움직임정보는 대상의 인지에만 필요한 것이 아
니라 다른 사람의 표정을 모방하고, 살아있는 것인지 아닌지를 인식하고, 사물의
인과관계를 지각하는 데도 대단히 중요하다.


### 4) 입체시

좌우 눈에 투영되는 이미지의 위치가 다른 것을 양안부등이라고 한다. 양안
입체시는 생후 4개월 전후에 가능하다(Held et al., 1980). 그러나 생후 6~21주밖에 되
지 않은 신생아도 접근해오는 물체에 방어적 반응을 보이는 것으로 볼 때, 아주
이른 시기부터 대상의 크기변화를 기초로 깊이지각이 일어난다고 해석할 수 있을
것이다(Bower, 1974).


## 얼굴재인의 발달


### 1) 생후 초기의 얼굴재인

태어난 지 얼마 되지 않은 신생아(생후 1개월 미만)도 얼굴에 주목하는 반응을 한
다. 유명한 예가 멜초프와 무어(Meltzoff & Moore, 1977)의 혀 내밀기 모방 실험이다(그림
15-5). 신생아의 눈앞에서 혀를 내미는 동작을 반복해서 보여주면 조금씩 혀를 내
미는 행동을 보인다. 마찬가지로 입을 벌리거나 입술을 앞으로 내미는 행동을 보
여주면 같은 행동을 따라 한다. 혀 내밀기 모방은 원시모방(primordial imitation)의 하
나로 알려져 있다.

유아의 얼굴재인 특징은 다음과 같다. 신생아는 얼굴과 비슷한 속성을 갖
고 있는 자극을 그렇지 않은 자극보다 더 오래 응시하며(Goren et al., 1975 ; Johnson et
al., 1991), 이목구비가 갖추어진 얼굴패턴이 눈앞에서 움직이면 따라가면서 본다
(Johnson & Morton, 1991). 이때 얼굴의 각 속성(눈, 코, 입)을 비슷하게 묘사한 자극이나
단순화한 사각형으로 바꿔놓은 자극에 대해서도 동일한 반응을 한다. 그러나 얼

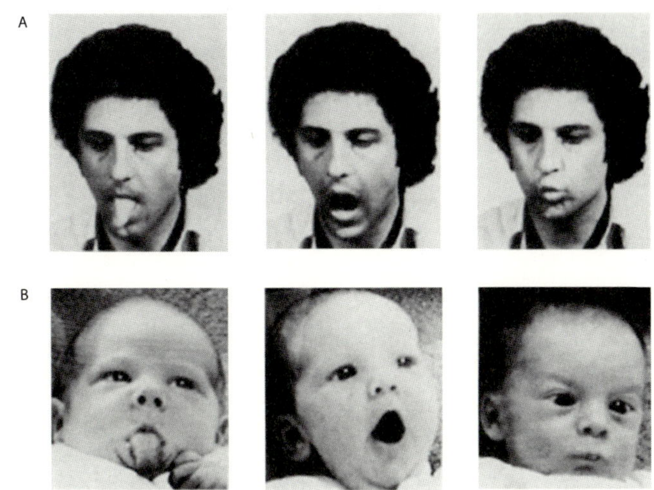

왼쪽부터 혀를 내민 얼굴, 입을 벌린 얼굴, 입을 오므린 얼굴(A)에 대한 신생아의 모방행동(B).

_____ (출처) Meltzoff & Moore(1977)



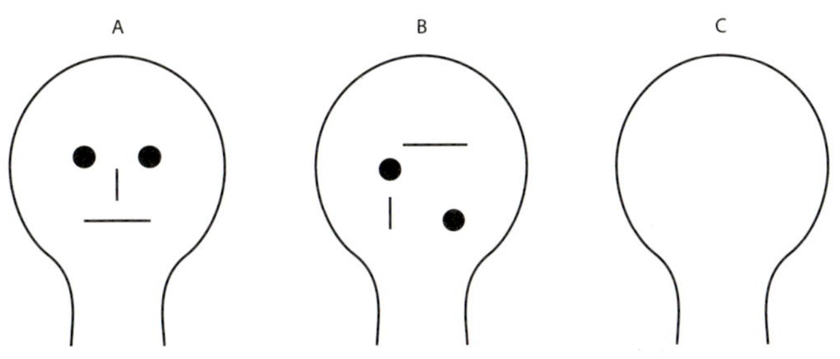

신생아의 눈앞에 A를 이리저리 움직이면서 보여주면 이를 따라가면서 보지만,
A의 속성들을 아무렇게나 배열한 B나 아무 것도 없는 C를 제시하면 보지
않는다.

굴 속성들이 제 위치에 있는 얼굴그림과 그렇지 않은 얼굴그림(이목구비가 없이 얼굴 윤곽선만 있는 얼굴 또는 눈, 코, 입이 제멋대로 배열되어 있는 얼굴)을 함께 보여주면, 얼굴 속성들이 제 위치에 있는 얼굴그림을 더 오래 응시한다(그림 15-6).

사람의 마음세계는 눈으로 볼 수 있는 것이 아니어서 많은 부분을 추측을 통해 이해해야 한다(Humprey, 1992). 이렇게 직접적으로는 지각할 수 없는 것이 마음이다. 어린아이는 이러한 마음을 언제부터 어떻게 깨닫고, 그 특성을 이해하는 것일까? 이 질문을 둘러싼 논쟁이 지난 몇 년 동안 여러 방면에서 일어났다. 그리고 이 뜨거운 논쟁의 효시이자 지금도 그 중심에 있는 것이 '마음이론(theory of mind)'이라는 개념이다.

원래 '마음이론'은 침팬지에게 다른 개체의 내적 상태를 읽는 능력이 있는지를 알아보는 연구(Premark & Woodruff, 1978)에서 시작되었는데, 곧 사람의 유아기에도 적용되어 연구가 진행되었다. '마음이론'의 기본 개념은 인간의 마음이 욕구(desire)와 신념(belief)이라는 두 가지 구성요소로 이루어지며, 이들이 인간의 다양한 행동을 지배한다는 것이다(Astington, 1993). 그래서 '마음이론'은 인간이 무엇을 원하고(욕구) 또 어떤 생각(신념)을 갖고 있을 때 어떤 행동에 이르는지를 예측하고 설명하는 기본 틀을 조작적으로 정의해서, 어린아이가 이것을 어디까지 이해하는지를 밝히고자 했다. 구체적으로 마음이론은 틀린믿음과제(false belief task, Wimmer & Perner, 1983)를 사용하여 검사한다. 'A가 먹다가 만 초콜릿을 선반에 놓고 외출했다. 그런데 A가 없는 동안에 B가 초콜릿을 냉장고에 넣었다. 배가 고픈 채로 돌아온 A는 먹다가 만 초콜릿을 어디에서 찾으려고 할까?' 이 문제의 정답은 당연히 선반 위가 되겠지만, 4세 이하의 어린아이 대부분은 실제 초콜릿이 들어있는 냉장고라고 잘못된 답변을 한다. 즉, 초콜릿을 먹고 싶은 욕구에 주의를 기울이기 때문에 초콜릿의 소재에 관한 신념에 대해서는 무시하는 응답을 하게 되는 것이다.

아동이 이러한 틀린믿음과제에 성공하면, 소위 '마음이론' 세계로 들어가는 입장표(Hala & Carpendale, 1997)를 얻은 것으로 볼 수 있다. 3세와 4세 사이에 커다란 패러다임의 전환(paradigm shift)이 일어나기 때문에 '마음이론'의 시작은 4세 이후라는 주장이 제기되었다. 그러나 이러한 견해는 유아의 일상을 자연스럽게 관찰한 연구에 의해 비판을 받고 있다(Brown & Dunn, 1991). 예를 들어, 어린아이는 말하기 시작할 무렵부터 자발적으로 다양한 심리적 어휘를 사용하고, 그것으로 친밀한 사람과 정교한 의사교환도 할 수 있다. 신념의 이해 역시 3세 이전의 어린아이도 그와 관련된 언어를 사용하며, 또 신념은 때로 현실과 일치하지 않을 수 있다는 것을 이해하고 있는 것으로 밝혀졌다(Bartsch & Wellman, 1995). 2세 무렵에는 이미 아이가 부모나 형제와 상호작용을 하는 과정에서 단순하기는 하지만 집적거리거나 속이는 행동을 한다는 보고도 있다(Dunn, 1994). 이러한 행동은 다른 사람의 신념상태를 인식하고, 이를 잘못된 방향으로 조작하려는 시도로 볼 수 있는데, 이는 상당히 일찍부터 유아가 타인의 잠재적 신념 및 틀린 신념을 이해하고 있을 가능성을 보여준다.

최근에는 보통 생후 1년이 지날 무렵에 생기는 것으로 알려진 공동주의(다른 사람의 시선을 의식하여 자신의 주의를 이에 맞추려는 시도), 사회적 참조(다른 사람의 정서상태에서 얻을 수 있는 특정 대상에 대한 정보를 이용하여 그 대상에 대한 자신의 태도를 결정하는 것), 그리고 원시적 소통방식(손을 이용해 상대의 주의를 조작하여 어떤 대상에 대한 심리상태를 상대에게 전하려는 행동) 등을 원초적인 '마음이론' 혹은 그 선행개념으로 파악하려는 움직임이 일어나고 있다.

이처럼 '마음이론'은 아주 이른 시기부터 몇몇 주요 단계를 거쳐 점진적으로 발달한다. 최근에는 '마음이론'의 일반적인 발달보다 개인차에 초점을 맞춘 연구들(Meins, 1997; Repacholi & Slaughter, 2003)이 증가하고 있는데, 이를 좌우하는 요인으로 과거에는 그다지 중요하게 생각하지 않았던 양육환경의 역할이 크게 주목받고 있다(遠藤, 2008).

[엔도 도시히코]

신생아는 엄마의 얼굴과 다른 여성의 얼굴을 구별할 수 있다(Bushnell et al., 1989 ; Field et al., 1984 ; Pascalis et al., 1995). 그러나 엄마의 옆얼굴을 보여주면 알아보지 못하는데(Sai & Bushnell, 1988), 생후 3개월이 넘으면 이것도 가능해진다(Pascails et al., 1998). 생후 1~2개월경 얼굴패턴에 대한 선호반응이 일시적으로 사라졌다가 생후 2개월이 지나면 다시 나타난다. 이 시기의 유아는 얼굴을 따라가는 반응보다는 정지한 얼굴패턴을 응시하는 반응을 보이고, 얼굴패턴은 단순한 것보다 진짜 얼굴처럼 눈, 코, 입으로 구성된 것을 더 좋아한다. 생후 3개월 이후부터는 얼굴재인이 성인과 비슷해진다.

### 2) 컨스펙과 컨런

존슨 등(Morton & Johnson, 1991 ; Johnson & Morton, 1991)은 얼굴재인이 컨스펙(CONSPEC)과 컨런(CONLERN)이라는 두 가지 메커니즘에 의해 발달한다는 가설을 제안했다. 컨스펙은 대뇌피질 아래의 신경계에 기초한 것으로, 시각장에 제시된 얼굴에 자동적으로 주의를 향하게 하는 기제이다. 컨런은 대뇌피질에 기반하며, 태어난 후 얼굴을 관찰한 경험을 통해 만들어지는 것으로, 정교한 얼굴표상에 기초하여 사람을 분류한다. 생후 2개월 이후의 유아는 보다 정확한 얼굴자극을 선호하는데, 이는 컨런을 반영한 것이라고 보았다. 생후 1~2개월에는 컨스펙이 억제되고 컨런으로 바뀌는데, 이 시기에 얼굴패턴에 대한 선호반응이 잠시 사라지는 것은 컨런의 기능이 아직 충분하게 발달하지 못했기 때문이다. 존슨 등은 컨스펙과 컨런을 독립적인 신경기제로 보았다. 컨스펙에 의해 얼굴에 대한 자동적인 반응이 일어나고 유아가 얼굴을 관찰하는 경험이 증가하면서 컨런이 만들어진다고 가정했다. 컨런은 유아기에 경험한 다양한 얼굴로부터 평균적인 얼굴표상을 만들어서 얼굴에 빠르게 반응하거나, 얼굴의 차이를 부호화해서 분류하는 등 얼굴의 탐지와 분류에 기여한다. 그러나 이들 모델에 부합하지 않은 연구결과도 많아서 앞으로 더 많은 검증이 필요하다.

## 초기 주의기능의 발달

이 책의 4장에서 설명한 것처럼 주의는 인지심리학의 주요 주제 중 하나이다. 인지발달에서도 특히 유아기 주의에 관한 많은 연구가 있었다(고령자의 주의기능발달에 대해서는 화제의 연구 4-2 참조).

초기 주의기능의 발달에는 안구운동이 중요한 역할을 한다. 선호응시법이나 습관화-탈습관화법 등의 실험방법은 유아의 응시반응을 이용하여 시각기능을 측정하는 것으로, 유아의 응시시간이나 안구운동을 반응지표로 삼는다. 생후 몇 시간밖에 되지 않은 신생아도 눈앞에서 물체를 흔들면서 보여주면 따라가면서 응시한다(Wolff, 1963). 주의는 무엇이 어디에 있는지를 정확하게 인식하는 위치지각과도 관련이 있다. 신생아는 태아기에 들은 엄마의 목소리를 기억해서 좋아하는 소리가 나는 방향으로 고개를 돌린다(Decaspar & Fifer, 1980 ; Clarkson et al., 1985).

여러 인지기능 중에서도 주의는 필수 요소이며, 어떤 주의기제는 태어나면서부터 작동한다고 알려져 있다. 1개월 된 신생아가 특정 자극에 주의를 너무 기울이다가 다른 자극으로 눈(주의)을 돌리기 어려워 울음을 터뜨리는 경우가 종종 관찰된다(Johnson, 1997). 생후 3개월이 되면 유아는 눈의 움직임을 제어할 수 있고(야마우에, 1988), 그 결과로 능동적인 시각적 주의가 나타난다. 길모어와 존슨(Gilmore & Johnson, 1995)은 포스너의 '선행단서법(Posner, 1980, 4장 참조)'과 비슷한 방법으로 유아기 초기의 주의발달을 연구했다. 선행단서법은 목표자극이 나타나기 직전에 제시된 선행단서자극이 무효조건(목표자극이 단서와 다른 위치에 제시된 경우)보다 유효조건(목표자극이 선행단서자극과 같은 위치에 제시된 경우)에서 정답률이나 반응시간이 향상된다는 것이다. 길모어와 존슨은 유아가 중앙의 응시점을 안정적으로 바라보면, 좌우 한쪽에 선행단서로 파란색 삼각형을 순간적으로 보여주었다. 그 후 1~5초 동안 응시점만 제시하고 자극은 제시하지 않았다. 그런 다음 화려한 색의 톱니바퀴가 움직이는 자극을 응시점 좌우에 제시하였다. 그 결과, 자극과 자극 사이의 시간이 5초인 경우에도 선행단서가 제시되었던 위치의 목표자극을 더 오래 응시하는 것이 발견되었다. 즉, 선행단서가 제시된 위치를 향한 주의 스포트라이트가 목표자극의 응시를 촉진시켰다고 할 수 있다.


## 대상영속성 인지

눈앞의 대상을 상자 속에 넣어 숨겨도 이 대상은 상자 속에 계속해서 존재한다.

어떤 대상이 보이지 않아도 계속 존재하는 것을 '대상영속성(object permanence)'이라고 한다. 피아제는 유아가 감각운동단계에서 대상영속성 개념이 발달한다고 보았다. 생후 3~8개월의 유아는 눈앞의 장난감을 수건으로 가리면 장난감을 집으려던 손을 다시 빼고 마치 장난감이 존재하지 않았던 것처럼 행동하지만, 생후 8, 9개월 이후가 되면 스스로 수건을 치우고 장난감을 집어 든다. 물건이 보이지 않아도 그곳에 있다는 대상영속성을 이해하게 된 것이다(Piaget, 1952). 맥도너(McDonough, 1997)는 숨겨진 물건의 덮개를 벗기는 반응이 아니라 물건이 있는 방향으로 손을 내미는 반응으로 유아의 대상영속성 개념을 판단했다. 5개월 된 유아는 물건을 숨긴 직후에 물건이 있던 위치로 손을 내밀지만, 7개월 된 유아는 90초 동안 숨겨진 물건의 위치를 기억한다는 것이 확인되었다. 습관화-탈습관화법을 이용한 지각연구에서는 유아가 더 일찍부터 대상영속성 개념을 습득한다는 결과가 발견되었다(다음 '물체의 단일성 지각' 참조).

## 물체의 단일성 지각

생후 2개월이 되면 유아는 시각패턴을 변별하는 데 물체와 연관된 움직임이나 물체의 공통 움직임, 물체의 공간관계 등 물체 사이의 상호작용에 관한 정보를 이용할 수 있다. 그리고 생후 4개월 된 유아는 물체의 형태와 색이라는 속성정보를 이용할 수 있다(Needham & Modi, 2000).

켈만 등(Kellman & Spelke, 1983)은 막대의 일부가 상자에 가려진 실험자극(그림 15-7)을 이용하여 유아의 지각발달을 연구했다. 4개월 된 유아는 물체(막대)가 움직이지 않고 정지되어 있으면 숨겨진 부분을 연결된 하나의 물체로 보지 않지만, 7개월 된 유아는 물체가 정지되어 있어도 하나의 물체로 지각한다. 즉, 4개월 된 유아는 상자 위아래로 보이는 막대의 공통 움직임(게슈탈트원리에서 '공통운명의 법칙': 함께 변화하고 움직이는 자극을 하나로 지각하는 경향성)을 단서로 물체의 단일성을 지각하고, 7개월 된 유아는 정지된 물체의 부분적인 막대의 연속성(게슈탈트원리에서 '좋은 연속성의 법칙': 잘린 곳이나 변화가 없는 선을 하나의 자극으로 지각하는 경향성)을 단서로 막대의 단일성을 지각한다는 것을 보여준다. 유아가 다양한 시각적 단서를 이용할 수 있게 되면 물체의 단일성 지각은 더욱 복잡해진다.

인간의 발달적 특징 중에는 '가르친다'는 교육행동이 있다. 교육행동이란 다른 사람에게 지식이나 기술을 습득시키는 것을 목적으로 하는 의도적인 행위를 말한다. 교육행동의 중요성은 인간과 침팬지를 비교하면 잘 알 수 있다. 인간에게는 흔히 있는 행동임에도 불구하고 진화적으로 인간과 가장 가까운 침팬지에게서는 지식이나 기술을 적극적으로 가르치는 행위를 거의 찾아볼 수 없다(井上 등. 1996). 그렇다면 인간은 어떻게 교육행동을 발달시킨 것일까? 크게 세 가지 사실이 밝혀졌다.

　　첫 번째는 생후 1년 6개월 정도의 아주 어린 시절부터 교육행동이 나타난다는 것이다. 아카기(2004)는 유아에게 어른(실험자)이 원판을 동그란 구멍이 아닌 네모 구멍에 넣으려는 모습을 보여주었다. 그러자 1년 8개월~11개월 사이의 유아의 절반 이상이 정답인 동그란 구멍을 가리켰다. 더구나 이런 반응을 보인 유아 모두가 동시에 어른(실험자)을 쳐다보거나, '여기'라는 말을 했다.

　　두 번째는 '마음이론'과 교육행동의 발달이 밀접하게 연관되어 있다는 사실이다. '마음이론'이 발달하는 4세 이후가 되면 상대의 심적 상태를 고려하면서 가르치는 사람을 변화시키거나, 상대가 알고 있는지를 확인한다(Davis-Unger & Carlson, 2008 ; Strauss et al., 2002).

　　세 번째는 상대가 지식이나 기술을 더 확실하게 습득할 수 있도록 '일부러 가르치지 않는' 교육행동은 유아기에는 나타나지 않는다는 것이다. 아카기(2008)는 유아를 대상으로 '친구가 종이비행기를 만들지 못하지만 천천히 배워가고 있는' 가상의 장면을 보여주고, 어떻게 행동하는 것이 좋을지 몇 가지 대안 중에서 고르도록 했다. 그 결과, 대부분의 유아는 '가르친다'는 행동을 선택했으며, '지켜본다'는 행동을 고른 유아들은 거의 없었다. 다른 사람의 '미래'를 생각해서 교육행동을 억제하는 행동은 유아기가 지나야 가능하다고 할 수 있다.

　　이처럼 교육행동은 유아기 초기부터 나타나며, 다른 사람에 대한 이해와 연관되어 발달하는 중요한 현상이다. 그러나 스트라우스와 지브(Strauss & Ziv, 2004)가 지적했듯이, 교육행동의 발달에 관한 연구는 아직 시작단계에 불과하다. 인간이 인간다운 이유를 밝히기 위해 이제부터의 연구가 기대되는 분야이다.

〔아카기 가즈시게〕

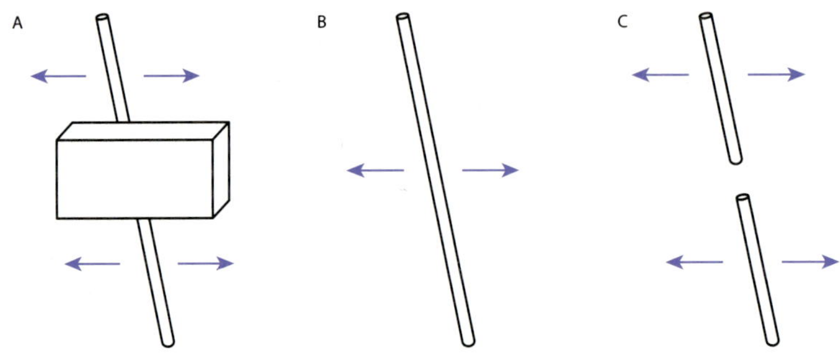

먼저, 상자 뒤에서 좌우로 움직이는 막대자극(A)에 습관화를 일으킨다.
그런 다음, B와 C 자극을 보여주고 응시시간을 관찰한다.

___ (출처) Kellman & Spelke(1983)

# 3절. 기억 및 개념형성 발달

## 기억발달

기억능력의 발달은 유아기의 정보처리와 인지에도 중요하지만, 이 장에서 다루지 않는 언어습득이나 소통능력의 발달에도 매우 중요하다. 태내에서 들었던 엄마의 음성을 기억할 정도로 유아의 기억능력은 일찍부터 발달되어 있다(Decaspar & Fifer, 1980; Decaspar & Spence, 1986). 예를 들어, 출산예정일 6주 전부터 엄마가 태아에게 동화를 읽어주면, 태어난 후 아기에게 엄마의 목소리를 강화물로 이용하여 특정 반응을 학습시키는 것이 가능하다. 엄마 목소리로 동화를 읽어주는 조건에서 신생아의 젖을 빠는 반응이 더 높은 결과는 태아기 때 들었던 엄마 목소리를 기억한다는 의미이다(Decaspar & Fifer, 1980).

### 1) 영유아의 기억

언어로 반응할 수 없는 영유아(0~3세)의 기억능력을 확인하는 일은 쉽지 않다. 그러나 앞에서 설명한 습관화–탈습관화법에서 볼 수 있듯이, 영유아는 동일한 자극을 여러 번 반복하면 익숙해져 싫증을 낸다. 또 조작적 조건형성을 이용한 연구에서는 태어나서 머리를 좌우로 돌리는 동작을 이용해서 실험을 하기도 한다(Bower, 1974). 이처럼 영유아의 인지를 측정하는 실험방법 자체가 기억을 단서로 하고 있다.

로비–콜리어 등(Rovee-Collier et al., 1980)은 끈으로 모빌과 다리를 연결하여 영유아가 발을 차면 모빌이 움직이도록 만든 장치를 이용했다(그림 15-8). 영유아는 발을 차면 재미있는 장난감이 매달린 모빌이 움직이는 것을 보게 된다. 그리고 자기가 발을 차면 모빌이 움직인다는 것을 학습하게 된다. 이렇게 자신의 반응이 환경을 변화시키고, 다시 자기에게 반응이나 보상이 뒤따르는 것을 '원인에 따른 결과'라고 한다. 발을 차면 모빌이 움직이는 실험을 9분 동안 한 후, 끈을 풀어서 영유아가 발을 차도 모빌이 움직이지 않도록 하면, 2~8일간은 발을 차는 빈도가 높지만 14일 후에는 실험 이전의 빈도로 되돌아간다. 이것은 망각이 일어났음을 보여주는 것이다. 그리고 실험 24시간 전에 모빌의 움직임을 외적 단서로 보여주면 2개월 된 유아는 14일 후까지, 3개월 된 유아는 28일 후에도 반응을 기억하는 것으로 밝혀졌다.

바와 헤인(Barr & Hayne, 2000)은 학습 이전의 발차기 빈도를 기저선으로, 그리고



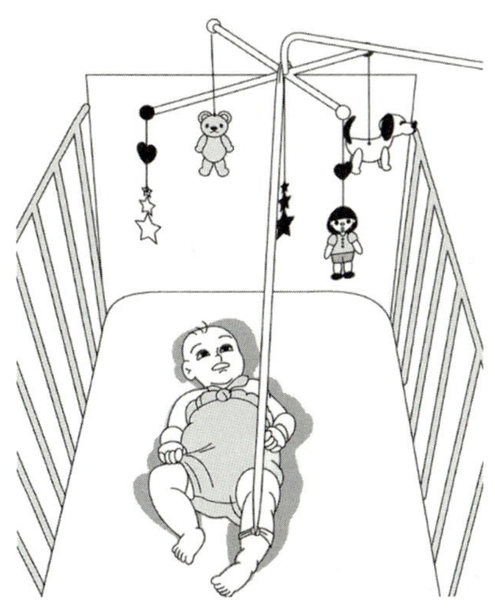

발에 모빌을 끈으로 묶어서 유아가
발을 차면, 모빌이 움직이도록
만들었다.

기저선보다 1.5배 더 많이 차는 것을 학습의 기준으로 정하고 동일한 실험을 했다. 2개월 된 영유아는 4~6분 이내에, 6개월 된 영유아는 1분 이내에 학습기준에 도달할 정도로 매우 빠르게 학습했고, 이러한 학습효과는 2개월 된 영유아의 경우 1일, 3개월 된 영유아는 7일, 6개월 된 영유아는 14일 동안이나 유지되었다.

부쉬넬(Bushnell, et al., 1984)은 생후 3주의 영유아와 7주의 영유아를 대상으로 2주 동안 매일 15분씩 다양한 색깔과 크기의 삼각형이나 원을 보여주어 습관화를 일으킨 후 색과 크기를 바꾸어 제시했다. 실험 결과, 이 시기의 영유아도 색, 형태, 크기 등 모든 시각속성을 기억한다는 것이 밝혀졌다.

다이아몬드(Diamond, 1985)에 따르면 7.5개월 된 영유아는 대상을 숨기고 1초가 지나고 나서 A-not-B 오류(영유아가 보는 앞에서 다른 장소 B에 대상을 숨기면, 원래 장소 A에서 대상을 찾는 오류)를 보이지만, 8개월 된 영유아는 3초, 9개월 된 영유아는 6초, 10개월 된 영유아는 8초, 12개월 된 영유아는 10초가 지나고서 오류반응을 보인다. 이는 연령의 증가와 함께 단기기억의 저장시간이 늘어나는 것을 보여주는 결과이다. 앞서 2절 '초기 주의기능의 발달'에서 기술한 길모어와 존슨의 실험에서 보았듯이, 6개월 된 영유아가 좌우 한쪽으로 목표자극이 나올 것이라고 예상하면, 5초 정도 자극이 중단되어도 예측한 쪽으로 선호를 보였던 사실로 미루어 볼 때, 6개월 된 영유아의 단기기억이 적어도 5초는 유지된다고 할 수 있다(Gilmore & Johnson, 1995).


2) 유아의 기억

3세 이상이 되면 언어로 충분히 반응할 수 있기 때문에 영유아에 비해 기억 내용을 확인하기가 쉽다. 브라운과 스코트(Brown & Scott, 1971)는 사람, 동물, 야외, 실내 등 네 개 범주에서 뽑은 그림을 사용하여 3~5세 유아의 기억을 검사했다. 44장의 그림은 두 번, 12장의 그림은 한 번 제시했기 때문에 유아가 실제로 본 그림의 수는 총 100장이었다. 두 번 제시되는 그림의 경우 0, 5, 10, 25 또는 50장의 그림을 사이에 두고, 본 그림인지 아닌지를 확인하는 재인검사를 실시했다. 이전에 본 그림이면 '예', 처음 보는 그림이면 '아니오'라고 답하도록 했다. 실험 결과, 유아는 그림의 98%를 정확하게 기억했고, 제시 간격에 따른 재인 차이도 발견되지 않았으며, 1, 2, 7, 28일 후에 실시한 장기기억 검사에서의 수행도 우수했다. 유아는 28일이 지난 뒤에도 두 번 본 그림의 78%를 기억했고, 한 번 본 그림의 경우에는 56%를 기억했다. 이러한 재인기억 결과는 성인과 비교해도 큰 차이가 없는 것이다.

한편, 숫자나 낱자를 얼마나 많이 기억할 수 있는지를 의미하는 기억범위(memory span)는 생후 10년 정도가 지나야 성인의 단기기억 범위인 7±2[Miller, 1956]에 도달한다고 알려져 있다[Dempster, 1981]. 기억범위가설에는 인지가 발달하고 단기기억의 저장용량이 늘어나면서 증가한다는 주장[Pascual-Leone, 1970]과 인지가 발달하면서 개별적인 정보가 효율적으로 처리되어 한 번에 다루는 정보량이 증가한다는 주장[Case, 1985]이 있다.


### 범주화 발달

우리는 다양한 사물에 대해 개념을 형성하고 그 개념의 본질적인 특징을 이해하려고 노력한다. 이를 위한 방법 중의 하나가 범주화이다[8장 참조]. 외부환경을 몇 가지로 분류해서 정리하면, 새로운 대상에 대해서도 이러한 범주를 토대로 대상의 특징을 이해할 수 있게 된다. 이처럼 범주화는 인지습득이나 지식의 활용에 중요한 역할을 하는 인지기능이다.

유아기의 범주화는 어떻게 발달하는 것일까? 4개월 된 유아에게 한 가지 표준 색상의 파장에 습관화를 일으킨 다음, 이와 동일한 파장을 가진 두 가지 다른 색을 보여주자 유아는 다른 범주에 속하는 색에 대한 탈습관화를 보였다. 이로써 유아가 성인과 동일하게 색을 범주화하고 있다는 것이 밝혀졌다[Bornstein, 1978]. 에이마스[Eimas et al., 1971]는 1개월 된 유아가 사람의 음성을 범주적으로 지각한다는 것을 발견했다. 슬레이터 등[Slater & Morison, 1987]은 그림 15-9의 자극을 사용하여 3개월과 5개월 된 각 유아의 범주화능력을 검증했다. 그림에서 보듯이 실험자극은 다양한 종류의 선(굵은 선, 점선, 등)으로 이루어진 삼각형, 사각형, 원, 십자 형태였다. 연구자들은 먼저 특정 형태(예, 삼각형)의 자극에 습관화를 일으킨 후 유아가 본 적이 없는 삼각형과 새로운 형태(예, 사각형)를 제시했다. 그 결과, 유아가 새로운 형태에 탈습관화를 보였고, 이로써 영유아기의 이른 시기부터 패턴을 범주화하여 인지한다는 것이 밝혀졌다. 에이마스 등[Eimas &Quinn, 1994]은 동물의 컬러사진을 사용하여 범주화실험을 했다. 3~4개월 된 유아는 말에 습관화되고 난 후에 고양이, 얼룩

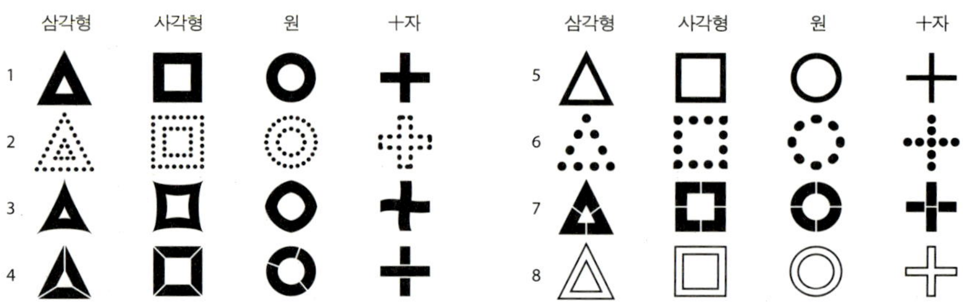



3~4개월 된 영유아도 삼각형이나 사각형 등의 형태뿐 아니라, 곡선인지 직선인지 선의
종류 등의 특징을 기초로 범주화를 한다는 것이 밝혀졌다.

___ (출처) Slater & Morison (1987)

말, 기린을 모두 구별할 수 있었다. 그러나 고양이에 습관화되고 난 뒤에는 말과
호랑이는 구별했지만, 암사자는 구별하지 못했다. 유아가 6, 7개월이 되면 사자와
고양이를 구별할 수 있다. 이처럼 유아는 발달 초기부터 물리적 정보나 특징 정보
뿐 아니라 대상들의 공통점(개념)을 기초로 범주를 형성한다. 6개월 된 유아는 남녀
의 얼굴을 범주화한다는 연구결과도 있다(Fagan & Singer, 1979).

범주화는 중요한 기억방법 중의 하나이다. 단기기억의 정보를 장기기억으
로 전이시키기 위해 우리는 기계적 암송, 정교화, 체계화 등의 다양한 전략을 사
용한다. 아동기 이전의 주요 기억전략은 기계적 암송이지만, 만 10세 정도가 되
면 동일 범주에 속하는 정보들을 함께 기억하는 등 기억 체계화 방법으로써 범주
를 이용한다(Kail, 1990). 또한 제시된 설명이 '섬'을 기술하고 있는지를 판단하도록
하면, 9세 아이는 5세 아이에 비해 섬에서 연상되는 이미지나 관련 정보보다 주위
가 바다로 둘러싸여 있는지 등 정의적 속성을 바탕으로 판단하는 경향을 보였다.
이는 기준을 토대로 만든 표상이 아이에게 이미 존재하는 것으로 볼 수 있다(Keil &
Batterman, 1984).

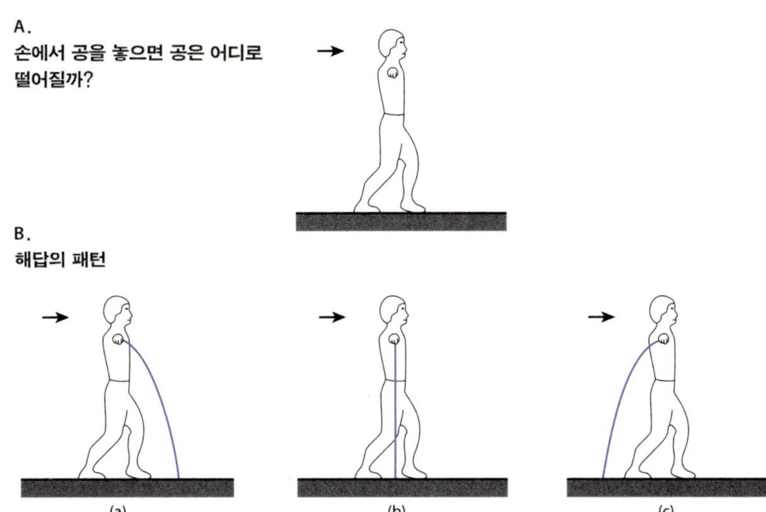



___ (출처) McCloskey et al. (1983)


## 인과성 발달

사람이 달리면서 손에 들고 있는 공을 놓으면 그 공은 어디로 떨어질까? 그림 15-10의 B. 세 개의 그림처럼 공이 손 앞쪽으로 떨어질지, 손 바로 아래로 떨어질지, 손 뒤쪽으로 떨어질지 생각해보라. 대학생도 '손보다 앞쪽에 떨어진다'는 정답을 거의 맞히지 못한다. 공은 관성에 의해 앞으로 나가려고 하지만, 동시에 중력의 영향을 받아 포물선을 그리며 손 앞쪽으로 떨어진다. 중고등학교 물리시간에 관성의 법칙을 배우지만, 아이들뿐만 아니라 대다수의 성인도 공이 수직으로 떨어지거나 손 뒤쪽으로 떨어진다고 대답한다. 수업이나 책에서 체계적으로 배운 지식이 아닌 일상경험에서 습득한 종합적인 지식을 소박이론(naive theory) 혹은 소박개념(naive concept)이라고 한다. 우리가 가진 지식에는 '물체가 무거울수록 더 빨리 낙하한다' 등 잘못된 과학개념들이 많이 있다. 소박이론에 한정되지 않고 우리가 갖고 있는 지식 중에는 원인과 결과라는 인과에 의해 구성된 것도 많다.

외부 지식을 습득할 때 인과성(causality)을 이해하는 것은 대단히 중요하다. 베일러존과 그러버(Baillargeon & Graber, 1987)는 5.5개월 된 유아에게 토끼가 벽 뒤를 통

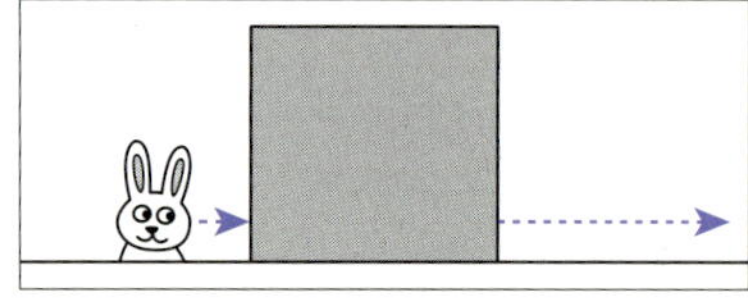



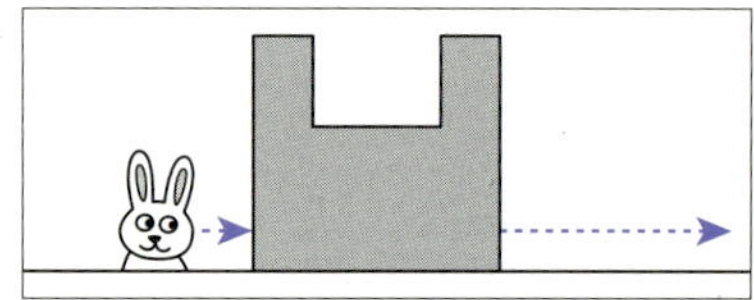

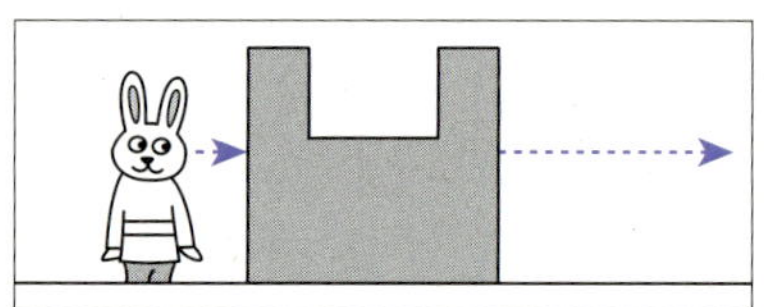



키가 작은 혹은 키가 큰 토끼가 벽 뒤를 통과하는 자극에 습관화가 일어나면,
발생 불가능한 장면에서만 탈습관화가 일어나는 것이 관찰된다.

___ (출처) Baillargeon & Garber(1987)

과하는 장면에 대해 습관화를 일으켰다. 탈습관화 단계에서 벽의 일부를 없애고 토끼가 벽 뒤를 통과할 때, 토끼의 키높이에 따라 토끼가 보이기도 하고 안 보이기도 하는 장면을 보여주었다(그림 15-11). 벽 뒤로 토끼가 보이거나 보이지 않는 불가능한 장면에서 유아의 응시시간이 길어졌는데, 이는 유아가 토끼의 키높이와 벽높이 사이의 공간관계를 이해하고 있음을 의미한다. 또 베일러존(Baillargeon, 1995)에 의하면 3개월 된 유아는 물체를 공중에 던지면 떨어진다는 것을 알고 있고, 4.5개월 된 유아는 물체와 지지물 사이의 접촉방법을 인식하고 있으며, 6.5개월 된 유아는 물체와 지지물 사이의 접지량을 이해한다고 한다. 스펠키(Spelke, 1991, 1994)는 6개월 된 유아에게 물체가 은폐물 뒤에 들어가서 다른 물체가 반대 측에 나타나는 상황을 습관화시킨 후 은폐물을 없애면, 처음 물체가 다른 물체와 접촉해서 밀어내는 자극에는 탈습관화 반응을 보이지 않지만, 두 개의 물체가 접촉하지 않고 두 번째 물체가 이동을 시작하는 자극에는 탈습관화를 보이는 것을 발견했다. 이 결과는 6개월 된 유아도 물체의 접촉과 관련된 역학적 인과관계를 이해하고 있다는 것을 보여준다.

### A. '1+1=1 또는 2' 조건

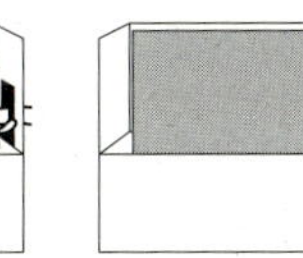

### B. '2-1=1 또는 2' 조건

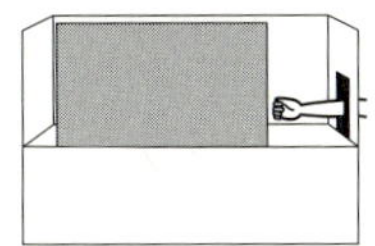

**언어능력이 발달하지 않은 유아에게 시각자극을 이용하여 물체의 인과성 및 수 인지능력의 발달을 검사한다.**

____ (출처) Wynn(2002)

## 수 인지능력 발달

수 개념이나 수 인지능력의 발달에 대해서는 피아제를 비롯한 많은 학자들이 오래전부터 연구해왔다. 수는 추상적인 개념으로 습득하기가 그리 쉽지 않다는 것은 초등학교시절 수학시간을 생각해보면 알 수 있을 것이다.

## 1) 초기 발달

5개월 된 유아를 대상으로 초기의 수 인지능력 발달을 검증한 윈(Winn, 1992)의 연구를 보자(그림 15-12). '1＋1' 조건(그림 A)에서는 우선 인형 한 개를 상자 속에 제시하고 칸막이로 인형을 가린다. 이어 두 번째 인형을 칸막이 뒤로 넣는다. 그리고 인형을 집어넣은 손에는 아무 것도 없다는 것을 확인시킨 후 칸막이를 치운다. 이 때 인형이 하나밖에 없는 장면과 인형이 두 개 있는 장면에서 유아의 응시시간을 비교하면, 인형이 하나밖에 없는 장면에서 응시시간이 더 길다. '2-1' 조건(그림 B)에서는 인형이 두 개 있는 장면을 더 오래 응시한다. 즉, 불가능한 상황을 신기하게 인식한 것으로 해석할 수 있으며, 5개월 된 유아도 하나에 하나를 더하면 둘이 되며, 둘에서 하나를 빼면 하나가 된다는 수의 인과적 관계를 이해하고 있음을 알 수 있다.


## 2) 유아기의 셈능력

유아기에 이르면 간단한 수를 비교하고(어느 쪽이 많은지 적은지) 셀 수 있다. 숫자를 말하는 것과 수를 세는 것을 셈(counting)이라고 한다. 겔만과 갈리스텔(Gelman & Gallistel, 1978)은 셈에 필요한 다음 5가지 원리를 제시했다.

① 1대 1대응원리: 물체와 숫자를 하나씩 대응시켜서 물체를 셀 때는 하나의 물체에 하나의 숫자만 사용한다.

② 안정된 순서원리: 사용된 숫자는 1→2→3 …식으로 안정된 일정한 순서를 가진다.

③ 기수원리: 마지막으로 센 숫자가 전체의 수를 나타낸다.

④ 추상화원리: 숫자를 세는 대상의 크기나 형태에 상관없이 어떤 물체이든 하나의 물체가 숫자 하나에 해당한다.

⑤ 순서무관원리: 수를 셀 때 왼쪽이나 오른쪽 어느 쪽에서 세기 시작해도 상관이 없다.

이중에서 ①~③의 원리를 이해하면 셈은 가능하다. 이러한 원리를 습득하면서 셈능력이 발달하는 것이다. ①~③의 세 가지 원리가 모두 이용되는 셈과제는 세는 대상이 늘어남에 따라 어려워진다. 3~5세 사이에 셈능력이 빠른 속도로 발달하는 것으로 알려져 있다.

① 얼굴을 손으로 가렸다가 다시 보여주는 까꿍놀이를 아기가 왜 좋아하는지 그 이유를 생각해보세요.

② 아기가 손가락을 빼는 행동을 '순환반응'이라고 하는데, 여기서 '순환'의 의미가 무엇인지 생각해보세요.

③ 대부분의 인지기능은 유전과 환경의 상호작용에 의해 형성되지만, 유전적 요인이 강한 것과 환경적 요인이 강한 것에는 무엇이 있는지 각각의 예를 들어보세요.

**참고문헌**

山口真美・金沢創(2008)『赤ちゃんの視覚と心の発達』東京大学出版会

● 幼児期の視覚の発達について、色や形態、動きなどの視覚機能の発達の対側面について網羅してあるばかりでなく、脳の発達との関わりについてまとめてある充実したキストである。

トマセロ、M./辻幸夫・野村益寛・出原健一・菅井三実・鍋島弘治朗・森吉直子訳(2008)『ことばをつくる – 言語習得の認知言語学的アプローチ』慶應義塾大学出版会

● 本章で扱うことができなかった言語獲得については、本書を参考にされたい。認知言語学や発達心理学、比較認知科学の知見をもとに子どもの言語習得についてまとめてあり。認知言語学のテキストとしても充実している。

ゴスウミ、U./岩男卓実・上淵寿・古池若葉・富山尚子・中島伸子訳(2003)『子どもの認知発達』新曜社

● おもに幼児期の認知発達に関するテキストであるが、特に記憶や思考(概念獲得や推論)に関する紹介が充実している。

# 16

## 사회인지

인간이 엮어가는
세상에 대한
이해

사회생활의 기본은 인간관계이다. 다른 사람의 감정이나 욕구, 태도, 성격, 능력 등을 이해하지 못하면 사회생활은 거의 불가능하다. 우리는 표정이나 동작에서 상대의 감정이나 의도를 파악하고 상대의 행동을 관찰해서 태도나 성격을 추측한다. 미지의 인물에 대해서도 아주 적은 정보만으로 상당히 광범위한 인상이나 인물상을 만들어낸다. 소속집단, 직업, 고향, 용모, 심지어 혈액형도 상대의 심리를 파악하는 단서로 사용된다. 이 장에서는 인상형성, 귀인과정, 고정관념 등 사람과 관련된 인지연구 및 사회인지를 중심으로 최근의 연구성과들을 살펴본다.

일본의 역대 수상들(작가: 小河原智子)

# 1절. 사회인지란 무엇인가

사회인지는 인간이 타인 또는 자신을 어떻게 이해하는지를 연구하는 분야이다. 인간은 인지의 주체인 동시에 객체이며 수동적 존재가 아닌 능동적인 존재이기 때문에 다른 사물에 비해 아주 복잡한 인지대상이다. 게다가 성격이나 능력과 같은 인간의 특성은 직접 관찰할 수 있는 것이 아니어서 추측으로 파악해야 하는데 그것이 정확한지를 판단하는 것도 쉽지 않다.

이러한 인간의 심리적 특성을 파악하는 연구분야를 예전에는 '대인지각(person perception)'이라고 불렀다. 일본에서는 '대인지각'보다 '대인인지'라는 용어를 더 많이 사용한다. 1940년대에는 사물의 지각이 주체의 욕구, 기대, 가치, 태도 등에 의해 영향을 받는다는 것에 주목한 뉴룩심리학(new look psychology)의 영향으로 '사회지각(social perception)'으로 불리기도 했다. 그러나 1970년대 후반 인지혁명 이후, 인지과학이나 인지심리학에서 발견된 개념이나 모델, 정보처리 관점 등을 사회심리학에 도입하려는 움직임이 활발해지면서 '사회인지(social cognition)'라는 용어가 널리 사용되게 되었다.

한편, 사회인지란 특정 연구분야를 지칭하는 것이 아니라 정보처리적 접근

에 기초한 사회심리학의 새로운 연구 패러다임을 의미한다는 주장도 제기되었다
(Hamilton et al., 1994). 실제로 최근 사회인지 연구가 활발해지면서 이전의 대인지각보
다 그 영역이 크게 확장되었다. 그러나 인상형성, 귀인과정, 고정관념 등 사람과
관련된 인지가 중심 연구과제인 것만은 변함이 없다. 이 장에서는 이 분야의 연구
결과 및 새로운 연구동향에 대해 살펴볼 것이다.


## 2절. 인상형성


우리는 모르는 사람이더라도 성격, 용모, 직업, 고향 등에 관한 간단한 정보를 전
해 들으면 어느 정도 명확한 윤곽의 인물상을 떠올린다. 이런 과정을 인상형성
(impression formation)이라고 한다. 이 분야의 선구자인 애쉬(Asch, 1946)는 일련의 실험
에서 몇 가지 단편정보를 토대로 형성된 전체적인 인상은 각 개별 정보로 환원해
서는 설명할 수 없다는 것을 보여주었다. 애쉬는 몇몇 특성형용사를 자극으로 제
시하는 방법을 사용했는데, 그의 연구방법은 이후 많은 인상형성 연구에 사용되
었다. 1960년대 들어 앤더슨은 애쉬가 부정한 대수(代數)모델을 인상형성 연구에
적용했다(Anderson, 1981). 1980년대 이후에는 가공의 인물이 아닌 실제 인물을 대상
으로 인상형성 연구를 했고 그 결과를 정보처리모델에 활용하기 시작했다.


### 애쉬의 고전적 실험

애쉬(Asch, 1946)는 실험참가자에게 여러 개의 특성형용사를 차례로 읽어주고 연상
되는 인물의 모습을 자유롭게 기술하도록 했다. 이 실험을 통해 애쉬는 '따뜻하
다', '차갑다' 같이 인상형성에 큰 영향을 미치는 중심특성과 '예의 바르다', '무뚝
뚝하다' 같이 영향력이 약한 주변특성이 존재한다는 것을 알아냈다. 그리고 인물
을 기술할 때 '따뜻하다'라는 특성을 직접 언급하지 않고도 다른 특성으로 그 인물

이 '따뜻하다'라는 추측이 가능하면, '따뜻하다'가 자극으로 직접 주어진 경우와 동일한 인상이 형성된다는 사실도 확인했다. 또한, 동일한 특성들을 조합해서 인물을 기술할 때 특성의 제시순서를 바꾸는 것만으로도 전혀 다른 인상이 형성된다는 사실을 밝혀냄으로써 '각각의 정보에 기초한 인상이 합해져 전체적인 인상이 만들어지는 것이 아니다'라는 주장을 다양한 각도에서 증명했다.


### 앤더슨의 정보통합이론

인상의 구조나 내용에 관계없이 '선호'라는 차원에 한정하여 그 차원에 속하는 특성의 척도값<sup>(선호도)</sup>으로 사람들의 인상판단<sup>(대상인물의 선호)</sup>을 예측할 수 있다. 1960년대 들어 이러한 관점의 대수모델을 인상형성에 적용하려는 움직임이 활발해졌는데 그 중심에 앤더슨<sup>(Anderson, 1981)</sup>의 정보통합이론이 있다. 앤더슨은 개별 특성의 척도값의 합으로 인상의 선호가 결정되는 가산모델과 평균으로 결정되는 평균모델을 검토하고 나서 최종적으로 가중평균모델<sup>(weighted average model)</sup>을 채택했다. 극단적인 값을 갖는 특성<sup>(매우 좋다, 매우 좋지 않다)</sup>에 같은 방향의 중간 값을 갖는 특성<sup>(약간 좋다, 약간 좋지 않다)</sup>이 더해지면 인상판단이 극단적으로 되지 않고 중간이 된다. 이런 결과는 평균모델을 지지하는 것으로 여기에 척도값뿐만 아니라 각 특성의 중요도를 도입하여 수정한 이론이 가중평균모델이다.


### 대인정보처리모델

애쉬나 앤더슨은 판단대상인 인물의 개별 특성이 누적되어 인상이 형성된다고 가정했다. 그러나 실제로는 대상인물의 용모, 성별, 연령, 직업, 소속집단을 통해 순식간에 인상판단이 일어나는 경우가 많다. 변화하는 복잡한 환경에 적응하기 위한 인간의 정보처리과정은 주의를 집중하는 의식적인 통제처리<sup>(controlled processing)</sup>와 주의를 기울이지 않는 무의식적인 자동처리<sup>(automatic processing)</sup>로 나뉜다<sup>(4장 참조)</sup>. 1980년대 이후 대인정보처리라는 관점에서 인상형성과정을 모델화하려는 움직임이 나타나기 시작했다. 이 이론들은 타인에 관한 개별 정보를 정밀하게 조사해서 통합하는 상향처리<sup>(bottom-up processing)</sup>와 사회범주에 관한 사전지식을 사용해서 상대를 판단하는 하향처리(top-down processing)를 구별하고, 대상에 따라서 더 적합한 과정이 선택된다고 주장한다. 브루어(Brewer, 1988)의 이중처리모델(dual processing model)과 피스케와 노이버그(Fiske & Neuberg, 1990)의 연속체모델(continuum model)이 대표적인 이론이다.

## 1) 이중처리모델

이중처리모델(그림 16-1)은 새로운 사람을 보면 먼저 성별, 연령, 인종 등 기본적인 범주속성을 즉각적으로 분류하고, 상대가 현재 자신의 요구나 목표와 관련이 있는지를 판단하는 무의식적인 자동처리가 일어난다고 가정한다. 그런 다음 관련이 있다고 판단되면 통제처리 단계로 들어가는데, 이때 자기와의 관여도에 따라 정보처리방식이 달라진다. 만일 관여도가 높으면 상대의 개인특성을 고려하는 '개인의존형 처리'가 일어나고, 관여도가 낮으면 상대를 특정 사회범주의 일원으로 취급하려는 '범주의존형 처리'가 일어난다. 이처럼 서로 다른 성격의 두 가지 처리과정을 가정하는 점이 브루어모델의 특징이다.

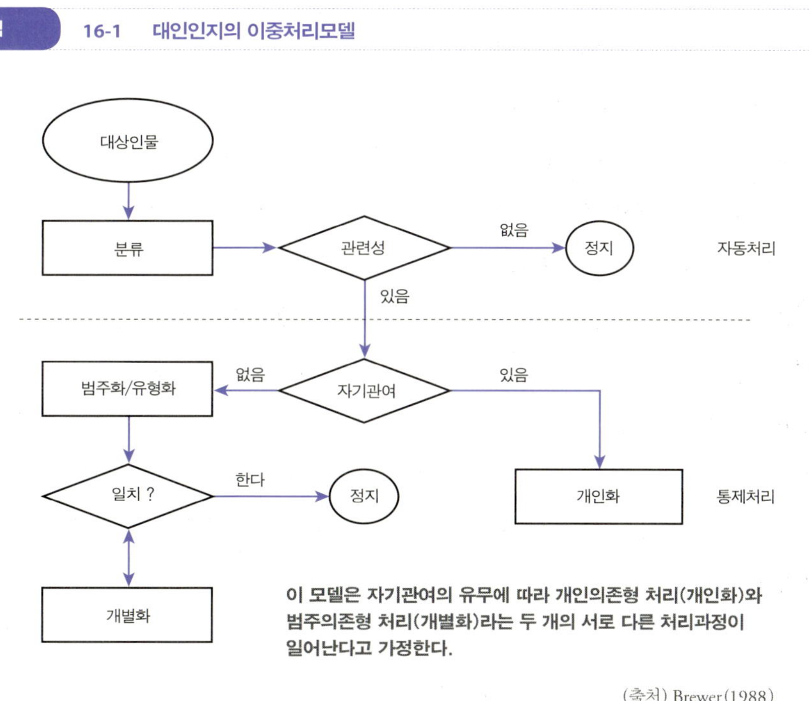



**그림 16-1  대인인지의 이중처리모델**

이 모델은 자기관여의 유무에 따라 개인의존형 처리(개인화)와 범주의존형 처리(개별화)라는 두 개의 서로 다른 처리과정이 일어난다고 가정한다.

(출처) Brewer(1988)

　범주의존형 처리에 이용되는 사회범주에는 '학자', '심리학자', '교육에 열정적인 젊은 여성심리학자' 등 다양한 수준이 존재하고, 대상인물이 특정 범주의 특징과 일치할 때까지 범주내용을 '개별화(individuation)'하는 형태로 하향식 정보처리가 반복된다. 즉, 대상인물을 파악하기 위해 사회범주와 비교하고 특징이 일치되면 그 범주의 일원으로 판단하지만, 일치하지 않으면 그 범주의 특수한 사례로 해석하거나 같은 특징을 갖는 인물을 모아 하위범주를 만드는 시도를 반복한다. 한편, 개인의존형 처리는 대상인물에 대한 개별 정보들이 상향식으로 통합되어 '개인화(personalization)'가 일어나는데, 여기서 개인이 속한 사회범주는 그 사람이 갖는 여러 속성 중 하나로 취급된다. 예를 들어, 심리학자의 수업을 듣는 수강생에게 강단의 인물 A는 '심리학자' 범주에 속하는 심리학자라는 표상의 일부가 되지만(범주의존형 정보), A와 교제할 가능성이 있는 사람에게는 '심리학자'라는 직업이 특정 인물(A)의 일부로 그 사람에게 종속되는 속성으로 받아들여지는 것이다(개인의존형 처리).

### 2) 연속체모델

　피스케 등의 연속체모델(continuum model)은 판단대상을 만나면 우선 '초기범주화(initial categorization)'라는 범주의존형 처리가 일어난다고 가정한다(그림 16-2). 그리고 대상인물에 대해 약간의 관심이나 관련성을 느끼면 인물의 특징에 주의를 기울이는 '확증범주화(confirmatory categorization)' 단계로 들어간다. 여기서 활성화된 범주를 조회해서 범주의 특징이 인물의 특징과 일치하면 그 범주에 근거하여 판단하고 평가한다. 일치하지 않는 경우에는 '재범주화(recategorization)' 단계로 진입해서 다른 범주를 조회한다. 이 단계에서 조회에 성공하면 범주의존형 처리가 일어나지만, 여러 개의 범주에 의존해서 처리하거나 하위범주가 등장하는 등 처음보다는 복잡한 양상을 띠게 된다. 이런 절차를 거치고도 해당 인물을 특정 범주에 대응시키지 못하면 개인의 속성을 하나씩 파악하면서 상향식으로 통합하는 '단편통합(piecemeal integration)' 단계로 돌입한다. 브루어가 범주를 사회집단에 관한 사전지식으로 한정한 데 반해 피스케 등은 범주를 더 넓게 해석했다. 단편통합은 브루어의 모델에서 개인의존형 처리에 해당된다. 즉, 피스케 등의 모델은 범주의존형 처리에서 출발해 그 범주를 더욱 세분화해가면서 단편통합에 이르는 연속체를 가정하고, 필요에 따라 위의 과정을 반복하다 보면 최종 인상이 이 연속체의 어딘가에서 결정될

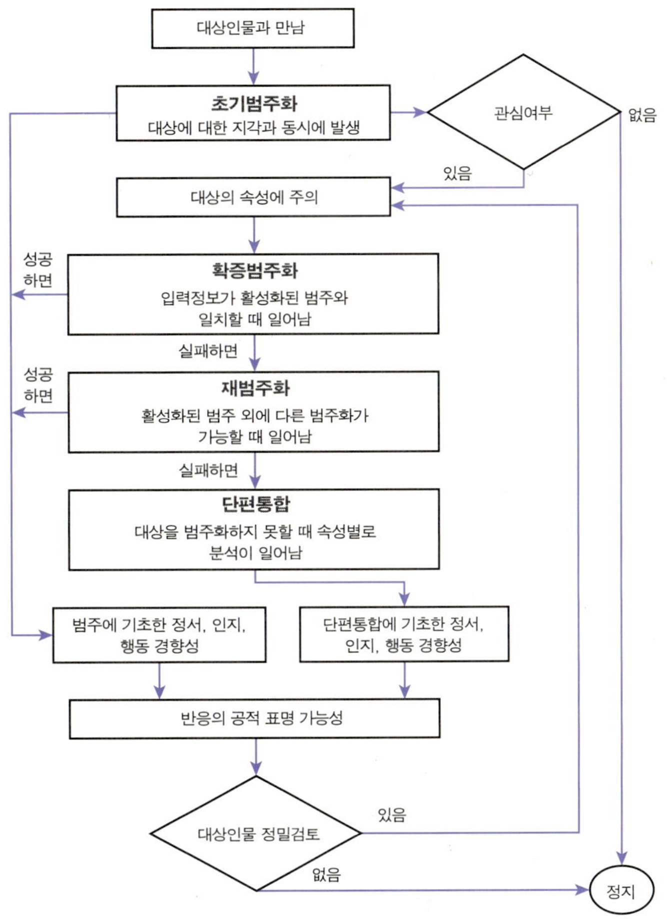



이 모델은 최종 인상판단이 범주의존형 처리에서 출발하여 단편통합에 이르는 연속체의 어딘가에서 일어난다고 가정한다.

_____ (출처) Fiske & Nerberg(1990)

것으로 가정한다. 브루어는 두 가지 처리방식 중에서 무엇이 채택되는가에 따라 표상 유형이 달라진다고 했지만, 피스케 등은 대상의 개인 속성에 주의를 기울이는 처리방식이 우세해지면 같은 유형의 표상이 보다 정교화된다고 보았다. 또한 피스케 등은 단계이행의 조건으로 위에서 설명한 범주와의 일치 외에 상대를 이해하려는 강한 동기도 고려했다. 대상인물이 중요한 존재일수록 개인 속성에 주의를 기울여 정보를 상세하게 처리한다는 가정은 브루어의 이론과 같다.

# 3절. 귀인과정

인상형성모델은 간과하고 있지만 실제로 우리가 사람을 판단할 때는 그 사람이 어떤 상황에서 어떤 행동을 했는지를 관찰해서 판단하는 경우가 많다. 그러나 우리가 직접 관찰할 수 있는 행동은 대부분 겉으로 드러나는 현상에 지나지 않고, 일시적이며 쉽게 변화한다. 타인 행동의 예측확률을 높이려면 현상의 배후에 있는 기질 특성(dispositional properties)과 대응시켜야 한다. 이런 이유로 사람들은 '왜 그런 행동을 했는지', '왜 그런 결과가 나왔는지' 등 눈으로 본 현상의 그 원인이나 이유를 찾으려고 하는 것이다. 친구가 수업에 결석한 상황을 놓고 '게으른' 기질 탓으로 해석하면, 다른 상황에서도 그 친구가 비슷하게 행동할 것이라는 예측이 가능하다. 그러나 이 행동의 원인을 '수업 일수를 다 채워서', '동아리활동으로 바빠서' 등 상황에 귀인하면 행위 자체의 의미 해석이나 친구에 대한 인상이 크게 달라진다.

행동의 원인을 어떻게 추론하는지 설명하는 이론을 귀인이론(attribution theory)이라고 한다. 귀인이론은 다양한 대인관계 상황에서의 행동을 '상식심리학'으로 체계화시킨 하이더(Heider, 1958)의 '대인관계심리학'에서 시작되었다. 이 책의 후반부에는 1960년대에 각광 받은 균형이론(balance theory)의 '인지균형'이라는 개념이 제시되어 있다. 귀인과정에 대한 고찰은 켈리(Kelley, 1967)의 귀인모델과 존스와 데이비스(Jones & Davis, 1965)의 대응추론이론을 거치면서 1970년대에는 다양한 귀인연구가 아주 활발하게 이루어졌다. 이러한 흐름은 1980년대 이후 사회인지연구의 도화선이 되었고, 17장에서 다루는 문화심리학이라는 새로운 이론적 접근이 만들어지는 계기가 되었다.

## 원인 추론

사람의 행동이나 결과는 행위자의 의지와 환경의 힘이 상호작용하여 결정되는 것이지만, 행동의 원인을 어디에 두는지에 따라 그 행동의 의미는 크게 달라진다. 귀인이론에서는 어떤 일의 원인을 행위자에게서 찾는 것을 내부귀인(internal attribution), 행위자를 둘러싼 상황이나 행위의 대상 등에서 찾는 것을 외부귀인(external attribution)

|  |  | 통제성 | |
| --- | --- | --- | --- |
|  |  | 내부 | 외부 |
| 안정성 | 안정 | 능력 | 과제의 난이도 |
|  | 불안정 | 노력 | 운 |

**학습상황에서 성공·실패의 원인으로 간주되는 4가지 요인을 안정성 및 통제성 차원으로 정리하였다.**

___ (출처) Weiner(1974)

이라고 한다. 예를 들어, 와이너(Weiner, 1974)는 과제달성의 성공 또는 실패 상황에서 원인으로 간주될 수 있는 요인으로 능력, 노력, 과제의 난이도, 운이라는 네 가지를 제시하였다(표 16-1). 앞의 두 가지는 내부요인, 뒤의 두 가지는 외부요인에 해당된다. 한편 '내부-외부'라는 소재 차원 외에 안정성 차원에서 네 가지 원인을 분류할 수도 있다. '능력'과 '과제의 난이도'는 쉽게 변화하지 않는 안정적 요인이지만, '노력'과 '운'은 불안정한 요인이다. 또한 통제성 차원에서 보면 노력은 통제 가능한 요인이지만, 노력을 제외한 나머지는 통제가 불가능한 요인이다.

### 1) 공변(共變)모델

그렇다면 원인은 어떻게 결정되는 것일까? 켈리(Kelley, 1967)는 '어떤 상황이 일어날 때는 존재하고 일어나지 않을 때는 존재하지 않는, 즉 상황과 함께 변동하는 요인을 원인으로 간주한다'라는 단순한 원리의 공변모델(covariation model)을 제안했다. 공변모델은 일종의 규범적 모델로 다음 세 가지 정보의 조합으로 원인이 결정된다고 본다. ① 특이성(distinctiveness): 특정 대상에 대한 행위자의 반응이 다른 대상에 대한 반응과 다른 정도, ② 합의성(consensus): 다른 사람들이 그 대상에 대해 행위자와 같은 반응을 보이는 정도, ③ 일관성(consistency): 행위자가 그 대상에 대해 다른 시점에서도 같은 반응을 보이는 정도

예를 들어, 'A라는 행위자가 X라는 과제를 달성하지 못한 상황'이 발생했을 때, 위의 세 가지 기준이 모두 만족되면 그 원인을 과제의 난이도라는 대상의 특성(외부요인)에 돌린다(표 16-2). 즉, 다른 사람도 X를 달성하지 못하고(높은 합의성), A는

| | | 특이성 | 합의성 | 일관성 |
|---|---|---|---|---|
| 외부 | 대상의 특성 | 높다 | 높다 | 높다 |
| | 상황 | 높다 | 낮다 | 낮다 |
| 내부 | 상태 | | | |
| | 행위자의 특성 | 낮다 | 낮다 | 높다 |

**특이성, 합의성, 일관성, 세 기준이 모두 충족되거나 충족되지 않는 것에 따라 귀인이 결정된다. 대상이나 행위자의 특성은 안정된 요인이고, 상황이나 상태는 불안정한 요인이다.**

(출처) Orvis et al.(1975)

X이외의 다른 과제에서는 성공하면서(높은 특이성), X는 몇 번을 거듭해도 계속하여 성공하지 못했다면(높은 일관성), X가 너무 어려워서 실패했다고 생각하게 된다. 한 편, 합의성과 특이성이 낮고 일관성이 높은 경우에는 능력이라는 행위자의 특성(내부요인)에 귀인한다. 즉, A이외의 다른 사람들은 X를 성공했는데(낮은 합의성), A는 X뿐만 아니라 다른 과제도 성공하지 못하고(낮은 특이성), X를 여러 번 시도했지만 성공하지 못했다면(높은 일관성), X가 어려운 것이 아니고 A의 낮은 능력이 원인이라고 생각하는 것이다. 또한 과제의 난이도나 능력 같은 안정적인 특성에 귀인이 일어나려면 일관성 기준이 만족되어야 하는데, 만약 일관성이 낮으면 행위자의 몸 상태(내부요인)나 작업환경(외부요인) 같은 변동요인, 즉 앞에서 설명한 노력이나 운 등의 불안정한 요인에서 원인을 찾게 된다. 오비스 등(Orvis et al., 1975)에 의하면 일관성과 합의성이 낮고 특이성이 높은 경우에는 행위자가 놓인 상황이나 상태에서 원인을 찾으려는 경향이 강해진다.

귀인이 정해지는 전형적인 패턴은 표 16-2와 같지만, 항상 모든 정보가 갖추어져야만 귀인이 일어나는 것은 아니다. 표 16-2의 정보패턴을 보면 특이성이 '높음'이 아니고 '낮음'일 때는 행위자의 특성으로 귀인이 제한되는 것을 알 수 있다. 따라서 다른 정보가 없더라도 특이성이 낮으면 행위자에게 귀인하고, 합의성이 높으면 대상에 귀인하며, 일관성이 낮으면 상황에 귀인하는 현상이 어느 정도는 자동적으로 일어난다. 한편, 힐튼과 슬루고스키(Hilton & Slugoski, 1986)는 발생한 사건의 원인을 기존과 다른 조건에 주의를 기울여서 귀인한다고 가정하는 이상조건 초점모델(the abnormal conditions focus model)을 제안했다. 합의성이 낮으면 다른 사람들과 다른 반응을 보인 행위자를, 특이성이 높으면 다른 사람들과 다른 반응을 유도한 자극을, 일관성이 낮으면 전에 없던 상황을 이상한 조건으로 간주하고 주의를 기울여서 그것에 귀인한다. 이 모델은 공변정보에서 이상한 조건을 특별히 정할 수 없을 때는 사전지식을 이용해 이상한 조건으로 분류한다고 가정하고 있다. 이 모델에 의하면 만일 기대한 대로 정상적인 일이 발생한 경우라면 귀인이 일어나지 않는다.

### 2) 인과도식모델

공변모델이 효과적으로 기능하려면 방대한 정보가 필요하다. 또한 공변모델은 평가자에게 행위자나 행위의 대상에 대한 사전지식이 존재하지 않는다는 것을 전제하고 있다. 그러나 현실에서는 사전지식을 가진 채로 한 번 관찰을 하고 나서 귀인을 하는 경우가 대부분이다. 켈리(Kelley, 1972)는 이런 경우 인과관계에 대한 기존의 판단체계를 적용한다고 보고, 몇 가지 인과도식모델(causal schemata model)을 제시했다. 여기서는 특정 사건의 발생에는 다수의 원인이 있다고 가정하고, 그 원인이 모두 존재해야 하는 '중다필요 인과도식(multiple necessary causes schema)'과 그중 하나만 존재해도 충분한 '중다충분 인과도식(multiple sufficient causes schema)'에 대해 설명하도록 하겠다(그림 16-3).

앞의 과제달성을 예로 들면, 과제가 어려우면 사람들은 뛰어난 능력뿐 아니

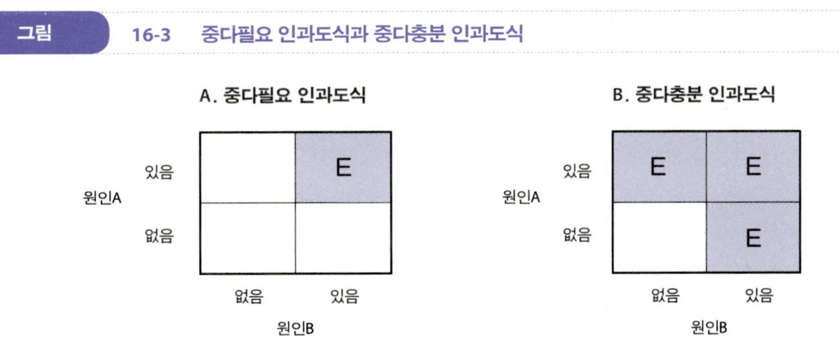

**그림 16-3 중다필요 인과도식과 중다충분 인과도식**



**중다필요 인과도식은 두 가지 원인이 함께 존재해야만 결과(E)가 발생하고, 중다충분 인과도식은 하나의 원인만 있어도 결과(E)가 발생한다는 인식의 틀이다.**

라 많은 노력도 필요하다는 판단체계, 즉 중다필요 인과도식을 적용한다. 따라서 어려운 과제에서 성공하면 우리는 자동적으로 행위자의 능력과 노력이 모두 존재한 것으로 추측한다. 한편, 과제가 쉬우면 그중 어느 하나만 있어도 되는 중다충분 인과도식을 적용하여 행위자의 능력이 뛰어나면 노력은 그다지 하지 않았다고 생각하며, 반대로 많은 노력을 들인 것을 알면 행위자의 능력이 낮다고 추측한다. 중다충분 인과도식이 적용되는 경우 특정 사건을 발생시킬 수 있는 다른 요인이 존재하면, 해당요인의 인과적 역할을 줄여서 인지하는 절감원리(discounting principle)가 나타난다. 예를 들어, 사랑과 재산을 결혼 요인이라고 하고 그중 어느 하나만 존재하면 된다는 중다충분 인과도식을 적용하는 사람은 재산이 많은 자산가와 결혼하는 사람을 보면서 상대를 별로 사랑하지 않을 것이라고 생각한다.

　절감원리와 반대되는 현상도 일어날 수 있는데, 일의 발생을 억제하는 요인으로 특정 요인의 인과적 역할을 강하게 인식하는 증가원리(augmentation principle)가 그것이다. 주위의 축복을 받지 못하고 반대하는 결혼을 할 때 상대에 대한 사랑이 강하다고 인식하는 것이나, 쉬운 과제보다 어려운 과제를 달성했을 때 그 사람의 능력이나 노력을 더 높게 평가하는 것은 증가원리로 해석할 수 있다.


## 행위자의 성향 추측

행동의 원인에 대한 판단기준을 규범화한 사람이 켈리라면, 존스와 데이비스(Jones & Davis, 1965)는 행동을 관찰해 행위자의 독자적인 성향을 추측하는 과정을 설명하려고 시도했다. 이 이론이 대응추론이론(correspondent inference theory)이다. 최근에는 행위를 관찰하고 대응하는 특성을 순간적으로 추론하는 자발적 특성추론(spontaneous trait inference)이론도 제안되었다(Winter & Uleman, 1984). 여기서는 고전적인 대응추론이론과 후속연구들을 살펴보기로 한다.


　1) 대응추론이론
　이 모델은 관찰한 행위의 결과(효과)를 통해 의도가 무엇인지를 추론하여 행위자의 태도나 성격 등 성향을 추측하는 과정을 설명한다. 존스 등은 해당 행위가 행위자의 성향을 반영하는 정도를 '대응(correspondence)'이라는 개념으로 정의하고,

어떤 조건에서 대응이 일어나는지를 밝히려고 했다. 이때 의도적이지 않은 행동이나 결과는 연구대상에서 제외시켰다.

우리는 타인의 행동을 보면서 사전에 고려했을 여러 행동대안을 추론하고 가능한 결과를 따져본다. 모든 행동이 비슷한 결과를 가져올 것으로 추론하면, 행동의 원인을 발견하기는 어렵다. 반대로, 선택된 행동이 다른 행동과는 다른 결과를 가져오는 비공유효과(non-common effects)가 나타나면, 이것을 행동의 원인으로 추론한다. 즉, 특정 효과가 특정 행위로만 발생한다면 그 비공유된 효과를 행위의 이유를 말해주는 것으로 여기는 것이다. 따라서 비공유효과의 수가 많으면 행위자의 의도를 추측하기가 어려워진다.

또한 어떤 행위에 따른 효과가 바람직하면 누구나 그 행위를 선택할 것으로 쉽게 예측되기 때문에 선택의 의도를 추측하기는 쉬워도 행위자의 독자적인 성향을 추측하기는 어렵다. 이 밖에 상황이나 역할을 얼마나 자율적으로 선택할 수 있는지 등 행위선택의 자유도 중요한 요인이다. 존스 등은 선택된 행위에 따른 비공유효과의 수가 적고, 이러한 효과가 누구에게나 바람직한 것이 아닐 때 행위자의 성향과 행위 사이의 대응이 가장 높아진다고 보았다.


2) 성향과 행동의 대응도식

존스 등이 제시한 대응개념과 관련하여 리더와 브루어(Reeder & Brewer, 1979)는 판단대상이 무엇인지에 따라 행동과의 대응도식이 다른 세 가지 모델을 다음과 같이 제안했다(그림 16-4). ① 판단대상이 성격일 때에는 중립적인 사람보다 양 극단에 위치한 사람의 행동제약이 더 커지는 '부분제약도식'이 적용된다(그림 A). 매우 우호적인 사람(D+)은 극단적으로 비우호적인 행동(B-)을 할 수 없고, 매우 비우호적인 사람(D-)은 극단적으로 우호적인 행동(B+)을 할 수 없다. 그러나 특별히 우호적이지도 비우호적이지도 않은 중립적인 사람(Do)은 성향에 의한 행동제약이 크지 않아서 상황에 따라 폭넓게 행동을 취할 수 있다. 따라서 이 경우에는 중립적인 행동(Bo)보다 극단적인 행동(B+, B-)이 행위자의 성향을 파악하기 쉽고 대응이 높다. ② 능력이나 기능이 판단대상인 경우에는 그에 맞는 행동만 선택할 수 있기 때문에 성향이 높은 사람(D₂)일수록 행동제약이 적고, 낮은 성향의 사람은 행동선택의 가능성이 줄어드는 '계층제약도식'이 적용된다(그림 B). 따라서 뛰어난 기능이

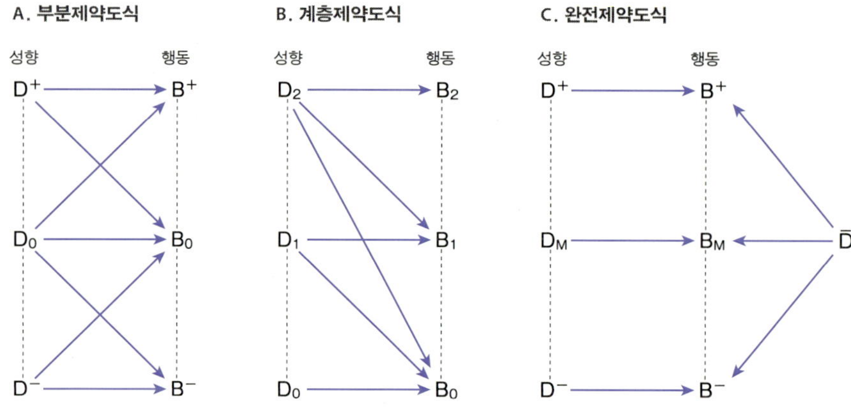



각 도식에서 왼쪽의 D는 성향 수준, 오른쪽 B는 그에 해당하는 행동 수준을
의미한다. 화살표는 각 성향 수준이 불러일으킬 수 있는 행동의 범위를 나타낸다.

___ (출처) Reeder & Brewer(1979)

나 능력이 필요한 행동($B_2$)은 행위자의 성향을 명확하게 알려주고 대응도 높다. 한편, 도덕성은 성격적 특성이지만 부분제약도식이 아니라 계층제약도식이 적용된다. 정직한 사람은 부도덕한 행동을 하지 않지만, 사기꾼은 상황에 따라 정직하기도 하고 그렇지 않기도 하기 때문에 부도덕한 행동일수록 높은 대응이 성립된다. ③ 개인적인 기호나 취향은 성향에 의해 행동이 거의 완벽하게 제약되는 '완전제약도식'이 적용된다(그림 C). 즉, 성향이 불안정한 사람만이 폭넓은 행동을 취할 수 있다. 정치적 신념을 예로 들면, 보수($B+$), 중도($Bm$), 진보($B-$)의 정치적 성향을 모두 가진 사람은 보수-진보 양당 구조 차원에서 볼 때 불안정한 성향을 가졌다고 할 수 있다.


### 3) 대응추론의 단계모델

존스 등은 행위의 의도를 분류하고 그에 대응하는 행위자의 성향을 추측하는 과정을 보여주었다. 최근에는 행동이나 상황에 관한 정보처리과정을 단계적으로 상세하게 기술하는 단계모델이 제안되었다. 트로프(Trope, 1986)의 2단계모델과 길버트(Gilbert, 1998)의 3단계모델이 그 대표적인 예이다.

트로프는 타인의 행동을 관찰할 때, 행동뿐 아니라 상황이나 행위자의 과거

정보를 단서로 삼아 행동의 의미를 분류한 후 행위자의 성향을 추측하는 2단계 정보처리과정을 가정했다. 행동의 의미는 자동처리과정을 통해 분류되고, 성향의 추측은 통제처리과정에 의해 일어나며, 상황요인은 두 단계 모두에서 반대방향으로 작용한다고 주장한다. 예를 들어, 파티라는 상황은 그곳에서 만난 사람의 행동을 '우호적'이라고 분류하게 만들 수 있지만 그렇다고 그 사람을 '우호적'인 사람이라고 추론하는 것은 오히려 곤란하다는 것이다.

한편, 길버트는 관찰한 행동을 범주화해서 의미를 부여한 후, 대응하는 성향에 따라서 특징을 파악하고 그 후 상황을 고려해서 수정하는 3단계 정보처리과정을 제안했다. 그는 처음 2단계까지는 거의 자동적으로 처리되고 마지막 상황에서 수정할 때만 의식적인 통제과정이 관여한다고 보았다. 예를 들어, 파티에서 만난 사람의 행동을 '우호적'이라고 분류한 후, '우호적'인 사람이라는 판단이 순간적으로 일어나지만 나중에 사교모임이라는 상황을 고려해서 자신의 판단을 수정한다는 것이다.

관찰한 행동에 대응하는 성향을 추측하는 과정이 자동적인지, 아니면 트로프 등이 주장하는 것처럼 상황을 고려한 통제적인 처리과정을 거치는 것인지에 대한 논쟁은 진행 중이다. 뿐만 아니라 대응추론의 단계가 일어나는 순서가 고정되어 있는지, 아니면 여러 단계가 동시에 함께 처리되는지에 대한 논쟁도 여전히 계속되고 있다.


## 귀인편향

켈리와 존스 등의 규범적 모델은 주어진 정보를 가지고 합리적으로 판단하는 이성적인 인간을 가정하고 있다. 그러나 실제 귀인과정에서는 여러 가지 오류와 편향이 발생하는데, 그것을 찾아내는 것이 최근 귀인연구의 주요 과제가 되고 있다.

### 1) 행위자와 관찰자의 귀인경향의 차이

자신의 행위에 대한 이유나 원인을 설명할 때 주위 사람들의 생각과 다르다는 것을 경험한 적이 있을 것이다. 그 이유는 일반적으로 행위자는 자기 행동의 이유나 원인을 상황과 같은 외부요인에서 찾는데 반해 관찰자는 행위자의 성향과 같은 내부요인에서 찾기 때문이다. 이것을 귀인경향의 차이라고 한다. 예를 들어, 누군가가 타인을 돕는 것을 목격한 사람(관찰자)은 그 사람이 '친절하기 때문'이라고 생각하지만, 당사자(행위자)는 '상대가 어려움을 겪고 있어서', 또는 '나밖에 아무도 없었기 때문'이라고 설명한다. 이러한 귀인경향의 차이는 행위자와 관찰자의 관점의 차이(행위자의 시선은 외부로 향하는데 비해 관찰자는 행위자에 주목한다), 정보량의 차이(행위자에 대한 정보가 없는 관찰자는 관찰한 행위에 의존해서 행위자를 판단한다) 등으로 설명되었다. 그러나 최근 메타분석연구(Malle, 2006)에서는 행위자와 관찰자의 귀인경향의 차이가 그렇게 크지 않다는 결과가 발견되었다.

### 2) 대응편향

주위 상황의 영향을 충분히 고려하지 않고 행위자의 성향만을 중시하는 관찰자의 귀인경향을 '기본귀인오류(fundamental attribution error)'라고 한다. 최근에는 행위자의 성향에 대응시키는 정도가 너무 크다고 해서 대응편향(correspondence bias)이라 부른다. 길버트 등(Gilbert & Malone, 1995)은 대응추론의 3단계모델을 확장하여 대응편향과 관련된 중요한 연구결과를 얻었는데 다음과 같다. ① 상황적 제약은 잘 보이지 않으며 의식하지 못하는 경우가 많다. ② 비록 의식한다 해도 그 영향력이 제대로 평가되지 않는다. ③ 관찰된 행동이 상황에 동화되는 식으로 과도하게 범주화가 일어난다. ④ 성향의 추론은 자동적으로 일어나는데, 그 후 상황을 고려하여 의식적으로 수정하려면 인지자원이 필요하며 통제적인 처리과정이 충분하게 기능하지 않는 경우가 많다. 한편, 서양권의 연구에서는 대응편향을 지지하는 결과가 많이 나오는데 반해 일본을 비롯한 동양권에서는 연구결과가 일관적이지 않아서 이 점에 관한 문화적 차이가 지적되고 있다(17장 참조).

### 3) 자기위주편향

성취과제에서의 성공이나 실패가 자기평가와 직접 연결되는 경우 사람들은 스스로에게 유리하도록 인과관계를 왜곡한다. 즉, 다른 사람의 비난을 받을 행위나 자신에게 좋지 않은 결과는 그 원인을 외부요인에서 찾아서 자존심이 상하는 것을 막고, 칭찬을 받을 행위나 자기에게 좋은 결과가 생긴 경우에는 스스로에게 귀인하여 자존심을 높이려고 한다. 전자를 자기방어귀인(self-protective attribution) 후자를 자기고양귀인(self-enhancing attribution)이라 하고 이 둘을 자기위주편향(self-serving biases)이라고 부른다.

　　이러한 편향이 서구사회에서 널리 용인되고는 있지만 항상 표면화되는 것은 아니다. 예를 들어, 사전에 기대했던 것과 반대되는 결과가 나오면 그것이 기대 이상의 성공이든 기대 이하의 실패이든 외부요인으로 귀인하기 쉽다. 또한 성공을 기대하기 어려운 상황에서 불리한 조건을 스스로에게 부과하거나 고의로 노력을 게을리 하는 등 실패했을 때의 퇴로를 만들어서 자존심이 손상되는 것을 예방하는 자기핸디캡 전략(self-handicapping strategy)을 쓰기도 한다. 따라서 상대의 판단이 진짜 속마음인지 인사치레인지 유의해야 하지만, 일본에서는 자기위주편향과 반대되는 자기비판편향, 다시 말해서 '성공은 주위 덕분이고 실패는 내 탓'이라는 생각이 더 강하다. 이처럼 서구에서는 흔한 편향이 일본이나 다른 아시아국가에서는 별로 용인되지 않는다는 사실에서도 문화와 마음의 상호과정을 중시하는 문화심리학적 접근의 필요성이 드러난다(17장 참조).


## 4절. 고정관념과 집단인지


앞에서 설명한 인상형성모델은 타인을 판단하는 데 하향식(top-down) 정보처리를 가정하고 있다. 이는 사회범주에 관한 사전지식인 고정관념(stereotype)과 깊은 관련이 있다. 고정관념은 '정치가는 믿을 구석이 없다', '아이들은 순진하다' 등 특정 사회범주나 집단구성원에게 어떤 특징을 부여하는 것으로, 심하게는 일반화된 신념 또는 고정된 이미지로 나타난다. 이러한 고정관념은 복잡한 정보를 단순하게 만들어서 인지의 부담을 줄이는 기능이 있지만, 한편으로는 인지편향을 일으키기도 한다. 이런 인지적 접근이 현재 고정관념연구의 주류를 이루고 있다. 그러나 고정관념의 내용보다 인지기제의 발견에 초점을 맞춘 연구를 두고 사회적 공유나 합의성과 같은 고정관념의 특징을 고려하고 있지 않다는 비판도 있다.

인종편견이나 차별대우와 관련된 고정관념을 다룬 초기의 사회심리학연구
는 특정 인종이나 민족의 지배적인 이미지나 고정관념의 내용을 파악하는 데 중
점을 두었기 때문에 개인 차원을 넘어 집단이 공유하는 신념체계로 고정관념을
이해하는 분위기가 강했다. 사회적 태도를 연구하는 학자들은 고정관념을 인지적
측면으로, 편견을 감정적 측면으로, 차별대우를 행동적 측면으로 보고 이들 간의
역동적인 관계를 연구한다. 여기서는 고정관념의 형성, 고정관념의 유지 및 변화
와 관련된 인지기제에 초점을 맞추기로 한다. 최근의 사회인지연구에서는 고정관
념의 공유과정이나 내용에 관심을 두는 경향이 새롭게 나타나고 있다.


### 고정관념의 형성

타인과의 소통이나 미디어 정보에 의해 고정관념을 직접 학습하는 경우도 있지만
(18장 참조), 여기서는 다른 사람 또는 집단과의 접촉을 통해 고정관념이 만들어지는
과정을 다루도록 하겠다.


1) 범주화의 효과

특정 집단에 대한 고정관념이 만들어질 때, 우선 그 집단을 사회적으로 의미
가 있는 실체로 받아들여서 다른 집단과 구별하는 범주화 과정을 거치게 된다. 예
를 들어, '단카이세대'라는 고정관념은 특정 집단을 다른 세대와 구별짓는 특징
을 지닌 실체로 범주화하는 과정이 필요하다. 사람뿐 아니라 사물을 범주화할 때
에도 동일한 범주에 속하는 구성원 사이의 유사성을 과장하는 동화효과(assimilation
effect)와 다른 범주의 구성원과의 차이를 강조하는 대비효과(contrast effect)가 발생한
다. 특정 집단의 구성원에게 다른 집단과는 구별되는 특징을 일률적으로 부여하
는 고정관념은 이러한 범주화 과정에서 필연적으로 파생된다.


2) 내집단과 외집단

범주화 과정에서 자신이 속한 내집단(in-group)과 그 이외의 외집단(out-group)을
구별하는 것은 중요한 의미를 갖는다. 타지펠 등(Tajfel et al., 1971)은 실험참가자를 임
의로 두 집단으로 나누었다. 내집단과 외집단 구성원에게 보수를 분배하도록 지

시했더니 집단 구성원 사이의 상호작용이 없었음에도 불구하고 내집단을 편애하고 외집단을 차별하는 경향이 나타났다. 타지펠과 터너(Tajfel & Turner, 1979)는 '사회정체성이론(social identity theory)'에서 인간은 자존감 유지를 위해 긍정적인 사회정체성을 추구하는데, 그 과정에서 집단을 범주화하고 내집단에 대한 편애와 외집단에 대한 부정적 고정관념을 발달시킨다고 주장했다. 또 내집단에 비해 외집단 구성원 사이의 유사성을 더 강하게 인식하는 '외집단 유사성효과'가 나타나는데, 이것은 경쟁이나 대립에 의해 집단 간의 경계가 명확한 상황이나 접촉경험이 없는 민족 등 친숙하지 않은 추상적 대상에 대해 특히 뚜렷하게 나타난다. 반대로 낮은 지위의 집단이나 소수집단의 구성원이 자신의 사회정체성을 찾기 위해 소속집단을 강하게 의식할 때는 외집단보다 내집단의 유사성을 더 강하게 인식하는 '내집단 유사성효과'가 일어난다고 한다.

### 3) 착각상관

외집단의 크기도 고정관념의 형성과 관련이 있다. 일반적으로 구성원이 많은 집단보다 적은 집단에 대한 고정관념이 더 쉽게 만들어지고, 그 내용도 부정적인 것이 많다. 그 이유를 해밀턴과 기포드(Hamilton & Gifford, 1976)는 특이성에 의한 착각상관(illusory correlation)이라는 인지편향으로 설명했다. 즉, 다수사례에 비해 소수사례(소수집단 구성원의 바람직하지 않은 행동)는 특이성이 높기 때문에 기억이나 인상에 남기 쉽고, 그 결과가 실제보다 더 강하게 인식되어 소수집단에 대한 부정적인 평가가 생긴다는 것이다. 외국인에 의한 범죄가 알려지면 그 집단에 대한 부정적인 고정관념이 쉽게 형성되는 것도 우선 외국인과 범죄 둘 다 특이성이 높고 이 둘을 강하게 결합하는 인지기제가 작동하기 때문이라는 것이다.


## 고정관념의 유지

일단 고정관념이 형성되고 나면 그것을 없애기가 쉽지 않다. 고정관념과 어긋나는 사례를 접해도 오히려 그것을 특수한 예외로 간주하면서 기존의 고정관념을 그대로 유지하려 한다. 앞에서 설명한 인상형성의 연속체모델은 우선 대상인물을 범주화하고 그것을 확증하는 정보처리과정을 가정하고 있지만, 실제 우리는 타인 일본에는 ABO식 혈액형에 따라 성격이 다르다는 신념이 널리 퍼져있다. 마츠이[1998]가 수도권에 거주하는 19~69세 남녀를 무작위로 추출하여 실시한 의식조사에서 남성의 20%와 여성의 30%가 혈액형에 의한 성격판단을 믿는다고 응답했다. 또 많은 사람들이 'A형은 소심하다', 'O형은 대범하다' 등 혈액형 관련 성격특성을 지식으로 공유하고 있다. 이처럼 혈액형마다 독특한 성격특성이 있다는 믿음을 혈액형 고정관념이라고 한다. 혈액형에 의한 성격판단은 주술이나 손금으로 알아보는 신비로운 '점괘'와 비슷하다[마츠이, 1997]. 그러나 단순한 재미에 머무르지 않고, 혈액형 고정관념에 맞추어 대인관계를 유지하는 등 행동을 통제하는 기능이 있다는 것이 문제이다[마츠이 & 가미세, 1994]. 특정 혈액형에 대한 부정적인 이미지는 차별이나 편견으로 이어지기도 한다.

　　혈액형 고정관념을 비롯해서 많은 사람들이 공유하는 고정관념은 현실을 반영한다고 생각할 수도 있지만, ABO식 혈액형과 성격 사이에는 아무런 관련성이 없다는 것이 심리학자들의 공통적인 의견이다[마츠이, 1991]. 그럼에도 불구하고 혈액형 성격판단은 자신의 경험을 토대로 '맞다'라는 판단이 일어나기 쉬운 것도 사실이다[上瀨 등, 1991]. 이 배경에는 인간의 확증적인 정보처리과정이 관련되어 있다. 애매한 정보가 제시되었을 때, 인간은 고정관념과 일치하는 정보에는 주목하지만 반대되는 정보는 쉽게 무시한다. 예를 들어, 쿠도[工藤, 2003]는 실험참가자에게 어떤 인물에 대한 소개서를 제시하고 혈액형[A, B, O, AB]이 무엇인지 판단하게 했다. 이 소개서는 네 가지 혈액형의 특징 몇 개씩을 모두 포함하고 있다. 그리고 각 특징이 판단의 근거로 얼마나 중요하게 작용했는지도 물었다. 연구결과에 의하면, 혈액형에 의한 성격판단을 얼마나 믿고 있는지와 상관없이 고정관념과 일치하는 특징은 일치하지 않는 특징보다 더 중요한 특징으로 평가되었다. 쿠도의 실험은 혈액형 고정관념과 관련해서 확증적인 정보처리가 일어나고 있음을 보여준다.

[가미세 유미코]

의 행동을 관찰할 때 고정관념과 일치하는 정보에 더 주목하고 애매한 정보는 고정관념에 적합한 형태로 해석하는 경향이 있다.

달리와 그로스(Darley & Gross, 1983)는 실험참가자에게 초등학교 여학생이 나오는 비디오장면을 보여주고 그 학생의 학력을 평가하게 했다. 여학생이 놀고 있는 비디오 앞부분을 보았을 때 실험참가자의 평가에서 '도시의 빈곤가정'과 '교외의 중류가정' 학생 사이에는 학력의 차이가 없었다. 그러나 후반부에서 여학생이 시험을 치루는 장면을 본 후에는 '도시의 빈곤가정'보다 '교외의 중류가정' 학생의 학력을 더 높게 평가하였다. 즉, 실험참가자가 자신의 기대에 맞게 여학생의 성적을 해석하는 확증편향이 일어난 것이다.

혈액형과 성격의 관계 역시 근거가 없는데도 일본에서는 혈액형에 관한 고정관념이 널리 퍼져있다. 여기에도 자신의 신념이나 기대를 확증하는 정보처리가 일어나고 있을 가능성이 높다(화제의 연구 16-1 참조). 또한 기대나 선입견에 일치하지 않는 행동은 '그는 질문을 잘 이해하지 못했다'라는 식의 구체적인 말로 결과를 일반화시키지 않으면서, 고정관념에 일치하는 결과에 대해서는 '그는 머리가 나쁘다'라는 식의 추상도가 높은 특성으로 일반화하는 경우가 많다. 이런 언어표현의 차이가 고정관념을 유지하게 만든다는 의견도 있다(Maass, 1999).


### 고정관념의 변화

로스바트(Rothbart, 1981)는 반증사례에 의한 고정관념의 변화를 설명하기 위해 반증사례가 누적되면서 서서히 고정관념이 바뀐다는 부기모델(bookkeeping model)과 극단적인 반증사례를 통해 고정관념이 극적으로 바뀌는 전환모델(conversion model)을 제안했다. 전자는 반증사례의 수를 중시하는 '사례누적모델'이고, 후자는 반증사례의 극단성을 중시하는 '극적 반증사례모델'이다.

베버와 크로커(Weber & Crocker, 1983)는 사서나 변호사에 대한 고정관념을 이용해서 고정관념에 어긋나는 다수의 특징을 소수의 구성원에게 집중시키거나 고정관념에 어긋나는 소수의 특징을 다수의 구성원에게 분산시켜보았다. 실험 결과, 집중조건보다 분산조건에서 고정관념의 변화가 더 크게 일어났기 때문에 점진적인 변화를 주장하는 부기모델이 지지되었다. 집중조건의 경우에는 고정관념에 어굿나는 반증정보가 집중된 소수의 비전형적 구성원을 특수사례로 취급하는 하위범주화가 일어났기 때문에 집단의 고정관념이 바뀌지 않았다고 해석했다. 그러나 집단 구성원의 변동성처럼 집중적인 반증사례효과가 높아지는 조건도 있다. 따라서 어떤 한 모델이 타당하다고 주장하기 보다는 각 모델에 적합한 조건을 검토하는 것이 필요하다. 또 이와 관련해서 집단 구성원의 특징이 집약된 추상적인 표상인 원형(prototype)을 사용하여 판단이 일어나는지(원형모델), 또는 각 집단 구성원에 대한 기억이 저장되고 그 저장된 정보를 이용하여 판단이 일어나는지(사례모델) 등 사회범주의 지식구조나 집단표상에 대한 논쟁도 계속되고 있다.

### 고정관념의 억제

고정관념에 대한 지식과 개인의 신념 차이에 주목한 드바인(Devine, 1989)은 범주화 단계에서 개인이 습득한 고정관념 지식의 자동적 활성화를 억제하기는 어렵지만, 자신의 판단이나 행동이 고정관념의 영향을 받지 않도록 통제하는 것은 가능하다는 해리모델(dissociation model)을 제안했다. 대부분의 백인대학생은 인종편견의 정도에 상관없이 흑인에 대한 부정적인 고정관념을 공유하고 있다. 백인대학생에게 흑인에 대한 고정관념을 의식적으로 활성화시킨 실험조건에서 의견을 물어보았더니 인종편견의 정도에서 차이가 있었다. 인종편견이 적은 실험참가자는 정체성이 드러나지 않는 상황에서도 흑인에 대한 생각이 긍정적인 것으로 나타났다. 그러나 흑인의 얼굴을 역치 이하로 제시하는 암묵적 조건에서는 인종편견 정도에 관계없이 그 인물을 공격적이라고 판단했다. 드바인은 이러한 일련의 실험결과를 기초로 해리모델을 제안했다. 그러나 고정관념을 억제하려는 의식이 그 이외의 상황에서 고정관념에 부합하는 반응을 촉진시키는 반동효과(rebound effect)를 불러일으킨다는 연구결과도 있다(Macrae et al., 1994).

### 집단관계 및 고정관념의 내용

이전의 사회심리학은 고정관념을 개인의 인지과정보다 주로 집단 사이의 감정이나 행동과 관련시켜 다루었다. 대부분의 고정관념연구가 인종, 민족, 성별, 연령

등에 초점을 맞춘 것은 그것이 사람을 인식하는 기본 범주이기도 하지만, 소수인 종이나 민족, 여성, 고령자 등의 집단에 대한 편견이나 차별대우가 현실적인 사회문제이기 때문이기도 하다. 그리고 집단 간 대립이나 경쟁이 성별이나 연령보다 인종, 민족, 국적이라는 속성에서 더 민감하고 인종, 민족, 국적은 사회적 정체성으로 이어지는 경우가 많기 때문이다. 집단 간 경쟁이 장려되는 운동경기를 예로 들면, 올림픽이나 월드컵 같은 국제경기에서 성별이나 연령의 차이를 배려해 남녀나 연령별로 경기를 나누고 국가별, 지역별 대결을 벌인다. 이러한 경쟁은 내집단-외집단의 경계를 분명하게 만들고 때로는 강한 민족주의를 불러일으킨다. 자국팀의 패배로 사회적 정체성이 위협을 받았다고 생각할 때는 자신이 응원했던 내집단 구성원에게 오히려 강한 비난을 보내기도 한다(화제의 연구 16-2 참조).

피스케 등(Fiske et al., 2002)은 집단 간 관계의 구조적 요인이 고정관념의 내용을 결정하고, 이를 근거로 감정이 발생한다는 '고정관념 내용모델(stereotype content model, SCM)'을 제안했다(표 16-3). 이 모델은 '경쟁'과 '지위' 두 가지를 구조적 요인으로 채택했다. '경쟁'은 대상집단이 어떤 이득과 손실을 끼칠지를 말해주는 것으로, 경쟁집단은 '온정적이지 않은'으로, 협력집단은 '온정적'으로 지각한다. '지위'는 목

<table>
<tr><td rowspan="2" colspan="2">구조적 변수: 경쟁<br>↓ (−)<br>고정관념: 온정</td><td colspan="3">구조적 변수: 지위<br>↓ (+)<br>고정관념: 역량</td></tr>
<tr><td></td><td>저</td><td>고</td></tr>
<tr><td rowspan="3">고</td><td>집단</td><td>장애자, 고령자</td><td>중류계급, 내집단</td></tr>
<tr><td>편견</td><td>동정</td><td>자랑</td></tr>
<tr><td>차별</td><td>적극적 원조, 소극적 위해(危害)</td><td>적극적 원조, 소극적 지원</td></tr>
<tr><td rowspan="3">저</td><td>집단</td><td>빈곤자, 노숙자, 약물중독</td><td>부자, 아시아인, 유대인</td></tr>
<tr><td>편견</td><td>혐오</td><td>질시</td></tr>
<tr><td>차별</td><td>적극적 위해, 소극적 위해</td><td>적극적 위해, 소극적 지원</td></tr>
</table>

**표 16-3 고정관념 내용모델**

**이 모델은 대상집단의 지위 및 경쟁력의 고저에 의해 고정관념 내용이 결정된다고 가정한다. 여기서는 전형적인 집단과 감정(편견), 행동(차별)이 예시되어 있다.**

___ (출처) Fiske & Taylor(2008)

표를 어느 정도 달성할 수 있는지를 나타내는 요인으로, 지위가 높은 집단은 '역량이 있는', 지위가 낮은 집단은 '역량이 없는'으로 지각한다. 이후 사회적 비교와 성과귀인을 통해 각 집단에 대한 감정이 다음과 같이 결정된다. ① 온정적이고 유능한 중산층이나 내집단에 대해서는 기질에 내부귀인하면서 자기와 동일시하는 상향비교를 통해 '존경과 자랑'의 감정이 생긴다. ② 빈곤층, 노숙자, 약물 중독자 등 온정도 역량도 없는 비참한 집단은 역시 기질에 내부귀인하면서 자기와 대비시키는 하향비교를 통해 '멸시와 혐오'의 감정을 갖는다. ③ 부자나 아시아인, 유대인의 성공은 상황에 외부귀인하면서 자기와 대비시키는 상향비교를 통해 '질투'를 경험한다. ④ 역량은 없지만 온정적인 장애인 및 고령자 집단의 경우에도 역시 상황귀인하면서 하향비교를 통해 '동정'을 느낀다. 표 16-3은 고정관념 내용모델(SCM)을 발전시켜 집단 간 감정이나 고정관념으로 행동을 예측하는 'BIAS(Behaviors from Intergroup Affect and Stereotypes) 맵'의 연구결과(Cuddy et al., 2007)도 포함시켜 정리한 것이다. 이 연구는 대상집단의 목표를 촉진 혹은 방해하는 차원을 설정하고, 적극적-소극적 행동이라는 차원과 조합해서 차별적인 행동을 분류했다.

올림픽이나 월드컵, 세계선수권대회 같은 스포츠 경기가 열리면 자국 선수들의 활약이 화제가 된다. 선수와 특별한 친분관계가 있는 것도 아닌데 우리나라 국민이라는 이유만으로 응원을 하는 것이다. 그러나 사람은 의외로 쉽게 뜨거워지고 쉽게 식는 편이어서 시합기간 중에만 자국 선수들의 활약에 일희일비한다.

타지펠(Tajifel et al., 1971)에 의하면 인간의 자아개념은 개인정체성(personal identity)과 사회정체성(social identity)으로 구성되는데, 후자는 몸담고 있는 국가, 민족, 종교, 직업 등 사회집단에 의해 형성된다고 한다. 긍정적인 자아개념을 가지려면 사회정체성을 유지하고 높일 동기가 필요하다. 다른 사회집단과 비교·경쟁하는 상태에 놓이면 보통 이러한 사회정체성이 강해지고, 승리나 우월감에 대한 집착이 늘어난다. 그래서 국가 간의 운동경기는 국민을 일시적으로 하나로 뭉치게 하고 국수주의를 높인다.

과거에 프랑스 월드컵축구대회에서 패배한 일본선수들이 귀국할 때 공항에서 팬들의 음료수병 세례를 받는 사건이 발생했다. 자국팀과 자신을 동일시하는 마음이 너무 강하면 팀의 패배나 선수들의 실패를 용인할 수 없는 심정이 된다. 이처럼 집단의 사회정체성에 위협을 주었다고 생각되는 구성원이 집단으로부터 심리적으로 배척되는 현상을 검은양효과(black sheep effect, Marques et al., 1988)라고 한다.

오이시와 요시다(2001)는 일본인을 대상으로 검은양효과를 검증했다. 자신이 속한 집단(내집단)과 경쟁관계에 있는 다른 집단(외집단)이 존재할 때, 두 집단이 비교되는 상황이 발생하면 내집단에서 그다지 호감을 받지 못하는 구성원에 대한 평가가 낮아지는 검은양효과가 발생하는 것이 오이시와 요시다의 연구에서 확인되었다. 즉, 비교상황 때문에 내집단의 사회정체성을 유지하고 높이려는 동기가 강해지면서 집단 내의 일탈자가 심리적으로 버림받게 되는 것이다.

〔오이시 치토세〕

❶ 대학의 동아리에서 자기소개를 한다고 상상해보세요. 소개할 내용을 자기범주화라는 관점에서 분석해보세요. 이때 다른 사람의 눈에 자신의 인상을 좋게 보이고 싶은 동기가 강할텐데, 이에 관해 '인상관리', 혹은 '자기소개'라는 연구분야의 문헌을 조사해보세요.

❷ 미술관에서 A가 X라는 작품에 대해 신랄한 비판을 한다고 가정해봅시다. 켈리의 공변모델을 토대로 작품 X가 정말로 나쁜 것인지, 아니면 A가 신랄한 사람인지를 결정할 때 귀인에 필요한 정보 및 모델의 적용조건에 대해 생각해보세요.

❸ 미국인, 프랑스인, 중국인, 일본인 등 특정 국가 사람의 이미지를 물으면 어떤 사람을 떠올리게 되나요? 국가마다 떠오르는 사람의 성별과 연령은 어떤가요? 또 '외국인'이라고 하면 어느 특정 국가의 사람이 떠오르지는 않나요? 이와 같이 국적에 따른 사회범주의 고정관념 및 인물표상에 대해 생각해보세요.

唐沢穣・池上知子・唐沢かおり・大平英樹(2001)『社会的認知の心理学 – 社会を描く心のはたらき』ナカニシヤ出版

● 対人認知、原因帰属、自己、ステレオタイプとうった領域における最新の研究成果を要領いく整理して紹介するとともに、情報処理モデル、認知表象、認知と感情といった認知的研究全般に通じる基本問題や方法論についての考察がなされ、社会的認知研究の優れた専門書となっている。

山本眞理子・外山みどり・池上知子・遠藤由美・北村英哉・宮本聰介編(2001)『社会的認知ハンドブンク』北大路書房

● 自己、対人認知、集団・ステレオタイプ、感情、社会的推論、社会的判断と意思決定の6領域における社会的認知の理論や概念を簡潔に説明するとともに、社会的認知研究の方法や研究視点、基礎用語の解説もなされており、この領域の事典として役立つような構成になっている。

上瀬由美子(2002)『ステレオタイプの社会心理学 – 偏見の解消に向けて』サイエンス社

● ステレオタイプに関する内外の主要な研究を過不足なく取り上げ、わかりやすく紹介していなっている。

山本眞理子 原奈津子(2006)『池者を知る – 対人認知の心理学』サイエンス社

● 判断対象となる池者との関のレベル独自を視点で分類して、各レベルでの対人情報処理の違いをモデル化し、著者自身の実験研究もふまえて檢討している。

# 17

## 문화와 인지

비교문화연구 및 문화심리학의 발달

사물을 바라보는 관점이나 사고방식은 태어나서 교육받은 문화적 환경에 따라 다를 가능성이 크다. 이 장에서는 심리학에서 수행된 비교문화연구를 개관하고, 동아시아 및 북미 문화를 중점적으로 비교하는 문화심리학의 이론과 연구성과를 소개할 것이다. 먼저 문화적 자아개념의 관점에서 귀인, 소통 등 대인인지와 관련된 동서양의 문화차이를 검증한 연구를 알아본다. 두 번째로 주의양식, 추론, 예측 등 비사회적인 물체인지에서 나타나는 동서양의 문화차이연구를 소개한다. 세 번째는 앞으로 요구되는 문화심리학의 과제를 검토한다. 마지막으로 문화심리학의 틀을 넘어 색지각, 수 인지, 공간 및 시간 인지에서 언어상대성가설을 검증한 새로운 비교문화연구들을 살펴본다.

다양한 문화적 배경의 사람들
(사진제공 TknoxB, Luhai Wong, babasteve, elisart)

# 1절. 문화심리학의 발달

## 문화란 무엇인가

문화는 명확하게 설명하기 어려운 추상적인 개념으로 그 정의를 둘러싸고 인류학자와 심리학자들은 논쟁을 벌여왔다. 각 사회에 축적되어온 생활양식이나 행동양식의 총체로 문화를 이해하는 입장도 있고, 자연환경에 적응하기 위해 발명한 기술이나 경제, 사회조직 같은 요소를 문화의 본질이라고 보는 입장도 있다. 개인의 외부에 존재하는 것으로 문화를 파악하기도 하고, 각 사회의 사람들이 내면화하고 공유하고 있는 의미구조·관념·상징체계를 문화라고 부르기도 한다. 트리안디스(Triandis, 2007)는 문화의 개념을 다음과 같은 세 가지 특징으로 정의하였다. ① 인간과 환경이 상호 적응한 결과로 생긴다. ② 실천이나 의미의 공유처럼 몇몇 공통적인 요소로 성립된다. ③ 부모에서 자식으로 이어지는 수직방향뿐만 아니라 같은 세대 간의 상호작용을 통한 수평방향, 또 학교나 미디어 등 사회제도를 통해 세대를 초월하는 대각선방향으로도 전달이 일어난다.

　심리학의 비교문화연구에서는 국가나 지역 등 지리적 배치에 따라 문화를 나누는 것이 일반적이다. 이때 인종이나 민족적 배경은 고려되지만, 종교, 언어, 정치체제, 경제제도 등은 국가나 지역을 단위로 하는 문화적 구성요소로 취급해서 이들 요소로 문화를 구분하지는 않는다. 어떤 단위로 문화를 나눌지는 연구목적에 따라 임의적으로 결정할 수 있지만, 문화의 내용이나 이해방법을 연구과제로 삼는 인류학자와 달리 심리학자는 문화를 행동이나 심리과정에 영향을 주는 독립변수로 취급하는 경향이 강하다. 또 국가나 지역에 의한 차이를 단순히 문화차이로 바꿔 말하는 경우도 적지 않다.

### 비교문화심리학의 동향

문화의 영향에 대한 심리학자의 관심은 실험심리학의 창시자인 분트가 만년에 저술한 『민족심리학』에 관한 일련의 저서(Wundt, 1990-1914)에서 시작되었다. 분트는 개인의 의식을 이해하는 데 인지, 감정, 의사가 중요한 것처럼 민족의 집합적 의식을 이해하기 위해서는 언어, 신화, 종교 등을 연구하는 것이 필요하다고 주장했다. 즉, 고차원적인 정신기능에 의해 발생한 사회문화적 요인의 영향을 밝히려고 한 것이다. 미국의 문화인류학자들은 1930년대에서 1940년대에 걸쳐 미국과 남태평양제도의 원주민을 대상으로 한 로샤크검사, TAT 등과 같은 심리측정법이나 정신분석학이론을 이용해서 '문화형태'와 '기본 성격'과의 관계를 밝히는 '인간심리학'이라는 분야를 개척했다. 그러나 특정 문화의 구성원들이 공통적인 성격을 갖는다는 전제 하에 문화적 특성과의 관계를 파악한 점에 대한 비판이 제기되면서 '전체적인 문화패턴이 개인 수준에서 나타난 것을 민족적 성격으로 간주하는 이종동형설(isomorphism)'은 지지를 받지 못하게 되었다. 다만, 사회화과정을 통해 개인이 속한 집단의 문화에 적응하기 위해 성격이 형성되고, 동시에 그러한 성격이 그 사회집단의 문화적 특성을 존속시키는 기반이 된다는 생각은 현재의 문화심리학에서도 통용되고 있다. 이후 언어상대성가설, 사피어-워프 가설(8장 참조) 같은 인류학이나 언어학의 연구들이 비교문화연구에 큰 공헌을 했다. 언어가 사고를 결정한다는 가설은 오늘날까지도 논쟁이 계속되고 있고, 이를 검증하는 연구들이 색지각, 수 인지, 공간 및 시간 인지 등 다양한 영역에서 미개사회나 비서구사회의 사람들을 대상으로 진행되었다.

유럽에서 출발한 심리학은 2차세계대전 이후 미국을 중심으로 발전해왔기 때문에 그곳에서 제안된 가설이나 이론, 현상의 보편성을 비서구사회에서 검증하려는 시도는 당연하다고 볼 수 있다. 1960년대 이후 심리학의 모든 분야에서 비교문화연구가 크게 늘어나면서 1970년에는 전문학술지『Journal of Cross-Cultural Psychology』가 발간되기에 이르렀다. 그러나 초기의 비교문화연구는 서양중심의 관점이 강했다. 서양의 심리학자들은 '문화적으로 공정한(culture fair)' 지능검사 또는 성격검사를 개발하려고 시도했으나 큰 성공을 거두지는 못했다. 한편, 일본을 비롯한 많은 비서구사회에서 서양의 심리학을 수입하는 형태로 연구가 진행되는 것을 두고 아무런 비판의식 없이 반복검증만 하고 있다는 논란이 있었다. 그러나 반복검증의 실패사례가 쌓이면서 문화의 영향력에 대한 관심과 비교문화연구에 대한 요구가 높아졌고, 문화를 중점적으로 다루는 문화심리학이라는 새로운 연구분야가 창출되었다. 또 서구 주도의 심리학에서 벗어나 각 문화 고유의 토착심리학(indigenous psychology)을 확립하려는 움직임도 생겨났다.


## 비교문화심리학과 문화심리학

인류학자와 심리학자가 문화에 접근하는 방식은 근본적으로 차이가 있다. 인류학자는 문화를 이해하는 것 자체를 연구과제로 삼고, 주로 민족지적(ethnography) 방법에 근거해서 문화의 개념을 받아들인다. 이와 대조적으로 심리학자는 문화를 보편적인 개념으로 파악하고, 조사나 실험을 통해 문화를 비교한다. 예를 들어, '아마에(응석)'라는 독특한 개념으로 일본인의 심리나 행동을 설명하는 인류학의 방법이 문화내부적 접근(emic approach)이라면, 개인주의-집단주의라는 공통의 개념을 설정해 국가 간 비교를 시도하는 심리학적 방법은 문화일반적 접근(etic approach)이라고 할 수 있다. 이는 성격연구에서 개별사례적(idiographic) 방법과 법칙정립적(nomothetic) 방법과 유사하다. 법칙정립적 성격이 강한 과거의 비교문화심리학(cross-cultural psychology)은 기본 심리과정의 보편성을 내세우는 문화일반적 접근을 강조하는데 비해, 개별사례적 색채가 강한 토착심리학에서는 문화내부적 접근이 중시된다. 한편, 문화심리학(cultural psychology)은 법칙정립적인 성향이 강하고 문화일반적 접근으로 비교문화연구를 시도하지만, 여기서는 문화를 단순한 독립변수로 다루지 않고 문화 자체의 민족지적 이해에 뿌리를 둔 문화내부적 관점을 강조한다.

| 비교문화심리학 | 문화심리학 |
| --- | --- |
| 맥락보다 내용을 중시한다. | 내용보다 맥락을 중시한다. |
| 문화는 사람 외부에 존재한다. | 문화는 사람의 내부에 존재한다. |
| 시간적으로 안정적인 문화 속성을 연구한다. | 시간적으로 불안정적인 문화 속성을 연구한다. |
| 질문지법을 사용하여 여러 문화권을 연구한다. | 소수의 문화에서 민족지적 방법 또는 실험법을 사용하여 연구한다. |
| 의미 차이는 극복해야 할 장애라고 생각한다. | 의미 차이에 초점을 맞춘다. |
| 산업 및 조직 심리학자와 정치심리학자 중심이다. | 발달심리학자와 사회심리학자 중심이다. |

<출처> Triandis(2007)

문화심리학은 그 사회에서 배양된 관습이나 제도, 이데올로기, 인간관 등의 영향을 받아서 일상의 심리과정이 만들어지고, 또 그런 심리과정이 거꾸로 문화적 관습이나 의미구조를 유지시키는 상호구성과정을 기본 틀로 하고 있다(기타야마, 1997). 비교문화심리학의 대표 연구자인 트리안디스(Triandis, 2007)는 비교문화심리학과 문화심리학의 차이를 표 17-1과 같이 정리하였다.

1980년대 후반 이후 문화심리학의 연구는 두 계보로 나뉘어 발전했다. 하나는 러시아의 비고츠키(Vygotsky, L. S.)와 루리아(Luria, A. R.) 등 문화-역사적 접근을 강조하는 발달심리 및 교육심리 분야의 연구집단으로 미국의 콜(Cole, 1996)이 대표적이다. 이들은 사회문화적인 맥락에서 협동을 통한 발달과 학습과정에 관심을 가지고 미개사회를 연구대상에 포함시켜 비교문화연구를 주도했다. 다른 하나는 미국의 미시건대학을 거점으로 동아시아와 북미의 문화를 비교한 니스벳(Nisbett, R. E.), 키타야마 시노(北山忍), 마커스(Markus, H. R.) 등 사회심리학자들로 이루어진 연구집단이다(Nisbett, 2003; Markus & Kitayama, 1991; Kitayama & Cohen, 2007). 이 장에서는 1990년대 이후 눈부신 발전을 해온 후자의 문화심리학에 초점을 맞추어 동양인과 서양인의 인지차이를 살펴보고, 언어상대성가설에서 출발한 비교문화심리학의 새로운 연구성과들을 소개하도록 하겠다.

다양한 문화를 이해하는 데 널리 사용되는 방법이 '집단주의-개인주의' 차원의 분류이다. 집단의 통제와 개인의 자율성이 갈등하는 상황에서 집단의 통제나 목표를 중시하는 문화를 집단주의(collectivism)라고 하고, 반대로 개인의 자율성이나 목표가 우선시 되는 문화를 개인주의(individualism)라고 한다. 지금까지는 서양문화가 개인주의 문화이고 동양문화는 집단주의 문화라는 인식이 당연한 것으로 여겨져 왔으나, 최근 들어 일본이 집단주의 문화권이라는 생각에 의문을 제기하는 학자들이 늘고 있다(다카노, 2008). 개인주의-집단주의를 연구해온 오이저만 등(Oyserman et al., 2002)은 일본인을 포함한 동아시아인보다 미국인이나 캐나다인이 개인주의적 경향이 더 강한 것은 맞지만, 집단주의 차원에 대한 연구결과들은 일관적이지 않다고 주장한다. 북미와 동아시아에 대한 비교문화연구도 전자는 개인주의, 후자는 집단주의라는 것을 전제로 하고 있다. 마커스와 기타야마(Markus & Kitayama, 1991)는 개인의 자율성을 중시하는 북미의 '독립적 자아'와 다른 사람과의 관계를 중시하는 동아시아의 '상호의존적 자아'라는 문화적 자아개념을 도입했다. 또 동서의 철학이나 지적 전통에 주목한 니스벳(Nisbett, 2003)은 서양의 '분석적 사고'와 동아시아의 '전체적 사고'라는 사고방식의 차이를 바탕으로 비교문화연구를 전개했다. 그러나 북미와 동아시아의 문화차이를 이해하기 위한 이러한 방법들은 서로 밀접한 관련이 있다. 다음 절에서는 사회적 사건에 대한 인식에서 문화적 차이는 자아개념으로, 대인관계를 제외한 물체지각이나 판단에서의 문화적 차이는 사고방식으로 설명하는 비교문화연구들을 소개한다.

## 2절. 문화적 자아개념: 상호의존적 자아 vs. 독립적 자아

동양과 서양의 문화적 차이는 여러 각도로 접근이 가능하지만, 마커스와 기타야마(Markus & Kitayama, 1991)는 각 문화의 지배적인 자아개념을 통해 그 차이를 밝혔다.

이를 계기로 동아시아와 북미의 비교문화연구가 크게 발전했다. 미국을 포함한 서양문화에서 우세한 독립적인 자아개념은 주위와 분리된 불가침적인 자유로운 주체로 자신을 받아들이기 때문에 사람은 상황이나 인간관계에 좌우되지 않는다고 생각한다. 반면, 일본을 비롯한 동양문화에서 지배적인 상호의존적 자아는 자신을 둘러싼 모든 것과의 관계 속에서 자신을 이해하기 때문에 사람은 변화하기 쉬운 상황의존적인 존재라고 생각한다. 이러한 문화적 자아해석은 각 문화의 일상적인 관습이나 사회구조를 반영하며 또 이에 의해 유지된다. 예를 들어, 사람은 환경에 영향을 가해서 환경을 바꾸는 힘과 환경에 맞춰 적응하는 힘, 이 두 가지를 다 갖고 있는데, 미국에서는 환경에 영향을 주는 것을 강조하고 일본에서는 환경에 적응하는 것을 중시한다. 환경에 영향을 주는 행위는 독립적이고 자율적인 자아를 높이도록 작용하는 데 비해, 환경에 적응하는 행위는 협조적이고 타인과 자신의 연결을 강조하도록 작용한다(Morling et al., 2002).

## 자아개념의 문화차이

'나는 … 이다'라는 20개의 문장을 제시하고 자유롭게 적게 한 뒤 결과를 분석해 보면, 미국인에 비해 동아시아인은 자신의 사회적 역할(예, '나는 고등학교 교사이다')을 언급하는 비율이 높고, 추상적인 성격특성(예, '나는 근면하다')을 언급하는 비율은 낮다. 커즌스(Cousins, 1989)는 위의 표준과제에 '집에서 나는 … 이다', '친구와 있으면 나는 … 이다' 등의 상황조건을 추가하여 미국대학생과 일본대학생의 응답을 비교했다. 그 결과, 상황을 제한하면 표준과제와는 반대로 일본인이 미국인보다 추상적인 성격특성을 사용하는 비율이 더 높았다(그림 17-1). 이것은 미국인은 상황과 분리해서 자신의 심리적 특성을 파악하는 데 비해 일본인은 상황의존적으로 자신을 정의하는 성향이 강하다는 것을 보여준다. 즉, 일본인은 상황을 제시하지 않으면 자신의 성격을 기술하기 어려워 한다는 것을 알 수 있다.

사회언어학자인 스즈키 다카오(孝夫, 1973)는 일본인의 자아개념이 대상의존적이라는 것을 보여주는 흥미로운 연구를 수행했다. 영어 등의 인도유럽어에 비해 일본어는 인칭대명사의 수가 많다. 예를 들어, 1인칭대명사에는 '와타시', '보쿠', '오레'가 있고 2인칭대명사에는 '아나타', '기미', '오마에' 등이 있다. 그리고 영어

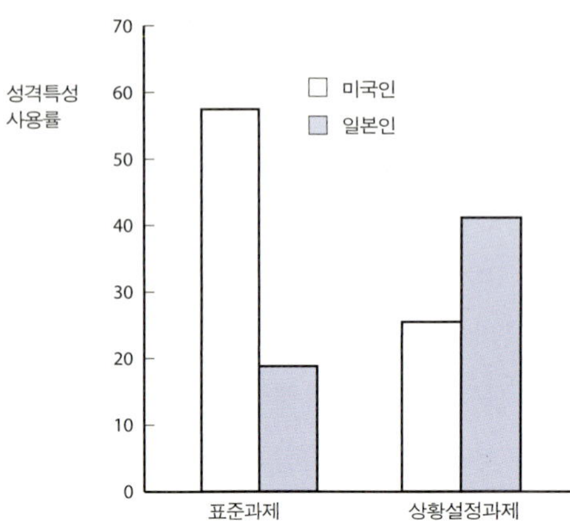


'나는 … 이다'로 되어있는
표준과제와 '집에서 나는 … 이다'로
되어있는 상황설정과제에서 미국인과
일본인이 추상적인 성격특성을
사용한 비율을 보여준다.

_____ (출처) Cousins(1989)



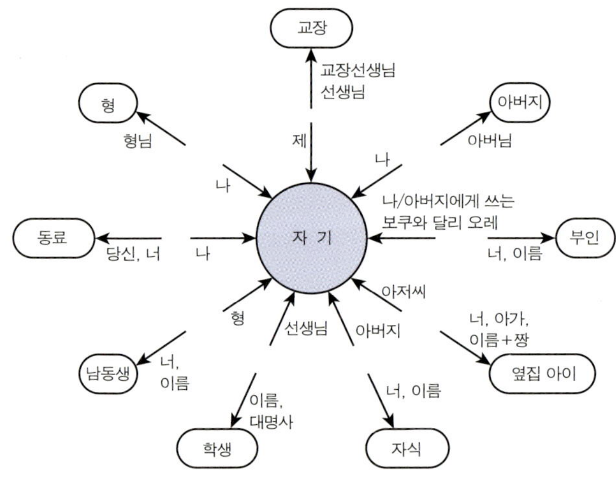


자신을 지칭하는 대명사는 '저(와타쿠시)', '나(보쿠)', '나(오레)',
'아저씨', '아버지', '선생님', '형'의 7가지가 사용된다.

_____ (출처) 스즈키(1973)

에서는 언제나 자신은 'I', 상대는 'you'이지만 일본어는 인칭대명사 대신에 다른 단어를 사용하는 경향이 강하며, 손윗사람을 2인칭으로 부를 수 없는 등 인칭대명사 사용 자체가 인간관계에 의해 제약을 받는다. 인도유럽어의 인칭대명사는 공통의 어원을 가지고 있는 반면에 일본어의 경우 자신이나 상대를 지칭하는 대명사가 역사적으로 계속 바뀌어왔다. 스즈키는 일본어에서 화자가 자신을 지칭하는 대명사와 상대를 지칭하는 대명사를 어떻게 변화시키는지를 조사했다. 그림 17-2를 보면 일본어에서는 인칭대명사 이외의 단어가 많이 사용되고, 또 대명사의 사용도 상대에 따라 바뀌는 것을 알 수 있다.

일본어에서는 인칭대명사 사용이 제한되어 있어서 타인을 친인척 명칭으로 부르는 관습이 특히 발달되어 있다. 상대가 친족이면 무엇에 해당하는지를 고려해서 그 관계에 합당한 명칭으로 자신과 상대방을 지칭하는 것이다. 예를 들어, 이웃아이에게 말을 걸 때 어른은 자신의 연령, 성별에 따라 자신을 '아저씨'로 하거나 '아줌마'라고 하는 등 적절한 명칭을 구분하여 사용한다. 이렇듯 일본어는 모든 대명사가 인간관계의 상하위계에 따라 나뉘어 구체적인 역할 확인으로 이어진다. 스즈키의 주장에 의하면 자신을 지칭하는 대명사를 사용할 때 '상대가 누구든 상대가 있든 없든 자기를 화자, 즉 능동적 언어사용자로 규정하는 인도유럽어의 절대적 자아개념에 비해서 일본어의 자아개념은 상대적이고 대상의존적인 특성을 지닌다'고 한다.


### 타인행동의 이해 – 대응편향

자신을 어떻게 이해하고 있는가는 당연히 타인을 이해하는 데도 영향을 미친다. 주위 상황의 영향을 충분히 고려하지 않고 행위자의 역할을 중시하는 관찰자의 귀인경향성을 기본귀인오류(fundamental attribution error)라고 한다. 이는 또한 행위자의 기질에 과잉대응하는 것 때문에 대응편향(correspondence bias)이라고도 부른다(16장 3절 참조). 그러나 이러한 귀인경향은 사람이 주위의 상황이나 인간관계에 좌우되지 않는다고 생각하는 서양사회의 독립적인 자아개념에 근거한 것이다. 이는 인간을 상황의존적인 존재로 보는 상호의존적 자아개념이 지배적인 동양사회에서 그대로 적용되기에는 무리가 있다. 또한 사회적 사건이나 다른 사람의 행동을 설명할 때에도 동서양의 문화적 차이가 나타난다. 모리스와 펭(Morris & Peng, 1994)은 동일한 살인사건에 대한 미국언론과 중국언론의 보도내용을 분석했다. 미국언론은 과거의 행동에서 추측할 수 있는 범인의 사고나 성격 등 개인적 속성을 더 많이 언급하는데 비해 중국언론은 범행에 이른 경위나 상황적 요인을 주로 언급하고 있었다. 살인사건에 관한 기사를 읽게 한 후 양국 대학생에게 개인적 특성과 상황적 요인의 중요성을 판단하게 한 실험에서도 미국인은 범인의 개인적 특성을 중시하는 반면 중국인은 상황적 요인을 중시하는 것으로 나왔다. 이로써 귀인에 대한 양국의 문화적 차이를 발견할 수 있었다.

밀러(Miller, 1984)는 실험에서 미국과 인도의 아동 및 성인에게 지인의 일탈행동이나 이타적 행동을 보여주고 왜 이런 행동을 했다고 생각하는지 물었다. 실험 결과, 미국인은 지인의 성격 등 개인적 특성으로 설명하는 경우가 많았고, 인도인은 상황적 특성으로 설명하는 경우가 많았다. 이러한 귀인경향의 차이는 응답자의 연령이 높아지면서 더 증가했다.

어떤 쟁점에 대해 찬성이나 반대 입장에서 쓴 에세이를 읽고 저자의 태도를 추측하도록 한 실험에서, 저자가 찬성 혹은 반대 입장을 자유롭게 고른 것이 아니라 강제적으로 작성한 글이라고 말해주어도 실험참가자는 에세이 내용이 저자의 태도와 일치한다고 생각했다. 이런 형태의 대응편향은 미국뿐 아니라 동아시아 국가들에서도 발견되었다. 그러나 실험참가자가 미리 관점이 정해진 에세이를 써보는 경험을 하고 난 후에는 한국인은 대응편향을 보이지 않았지만 미국인은 대응편향을 보였다(Choi & Nisbett, 1998). 한편, 에세이의 설득력이 높으면 미국과 일본의 대학생 모두 대응편향을 보였다. 반면에 에세이의 설득력이 낮으면 일본인은 저자의 태도와 에세이 내용을 대응시키지 않았지만, 미국인의 대응편향은 그대로 유지되었다(Miyamoto & Kitayama, 2002). 이처럼 동아시아인은 미국인에 비해 에세이가 작성된 상황이나 배경정보에 민감하게 반응하는 경향이 있다.


## 성취과제에서의 귀인 – 자기위주편향

사람들은 다른 사람에게 비난받을 행위나 좋지 않은 결과가 나왔을 때는 그 원인을 외부에서 찾아 자존감을 유지하고, 다른 사람에게 칭찬받을 행위나 좋은 결과가 나왔을 때는 자기 자신에게 귀인하여 자존감을 높이려고 한다. 서구에서는 이러한 자기위주편향을 당연한 것으로 여기지만, 일본을 비롯한 동양사회에서는 이와는 반대되는 경향을 보인다(16장 참조).

기타야마 등(1995)은 성공 또는 실패의 귀인을 다룬 일본의 여러 연구를 기술하면서 미국인과 달리 일본인은 성공의 원인을 상황적 요인에서 찾고, 실패는 노력 부족의 탓으로 돌리는 경향이 강하다고 주장했다. 독립적인 문화권에서는 자기고양이 일종의 자아실현이지만 상호의존적인 문화권에서는 오히려 자아비판이 상호협조적인 자기관에 의한 자아실현의 형태라는 것이다. 자기 속에 숨어 있는 바람직한 속성을 찾아내는 것에 가치를 두는 미국에서는 아이들을 칭찬하고 장점을 내세우면서 양육하는 것이 일반적이다. 반면, 개인을 의미 있는 사회관계에 적응시키는 것이 중요한 동양사회에서는 양육자는 사회규범이나 주위의 기대에 부응하도록 개선해야 할 결함이나 문제점을 지적하고 아이들의 단점을 교정하려고 한다. 결과적으로 일본인은 부정적인 자기와 관련된 정보에 민감하고, 자기비판적 성향이 강해지며, 잠재적 결함을 개선하기 위해 노력하게 된다.

하이네 등(Heine et al., 2001)은 캐나다와 일본의 대학생에게 창의성검사의 결과를 가짜로 제시했다. 이 실험에서 캐나다인은 자신이 성공했다고 생각할 때 과제에 몰입하는 시간이 길었지만, 일본인은 실패했다고 생각할 때 과제에의 몰입시간이 늘어난 것으로 나왔다. 이 실험결과는 자신이 우수하다는 것을 알고 싶어 하는 서양인과, 더욱 정진해서 자신을 향상시키고 싶어 하는 동양인의 차이, 즉 동기부여의 문화적 차이를 보여준다.


## 소통방식

상호의존적 자아가 우세한 동양사회에서는 상황에 맞는 행동정보를 널리 공유하고 있기 때문에 모든 것을 명확한 언어로 전달할 필요가 없다. 한편, 사람 사이의 관계가 약하고 독립적 자아가 우세한 서양사회에서는 이런 정보를 공유하고 있지 않기 때문에 모든 것을 구체적인 언어로 설명하는 것이 필요하다. 문화인류학자 홀(Hall, 1976)은 전자를 고맥락 문화(high context culture), 후자를 저맥락 문화(low context culture)라고 불렀다. 영어는 언어 자체가 정보전달의 주요 경로인데 비해 일본어를 비롯한 동양의 언어는 맥락단서의 역할이 상대적으로 크다는 지적도 있다.

이시이 등(Ishii et al., 2003)은 미국과 일본의 대학생을 대상으로 유쾌 혹은 불쾌한 의미를 갖는 단어를 유쾌하거나 불쾌한 어조로 읽어주고, 의미를 무시하고 어조의 유쾌-불쾌를 판단하거나, 어조를 무시하고 의미의 유쾌-불쾌를 판단하도록 했다. 미국대학생은 의미에 의한 간섭효과가 어조에 의한 간섭효과보다 크고 언어의 의미를 우선적으로 처리하는데 반해 일본대학생은 언어의 의미보다 어조를 우선적으로 처리하는 것으로 밝혀졌다. 미야모토와 슈바르츠(Miyamoto & Schwartz, 2006)는 미국인에 비해 일본인은 맥락단서가 부족한 전화응답녹음기에 메시지 남기기를 주저하는 경향이 있다는 것을 발견했다. 이들은 일본인이 일상적인 소통상황에서 비언어적 요소를 중시하고 이에 민감하게 반응하기 때문으로 해석했다.

토론이나 웅변술의 오랜 전통이 있는 서양사회에서는 자신의 생각을 명확하게 표현하는 것을 장려하고, 말을 하지 않으면 지식이나 의견이 없다고 생각하는데 반해 동양사회에서는 언어를 통한 자기표현에 가치를 두지 않고 오히려 침묵을 생각이 깊다는 표시로 받아들인다. 김과 셔먼(Kim & Sherman, 2007)에 의하면 동아시아계 미국인에 비해 유럽계 미국인은 표현이 더 자유롭고 자신의 생각을 명확하게 표현하는 데 가치를 둔다. 이러한 자기표현은 독립적인 자아와는 정적(positive) 상관을, 상호의존적 자아와는 부적(negative) 상관을 보인다. 김(Kim, 2002)은 지능검사와 같은 과제에서 옆에 있는 사람이 자신의 사고과정을 큰 소리로 표현하는 조건과 조용히 있는 조건에서 실험참가자의 수행을 비교했다. 유럽계 미국인은 자신의 생각을 표현하는 타인의 존재에 의해 영향을 받지 않지만, 동아시아계 미국인은 방해를 받는다는 결과가 나왔다. 이는 사고를 언어로 표현하는 습관 또는 생각하는 것과 말하는 것 사이의 연결강도에서도 문화적 차이가 존재할 가능성을 시사한다.

# 3절. 사고방식의 문화차이: 전체적 사고 vs. 분석적 사고

동양인은 사람 또는 대상을 둘러싼 '장(field)' 전체에 주의를 기울이고 이러한 맥락에서 대상을 파악한다. 이에 비해 서양인은 맥락과 분리해서 대상을 파악하며, 그 속성에 주목하여 범주로 분류하고 대상을 이해하려고 한다. 또 동양인은 경험에서 얻은 지식을 중시하는 데 비해 서양인은 일정한 추상적 규칙을 적용해서 설명하거나 예측하는 능력을 중시한다. 니스벳(Nisbett, 2003)은 동서양의 사고방식의 차이를 2,500년 전의 중국이나 그리스로 거슬러 올라가서 그들의 사회구조, 사고방식, 철학 등을 고찰했다. 그는 고대 중국의 사상적 전통을 물려받은 사고방식을 전체적 사고(holistic thinking), 고대 그리스의 지적 유산을 계승한 사고방식을 분석적 사고(analytic thinking)로 명명하고, 동아시아와 북미의 비교문화연구를 전개했다. 이 절에서는 먼저 주의(attention)양식에 대해 설명하고, 이후 추론과 예측 같은 고차원적 사고과정에서 동서양의 문화차이를 검증한 연구를 소개하도록 하겠다.

### 주의패턴

개별 대상들로 세계가 이루어졌다고 보는 분석적 사고에 강한 서양인은 초점이 되는 대상에 주의를 집중한다. 반면에 세계를 상호 결합된 전체로 파악하는 전체적 사고의 동양인은 주위 상황이나 환경에 더 많은 주의를 기울인다. 예를 들어, 회전하는 축의 중심막대가 수직인지 아닌지를 판단하는 '막대-틀검사(rod-and frame test)'에서 틀 구조의 변화에 의해 일어나는 판단 오류가 유럽계 미국인보다 동아시아인에게서 더 많은 이유도 같은 맥락이다. 이런 결과는 동아시아인이 '장 의존적(field dependent)'이라는 것을 보여준다(Ji et al., 2000). 또 기타야마 등(Kitayama et al., 2003)은 미국과 일본의 대학생에게 사각형의 중심에 선분을 그려서 보여준 후(그림 17-3 참조) 크기가 다른 사각형의 중심에 동일한 길이(절대과제)나 동일한 비율(상대과제)의 선분을 그리도록 했다. 미국대학생은 동일한 길이의 선분을 그리는 절대과제에서 오차가 적은 반면에 일본대학생은 동일한 비율의 선분을 그리는 상대과제에서 수행이 더 좋았다. 이는 미국인에 비해 일본인이 물체를 전체적으로 지각한다는 것을

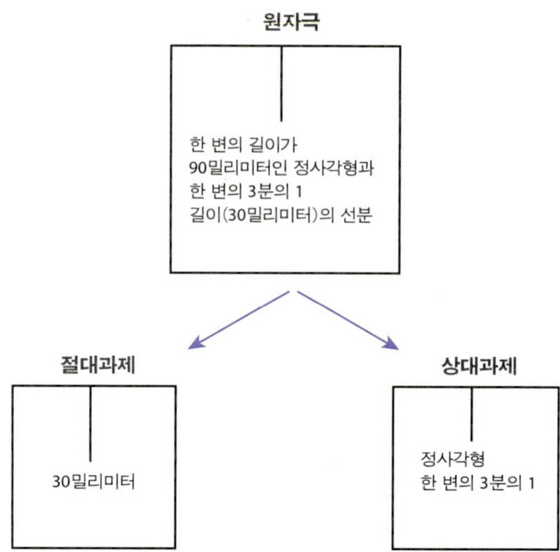



실험참가자에게 내부에 선분이 그려진 정사각형(원자극)을
제시하고, 크기가 다른 정사각형 안에 먼저 본 그림에서와
동일한 길이(절대과제)나 동일한 비율(상대과제)의 선을 긋도록
요구한다.

_____ (출처) Kitayama et al.(2003)

실험참가자는 분노, 슬픔, 행복 등의 표정을 짓고 있는 5명의 아이들을 보면서 중심인물의
정서를 판단한다. A에서의 중심인물은 백인이고, B에서의 중심인물은 아시아인이다.

_____ (출처) Masuda et al.(2008)

의미한다.

마스다와 니스벳(Masuda & Nisbett, 2001)은 미국과 일본의 대학생에게 물속의 장면을 그린 만화를 보여주고 무엇을 보았는지 설명하도록 하는 실험을 했다. 일본인은 미국인보다 중앙의 큰 물고기보다는 해초나 거품 등 배경의 사물을 언급하는 비율이 훨씬 높았다. 이번에는 같은 배경과 새로운 배경 속에 그려진 물고기 그림을 보여주고 앞에서 본 물고기인지를 판단하게 했더니 미국인의 경우 배경에 따른 정답률의 차이가 없었지만, 일본인은 배경이 바뀌면 재인정확률이 낮아졌다. 또 마스다 등(Masuda et al., 2008)은 17-4의 그림처럼 중앙에 있는 사람과 주변에 있는 네 명의 얼굴표정을 조작하는 실험을 했다. 여기에서도 일본인은 주변인물의 표정에 의해 중심인물의 정서를 다르게 판단했지만, 미국인은 영향을 받지 않는다는 결과가 나왔다. 또한 실험참가자의 안구운동을 측정한 결과 처음 1초 동안은 양국 대학생의 시선이 모두 중앙의 인물에 고정되었지만, 일본인은 그 후 곧장 주변인물로 시선을 옮기는 것으로 밝혀졌다.


## 추론양식

세상이 규칙과 법칙에 따라 움직인다고 생각하는 분석적 사고의 서양인은 형식적인 규칙에 따라 대상을 분류한다. 반면에 대상이나 사물 사이의 관계를 고려해서 상황을 이해하려고 하는 전체적 사고의 동양인은 추상적인 기본명제에 의한 추론을 싫어하고 전체 관계나 유사성에 의거해서 판단한다. 예를 들어 추(Chiu, 1972)는 개, 홍당무, 토끼, 세 개의 그림을 미국과 중국의 아동에게 보여주고 비슷한 것 두 개를 고르도록 했다. 미국아동은 주로 '개, 토끼' 그리고 '홍당무'라는 동물범주와 식물범주로 분류하는데 비해 중국아동은 개를 빼고 '토끼는 홍당무를 먹는다'라는 관계에 주목해서 '토끼, 홍당무'와 '개'로 범주를 나누었다.

지 등(Ji et al., 2004)은 이중언어가 가능한 중국인을 대상으로 동일한 과제를 영어와 중국어로 제시하여 보았다. 그 결과, '분류적 범주화(taxonomic categorization)'를 선호하는 유럽계 미국인과는 반대로 중국인은 사용언어와 상관없이 '주제적 범주화(thematic categorization)'를 더 선호했다. 다만, 유아기부터 영어에 친숙한 홍콩의 중국인과는 달리 중국본토의 이중언어 사용자는 사용언어에 따라 차이를 보였는데,

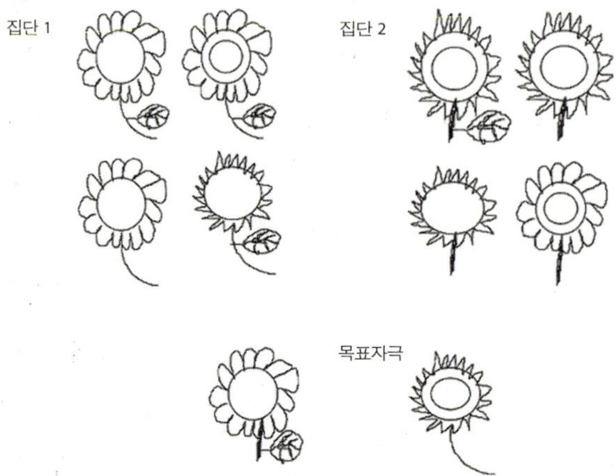


실험참가자는 아래의 목표자극이 위의 집단 1과 집단 2 중 어느 쪽과 비슷한지를 판단한다.

___ (출처) Norenzayan et al.(2002)



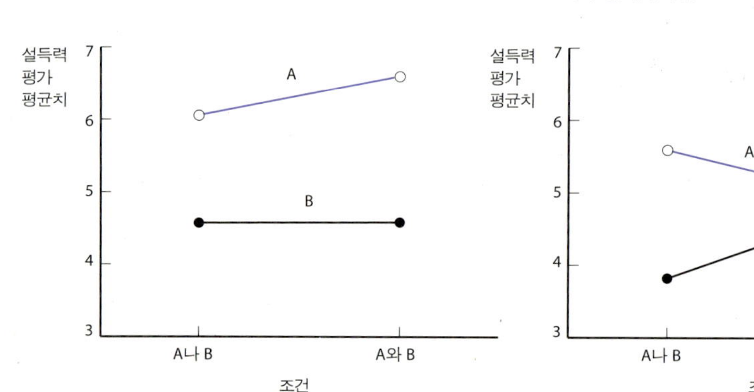


어느 한 쪽의 의견을 읽고 설득력을 평가할 때는 미국이나 중국이나 결과에서 별 차이를
보이지 않으나, 양쪽의 의견을 읽고 각 의견의 설득력을 평가한 경우에는 큰 차이를 보인다.

___ (출처) Peng & Nisbett(1999)

영어보다 중국어를 사용할 때 주제적 범주화를 더 많이 선호했다.

　　노렌자얀 등(Norenzayan et al., 2002)은 그림 17-5의 실험자극을 이용해서 목표자극이 어느 집단과 더 비슷한지를 판단하게 했다. 유럽계 미국인은 다른 범주의 구성원과 한 가지 특징을 공유하고 있는지(여기서는 줄기가 똑바른지 혹은 휘었는지)를 살펴보는 '단일차원 규칙(unidimensional rule)'에 의거해서 판단했다. 이와 대조적으로 한국인이나 중국인은 범주의 구성원과 얼마나 많은 특징을 공유하고 있는지를 살펴보는 '가족유사성(family-resemblance)'에 기초하여 판단했다.


**모순허용도**

논리를 중시하는 서양인에 비해 경험을 중시하는 동양인은 모순을 허용하는 정도가 높다. 규칙에 기초하여 명확한 판단을 지향하는 서양인에 비해 동양인은 중용을 추구하는 절충적인 해결을 좋아하고 모순된 입장이나 대립되는 주장을 모두 이해하려고 한다. 펑과 니스벳(Peng & Nisbett, 1999)은 영어 속담과 중국어 속담을 비교하고 나서 '적보다 동지를 의심하라'와 같은 모순적인 변증법이 중국어 속담에 더 많다는 것을 확인했다. 실제 중국인은 미국인보다 모순이 포함된 속담을 더 좋아하고, 모순된 주장에 직면했을 때에도 미국인과 다르게 대처한다. 예를 들어, 'A : 100개의 대학을 조사하고 나서 사회학자는 여대생의 흡연이 다이어트와 높은 상관관계가 있다고 주장했다'와 'B : 니코틴 중독을 연구한 생물학자는 니코틴의 대량흡입이 서서히 체중의 증가를 가져온다고 주장했다'가 있을 때, 두 의견은 논리적으로 모순되지는 않지만 의미는 서로 다르다. 이들 의견 중 하나만 읽는 조건에서는 미국이나 중국의 대학생 모두 B보다 A가 설득력이 더 높다고 평가했다. 그러나 두 가지 의견을 다 읽은 후에는 미국대학생은 A의 설득력이 B보다 더 높다고 평가한 반면, 중국대학생은 A와 B의 설득력이 같다고 평가했다(그림 17-6). 즉, 중국인은 모순된 주장 두 가지를 다 받아들이는 데 반해, 미국인은 모순을 해소하기 위해 한쪽의 주장을 받아들여서 A의 설득력을 더 높게 평가한 것이다.

　　중국의 속담에는 '지나침은 미치지 못함과 같다'라는 식의 타협이나 절충, 중용을 강조하는 것이 많다. 브라일리 등(Briley et al., 2000)은 이러한 속담의 내용이 실제 중국인의 생활에서 보이고 있다는 것을 다음과 같이 보여주었다. 즉, 세 가지 제품 중에서 하나를 고르고 선택의 이유를 말하라고 하면 미국인은 선택을 정당화하는 단순한 규칙에 따라 제품을 선택하지만, 중국인은 중간적인 제품을 고르는 경향이 강하다는 것이다. 한 실험에서 미국과 중국의 대학생에게 램(RAM)과 하드디스크 용량에서 차이가 있는 다음 세 가지 종류(A: 48MB(메가바이트)의 램과 1GB(기가바이트)의 하드디스크, B: 16MB의 램과 3GB의 하드디스크, C: 32MB의 램과 2GB의 하드디스크)의 컴퓨터 가운데 하나를 고르게 했더니 극단적인 선택을 하는 비율(A와 B)과 중간적인 선택을 하는 비율(C)이 미국과 중국의 대학생 모두에게서 거의 비슷한 수준으로 나타났다. 그러나 선택에 앞서 이유를 적도록 하여 문화적 개념을 활성화시키자 중간적인 선택의 비율이 중국인에게서는 높아진 반면, 미국인에게서는 크게 낮아졌다. 또 미국인은 '램은 하드디스크 용량보다 중요하다'는 규칙을 선택의 근거로 삼는 반면에, 중국인은 '램도 하드디스크 용량도 중요하다', '중간이 좋다' 등 절충안을 구입의 이유로 제시했다(12장 3절 참조).


## 변화예측

서양인은 변화를 직선의 형태로 받아들여서 현재의 동향이 이후에도 계속될 것으로 생각한다. 그러나 '새옹지마', '길흉화복은 마치 꼰 새끼와 같다(번갈아 온다)' 등의 속담에서 알 수 있듯이 도교나 유교의 영향을 받은 동양인은 사물이 끊임없이 변화하기 때문에 현재의 상태가 앞으로도 계속되리라는 생각을 하지 않는다. 지 등(Ji et al., 2001)은 미국과 중국의 대학생에게 여러 가지 상황을 제시하고 미래를 예측하게 했다. 실험 결과, 중국대학생은 미국대학생보다 현재의 상황이 바뀔 가능성이 높다고 판단하였다. 또 미국대학생은 변화의 형태를 직선적으로 보는데 비해 중국대학생은 순환적으로 이해했다. 예를 들어, 한 연구에서 세계의 경제성장률이나 암 사망률의 연차적 추이를 보여주는 가상의 그래프를 제시하고 이후의 동향을 예측하게 했다. 변화가 상승방향이든 하강방향이든 가속화되고 있는 그래프를 보면서 중국대학생은 변화가 둔화되거나 역전될 것이라고 예측한 반면, 미국인은 변화가 같은 방향으로 계속될 것이라고 예측했다. 알터와 콴(Alter & Kwan, 2009)은 미국과 중국의 대학생 및 성인에게 9개 회사의 과거 6개월간의 주식동향 차트를 보여주고, 반년 후의 이익이 최대가 되도록 1,000달러를 분산투자하도록 했다. 실험 결과, 미국인은 지금까지 가격이 오른 주식에 집중적으로 투자하는 경향을 보인데 비해 중국인은 투자를 분산시키고 애매한 움직임을 보이는 주식에 많이 투자하는 것으로 나타났다.


## 앞으로의 과제

비교문화연구가 앞으로 해결해야 할 주요 과제는 문화적 차이를 단순히 기술하는 수준을 넘어 어떻게 논리적으로 설명할 것인가이다. 동아시아와 북미와의 비교에 초점을 맞춘 문화심리학은 문화적 차이를 자아개념과 사고방식의 차이로 환원해서 설명하고 있으나, 이런 연구는 동서양의 문화차이를 필요 이상으로 강조하고 단순화할 위험이 높다. 같은 동아시아에서도 한국, 일본, 중국 간의 문화차이가 다양한 방면에서 존재한다. 동서양 비교처럼 문화 간 차이에 초점을 맞추면 자칫 문화 내에서의 변화를 간과할 수도 있다.

또한 독립적 자아와 상호의존적 자아, 분석적 사고와 전체적 사고를 양자택일의 문제로 받아들여서도 안 된다. 모든 사회는 이 두 가지 요소를 다 갖고 있고, 문화적 환경에 따라 한쪽이 다른 쪽보다 우세하게 나타나는 것뿐이다. 앞에서 설명한 기타야마 등(Kitayama et al., 2003)의 장 의존성(field-dependence)에 관한 실험에서도, 일본에 체류하고 있는 미국학생이나 미국에 거주하는 일본학생은 모국보다 거주국의 학생과 더 유사한 판단을 하는 것으로 밝혀졌다. 퀴넨 등(Kuehnen et al., 2001)은 독일학생을 대상으로 자신이 가족이나 친구와 어떻게 다른지, 혹은 비슷한지에 대해 생각해보도록 하여 각기 다른 자아개념이 활성화되도록 조작했다. 두 번째 조건(자신이 가족이나 친구와 어떻게 비슷한지에 대해 생각하는 조건)에서 상호의존적 자아가 활성화되자 '잠입도형검사(embedded figure test)'에서 장 의존적 반응이 높아지는 것을 알 수 있었다.

문화심리학의 과제는 단순히 문화차이의 사례를 나열하는 것이 아니라, 찾아낸 차이를 역사적으로 축적된 관념이나 가치체계, 사회문화적 관습이나 제도와 관련해서 설명해야 하는 것이어서 사회·경제제도를 포함한 역사적 고찰은 아무래도 사변적으로 흐를 수밖에 없다. 이를 극복하기 위해 인지의 문화적 차이를 설명할 수 있는 요인을 직접 추출하려는 시도가 이어졌다. 예를 들어, 미야모토 등 최근의 문화 및 인지 연구는 비교문화연구에 새로운 전개를 가져왔다. 설문지법을 중심으로 태도나 가치에서 문화차이를 연구한 이전 방법에 더해 실험법을 이용하여 온라인에서 심리반응을 확인하는 방법은 문화차이를 현상을 넘어 심리과정의 수준으로 심화시켰다(키타야마 & 미야모토, 2000 ; Nisbett et al., 2001 ; 唐澤, 2006). 문화심리학의 실험법은 문화의 요소를 분석하고 그 요소를 실험조건으로 삼아 문화에 적응하는 인간의 심리를 밝히는 데 사용되어왔다.

　　문화인류학, 사회학, 역사학 분야의 많은 학자들은 일본인이 관계지향적이라는 사실을 지적해왔다. 이런 관계지향성 때문에 나타날 수 있는 심리현상 중의 하나가 대인불안이다(기무라, 1982). 관계에 끊임없이 주의를 기울이면 관계의 유지나 다른 사람의 눈이 신경 쓰이고 때로는 대인불안이 생기기도 한다. 서양에서는 일반적이지 않은 이러한 심리현상은 문화적 인간관에 의해 만들어진 것이다. 실험을 통해 발견된 심리현상의 차이는 심리과정의 차이로 나타나며, 마음이 문화에 적응하는 과정임을 보여준다.

　　인지부조화에 대한 실험을 살펴보도록 하자. 1957년 페스팅거(Festinger, L.)는 인간은 스스로 내린 결정에 불안을 느끼고, 자아를 유지하기 위해 자신을 정당화하는 행동을 한다는 인지부조화이론을 제안했다. 많은 학자들이 이 이론에 매료되어 이후 50년 동안 수많은 실험이 이어졌다(Heine & Lehman, 1997). 그런데 인지부조화를 해소하려는 경향성이 일본인에게서는 보이지 않는다는 연구결과가 발견되면서 일본인이 인지적 불균형을 경험하지 않는 것인지, 아니면 일본인의 자아개념에 기초한 다른 성향이 존재하는 것인지 등 여러 가지 의문이 제기되었다. 이를 밝히기 위해 기타야마 등(Kitayama et al., 2004)은 브렘(Brehm, 1956)과 동일한 절차를 이용해서 실험참가자에게 좋아하는 음악 CD의 선호도를 평가하게 했다. 그런 다음 실험참가자 본인이 가지고 갈 CD를 선택하고 다시 한 번 CD의 순위를 매기게 했다. 이때 선택하지 않은 CD보다 선택한 CD의 순위가 더 상승하면 자신의 선택을 정당화하는 반응이 일어났다고 볼 수 있다. 이런 조건에서 미국인은 인지부조화를 해소하려는 반응을 보였지만 일본인은 그렇지 않았다. 그러나 일본인 참가자 앞에 그림 1과 같은 얼굴포스터를 제시하자 인지부조화를 해소하려는 반응이 나타났다. 이는 포스터를 통해 암묵적인 타인을 의식하여 다른 사람이 보는 자기선택에 대한 불안, 즉 '다른 사람이 내 선택을 이상하게 말하지 않을까' 하는 생각

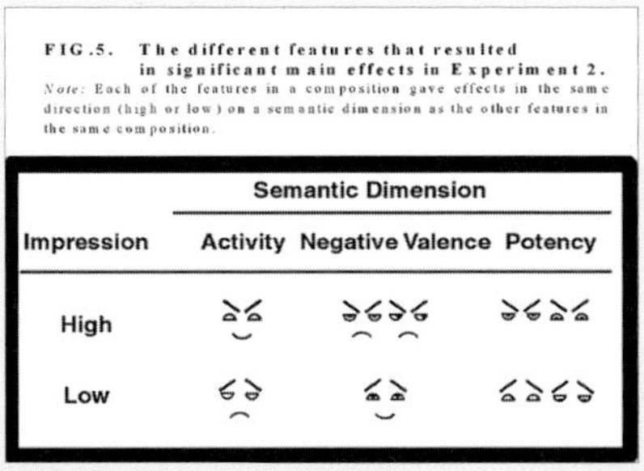

이 들었기 때문으로 해석할 수 있다.

FIG.5. The different features that resulted in significant main effects in Experiment 2.
*Note*: Each of the features in a composition gave effects in the same direction (high or low) on a semantic dimension as the other features in the same composition.

|  | Semantic Dimension | | |
| Impression | Activity | Negative Valence | Potency |
| High |  |  |  |
| Low |  |  |  |

**그림1 실험에 사용된 얼굴포스터**

(출처) Kitayama et al.(2004)

다시 말하면, 일본인이 인지부조화를 해소하려고 할 때는 관계지향적 자아에 대한 위협, 즉 다른 사람이 보는 자아에 대한 불안이 발생하는 상황이라고 할 수 있다. 이런 상황에 직면하면 인지부조화 현상을 해소하려는 행동, 즉 자기정당화가 일어난다. 이는 서양의 자기정당화 심리구조는 일본인에게는 맞지 않고, 추상적이고 무의미한 얼굴그림이 관계지향적 자아라는 문화적 의미 속에서 다른 사람이 보는 자기정당화라는 해석이 더 타당하다는 것을 보여준다. 추상적이고 무의미한 얼굴그림이 관계지향적 자아가 우세한 일본인에게 문화적 개념을 활성화시키는 중요한 단서로 작용한 것이다. 이러한 암묵적 활성화 조건에서 문화는 점화자극으로 작용한다(Hong et al., 2000). 이처럼 실험법에서 조건 사이의 상호작용효과는 심리현상에 미치는 문화의 영향뿐 아니라 문화의 의미에 인간이 적응하여 심리과정을 형성하는 실태까지도 보여준다.

문화비교방법론은 문화 간, 문화 내 연구를 교차하여 연구하는 방법으로 크게 발전했다. 이는 히가시(2005)가 교차문화법, 기타야마(Kitayama et al., 2009)가 트라이앵글레이션이라고 부른 방법이다. 대부분의 비교문화연구는 여러 가지 제약을 이유로 두 개의 문화만을 비교하기 때문에 문화의 이분법이라는 비판을 받았다(예, 波多野, 2003). 이와 관련하여 히가시는 동양의 문화 가운데 중국과 일본을 미국과 비교해서 문화의 어느 요소가 유사하며 또 대비되는지를 연구했다. 미국 이외에 독일, 영국과도 비교하여 문화 및 언어의 상대성을 규명하려고도 시도했다(키타야마 등., 2009). 문화 내 차이로는 학력과 하위문화의 차이(Markus et al., 2004) 또는 지역차이(Nisbette & Cohen, 1996; Plaut et al., 2002; Uskul et al., 2008) 등이 연구되었다. 복수의 자료를 동시에 수집해서 종속변수와 문화 사이의 상호작용을 살펴보는 것도 가능하다(키타야마 등., 2006). 앞으로 민속지, 현장관찰, 조사 등 다양한 방법을 도입해서 문화적 요소가 마음에 침투하는 과정을 규명해가는 것이 비교문화연구의 중요한 과제가 될 것이다.

[가라사와 마유미]

(Miyamoto et al., 2006)은 주의패턴(attention pattern)에서 나타나는 문화차이의 원인을 물리적 환경의 차이에서 찾았다. 이들은 미국보다 일본의 풍경이 전체적으로 더 많은 요소를 포함하고 있다는 사실에 주목했다. 미국과 일본의 대학생 모두 일본사진을 볼 때에는 전경보다 배경의 변화에 주의를 돌리는 등 주의패턴이 변화하는 것을 발견했다. 기타야마 등(Kitayama et al., 2006)은 홋카이도에서 태어난 일본인은 다른 지역의 일본인보다 미국인에 가까운 반응을 보인다는 사실을 통해 개척지 이주가 독립적인 자아를 발달시킨다는 가설을 증명하려고 했다. 이처럼 문화차이를 유발하는 요인을 동일한 문화 내에서 분석·해명하려는 것은 국가나 지역을 단위로 나누는 기존의 분류에서 문화를 해방시켜 심리학의 주류에 문화심리학을 융합시키려는 의도로 볼 수 있다. 문화 간, 문화 내의 교차적 방법으로 문화를 구성요소로 분해하고, 이를 통해 인지의 문화차이를 해명하려는 시도는 문화심리학 방법론의 발전에도 중요한 역할을 했다(화제의 연구 17-1 참조). 그러나 복잡하고 파악하기 힘든 문화의 민속지적 이해에서 멀어져서 문화의 본질을 간과할 위험성도 동시에 가지고 있다.


## 4절. 언어상대성가설의 검증: 비교문화심리학 연구


언어는 문화의 중요한 구성요소로 그 구조에는 언어가 사용되고 있는 사회의 문화적 특징이 반영되어 있다. 장유유서를 중시하는 수직형 집단주의사회는 경어가 발달되어 있다. 일상대화에서 주어와 목적어의 인칭대명사를 생략하는 언어(예. 일본어)가 사용되는 사회보다 문법적으로 인칭대명사를 생략할 수 없는 언어(예. 영어)가 사용되는 사회가 개인주의적 성향이 강하다는 주장도 있다(Kashima & Kashima, 1998 : 2003). 그렇다면 언어의 구조가 사용자의 지각이나 사고에 어떤 영향을 미치는 것일까? 앞에서 말했듯 언어상대성가설(사피어-워프 가설)을 둘러싼 논쟁은 오늘날까지도 이어지고 있다. 언어가 지각이나 사고를 결정한다는 강한 가설(언어결정론)은 지지를 받지 못하고 있지만, 언어의 차이가 무엇인가에 영향을 미친다는 약한 가설(언어상대론)을 지지하는 연구결과는 보고되고 있다. 이 절에서는 사람과 관련된 사회적 상황이 아닌 색지각, 수 인지, 공간 및 시간 인지 등을 중심으로 비교문화 연구의 흐름을 개관하도록 하겠다.


## 색지각

색을 나타내는 단어의 수는 언어마다 다르다. '어둡다', '밝다' 두 단어밖에 없는 뉴기니아의 다니족에 비하면(8장 4절 참조) 영어나 일본어를 모국어로 하는 사람들은 색을 표현하는 다양한 단어를 가지고 있다. 언어상대성가설은 언어가 색을 부호화(verbal coding)하는 방식에 따라 색지각이나 기억이 달라질 수 있다고 주장한다.

그러나 색지각의 신경생리학적 메커니즘을 중시하는 입장은 이러한 언어상대성가설이 주장하는 언어 부호화의 영향을 부정한다. 벌라인과 케이(Berline & Kay, 1969)는 세계 각지의 언어에서 11종류의 기본색 용어를 추출했다. 그 결과 색이 두 개일 때는 흰색과 검정색(명과 암), 세 개일 때는 빨강이 더해지고, 그 이상이 되면 녹색이나 노랑, 그리고 청색, 갈색 순으로 색이 늘어나는 것을 발견했다. 즉, 색의 분할방법에는 명확한 규칙이 존재하고 임의로 구분되지 않는다는 것을 밝혀냈다. 로쉬(Rosch, 1973)는 사람들이 기본색 가운데 가장 전형적인 초점색과 그 이외의 색에 대한 기억의 차이에 주목했다. 그녀는 색을 지칭하는 단어가 두 개밖에 없는 다니족도 언어적 부호화에 의한 차이를 보이지 않고 영어 사용자와 동일한 반응을 보이는 것을 발견했다. 그녀는 이러한 문화적 보편성을 토대로 언어상대성가설을 전면 부정했다.

한편, 케이와 켐튼(Kay & Kempton, 1984)은 멕시코의 유카탄반도의 토착어(타라프마라어) 사용자에게 녹색과 청색의 색조가 약간 다른 8종류의 색종이를 짝을 지어 제시하고, 색이 같은지 또는 다른지를 판단하게 했다. 미국인은 녹색과 청색의 경계에 있는 색의 차이를 과장하는데 비해, 녹색과 청색을 구별하지 않는 타라프마라어 사용자에게서는 이러한 편향이 나타나지 않았다. 언어가 색범주 경계자극의 유사성 판단이나 기억에 영향을 미치는 결과는 아프리카의 소수부족을 대상으로 한 로버슨 등(Roberson et al., 2005)의 연구에서도 밝혀졌다.

종합하면, 색지각은 사용하는 언어에 상관없이 생물학적으로 결정되는 부분
이 크고 색범주의 지각에도 문화적 보편성이 존재한다. 그러나 범주의 경계에 있
는 색처럼 제한된 자극에서는 언어적 부호화의 영향이 나타난다고 할 수 있다.


## 수 인지

물건을 세는 방법이나 수를 나타내는 언어구조는 언어마다 다르다. 문자가 없는
아마존의 피라하족은 물건을 셀 때 '1, 2, 많다'가 전부로, 3 이상의 수를 표현하는
단어가 없다. 고든(Gordon, 2004)은 콩이나 막대기를 사용해서 이들의 수 개념을 알
아보았다. 통 속에 들어있는 콩을 보여준 후 하나씩 꺼내고 통 속에 콩이 아직 남
아있는지를 물어본 실험에서 이들은 판단해야 하는 수가 3 이상이 되면 눈에 띄게
수행이 떨어졌다. 또한 숫자가 커질수록 일정한 방식으로 오답이 늘어난 것으로
보아 이들에게 2보다 큰 수를 나타내는 개념은 없지만, 다른 형태로 수량을 파악
하고 있음을 추측할 수 있다. 즉, 정확하게 수를 파악하거나 계산을 하려면 언어
가 필요하지만, 수를 나타내는 단어가 없어도 대략적인 수량은 파악할 수 있는 것
이다. 같은 십진법을 사용하는 국가 중에서도 eleven, twelve, thirteen 등 불규칙한
수사를 사용하는 영어에 비하면 일본어나 중국어의 수사는 10의 단위와 1의 단위
를 조합하는 단순한 규칙으로 구성되는데, 이로 인해 아시아 학생들이 수 체계를
더 잘 이해한다는 주장도 있다(Miller, 1996; Miura et al., 1993). 그러나 수 이해나 처리능
력은 교육이나 경제제도 등 문화에 의존하는 부분이 크며, 이러한 문화차이를 언
어의 차이로 환원해서 설명하기는 어렵다.


## 공간 및 시간 인지

우리는 일반적으로 공간 내의 배치나 방향을 표현할 때 자기 몸의 방향을 기준으
로 해서 전후좌우라는 용어로 위치를 이야기한다. 몸을 뒤로 돌리면 앞은 뒤가 되
고 좌는 우가 되는 상대적인 위치관계를 이용하는 것이다. 이것은 일본어뿐 아니
라 인도유럽어에서도 공통적이며, 자신의 위치가 기준이 되고 상대적인 방위로
공간을 인식하는 문화보편성이 두루 발견된다. 그러나 문화인류학자인 레빈슨

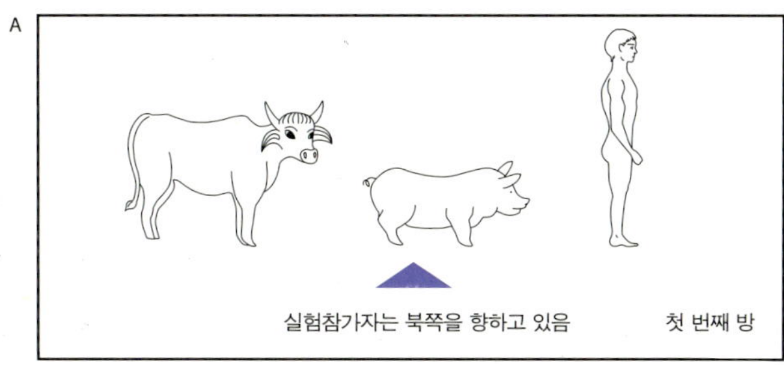


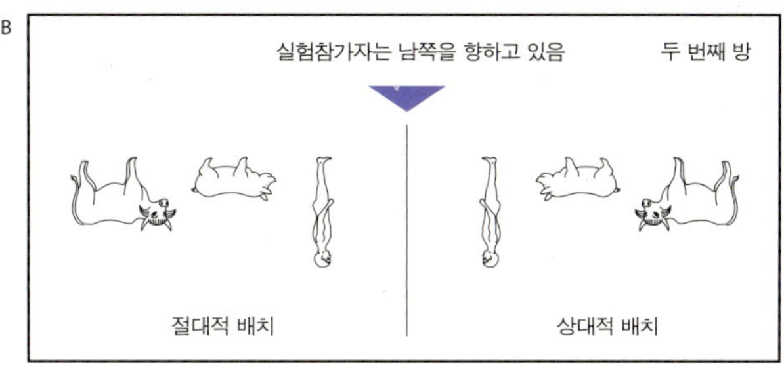


북향 방에 제시한 A의 배치를 보고 난 후 남향 방의 책상 위에 세 개의
장난감을 재배치하도록 하면, 네덜란드사람은 B의 '상대적 배치'를, 호주
원주민은 '절대적 배치'를 선호한다.

(출처) Levinson(1997)

(Levinson, 1997)은 오스트레일리아 원주민(Guugu Yimithirr)의 언어는 위치나 방향을 나타낼 때 동서남북을 사용하는데 자신의 방향과 상관없이 나침판의 기준방위에 따른 절대적인 방향을 근거로 공간을 인식한다는 것을 밝혀냈다. 예를 들어, 그림 17-7과 같이 북향 방에 사람, 돼지, 소 장난감이 있는 것을 보여준 후 다른 방에서 남향으로 놓인 책상 위에 세 가지 장난감의 위치를 재현하도록 하면,(그림 17-7 참조) 네덜란드인은 돼지 오른쪽에 사람을 놓는 상대적 배치를 선호하는데 반해, 오스트레일리아 원주민은 동쪽(왼쪽)에 사람을 두는 절대적 배치를 선호한다는 것이다.

시간의 경과를 기술할 때는 전후 또는 시간을 거슬러 올라가거나 내려간다는 등 공간적 개념을 사용하는 경우가 많다. 보로디츠키와 가비(Boroditsky & Gaby, 2006)에 의하면 왼쪽에서 오른쪽으로 글을 읽는 영어 사용자는 시간도 마찬가지로 왼쪽에서 오른쪽으로 흐른다고 생각하는 경향이 있다. 따라서 이들은 벽에 사진을 걸때 젊은 시절의 사진을 왼쪽에 걸고 나이든 사진을 오른쪽에 거는 등 연대순으로 배치한다. 반면 오스트레일리아 원주민은 시간이 동에서 서로 흐른다고 생각하기 때문에 방의 방향에 따라 사진의 좌우 순서가 달라진다. 보로디츠키(Boroditsky, 2001)는 영어 사용자는 시간의 경과를 수평으로 이해하지만, 위에서 아래로 문장을 표기하는 중국어 사용자는 수직으로 이해한다는 사실을 실험을 통해 검증했다. 관찰대상이 수평이나 수직으로 서 있는 도형을 점화자극으로 제시하고 '3월은 4월보다 먼저 온다'는 시간적 순서에 관한 문장의 진위를 판단하게 했을 때 중국어 사용자는 수평방향보다 수직방향의 도형을 본 뒤에 반응이 더 빨랐고, 영어 사용자는 수직방향보다 수평방향의 도형에서 반응이 더 빨랐다.

❶ 당신의 가족은 서로를 어떻게 부르는지 관찰해보고, 가족관계 또는 한국인의 일반적인 인간관계의 특징에 대해 말해보세요.

❷ 무지개의 색을 말해보세요. 무지개색이 7개라고 하는데, 이것이 문화를 초월한 보편적인 현상인지 생각해보세요.

❸ 동그란 모양의 종이상자를 보고 나서 동그란 종이와 플라스틱 상자 중에서 비슷한 것을 고르라고 하면 당신은 어느 것을 고르겠습니까? 재질과 형태 중 어느 것에 주목할지를 결정할 때 근거로 삼는 요인이 무엇인지 생각해보세요.

**참고문헌**

柏木惠子・北山忍・東洋編(1997)『文化心理学 − 理論と実証』東京大学出版会

● 日本ではじめて文化心理学の理論的枠組みと実証的研究を幅広く取り上げた専門書である。「文化心理学の理論」「文化心理学の実証的研究」「認知と実践」の3部構成になっており、それぞれについて文化心理学とは異なる立場の研究者からのコメントが加えられている。文化心理学の成り立ちや今後の課題について、理解を深めるのに役立つ構成になっている。

ニスベット，R. E. ／村本由紀子訳(2004)『木を見る西洋人　森を見る東洋人 − 思考の違いはいかにして生まれるか』ダイヤモンド社

● 古代ギリシャや古代中国の社会の成り立ちや哲学・思想の違いから説き起源をわかりやすく解説している。アメリカでも広く読まれ、評判となった著書の邦訳である。

鈴木孝夫 (1973)『ことばと文化』岩波書店

● 「ことばと文化」の関係についての社会言語学的考察であるが、豊富な事例に裏打ちされており、文化と認知の問題に関心をもつ心理学者にとっても多くの重要なヒントが含まれている。特に「人を表すことば」に関する考察は、非常に興味深い内容になっている。言語相対性仮説に関しては、同著者の『日本語と外国語』(1990年、岩波書店) が参考になる。

# 18

## 미디어정보와 사회인식

### 미디어효과이론의 발전

우리가 중요한 사회문제로 생각하거나 뉴스 안팎의 사회정세에 관해 갖게 되는 인식은 직접적인 경험보다는 신문이나 TV 등 미디어 보도에 의존하는 부분이 크다. 뉴스뿐 아니라 드라마나 영화, 소설 같은 픽션도 현실사회에 대한 우리의 인식에 영향을 미친다. 미디어정보가 현실을 반영한다고는 하지만, 무엇을 보도할지에 대한 선택과정이 포함되어 있기 때문에 어느 정도 왜곡이나 편견의 개입을 피하기는 어렵다. 이 장에서는 미디어정보가 우리의 사회인식에 어떤 영향을 미치는지를 설명하는 주요 매스컴이론과 연구성과를 소개한다.

아키하바라 살인사건 현장 – 2008년 6월 8일

# 1절. 미디어환경과 매스컴이론의 변천

## 미디어환경의 변화

인터넷이 발달하면서 우리의 미디어환경은 크게 변화하고 있다. 지금까지 사회정세의 주요 정보원이었던 신문이나 TV의 사회적 역할도 변화의 압력을 받고 있다. 신문구독자는 계속 감소하고 있으며 특히 젊은층의 이탈이 눈에 띈다. TV시청시간은 아직 그 정도로 빠르게 변화하고 있지는 않지만, 방송과 채널이 늘어나면서 TV를 시청하는 방법도 다양해지고 있다. 신문사나 통신사는 뉴스사이트를 만들고 TV나 라디오 프로그램은 인터넷에서 동시에 방영되며, 동영상 공유사이트도 일반화되었다. 세상에 존재하는 모든 정보를 인터넷을 통해 얻을 수 있는 시대가 된 것이다. 그러나 인터넷 이용은 개인차가 커서 많은 사람들이 공유하는 사회정보는 여전히 신문이나 TV 등의 매스미디어에 의존하고 있다(화제의 연구 18-1 참조). 인터넷이용률이 높은 대학생은 각종 정보를 주로 인터넷을 통해 얻지만, '취미나 오락' 이외의 '사건·사고', '정치나 사회정세', '해외토픽이나 화제의 사건' 등 사회정보에 대해서는 대다수 사람들에게 아직까지 TV가 주요 정보원이다(그림 18-1). 이 장에서는 미디어효과에 관한 매스컴이론의 변천을 간단히 살펴보고, 미인터넷을 첫 번째 정보원으로 꼽는 사람들이 늘고 있다. 인터넷에서 얻는 정보는 뉴스 같은 사회정보부터 쇼핑이나 취미 등의 생활정보까지 다양하다. 우리는 구글이나 야후 등의 검색사이트를 자주 이용한다. 이때 빼놓을 수 없는 것이 검색어이다. 검색어를 적절하게 지정해야 원하는 정보에 접근할 수 있다. 검색어를 지정하는 것은 이용자 자신이므로 정보도 당연히 자신의 관심이나 입맛에 맞는 것을 고르게 된다(선택적 접촉). 우리 마음속에는 자신을 편드는 경향, 즉 사회적 승인욕구가 있기 때문에 자기의 선호와 다른 정보를 접할 확률은 필연적으로 낮다. 정보처리능력에서 오는 제약도 무시할 수 없다. 이론상으로는 다양한 정보를 접할 수 있다고 하지만, 실제로 우리가 인터넷에서 손에 넣는 정보는 질과 양 모두 제한적이기 쉽다.

인터넷에서 제공되는 뉴스도 예외는 아니다. 화면의 톱을 장식하는 뉴스는 검색횟수를 우선으로 결정되며, 검색순위를 공개하는 사이트도 있다. 그러나 많이 읽은 뉴스가 빈번하게 게재되는 구조는 저널리즘의 본질과는 맞지 않는다. 내용은 같아도 인쇄판과 온라인에서 읽히는 뉴스가 다르다는 연구결과도 있다. 툭스베리와 알트하우스(Tewksbury & Althaus, 2000)에 의하면 온라인 접속집단은 비공개 뉴스를 더 많이 본다고 한다. 이용자 측이 통제할 수 있게 되면서 종래의 뉴스접촉과는 다른 패턴이 나타나고 있는 것이다. 더구나 신문사사이트나 포털사이트의 뉴스는 인터넷게시판이나 블로그에서 '기사거리'로 다루어지면서 계속 증폭된다. 이러한 행위 자체는 '공론의 사론화'로도 볼 수 있으며, '공적 분위기'를 고려해서 쓴 '개인의 의견'이 댓글의 도움으로 '공론'으로 착각되는 일이 일어나기도 한다.

휴대전화의 인터넷기능은 이제 컴퓨터와 동일한 기능으로 바뀌었다. 그러나 이용실태에서는 차이를 보인다. 예를 들어, 검색어의 내용을 분석한 아이랩사에 의하면 '컴퓨터 사용자는 정보를 비교·검토'하지만, 휴대전화 사용자는 '단일 단어로 충동적으로 검색하여 하나의 답을 구하는 경향'이 있다고 한다(有吉, 2007). 휴대전화를 통한 인터넷 사용이 늘어날수록 자신의 선호는 한층 강화되고, 다른 사람에 대한 관용은 점점 낮아질지도 모른다.

[가와우라 야스유키]

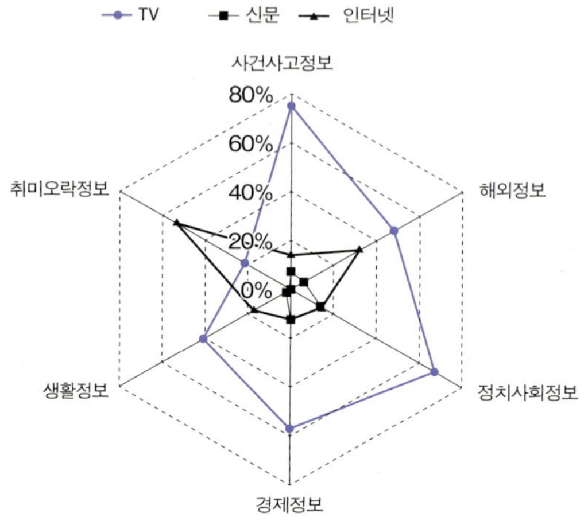



2009년 수도권 5개 대학의 학생 1,152명을 대상으로 'TV', '신문', '잡지', '인터넷', '가족, 친구, 지인', '기타', '관심이 없다', 7개 중에서 각 분야의 주요 정보원을 조사하였다. 인터넷 선택 비율이 높은 '취미오락정보'를 제외하고는 TV가 여전히 중요한 정보원의 역할을 하고 있다.

디어정보가 사람들의 사회인식에 미치는 영향에 관한 연구를 신문과 TV를 중심으로 소개하도록 하겠다.

## 한정효과이론의 수정

신문, 라디오, 영화가 일상생활에 침투하기 시작한 20세기 초반부터 1930년대까지는 매스미디어가 전하는 메시지가 사람의 태도나 행동을 마음대로 움직일 만큼 큰 힘을 갖고 있었고 그러한 생각이 지배적이었다. 그러나 1940년대 미국 대통령 선거에서 실시된 유권자조사(Lazarsfeld et al., 1944)를 계기로 매스미디어의 힘이 그 정도로 강하지는 않다는 한정효과이론(limited effect theory)이 우세하게 되었다. 즉, 의사소통과정에서 오피니언 리더의 영향력이나 사회관계의 중요성을 밝힌 2단계 소통흐름(two-step flow of communication)과, 사람은 자신의 지식이나 태도에 부합하는 정보에 접촉하고 그렇지 않은 정보에의 접촉을 회피하는 경향이 있다는 선택적 노출(selective exposure)현상에 주목하면서, 매스미디어가 사람의 태도나 행동을 변화시키기보다는 보완하는 방식으로 작용한다는 의견이 일반화되었다(Klapper, 1960). 그러나 TV가 보급되기 시작한 1960년대 후반 이후에는 사람들의 태도나 의견을 형성하는 데 매스미디어가 제한적이긴 하지만, 비교적 큰 영향력을 발휘한다는 방향으로 한정효과이론이 수정되었다.


## 2절. 의제설정이론

맥콤스와 쇼(McCombs & Shaw, 1972)는 1968년 미국 대통령선거에서의 미디어의 의제설정(agenda-setting)기능을 연구하여 매스미디어 연구의 주제를 시청자의 태도에서 인지로 옮겨놓았다. 이들의 연구는 한정효과이론의 흐름을 바꾸었고, 매스미디어의 강력한 효과에 대한 새로운 관점을 이끌어냈다. 이들은 노스캐롤라이나 주 차펠힐의 유권자를 대상으로 정부가 해야 할 문제에 대해 유권자가 얼마나 중요하다고 생각하는지(공중의제)와 신문, 뉴스주간지, TV전국뉴스 등 미디어가 다루는 쟁점(미디어의제)이 얼마나 보도되고 있는지를 측정했다. 그 결과, 이 둘 사이에 매우 높은 정적 상관관계가 있음이 발견되었다. 즉, 매스미디어에서 어떤 쟁점이나 토픽을 강조하면 할수록 그 쟁점이나 토픽에 대한 사람들의 중요성 인식도 높아진다는 미디어 의제설정효과가 나타난 것이다. 한정효과이론과는 대조적으로 의제설정이론은 '어떻게 생각하는가'가 아닌 '무엇에 대해 생각할 것인가(what to think about)'에 미디어가 큰 영향력을 미친다는 점을 시사하고 있다.


### 의제설정연구의 과제

주요 쟁점에 대해 매스미디어가 강조하는 정도를 독립변수로 하고, 각 쟁점의 중요성에 관한 사람들의 인식을 종속변수로 하여 수행된 의제설정연구는 실증적 연구결과가 축적되면서 측정방법이나 이론이 다음과 같이 정교화되었다.

'자각모델'은 미디어가 보도한 쟁점이 모두 인식된다고 보는 반면, '현저성모델'은 보도가 역치를 넘겨야 인식이 일어난다고 가정한다. '우선순위모델'은 각 쟁점에 관한 보도순위가 시청자 또는 청취자의 중요성 인식순위와 대응관계에 있다고 가정한다.

1) 종속변수인 공중의제의 측정에 관해서는 각 개인이 중요한 쟁점이라고 인식하는 '개인 내 의제(intrapersonal agenda)', 어느 쟁점이 일상대화 속에서 화제가 많이 되고 있는지를 다루는 '개인 간 의제(interpersonal agenda)', 일반인이 중요하다고 지각하는 '공중의제(perceived public agenda)' 등 다양한 개념이 도입되었다.

2) 미디어의 의제설정효과가 어느 수준에서 일어나는지를 설명하기 위해서 ① 자각모델(awareness model) ② 현저성모델(salience model) ③ 우선순위모델(priority model)의 세 가지 모델이 제안되었다(그림 18-2). 자각모델은 매스미디어가 특정 쟁점을 다루는 것에 의해서 쟁점에 대한 사람들의 자각이 일어난다고 주장한다. 현저성모델은 매스미디어에서 특히 강조하는 쟁점만이 역치 수준을 넘겨 시청자에게 중요한 쟁점으로 인식된다고 본다. 우선순위모델은 여러 쟁점 중에서 미디어가 정하는 우선순위가 그대로 시청자가 인식하는 우선순위로 전이된다고 가정한다.

3) 독립변수인 미디어의제와 관련해서 신문과 TV 가운데 어느 쪽이 더 강한 의제설정효과를 불러일으키는지에 대한 논쟁은 아직 명확한 결론이 나지 않은 상

태이다. 다만, 신문과 TV의 효과는 시간범위에서 차이가 있다고 알려져 있다. 신문이 비교적 긴 기간에 걸쳐 공공의제의 골격을 만들고 다양한 쟁점의 우선순위 인식에 영향을 미치는데 비해, TV는 즉각적인 의제설정효과를 일으키고 여러 쟁점을 부각시키는 효과가 있다. 또 신문은 개인 내 의제, TV는 개인 간 의제에 강한 영향력을 발휘한다는 연구결과가 있어서 미디어 간 의제설정기능에서의 차이도 지적되고 있다.

### 2단계 의제설정

과거의 의제설정연구는 어떤 쟁점이 다루어지는지에는 주목하면서도 그 쟁점이 선택되는 과정에 대해서는 다루지 않았다. 그러나 연구가 점점 진행되면서 쟁점의 속성까지 파고 들어가서 의제설정효과를 밝히려는 새로운 연구동향이 생겨났다. 쟁점 전체의 부각을 다루는 과거의 의제설정연구를 1단계 이론이라고 한다면, 쟁점의 속성에 의한 하위쟁점 수준의 의제설정효과를 '2단계 의제설정(the second level of agenda setting)' 혹은 '속성의제설정(attribute agenda setting)'이라고 한다(다케시타, 2008). 이것은 '무엇에 대해 생각하는가(what to think about)'라는 종래의 의제설정 연구과제에서 특정 쟁점에 대해 '어떻게 생각하는가(how to think about it)'로 방향을 전환함으로써 적용영역을 확장하려는 시도라고 볼 수 있다.

특정 쟁점의 어떤 측면이 중시되는지를 다루는 연구는 뒤에 설명할 틀(framing) 개념과 아주 유사하다. 맥콤스와 쇼(McCombs & Shaw, 1993)는 속성의제설정을 틀과 거의 동일시하고, 틀효과가 의제설정연구의 패러다임에 포함된다고 주장했다. 그러나 저널리즘 입장에서 틀 문제를 다루어온 연구자들은 의제설정 관점에서 틀을 토픽이나 속성으로 환원해서 다루는 것에 대해 강하게 반발하고 있다.

틀(framing) 연구는 미디어가 쟁점이나 사건을 어떤 체계로 보도하는지, 그리고 그 것이 사람들의 현실인식과 어떤 연관이 있는지를 연구한다. 이 분야의 연구자들 은 미디어 틀(media frame)이 청중 틀(audience frame)을 설정해서 해당 쟁점이나 사건에 대한 사람들의 인식과 태도에 영향을 미친다고 가정한다. 그러나 미디어 틀의 영 향을 검증할 때 청중 틀을 무시하고 직접 틀효과를 측정하는 경우가 많다. 즉, 해 당 문제에 대한 청중의 정의나 이해방법을 검증하지 않고 문제에 대한 태도나 평 가만을 종속변수로 측정하고 있는 것이다.

12장에서 소개한 트버스키와 카너먼(Tversky & Kahneman, 1981)의 전염병대책에 관한 의사결정과제에서 '살릴 수 있다'는 이득의 강조는 위험회피적 선택을 촉진 시키는 반면에 '죽을 수 있다'는 손실의 강조는 위험추구적인 선택을 일으키는 틀 효과를 보였다. 이는 뉴스를 연구대상으로 한 것은 아니지만, 동일한 상황인데도 표현방법에 따라 다른 판단 틀이 작동될 가능성을 보여주는 사례이다.

미디어 틀의 경우 표준화된 범주가 정해져 있지 않고, 연구목적에 따라 다양 한 틀 세트가 채택된다. 그러나 다음과 같이 특정 쟁점의 보도내용을 개별적이고 구체적인 틀로 개념화하는 쟁점 틀(issue frame)과, 특정 쟁점이 아니고 뉴스 전반에 적용가능한 보편성이 높은 뉴스 틀(news frame)로 구분할 수 있다(Nelson & Willey, 2001).

## 쟁점 틀

오히라(2007)는 2004년 초 조류독감에 관한 TV보도를 분석하고 사람에게 감염될 위험을 의미하는 '감염성', 양계업자들에게 막대한 피해를 주는 '경제적 손실', 닭 고기나 달걀 가격의 안정성 등 생활과 관련된 '식품', 방역을 위한 규범준수 등의 '윤리'라는 네 가지 쟁점 틀을 설정했다. 이들을 2단계 의제설정의 하위쟁점으로 설정할 수도 있었지만, 특정 보도내용의 분석을 기초로 사후 쟁점 틀로 사용하는 경우에는 범용성이 부족한 틀이 설정될 가능성이 높다. 한편, 노이만 등(Neuman et al., 1992)은 '대립', '도덕성', '경제', '무력감', '인간에 대한 영향' 등 다섯 개의 틀을 정치, 경제, 국방, 사회문제 등 다양한 쟁점에서 사용되는 공통 틀로 설정했다. 이밖에도 '갈등', '인간적 흥미', '경제효과', '도덕성', '책임' 등을 공통 틀로 해서 범용성이 높은 뉴스 틀을 선정하려는 움직임이 있지만(Semetko & Valkenburg, 2000), 무엇을 표준 틀로 할지에 대한 합의는 아직 이루어지지 않은 상태이다.

어떤 틀로 보도하는지에 따라 보도대상에 대한 인식이나 평가가 달라질 것이라는 예측은 누구나 쉽게 할 수 있다. 예를 들어, 2005년 9월 고이즈미 총리는 우편민영화법안이 참의원에서 부결된 것을 계기로 중의원을 해산하고 총선을 치렀다. 당시 법안에 반대하는 상대 후보에 대항하기 위해 내세운 찬성파 후보는 '자객'으로 불렸고, '저항세력'과 '개혁파'의 대립이라는 틀로 많이 보도되었는데 이것이 자민당 압승의 한 가지 원인이 되었다고 한다. 또 틀효과를 검증하는 실험에서도 목적에 따라 틀을 조작하는 경우가 많다. 넬슨 등(Nelson et al., 1997)은 미국의 인종차별주의자 KKK단의 집회를 '사회질서의 붕괴'가 아니라 '발언의 자유라는 권리행사'로 보도하면 KKK단에 대한 허용도가 높아진다는 것을 발견했다. 또한 킨더와 샌더스(Kinder & Sanders, 1990)는 흑인에 대한 적극적 차별시정조치(affirmative action)를 '백인에 대한 역차별'이라는 틀로 제시할지 '흑인에 대한 부당한 이득'이라는 틀로 제시할지에 따라 그 대책에 대한 백인의 지지가 바뀐다는 것도 밝혔다.


## 뉴스 틀

아이엔거(Iyenger, 1991)는 모든 뉴스에 적용할 수 있는 범용성 높은 뉴스 틀로 일화형 틀(episodic frame)과 주제형 틀(thematic frame)을 제안했다. 이것은 보도의 내용보다 형식에 따라 구분한 것이다. 예를 들어, 빈곤이라는 사회문제를 다룰 때 노숙자나 저소득층 개인의 어려움을 구체적으로 그리는 것은 일화형 틀이고, 경제상황을 보여주는 통계자료나 정부의 고용정책 등 일반적이고 추상적인 관점에서 문제를 묘사하는 보도는 주제형 틀이다. 물론 실제로는 양쪽의 요소가 모두 포함되는 경우가 대부분이지만, 영상을 중심으로 하는 TV뉴스는 신문에 비해 일화형 틀에 의존하는 정도가 더 크다. 아이엔거는 일화형 뉴스 틀이 사회문제의 원인이나 책임을 사회구조보다 개인에게 돌리는 귀인편향을 일으킨다는 것도 실험을 통해 밝혀냈다.

카펠라와 제이미슨(Cappella & Jamieson, 1997)은 전쟁이나 게임용어를 이용해서 누가 우세하다는 등 대립을 강조하는 미국의 선거보도에 착안해 전략형 틀(strategic frame)이라는 용어를 제안했다. 이러한 전략형 틀에 의한 정치보도는 후보자별 정책차이에 초점을 맞춘 쟁점형 틀(issue frame)에 비해 정치가나 미디어에 대한 불신을 높이고 정치적 냉소주의(cynicism)를 증가시킨다.


## 4절. 배양이론


의제설정이나 틀효과가 신문이나 뉴스보도의 영향에 관한 것이라면 거브너(Gerbner G.)의 배양이론은 미국 전역에 널리 침투하여 사회화를 담당하고 있는 TV의 역할에 주목했다. 거브너의 배양이론(cultivation theory)은 주로 드라마나 만화 등의 픽션세계를 분석해 '장시간 TV를 시청하는 사람은 TV에서 반복되는 장면의 영향을 받아 현실세계를 인식하는 경향이 있다'는 가설을 검증했다. 실제 사건을 보도하는 뉴스도 무엇을 어떻게 전달할지 결정하는 과정에서 일종의 왜곡이나 편향이 개입되는 것을 피하기 어렵다(화제의 연구 18-2 참조). 뉴스보다 제작자의 재량이 훨씬 큰 드라마나 만화 등의 픽션에서는 현실과 유리된 세계가 제시될 가능성이 더 높을 수밖에 없다.


### 문화지표프로젝트

배양이론은 1960년대 중반 미국 펜실베이니아대학에서 시작된 문화지표프로젝트(cultural indicators project)에서 나왔다. 이 프로젝트는 다음 세 가지 주제를 중점적으로 연구하기 위해 시작되었다. ① 매스미디어 제작에 영향을 미치는 과정, 압력, 제약이 무엇인지 해명하려는 '제도과정분석(institutional process analysis)', ② 미디어 메시지에서 나타나는 이미지, 사실, 가치 및 교훈이 무엇인지 검토하는 '메시지체계

희생양이라는 단어는 고대 유대인의 속죄의식에서 유래했다. 두 마리 양을 끌고 나와 한 마리는 신의 제물로 바치고, 한 마리는 인간의 죄를 대신하여 황야로 추방했는데, 후자를 희생양(scapegoat)이라고 불렀다. 희생양은 개인이나 집단의 공격 에너지가 특정 개인이나 집단으로 집중되는 현상이다. 비난이나 공격이 정당한 지의 여부도 확인하지 않고 일어날 때가 많다. 특히 많은 사람이 사망하는 재해 나 사고가 발생하고 그 원인이 분명하지 않을 때, 책임의 소재를 따지는 과정에 서 희생양이 발생하곤 한다.

그런데 흥미로운 사실은 시간이 지나면서 매스컴의 비난이나 공격의 대상 이 여러 번 바뀐다는 것이다. 예를 들어, 1942년 보스턴에서 발생한 나이트클럽 화재사고의 경우 신문의 공격대상이 불을 지른 소년에서 클럽소유자, 소방서, 경 찰, 시의회, 시장으로 확산된 것은 유명한 일화이다. 또 2005년 발생한 JR 후쿠치 야마선의 열차탈선사고에서는 비난의 대상이 기관사, 차장, 야유회와 볼링대회 에 참가한 사원, 사고당일 밤에 술자리에 참석한 국회의원, 차를 난폭하게 운전한 사원, 사원을 구타한 승객, JR에 초밥값을 요구한 아파트주민, JR을 규탄한 신문 기자, 열차운행을 빡빡하게 짠 철도당국, 그리고 사회풍조로까지 점차 확대되어 갔다.

이러한 변화는 수면에 돌을 던졌을 때 물결이 사방으로 퍼져나가는 상황으 로 모델화할 수 있다. 이 모델은 질과 양 모두를 고려한다. 양적인 측면을 살펴보 면 사건 직후에는 충격으로 인해 큰 파문이 발생한다. 진폭의 크기는 공격에너지 의 양인데 이는 신문기사의 수로 알 수 있다. 시간이 경과하면서 진폭은 차츰 작 아진다. 사건발생 1주일, 1개월, 또는 1년이 되는 날이나 새로운 단서가 발견될 때는 기사가 약간 늘어나기도 한다. 그리고 다른 커다란 사건이 일어나면 그 파 동에너지에 의해 소멸된다. 질적 측면은 비난이나 공격의 대상이 변화하는 과정 에서 확인된다. 파문의 중심에 가까이 있을 때는 그 진폭에너지가 좁은 범위(개인) 에 집중된다. 시간의 경과와 함께 파문의 중심에서 멀어지면서 공격대상이 직장 동료, 시스템관리자, 행정당국, 사회, 국가 등으로 확산되어간다. 반면에 개별사 건의 공격에너지는 낮아진다. 공격에너지가 일정 수준 이하로 떨어지면 신문기 사로 실리거나 TV에 보도되는 일도 사라진다.

[구키하라 나오키]

분석(message system analysis)', ③ 이들 메시지가 청중이 생각하는 사회적 현실의 개념에 어느 정도 영향을 미치는지를 측정하는 '배양분석(cultivation analysis)'이다. 그러나 실제로 제도과정분석은 손도 대지 못한 채 프로젝트가 끝났다. 현재는 1967년부터 20년 이상 미국의 3대 네트워크에서 방영된 드라마, 만화, 영화를 1주일분 녹화해서 프로그램, 주요 등장인물, 폭력장면을 대상으로 내용을 분석하고, 이 결과에 의거한 질문항목을 작성해서 TV시청시간이 긴 사람일수록 TV의존적인 응답을 하는지 여부(배양분석)를 조사하고 있다.


## 배양효과

TV에 나오는 주요 등장인물의 절반 이상은 가해자 혹은 피해자로 폭력과 관련이 있으며 폭력장면이 포함된 프로그램도 전체의 80%에 달한다. 미국의 전체 범죄에서 살인, 상해 등의 폭력범죄 비중은 10%에 지나지 않지만, 드라마나 영화 속에서는 폭력범죄의 비율이 70%에 이르고 경찰이나 형사 등 범죄를 다루는 직업에 종사하는 인물의 비율도 실제 직업 통계치를 크게 상회하고 있다. 이처럼 TV의 픽션 세계에서는 폭력이나 범죄장면이 넘쳐난다. 조사에서 장시간 TV를 시청하는 사람들은 폭력범죄의 발생비율과 경찰이나 형사의 수를 실제보다 더 높게 추정하고 사람이 폭력사건에 말려들 가능성을 과대평가한다는 사실이 밝혀졌다.

　TV를 즐겨보는 사람이 TV와 현실의 괴리가 분명한 사안에서 TV의존적인 응답을 한다면 이는 배양효과(cultivation effect)를 보여주는 것이다. 한편, 내용분석이나 통계자료를 통해 쉽게 검증하기 어려운 신념이나 가치규범에서의 배양효과를 다루려는 연구도 진행되고 있다. TV가 '냉혹한 위험으로 가득 찬 세계'를 보여주고 있다면 장시간 TV를 시청하는 사람들은 폭력범죄에 대한 불안감이나 대인불신감이 높을 것이고, 나아가 당국이 권력행사나 강제적 억압정책을 펼 때 쉽게 용인하는 태도를 갖게 되는 배양효과가 나타날 것이다. 전자를 '1순위 배양효과(the first-order cultivation effect)', 후자를 '2순위 배양효과(the second-order cultivation effect)'라고 하는데, TV 시청시간의 효과는 후자의 가치규범보다 전자의 현실인식에서 더 뚜렷하게 나타난다. 배양효과분석은 일본을 비롯하여 미국 등 여러 국가에서 실시되고 있으며 성역할, 정치적 지향, 인종문제 등 폭력 이외의 여러 주제로 확대되고 있다.

## 주류화효과

성별, 연령, 학력, 직업, 소득, 주거지역 등이 다르면 일상생활의 경험이 다르고 이러한 개인적 속성에 의해 사회인식도 달라질 것이다. 그러나 TV정보에 대한 의존도가 높은 장기시청자는 TV가 보여주는 세계가 현실인식을 지배하기 때문에 개인적 속성에 의한 변화가 적고 보다 획일적인 사회인식을 보일 것이다. 이를 주류화효과(mainstreaming effect)라고 하는데, 1980년대 이후로는 배양효과보다 주류화효과의 검증이 배양이론의 중심과제가 되었다.

예를 들어, 그림 18-3은 TV 단기시청자와 장기시청자가 '범죄에 대한 불안은 나에게 아주 심각한 문제이다'라는 질문에 "예"라고 답변한 비율을 응답자의 소득수준별로 나타낸 것이다. 중간 이상의 소득계층에서는 단기시청자보다 장기시청자가 "예"라고 응답한 비율이 높지만, 저소득층에서는 이러한 배양효과가 나타나지 않는다. 그러나 다른 관점에서 보면 단기시청자의 경우 소득이 낮을수록 강한 공포감을 갖는 경향이 확실하지만, 장기시청자는 소득수준에 따른 응답의 차이가 감소하고, 보다 획일적인 인식이 나타나는 주류화효과가 발생한 것을 확인할 수 있다.

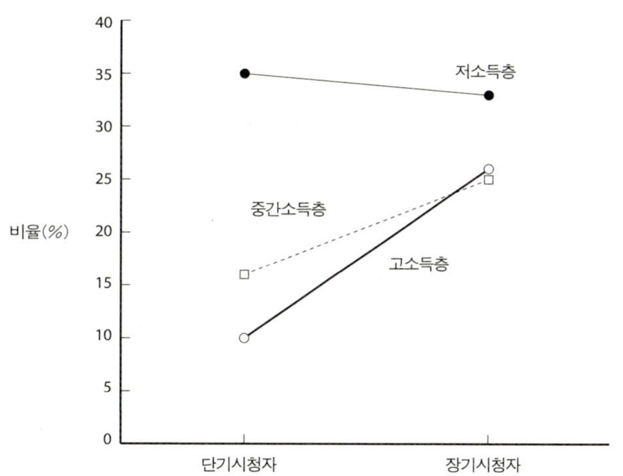

**그림 18-3 주류화효과**



'범죄에 대한 불안은 나에게 아주 심각한 문제이다'라는 질문에 "예"라고 응답한 비율을 보여준다. 저소득층은 단기 및 장기 시청자 간 차이가 없지만, 중간 이상의 소득층에서는 시청시간에 따른 응답의 차이가 나타나고 있다.

(출처) Gerbner et al.(1980)

## 공명효과

주류화효과 이외에도 시청자의 생활이 TV에서 묘사되는 상황과 합치될 때 배양효과가 강해진다는 공명효과(resonance effect)가 있다. 예를 들어, TV의 폭력장면은 교외보다 도시를 무대로 하는 경우가 많기 때문에 교외보다 도시에 거주하는 장기시청자는 '범죄에 대한 불안은 나에게 아주 심각한 문제'라는 인식이 더 강하다 (그림 18-4). 다만, 주류화효과에 비해 공명효과가 발생하는 조건은 아직 명확하게 밝혀지지 않았고 실증적인 증거도 부족하다.

**그림   18-4   공명효과**

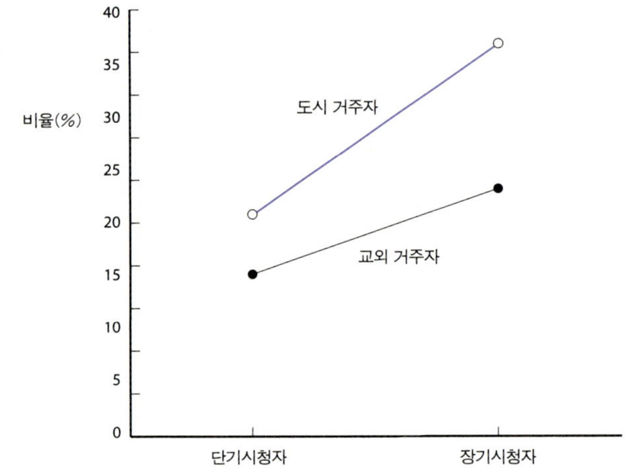


'범죄에 대한 불안은 나에게 아주 심각한 문제이다'에서 "예"라고 응답한 비율을 보여준다. TV드라마의 범죄는 대도시를 배경으로 하는 경우가 많고, 실제로 교외보다 도시에서 범죄가 더 많이 발생하기 때문에 교외 거주자보다 도시 거주자들에게서 TV시청시간에 의한 응답차이가 더 현저하다.

_____ (출처) Gerbner et al.(1980)

**배양이론의 특징**

TV프로그램에는 드라마나 만화 같은 픽션 외에도 뉴스, 다큐멘터리, 음악, 스포츠 등 다양한 장르가 있다. 문화지표프로젝트는 픽션프로그램의 내용을 분석했지만, 배양효과를 검증할 때는 특정 장르의 시청률이 아닌 TV 전체의 시청시간을 설명변수로 삼았다. 따라서 장르별 시청시간을 이용해야 한다는 비판과 함께 특정 프로그램이나 등장인물의 영향을 고려해야 한다는 지적도 제기되었다. 그러나 거브너가 밝히고자 했던 것은 특정 프로그램이나 장르를 넘어 미국 TV프로그램 전체에 흐르는 숨겨진 메시지의 영향, 즉 체제유지 기능이었다. 거브너(Gerbner, 1987)는 배양효과를 다음과 같이 '3B'로 요약했다. TV는 시청자의 개인적 속성에 의한 사회인식의 차이를 '애매하게(blurring) 만들고', 시청자의 인식을 TV가 형성하는 주류로 '혼합하며(blending)', TV의 주류는 방송이나 광고산업의 상업적 윤리를 토대로 형성되는 것이므로 결과적으로 TV는 시청자의 사회인식을 산업의 이해관계에 '종속시키는(bending)' 기능을 한다.


# 5절. 미디어 고정관념


## 고정관념에 대한 관점

거브너의 문화지표프로젝트는 드라마나 만화의 주요 등장인물을 상세하게 분석하여 TV가 보여주는 세상의 인구학적 구성이 현실과 괴리가 있다는 것을 보여주었다. 예를 들어, 앞에서 설명했듯이 TV에 경찰이나 형사가 실제 이상으로 많이 등장하는 것 때문에 장기시청자는 단기시청자보다 경찰이나 형사의 수를 과대추정하게 된다. 이처럼 배양효과분석은 TV에서 보여주는 인물표상이 현실인식을 왜곡시킬 가능성이 있음을 시사하는데, 이를 고정관념으로 설명하는 관점은 아직 없다. 한편, 최근 사회심리학의 고정관념 연구는 그 내용보다 고정관념의 형성, 유지, 변화의 인지적 메커니즘을 규명하는 데 초점을 맞추고 있다(16장 참조). 많은 사람이 공통적으로 인식하는 것을 고정관념의 요건으로 볼 때, 미디어정보의 영향을 무시할 수는 없겠지만 그것을 고정관념의 주요 요인으로 이론화하려는 움직임은 아직 나타나지 않고 있다.


## 연구대상이 되는 인물의 특징

TV에 등장하는 인물이나 광고캐릭터를 분석할 때 인물표상의 왜곡이나 편향을 고정화시키는 고정관념으로 비판받는 경우가 많은데, 현실과 유리된 모든 인물표상이 비판의 대상이 되는 것은 아니다. 그러나 그것이 현실의 편견이나 차별로 연결될 가능성이 있으면 이러한 미디어표상은 문제가 되고, 비로소 연구대상으로 도마에 오르게 된다. 미국에서는 소수인종이나 민족, 성별의 묘사가 주요 연구주제가 되는데, 1960년대 후반의 공민권운동(civil right movement)과 1970년대 중반의 페미니즘운동이 계기가 되어 연구가 활성화되었다. 일본도 1975년 '국제부인의 해'를 계기로 성 고정관념에 관한 연구가 활발해졌지만, 인종이나 민족에 대한 고정관념 연구는 크게 증가하지 않고 있다. 또 문화적 배경이 다른 이민자들로 구성된 미국은 외국인이라는 미디어표상이 거의 없지만, 일본은 자국 이외의 출신자를 모두 외국인으로 범주화하는 경향이 강하다.


## 성차<sup>(性差)</sup>

TV드라마에 나오는 주요 등장인물의 남녀비율은 장르에 따라 차이가 있지만, 미국의 경우 1970년대 전반까지는 3:1 정도였고 그 후에도 2:1의 비율로 남자가 더 많다고 한다. 1977년부터 1994년까지의 일본드라마를 분석한 결과에서도 남성이 70%, 여성이 30%라는 분명한 격차가 발견된다(이와오, 2000). 등장인물의 남녀 연령구성을 보면 대부분의 여성은 20대에서 30대 전반의 젊은 층에 집중되어 있는데 비해 남성은 그보다 열 살 정도 더 많다(그림 19-5). 또 여성은 상대적으로 젊을 뿐 아니라 나약하고 미성숙한 인물로 묘사되는 경우가 많다. 프로그램에서 여성 등장인물의 대다수는 결혼 여부나 자녀의 유무를 상세히 묘사하면서, 남성의 경우에는 절반 가까이 결혼이나 자녀가 있는지 여부를 밝히지 않고 있다. 직업을 가

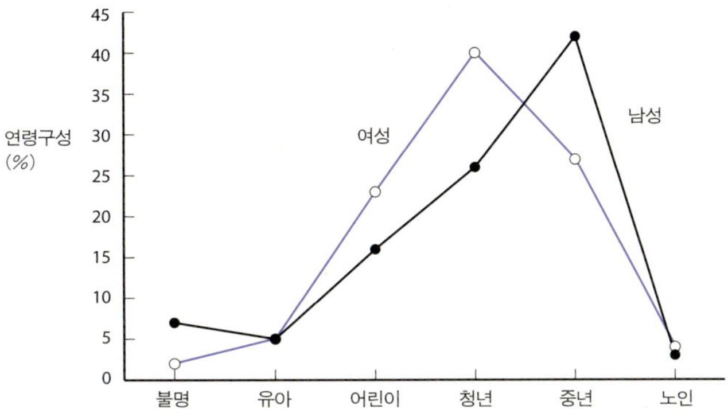


1977년부터 2004년까지 TV드라마에 등장하는 주요 인물의 연령구성을 나타내고 있다. 남성은 중년층이 가장 많고, 여성은 젊은층의 비율이 현저하게 높다.

___ (출처) 이시오(2000)

진 여성의 비율도 남성에 비해 낮고 직종도 한정되어 있다. 기혼여성이 가정생활과 직업을 잘 양립하고 있는 역할을 보여주는 경우는 아주 드물다. 광고에서도 여성은 소비자로 등장하는 경우가 많고 남성은 관리자로 등장한다. 심지어 여성용 제품에서도 남성은 권위를 가진 인물로 묘사된다. 젊음이나 건강이 강조되는 TV광고에 고령자가 기용되는 일은 드물다. 광고모델의 연령분포를 보면 드라마 이상으로 청년층의 비중이 높고, 특히 젊은 여성이 광고계를 석권하다시피 하고 있다(그림 18-6).

현실에서 여성의 역할은 시대와 함께 크게 변했고 TV도 이것을 반영하려고 시도한다. 그러나 위와 같이 TV프로그램의 내용을 분석한 결과를 보면 미국과 일본 모두 여전히 어느 정도는 고정된 성차별 경향을 보인다. '남성은 실력, 여성은 외모나 태도'라는 과거의 가치관이나 '남성은 직장, 여성은 가정'이라는 전통적인 성역할, '아름다움, 정숙함, 절제된 태도, 수용성' 등 여성스러움에 관한 고정관념의 잔재는 남성 중심의 프로그램 제작현장에 아직 강하게 남아 있어서 그에 대한 비판의 목소리도 높다.

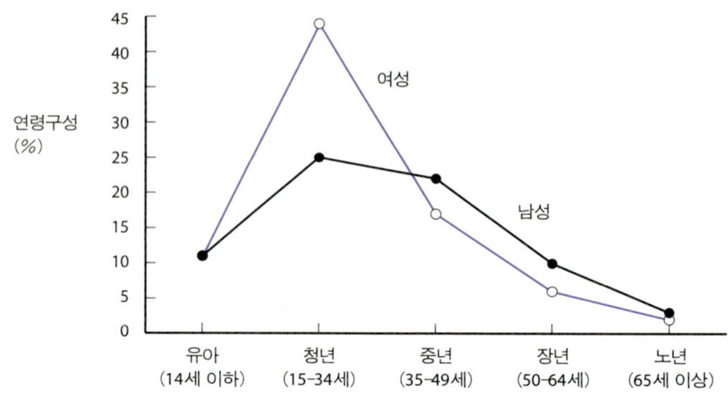



1997년과 2007년의 TV광고(총 2972편)에 등장한 남성과 여성의 연령대별 비율을 나타내고 있다. 남녀 모두 청년층의 비율이 높고, 특히 젊은 여성이 나오는 광고가 눈에 띄게 많다.

___ (출처) 萩原 등(2008

## 소수 인종 및 민족

미국의 TV드라마에서 흑인에 대한 묘사는 시대가 흐르면서 크게 변화했다. 1960년대까지 흑인은 대부분 운전기사나 가사도우미 역할로 등장하거나, 지위가 낮고 게으르며 신뢰할 수 없고 지적이지 않은 이미지가 강했다. 그러나 1970년대 들어 변화가 일기 시작하여 1980년대 이후에는 범죄자나 사회이탈자로 묘사되는 비율이 줄었다. 드라마에서 흑인이 차지하는 비율도 서서히 증가해서 1990년대에는 약 11%로 현실과 거의 비슷해졌다. 그렇지만 흑인의 역할은 프로그램 장르에 따라 다르다. 코미디에서는 백인과 지위가 비슷해졌지만, 범죄드라마에서는 여전히 백인이 성공하는 주인공으로 나온다. 요즈음에는 미국사회에서 존재감이 높아지고 있는 중남미 출신자에 대한 묘사가 문제가 되고 있다.

## TV광고에 등장하는 외국인이미지

일본의 통신위성방송이나 케이블TV에는 외국드라마나 뉴스전문방송국이 있어서 외국어방송이 방영되고 있지만, 지상파 TV프로그램이 외국관련 정보를 내보내는 경우는 뉴스, 다큐멘터리, 예능 등 논픽션에 한정되어 있다. 외국에서 제작한 드라마나 영화를 제외하면 일본이 자체 제작한 드라마에서 외국을 무대로 하거나 외국인이 주요 역할을 맡는 것은 거의 찾아볼 수 없다. 다만, 일본의 TV광고에는 외국의 이미지가 폭넓게 사용되고 있다. 광고는 뉴스나 다큐멘터리와는 달리 외국을 무대로 하고 모델도 외국인이 등장한다. 그러나 국명이나 국적은 거의 표시하지 않는다. 광고의 무대가 되는 장소는 대부분 미국이나 유럽을 연상시키며, 등장인물도 흑인이나 동양인보다 백인이 압도적으로 많다. 즉, 외국의 이미지라고 해도 대부분이 서양을 의미한다. 특히 자동차광고는 서양이미지 의존도가 매우 높아서 국산차임에도 서양풍의 이름을 짓고 예외 없이 알파벳으로 표기한다. 이 밖에도 서양이미지 의존도가 높은 상품이나 업종은 '의류·장식품', '정밀 사무기기'이며 반대로 '약품', '주택·건강', '화장품·세제' 광고에는 이국적인 요소가 적다(萩原, 2004). 아무래도 고급스러움이나 아름다움, 앞서가는 인상을 줄 목적으로 일상과는 거리가 먼 서양이미지를 많이 사용하는 것 같다. 한편 중국, 한국, 태국 등을 무대로 하는 광고가 늘고 있지만 대부분 '식품'에 제한되어 있다. '식품'광고뿐만 아니라 동양을 무대로 하는 광고에는 먹거나 마시는 장면이 많다. 서양이미지와는 달리 동양이미지는 고급스러움보다는 서민적인 느낌, 새로움보다는 회고적인 정서를 전달할 때 많이 사용된다.


### 드라마와 고정관념

경찰이 용의자를 취조하거나, 법정에서 검사나 변호사가 설전을 벌이는 광경, 구치소 내의 수형자 생활 등 실제 경험한 적이 없는 상황임에도 불구하고 우리는 쉽게 그 사람들의 복장이나 언행을 상상할 수 있다. 이는 형사드라마나 법정드라마에서 자주 보는 장면으로 많은 사람이 공유하고 있는 지식이다. 상황에 관한 상세한 설명을 생략하고 시청자의 이해를 쉽게 하기 위해 연출상의 테크닉으로 고정관념 영상이 이용되는 일도 흔하다. 또 조역은 '열혈교사', '극성엄마', '악덕상인' 등 고정관념과 일치하는 배역이 많지만, 주역은 고정관념에서 벗어난 복장이나 언행으로 개성을 돋보이게 만드는 연출도 적지 않다.

　이처럼 드라마나 영화를 제작하는 과정에서 고정관념이 폭넓게 이용되고 있지만, 시청자는 제작자가 설정한 고정관념의 이미지가 아니라 등장인물의 구체적인 모습을 본다. 드라마의 등장인물을 분석할 때는 성별, 연령, 직업 등 다양한 속성을 파악해서 '여성', '젊은이', '변호사' 등의 범주, 혹은 '젊은 여성', '여성변호사', '젊은 여성변호사' 등 하위범주의 특징을 찾는다. 그러나 시청자는 TV프로그램을 볼 때 특정 범주에 속하는 인물의 특징을 의식적으로 찾아보지는 않는다. 즉, 평균적인 '여성변호사' 상을 그려보는 것이 아니라 그 프로그램에 등장하는 특정 인물을 보는 것이다. 드라마나 영화의 고정관념이 시청자의 사회인식과 어떻게 연관되는지를 밝히는 것이 앞으로의 주요 연구과제이다.

❶　영상이나 음성이 중심인 TV뉴스와 문자정보가 중심인 신문뉴스에는 어떤 차이가 있을까요? 각 보도내용의 공통점과 차이점, 시청자나 청취자가 뉴스를 받아들이는 방법, 이해의 방식 등에 초점을 맞춰서 TV와 신문의 특성 및 차이에 대해 생각해보세요.

❷　정치가의 연설, 유권자의 해설, 일반인의 거리인터뷰 등 말의 일부를 짧게 편집해서 뉴스에 방송하는 것을 사운드 바이트(sound bite)라고 합니다. 사운드 바이트의 특징은 무엇일까요? 예를 들어, 월급쟁이, 주부, 노인 등 대상의 연령·성별·직업적 속성에 따라 인터뷰의 상황설정에서 차이가 있는지 실제 뉴스를 보면서 확인해보세요.

**참고문헌**

竹下俊郎(2008)『増補版メディアの議題設定機能 ― マスコミ効果研究における理論と実証』学文社

● 議題設定の理論的背景と筆者自身が行った実証研究を取り上げるだけでなく、他の理論との関連性や相違点を要領よく綿密に紹介しており、マスコミ理論の格好の入門書ともなっている。初版は2008年の発行だが、2008年に「議題設定とフレーミング」「議題設定研究における2つの重要問題」という2章を加えた増補版が刊行された。

カペラ、 J. N. ・ジェイミソン， K. H /平林紀子・山田一成監訳(2005)『政治報道とシニシズム-戦略的フレーミングの影響過程』ミネルヴァ書房

● 候補者の対立や勝敗予想を主とした政治報道のスタイルがアメリカにおける政治不信やシニシズムを助長するという仮説を具体的に検証した一連の実験てき研究をくわしく紹介している。

萩原滋・国広陽子編(2004)『テレビと外国イメージ―メディア・ステレオタイピング研究』勁草書房

● 『ここがヘンだよ日本人』というバラエティ番組のほか、2002年の日韓共催のFIFAワールドカップとテレビCMを素材として、外国・内国人イメージの形成におけるテレビの役割を実証的に検証する。

## 1장　인지심리학의 역사와 주제

❶ 수렴조작의 사례를 찾아보세요.

❷ 오랜 훈련을 통해 특정 영역이나 문제에서 현저하게 뛰어난 능력을 보이는 사람의 사례를 찾아보세요.

❸ 눈앞에 있는 것을 자세하게 살펴보지 않고 지식이나 편견만으로 추론하는 경우가 없는지 생각해보세요.

## 2장　시각인지

❶ 기계가 재인할 수 있는 것과 전문성, 지식, 생각이 필요한 재인을 구별해서 생각해보세요. 예컨대, 달마시안 그림(그림 2-10)을 볼 때, 상향처리로는 무슨 그림인지(어디에 개가 있는지) 이해하기 어렵습니다. 그러나 개가 있다는 것을 알거나 그런 정보를 제공받고 나면 하향처리가 일어나면서 개의 모습이 보입니다. 게다가 일단 인식이 일어나면 상향처리는 더 이상 불가능합니다.

❷ 맹점은 망막의 중심와에서 귀쪽으로 약 15도 정도 벗어난 위치에 있습니다. 맹점의 크기는 5도 정도입니다. 지각자와 약 60센티미터 떨어진 시각장에 제시된 약 1센티미터 크기의 자극의 크기는 약 1도입니다.

❸ 움직임을 표현할 때 천천히 움직이는 대상과 빠르게 움직이는 대상을 묘사하는 방법은 다릅니다. 정지된 화면에서 움직임을 표현하는 방법으로는 만화에서 많이 이용되는 모션라인이나 액션라인 같은 것이 있습니다.

## 3장　감성인지

❶ 감각이나 지각의 요소가 되는 형용사나 부사를 생각해보세요. 광택감뿐만 아니라 반짝거리는, 촉촉한, 매끈한 등, 감각양상에 따라서도 언어가 바뀝니다.

❷ 물론 'ㅇㅇ감'의 무엇을 조사하고 싶은지에 따라 조사방법은 다릅니다. 또 'ㅇㅇ감'을 물리적으로 정의할 수 있는지도 중요합니다. 'ㅇㅇ감'을 물리적으로 정의할 수 없을 때는 상대비교법이나 SD법 등으로 인상의 강도나 심리적 구조를 밝히는 것이 필요합니다.

❸ '좋은 소리'란 어떤 소리일까요? 아름답다, 맑다, 멋있다 같은 여러 형용사로 바꿀 수 있습니다. 그러나 '좋은 응답'은 적절한 응답을 의미합니다.

## 4장　주의

❶ 사람이 눈앞에 있는 과제 하나에만 집중하고 있을 때에도 그 과제정보만 처리하고

다른 정보를 완전하게 차단하는 것은 아닙니다. '인지자원'이 그 과제에 많이 배분
되어 있을 뿐입니다.

❷ 모레이(Morey, 1959)의 실험은 주의를 기울이지 않았는데도 자신의 이름을 알아챈다
는 것을 보여줍니다. 자기이름이 아니면 못 알아들을 것입니다. 한편 브로드벤트
(Broadbent, 1954)의 실험에서는 양쪽 귀에 제시되는 자극이 서로 관련(예, 사물의 범주)이 있
으면 각 귀에서 들리는 정보를 보고할 가능성도 있습니다. 이것은 각 사실을 확인한
실험결과에 기초한 것으로 이들을 통합한 실험이 필요합니다.

❸ 예를 들어, 신호대기장면을 생각해봅시다. 차를 운전할 때는 횡단보도 신호가 빨간
색으로 바뀐 뒤 차도의 신호가 초록색으로 바뀝니다. 이처럼 공간에서 주의의 이동
은 공간에 기초한 주의이며, 이때 신호의 색에 기울이는 주의는 세부특징에 기초한
주의입니다. 그리고 신호등 변화에 대한 주의는 대상에 기초한 주의이기도 합니다.

### 5장  작업기억

❶ 필요할 때 아주 잠시 동안은 기억하지만 쓰임이 끝나면 잊어버리는 일상의 예를 생
각해보세요. 전화번호부에서 전화번호를 찾아서 전화를 걸 때 어떠했는지 생각해
보세요.

❷ 다른 무언가를 하는 것 때문에 기억이 사라지는 것을 간섭에 의한 망각이라고 합니
다. 그런데 이 무엇인가를 하려면 시간도 필요합니다.

❸ 술집에서 친구와 이야기를 했는데 기억이 나지 않을 때 어떻게 하면 좋을지 생각해
보세요. 그 장소에 가보거나 하지는 않나요?

### 6장  장기기억

❶ 기억하고 있다는 의식이 없었는데 갑자기 기억이 떠오른 경험을 생각해보세요.

❷ 특히 페이비오이론에 대한 필리신의 비판이 무엇이었는지 찾아보고, 필리신이론에
대한 비판에는 어떤 것이 있는지를 조사해보세요.

❸ 미래계획기억에는 어떤 종류가 있는지, 특히 노인이 취약한 미래계획기억은 무엇인
지 생각해보세요.

### 7장  일상인지

❶ 유아기 기억상실증으로 인해 3세 이전의 기억은 거의 없습니다. 가족사진에 의한
정보원 혼동의 가능성, 타인에게 기억을 설명하는 것이 불러일으키는 효과, 자서전
적 기억과 좋고 나쁜 감정의 관계 등에 대해서도 조사해보세요.

❷ 오기억 출현가능성과 상상팽창, 피암시성, 해리체험의 관계를 검토한 연구를 조사해
보세요.

❸ 아동증언의 신뢰성, 아동면담의 어려움, 아동면접에서 발생하는 유도나 압력에 대
해 조사해보세요.

❶ 오래전의 연구로는 이름이 그림기억에 미치는 효과를 조사한 카미카엘 등(Carmichael et al., 1932)의 연구가 있고, 최근에는 얼굴기억과 언어와의 관계에 관한 스쿨러 등(Schooler & Engstler-Schooler, 1990)의 언어장막효과(verbal overshadowing effect) 실험연구가 있습니다. 언어에 의해 기억이 왜곡되는 일상적인 예로는 어떤 것이 있는지 생각해보세요.

❷ 8장 서론에 '꽃양배추' 사진이 실려 있는데 비슷한 다른 예는 없을까요? 채소인지 과일인지 구별하기 어려운 사례나 식물인지 동물인지 알기 어려운 사례를 구체적으로 생각해보세요.



❶ 혼자서 책으로 악기연주를 배운다고 상상해보세요. 대개 연습에 의해 서술적 지식이 절차적 지식으로 변환되지만(4절 참조), 모든 서술적 지식이 절차적 지식으로 변환될 수 있는 것은 아닙니다.

❷ 앤더슨은 기호처리모델, 맥클랜드는 연결주의모델을 만드는 데 중요한 역할을 했습니다. 앤더슨(Anderson, J. R.)의 홈페이지, http://act-r.psy.cmu.edu/people/ja/에서 ACT-R 프로그램을 다운로드 받을 수 있습니다. 맥클랜드(McClelland, J. L.)의 홈페이지 주소는 http://psychology.stanford.edu/~jlm/ 입니다.

❸ tlearn은 사이트 http://crl.ucsd.edu/innate/tlearn.html에서 찾을 수 있습니다.



❶ 일본어는 동음이의어가 아주 많아서 정보전달을 효율적으로 하려면 한자가 갖는 시각적 변별력이 필요합니다. 한자병용은 단어의 경계를 명확하게 하고, 글자 수를 절약해 속독능력을 높여주는 등의 장점이 있습니다.

❷ 일본어는 교착어, 주요부 후치형 언어로 주로 가나와 한자를 사용하고 주어의 생략, 경어표현 등 여러 가지 특징이 있습니다. 일본어와 영어를 비교해보세요.



❶ 문제를 정확히 이해하고 해결하는 문제해결능력을 다룬 문헌을 찾아보세요. 우선 종이와 연필을 가지고 문제를 눈에 보이는 형태로 나타내는 것이 중요합니다.

❷ Schick & Vaughn (2001) 책을 참조하세요.

❸ 창의적인 해결에 이르려면 준비기, 부화기, 통찰기, 검증기의 네 단계가 필요합니다. 창의성을 발휘하는 방법에 관한 문헌들은 많이 있는데 이 중에서 밀러 등(Miller et al., 2004)의 저서를 참조하세요.

❹ 사고의 이중처리이론은 에반스와 오버의 책에 상세하게 제시되어 있습니다. 화제의 연구 12-2의 정교화 가능성모델이나 암묵기억과 외현기억의 구분(6장 참조)과의 관련

성도 검토해보세요.

❺ 다카노 등(2001)은 인간의 행동이 유전적인 요인과 고도의 정보처리능력에 기초한 후천적 요인 간의 상호작용으로 일어난다는 점을 강조했습니다. 단순한 유전결정론이 사회에 미치는 부정적인 영향의 위험성을 지적한 점도 흥미롭습니다.

### 12장 판단과 의사결정

❶ 기분과 처리방법의 관계는 사고의 이중처리이론(11장 참조)에서 자주 언급됩니다. 사고의 이중처리이론은 자동적이며 빠른 처리와, 분석적이고 깊은 처리라는 두 가지 처리방식을 가정합니다. 연구결과에 의하면 명랑한 기분일 때는 전자가, 우울한 기분일 때는 후자가 촉진된다고 합니다.

❷ 정답은 0.048입니다. 기거렌저에 의하면 의사들도 확률을 사용한 질문에서는 정답의 약 10배에 해당하는 0.5라고 응답하지만, 자연빈도로 질문하면(만 명 중의 몇 명?) 정답을 말하는 사람이 늘어난다고 합니다. 기거렌저가 주장하는 것처럼 확률이 아닌 빈도로 문제를 표상하면 이해가 쉬운지 실제 시험해보세요.

❸ 전망이론에 의하면 이득상황에서는 위험회피적으로 행동하고, 손실상황에서는 위험추구적으로 행동하기 때문에 격언과는 반대로 투자가는 '손절매는 천천히, 이익회수는 빨리'하는 경향이 있다고 합니다. 또한 객관적으로는 같은 금액이더라도 손실은 이익보다 주관적인 가치(절대치)가 큰 점에 주목해야 합니다(그림 12-3 참조).

### 13장 인지와 정서

❶ 샤흐터와 싱거의 실험이나 라자루스의 가설을 토대로 생각해보세요. '평가'에 의해 정서재인이 어떤 영향을 받는지도 생각해보세요.

❷ 정서와 기억에 관한 연결망모델은 어떤 것인지 확인해보세요.

❸ 정서는 가용시각장에 어떤 영향을 미치는지 조사해보세요. 불안할 때 시야가 어떻게 변하는지 생각해보세요.

### 14장 인지진화와 뇌

❶ 성 자연도태란 이성을 둘러싼 경쟁을 통해 일어나는 진화로 진화생물학의 중요한 이론 중 하나입니다. 이성의 마음을 끄는 능력이 높을수록 번식에 성공하지만 그만큼 위험도 높습니다. 예를 들어, 수컷 공작새는 크고 아름다운 깃털을 펼쳐 암컷 공작새의 마음을 끌지만, 크고 아름다운 깃털을 갖는 것 자체가 하늘을 나는 데도 부자유스럽고 적들을 만나는 위험상황에 빠질 가능성도 큽니다. 성 자연도태나 배우자선택의 진화적 단서는 자하비와 자하비(Zahavi & Zahavi, 1997)의 저서를 참조하세요.

❷ 네안데르탈인과 사람의 차이를 조사해보세요. 지적 능력의 차이뿐 아니라 두개골과 신체크기에서도 차이가 있는데, 그들이 생활한 환경이나 기후에 대해서도 조사해보세요. 언어능력의 차이는 중요합니다. 그 밖에도 어떤 능력의 차이가 있는지를 정리

해서 마이든의 인지진화 수도원모델로 설명해보세요. 네안데르탈인에 대한 조사는
스트링어와 갬블(Stringer & Gamble, 1993)의 저서를 참조하세요.

## 15장 인지발달

❶ 아기가 까꿍놀이를 재미있어 하는 것은 생후 6개월부터라고 알려져 있습니다. 생후
6개월까지는 얼굴을 가리면 아기는 불안을 느끼기 때문에 얼굴을 가리지 말아야 합
니다. 그렇지만 6개월 이후에는 얼굴을 가려도 재미있어 합니다. 그 이유 중 하나는
자아의식이 싹트기 때문이라고 합니다.

❷ 로비-콜리어 실험을 생각해보세요. 아기는 원인과 결과에 대해 아무것도 모르는 채
연결하고 있습니다. '빨거나', '치는' 등의 감각운동을 반복하면 환경에 변화가 생기
고, 그것이 즐거우면 그 반복의 빈도가 높아집니다.

❸ 유전과 환경 중에서 어느 쪽이 강한 영향력을 갖는지는 인지체계마다 다르고 학자
마다 의견이 크게 갈립니다. 그래서 그 이유를 반드시 정리하고 '가설'을 세울 필요
가 있습니다. 예를 들어, 오른손잡이와 왼손잡이는 어떨까요?

## 16장 사회인지

❶ 같은 대학교를 다니는 학생들의 모임이라면 자기소개에서 소속학부를 언급하겠지
만, 다른 대학교의 학생들도 참가하고 있다면 먼저 자기가 다니는 학교에 대해 소개
할 것이고, 이때 학부보다는 그 대학교의 일원이라는 의식이 더 높을 것입니다. 이
처럼 자기를 어느 수준에서 범주화할지는 맥락에 달려있습니다. 이 밖에도 상대와
의 일치감을 원하는지, 아니면 자신의 개성을 강조하고 싶은지 등에 따라 자기소개
내용도 달라질 것입니다.

❷ A는 X 이외의 작품은 비판하지 않고(특이성 높음), X에 대해서는 대단히 신랄한 평가를
하며(일관성 높음), 다른 사람들도 X에 대해 비판적(합의성 높음)이라면, 작품 X가 나쁘다
고 생각하기 쉽습니다. 반대로, 다른 사람은 X에 대해 호의적인 의견을 갖고 있는데
(합의성 낮음), A는 X에 대해 나쁘게 말하며(일관성 높음), 다른 작품에 대해서도 비판적(특
이성 낮음)이라면 X가 나쁜 것이 아니라 A가 신랄한 사람이 됩니다. 한편, 다른 상황에
서 A가 X에 대해 호의적인 평가를 보이면(일관성 낮음), A의 비판적인 언동은 당시 분
위기나 A의 나쁜 동기 등 변동요인에 귀인하게 됩니다.

❸ 외국이나 외국인의 이미지는 신문이나 TV, 영화 등의 미디어정보에 의존하는 부분
이 큽니다. 일본의 미디어는 미국에 관한 내용을 많이 다루는데, 정치가, 가수, 영화
배우, 운동선수 등 다양한 인물의 미국인이 등장합니다. 실제 일본인들은 외국인이
라고 하면 미국인을 떠올립니다. 한편, 아프리카나 중동, 중남미는 이에 대한 정보량
이 부족하고, 유명인이라고 해도 축구선수 정도에 편향되어 있어서 남성우위의 이미
지가 지배적일 가능성이 높습니다. 외국이나 외국인 이미지를 규정하는 요인은 여러
가지인데, 특정 국가나 지역에 관한 미디어정보의 내용에 주목할 필요가 있습니다.

❶ 서양의 부부는 서로 이름을 부르는데, 일본의 부부는 'OO엄마', 'OO아빠' 식으로 아이의 관점에서 상대를 부르는 경우가 대부분입니다. 일본은 부부라는 계약관계보다 안정적인 친자관계를 중요하게 생각하기 때문일 것입니다. 또 이전에는 형제자매 관계에서 '누님', '형님' 등 친족명칭이 많이 사용되었으나, 최근에는 이런 상하관계 의식이 희박해져서 서로 이름을 부르는 형제자매가 늘고 있습니다.

❷ 태양빛의 연속적인 스펙트럼 파장을 몇 개로 나누는지는 문화에 따라 다릅니다. 일본은 무지개를 7가지 색으로 보고 있지만, 이것이 문화보편성을 갖는 것은 아닙니다. 실제 영어에서는 purple, blue, green, yellow, orange, red의 6가지 색으로 무지개색을 기술하고 있고 이 외에 5가지 또는 3가지 색으로 보는 문화도 존재합니다.

❸ 미국의 유아보다 일본의 유아는 같은 재질의 대상물을 선택하는 경향이 강하다는 연구결과가 있습니다. 대학생의 경우는 일본인이나 미국인 모두 재질보다 형태로 선택하는 경향이 높다고 합니다. 언어에 따라 수를 표현하는 문법이 다르기도 하지만 재질(물질)과 형태(물체)인식에는 연령이나 교육 등의 요인이 관여할 가능성이 높습니다 .



❶ 신문에 비해 TV뉴스가 보도하는 뉴스는 수에 있어서는 압도적으로 적지만, 신문 등의 인쇄매체에는 없는 속보성이나 동시성(생중계)이라는 특징이 있습니다. TV뉴스는 그림으로 보여주는 것을 중시하고 구체적인 일화로 구성되며, 스튜디오의 캐스터나 기자가 전면에 등장한다는 점 등에서 신문과 차이가 있습니다.

❷ 도쿄중앙방송국 뉴스를 보면 거리인터뷰를 할 때, 직장인은 신바시역 앞에서, 노인은 스가모 도게누키 시장에서 하는 것이 일반적입니다. 대학교수를 취재할 때는 책이 많이 꽂혀 있는 연구실의 책장 앞이라는 설정이 거의 고정되어 있습니다.

## A

阿部純一・桃内佳雄・金子康朗・李光五 (1994)『人間の言語情報処理 − 言語理解の認知科学』サイエンス社

赤木和重(2004)「1歳児は教えることができるか − 他者の問題解決困難場面における積極的教示行為の生起」『発達心理学研究』15, 366-375.

赤木和重(2008)「幼児における抑制的教示行為の発達 −「教えないという教え方」は可能か」『発達研究』22, 107-115.

Allais, M. (1953) Le Comportement de l'homme rationnel devant le risque: Critique des postulats et axiomes de l'ecole Americaine. *Econometrica*, 21, 503-546.

Alter, A.L., & Kwan, V.S.Y. (2009) Cultural sharing in a global village: Evidence for extracultural cognition in European Americans. *Journal of Personality and Social Psychology*, 96, 742-760.

天野成昭・近藤公久(1999-2008)『日本語の語彙特性 全9巻 (NTT データベースシリーズ)』三省堂

Anderson J, R. (1976) *Language, memory, and thought*. Lawrence Erlbaum Associates.

Anderson J, R. (1983) *The architecture of cognition*. Harvard University Press.

Anderson J, R., Bothell, D., Byrne, M. D.,Douglass, S., Lebiere, C., & Qin, Y. (2004) An integrated theory of the mind. *Psychological Review*, 111, 1036-1060.

Anderson, J, R., & Bower, G. H. (1973) *Human associative memory*. Winston & Sons.

Anderson, J. R., & Lebiere, C. (1998) *The atomic components of thought*. Lawrence Erlbaum Associates.

Anderson J, R., & Mitchell, R. W. (1999) Macaques but not lemurs co-orient visually with humans. *Folia Primatologica*, 70, 17-22.

Anderson, N. H. (1981) *Foundations of information integration theory*. Academic Press.

安藤満代・箱田裕司(1988)「蝶画像の再認記憶における非対称的混同効果」『心理学研究』69, 47-52.

安藤満代・箱田裕司(1999)「ネコ画像の再認記憶における非対称的混同効果」『心理学研究』70, 112-119.

安西祐一郎・佐伯胖・難波和明(1982)『問題解決 (LISPで学ぶ認知心理学 2)』東京大学出版会

有吉由香(2007)「デジタルプアの見えない壁」『AERA』5月28日号, 14-17.

淺川和男(1995)「階層型ニューラルネットウークの情報処理」臼井支朗・岩井彰・久間和生・淺川和男編『基礎と実践　ニューラルネットウーク』コロナ社, pp.32-55.

淺川伸一(2006)「言語の病理・障害」海保博之・ 楠見孝監修 『心理学総合事典』朝倉書店, pp.278-283.

Asch, S. E. (1946) Forming impressions of personality. *Journal of Abnormal and Social Psychology*, 41, 258-290.

Astington, J. W. (1993) *The child's discovery of the mind*. Harvard University Press. (松村暢隆訳, 1995 『子供はどのように心を発見するか−心の理論の発達心理学』新曜社)

Atkinson, J. (2000) *The developing visual brain*. Oxford University Press. (金澤創・山口真美監訳, 2005 『視覚脳が生まれる − 乳児の視覚と脳科学』北大路書房)

Atkinson, J., & Braddick, O. J. (1989) Newborn contrast sensitivity measures: Do VEP, OKN and FPL reveal differential development of cortical and subcortical streams? *Investigative Ophthalmology and Visual Science (Suppl.)*, 30. 311.

Atkinson,, J., Hood, B., Wattam-bell, J., Anker, S., & Tricklebank, J. (1998) Development of orientation discrimination in infancy. *Perception*, 17, 587-595.

Atkinson, R. C., & Shiffirin, R. M. (1968) Human memory: A proposed system and its control processes. In K. W. Spence & J. T. Spence(Eds.), *The psychology of learning and motivation, Vol.2*. Academic Press. pp. 89-195.

東洋 (2005)「スクリプト比較研究の文化心理学位置づけ」『発達研究』19, 1-11.


### B

Baddeley, A. D. (1998) *Human memory: Theory and practice*, revised ed. Allyn & Bacon.

Baddelely, A. D., Grant, S., Wight, E.,& Thomson, N. (1975) Imagery and visual working memory. In P.M.A. Rabbitt & S. Dornic (Eds.), *Attention and performance* V. Academic Press. pp.205-217.

Baddelely, A. D., Thomson, N., & Buchanan, M. (1975) Word length and the structure of short-term memory. *Journal of Verbal Learning and Verbal Behavior*, 14, 575-589.

Bagby, R. M., Parker, J.D.A., & Taylor, G.J. (1994) The twenty-item Toronto Alexithymia Scale-I , II. *Journal of Psychosomatic Research*, 38, 23-40.

Baillargeon, R. (1995) A model of physical reasoning in infancy. In C. Rovee-Collier & L. P. Lipsitt (Eds.), *Advances in infancy research*, Vol.9. Ablex. pp.305-371.

Baillargeon, R., & Graber, M. (1987) Where's the rabbit?: 5.5-month-old infants' representation of the height of a hidden object. *Cognitive Development*, 2, 375-392.

Ball, K. K., Beard, B. L., Roenker, D. L., Miller, R. L., & Griggs, D. S. (1998) Age and visual search: Expanding the useful field of view. *Journal of the Optical Society of America A*, 5, 2210-2219.

Ball, K. K., Owesley, c., Sloane, M. E., Roenker, D. L.,& Bruni, J. R. (1993). Visual attention problems as a predictor of vehicle crashes in older drivers. *Investigative Ophthalmology and Visual Science*, 34, 3110-3123.

Banaji, M. R.,& Crowder, R. G. (1989) The bankruptcy of everyday memory. *American Psychologist*, 44, 1185-1193.

Baron-Cohen, S. (1995) *Mindblindness: An essay on autism and theory of mind.* MIT Press.(長野敬・長畑正道・今野義孝訳, 1997『自閉症とマインド・ブラインドネス』青士社)

Barr, R.,& Hayne, H. (2000) Age-related changes in imitation: Implications for memory development. In C. Rovee-Collier, L. P. Lipsitt & H. Hayne (Eds.) *Progress in infancy research, Vol.1.* Lawrence Erlbaum Associates. pp. 21-67.

Barsalou, L. W. (1992) *Cognitive psychology : An overview for cognitive scientists.* Lawrence Erlbaum Associates.

Bartlett, F. C. (1932) *Remembering: A study in experimental and social psychology.* Cambridge University Press. (宇津木保・辻正三訳、 1983『想起の心理学 − 実験てく社会的心理学における一研究』誠信書房)

Bartsch, K.,& Wellman, H. M. (1995) *Children talk about the mind.* Oxford University Press.

Barwise, J.,& Etchemendy, J. (1994) *Hyperproof.* CSLI Publications.

Bass, E.,& Davis, L. (1988) *The courage to heal:A guide for women survivors of child sexual abuse.* Harper and Row. (原美奈子・二見れい子訳、 1997『生きる勇気と癒す力 − 性暴力の時代を生きる女性のためのガオドブック』三一書房)

Bear, M. F., Connors, B. W.,& Paradiso, M. A. (Eds) (2007) *Neuroscience: Exploring the brain, 3rd ed.* Lippincott Williams & Wilkins. (加藤宏司・後藤薫・藤井聡・山崎良彦監訳、2007『神経科学 − 脳の探求』西村書房)

Bechtel, W.,& Abrahamsen, A. (2002) *Connectionism and the mind: Parallel processing, dynamics, and evolution in networks*, 2nd ed. Blackwell.

Bell, V.,& Johnson-Laird, P. N. (1998) A model theory of modal reasoning. *Cognitive Science*, 22, 25-51.

Berlin, B.,& Kay, P. (1969) *Basic color terms: Their universality and evolution.* University of California Press.

Berlyne, D. E. (1970) Novelty, complexity, and hedonic value. *Perception & Psychophysics*, 8, 279-286.

Berthoz, S., Artiges. E., Van De Moortele, P. F., Poline, J. B., Rouquette, S., Consoli, S. M.,& Martinot, J. L. (2002) Effect of impaired recognition and expression of emotions on frontocingulate cortices: An fMRI study of men with alexithymia. *American Journal of Psychiatry*, 159, 961-967.

Beschin, N., Cocchini, G., Della Sala, S.,& Logie, R. H. (1997) What the eyes perceive, the brain ignores: A case of pure unilateral representational neglect. *Cortex*, 33, 3-26.

Biederman, I.,& Shiffrar, M. M. (1987). Sexing day-old chicks: A case study and expect system analysis of a difficult perceptual learning task. *Journal of Experimental psychology: Learning, Memory, and Cognition*, 13, 640-645.

Binford, L. (1962) Archaeology as anthropology. *American Antiquity*, 28, 217-225.

Birch, E. E., Gwaiazda, J.,& Held, R. (1982) Stereoacuity development for crossed and uncrossed disparities in human infants. *Vision Research*, 22, 507-513.

Bodamer, J. (1947) Die Prosop-Agnosia. *Archiv für Psychiatrie und Nervenkrankheiten*, 179, 6-53.

Bornstein, M.H. (1978) Visual behavior of the young human infant: Relationships between chromatic and spatial perception and the activity of underlying brain mechanisms. *Journal of Experimental Child Psychology*, 26, 174-192.

Boroditsky, L. (2001) Does language shape thought?: Mandarin and English speakers' conceptions of time. *Cognitive Psychology*, 43, 1-22.

Boroditsky, L.,& Gaby, A. (2006) East of Tuesday: Consequence of spatial orientation for thinking about time. In R. Sun (ed.), *Proceedings of the 28th annual meeting of the cognitive science society.* Lawrence Erlbaum Associates. p.2657.

Bower, G. H. (1981) Mood and memory. *American Psychologist*, 36, 129-148.

Bower, G. H. (1992) How might emotions affect learning? In S.-A Christianson (Ed.), *The handbook of emotion and memory: Research and theory.* Lawrence Erlbaum Associates. pp.3-31.

Bower, G. H., Black, J.,& Tuner, T. (1979) Scripts in memory for text. *Cognitive psychology*, 11, 177-220.

Bower, G. H., Gilligan, S. G.,& Monterio, K. P. (1981) Selectivity of learning caused by affective states. *Journal of Experimental Psychology: General*, 110, 451-473.

Bower, T. G. R. (1974) *Development in infancy.* W. H. Freemam. (岡本夏木・野村庄吾・岩田純一・伊藤典子訳, 1979 『乳児の世界 － 認識の発生・その科学』ミネルヴァ書房)

Brehm, J. W. (1956). Postdecision changes in the desirability of alternatives. *Journal of Abnormal and Social Psychology*, 52, 384-389.

Brewer, M. B. (1998) A dual process model of impression formation. In T. K. Srull & R. S. Wyer, Jr. (Eds.), *Advances in social cognition*, Vol.1. Lawrence Erlbaum Associates. pp.1-36.

Briley, D. A., Morris, M. W.,& Simonson, I. (2000) Reasons as carriers of culture: Dynamic versus dispositional models of cultural influence on decision making. *Journal of Consumer Research*, 27, 157-178

Broadbent, D. (1954) The role of auditory localization in attention and memory span. *Journal of Experimental Psychology*, 47, 191-196.

Brooks, L. R. (1967) The suppression of visualization by reading. The Quarterly Journal of Experimental Psychology, 19. 289-299.

Brown, A. L.& Scott, M. S. (1971) Recognition memory for pictures in preschool children. *Journal of Experimental Child Psychology*, 11, 401-412.

Brown, E., Deffenbacher, K.,& Sturgill, W. (1977) Memory for faces and the circumstances of encounter. *Journal of Applied Psychology*, 62, 311-318.

Brown, J. R.,& Dunn, J. (1991) You can cry mum: The social and developmental implications of talk about internal states. *British Journal of Development Psychology*, 9, 237-256.

Brown, J. R., & Kulik, J. (1977) Flashbulb memories. *Cognition*, 5, 73-99.

Bruce, V.,& Young, A. W. (1986) Understanding face recognition. *British Journal of Psychology*, 77, 305-327.

Burke, A., Heuer, F., & Reisberg, D. (1992) Remembering emotional events. *Memory & Cognition*, 20, 277-290.

Bushnell, I.W.R., McCutcheon, E., Sinclair, J.,& Tweedlie, M.E. (1984) Infants' delayed recognition memory for colour and form. *British Journal of Development Psychology*, 2, 11-17.

Bushnell, I.W.R., Sai, F.,& Mullin, J. T. (1989) Neonatal recognition of the mother's face. *British Journal of Development Psychology*, 7, 3-15.

Byrne, R. W. (1995) *The thinking ape: Evolutionary origins of intelligence*. Oxford University Press. (小山高正訳、1998』『考えるサル－知能の進化論』大月書店)

Byrne. R. W., & Whiten, A. (1998) *Machiavellian intelligence: Social expertise and the evolution of intellect in monkeys, apes, and humans*. Oxford University Press. (藤田和生・山下博志・友永雅己監訳, 2004『マキャベリ的知性ち心の理論の進化論ーヒトはなぜ賢くなったか』ナカニシヤ出版)


## C

Capitani, E., Laiacona, M., Mahon, B.,& Caramazza, A. (2003) What are the facts of category-specific deficits?: A critical view of the clinical evidence. *Cognitive Neuropsychology*, 20, 213-261.

Cappella, J. N.,& Jamieson, K. H. (1997) *Spiral of cynicism: The press and the public good*. Oxford University Press. (平林紀子・山田一成監訳, 2005『政治報道とシニシズム－戦略型フレーミングの影響過程』ミネルヴァ書房)

Caramazza, A.,& Mahon, B. Z. (2003) The organization of conceptual knowledge: The evidence from category-specific semantic deficits. *Trends in Cognitive Sciences*, 7, 354-361.

Caramazza, A.,& Shelton, J. R. (1998) Domain-specific knowledge systems in the brain: The animate-inanimate distinction. *Journal of Cognitive Neuroscience*, 10, 1-34.

Caramazza, L., Hogan, H. P.,& Walter, A. A. (1932) An experimental study of the effect of language on the reproduction of visually perceived form. *Journal of Experimental Psychology*, 15, 73-86.

Case, R. (1985) *Intellectual development: Birth to adulthood*. Academic Press.

Chapman, L. J.,& Chapman, J. P. (1959) Atmosphere effect re-examined. *Journal of Experimental Psychology*, 58, 220-226.

Chapman, L. J.,& Chapman, J. P. (1967) Genesis of popular but erroneous diagnostic observations. *Journal of Abnormal Psychology*, 72, 193-204.

Chase, W. G.,& Ericsson, K. A. (1982) Skill and working memory, In G. H. Bower (Ed.), *The psychology of learning and motivation, Vol.16*. Academic Press. pp.1-58.

Chase, W. G.,& Simon, H. A. (1973a) Perception in chess. *Cognitive Psychology*, 4, 55-81

Chase, W. G.,& Simon, H. A. (1973b). The mind's eye in chess. In W. G. Chase (Ed.), *Visual *information processing*. Academic Press. pp.215-281.

Cheng, P. W.,& Holyoak, K. J. (1985) Pragmatic reasoning schema. *Cognitive Psychology*, 17, 391-416.

Cherry, E. C. (1953) Some experiments on the recognition of speech, with one and with two ears. *Journal of the Acoustical Society of America*, 25, 975-979.

Chi, M. T. H., Feltovish, P. J.,& Glaser, R. (1981) Categorization and representation of physics problems by experts and novices. *Cognitive Science*, 5, 121-152.

Chi, M. T. H., Hutchinson, J. E.,& Robin, A. F. (1989) How inferences about novel domain-related concepts can be constrained by structured knowledge. *Merrill-Palmer Quarterly*, 35, 27-62.

Chiu, L.-H. (1972) A cross-cultural comparison of cognitive styles in Chinese and American children. *International Journal of Psychology*, 7, 235-242.

Choi, I.,& Nisbett, R. E. (1998) Situational salience and cultural differences in the correspondence bias and actor-observer bias. *Personality and Social Psychology Bulletin*, 24, 949-960.

Chomsky, N. (1957) *Syntactic structures*. Mouton. (勇康雄訳, 1963 『文法の構造』研究社)

Chomsky, N. (1965) *Aspects of the theory of syntax*. MIT Press. (安井稔訳, 1970『文法理論の諸相』研究社)

Christianson, S.-Å. (1992) Emotional stress and eyewitness memory: A critical review. *Psychological Bulletin*. 112, 284-309.

Christianson, S.-Å.,& Loftus, E. F. (1987) Memory for traumatic events. *Applied Cognitive Psychology*, 1, 225-239.

Churchland, P. S.,& Sejnowski, T. J. (1988) Perspectives on cognitive neuroscience. *Science*, 242, 741-745.

Clarkson, M. G., Clifton, R. K.,& Morrongiello, B. A. (1985) The effects of sound duration on newborns' head orientation. *Journal of Experimental Child Psychology*, 39, 20-36.

Cohen, G. (1989) *Memory in the real world*. Lawrence Erlbaum Associates. (川口潤訳者代表, 1991 『日常記憶の心理学』サイエンス社)

Cohen, G.,& Conway, M. A. (Ed.) (2007) *Memory in the real world*, 3rd ed. Psychology Press.

Cole, M. (1996) *Cultural psychology: A once and future discipline*. Harvard University Press. (天野清訳, 2002 『文化心理学 － 発達・認知・活動への文化 － 歴史的アプローチ』新曜社)

Collins, A. M.,& Loftus, E. L. (1975) A spreading activation theory of semantic processing. *Psychological Review*, 82, 407-428.

Collins, A. M.,& Quillian, M. R. (1969) Retrieval time from semantic memory. *Journal of Verbal Learning and Verbal Behavior*, 8, 240-247.

Coltheart, M. (1798) Lexical access in simple reading tasks. In G. Underwood (Ed.), *Strategies of information processing*. Academic Press. pp.151-216.

Coltheart, M., Rastle, K., Perry, C., Langdon, R.,& Ziegler, J. (2001) The DRC model: A model of visual word recognition and reading aloud. *Psychological Review*, 108, 204-256.

Connelly, S. L.,& Hasher, L. (1993) Aging and the inhibition of spatial location. *Journal of Experimental Psychology: Human Perception and Performance*, 19, 1238-1250.

Conrad, R. (1964) Acoustic confusions in immediate memory. *British Journal of Psychology*, 55, 75-84.

Conway, M. A. (1990) *Autobiographical memory: An introduction*. Open University Press.

Conway, M. A. (2005) Memory and the self. *Journal of Memory and Language*, 53, 597-628.

Conway, M. A.,& Bekerian, D. A. (1987) Organization in autobiographical memory. *Memory & Cognition*, 15, 119-132.

Cooper, J.,& Fazio, R. H. (1984) A new look at dissonance theory. In L. Berkowitz (Eds.), *Advances in experimental social psychology*, Vol.17. Academic Press. pp.229-267.

Corbetta, M., Miezin, F. M. Shulman, G. L., Petersen, S. E. (1993) A PET study of visuospatial attention. *Journal of Neuroscience*, 13, 1202-1226.

Cosmides, L. (1989) The logic of social exchange: Has natural selection shaped how human reason?: Studies with the Wason selection task. *Cognition, 31,* 187-276.

Cosmides, L.,& Tooby, J. (1994) Origins of domain specificity: The evolution of functional organization. In L. A. Hirschfeld & S. A. Gelman (Eds.), *Mapping the mind: Domain Specificity in cognition and culture.* Cambridge University Press. pp. 85-116.

Cousins, S. D. (1989) Culture and self-perception in Japan and the United States. *Journal of Personality and Social Psychology*, 56, 124-131.

Craik, F. I. M. (1986) A functional account of age differences in memory. In F. Klix & H. Hagendorf (Eds.), *Human memory and cognitive capabilities: Mechanisms and performances.* Elsevier. pp.409-422.

Craik, F. I. M. (2002) Levels of processing: Past, present . . . and future? *Memory*, 10, 305-318.

Craik, F. I. M.,& Lockhart, R. S. (1972) Levels of processing: A framework for memory research. *Journal of Verbal Learning & Verbal Behavior*, 11, 671-684.

Craik, F. I. M.,& Tulving, E. (1975) Depth of processing and the retention of words in episodic memory. *Journal of Experimental Psychology: General*, 104, 268-294.

Cuddy, A. J. C., Fiske, S. T.,& Glick, P. (2007) The BIAS map: Behaviors from intergroup affect and stereotypes. *Journal of Personality and Social Psychology*, 92, 631-648.


## D

Damasio, A. R. (1994) *Descartes' error: Emotion, reason, and the human brain.* G. P. Putnam's Sons. (田中三彦訳, 2000 『生存する脳 − 心と脳と身体の神秘』新曜社)

Damasio, A. R. (2003) *Looking for Spinoza: Joy, sorrow, and the feeling brain.* Mariner Books. (田中三彦訳, 2005 『感じる脳 − 情動と感情の脳科学　よにがえるスピノザ』ダイアモンド社)

Damasio, A. R., Grabowski., T. J., Bechara, A., Damasio, H., Ponto, L. L. B., Parvizi, J.,& Hichwa, R. D. (2000) Subcortical and cortical brain activity during the feeling of self-generated emotions. *Nature Neuroscience*, 3, 1049-1056.

Damasio, H., Grabowski, T. J., Tranel, D., Hichwa, R. D.,& Damasio, A. R. (1996) A neural basis for lexical retrieval. *Nature*, 380, 499-505.

Darley, J. M.,& Gross, P. H. (1983) A hypothesis-confirming bias in labeling effects. *Journal of Personality and Social Psychology*, 44, 20-33.

Darwin, C. J., Turvey, M. T.,& Crowder, R. G. (1972) An auditory analogue of the Sperling partial report procedure: Evidence for brief auditory storage. *Cognitive Psychology*, 3, 255-267.

Davidoff, J. (2001) Language and perceptual categorization. *Trends in Cognitive Sciences*, 5, 382-387.

Davidoff, J., Davies, I.,& Roberson, D. (1999) Colour categories of a stoneage tribe. *Nature*, 398, 203-204.

Davis-Unger, A.,& Carlson, S. M. (2008) Development of teaching skills and relations to theory of mind in preschoolers. *Journal of Cognition and Development*, 9, 26-45.

de Groot, A. D. (1965) *Thought and choice in chess.* Mouton.

DeCaspar, A. J.,& Fifer. W. P. (1980) Of human bonding: Newborns prefer their mothers' voices. *Science*, 208, 1174-1176.

DeCaspar, A. J.,& Spence, M. J. (1986) Prenatal material speech influences newborns' perception of speech sound. *Infant Behavior and Development*, 9, 133-150.

Dempster, F. N. (1981) Memory span: Sources of individual and developmental differences. *Psychological Bulletin*, 89, 63-100.

Deutsch, J. A.,& Deutsch, D. (1963) Attention: Some theoretical considerations. *Psychological Review*, 70, 80-90.

Devine, P. G. (1989) Stereotypes and prejudice: Their automatic and controlled components. Journal of personality and Social Psychology, 56, 5-18.

Di Dio, C., Macaluso, E.,& Rizzolatti, G. (2007) The golden beauty: Brain response to classical and renaissance sculptures. *PLoS ONE*, 2, e1201.

Diamond, A. (1985) Development of the ability to use recall to guide action, as indicated by infants' performance on AB. *Child Development*, 56, 863-883.

Dobson, V., Teller, D. Y.,& Belgum, J. (1978) Visual acuity in human infants assessed with stationary stripes and phase-alternated checkerboards. *Vision Research*, 18, 1233-1238.

Downing, C.,& Pinker, S. (1985) The spatial structure of visual attention. In M.I. Posner & O. Martin (Eds.), *Attention and performances XI*. Lawrence Erlbaum Associates. pp.171-187.

Dunbar, K. (1998) Problem solving. In W. Bechtel & G. Graham (Eds.), *A companion to cognitive science*. Blackwell. pp.289-298.

Dunbar, R. I. M. (1996) Neocortex size and behavioral ecology in primates. *Proceedings of the Royal Society of London, Series B*, 263, 173-177.

Duncan J. (1984) Selective attention and the organization of visual information. *Journal of Experimental Psychology: General*, 113, 501-517.

Duncker, K. (1945) On problem solving. *Psychological Monographs*, 58, No. 270.

Dunn, J. (1994) Changing minds and changing relationships. In C. Lewis & P. Mitchell (Eds.), *Children's early understanding of mind: Origins and development*. Lawrence Erlbaum Associates. pp.297-310.


## E

Easterbrook, J. A. (1959) The effect of emotion on cue utilization and the organization of behavior. *Psychological Review*, 66, 183-201.

Egly, R., Driver, J.,& Rafal, R. D. (1994) Shifting visual attention between objects and locations: Evidence from normal and parietal lesion subjects. *Journal of Experimental Psychology: General*, 123, 161-177.

Eibie-Eibesfeld, I. (1988) The biological foundations of aesthetics. In I. Rentshcler, B. Herzberger & D. Epstein (Eds.), *Beauty and the brain: Biological aspects of aesthetics*. Birkhauser Verlag. pp.29-68. (野口薫・苧坂直行監訳, 「2000美の生物学的基礎」『美を脳から考える － 芸術への生物学的探検』新曜社, pp.2-48)

Eimas, P. D., & Quinn, P. C. (1994) Studies on the formation of perceptually based basic-level categories in young infants. *Child Developments*, 65, 903-917.

Eimas, P. D., Siqueland, E., Jusczyk, P.,& Vigorito, J. (1971). Speech perception in infants. *Science*, 171, 303_306.

Einstein, G. O., McDaniel, M. A., Richardson, S. L., Guynn, M. J., & Cunfer, A. R. (1995) Aging and prospective memory: Examining the influences of self-initiated retrieval processes. *Journal of Experimental Psychology: Learning, Memory,& Cognition*, 21, 996-1007.

Ekman, P. (1992) Facial expressions of emotion: and old controversy and new findings. In V. Bruce, A. Cowey, A. W. Andrew & D. I. Perrett (Eds.), *Processing the facial image*. Clarendon Press/ Oxford University Press. pp.63-69.

Ekman, P. (2003) *Emotions revealed: Recognizing faces and feelings to improve communication and emotional life*. Times Books.

Ekman, P.,& Friesen, W. V. (1975) *Unmasking the face: A guide to recognizing emotions from facial clues*. Prentice-Hall.

Elman, J. L. (1990) Finding structure in time. *Cognitive Science*, 14, 179-211.

Elman, J. L. (1993) Learning and development in neural network: The importance of starting small. *Cognition*, 48, 71-99.

Elman, J. L., Bates, E. A., Johnson, M. H., Karmiloff-Smith, A., Parisi, D., & Plunkett, K. (1996) *Rethinking innateness: A connectionist perspective on development*. MIT Press. (乾敏郎・今井むつみ・山下博志訳, 1998 『認知発達と生得性 − 心はどこから来るのか』共立出版)

Emery, N. J. (2000) The eyes have it: The neuroethology, function and evolution of social gaze. *Neuroscience & Biogehavioral Reviews*, 24, 581-594.

遠藤利彦 (2002) 「発達における感動と認知の絡み」高橋雅延・谷口高士編『感情と心理学 − 発達・生理・認知・社会・臨床の接点と新展開』北大路書房, pp.2-40.

遠藤利彦 (2005) 「総説：視線理解を通して見る心の源流」原藤利彦編『読む目・読まれる目 − 視線理解の進化と発達の心理学』東京大学出版会, pp.11-56.

遠藤利彦 (2008) 「共同注意と養育環境の滞在的な連関を探る」『乳幼児・医学進学研究』17, 13-28.

Ericsson, K. A., Chase, W. G., & Faloon, S. (1980) Acquisition of a memory skill. *Science*, 208, 1181-1182.

Eriksen, B. A.,& Eriksen, C. W. (1974) Effects of noise letters upon the identification of a target letter in a nonsearch task. *Perception & Psychophysics*, 16, 143-149.

Eriksen, C. W., & St. James, J D. (1986) Visual attention within and around the field of focal attention: A zoom lens model. *Perception & Psychophysics*, 40, 225-240.

Esgate, A., Groome, D., Baker, K., Heathcote, D., Kemp, R., Maguire, M., & Reed, C. (2005) *An introduction to applied cognitive psychology*. Psychology Press.

Espinel, C. H. (1996) de Kooning's late colours and forms: Dementia, creativity, and the healing power of art. *Lancet*, 347, 1096-1098.

Evans, J. St. B. T. (2003) In two minds: Dual-process accounts of reasoning. *Trends in Cognitive Sciences,* 7, 454-459.

Evans, J. St. B. T., Barston, J. L., & Pollard, P. (1983) On the conflict between logic and belief in syllogistic reasoning. *Memory & Cognition*, 11, 295-306.

Evans, J. St. B. T., & Lynch, J. S. (1973) Matching bias in the selection task. *British Journal of Psychology*, 64, 391-397.

Evans, J. St. B. T., Newstead, S. E., & Byrne, R. M. J. (1993) *Human reasoning: The psychology of deduction*. Lawrence Erlbaum Associates.

Evans, J. St. B. T., & Over, D. E. (1996) Rationality in the selection task: Epistemic utility versus uncertainly reduction. *Psychological Review*, 103, 356-363.

Eysenck, M. W. (2006) *Fundamentals of cognition*, Psychology Press.

Eysenck, M. W.,& Keane, M. (2005) *Cognitive psychology: A student's handbook*, 5th ed. Psychology Press.


**F**


Fagan, J. F., III,& Singer, L. T. (1979) The role of simple feature differences in infants' recognition of faces. *Infant Behavior and Development*, 2, 39-45.

Fantz, R. L. (1961) The origin of form perception. *Scientific American*, 204, 66-72.

Farah, M. J., & McClelland, J. L. (1991) A computational model of semantic memory impairment: Modality specificity and emergent category specificity. *Journal of Experimental Psychology: General*, 120, 339-357.

Fechner, G. T. (1876) *Vorschule der aesthetik*. Breitkoff & Hartel.

Feigenbaum, E. A., & McCorduck, P. (1983) *The fifth generation: Artificial intelligence and Japan's computer challenge to the world*. John Brockman Associates. (木村繁訳, 1983 『第五世代コンピュータ － 日本の挑戦』ティビーエス・ブリタニカ)

Field, T. M., Cohen, D., Garcia, R., & Greenberg, R. (1984) Mother-stranger face discrimination by the newborn. *Infant Behavior and Development*, 7, 19-25.

Fillmore, C. J. (1968) The case for case. In E. Bach & R. T. Harms (Eds.), *Universals in linguistic theory*. Holt, Rinehart & Winston. pp.1-88.

Finke, R. A. (1995) Creative insight and preinventive forms. In R. J. Sternberg & J. E. Davidson (Eds.), *The nature of insight*. MIT Press. pp.255-280.

Finke, R. A.,& Pinker, S. (1983) Directional scanning of remembered visual patterns. *Journal of Experimental Psychology: Learning, Memory, & Cognition*, 9, 398-410.

Finke, R. A., Ward, T. B.,& Smith, S. M. (1992) *Creative cognition: Theory, research, and applications*. MIT Press. (小橋康章訳, 1999 『創造的認知 － 実験でクリエイティブな発想のメカニズム』森北出版)

Fischhoff, B., Slovic, P., & Lichtenstein, S. (1977) Knowing with certainly: The appropriateness of extreme confidence. *Journal of Experimental Psychology: Human Perception and Performances*, 3, 522-564.

Fisher, R. P.,& Geiselman, R. E. (1992) *Memory-enhancing techniques for investigative interviewing: The cognitive interview*. Thomas.

Fiske, S. T.,& Cuddy, A. J. C., Glick, P. S., & Xu, J. (2002) A model of (often mixed) Stereotype content: Competence and warmth respectively follow from perceived status and competition. *Journal of Personality and Social Psychology*, 82, 878-902.

Fiske, S. T.,& Neuberg, S. L. (1990) A continuum model of impression formation, from category-based to individuating processes: Influences of information and motivation on attention and interpretation. In M. P. Zamma (Ed.), *Advances in experimental social psychology, Vol,23*. Academic Press. pp.1-74.

Fiske, S. T., & Taylor, S. E. (2008) *Social cognition: From brains to culture*. McGraw-Hill.

Flowers, J. H. (1975) "Sensory" interference in a word-color matching task. *Perception & Psychophysics*, 18, 37-43.

Fodor, J. A. (1983) *The modularity of mind: An essay on faculty psychology*. MIT Press. (伊藤笏康・信原幸弘訳, 1985 『精神のモジュール形式 － 人工知能と心の哲学』産業図書)

Fox, E., Lester, V., Russo, R., Bowles, R. J., Pichler, A., & Dutton, K. (2000) Facial expressions of emotion: Are angry faces detected more efficiently? *Cognition and Emotion*, 14, 61-92.

Franks J. J.,& Bransford, J. D. (1971) Abstraction of visual patterns. *Journal of Experimental Psychology*, 90, 64-74.

Frazier, L. (1983) Processing sentence structure. In K. Rayner (Ed.), *Eye movements in reading: Perceptual and language processes*. Academic Press. pp. 215-236.

Frazier, L., & Rayner, K. (1982) Making and correcting errors during sentence comprehension: Eye movements in the analysis of structurally ambiguous sentences. *Cognitive Psychology*, 14, 178-210.

Freud, S. (1915) Die verdrängung. *In Gesammelte Werke BD. X*. S.Fischer Verlag. (井村恒郎・小比木啓五訳、1970 「抑圧」『フロイト著作集6 － 自我論・不安本能論』人文書院, pp.78-86)

Friesen, C.K., & Kingstone, A. (1988) The eyes have it!: Reflexive orienting is triggered by nonpredictive gaze. *Psychonomic Bulletin & Review*, 5, 490-495

藤田和生(1998)『比較認知科学への招待 －「こころ」の進化論』ナカニシヤ出版

藤田哲也(2001)「脳の進化」乾敏郎・安西祐一郎編『認知発達と進化』岩波書店、pp163-196.

藤原武弘(1995)『態度変容理論における精査可能性モデルの検証』北大路書房


## G

Gallagher, H.L., & Frith, C.D. (2003) Functional imaging of "theory of mind". *Trends in Cognitive Sciences*, 7, 77-83.

Gallup, G.G. (1970) Chimpanzees: Self-recognition. *Science*, 167, 86-87.

Gardner, H. (1983) *Frames of mind: The theory of multiple intelligences.* Basic Books.

Gardner, H. (1985) *The mind's new science: A history of the cognitive revolution.* Basic Books. （佐伯胖・海保博之監訳、1987『認知革命 － 知の科学の誕生と展開』産業図書）

Gardner, R.A., & Gardner, B.T. (1969) Teaching sign language to a chimpanzee, *Science*,165, 664-672.

Garner, W.R., & Clement, D.E. (1963) Goodness of pattern and pattern uncertainty. *Journal of Verbal Learning and Verbal Behavior*, 2, 446-452.

Garner, W,R., Hake, H.W., & Eriksen, C.W. (1956) Operationism and the concept of perception. *The Psychological Review*, 63. 58-93.

Garry, M., Manning, C.G., Loftus, E.F., & Sherman, S.J. (1996) Imagination inflation: Imagining a childhood event inflates confidence that it occurred. *Psychonomic Bulletin & Review*, 3, 208-214.

Gaskell, G. (2005) Language processing. In N. Braisby & A. Gellatly (Eds.), *Cognitive psychology.* Oxford University Press. pp.197-230.

Gelman, R (1979) Preschool thought. *American Psychologist*, 34, 90-905.

Gelman, R. (1990) First Principles organize attention to and learning about relevant data: Number and the animate-inanimate distinction as examples. Cognitive Science, 14, 79-106.

Gelman, R., & Baillargeon, R. (1983) A review of Piagetian concepts. In P. H. Mussen ( Series Ed.) & J. H. Falvell & E. M. Markman (Vol. Eds.), *Handbook of child psychology, 4th ed., Vol.3.* Wiley. pp. 167-230.

Gelman, R., & Gallistel, C.R. (1978) *The child's understanding of number.* Harvard University Press. （小林芳郎・中島実訳、1989『数の発達心理学 － 子どもの数の理解』田研出版）

Gerbner, G. (1987) Television's populist brew: The three BS. *ETC: A Review of General Semantics*, 44, 3-7.

Gerbner, G., Gross, L., Morgan, M., & Signorielli, N. (1980) The "mainstreaming" of America: Violence profile no. 11. *Journal of Communication*, 30(3), 10-29.

Geschwind, N. (1970) The organization of language and the brain. *Science*, 170, 940-944.

Gesell, A., & Thompson, H. (1934) *Infant behavior: Its genesis and growth.* McGraw-Hill. （新井清三郎訳、1982『小児の発達と行動』福村出版）

Gick, M.L., & Holyoak, K.J. (1980) Analogical problem solving. *Cognitive Psycholohy*, 12, 306-355.

Gick, M,L., & Holyoak, K.J. (1983) Schema induction and analogical transfer. *Cognitive Psychology*, 15, 1-38.

Gigerenzer, G. (2002) *Calculated risks: How to know when numbers deceive you.* Simon & Schuster. （吉田利子訳、2003『数学に弱いあなたの驚くほど危険な生活 － 病院や裁判で統計にだまされないために』早川書房）

Gigerenzer, G., & Hug, K. (1992) Domain-specific reasoning: Social contracts, cheating, and perspective change, *Cognition*, 43, 127-171.

Gigerenzer, G., & Todd, P.M., & the ABC Research Group (1999) *Simple heuristic that make us smart*. Oxford University Press.

Gilbert, D.T. (1998) Ordinary personology. In D.T. Gilbert, S.T. Fiske & G. Lindzey (Eds.) , *The handbook of social psychology*, 4th ed., Vol.2. McGraw-Hill. pp.89-150.

Gilbert, D.T., & Malone, P.S. (1995) The correspondence bias. *Psychological Bulletin*, 117, 21-38.

Gilmore, R.O., & Johnson, M.H. (1995) Working memory in infancy: Six-month-olds' performance on two versions of the oculomotor delayed response task. *Journal of Experimental Child Psychology*, 59, 397-418

Godden, D., & Baddeley, A.D. (1980) When does context influence recognition memory? *British Journal of Psychology*, 71, 99-104.

Goldstein, D.G., & Gigerenzer, G. (2002) Models of ecological rationlity: The recognition heuristic. *Psychological Review*, 109, 75-90.

Goleman, D. (1995) *Emotional intelligence: Why it can matter more than IQ*. Bantam.（土屋京子訳、1996『EQ—こころの知能指数』講談社）

Gordon, P. (2004) Numerical cognition without words: Evidence from Amazonia. *Science*, 306, 496-499.

Goren, C.C., Sarty, M., & Wu, P.Y (1975) Visual following and pattern discrimination of face-like stimuli by newborn infants. *Pediatrics*, 56, 544-549.

Gorman, M.E., Stafford, A., & Gorman, M E. (1987) Disconfirmation and dual hypothesis on a more difficult version of Wason's 2-4-6 task. *The Quarterly Journal of Experimental Psychology*, 39 A, 1-28.

Goswami, U. (1998) *Cognition in children*. Psychology Press.（岩男卓実 . 上淵寿 . 古池若葉 . 富山尚子 . 中島伸子訳、2003『子どもの認知発達』新曜社）

Gotlib, I. H., & McCann, C.D. (1984) Construct accessibility and depression: An examination of cognitive and affective factors. *Journal of Personality and Social Psychology*, 47, 427-439.

Graf, P., Squire, L.R., & Mandler, G. (1984) The information that amnesic patients do not forget. *Journal of Experimental Psychology: Learning, Memory, & Cognition*, 10, 164-178.

Green, A.J.K., & Gilhooly, K. (2005) Problem solving. In N. Braisby & A. Gellatly (Eds.), *Cognitive Psychology*. Oxford University Press. pp. 347-381.

Green, C.S., & Bavelier, D. (2003). Action video game modifies visual selective attention. *Nature*, 423, 534-537.

Griggs, R.A., & Cox , J.R. (1982) The elusive thematic materials effect in Wason's selection task. *British Journal of Psychology*, 73, 407-420.

Gwiazda, J., Brill, S., Mohindra, I., & Held, R. (1980) Preferential looking acuity in infants from two to fifty-eight weeks of age. *American Journal of Optometry and Physiological Optics*, 57, 428-432.


## H

Haber, R.N., & Standing, L,G, (1969) Direct measures of short-term visual storage. *Quarterly Journal of Experimental Psychology*, 21, 43-54.

萩原滋(2004)「テレビCMに現れる外国イメージの動向」萩原滋・国広陽子編『テレビと外国イメージ—メディア・ステレオタイピング研究』勁草書房, pp.147-168

萩原滋・Prieler, M.・Kohlbacher, F.・有馬明惠(2008)「日本のテレビにおける高齢者像の変遷 —1997年と2007年の比較」『メディア・コミュニケーション(慶應義塾大学メディア・コミュニケーション研究所紀要)』59, 113—129.

箱田裕司・安藤満代・北島知佳(2008) 「トリ画像に認知に見られり削除変化の優位性」 『日本心理学会第72回大会発表論文集』750.

箱田裕司・松本亞紀(2006) 「新ストループ・逆ストループ干渉の発達的変化」 『教育基礎心理学研究』25, 136—137.

箱田裕司・佐 本めぐみ(1990) 「集団用ストループ・逆ストループテスト—反応様式、順序、練習の効果」 『教育心理学研究』38, 389—394.

Hala, s., & Carpendale, J. (1997) All in the mind: Children's understanding of mental life. In S, Hala (Ed. ), *The development of social cognition*. Psychology Press. pp.189-239.

Hall, E.T. (1976) *Beyond culture*. Anchor Books.(岩田慶治・谷泰訳, 1979 『文化を越えて』ティビーエス・ブリタニカ)

濱本有希・平伸二(2008) 『凶器の形状が認知処理速度に及ぼす影響(2) − 刃物の現状と写真における比較」 生理心理学と精神生理学』26(2), 160.

Hamilton, D.L., Devine, P.G, Ostrom, T.M. (1994) *Social cognition and classic issues in social psychology*. Academic Press. pp,1-13

Hamilton, D,L.,& Gifford, R.K. (1976) Illusory correlation in interpersonal perception : A cognitive basis of stereotypic judgments. *Journal of Experimental Social Psychology*, 12, 392-407.

Hansen, C.H.,& Hansen, R.D. (1988) Finding the face in the crowd: An anger superiority effect. *Journal of Personality and Social Psychology*, 54, 917-924

Hartley, A.A., & Kieley, J.M. (1995) Adult age differences in the inhibition of return of visual attention. *Psychology and Aging*, 10m 670-683

長谷川寿一・長谷川眞理子(2000) 『進化と人間行動』京大学出版会

波多野誼余夫(2003) 「書評シンポジウム　研究者の多文化体験は比較文化心理学を救うか」 『自動心理学の進歩』42, 313—317.

Hauser, M.D., Chomsky, N.,& Fitch, W.T. (2002) The language faculty: What is it, who has it, and how did it evolve? *Science*, 298, 1569-1579

Hebb, D.O. (1949) *The organization of behavior: A neuropsychological theory*. Wiley.(白井常訳、1957 『行動の機構』岩波書店)

Heider, F. (1958) *The psychology of interpersonal relations*. Wiley.(大橋正夫訳、1978 『対人関係の心理学』誠信書房)

Heilman, K.M., Watson, R.,& Valenstein, E. (1993) Neglect and related disorders. In K.M. Heilman & E, Valenstein (Eds.), *Clinical neuropsychology*, 3rd ed. Oxford University Press, pp.279-336

Heine, S.H., & Lehman, D.R. (1997) Culture, dissonance, and self-affirmation. *Personality and Social Psychology Bulletin*, 23, 389-400.

Heine, S.J., Kitayama, S., Lehman. D.R., Takata, T., Ide, E., Leung, C., & Matsumoto, H. (2001) Divergent consequences if success and failure in Japan and North America: An investigation of self-improving motivations and malleable selves. *Journal of Personality and Social Psychology*, 81, 599-615

Held, R., Birch. E.E,,& Gwiazda. J. (1980) Stereoacuity of human infants. *Proceedings of the National Academy of Sciences USA*, 77, 5572-5574

Helsen, W.F.,& Starkes, J.L. (1999) A multidimensional approach to skilled perception and performance in sport. *Applied Cognitive Psychology*, 13, 1-27

Herman, J.L.,& Schatzow, E.(1987) Recovery and verification of memories of childhood sexual trauma. *Psychoanalytic Psychology*. 4, 1-14(穂積由利子訳、1997 「児童期性的トラウマに関する記憶の回復と検証」斎藤学編『トラウマとアダルト・チルドレン(現代のエスプリ358』至文當、ｐｐ. 83—98)

Hihara, S., Yamada, H., Iriki, A.,& Okanoya, K. (2003) Spontaneous vocal differentiation of coocalls for tools and food in Japanese monkeys. *Neuroscience Research*, 45, 383-389.

Hilton, D.J.,& Slugoski, B,R, (1986) Knowledge-based causal attribution: The abnormal conditions focus model. *Psychological Review*, 93, 75-88.

広田すみれ・増田真也・坂上貴之編(2006)『心理学が描くリスクの世界–行動的意思決定入門(改正版)』慶應義塾大学出版会

Hirschfeld, L.A.,& Gelman, S.A. (Eds.) (1994) *Mapping the mind: Domain specificity in cognition and culture*. Cambridge University Press.

Hodder, I. (Ed.) (1982) *Symbolic and structural archaeology*. Cambridge University Press.

Holland, J.H., Holyoak, K.J,. Nisbett, R.E.,& Thagard, P. (1986) *Induction: Processes of inference, learning, and discovery*. MIT Press.(市川伸一ら訳，1991『インダクョン－推論・学習・発見の統合理論へ向けて』新曜社)

Holyoak, K.J.,& Hummel, J.E. (2000) The proper treatment of symbols in a connectionist architecture. In E. Dietrich & A.B. Markman (Eds.), *Cognitive dynamics: Conceptual and representational change in humans and machines*. Lawrence Erlbaum Associates. pp.229-263.

Holyoak, K.J.,& Thagard, P. (1989) Analogical mapping by constraint satisfaction. *Cognitive Science*, 13, 295-355.

Holyoak, K.J.,& Thagard, P, (1995) *Mental leaps: Analogy in creative thought*. MIT Press.(鈴木宏昭・河原哲雄監訳、1998『アナロジーの力 ― 認知科学の新しい探求』新曜社)

Hong, Y., Morris, ., Chiu, C.,,& Benet-Martinez, V. (2000) Multicultural minds: A dynamic constructivist approach to culture and cognition, *American Psychologist*, 55. 709-720.

Horowitz. F.D., Paden, L., Bhana, K.,& Self, P. (1972) An infant-control procedure for studying infant visual fixations. *Developmental Psychology*, 7, 90.

Horstmann, G, (2007) Preattentive face processing: What do visual search experiments with schematic faces tell us? *Visual Cognition*, 15, 799-833.

Horstmann, G,, Scharlau, I.,& Ansorge. U. (2006) More efficient rejection of happy than angry face distractors in visual search. *Psychonomic Bulletin and Review*, 13, 1067-1073.

Howard, D. V. (1986) *The aging of implicit memory*. Paper presented at the meetings of the Psychonomic Society, New Orleans, LA.

Howard, D.V., Heisey, J.G., & Shaw, R.J. (1986) Aging and the priming of newly learned associations. *Developmental Psychology*, 22, 78-85.

Howarth, C.I.,& Ellis, R. (1961) The relative intelligibility threshold for one's own name compared with other names, *Quarterly Journal of Experimental Psychology*, 13, 236-239.

Hsee, C.K. (1996) The evaluability hypothesis: An explanation for preference reversals between joint and separate evaluations of alternatives. *Organizational Behavior and Human Decision Processes*, 67, 247-257.

Hubel, D.H., & Wiesel, T.N. (1959) Receptive fields of single neurons in the cat's striate cortex. *Journal of Physiology*, 148, 574-591.

Huber, J., W., & Puto, C. (1982) Adding asymmetrically dominated alternatives: Violations of regularity and the similarity hypothesis. *Journal of Consumer Research*, 9, 90-98

Hummel, J.E., & Holyoak, K.J (1997) Distributed representations of structure: A theory of analogical access and mapping. *Psychological Review*, 104, 427-466.

Hummel, J.E., & Holyoak, K.J. (2003a) A symbolic-connectionist theory of relational inference and generalization. *Psychological Review*, 110, 220-264.

Hummel, J.E., & Holyoak, K.J. (2003b) Relational reasoning in a neurally-plausible cognitive architecture: An overview of the LISA project. *Cognitive studies*, 10, 58-75. (寺尾敦訳, 2005「神経的に妥当な認知アーキテクチャにおける関係推論」都築誉史・楠見孝編『高次認知のコネクショニストモデル–ニューラネットワークと記号的コネクショニズム』共立出版. pp. 191-217)

Humphery, N. (1992) *A history of the mind*. Chatto & Windus.

Humpherys, G. W., & Forde, E.M.E. (2001) Hierarchies, similarity and interactivity in object recognition: On the multiplicity of 'category-specific'. *Behavioral and Brain Sciences*, 24. 453-509.

Hunter, I.M.L. (1977) Mental calculation. In P.N.Jhonson-Laird & P.C. Wason (Eds.), *Thinking: Readings in cognitive science*. Cambridge University Press. pp.35-45.

Hyland, D.T., & Ackerman A.M. (1988) Reminiscence and autobiographical memory in the study of the personal past. *Journal of Gerontology: Psychological Sciences*, 43, 35-39.

Hyman, I.E.Jr., Husband, T.H., & Billings, F.J. (1995) False memories of childhood experiences. *Applied Cognitive Psychology*, 9, 181-197


## I

Iacoboni, M., Woods, R.P., Brass, M., Bekkering, H., Mazziotta, J.C., & Rizzolatti, G.(1999) Cortical mechanisms of human imitation. *Science*, 286, 2526-2528.

井上雅勝　(2005)「曖昧文の理解」川崎惠里子編『ことばの実験室 ― 心理言語学へのアプローチ』ブレーシ出版、pp. 103-132.

井上(中村)徳子・外岡利佳子・松沢哲郎(1996)「チンパンジー乳幼児におけるヤシの種子割り行動の発達」『発達心理学研究』7，148-158.

井上毅・佐藤浩一編(2002)『日常認知の心理学』北大路書房

入來篤史(2001)「運動による認知システムの変化」乾敏郎・安西祐一郎編『コミュニケーションと思考』岩波書店、pp. 2-22.

Iriki, A., Tanaka, M.,& Iwamura, Y. (1996) Coding of modified body schema during tool use by macaque postcentral neurones. *Neuroreport*, 7, 2325-2330.

伊勢田哲治(2005)『哲学思考トレーニング』筑摩書房

石毛明子・箱田裕司(1984)「カテゴリー群化における典型性効果」『心理学研究』55，221-227.

Ishii, K., Reyes, J.A., & Kitayama, S. (2003) Spontaneous attention to word content versus emotional tone: Differences among three cultures. *Psychological Science*, 14, 39-46.

石松一真・三浦利章(2003)「分割的注意と加齢」『心理学評論』46，314-329.

石松一真・三浦利章(2008)「高齢者の視機能と視覚的注意」『光学』37，518-525.

板倉昭二(1999)『自己の起源 ― 比較認知科学からのアプローチ』金子書房

Itakura, S., & Tanaka, M. (1998) Use of experimenter-given cues during object choice tasks by chimpanzees (Pan troglodytes), an orangutang (Pongo pygmaeus), and human infants (Homo sapiens). *Journal of Comparative Psychology*, 120, 119-126

伊藤絵美(2005)『認知療法・認知行動療法カウンセリング 初版ワークショップ』星和書店

伊藤尚枝(2005)『認知過程のシミュレーション入門』北樹出版

Ito, M., & Gilbert, C.D. (1999) Attention modulates contextual influences in the primary visual cortex of alert monkeys. *Neuron*, 22, 593-604.

厳島行雄・仲真紀子・原聡(2003)『目撃証言の心理学』北大路書房

岩男寿美子(2000)『テレビドラマメッセージ ― 社会心理学的分析』勁草書房

岩男卓実(2006)「帰納」海保博之・楠見孝監修『心理学総合事典』朝倉書店，pp. 226-232.

Iyengar, S. (1991) *Is anyone responsible? :How television frames political issues*. The University of Chicago Press.

## J

Jackson, J.H. (1881) Remarks on dissolution of the nervous system as exemplified by certain post-epileptic condition. *Medical Press and Circular*, 1, 259-329. (reprinted In J. Taylor (Ed.) (1932) *Selected writings of John Hughlings Jackson*, Vol.2. Staples. pp.3-28)

Jacobs, W.J., Nadel, L. (1998) Neurobiology of reconstructed memory. *Psychology of Public Policy and Law*, 4, 1110-1134.

Jacoby, L.L., & Kelly, C.M. (1987) Unconscious influences of memory for a prior event. *Personality and Social Psychology Bulletin*, 13, 314-336.

Jansari, A., & Parkin, A.J. (1996) Things that go bump in your life: Explaining the reminiscence bump in autobiographical memory. *Psychology and Aging*, 11, 85-91

Jerison, H.J. (1973) *Evolution of the brain and intelligence*. Academic Press.

Ji, L.-J., Nisbett, R.E., & Su, Y. (2000) Culture, change and prediction. *Psychological Science*, 12, 450-456.

Ji, L. J., Peng, K., & Nisbett, R.E. (2000) Culture and control, and perception of relationships in the environment. *Journal of Personality and Social Psychology*, 78, 943-955.

Ji, L.-J., Zhang, Z., & Nisbett, R.E. (2004) Is it culture or is it language?: Examination of language effects in cross-cultural research of categorization. *Journal of Personality and Social Psychology*, 87, 57-65.

Johnson, M.H., Dziurawiec, S., Ellis, H.D.,& Morton, J. (1991) Newborns' preferential tracking of face-like stimuli and its subsequent decline. *Cognition*, 40, 1-19.

Johnson, M.H., & Morton, J. (1991) *Biology and cognitive development: the case of face recognition*. Blackwell.

Johnson, M.K (1988) Reality monitoring: An experimental phenomenological approach. *Journal of Experimental Psychology: General*, 117, 390-394.

Johnson, S.P., (1997) Young infants' perception of object unity: Implications for development of attentional and cognitive skills. *Current Directions in Psychological Science*, 6, 5-11.

Johnson-Laird, P.N. (1983) *Mental models: Towards a cognitive science of language, inference, and consciousness*. Harvard University Press. (海保博之監修, AIUEO訳, 1998『メンタルモデル ― 言語・推論・意識の認知科学』産業図書)

Johnson-Laird, P.N. (1999) *Mental models*. In R.A. Wilson & F.C. Keil (Eds.) *The MIT encyclopedia of the cognitive sciences*. MIT Press. pp. 525-527.

Johnson-Laird, P.N., Legrenzi, P.,& Legrenzi, M.S. (1972) Reasoning and a sense of reality. *British Journal of Psychology*, 67, 395-400.

Johnson-Laird, P.N.,&Wason, P.C. (1970) Insight into a logical relation. *Journal of Experimental Psychology*, 22, 49-61.

Johnston, W.A., & Heinz, S.P. (1978) Flexibility and capacity demands of attention. *Journal of Experimental Psychology: General*, 107, 420-435.

Jones, E.E.,& Davis, K,E, (1965) From acts to dispositions: The attribution process in person perception. In L. Berkowitz (Eds.), *Advances in experimental social psychology*, Vol.2. Academic Press. pp. 220-266.

Jones, S., Martin, R., & Pilbeam D. (Eds,), (1992) *The Cambridge encyclopedia of human evolution*. Cambridge University Press

Julesz, B. (1971) *Foundation of cyclopean perception*. The University of Chicago Press.


## K


Kaan, E., Harris, A., Gibson, E.,& Holcomb, P. (2000) The P600 as an index of syntactic integration difficulty, *Language and Cognitive Processes*, 15, 159-201.

Kahneman, D. (2003) A perspective on judgment and choice: Mapping bounded rationality. *American Psychologist*, 58, 697-720.

Kahneman, D.,& Tversky, A. (1973) On the psychology of prediction. *Psychological Review*, 80, 237-251.

Kahneman, D.,& Tversky, A. (1979) Prospect theory: An analysis of decision making under risk. *Econometrica*, 47, 263-291.

Kahneman, D.,& Tversky, A. (1996) On the reality of cognitive illusion: A reply to Gigerenzer's critique. *Psychology Review*, 103, 582-591.

改田明子(1986)「自然カテゴリーに関する変数の関係について」『東京大学教育部紀要』26, 227-234.

改田明子・小田浩一・箱田裕司(1987)「メロディの記憶におけるプロトタイプの抽出と事例情報の保持の関係」『心理学研究』57, 365-371.

Kail, R. (1990) *The development of memory in children*, 3rd ed. W.H. Freeman.(高橋雅延・清水寛之訳, 1993『子どもの記憶 ― おぼえること・わすれること』サイエンス社)

上瀬由美子・松井豊・古澤照幸(1991)「血液型ステレオタイプの形成と解消に関する研究」『都立立川短期大学紀要』24, 55-65.

Kampe, K.K., Frith, C.D., Dolan, R.J.,& Frith, U.(2001) Reward value of attractiveness and gaze. *Nature*, 413, 589.

Kano, M., Fukudo, S., Gyoba, G., Kamachi, M., Tagawa, M., Mochizuki, H., Itoh, M., Hongo, M.,& Yanai, K. (2003) Specific brain processing of facial expressions in people with alexitymial: An H$_2$$^{15}$O-PET study. *Brain: A Journal of Neurology*, 126, 1474-1484.

Kanwisher, N., McDermott, J.,& Chun, M.M. (1997) The fusiform face area: A module in human extrastriate cortex specialized for face perception, *Journal of Neuroscience*, 17, 4302-4311.

Kaplan, C.A.,& Simon, H,A, (1990) Ln search of insight. *Cognitive Psychology*, 22, 374-419.

唐澤真弓(2006)「心と文化―文化心理学的視点からの検討」海保博之．楠見孝監修『心理学総合事典』朝倉書店, p. 18.

Kashima, E.S.,& Kashima, Y. (1998) Culture and language: The case of cultural dimensions and personal pronoun use. *Journal of Cross-Cultural Psychology*, 29, 461-468.

Kashima, E.S.,& Kashima, E.S. (2003) Individualism, GNP, climate, and pronoun drop: Is individualism determined by affluence and climate, or does language use play a role? *Journal of Cross-Cultural Psychology*, 34, 125-134.

Kastner, S., De Weerd, P., Desimone, R., & Ungerleider, L.G. (1998) Mechanisms of directed attention in the human extrastriate cortex as revealed by functional MRI. *Science*, 282, 108-111.

Kastner, S.,& Ungerleider, L.G. (2001) The neural basis of biased competition in human visual cortex. *Neuropsychologia*, 39, 1263-1276.

加藤貴昭・福田忠彦(2002)「野球の打撃準備時間相における打者の視覚探索ストラテジー」『人間工學』38, 333-340.

河內十郎・河村満・石坂郁代・垣添晴香(1995)「コミュニケーションにおける感性情報処理の研究 ― 感性情報処理と知性情報処理の並列性について」平性4〜6年度科学研究費補助金(重点領域研究)『感性処理の情報学・心理学的研究』研究成果報告書, pp, 255-260.

河原純一郎(2003)「注意の瞬き」『心理学評論』46, 501-526.

川崎惠理子(2001)「文章理解の理論」中島義明編『現代心理学［理論］事典』朝倉書店, pp. 308-328.

川崎惠理子(2005)「文章理解と記憶のモデル」川崎惠理子編『ことばの実験室 ― 心理言語

学へのアプローチ』ブレーン出版, pp. 133-162.

Kay, P.,& Kempton, W,(1984) What is the Sapir-Whorf hypothesis? *American Anthropologist*, 86, 65-89.

Keil, F.C.,& Batterman, N. (1984) A characteristic-to-defining shift in the development of word meaning. *Journal of Verbal Learning and Verbal Behavior*, 23, 221-236.

Kelley, H.H. (1967) Attribution theory in social psychology. In D. Levine (ED.), *Nebraska symposium on motivation*, Vol.15 University of Nebraska Press. pp. 192-238.

Kelley, H.H. (1972) Causal schemata and the attribution process. In E.E. Jones, D.E. Kanose, H.H. Kelly, R.E. Nisbett, S. Valins & B. Weiner (Eds.), *Attribution: Perceiving the causes of behavior*. General Learning Press. pp. 151-174.

Kellman, P.J.,& Spelke, E.S. (1983) Perception of partly occluded objects in infancy. *Cognitive Psychology*, 15, 483-524.

Keppel, G.,& Underwood, B.J. (1962) Proactive inhibition in short-term retention of single items, *Journal of Verbal Learning & Verbal Behavior*, 1, 153-161.

Kim, H.S. (2002) We talk, therefore we think?: A cultural analysis of the effect of talking on thinking, *Journal of Personality and Social Psychology*, 83, 828-842.

Kim, H.S., & Sherman, D.K. (2007) 'Express yourself': Culture and the effect of self-expression on choice. *Journal of Personality and Social Psychology*, 92, 1-11.

木村駿(1982)『日本人の対人恐怖(社会心理学選書2)』勁草書房

木村泰之・都築誉史(1998)「集団意思決定とコミュニケーション・モード―コンピュータ・コミュニケーション条件と対面コミュニケーション条件の差違に関する実験社会心理学的検討」『実験社会心理学研究』38, 183-192.

Kinder, D.R& Sander, L.M. (1990) Mimicking political debate with survey questions: The case of white opinion in affirmative action for blacks. *Social Cognition*, 8, 73-103.

Kintsch, W. (1998) The use of knowledge in discourse processing: A construction-integration model. *Psychological Review*, 95, 163-182.

Kintsch, W. (1992) A cognitive architecture for comprehension. In H.L. Pick, Jr., P. van den Broek& D.C. Knill (Eds. ), *Cognition: Conceptual and methodological issues*. American Psychological Association. pp. 143-164.

Kintsch, W. (1994) Text comprehension, memory and learning. *American Psychologist*, 49, 294-303.

Kintsch, W. (1998) *Comprehension: A paradigm for cognition*. Cambridge University Press.

Kintsch, W., Welsch, D.M., Schmalhofer, F/.& Zimny, S. (1990) Sentence memory: A theoretical analysis. *Journal of Memory and Language*, 29, 133-159.

岸志津江・田中洋・嶋村和惠(2008)『現代広告論(新版)』有斐閣

北村英哉(2003)『認知と感性 ― 理性の復権を求めて』ナカニシャ出版

北山忍(1997)「文化心理学とは何か」柏木惠子・北山忍・東洋編『文化心理学 ― 理論と実証』東京大学出版会, pp. 17-43.

Kitayama, S.,& Cohen, D. (2007) *Handbook of cultural psychology*. Guilford Press.

Kitayama, S., Duffy, S., Kawamura, T.,& Larsen, J.T. (2003) Perceiving an object and its context in different cultures: A cultural look at New Look. *Psychological Science*, 14, 201-206.

Kitayama, S., Ishii, K., Imada, T., Takamura, K.,& Ramaswamy, J. (2006) Voluntary settlement and the spirit of independence: Evidence from Japan's "Northern Frontier". *Journal of Personality and Social Psychology*, 91, 369-384.

北山忍・宮本百合(2000)「文化心理学と洋東西の巨視的比較 ― 現代的意義と実証てき知見」『心理学評論』43, 57-81.

Kitayama, S., Park, H., Sevincer, A.T., Karasawa, M.,& Uskul, A. (2009) A cultural task analysis of implicit independence: Comparing North America, Western Europe, and East Asia. *Journal of Personality and Social Psychology*, 97, 236-255.

Kitayama, S., Snibbe, A.C., Markus, H.R., & Suzuki, T. (2004). Is there any "free" choice?: Self and dissonance in two cultures. *Psychological Science*, 15, 527-533.

北山忍・高木浩人・松本寿弥(1995)「成功と失敗の帰因 — 日本的自己の文化心理学」『心理学評論』38, 247-280.

Klapper, J. T. (1960) *The effects of mass communication.* Free Press. (NHK 放送学研究室訳, 1996 『マス・コミュニケーションの効果』日本放送出版協会)

Kobayashi, H., & Kohshima, S. (1997) Unique morphology of the human eye. *Nature*, 387, 767-768

小林敬一・丸野俊一(1994)「展望的記憶における他者の役割 — 他者への依存が課題の想起・実行を抑制する場合」『心理学研究』64, 482-487.

Köhnken, G., Milne, R., Memon, A., & Bull, R. (1999) The cognitive interview: A metaanalysis. *Psychology, Crime and Law*, 5, 3-28.

Kojima, S., & Kiritani, S. (1989) Vocal-auditory functions in the chimpanzee: Vowel perception. *International Journal of Primatology*, 10, 199-213.

小牧元・前田基成・有村達之・中田光紀・篠田晴男・緒方一子・志村翠・川村則行・久保天春(2003)「日本語版 The 20-item Toronto Alexithymia Scale(TAS-20)の信頼性, 因子的妥当性の検討」『心身医学』43, 839-846.

Kosslyn, S.M. (1975) Information representation in visual images. *Cognitive Psychology*, 7, 341-370.

Kosslyn, S.M., Ball, T.M.,& Reiser, B.J. (1978) Visual images preserve metric spatial information: Evidence from studies of image scanning. *Journal of Experimental Psychology: Human Perception and Performance*, 4, 47-60.

Koster, E.H.W., Crombez, G., Van Damme S., Verschuere, B.,& De Houwer, J. (2004) Does imminent threat capture and hold attention? *Emotion*, 4, 312-317.

子安増生・西村和雄編(2007)『経済心理学のすすめ』有斐閣

Krugman, H.E. (1965) The impact of television advertising: Learning without involvement. *Public Opinion Quarterly*, 29, 349-356.

工藤理惠子(2003)「対人認知過程おける血液型ステレオタイプの影響 — 血液型信念に影響されるものは何か」『実験社会心理学研究』43, 1-21.

Kuhnm T,S. (1970) *The structure of scientific revolutions.* University of Chicago Press.(中山茂訳, 1971『科学革命の構造』みすず書房)

Kühnen, U., Hannover, B., & Schbert, b. (2001) The semantic-procedural interface model of the self: The role of self-knowledge for context for context-dependent versus context-independent modes of thinking. *Journal of Personality and Social Psychology*, 80, 397-409

熊田孝恒・横澤一彦(1994)「特徴統合と視覚的注意」『心理学評論』37, 19-43.

Kunst-Wilson, W.R., & Zajonc, R.B. (1980) Affective discrimination of stimuli that cannot be recognized. *Science*, 207, 203-205.

Kutas, M.., & Hillyard, S.A. (1980) Reading senseless sentences: Brain potentials reflect semantic incongruity. *Science*, 207, 203-205.


## L


Lacman, R., Lacman, J.L., & Butterfield, E.C. (1979) *Cognitive psychology and information processing: An introduction.* Lawrence Erlbaum Associates, (箱田裕司・鈴木光太郎監訳, 1988『認知心理学と人間の情報処理Ⅰ, Ⅱ, Ⅲ』サイエンス社)

Lakoff, G. (1987) *Women, fire, and dangerous things: What categories reveal about the mind.* University of Chicago Press. (池上嘉彦・河上誓作ら訳, 1993 『認知意味論 ― 言語から見た人間の心』紀伊國房書店)

Lamberts, K., & Shapiro, L. (2002) Exemplar models and category-specific deficits. In E.M.E. Forde & G.W. Humphreys (Eds), *Category specificity in brain and mind*, Psychology Press. pp.291-314.

Landauer, T.K., & Dumais, S.T. (1997) Solution to Plato's problem: The latent semantic analysis theory of acquisition, induction and representation of knowledge. *Psychological Review*, 104, 211-240.

Lane, R.D., Sechrest, L., Reidel, R., Weldon, V., Kaszniak, A., & Schwartz, G.E. (1996) Impaired verbal and nonverbal emotion recognition in alexithymia. *Psychosomatic Medicine*, 58, 203-210.

Lang, P.J., Bradley, M.M., & Cuthbert, B.N. (2005) International Affective Picture System(IAPS): Instruction manual and affective rating (*Technical Report A-6*). University of Florida.

Langlois, J.H., & Roggman, L.A. (1990) Attractive faces are only average. *Psychological Science*, 1, 115-121.

Lazarsfeld, P.F., Berelson, B.,& Gaudet, H. (1948) *The people's choice: How the voter makes up his mind in a presidential campaign.* Duell, Sloan and Pearce. (有吉広介監訳, 1987 『ピープルズ・チョイス ― アメリカ人と大統領選挙』芦書房)

Lazarus, R.S. (1982) Thoughts on the relations between emotion and cognition. *American Psychologist*, 37, 1019-1024.

Lazarus, R.S. (1999) The cognition-emotion debate: A bit of history. In T, Dalgleish & M. Power (Eds), *Handbook of cognition and emotion*. Wiley. pp. 3-19.

Lazarus, R.S., & Folkman, S. (1984) *Stress, appraisal, and coping.* Springer Publishing Company. (本明寛・春木豊・織田正美監訳, 1991 『ストレスの心理学 ― 認知的評価と対処の研究』実務教育出版)

LeDoux, J.E. (1994) Emotion, memory and the brain. *Scientific American*, 270, 50-57.

LeDoux, J.E. (1996) *The emotional brain: The mysterious underpinnings of emotional life.* Simon&Schuster. (松本元・川村光毅・小幡邦彦・石塚典生・湯浅茂樹訳, 2003 『エモーショナル・ブレイン ― 情動の脳科学』東京大学出版会)

Levinson, S.C. (1997) Language and cognition: The cognitive consequences of spatial description in Guugu Yinithirr. *Journal of Linguistic Anthropology*, 7, 98-131.

Lichtenstein, S.,& Slovic, P. (1971) Reversals of preference between bids and choices in gambling decision. *Journal of Experimental Psychology*, 89, 46-55.

Lichtenstein, S.,& Slovic, P. (1973) Response-induced reversals of preference in gambling: An extended replication in Las vegas. *Journal of Experimental Psychology*, 101, 16-20.

Lichtenstein, S., Slovic, P., Fishhoff, B, Layman, M., & Combs, B. (1978) Judged frequency of lethal events. *Journal of Experimental Psychology: Human Learning and Memory*, 4, 551-578.

Lieberman, P.(1984) *The biology and evolution of language.* Harvard University press.

Light, L.L, & Singh, A. (1987) Implicit and explicit memory in young and older adults. *Journal of Experimental Psychology: Learning, Memory, and Cognition*, 13, 531-541

Lindman, H.R. (1971) Inconsistent preferences among gambles. *Journal of Experimental Psychology*, 89, 390-397.

Lindsay, P.H., & Norman, D.A (1997a) *Human information processing: An introduction to psychology*, 2nd ed. Academic press (中溝幸夫・箱田裕司・近藤倫明訳, 1983-1985 『情報処理心理学入門 Ⅰ, Ⅱ, Ⅲ, 』サイエンス社)

Lindsay, P.H., & Norman, D.A., (1997b) *Human information processing: An introduction to psychology*, 2nd ed. Academic press (中溝幸夫・箱田裕司・近藤倫明訳, 1984 『情報処理心理学入門Ⅱ 注意と記憶』サイエンス社)

Linton, M. (1982) Transformation of memory in everyday life. In U. Neisser (Ed.), *Memory observed: Remembering in natural contexts*. Freeman. pp.77-91.(富田達彦訳，1998「日常生活における記憶の変形」『観察された記憶 ── 自然文脈での想起．上』誠信書房，pp. 94-111)

Lipson, S. E., Sacks, O., & Devinsky, O. (2003) Selective emotional detachment from family after right temporal lobectomy. *Epilepsy & Behavior*, 4, 340-342

Lock, A., & Peters, C.R. (Eds.) (1996) *Handbook of human symbolic evolution*. Clarendon Press.

Loftus, E.F. (1979) *Eyewitness testimony*. Harvard University Press. (西本武彦訳，1987『目撃者の証言』誠信書房)

Loftus, E.F., & Ketcham, K (1991) *Witness for the defense: The accused, the eyewitness, and the expert who puts memory on trial*. St. Martin's press. (厳島行雄訳，2000『目撃証言』岩波書店)

Loftus, & Ketcham, K. (1994) *The myth of repressed memory: False memories and allegations of sexual abuse*. St. Martin's Press. (仲真紀子訳，2000『抑圧された記憶の神話 ── 偽りの性的虐待の記憶をめぐって』誠信書房)

Loftus, E.F., & Palmer, J.C. (1974) Reconstruction of automobile destruction: An example of the interaction between language and memory. *Journal of Verbal Learning and Verbal Behavior*, 13, 585-589.

Loftus, E.F., & Pickrell, J.E. (1995) The formation of false memories. *Psychiatric Annals*, 25, 720-725.

Logan, A. C., & Goetsch, V.L. (1993) Attention to external threat cues in anxiety states. *Clinical Psychology Review*, 13, 541-559

Lucas, M. (1999) Context effects in lexical access: A meta-analysis. *Memory & Cognition*, 27, 385-398.

Luchins, A.S. (1942) Mechanization in problem solving. the effect of Einstellung. *Psychological Monographs*, 54, No.248.

Luria, A.R., Sokolov, E.N., & Klimkowski, M. (1967) Towards a neurodynamic analysis of memory disturbances with lesions of the left temporal lobe. *Neuropsychologia*, 5, 1-11.

Lythgoe, M.F.X., Pollak, T.A., Kalmus, M., de Haan, M., & Khean Chong, W. (2005) Obsessive, prolific artistic output following subarachnoid hemorrhage. *Neurology*, 64, 397-398.

## M

Maass, A. (1999) Linguistic intergroup bias: Stereotype perpetuation through language. In M. P. Zanna (Ed.), *Advances in experimental social psychology*, Vol.31. Academic Press. pp.79-122.

MacDonald, M. C., Pearlmutter, N.j., & Seidenberg, M. S. (1994) The lexical nature of syntactic ambiguity resolution. *Psychological Review*, 101, 676-703.

Mackworth, N. H. (1950) Researches on the measurement of human performance. In H. W. Sinaiko (Ed.), (1961) *Selected papers on human factors in the design and use of control systems*. Dover. pp 174-331.

Mackworth, N.H. (1965) Visual noise causes tunnel vision. *Psychonomic Science*, 3, 67-68.

Mackworth, N. H. (1976) Stimulus density limits the useful field of view. In R. A. Monty & J. W. Senders (Eds.), *Eye movements and psychological processes*. Erlbaum. pp. 307-321.

Macrae, C. N., Bodenhausen, G.V ., Milne, A.B., & Jetten, J. (1994) Out of mind bet back in sight: Stereotypes on the rebound. *Journal of Personality and Social Psychology*, 67, 808-817.

Malle, B. F. (2006) The actor-observer asymmetry in causal attribution: A (surprising) meta-analysis. *Psychological Bulletin*, 132, 895-919.

Manktelow, K. I., & Over, D. E. (1991) Social roles and utilities in reasoning with deontic conditionals. *Cognition*, 39, 85-105.

Mantani, T., Okamoto, Y., Shirao, N., Okada, G., & Yamawaki, S. (2005) Reduced activation of posterior cingulate cortex during imagery in subjects with high degrees of alexithymia: A functional magnetic resonance imaging study. *Biological Psychiaty*, 57, 982-990.

Mäntylä T., & Nilsson, L. G. (1997) Remembering to remember in adulthood: A population-based study on aging and prospective memory. *Aging, Neuropsychology, and Cognition*, 4, 81-92.

Marcus, G. (2004) *The birth of the mind: How a tiny number of genes creates the complexities of human thought*. Basic Books. (大隅典子訳, 2005 『心を生みだす遺伝子』岩波書店)

Markowitsch, H. J. (2000) Repressed memories. In E. Tulving (Ed.), Memory, consciousness, and the brain: The Tallinn conference. *Psychology Press*. pp.319-330.

Markus, H.R. & Kitayama, S. (1991) Culture and the self: Implications for cognition, emotion, and motivation. Psychological Review, 98, 224-253.

Markus, H. R., Ryff, C. D., Curhan, K. B., & Palmershiem, K. A. (2004) In their own words: Well-being at midlife among high school-educated and college-educated adults. In O.G. Brim, C. D. Ryff & R. C. Kessler (Eds.), *How healthy are we?: A national study of well-being at midlife*. The University of Chicago Press. pp. 273-319.

Marques, J. M., Yzerbyt, V. Y., & Leyens, J. P. (1988) The 'black sheep' effect: Extremity of Judgements towards ingroup members as a function of group identification. *European Journal of Social psychology*, 18, 1-16.

Marslen-Wilson, W. D. (1987) Functional parallelism in spoken word recognition. In U. H. Frauenfelder & L.K Tyler (Eds.), *Spoken word recognition*. MIT Press. pp. 71-102.

Martinez, A., Anllo-Vento, L., Sereno, M. I., Frank, L. R., Buxton, R. B., Dubowitz, D. J., Wong, E. C., Hinrichs, H., Heinze, H. J., & Hillyard, S. A. (1999) Involvement of striate and extrastriate visual cortical areas in spatial attention. *Nature Neuroscience*, 2, 364-369.

Massey, C., & Gelman, R. (1988) Preschooler's ability to decide whether a photgraphed unfamiliar objects can move themselves. *Developmental Psychology*, 24, 307-317.

Masuda, T., Ellsworth, P. C., Mesquita, B., Leu, J., Tanida, S., &van de Veerdonk, E.(2008) Placing the face in context: Cultural differences in the perception of facial emotion, *Journal of Personality and Social Psychology*, 94, 365-381.

Masuda, T., & Nisbett, R. E. (2001) Attending holistically vs. analytically: Comparing the context sensitivity of Japanese and Americans. *Journal of Personality and Social Psychology*, 81, 922-934.

松田憲 (2008)「広告の効果」宮本聡介・太田信夫編『単純接触効果研究の最前線』北大路書房, pp. 104-113.

松井豊 (1991)「血液型による性格の相違に関する統計的検討」『都立立川短期大学紀要』24, 51-54.

松井豊 (1997)「高校生が不思議現象を信じる理由」菊池聡・木下孝司編『不思議現象 ── 子どもの心と教育』北大路書房, pp, 15-35.

松井豊 (1998)「不思議現象への関心」『広告月報』2月号, 46-51.

松井豊・上瀬由美子, (1994)「血液型ステオタイプの構造と機能」『聖心女大学論集』82, 89-111.

松本直子(1999)「認知考古学は人・モノ・社会の新しい関係を教える」 安田喜憲編『はじめて出会う日本考古学』有斐閣, pp. 69-98.

松本直子・中園聡・時津裕子 (2003)『認知考古学とは何か』青木書房

松本裕治 (1998)「意味と計算」郡司隆男・阿部泰明・白井賢一郎・坂原茂・松本裕治 『意味 (言語の科学4)』岩波書店 pp. 125-167.

松沢哲郎 (1991)『チノパンジー・マインド─心と認識の世界』岩波書店

Mayar, J. D., Salovey, P., & Caruso, D. (2002) *Mayer-Salovey-Caruso Emotional Intelligence Test (MSCEIT)*. MHS, Toronto, ON.

Maylor, E A. (1990) Age and prospective memory. *The Quarterly Journal of Experimental Psychology A: Human Experimental Psychology*, 42, 471-493.

McClelland, J. L. (1098) The case for interactionism in language processing. In M. Coltheart (Ed.), *Attention and performance XII*. Lawrence Erlbaum Associates. pp. 1-36.

McClelland, J. L. (1999) Cognitive modeling, connectionist. In R. A. Wilson & F. C Keil (Eds.), *The MIT encyclopedia of the cognitive sciences*. MIT Press. pp. 137-141.

McClelland, J. L., & Elman, J. L. (1986) The TRACE model of speech perception. *Cognitive Psychology*, 18, 1-86.

McClelland, J. L., & Rumelhart, D. E. (1981) An interactive activation model of context effects in letter perception: Part 1. An account of basic findings. *Psychological Review*, 88, 375-407.

McCloskey, M., Washburn, A., & Felch, L. (1983) Intuitive physics: The straight-down belief and its origin. *Journal of Experimental Psychology: Learning, Memory, and Cognition*, 9, 636-649.

McClosey, M., & Zaragoza, M. (1985) Misleading postevent information and memory for events: Arguments and evidence against memory impairment hypotheses. *Journal of Experimental Psychology: General*, 114, 1-16.

McCombs, M. E., & Shaw, D. L. (1972) The agenda-setting function of mass media. *Public Opinion Quarterly*, 36 176-187.

McCombs, M. E., & Shaw, D. L. (1993) The evolution of agenda-setting research: Twenty-five years in the marketplace of ideas. *Journal of Communication*, 43(2), 58-67.

McCrae, C. S., & Abrams, R. A. (2001) Age-related differences in object-and location-based inhibition of return of attention. *Psychology and Aging*, 16, 437-449.

McDonough, L. (1997) *Overextension in the production and comprehension of basic-level nouns in two-year-olds*. Poster presented at the meeting of the society for Research in Child Development, Washington, DC.

McLoed, P., Plunkett, K., & Rolls, E. T. (1998). *Introduction to connectionist modelling of cognitive processes*. Oxford University Press. (深谷澄男監訳，2005『認知過程のコネクショニスト・モデル』北樹出版)

McNamara, T. P. (1999) Single-code versus multiple code-theories in cognition. In R. J. Sternberg (Ed.), *The nature of cognition*. MIT Press. pp. 113-135.

Meins, E. (1997) *Security of attachment and the social development of cognition*. Psychology Press.

Meltzoff, A. N., & Moore, M. K. (1977) Imitation of facial and manual gestures by human neonates. *Science*, 198, 75-78.

Meyer, D. E., & Schvaneveldt, R. W. (1971) Facilitation in recognizing pair of words.: Evidence of a dependence between retrieval operations. *Journal of Experimental Psychology*, 90, 227-234.

Miller, B., Vehar, L., & Firestien, R. (2004) *Creativity unbound: An introduction to creative process*, 4th ed. THinc Communications. (南学・西浦和樹・宗吉秀樹訳，2006『創造的問題解決 — なぜ問題が解決できないのか？』北大路書房)

Miller, G. A (1956) The magical number seven, plus or minus two: some limit on our capacity for processing information. *Psychology Review*, 63, 81-97.

Miller, J. G. (1984) Culture and the development of everyday social explanation. *Journal of Personality and Social Psychology*, 46, 961-978.

Miller, K.F. (1996) Origins of quantitative competence. In R. Gelman & T.K.F. Au(Eds.), *Perceptual and cognitive development*. Academic Press. pp. 213-243.

皆川直凡 (2005)『俳句理解の心理学』北大路書房

皆川直凡 (2008)「俳句への興味・関心が俳句の情緒的意味の評定に及ぼす影響」『鳴門教育大学情報教育ジャーナル』5, 67-70.

皆川直凡・賀集寛 (1990)「俳句を構成する語の相互関連度と俳句に対する共感度との関係」

『計量国語学』17 (6)，265-272.

Minsky, M. (1975) A framework for representing knowledge. In P. Winston (Ed.), *The psychology of computer vision*. McGraw-hill. pp. 211-277. (白井良明・杉原厚吉訳，1979「知識を表現するための枠組」『コンピュータビジョン心理』産業図書，pp. 237-332)

Mitchell D. B. (1989) How many memory systems?: Evidence from aging. *Journal of Experimental Psychology: Learning, Memory, and Cognition*, 15, 31-49.

Mitchell D. B., & Schmitt, F. A. (1988) *Episodic, semantic, and procedural memory: Normal aging vs. Alzheimer's disease*. Unpublished Manuscript.

Mitchell, S. (1996) The *prehistory of the mind: A search for the origins of art, religion and science*. Thames and Hudson. (松浦俊輔・牧野美佐緒訳，1998『心の先史時代』青士社)

Mithen, S. (2005) *The singing Neanderthals: The origins of music, language, mind and body*. Weidenfeld & Nicolson. (熊谷淳子訳，2006『歌うネアンデルタール ― 音楽と言語から見るヒトの進化』早川書房)

Miura, I. T., Okamoto, Y., Kim, C. C., Steere, M., & Fayol, M. (1993) First graders' cognitive representation of numbers and understanding of place value: Cross-national comparisons-Franc, Japan, Korea, Sweden, and the United States. *Journal of Educational Psychology*, 85, 24-30.

Miura, K. (2005) Interpretation and impression of ambiguous eye gaze of a mother and child in a Japanese traditional picture. *Journal of Physiological Anthropology and Applied Human Science*, 24, 299-301.

三浦佳世 (2005)「美術・造形の心理 ― 感性の情報処理」子安増生編『芸術心理学の新しいかたち』誠信書房, pp.104-128.

三浦佳世 (2006)「心理学と感性 ― 知覚と表現の実証研究を通して」都甲潔・坂口光一編『感性の科学 ― 心理と技術の融合』朝倉書店，pp，59-76.

三浦佳世 (2007)『知覚と感性の心理学』岩波書店

Miura. T. (1986) Coping with situational demands: A study of eye movements and peripheral vision performance. In A. G. Gale, M. H. Freeman, C. M. Haslegrave, P. Smith & S. P. Taylor (Eds.), *Vision in vehicles*. North Holland Press. pp. 205-216.

三浦利章(1996)『行動と視覚的注意』風間書店

Miura, T., Ishida, T., Nishida, Y.,& Ishimatsu, K. (2001) Effect of alcohol concentration levels on useful field of view: A differential effect. *Perception*, 30, Supplements 47.

Miyamoto, Y., & Kitayama, S. (2002) Cultural variation in correspondence bias: The critical role of attitude diagnosticity of socially constrained behavior. *Journal of Personality and Social Psychology*, 83, 1239-1248.

Miyamoto, Y., Nisbett, R. E., & Masuda, T. (2006) Culture and the physical environment: Holistic versus analytic perceptual affordances. *Psychology Science*, 17, 113-119.

Miyamoto, Y.,& Schwartz, N. (2006) When conveying a message may hurt the relationship: Cultural differences in the difficulty of using an answering machine. *Journal of Experimental Social Psychology*, 42, 540-547.

Moray, N. (1959) Attention in dichotic listening: Affective cues and the influence of instructions. *Quarterly Journal of Experimental Psychology*, 11, 56-60.

守一雄・都築誉史・楠見孝編 (2001)『コネクショニストモデルと心理学 ― 脳のシミュレーションによる心の理解』北大路書房

Morling, B., Kitayama, S., & Miyamoto, Y. (2002) Cultural practices emphasize influence in the United States and adjustment in Japan. *Personality and Social Psychology Bulletin*, 28, 311-323.

Morris, C. D., Bransford, J. D.& Franks J. J. (1977) Levels of processing versus transfer appropriate processing, *Journal of Verbal Learning & Verbal Behavior*, 16, 519-533.

Morris, C. D., & Peng, K. (1994) Culture and cause: American and Chinese attributions for social and physical events, *Journal of Personality and Social Psychology, 67*, 949-971

Morton, J., & Johnson, M. H. (1991) CONSPEC and CONLERN: A two-process theory of infant face recognition. *Psychological Science, 98-*, 164-181.

Most, S. B., Simons, D.J., Scholl, B.J., Jimenez, R., Clifford, E., & Chabris, C.F. (2001) How not to be seen: The contribution of similarity and selective ignoring to sustained inattentional blindness. *Psychological Science, 12*, 9-17.

Motter, B. C. (1993) Focal attention produces spatially selective processing in visual cortical areas V1, V2, and V4 in the presence of competing stimuli. *Journal of Neurophysiology, 70*, 909-919.

Müller, M. M., Andersen, S., Trujillo, N. J., Valdes-Sosa, P., Malinowski, P., & Hillyard, S. A. (2006) Feature-selective attention enhances color signals in early visual areas of the human brain. *Proc. Natl. Acad. Sci. USA, 103*, 14250-14254.

Müller, M. M., Malinowski, P., Gruber, T., & Hillyard, S. A., (2003) Sustained division of the attentional spotlight. *Nature, 424*, 309-312.

Murphy, G. (1969) Psychology in the year 2000, *American Psychologist, 24*, 523-530.

Murphy, S. T., & Zajonc, R. B. (1993) Affect, cognition, and awareness: Affective priming with optimal and suboptimal stimulus exposures. *Journal of Personality and Social Psychology, 64*, 723-739.

Myles-Worsley, M., Johnston, W. A., & Simons, M. A. (1988) The influence of expertise on X-ray image processing. *Journal of Experimental Psychology: Learning, Memory, and Cognition, 14*, 553-557.


### N

仲真紀子　(1998)「偽りの記憶と諸尺度 ― 被暗示性尺度(GSS, CIS) と解離体験度 (DES)」『千葉大学教育学部研究紀要』46, 1-18.

中務真人　(2003)「類人猿の誕生」西田正規・北村光二・山極寿一編『人間性の起源と進化』昭和堂 pp. 98-123.

Needhma, A., & Modi, A. C. (2000) Infants use of prior experiences with objects in object segregation: Implications for object recognition in infancy. In H Reese (Ed.), *Advances in child development and behavior*, Vol.27. Academic Press. pp. 99-133.

Neill, W. T., Valdes, L. A., & Terry, K. M. (1995) Selective attention and the inhibitory control of cognition. In F. N. Dempster & C. J. Brainerd (Eds.), *Interference and inhibition in cognition*. Academic Press. pp. 208-261.

Neisser, U. (1967) *Cognitive psychology*. Appleton-Century-Crofts. (大羽秦訳，1981『認知心理学』誠信書房 )

Neissser, U. (1967) *Cognition and reality: Principles and implications of cognitive psychology*. W. H. Freeman. （古埼敬・村瀬旻訳，1978『認知の構図 ― 人間は現実をどのようにとらえるか』サイエンス社）

Neisser, U. (1978) Memory: What are the important questions? In M. M. Grunbert, P. Morris & R. N. Sykes (Eds.), *Practical aspects of memory*. Academic Press. pp. 3-24

Nelson, T. E., Osley, Z. M. & Clawson, R. A. (1997) Toward a psychology of framing effects. *Political Behaviour, 19*, 221-246.

Nelson, T. E., Willey, E. A. (2001) Issue frames that strike a value balance: A political psychology perspective. In S. D. Reese, O. H. Gandy & A. E. Gandy & A. E. Grant (Eds), *Framing public life: Perspective on media and our understanding of the social world*. Lawrence Erlbaum Associates. pp. 245-266.

Neuman, W. R., Just, M. R., & Criegler, A, N. (1992) *Common knowledge: News and the construction of political meaning*. The University of Chicago Press. (川端美樹・山田一成監訳，2008『ニュースはどのように理解されか ― メディアフレムと政治的意味の構築』慶應義塾大学

出版会)

Newell, A. (1990) *Unfinished throries of cognition.* Harvard University Press.

Newell, A., Shaw, J.C., & Simon, H.A. (1985) Elements of a theory of human problem solving. *Psychological Review*, 65, 151-166.

Newell, A., & Simon, H. A. (1972) *Human problem solving.* Prentice-Hall.

Newell, B. R., Weston, N. J., Shanks, D. R. (2003) Empirical tests of a fast and frugal heuristic: Not everyone "takes-the-best". *Organizational Behavior and Human Decision Processes*, 91, 82-96.

日刊スポーツ (1998)　日刊スポーツWed「W杯日本代表ハイライト」6月30日

Nisbett, R. E. (2003) *The geography of thought: How Asians and Westerners think differently...and why.* Free Press. (村本由紀子訳，2004　『木を見る西洋人　森を見る東洋人 ─ 思考の違いはいかにして生まれるか』ダイアモンド社)

Nisbett, R. E., & Cohen, D. (1996) *Culture of honor: The psychology of violence in the South.* Westview Press. (石井敬子・結城雅樹編訳，2009『名誉と暴力―アメリカ南部の文化と心理』北大路書房)

Nisbett, R. E., Peng, K., Choi, I., & Norenzayan, A. (2001) Culture and systems of thought: Holistic vs. analytic cognition. *Psychological Review*, 108, 291-310.

Nobata, T., Hakoda, Y., & Ninose, Y. (2009) The functional field of view becomes narrower while viewing negative emotional stimuli. *Cognition & Emotion* (in press, Doi: 10.1080/02699930902955954).

Norenzayan, A., Smith, E. E., Kim, B., & Nisbett, R. E. (2002) Cultural preferences for formal versus intuitive reasoning. *Cognitive Science*, 26, 653-684.


## O

Oaksford, M., & Chater, N. (1994) A rational analysis of the selection task as optimal data selection. *Psychological Review*, 101, 608-631.

O' Brien, E. J., & Myers, J. L. (1999) Text comprehension: A view from the bottom op. In S. R. Goldman, A. C. Graesser & P. van den Broek (Eds.), *Narrative comprehension, causality, and coherence: Essays in honor of Torn Trabasso.* Erlbaum, pp. 35-56.

越智啓太 (2000)「ウェポンフォーカス効果 ─ 実証的データと理論的分析」『応用心理学研究』26, 37-49.

越智啓太 (2005)「情動喚起が目撃者・被害者の記憶に及ぼす効果」『心理学評論』48, 299-315.

Ohlsson, S. (1992) Information-processing explanations of insight and related phenomena, In M. T. Keane & K. J. Gilhooly (Eds.), *Advances in the psychology of thinking*, Harvester Wheatsheaf. pp. 1-44.

Öhman, A., Lundqvist, D., & Esteves, F. (2001) The face in the crowd revisited: A threat advantage with schematic stimuli. *Journal of Personality and Social Psychology*, 80, 381-396.

大石千歳・吉田富二雄 (2001)「内外集団の比較の文脈が黒い羊効果に及ぼす影響 ─ 社会的アイデンティティ理論の観点から」『心理学研究』71, 445-453.

奥田秀宇 (2008)　『思想決定心理学への招待』サイエンス社

近江源太郎 (1984)　『造形心理学』福村出版

Orvis, B. R., Cunningham, J. D., & Kelley, H. H. (1975) A closer examination of causal inference: The roles of consensus, distinctiveness and consistency information. *Journal of personality and Social psychology*, 32, 605-616

Osgood, C.E., Suci, G.J., & Tannenbaum, P.H. (1957) *The measurement of meaning.* University of Illinois Press.

Osherson, D.N., Smith, E.E., Wilkie, O., Lopez, A., & Shafir, E. (1990) Category-based induction.

*Psychological Review*, 97, 185-200.

大坪治彦 (2001) 『ヒトの意識が生まれるとき』講談社

大坪寛子 (2007)「鳥インフルエンザ報道に見るアジア ― 2004年発生時におけるテレビニュースの内容分析」萩原滋編 『テレビニュースの世界像 ― 外国関連報道が構築するリアリティ』勁草書房 pp.117-134.

大上渉・箱田裕司・大沼夏子 (2006)「凶器の視覚的特徴が目撃者の認知に及ぼす影響」『心理學研究』77, 443-451.

Que, W., Hakoda, Y., & Onuman, N. (2008) The pointed shape of a knife influence eyewitness perception. *Asian Journal of Criminology*, 3, 193-200.

大上渉・箱田裕司・大沼夏子・守川伸一 (2001) 「不快の情動が目撃者の有効視野に及ぼす影響」『心理學研究』72, 361-368.

大上八潮・箱田裕司 (2009) 「災害のフラッシュバルブメモリ ― 福岡県西方沖地震の例 」仁平義明編 『防災の心理学 ― ほんとうの安心とは何か』 東信堂, pp. 135-153.

Oyserman, D., Coon, H.M., & Kemmelmeier, M. (2002) Rethinking individualism and collectivism: Evaluation of theoretical assumptions and meta-analyses. *Psychological Bulletin*, 128. 3-72.


### P

Paivio, A. (1979) *Imagery and verbal processes*. Lawrence Erlbaum Associates.

Pavio, A. (1986) *Mental representations: A dual coding approach*. Oxford University Press.

Parker, J.D.A., Taylor, G.J., & Bagby, R.M. (1993) Alexithymia and the recognition of facial expressions of emotion. *Psychotherapy and Psychosomatics*, 59, 197-202.

Pascalis, O., da Haan, M., Nelson, C. A., de Schonen, S. (1998) Long-term recognition memory for faces assessed by visual paired comparison in 3-and 6-month-old infants. *Journal of Experimental Psychology: Learning, Memory, and Cognition*, 24, 249-260.

Pascalis, O., de Schonen, S., Morton, J., Deruelle, C., & Rabre-Grenet, M. (1995) Mother's face recognition by neonates: A replication and an extension. *Infant Behavior and Development*, 18, 79-85

Pascual-leone, J. (1970) A mathematical model for the transition rile in Piaget's developmental stages. *Acta Psychologica*, 32. 301-345.

Peng, K., & Nisbett, R. E. (1999) Culture, dialectics, and reasoning about contradiction. *American Psychologist*, 54, 741-754.

Perrett, D. I., Rolls, E. T., & Caan, W. (1982) Visual neurones responsive to faces in the monkey temporal cortex. *Experimental Brain Research*, 47, 329-342.

Petersen, S. E., Fox, P. T., Posner, M. I., Mintun, M., & Raichel, M. E. (1988) Positron emission tomographic studies of cortical anatomy of single word processing. *Nature*, 331, 585-589.

Peterson, L. R., & Peterson, M. J. (1959) Short-term retention of individual verbal items. *Journal of Experimental Psychology*, 58, 193-198.

Petty R. E., & Cacioppo, J. T. (1986) The elaboration likelihood model of persuasion. In L. Berkowitz (Ed.), *Advances in experimental social psychology*, Vol.19. Academic Press. pp. 123-205.

Piaget, J. (1952) *The origins of intelligence in children*. International University Press (Original work published 1936) ( 谷村覚・浜田寿美男訳, 1978『知能の誕生』ミネルヴァ書房)

Pickel, K. L. (1998) Unusualness and threat as possible causes of "weapon focus." *Memory*, 6, 277-295.

Pickel, K. L. (1999) The influence of context on the "Weapon Focus" effect. *Law and Human*

*Behavior*, 23, 299-311.

Pilling, M., & Davies, I. R. L. (2004) Linguistic relativism and colour cognition. British Journal of Psychology, 95, 429-455.

Pinel, J. P. J. (2003) *Biopsychology*, 5th ed. Pearson Education (佐藤敬・若林孝一・泉井亮・飛鳥井望訳, 2005 『ピネル バイオサイコロジー ― 脳―心と行動の神経科学』西村書店)

Platt, R. D., & Griggs, R. A. (1993) Darwinian algorithms and the Wason selection task: A factorial analysis of social contract selection task problems. *Cognition*, 48, 163-192.

Plaut, D. C., McClelland, J. L., Seidenberg, M. S., & Patterson, K. (1996) Understanding normal and impaired word reading: Computational principles in quasi-regular domains. *Psychological Review*, 103, 56-115.

Plaut, V.C., Markus, H.R., & Lachman. M.E. (2002) Place matters: Consensual features and regional variation in American well-being and self. *Journal of Personality and Social Psychology*, 83, 160-184.

Poole, D. A., Lindsay, D. S., Memon, A., & Bull, R. (1995) Psychotherapy and the recovery of memories of childhood sexual abuse: U. S. and British practitioners' opinions, practices, and experiences. *Journal of consulting and Clinical Psychology*, 63, 426-437.

Posner, M. I. (1980) Orienting of attention. *Quarterly Journal of Experimental Psychology*, 32, 3-25.

Posner, M. I. & Cohen, Y. (1984) Components of visual orienting. In H. Bouman & D. Bouwhuis (Eds. ), *Attention and performance X*. Erlbaum. pp. 531-556.

Posner, M. L. & Keele, S. W. (1970) Retention of abstract ideas. *Journal of Experimental Psychology*, 83, 304-308.

Posner, M. I. Nissen, M. J. & Ogden, W. C. (1978) Attended and unattended processing modes: The role of set for spatial location. In H. L. Pick & E. J. Saltzman (Eds. ), *Modes of perceiving and processing information*. Lawrence Erlbaum Associates. pp. 171-187.

Posner, M. I., & Raichle, M. E. (1994) Images of mind. Freeman. (養老孟司・加藤雅子・笠井清登訳, 1997 『脳を観る ― 認知神経科学が明かす心の謎』日經 s サイエンス社 )

Posner, M. I., Snyder, C. R. & Davidson, B. J. (1980) Attention and the detection of signals. *Journal of Experimental Psychology: General*, 109, 160-174.

Premack, D. (1976) *Intelligence in ape and man*. Lawrence Erlbaum Associates.

Premack, D., & Woodruff, G. (1978) Does the chimpanzee have a theory of mind? *Behavioral and Brain Sciences*, 1, 515-526.

Price, R. (1975) *Der Kleine Psychologie*. Diogenes.

Pringle, H. L., Irwin, D. E., Kramer, A. F., & Atchley, P. (2001) The role of attentional breadth in perceptual change detection. *Psychonomic Bulletin and Review*, 8, 89-95.

Purcell, D. G., Stewart, A. L., & Skov, R. B. (1996) It takes a confounded face to pop out of a crowd. *Perception*, 25, 1097-1108.

Purves, D., Brannon, E. M., Cabeza, R., Huettel, S. A., LaBar, K. S., Platt, M., & Woldorff, M. G. (2008) *Principles of cognitive neuroscience*. Sinauer Associates.

Pylyshyn, Z. W. (1973) What the mind's eye tells the mind's brain: A Critique of mental imagery. *Psychological Bulletin*, 80, 11-24.

Pylyshyn, Z. W. (1979) Validating computational models: A critique of Anderson's indeterminacy of representational claim. *Psychological Review*, 86, 383-394.

Pylyshyn, Z. W. (1981) The imagery debate: Analogue media versus tacit knowledge. *Psychological Review*, 88, 16-45.

## Q

Quillian, M. R. (1968) Semantic memory. In M. Minsky (Ed. ), *Semantic information processing*. MIT Press. pp. 227-270.


## R

Rabinowitz, J. C. (1986) Priming in episodic memory. *Journal of Gerontology*, 41, 204-213.

Ramachandran, V. (2006) Mirror neurons and the brain in the vat. *Edge*, January 10.

Raymond, J. E., Shapiro, K. L., & Arnell, K. M. (1992) Temporary suppression of visual processing in an RSVP task: An attentional blink? *Journal of Experimental Psychology: Human Perception and Performance*, 18, 849-860.

Read, S. J., & Miller, L. C. (1998) *Connectionist models of social reasoning and social behavior*. Lawrence Erlbaum Associates.

Reed, S. K. (1972) Pattern recognition and categorization. *Cognitive Psychology*, 3, 382-407.

Reeder, G. D., & Brewer, M. B. (1979) A schematic model of dispositional attribution in interpersonal perception. *Psychological Review*, 86, 61-79.

Renfrew, C., & Zubrow, E. B. W. (Eds. ) (1994) *The ancient mind: Elements of cognitive archaeology*. Cambridge University Press.

Rensink, R. A., O'Regan, J. K., & Clark, J. J. (1997) To see or not to see: The need for attention to perceive changes in scenes. *Psychological Science*, 8, 368-373.

Repacholi, B., & Slaughter, V. (Eds. ) (2003) *Individual differences in theory of mind: Implications for typical and atypical development*. Psychology Press.

Reynolds, J. H., Chelazzi, L., Desimone, R. (1999) Competitive mechanisms subserve attention in macaque areas V2 and V4. *Journal of Neuroscience*, 19, 1736-1753.

Richards, E., Bennet, P. J., & Sekuler, A. B. (2006) Age related differences in learning with the useful field of view. *Vision Research*, 46, 4217-4231.

Rips, L, J., Shoben, E. J., & Smith, E. E. (1973) Semantic distance and the verification of semantic relations. *Journal of Verbal Learning and Verbal Behavior*, 12, 1-20.

Rizzolatti, G., & Arbib, M. A. (1998) Language with in our grasp. *Trends in Neuroscience*, 21, 188-194.

Rizzolatti, G., Fadiga, L., Gallesa, V., & Fogassi, L., (1996) Premotor cortex and the recognition of motor actions. *Cognitive Brain Research*, 3, 131-141.

Roberson, D., Davidoff, J., Davies, I. R. L., & Shapiro, L. R. (2005) Color categories: Evidence for the cultural relativity hypothesis. *Cognitive Psychology*, 50, 378-411.

Robinson-Riegler, G., & Robinson-Riegler, B. (2004) *Cognitive psychology: Applying the science of the mind*. Allyn and Bacon.

Rosch, E. (1973) Natural categories. *Cognitive Psychology*, 4, 328-350.

Rosch, E. (1978) Principles of Categorization. In E. Rosch & B. Lloyd (Eds. ), *Cognition and categorization*. Lawrence Erlbaum Associates. pp. 27-48.

Rosch, E., Mervis, C. B., Gray, W., Johnsen, D., & Boyes-Braem, P. (1976) Basic objects in natural categories. *Cognitive Psychology*, 8, 382-439.

Ross, B. H. (1989) Remindings in learning and instruction. In S. Vosniadou & A. Ortony (Eds.), *Similarity and analogical reasoning*. Cambridge University Press. pp. 438-469.

Ross, D. F., Ceci, S. J., Dunning, D., & Toglia, M. P. (1994) Unconscious transference and mistaken identity: When a witness misidentifies a familiar but innocent person. *Journal of Applied Psychology*, 79, 918-930.

Rossi, A. F., & Paradiso, M. A. (1995) Feature-specific effects of selective visual attention. *Vision Research*, 35, 621-634.

Roth, G., & Dicke, U. (2005) Evolution of the brain and intelligence. *Trends in Cognitive Science*, 9, 250-257.

Rothbart, M. (1981) Memory processes and social beliefs. In D. L. Hamilton (Ed. ), *Cognitive processes in stereotyping and intergroup behavior*. Erlbaum. pp. 145-181.

Rovee-Collier, C. K., Sullivan, M. W., Enright, M., Lucas, D., 7 Fagen, J. W. (1980) Reactivation of infant memory. *Science*, 208, 1159-1161.

Rubin, D. C., Rahhal, T. A., & Poon, L. W. (1998) Things learned in early adulthood are remembered best. *Memory & Cognition*, 26, 3-19.

Rubin, D. C., & Schulkind, M. D. (1997) The distribution of autobiographical memories across the lifespan. *Memory & Cognition*, 25, 859-866.

Rubin, D. C., Wetzler, S. E., & Nebes, R. D. (1986) Autobiographical memory across the adult lifespan. In D. C. Rubin (Ed. ), *Autobiographical memory*. Cambridge University Press. pp. 202-221.

Rumbaugh, D. M. (Ed. ) (1977) *Language learning by a chimpanzee: The lana project*. Academic Press.

Rumelhart, D. E., Hinton, G. E., & Williams, R. J. (1986) Learning internal representations by error propagation. In D. E. Rumelhart, J. L . McClelland & the PDP research group (Eds. ), *Parallel distributed processing: Explorations in the microstructure of cognition*, Vol. 1. MIT Press. pp. 318-362. (甘利俊一監訳, 1989 「誤差伝播による内部表現の学習」 『PDP モデル ― 認知科学とニューロン回路網の探索』産業図書, pp, 321-366. )

Rumelhart, D. E., & Norman, D. A. (1988) Representation in memory. In R. C. Atkinson, R. J. Herrnstein, G. Lindzey & R. D. Luce (Eds. ), *Stevens' handbook of experimental psychology*, 2nd ed. Wiley. pp. 511-587.

Rumelhart, D. E., & Ortony, A. (1977) The representation of knowledge in memory. In R. C. Anderson, R. J. Spiro & W. E. Montague (Eds. ), *Schooling and the acquisition of knowledge*. Lawrence Erlbaum Associates. pp. 99-135.

Russell, J. A., & Bulloc, M. (1986) On the dimensions preschoolers use to interpret facial expressions of emotion. *Developmental Psychology*, 22, 97-102.

Ruvolo, M., (1997) Molecular phylogeny of the hominoids: Inferences from multiple independent DNA sequence data sets. *Molecular Phylogenetics and Evolution*, 14, 248-265.

Ryle, G. (1949) *The concept of mind*. Barnes & Noble.


## S

Sachs, J .S. (1967) Recognition memory for syntactic and semantic aspects of connected discourse. *Perception & Psychophysics*, 2, 437-442.

Sai, F., & Bushnell, I .W. R. (1988) The perception of faces in different poses by 1-month-olds. *British Journal of Developmental Psychology*, 6, 35-41.

坂本博 (1996) 「感性の哲学」篠原昭・清水義雄・坂本博編『感性工学への招待 ― 感性から暮らしを教える』森北出版 pp. 20-35.

坂本勉 (1998) 「人間の言語情報処理」大津由紀雄・郡司隆男・田窪行則・長尾真・橋田浩一・益岡隆志・松本裕治編『言語科学と関連領域(言語の科学 11)』岩波書店, pp.1-55.

版本勉 (2000) 「言語認知」行場次郎・箱田裕司編『知性と感性の心理 ― 認知心理学入門』福村出版, pp. 153-169.

Sala, S. D., & Logie, R. H. (2002) Neuropsychological impairments of visual and spatial working memory. In A. D. Baddeley, M. D. Kepelman & B. A. Wilson (Eds. ), *The handbook of memory disorders*, 2nd ed. Wiley. pp. 271-292,

佐々木めぐみ・箱田裕司・山上龍太郎 (1993)「逆ストレープ干渉と精神分裂症 ── 集団用ストループ・逆ストループテストを用いた考察」『心理学研究』64, 43-50.

佐藤浩一・越智啓太・下島裕美編　(2008)『自伝的記憶の心理学』北大路書房

Savage, L. J. (1954) *The foundations of statistics.* Wiley.

Savage-Rumbaugh, E. S., Rumbaugh, D. M., & Boysen, S. (1978) Linguistically mediated tool use and exchange by chimpanzees (Pan troglodytes). *Behavioral and Brain Sciences*, 4, 539-554.

Schachter, S., & Singer, J. (1962) Cognitive, social, and physiological determinants of emotional state. *Psychological Review*, 69, 379-399.

Schacter, D. L., Chiu, C. Y. P., & Ochsner, K. N. (1993) Implicit memory: A selective review, *Annual Review of Neuroscience*, 16, 159-182.

Schanck, R. C. (1972) Conceptual dependency: A theory of natural language understanding. *Cognitive Psychology*, 3, 552-631.

Schank, R. C. (1982) *Dynamic memory: A theory of reminding and learning in computers and people.* Cambridge University Press.

Schank, R. C. (1990) *Tell me a story: A new look at real and artificial memory.* Charles Scribner. (長尾確・長尾加寿惠訳, 1999 『人はなぜ話すのか ── 知能と記憶のメカニズム』白揚社)

Schank, R. C., & Abelson, R. P. (1977) *Scripts, plans, goals, and understanding: An inquiry into human knowledge structures.* Lawrence Erlbaum Associates.

Schepard, R. N., & Metzler, J. (1971) Mental rotation of three-dimensional objects. *Science*, 171, 701-703.

Schick, T. Jr., & Vaughn, L. (2001) *How to think about weird things: Critical thinking for a new age,* 3rd ed. McGraw-Hill. (菊池聡・新田玲子訳, 2004『グリティカルシンキング ── 不思議現象篇』北大路書房)

Schmidt, R. A. (1975) A schema theory of discrete motor skill learning. *Psychological Review*, 82, 225-260.

Schooler, J. W., & Engstler-Schooler, T. Y. (1990) Verbal overshadowing of visual memories: Some things are better left unsaid. *Cognitive Psychology*, 22, 36-71.

Schroeter, M. L., Zysset, S., Wahl, M., & von Cramon, D. Y. (2004) Prefrontal activation due to Stroop interference increases during development: An event-related fNIRS study, *Neuro Image*, 23, 1317-1325.

Schroyens, W., & Schaeken, W. (2003) A critique of Oaksford, Chater, and Larkin's (2000) conditional probability model of conditional reasoning. *Journal of Experimental Psychology: Learning, Memory, and Cognition*, 29, 140-149.

Schugens, M. M., Daum, I., Spindler, M., & Birbaumer N. (1997) Differential effects of aging on explicit and implicit memory. *Aging, Neuropsychology, and Cognition*, 4, 33-44.

Scott, D., & Ponsoda, V. (1996) The role of positive and negative affect in flashbulb memory. *Psychological Reports*, 79, 467-473.

Scoville, W. B., & Milner, B. (1957) Loss of recent memory after bilateral hippocampal lesions, *Journal of Neurology, Neurosurgery and Psychiatry*, 20, 11-21.

Seindenberg, M, S., & McClelland, J. L. (1989) A distributed, developmental model of word recognition and naming. *Psychological Review*, 96, 523-568.

Sekuler, A. B., Bennett, P. J., & Mamelak, M. (2000) Effects of aging on the useful field of view. *Experimental Aging Research*, 26, 103-120.

Sekuler, R., & Ball, K. (1986). Visual localization: Age and practice. *Journal of the Optical Society of America* A, 3, 864-867.

Sellal, F., Kahane, P., Andriantseheno, M., Vercueil, L., Pellat, J., & Hirsch, E. (2003) Dramatic changes in artistic preference after left temporal lobectomy. *Epilepsy & Behavior*, 4 ,449-450.

Semetko, H. A., & Valkenburg, P. M. (2000) Framing European politics: A content analysis of press and television news. *Journal of Communication*, 50(2), 93-109.

Shaffer, D. R. (1985) *Developmental psychology: Theory, research, and applications*. Wadasworth.

Shapiro, P. N., & Penrod, S. D. (1986) Meta-analysis of facial identification studies. *Psychological Bulletin*, 100, 139-156.

繁桝算男 (1995)『意思決定の認知統計学』朝倉書店

下條信輔 (1988)『まなざしの誕生 ― 赤ちゃん学革命』新曜社

下條信輔 (2008)『サブリミナル・インパクト ― 情動と潜在認知の現代』筑摩書房

Shimojo, S., Simion, C., Shimojo, E., & Scheier, C. (2003) Gaze bias both reflects and influences preference. *Nature Neuroscience*, 6, 1317-1322.

Siegler, R. S. (1986) *Children's thinking*. Prentice-Hall. (無藤隆・日笠摩子訳，1992『子どもの思考 』誠信書房 )

Simon, H. A. (1957) *Models of man social and rational: Mathematical essays on rational human behavior in a social setting*. Wiley. (宮沢光一監訳，1970『人間行動のモデル』同文舘出版)

Simons, D. J., & Levin, D. T. (1998) Failure to detect changes to people during a real-world interaction. *Psychonomic Bulletin and Review*, 5, 644-649.

Simonson, I, (1989) Choice based on reasons: The case of attraction and compromise effects. *Journal of Consumer Research*, 16, 158-174.

Skinner, B. F. (1963) Behaviorism at fifty. *Science*, 140, 951-958.

Slater, A., & Morison, V. (1987) Lo sviluppo della percezione visiva nella prima infanzia. *Eta evolutiva*, 27, 56-62.

Slater, A., von der Schulenburg, C., Brown, E., Badenoch, M., Butterworth, G., Parsons, S., & Samuels, C. (1998) Newborn infants prefer attractive faces. Infant Behavior and Development, 21, 345-354.

Slater, L., (2004) *Opening Skinner's box: Great psychological experiments of the twentieth century*. Norton. (岩坂彰訳, 2005『心は実験できるか ― 20世紀心理学実験物語』紀伊國房書店)

Slovic, P., & Lichtenstein, S. (1968) Relative importance of probabilities and payoffs in risk taking. *Journal of Experimental Psychology Monograph*, 78, (3, Part 2).

Smith, A. T., Singh, K. D., Williams, A. L., & Greenlee, M. W. (2001) Estimating receptive field size from fMRI data in human striate and extrastriate visual cortex. *Cerebral Cortex*, 11, 1182-1190.

Smith, E. E., Shoben, E. J., & Rips, L. J. (1974) Structure and process in semantic memory: A featural model for semantic decision. *Psychological Review*, 81, 214-241.

Smith, E., & Jonides, J. (1999) Storage and executive processes in the frontal lobes. *Science*, 283, 1657-1661.

Solso, R. (1994) Cognition and visual arts. MIT Press. (鈴木光太郎・小林哲生訳，1997『脳は絵をどのように理解するか ― 絵画の認知科学 』新曜社 )

Song, Y., & Hakoda, Y. (in press) An asymmetric Stroop/reverse Stroop interference phenomenon in attention and hyperactivity deficit disorder (ADHD). *Journal of Attention and Disorder*.

Spelke, E. S. (1991) Physical knowledge in infancy: Reflections on Piaget's theory. In S. Carey & R. Gelman (Eds. ), *The epigenesis of mind: Essays on biology and cognition*. Lawrence Erlbaum Association. pp. 133-170.

Spelke, E. S. (1994) Initial knowledge: Six suggestion. *Cognition*, 50, 431-445.

Sperber, D. (1994) Understanding verbal understanding. In J. Khalfa (Ed. ). *What is intelligence?* Cambridge University Press. pp. 179-198.

Sperling, G. (1960) The information available in brief visual presentations. *Psychological Monographs*, 74, 1-29.

Squire, L. R. (1992) Declarative and nondeclarative memory: Multiple brain systems supporting learning and memory. *Journal of Cognitive Neuroscience*, 4, 232-243.

Squire, L. R., & Zola-Morgan, S. (1991) The medial temporal lobe memory system. *Science*, 253, 1380-1386.

St. John, M. F., & McClelland, J. L. (1990) Learning and applying contextual constraints in sentence comprehension. *Artificial Intelligence*, 46, 217-257.

Stanfield, R. A., & Zwaan, R. A. (2001) The effect of implied orientation derived from verbal context on picture recognition. *Psychological Science*, 12, 153-156.

Stanovich, K. E., & West, R. F. (2000) Individual differences in reasoning: Implications for the rationality debate? *Behavioral and Brain Sciences*, 23, 645-665.

Star, M. S., & Rayner, K. (2001) Eye movements during reading: Some current controversies. *Trends in Cognitive Sciences*, 5, 156-163.

Stenning, K. (2002) *Seeing reason: Image and language in learning to think*. Oxford University Press.

Sternberg, R. J. (2006) *Cognitive psychology*, 4th ed,. Thomson Wadsworth.

Strauss, S., & Ziv, M. (2004) Teaching: Ontogenesis, culture, and education. *Cognitive Development*, 19, 451-456.

Strauss, S., Ziv, M., & Stein, A. (2002) Teaching as a natural cognition and its relations to preschoolers' developing theory of mind. *Cognitive Development*, 17, 1473-1487.

Strayer, D. L., & Johnston, W. A. (2001) Driven to distraction: Dual-task studies of simulated driving and conversing on a cellular telephone. *Psychological Science*, 12, 462-466.

Stringer, C., & Gamble, C. (1993) *In search of the Neanderthals: Solving the puzzle of human origins*. Thames and Hudson. (河合信和訳, 1997『ネアンデルタール人とは誰か』朝日新聞社)

Stroop, J. R. (1935) Studies of interference in serial verbal reactions. *Journal of Experimental Psychology*, 18, 643-662.

鈴木孝夫　(1973)『ことばと文化』岩波書店

鈴木宏昭・開(一夫 (2003)「洞察問題解決への制約論的アプローチ」『心理学評論』46, 211-232.

Swinney, D. A. (1979) Lexical access during sentence comprehension: (Re) consideration of context effects. *Journal of Verbal Learning and Verbal Behavior*, 18, 645-659.


**T**


Tajfel, H., Billig, M. G., Bundy, R. P., & Flament, C. (1971) Social categorization and intergroup behaviour. *European Journal of Social Psychology*, 1, 149-178.

Tajfel, H., & Turner, J. C. (1979) An integrative theory of intergroup conflict, in W. G. Austin & S. Worchel (Eds.), *The social psychology of intergroup relations*. Brooks/Cole. pp. 33-47.

高橋雅延 (2008)『認知と感情の心理学（心理学入門コース2)』岩波書店』

高野陽太郎 (2008)『「集団主義」という錯覚 ── 日本人論の思い偉いとその由来』新曜社

高野陽太郎・大久保街亞・石川淳・藤井大毅(2001)「推論能力は遺伝するか? ── Wason選択課題における　Cosmides　説の検討」『認知科学』8, 287-300.

Takeda, Y., & Yagi, A. (2000) Inhibitory tagging in visual search can be found if search stimuli remain visible. *Perception & Psychophysics*, 62, 927-934.

竹村和久編 (2000)『消費行動の社会心理学 ── 消費する人間のこころと行動』北大路書房

竹下俊郎 (2008)『増補版 メディア議題設定機能─マスコミ効果研究における理論と実証』

学文社

滝沢武久 (1977) 『子どもの思考と意識 — 新しい発達心理学の視点から』童心社

滝沢武久 (1992) 『ピアジェ理論の展開 — 現代教育への視座』国土社

Tanaka, K., Saito, H., Fukuda, Y., & Moriya, M. (1991) Coding visual images of objects in the inferotemporal cortex of the macaque monkey. *Journal of Neurophysiology*, 66, 170-189.

Tanaka, Y., & Shimojo, S. (1996) Location vs. feature: Reaction time reveals dissociation between two visual functions. *Vision Research*, 36, 2125-2140.

Tanenhaus, M. K., Spivey-Knowlton, M. J., Eberhard, K. M., & Sedivy, J. E. (1995) Integration of visual and linguistic information in spoken language comprehension. *Science*, 268, 1632-1634.

Taylor, G. J., & Bagby, R. M., & Parker, J. D. A. (1997) *Disorders of affect regulation: Alexithymia in medical and psychiatric illness*. Cambridge University Press. (福西勇夫監訳・秋元倫子訳, 1998 『アレキシサイミア — 感性制御の障害と精神・身体疾患』星和書店)

Teasdale, J. D., Dritschel, B. H., Taylor, M, J., Proctor, L., Lloyd, C, A., Nimmo-Smith, I., & Baddeley, A. D. (1995) Stimulus-independent thought depends on central executive resources. *Memory & Cognition*, 23, 551-559.

Teller, D. Y. (1997) First glances: The vision of infants. The Friedenwald lecture. *Investigative Ophthalmology and Visual Science*, 38, 2183-2203.

Teuber, H. L. Milner, B., & Vaughan, H. G. Jr. (1968) Persistent anterograde amnesia after stab wound of the basal brain. *Neuropsychologia*, 6, 267-282.

Tewksbury, D., & Althaus, S. L. (2000) Differences in knowledge acquisition among readers of the paper and online versions of a national newspaper. *Journalism & Mass Communication Quarterly*, 77, 457-479.

Thomson, D. M., & Tulving, E. (1970) Associative encoding and retrieval: Weak and strong cues. *Journal of Experimental Psychology*, 86, 255-262.

Thorndyke , P. W. (1977) Cognitive structures in comprehension and memory of narrative discourse. *Cognitive Psychology*, 9, 77-110.

Tinbergen, N, (1968) On war and peace in animals and man: An ethologist's approach to the biology of aggression, *Science*, 160, 1411-1418.

Tipper, S. P. (1985) The negative priming effect: Inhibitory priming by ignored objects. *Quarterly Journal of Experimental Psychology*, 37 A, 571-590.

Tipper, S. P., Weaver, B., Jerreat, L. M., & Burak, A. L. (1994) Object-based and environment based inhibition of return of visual attention. *Journal of Experimental Psychology: Human Perception and Performance*, 20, 478-499.

時律裕子, (2007) 『鑑識眼の科学 — 認知心理学的アプローチによる考古学者の技能研究』青木書店

Tomasello, M. (1995) Joint attention as social cognition. In C. Moore & P. J. Dungham (Eds. ), *Joint attention: Its origins and role in development*. Lawrence Erlbaum Associates. pp. 103-130. (大神英裕監訳, 1999 「社会的認知としての共同注意」『ジョイント・アテンション — 心の起源とその発達を探る』ナカイヤ出版, pp. 93-117)

Tomasello, M., Hare, B., & Agnetta, B. (1999) Chimpanzees (Pan troglodytes) follow gaze direction geometrically. *Animal Behaviour*, 58, 769-777.

友野典男 (2006) 『行動神経学—神経は「感情」で動いている』光文社

Tooby, J., & Cosmides, L. (1992) The psychological foundations of culture. In J. Barkow, L. Cosmides & J. Tooby (Eds. ), *The adapted mind: Evolutionary psychology and the generation of culture*. Oxford University Press. pp. 19-136.

Treisman, A. (1964) Verbal cue, language and meaning in selective attention. *American Journal of Psychology*, 77, 215-216.

Treisman, A. (1979) The psychological reality of levels of processing, In L. S. Cermak & F. I. M. Craik (Eds. ), *Levels of processing and human memory.* Lawrence Erlbaum Associates. pp. 301-330.

Treisman, A. (1986) Features and objects in visual processing. *Scientific American*, 254(11), 114-125.

Treisman, A. (1986) Feature binding, attention and object perception. *Philosophical Transactions of the Royal Society of London: Series B, Biological Sciences*, 353, 1295-1306.

Treisman, A., & Souther, J. (1985). Search asymmetry: A diagnostic for preattentive processing of separable features. *Journal of Experimental Psychology: General*, 114, 285-310.

Triandis, H. C. (2007) Culture and psychology: A history of the study and their relationship. In S. Kitayama & D. Cohen (Eds. ), *Handbook of cultural psychology.* Guilford Press. pp. 59-76.

Trope, Y. (1986) Identification and inferential process in dispositional attribution. *Psychological Review*, 93, 239-257.

Trueswell, J. C. (1996) The role of lexical frequency in syntactic ambiguity resolution. *Journal of Memory and Language*, 35, 566-585.

Tsal, Y. (1983) Movements of attention across the visual field. *Journal of Experimental Psychology: Human Perception and Performance*, 9, 523-530.

Tsuchida, N. (2005) Inhibitory function in the stimulus-response compatibility task. *Perceptual and Motor Skills*, 100, 249-257.

都築誉史　(1987)　「偶発学習された逐語的情報がS-O-V型文の再任記憶に及ぼす効果」『心理学研究』58, 151-157.

都築誉史　(1993)　「プライムターゲットの文脈依存的関連性と文脈独立的関連性が語彙的多義性の解消過程に及ぼす効果」『心理学研究 』64, 191-198.

都築誉史　(1997)　『言語処理における記憶表象の活性化・制御過程に関する研究 』風間書房

都築誉史　(1999a)　「プロダクション・システム」　海保博之・加藤隆編『認知研究の技法』福村出版, pp. 121-126.

都築誉史(1999b)「ニューラルネットワーク(PDP)法」海保博之・加藤隆編『認知研究の技法』, pp.101-126

都築誉史編　(2002)　『認知科学パースペクティブ―心理学から１０の視点』信山社出版

Tsuzuki, T., & Guo, F. Y. (2004) A stochastic comparison-grouping model of multialternative choice: Explaining decoy effects. *Proceedings of the Twenty-Sixth Annual Conference of the Cognitive Science Society*, 1351-1356.

都築誉史・河原哲雄・楠見孝　(2002)　「高次認知過程に関するコネョニストモデルの動向」『心理学研究』72, 541-555.

都築誉史・Kawamoto, A. H.・行廣隆次 (1999)　「語彙的多義性の処理に関する並列分散処理モデル ― 文脈と共に提示された多義語の認知に関する実験デーテの理論的統合」『認知科学』6, 91-104.

都築誉史・楠見孝編　(2005)『高次認知のコネクショニストモデル ― ニューラルネットワークと記号的コネクショシズム』共立出版

都築誉史・松井博史　(2006)　「多属性意思決定における文脈効果に関するモデル研究の動向」『立教大学心理学研究』48, 69-79.

都築誉史・岡太彬訓・久野雅樹・齋藤洋典(2008)「心的辞書における多義語の形態情報, 意味情報, 統語情報の構造 ― 非対称 MDS, INDSCAL, INDCLUS による連想反応データの分析」『立教大学心理学研究』50, 57-65.

Tsuzuki, T., Uchida, T., Yukihiro, R., Hisano, M., & Tsuzuki, K. (2004) Effects of syntactic information on semantic access of ambiguous verbs in spoken language comprehension: Evidence from a cross-modal priming experiment. *Japanese Psychological Research*, 46, 31-43.

Tulving, E., Schacter, D. L. & Stark, H. A, (1982) Priming effects in word-fragment completion are independent of recognition memory. *Journal of Experimental Psychology: Learning, Memory, & Cognition*, 8, 336-342.

Tulving, E., Thomson, D. M. (1973) Encoding specificity and retrieval processes in episodic memory. *Psychological Review*, 80, 352-373.

Tversky, A. (1972) Elimination by aspects: A theory of choice. *Psychological Review*, 79, 281-229.

Tversky, A., & Kahneman, D. (1973) Availability: A heuristic for judging frequency and probability. *Cognitive Psychology*, 5, 207-232.

Tversky, A., & Kahneman, D. (1974) Judgment under uncertainty: Heuristics and biases. *Science*, 185, 1124-1131.

Tversky, A., & Kahneman, D. (1981) The framing of decisions and the psychology of choice, *Science*, 211, 453-458.s

Tversky, A., & Kahneman, D. (1982) Evidential impact of base rates. In D. Kahneman. P. Slovic & A. Tversky (Eds. ), *Judgement under uncertainty: Heuristics and biases*. Cambridge University Press. pp. 153-160.

Tversky, A., & Kahneman, D. (1983) Extensional versus intuitive reasoning: The conjunction fallacy in probability judgment. *Psychological Review*, 90, 293-315.

Tversky, A., & Kahneman, D. (1992) Advance in prospect theory: Cumulative representation of uncertainty. *Journal of Risk and Uncertainty*, 5, 297-323.

Tversky, A., Sattath, S., & Slovic, P. (1988) Contingent weighting in judgment and choice. *Psychological Review*, 95, 371-384.

Tyler, C. W. (1998) Painters centre one eye in portraits. *Nature*, 392, 877.


## U

梅本堯夫 (2001) 「顔認知の生得的特異性　発達研究」『(財)　発達科学研究教育センター紀要』16. http://www.coder.or.jp/hdr/16/HDRVol16. 7. pdf

Uskul, A. K., Kitayama, S., & Nisbett, R. E. (2008) Ecocultural basis of cognition: Farmers and fishermen are more holistic than herders. *PANAS*. published online on June 13, 2008 Proc. Natl. Acad. Sci. USA.


## V

Vallar, G. (1993) The anatomical basis of spatial hemineglect in humans. In I. H. Robertson & J. C. Marshall (Eds. ), *Unilateral neglect: Clinical and experimental studies*. Lawrence Erlbaum Associates. pp. 27-62.

Vallar, G., & Papagno, C. (2002) Neuropsychological impairments of verbal short-term memory. In A. D. Baddeley, M. D. Kopelman & B. A. Wilson (Eds. ), *The handbook of memory disorders*, 2nd ed. John Wiley & Sons. pp. 249-270.

van den Broek, P., Young, M., Tzeng, Y., & Linderholm, T. (1999) The landscape model of reading: Inferences and the online construction of a memory representation. In H. van Oostendorp & S. R. Goldman (Eds. ), *The construction of mental representations during reading*. Lawrence Erlbaum Associates. pp. 71-98.

Van Overwalle, F. (2007) *Social connectionism: A reader and handbook for simulations*. Psychology Press.

Vecera, S. P., & Farah, M. J. (1994) Does visual attention select objects or locations? *Journal of Experimental Psychology: General*, 123, 146-160.

Vigneau, M., Beaucousin, V., Herve, P. Y., Duffau, H., Crivello, F., Houde, O., Mazoyer, B., &

Tzourio-Mazoyer, N. (2006) Meta-analyzing left hemisphere language areas: Phonology, semantics, and sentence processing. *NeuroImage*, 30, 1414-1432.

Volbrecht, V. J., & Werner, J. S. (1987) Isolation of short-wavelength-sensitive cone photoreceptors in 4-6-week-old human infants. *Vision Research*, 27, 469-478.

von Neumann, J., & Morgenstern, O. (1944) *Theory of games and economic behavior*. Princeton University Press. (阿部修一・橋本和美訳，2009 『ゲームの理論と経済行動　1, 2, 3』筑摩書房)


## W

Wachtel, P. (1967) Conceptions of broad and narrow attention. *Psychological Bulletin*. 68, 417-429.

和田裕一，(1998) 「同定および定位課題いおける視覚対象に結び付いた復帰抑制」『心理学研究』69, 24-32.

Wagenaar, W. A. (1986) My memory: A study of autobiographical memory over six years. *Cognitive Psychology*, 18, 225-252.

Walker, E. L. (1973) Psychological complexity and preference: A hedgehog theory of behavior. In D. E, Berlyne & K. B. Madsen (Eds. ), *Pleasure, reward, preference*. Academic Press. pp. 65-97.

Wallach. M. A., Kogan, N., & Bem, D. J. (1962) Group influence on individual risk taking. *Journal of Abnormal and Social Psychology*, 65, 75-86.

Warren, P. (1996) Prosody and parsing: An introduction. *Language and Cognitive Processes*, 11, 1-16.

Warrington, E. K., & Shallice, T. (1969) The selective impairment of auditory verbal short-term memory. *Brain: A Journal of Neurology*, 92, 885-896.

Warrington, E. K., & Shallice, T. (1984) Category specific semantic impairments. *Brain: A Journal of Neurology*, 107, 829-854.

Wason, P. C. (1960) On the failure to eliminate hypothesis in a conceptual task. *Quarterly Journal of Experimental Psychology*, 12, 129-140.

Wason, P. C. (1966) Reasoning. In B. Foss (Ed. ), *New horizons in psychology*. Penguin. pp. 135-151.

渡辺茂・小嶋祥三　(2007)　『脳科学と心の進化』岩波書店

Watson, J. B. (1913) Psychology as the behaviorist views it. *Psychological Review*, 20, 158-177.

Wattam-Bell, J. (1996) Visual motion processing in one-month-old infants: Preferential looking experiments. *Vision Research*, 36, 1671-1677.

Waugh, N. C. & Norman, D. A. (1965) Primary memory. *Psychological Review*, 72, 89-104.

Weber, R., & Crocker, J. (1983) Cognitive processes in the revision of stereotypic beliefs. *Journal of Personality and Social Psychology*, 45, 961-977.

Weiner, B. (1974) *Achievement motivation and attribution theory*. General Learning Press.

Weintraub, S., & Mesulam, M. M. (1987) Right cerebral dominance in spatial attention: Further evidence based on ipsilateral neglect. *Archives of Neurology*, 44, 621-625.

Welker, R. L. (1982) Abstraction of themes from melodic variations. *Journal of Experimental Psychology: Human Perception and Performance*, 8, 435-447.

Wells, G. L. Seelau, E. P., Rydell, S. M., & Luus, C. A. E. (1994) Recommendations for properly conducted lineup identification tasks. In D. F. Ross, J. D. Read & M. P. Toglia (Eds. ), *Adult eyewitness testimony: Current trends and developments*. Cambridge University Press. pp. 223-244.

White, M. (1995). Preattentive analysis of facial expressions of emotion. *Cognition and Emotion*, 9, 439-460.

Whorf, B. L. (1956) *Language, thought, and reality: Selected writings of Benjamin Lee Wholf*. MIT

Press. (池上嘉彦訳, 1993 『言語，思考，現実』講談社)

Wiedenbeck, S. (1985) Novice/expert difference in programming skills. *International Journal of Man-Machine Studies*, 23, 383-390.

Willems, S., & Van der Linden, M. (2006). Mere exposure effect: A consequence of direct and indirect fluency-preference links. *Consciousness and Cognition*, 15, 323-341.

Williams, L. M. (1994) Recall of childhood trauma: A prospective study of women's memories of child sexual abuse. *Journal of Consulting and Clinical Psychology*, 62, 1167-1176.

Wimmer, H., & Perner, J. (1983) Beliefs about beliefs: Representation and constraining function of wrong beliefs in young children's understanding of deception. *Cognition*, 13, 103-128.

Winograd, T. (1975) Frame representations and the declarative/procedural controversy. In D. G. Bobrow & A. Collins (Eds), *Representation and understanding: Studies in cognitive science*. Academics Press. pp. 185-210.

Winter, L., & Uleman, J. S. (1984) When are social judgments made?: Evidence for the spontaneousness of trait inferences. *Journal of Personality and Social Psychology*, 47, 237-252.

Wolfe, J. M., Cave, K. R., & Franzel, S. L. (1989) Guided search: an alternative to the feature integration model for visual search. *Journal of Experimental Psychology: Human Perception and Performance*, 15, 419-433.

Wolff, P. H. (1963) Observations on the early development of smiling. In B. M. Foss (Ed. ), *Determinants of infant behavior*, Vol.2. Methuen. pp. 113-134.

Woll, S. (2002) *Everyday thinking: Memory, reasoning, and judgment in the real world*. Lawrence Erlbaum Associates.

Wundlt, W. (1900-1914) *Völkerpsychologie*. Engelmann.

Wynn, K. (1992) Addition and subtraction by human infants. *Nature*, 358, 749-750.

Wynn, K. (2002) Do infants have numerical expectations or just perceptual preferences? *Developmental Science*, 5, 207-209.


## Y

山上精次 (1988)「と追跡眼球運動の初期発達について」『基礎心理学研究』7, 71-83.

山岸候彦 (2007)「意思決定」吉野諒三・千野直仁・山岸候彦 (2007)『教里心理学 ― 心理表現の理論と実際』培風館, pp. 165-190.

柳亮 (1965)『黄金分割』美術出版社

Yarbus, A. L. (1967) *Eye movements and vision*. Plenum.

Yates, F. A. (1966) *The art of memory*. Routledge & Kegan Paul. (玉泉八州男監訳, 1993 『記憶術』水声社 )

Yerkes, R. M. & Dodson, J. D. (1908) The relation of strength of stimulus to rapidity of habit-formation. *Journal of Comparative Neurology and Psychology*, 18, 459-482.

横山詔一・笹原宏之・野埼浩成・ロング, E. 編 (1998)『新聞電子メディアの漢字 ― 朝日新聞　CD-Romによる漢字頻度表 』三省堂


## Z

Zahavi, A., & Zahavi, A. (1997) *The handicap principle: A missing piece of Darwin's puzzle*. Oxford University Press. (大貫昌子訳, 2001 『生物進化とハンディキャップ原理 ― 性選択と利他行動の謎を解く』白揚社 )

Zajonc, R. B. (1968) Attitudinal effects of mere exposure. *Journal of Personality and Social Psychology: Monograph Supplement*, 9, 1-27.

Zajonc, R. B. (1980) Feeling and thinking: Preferences need no inferences. *American Psychologists*, 35, 151-175.

Zajonc, R. B. (1984) On the primacy of affect. *American Psychologists*, 39, 117-123.

Zechmeister, E. B., & Johnson, J. E. (1992) *Critical thinking: A functional approach*. Brooks/Cole. (宮元博章・道田泰司・谷口高士・菊池聡訳, 1996 『クリティカルシンキング ― 入門篇』北大路書房 / 宮元博章・道田泰司・谷口高士・菊池聡訳, 1997 『クリティカルシンキング ― 実践篇』北大路書房)

Zeki, S. (1999) *Inner vision: An exploration of art and the brain*. Oxford University Press. (河内十郎監訳, 2002 『のうは美をいかに感じるか ― ピカンやモネが見た世界』日本経済新聞社)

Zwaan, R. A. (2004) The immersed experiencer: Toward an embodied theory of language comprehension. In B. H. Ross (Ed. ), *The psychology of learning and motivation: Advances in research and theory*, Vol.44. Elsevier Academic Press. pp. 35-62.

Zwaan, R. A., & Radvansky, G. A. (1998) Situation models in language comprehension and memory. *Psychological Bulletin*, 213, 162-185.

Zwwan, R. A., Stanfield R. A., & Yaxley, R. H. (2002) Language comprehenders mentally represent the shapes of objects. *Psychological Science*, 13, 168-171.

## 그림

**그림 · 표**

# 인지심리학

2014년 2월 25일 초판 인쇄
2018년 6월 04일 번역개정판 1쇄

지은이_ 하코다 유지, 츠즈키 타카시, 가와바타 히데아키, 하기와라 시게루
옮긴이_ 강윤봉
감수자_ 이광오, 이나경

펴낸이_ 이찬승
펴낸곳_ 교육을바꾸는사람들

출판등록_ 2012년 4월 10일  제313-2012-114호
주소_ 서울시 마포구 동교로18길 20 자운빌딩 3층
전화_ 02-320-3645(내용문의)
       02-320-3600(구입문의)
팩스_ 02-320-3608
홈페이지_ http://21erick.org
이메일_ gyobasa@21erick.org
포스트_ post.naver.com/gyobasa_edu

ISBN 978-89-966971-6-9  93180

책값은 표지 뒤쪽에 있습니다.
잘못 만든 책은 구입하신 서점에서 바꾸어 드립니다.

〈한국뇌기반교육연구소〉는 〈교육을바꾸는사람들〉의 출판브랜드입니다.

이 도서의 국립중앙도서관 출판시도서목록(CIP)은 서지정보유통지원시스템 홈페이지(http://seoji.nl.go.kr)와
국가자료공동목록시스템(http://www.nl.go.kr/koisnet)에서 이용하실 수 있습니다.
(CIP 제어번호: CIP2018016363)


이 책에 실린 사진 중 일부는 저작권자가 불명확하거나 연락이 닿지 않아 저작권자의 동의를 얻지 못했습니다.
저작권자를 확인하거나 연락이 닿는 대로 정식 동의 절차를 밟겠습니다.

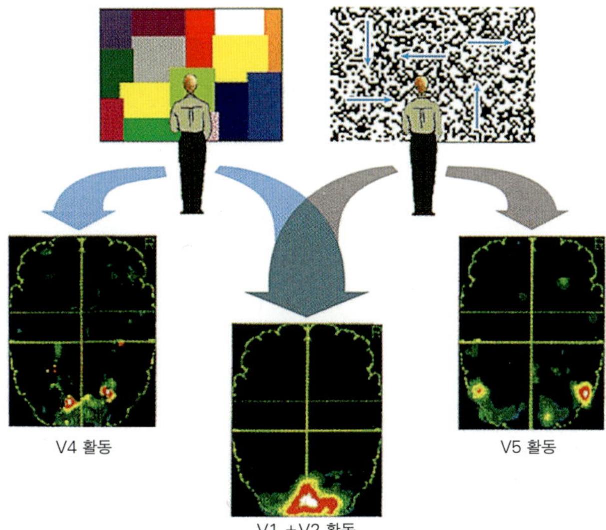



색정보는 V4에, 움직임정보는 V5에 특화되어 각각 처리된다.



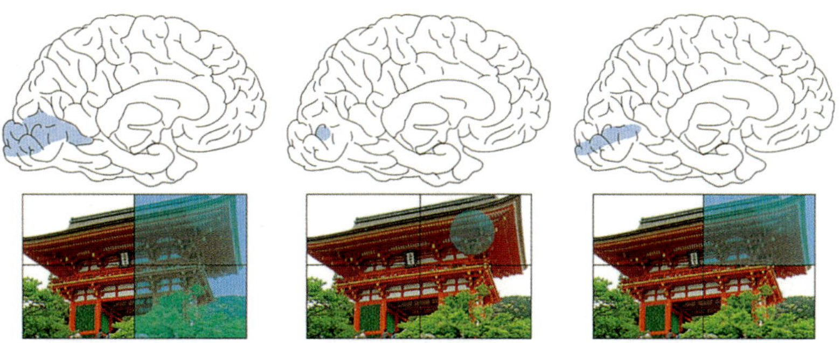

V1의 손상 정도와 부위에 따라 시각장의 손상 영역 및 크기가 다른 것을 보여준다.

(출처) 그림① ② 모두 Zeki, 1999에서 Zeki의 허락을 받고 게재

## A. 먼셀 색입체

## B. 색상환

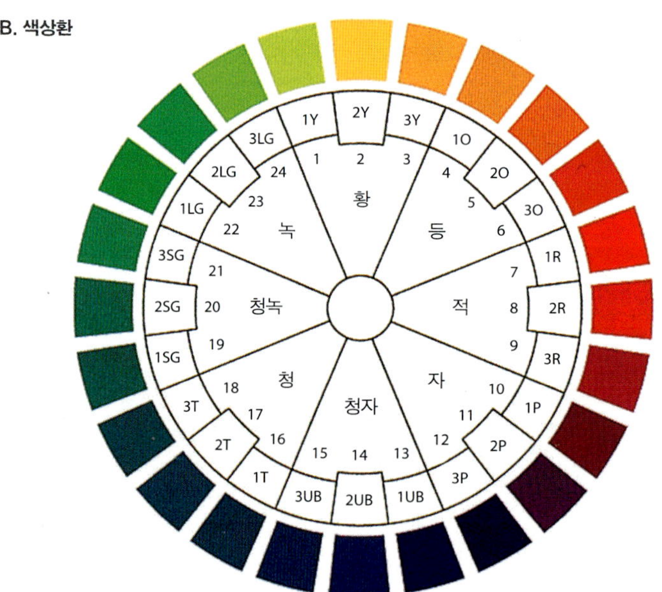


**색상, 명도, 채도에 따라 체계적으로 분류한 색입체와**
**빛의 파장과 대응되는 색상을 원형으로 배열한 색상환**

(자료제공) A : 일본색연사업주식회사, 일본색연대형색입체